MÉMOIRES

POUR SERVIR

A L'HISTOIRE

DU ROUERGUE

MÉMOIRES

POUR SERVIR

A L'HISTOIRE

DU ROUERGUE

Par L. C. P. BOSC, ancien professeur
au Collège de Rodez.

DEUXIÈME ÉDITION

A RODEZ
De l'imprimerie de vᵉ Emile CARRÈRE
libraire-éditeur.

MDCCCLXXIX

AVIS DE L'ÉDITEUR.

Lorsque nous avons songé à l'impression d'une seconde édition des *Mémoires pour servir à l'Histoire du Rouergue*, nous n'avions pour but que de mettre ce remarquable ouvrage à la portée de tous les lecteurs. De rares exemplaires de la première édition, imprimée par notre aïeul Devic en 1797, ne se trouvaient plus que dans peu de bibliothèques publiques ou particulières ; le public, aujourd'hui plus désireux d'apprendre, ne pouvait plus se procurer cette histoire de notre pays. Secondé dans notre entreprise par une souscription du Conseil général de l'Aveyron, que nous remercions d'avoir bien voulu imiter en cela l'Administration centrale de 1796, nous avons pu mettre notre dessein à exécution.

On aurait désiré peut-être trouver quelques notes explicatives dans cette nouvelle édition, mais nous prions le lecteur de se souvenir que nous avons seulement voulu sauver de l'oubli les *Mémoires* de l'abbé Bosc, le plus utile monument qui ait servi à toutes les histoires locales depuis 1796 ; c'est pourquoi, tout en réunissant en un seul les trois volumes de la première édition, nous ne nous sommes appliqué qu'à en reproduire très exactement le texte, l'orthographe, la ponctuation et le plus possible l'aspect typographique (1), sans y rien changer ; nous avons seulement ajouté après la table alphabétique une deuxième table analytique pour faciliter les recherches du lecteur.

A. CARRÈRE.

---

(1) Les vignettes qui figurent sur le titre et après la liste des membres du Conseil général occupaient ces mêmes places dans la première édition ; nous les avons retrouvées dans notre imprimerie, et, quoique ces clichés, aujourd'hui très usés, ne soient pas très nets, nous avons voulu rattacher ce souvenir de la première édition à la seconde.

CONSEIL GÉNÉRAL DU DÉPARTEMENT DE L'AVEYRON.

Extrait de la séance du 21 août 1875.

M. Mayran, au nom de la Commission des finances, lit le rapport suivant :

« Messieurs,

» M. le Préfet a saisi votre Commission des finances d'une demande de Mᵐᵉ vᵉ E. Carrère, imprimeur-libraire à Rodez, qui sollicite les encouragements du département pour la réimpression du précieux ouvrage que publia M. l'abbé Bosc, vers la fin du siècle dernier.

» Ce livre, dont l'édition est complètement épuisée aujourd'hui, fut publié sous le titre modeste de : *Mémoires pour servir à l'Histoire du Rouergue.*

» Je n'ai pas, Messieurs, à vous faire ressortir le mérite d'un ouvrage où le passé se relève d'une manière si attrayante et si instructive ; vous le connaissez tous, et nos historiens modernes y ont largement puisé.

» Votre Commission des finances, pénétrée de l'intérêt qui s'attache à la conservation de l'histoire si complète de notre province, a pensé que nous ne pouvions nous montrer ni moins généreux ni moins patriotiques que l'Administration départementale de l'an IV, qui souscrivit, ainsi que l'élite de la société aveyronnaise, pour un nombre considérable d'exemplaires, lors de la publication des *Mémoires.*

» Au nom de la Commission des finances, j'ai l'honneur de vous proposer, Messieurs, de souscrire pour 300 exemplaires à la nouvelle édition que se propose de faire Mᵐᵉ Carrère de l'ouvrage de M. Bosc.

....

» Les 300 exemplaires pour lesquels souscrirait le département seraient déposés dans les dépôts publics et dans les principales bibliothèques scolaires.

» Nous vous prions, Messieurs, de donner votre approbation aux propositions que nous avons l'honneur de vous soumettre. »

Ces conclusions sont adoptées.

LISTE DES MEMBRES DU CONSEIL GÉNÉRAL EN 1875.

MM.

Alary, Urbain.
Alaux, médecin.
Augé, médecin.
Austry, propriétaire.
Azémar, avocat.

Baduel, Henri.
Baduel, Jules.
Barascud, député.
Bec, notaire.
Benazech, notaire.

Bonald (de) député.
Bonhomme, Paul.
Bousquet, notaire.
Briguiboul, v-prés. du tribunal.
Bru, notaire.
Brunet, Casimir.
Cayrade, médecin.
Cibiel, maire.
Clausel de Coussergues, avocat.
Coucouroux.
Jalabert, propriétaire.
Jausions, médecin.
Laurens, avocat.
Mallovialle, médecin.
Maruéjouls, avocat.
Mayran, propriétaire.
Mazenc, ex-agent-voyer.
Médal, ancien représentant.
Miguonac, notaire.
Ouvrier, médecin.
Puech, ancien professeur.
Rodat, Lucien, avocat.
Roques, Camille, avocat.
Rouquette, Jules.
Rozier, avocat.
Sarrus, avocat.
Séguret, médecin.
Trémolet, notaire.
Valadier, propriétaire.
Valady (Henri de), député.
Vezins (marquis de).
Vidal de Saint-Urbain.

AVIS DE L'IMPRIMEUR.

La publication de la suite de ces mémoires, dépendant du prompt débit du premier volume, nous invitons les habitants du ci-devant Rouergue, à s'empresser d'en faire l'acquisition. Pour les y engager, nous ne ferons que remettre ici sous leurs yeux, la Proclamation que l'Administration centrale fit publier et afficher l'année dernière, dans tout le Département.

L'ADMINISTRATION CENTRALE

DU DÉPARTEMENT DE L'AVEYRON, A SES CONCITOYENS.

L'ADMINISTRATION CENTRALE du Département, convaincue de la liaison étroite qu'a la propagation des connoissances utiles avec la prospérité publique, et empressée de faire publier, et de transmettre à la postérité, un ouvrage plein de recherches intéressantes, qui lui a été remis par le Citoyen Bosc, ex-professeur au Collège de Rodez, invite ses concitoyens, à s'unir à elle, pour hâter la publication de ce manuscrit, qu'elle a accueilli avec une véritable satisfaction, et qu'elle regarde comme un bienfait de la reconnoissance commune de tous les habitants du Département.

Cet ouvrage a été soumis à l'examen d'un jury composé de gens de lettres, également connus par leurs talens et leurs lumières, et il résulte du rapport qui nous en a été fait, tant par écrit que verbalement, que, soit pour le plan et la distribution bien entendue des matières, soit pour la simplicité et la convenance du style, soit pour l'exactitude et la netteté de la narration, et pour la nature du sujet qui y est traité, ces Mémoires ne peuvent qu'intéresser vivement tous les bons citoyens du ci-devant Rouergue.

Vous y verrez, Citoyens, que l'amour de la liberté fut la première passion des anciens Ruthènes, nos pères; vous y verrez leurs efforts glorieux contre l'oppression et la tyrannie; vous y trouverez l'histoire intéressante de leurs mœurs, de leur culte, de leurs usages. L'origine de nos villes, de nos bourgs, des établissements publics de charité, d'éducation et de religion, y est éclaircie et développée avec beaucoup de précision et d'intérêt. L'auteur y fait connoitre les différentes qualités du sol qui nous a vus naître, les curiosités naturelles qu'il présente, et les richesses qu'il recèle, les grottes creusées par la nature, les traces d'anciens volcans et de tremblemens de terre, les mines d'argent, de fer, de plomb, d'azur, de cuivre, de mercure, d'alun, de charbon, qui y ont été exploitées, dans les siècles les plus reculés. Il n'a pas oublié ce qui peut contribuer au progrès du commerce, et amener des améliorations désirables dans la culture de nos terres. Vous y trouverez en un mot, Citoyens, des détails économiques, topographiques, historiques, philosophiques, physiques et moraux que nous croyons dignes de fixer votre attention.

Une considération qui doit vous engager à concourir avec zèle à la publication des *Mémoires pour servir à l'Histoire du Rouergue*; c'est que les actes, les chartes, et presque tous les monuments, où l'Auteur a puisé, ayant été justement condamnés aux flammes, parce qu'ils renfermoient, avec quelques traits précieux et dignes d'être recueillis, les vestiges honteux de la féodalité, et de l'asservissement de nos pères; si le manuscrit dont il s'agit ne voyoit pas le jour, une foule de particularités intéressantes et de faits curieux, qui composent l'Histoire de cette contrée, seroient infailliblement plongés dans les ténèbres et dans l'oubli, ou ne seroient conservés, que par des traditions infidèles, que l'ignorance et la crédulité chargeroient bientôt, de milles inventions bizarres et fabuleuses. En conséquence, nous Administrateurs du Département de l'Aveiron, invitons tous les amis de notre patrie commune, ainsi que ceux des sciences et des arts, à souscrire avec nous, pour l'impression de cet ouvrage; afin que ces avances suppléant à l'impossibilité, où l'Auteur se trouve, de faire lui-même les frais d'une édition, le public puisse jouir bientôt du fruit des immenses et profondes recherches de cet estimable écrivain.

Sera la présente invitation imprimée, lue, publiée et affichée dans toutes les communes du Département.

Fait et arrêté en Administration centrale du Département de l'Aveiron, à Rodez le 29 prairial, an IV de la République.

CABRIÈRES, président; LACOMBE, DELPECH, BALSA, P. FABRE, ROUVELET, Commissaire du Directoire exécutif; MERLIN, Secrétaire-général, signés.

MÉMOIRES
POUR SERVIR A L'HISTOIRE DU ROUERGUE.

INTRODUCTION.

Les affaires importantes qui absorbent aujourd'hui l'attention de tout le monde, nous ont fait long-temps balancer si nous rendrions publics, quelques Mémoires qui n'ont aucun rapport avec cette grande révolution, qui semble seule devoir occuper tous les écrivains. En effet, je viens mettre sous les yeux de mes concitoyens, le tableau de notre existence passée, quand notre état à venir est l'objet unique de nos méditations; l'histoire de nos ayeux, quand nous cherchons les moyens d'établir, sur des bases nouvelles, l'état des générations futures. Je pourrois, du moins, justifier l'utilité de mon travail, s'il m'étoit possible d'espérer que nous trouverons dans le passé, des leçons pour l'avenir : car tel est le but de l'histoire. Mais, jamais l'histoire parut-elle moins utile, que dans des circonstances auxquelles rien ne ressemble, dans les annales des peuples? La connoissance des évènements et des hommes, qui nous ont précédés, peut-elle nous être de quelque secours, pour prévenir ce qui doit arriver après nous?

Tant de considérations, jointes à une longue persécution et aux maux personnels que nous avons éprouvés dans les cachots, nous avoient fait perdre de vue notre projet. Le malheur jette dans un abattement, qui détache de soi-même et des autres. Nous avions médité quelquefois, avec plaisir, dans des temps de paix et de tranquillité, sur la simplicité des mœurs de nos ancêtres; mais, soit que le sentiment s'émousse dans l'adversité, soit que le triomphe du crime fasse mieux sentir le néant des choses du monde, je ne rappelle aujourd'hui, qu'avec une sorte de dégoût, ce qui m'avoit intéressé autrefois. On se sent sur-tout découragé, quand les erreurs et les agitations tumultueuses de l'esprit de parti empêchent d'entrevoir le principe qui doit guider, désormais, l'opinion et la morale publique.

Cependant, le souvenir de quelque bienveillance, avec laquelle on avoit bien voulu, dans le temps, accueillir et aider cette entreprise, nous a déterminés à reprendre notre travail. J'ai cru devoir laisser à ceux qui viendront après nous, quelque trace de tant d'établissemens, qui vont être ensevelis dans l'oubli : j'ai cru devoir dire à nos neveux ce que nous fumes; afin de leur faire mieux sentir ce qu'ils vont être. C'est ici une borne que j'ai voulu planter, entre les vieux temps du Rouergue, et ces nouveaux siècles de philosophie, dont le cours s'ouvre devant nous. Heureux sans doute les écrivains qui nous succéderont; si, comme on nous en flatte, ils n'ont à tracer à leurs lecteurs, que des tableaux de sagesse, de paix et de bonheur, au lieu de ces monumens de superstition, d'esclavage et d'ignorance, que l'histoire nous a transmis jusqu'à ce jour!

Le Rouergue n'est pas de ces pays, dont les annales présentent une longue chaîne de grands événemens, les exploits de quelque fameux conquérant, des combats célèbres à narrer, de longs sièges à décrire. Ce n'est qu'une petite province qui, à peine, a senti quelquefois les secousses de ces fortes commotions, dont l'empire français a été si souvent ébranlé. Et s'il est vrai, comme le dit un célèbre écrivain (1), qu'heureux sont les peuples dont l'histoire est courte, et dont les fastes ennuient le lecteur; jamais sans doute, il n'y en eut de plus heureux que le nôtre. Aussi, si nous n'avions à traiter que l'histoire des révolutions, dans le gouvernement du Rouergue, nous dirions, en deux lignes, qu'il a été successivement soumis aux anciens Rois d'Auvergne, aux Romains, aux Visigoths, aux premiers Rois de France, à ceux d'Aquitaine, aux Anglais, aux Français; et notre ouvrage seroit fini.

Si quelque chose donc a pu fixer notre attention, dans les anciens monumens de cette province, que nous avons parcourus, et si quelque chose est capable d'attirer un moment, celle de nos lecteurs, c'est ce qui a rapport aux divers établissemens publics du pays, aux petites révolutions dans les mœurs et les usages, à l'origine des villes, aux corporations religieuses, aux maisons d'éducation, aux hospices pour les pauvres, aux anciens états de la province, aux anciens tribunaux de justice, à l'histoire naturelle de nos montagnes, aux mines, de toute espèce qu'on y a exploitées pendant long-temps, et à plusieurs autres objets de ce genre; c'est encore l'histoire des principaux ministres du culte des chrétiens, celle des anciens Comtes de Rouergue, de leurs privilèges, de leur puissance, de leurs guerres, de leurs forces militaires; c'est enfin l'origine de certaines familles, qui ont dominé dans le temps, sur quelques villes

(1) Voltaire.

ou cantons du Rouergue ; comme celles des anciens comtes de Millau, de vicomtes de Saint-Antonin, des seigneurs de Sévérac, d'Estaing, d'Arpajon, et quelques autres de ces maisons, connues jusqu'à nos jours, par les titres de l'ancienne féodalité, que l'Assemblée nationale vient d'abolir.

Je sens que je blesse ici quelques oreilles révolutionnaires. Quoi ! me dira-t-on, nous parler encore de noblesse, de moines, de communautés ecclésiastiques, après l'abolition solennelle de tous ces insignes abus, de ces monumens de la superstition ou de l'esclavage de nos pères ! Mais, pourquoi n'en parleroit-on pas ? Nous lisons avec intérêt l'histoire des erreurs et des superstitions des anciens peuples ; et nous serions choqués de quelques détails, sur l'histoire de la religion, que nos pères et nous, avons toujours professé ! Personne jusqu'ici a-t-il fait un crime aux anciens historiens, de nous parler des Vestales de Rome, des familles patriciennes, des Dynastes, des Druides de l'ancienne Gaule, des Bonzes et des Fakirs, ces religieux Indiens, dont on montre aux enfants, le costume bizarre, sur des estampes, comme on montrera peut-être un jour, à nos neveux, celui de nos religieux, en capuchon, ou en froc et en coule.

Craignez-vous, Lecteur citoyen, de voir revivre l'ancien régime, parce qu'on vous racontera que *noble* Tristan d'Estaing sauva la vie à Philippe Auguste, à la bataille de Bouvines ; ou qu'un Roi d'Espagne, pour marquer son estime au célèbre Jean de la Valette, lui envoya une épée d'or, sur laquelle étoit gravée cette devise : *Plusquam valor valet valet.* Parce qu'une de nos Assemblées nationales a jugé à propos de supprimer les armoiries des nobles, ne pourrons-nous pas nous permettre de dire un mot d'une famille du Rouergue, qui porta pendant plusieurs siècles l'armorial de nos Rois ?

Calmez vos allarmes, cher Concitoyen, nous ne sommes pas plus partisans que vous des abus ni des priviléges : et le titre de noblesse, que nous avons le plus admiré, dans les nobles du Rouergue, c'est l'acte de renonciation à toutes prérogatives, auquel un grand nombre avoient consenti, de leur propre mouvement, plusieurs siècles avant la nouvelle constitution (1). Mais ce n'est pas le seul fait digne d'attention ; et il suffit que leurs ancêtres ayent occupé un certain rang dans la société, pour que leurs vertus ou leurs vices, soient soumis à la censure, ou à l'apologie des écrivains, qui veulent les faire connoître. Nous ne rapporterons pas les monumens généalogiques de leur famille, mais si

---

(1) Nous rapporterons ce trait dans la suite.

nous négligeons les titres qui prouvent la noblesse de leur origine, nous ferons quelquefois mention de ceux qui prouvent, en quelqu'un d'eux, le mérite personnel, la noblesse d'ame et de sentiment. Nous sommes bien loin de prétendre nous ériger ici, en champions de la noblesse, ou des moines; mais nous nous flattons que le lecteur équitable ne nous fera jamais un crime, de rendre hommage aux services que plusieurs nobles ont rendus à la patrie, par leur bravoure et leurs exploits militaires; et à ceux que les moines ont rendus aux sciences, par leurs études, à l'agriculture même, par leurs travaux champêtres; et, pendant plusieurs siècles, à la morale publique, par des mœurs pures et simples. Ces services exciteront la reconnoissance et l'admiration de la postérité la plus reculée.

Dans nos recherches, nous avons toujours donné la préférence aux faits, qui nous ont paru propres à faire connoître les mœurs de nos ancêtres. Nous avons lu avec plus d'intérêt, les simples règlements d'une Comtesse de Rodez (1), sur les plus petits objets de commerce ou d'industrie de ses vassaux, sur l'aunage des serges ou des toiles, sur les fileuses, sur les laines, sur la conduite des femmes, sur la longueur et la qualité de leurs robes, sur le tarif des écritures des gens de justice, sur le prix des chèvres et des pourceaux, dans les boucheries; nous avons lu, dis-je ces petits détails relatifs aux mœurs, avec plus de curiosité, et nous les présentons à nos lecteurs avec plus de confiance, que les expéditions militaires de certains Comtes de Rouergue, en Italie, ou bien à la tête de ces hordes de Croisés, qu'ils conduisirent plusieurs fois dans l'Orient.

Comme les évènemens dont le pays que nous habitons, a été le théâtre, sont pour nous d'un plus grand intérêt, que ceux qui se sont passés loin de nous, et que nous sommes moins avides de connoître les mœurs des étrangers, que celles de nos ancêtres; ces hommes qui ont bâti nos villes et nos bourgs, qui ont établi ou changé nos usages, qui ont défriché nos terres, acquis ou aliéné, embelli ou détérioré nos héritages; je ne parlerai que très-succinctement des faits qui n'ont aucun rapport avec la province; quand même ils feroient d'ailleurs partie de l'histoire de nos anciens Comtes. Ce n'est pas pour les étrangers que j'écris, c'est pour nous; et peu nous importe, sans doute, que certains Comtes de Rouergue ayent porté leurs armes à Florence et à Gênes, et qu'ils ayent embrassé avec chaleur les querelles des ducs de Milan, et des rois de Naples.

(1) Cécile, fille de Henri II, Comte de Rodez, en 1293.

Si nous avons négligé ces faits étrangers, nous avons fait tous nos efforts, pour découvrir, ou pour éclaircir ceux qui nous sont propres. Les cartulaires des églises, les archives des villes et des châteaux, une tour antique, les ruines d'un fort, une inscription sur un édifice, une épitaphe, une pièce de monnoie, un manuscrit gothique, tout a été l'objet de nos recherches. Nous avons fouillé surtout, dans le chaos de ces monuments antiques de l'ancienne féodalité, dont l'abolition, entreprise depuis plusieurs siècles, vient d'être consommée. Nous avons pris quelquefois plaisir à pénétrer dans l'obscurité de ces temps malheureux, où le Rouergue étoit en proie, aux persécutions continuelles de diverses troupes de brigands, qui, maîtres en différentes époques, des châteaux fortifiés du pays, ne sortoient de ces retraites hérissées d'armes et de machines de guerre, que pour porter la désolation dans les campagnes voisines, et dans les foyers paisibles du cultivateur.

Malgré nos soins et les mouvements qu'ont bien voulu se donner, pour cet ouvrage, plusieurs citoyens éclairés, il sera aisé de remarquer bien des lacunes, et l'on verra que certains événemens, qui auroient pu intéresser ne sont connus qu'à demi. Mais nous nous sommes livrés à l'espérance, que quelqu'un seroit, un jour, plus heureux ou plus adroit que nous dans ses recherches, et qu'il pourroit compléter une histoire, à laquelle nous n'avons pu que fournir quelques mémoires.

Notre plan étoit d'abord de fondre tous les matériaux, en un seul corps d'ouvrage, en rangeant les événemens par ordre chronologique; mais, comme il étoit difficile de donner une certaine suite, à des faits souvent isolés, et qui semblent n'avoir aucun rapport les uns avec les autres, nous les avons divisés en trois parties principales. La première contiendra la description du Rouergue, et quelques notions sur l'Histoire naturelle du pays. La seconde aura pour objet les principales révolutions, dans le gouvernement et l'administration de la province, et les changemens dans les mœurs et les usages. La troisième renfermera tout ce que nous avons pu recueillir, sur l'histoire des villes, et des principaux bourgs du Rouergue.

SOMMAIRE

DES

MÉMOIRES DE L'HISTOIRE DU ROUERGUE.

PREMIÈRE PARTIE.

Description topographique du Rouergue.

I. Limites du Rouergue; anciennes divisions du Rouergue, en Ruthènes Provinciaux et Eleuthères; en diocèses de Rodez, d'Arsat, de Vabres; en trois marches; en plusieurs vigueries; en sept bailliages; en trois élections; en deux sénéchaussées; en deux cours présidiales.

II. Montagnes et rivières du Rouergue; terres, plantes, productions, minéraux de différente nature; traces de volcans et de tremblemens de terre; basaltes, laves, marais; Saint-Andéol; ruines d'une ville inconnue; lieux anciens, inconnus aujourd'hui.

III. Grottes; Lavaissière, Salles-Comtaux, Bouche-Rolland, Bozoul; bélemnites de Rodelle.

IV. Mines : le Minier, Orzals, Sylvanez; anciennes mines d'argent, de fer, d'azur, de cuivre, de mercure; hôtels des monnoies; mines d'alun, de charbon; fontaines minérales, Cransac et autres; montagnes en feu.

V. Commerce; toiles, laines, tanneries.

VI. Agriculture; terres labourées, prairies, bois, pâturages, vignes.

VII. Variété dans les usages et les mœurs; habillemens, dialectes différens; mœurs des villes.

VIII. Antiquités; anciens chemins; villages maintenant inconnus; tombeaux antiques; cérémonies funéraires des anciens Ruthènes.

SECONDE PARTIE.

Révolutions dans le gouvernement.

I. Rois d'Auvergne; émigration des Ruthènes, leur union avec les Arvernes; Romains maîtres du Rouergue; garnison de Romains établie à Rodez; *Uxellodunum* résiste aux Romains; quelle est cette place.

II. Le Rouergue soumis aux Goths; leurs ravages.

III. Fondation de l'évêché d'Arsat, sa situation, son étendue, ses évêques; Préfets du prétoire romain, en Rouergue; origine des rois Carlovingiens et des Capétiens; mauvaise renommée des Ruthènes, au sixième siècle.

IV. Ravages des Sarrasins, à Rodez, à Saint-Antonin, à Conques; leur défaite.

V. Comté de Rouergue; premières traces des Comtes; leurs fonctions, leur puissance.

VI. Usurpations des seigneurs; abbés laïques; ecclésiastiques mariés; la Canourgue; restitution des seigneurs; fondation de monastères; droits de toute espèce exigés par les seigneurs.

VII. Serfs; servitude; son origine, son abolition; formule d'affranchissement.

VIII. Changemens dans les usages; forme des actes publics; ignorance des rédacteurs; premiers notaires; Pierre de Rodez; Arnaud : langage grec, latin, usité en

Rouergue: origine et premières traces de l'idiome languedocien; hommage en ce jargon; vente du Laissagnez; poetes Troubadours; leurs ouvrages; Hugues Brunet, Deusdédit de Prades; Géraud le Roux; Guillaume Adémar.

IX. Noms de famille héréditaires: premières distinctions entre les citoyens; commencemens de la noblesse; premières qualifications des nobles; commencement des plus anciennes familles; privilèges usurpés par les nobles; guerre contre eux; commun de paix; trève de dieu; épreuves par l'eau froide, par le fer chaud, etc. assemblées pour remédier au brigandage; asiles publics, établis par les seigneurs; état malheureux des peuples du Rouergue; guerres, peste, famine.

X. Fondation des monastères; Rieupeiroux, Millau, Clairvaux, Saint-Léons, Aubrac; divers hôpitaux, sous la dénomination d'Aubrac.

XI. Traces d'anciens monastères; Cognères, l'Arpentail, Saint-Clément, Saint-Symphorien, Elver, Ferret, Lavernhe, Alzone, Compolibat, Coubisou.

XII. Montsalvi; Laussac; Bez; Saint-Projet.

XIII. Loedieu; Sylvanez; Nonenque.

XIV. Bonneval; Bonnecombes; hermitages.

XV. Comtes d'Armagnac devenus Comtes de Rodez; leur puissance; le Rouergue soumis aux Anglais; fidélité des Ruthenois aux rois de France; fortifications des villes; acte d'appel du Comte, contre les Anglais; toutes les villes du Rouergue secouent le joug.

XVI. *Routiers,* ou compagnies anglaises, en Rouergue; leur puissance; leurs ravages; efforts du Comte et de la province, pour les chasser; assemblée des états; serment exigé de ces brigands; regrets de Mérigot, leur chef; lettre du roi, au Comte de Rodez, pour réclamer Mérigot.

XVII. États du Rouergue; leur commencement; leur progrès; leur convocation en diverses villes; leurs séances; objets de leurs délibérations; leur suppression, leur rétablissement, leur abolition.

XVIII. Fin du comté de Rodez; poursuites contre les derniers Comtes; leur fin tragique.

XIX. Privilèges des Comtes; cérémonie de leur couronnement, et de leur entrée solennelle à Rodez; privilèges qu'ils accordoient aux Ruthenois; droits qu'ils exigeoient de leurs vassaux; droit de *lyde.*

XX. Monnoie Rodanoise.

XXI. Baptêmes, mariages, sépultures des Comtes; leur magnificence dans toutes les cérémonies publiques.

XXII. Comtes du Rouergue: *Gibert, Guirbalde, Fulcould, Frédélon* livre Toulouse; les Comtes de Rouergue deviennent comtes de Toulouse. *Raimond I* fonde Vabres. *Bernard;* ses qualifications; il usurpe les biens ecclésiastiques. *Oton, Ermengaud;* titres qu'on lui donne; *Raimond II* donne du secours à Hugues, roi d'Italie; il en épouse la nièce; son testament; sa mort. *Raimond III;* affaire avec Fulcrand, évêque de Lodève; ses dons au monastère de Conques; dons de Garsinde, comtesse; *Raimond III* fait un partage, avec le comte de Toulouse; son retard à reconnoître Hugues Capet pour roi; sa mort; Richarde sa veuve, lui survit longtemps. *Hugues* usurpe l'abbaye de saint-Amans; Trébosc; Mauciac; il meurt sans postérité masculine. *Berthe* et *Robert;* prétentions de divers seigneurs sur le comté du Rouergue; troubles à ce sujet. *Raimond IV;* ses mariages; ses préparatifs pour la croisade; ses exploits militaires. *Bertrand, Alfonse I;* ses discussions avec les prétendans au comté; il se croise; il meurt à Césarée; Didon d'Andoque. *Raimond V;* il épouse la fille du roi Louis le jeune; il fait la guerre au roi d'Angleterre. *Raimond VI;* il épouse successivement cinq femmes; ses démêlés avec l'église; ses efforts pour rentrer dans le comté de Rodez. *Raimond VII;* sa mort à Millau; ses vices et ses vertus; il ne laisse point d'enfans mâles. *Jeanne* et *Alfonse II;* ils établissent des baillis, en Rouergue; liste des sénéchaux du Rouergue; salaires des officiers de justice; mort d'Alfonse et de Jeanne.

TROISIÈME PARTIE.

VILLES DU ROUERGUE.

VILLES DU COMTÉ DE RODEZ.

I. Rodez, capitale de la province; ses divers noms; origine de *Sego lanum*, de *Ruthena*; idole de Ruth; premiers temples des chrétiens; chute et reconstruction de l'église cathédrale; palais épiscopal; grosse cloche; tour du clocher; église de Rodez; Connac; bataille de Connac; privilèges des évêques; leur entrée solennelle; leurs démêlés avec les seigneurs de Bourran, Scoraille; chapitre cathédral; ses privilèges; archidiacres des premiers siècles; vie régulière, embrassée par les chanoines; leur cloître; cimetière particulier; leur indiscipline; lettre singulière d'un évêque, à ce sujet. Saint-Amans; ancienneté de cette église; Elaphe, prêtre de Rodez; vie licencieuse des religieux, leur expulsion; monastère Saint-Sernin; dons des seigneurs à ce monastère; liberté excessive des religieuses; La-Roche-Flavin; Cordeliers; leur fondation; chapelle des Comtes; Jacobins; Bérenger de Landorre, archevêque; Capucins; Religieuses de Notre-Dame; Jésuites; état de l'enseignement public, avant eux; rues prises pour bâtir le collège; premiers fondateurs du collège; académie des jeux floraux; Chartreux; Annonciades; Sainte-Catherine; rues et possessions prises, pour ces diverses maisons; Filles du travail; Frères des écoles; hôpitaux; léproseries; vignes autour de Rodez; hôpital général; hôpital des malades; séminaire; monastère du Sauvage; Château des Comtes; famille de la Barrière; Gages, Montrosier, autres châteaux; usage des duels judiciaires; fameux duel judiciaire à la Mouline; usage des joutes, pratiqué par les nobles du Rouergue. Municipalité; établissement des consuls; division de Rodez en deux communautés, la Cité et le Bourg; famille de Solages. Cours de justice; paréage; sénéchaussée, présidial; démêlés des Ruthénois, avec les habitants de Villefranche, au sujet de la cour présidiale; élection; suppression et remplacement de tous ces tribunaux.

Comtes de Rodez. *Richard*; sa famille; il achète le comté de Rodez; ses démêlés avec les évêques de Lodève. *Hugues I*; ligues des seigneurs; femme et enfans de Hugues I. *Hugues II*; ses différens, avec l'évêque de Rodez; il ligue avec le roi d'Arragon; affaires avec les évêques de Lodève; monnoie Melgorienne; il donne Lionjas à Nonenque, Coubisou à Conques; ses mariages; il installe son fils au comté; son testament; usage de vouer les enfans aux monastères; sa longue vie. *Hugues III*; ses enfans sont exclus de la succession; usage de disposer de ses biens, avant d'entrer dans l'état ecclésiastique. *Guillaume* confirme les privilèges des habitants de Rodez; il nomme pour héritier, le comte d'Auvergne; il meurt sans postérité. *Henri I*, on lui conteste le comté; Albigeois; leurs ravages; Simon de Monfort à Rodez; le Comte et les seigneurs lui rendent hommage; inquisition établie; condamnation de deux sorciers; Henri agrandit ses domaines; il se croise; son testament; Algayette de Scoraille. *Hugues IV*; châteaux de Peyrebrune, Thoels etc.; acquisitions de Hugues IV; droit de *leude*, en Cité; contestations à ce sujet avec l'évêque Vivian; Isabeau de Roquefeuil, comtesse; ses enfans; testament de Hugues; legs remarquables. *Henri II*; ses différentes femmes, ses enfans; imposition pour leur mariage; château d'Arsac; démêlés avec l'évêque, au sujet des foires; abus des censures ecclésiastiques; arbitres choisis; droit de *leude*; mesures publiques; fossés; place Saint-Etienne; couronnement des Comtes; faubourg Sainte-Marthe; place des *Ons*; rues; portes; remparts; faubourg d'Albespeires; droit sur les troupeaux; marchés à la place du Bourg; exploits militaires de Henri II; droit de ban et arrière ban; lettre du comte d'Artois à Henri; ses terres mises sous la sauvegarde du roi; impositions du Comte pour la guerre; son testament; sa mort; magnificence de ses funérailles; il meurt sans postérité masculine; sa fille Cécile épouse Bernard d'Armagnac.

Seconde famille des Comtes de Rodez: *Bernard d'Armagnac*; divers seigneurs disputent le comté à Cécile; long procès à ce sujet; ils sont déboutés de leurs prétentions; membres du parlement de Toulouse pris du Rouergue, lors de sa création; évaluation des revenus du comté de Rodez; hommage de la comtesse Cécile au roi; équité et sagesse de cette comtesse; elle fait des règlemens pour ses vassaux; étoffes, auberges, boucheries, mesures publiques, poids, gens de justice, habillemens des femmes, jeux publics; mêmes règlemens de l'évêque; hôtel de ville; privilège des consuls; forme des élections consulaires; testament de Cécile; sa sépulture. *Jean d'Armagnac I*; contestations au sujet des foires; combat entre les troupes du comte et celles de l'évêque; morts; maisons incendiées; excommunications lancées par l'évêque; arbitre choisi pour cette affaire; sa sentence; cour de paréage établie; suites de cet accord; mariage de Jean I; lettres de noblesse, lettres de grâce accordées par lui; *Béatrix* princesse de France, comtesse de Rodez; exploits militaires du comte Jean I; mariage de Jeanne et de Marthe d'Armagnac; ponts sur l'Aveiron; baronnie de Bénaven; grandes dépenses de Jean; ses guerres avec le comte de Foix; imposition pour le mariage de ses filles; tableau de son règne; comète; anecdote d'Aimeric Bérenger, étudiant. *Jean II*; son mariage; son surnom; usage des sobriquets; quatre châtellenies du Rouergue; guerre avec le comte de Foix; mariage de la gaie Armagnaquoise, cérémonial de l'entrée de Jean II à Rodez; ses enfans; sa femme; son testament; sa mort. *Jean III*; ses efforts pour chasser les Routiers; sa mort au siège d'Alexandrie; malheurs de son armée; regrets de ses vassaux; limites fixées entre les communautés du Bourg et de la Cité; il meurt sans postérité masculine. *Bernard II*; états assemblés; son entrée solennelle à Rodez; il épouse Bonne de Berri; ses enfans; ses dignités; sa cruauté; il fait mourir plusieurs de ses parents; il embrasse le parti du duc d'Orléans; sa puissance; il est nommé connétable; il est massacré; magnificence de ses funérailles, à Bonneval; son testament. *Jean IV*; ses mariages; ses exploits militaires; il est accusé de divers crimes; Louis XI marche contre lui; il vient à Rodez; il arrête le Comte prisonnier, par trahison; Jean obtient des lettres d'abolition; il proteste contre la teneur de ces lettres. *Jean V*; son mariage; il épouse sa sœur; suite de cet inceste; il est accusé de divers autres crimes; il est privé de ses domaines; Louis XI le rétablit; il encourt de nouveau la disgrâce du roi; il est massacré par son ordre. *Charles*; sa longue prison à la Bastille; il ne posséda jamais le comté de Rodez, en propre; il meurt misérablement; divers seigneurs prétendent à sa succession; le comté de Rodez est réuni à la couronne.

Évêques de Rodez. Ancienneté de cette église; Saint Martial. *Saint Amans*; époque de son épiscopat; il fait bâtir une église; il délivre les Ruthènes de l'oppression; Séronat, préfet du prétoire. *Eustache*, tué par les Ariens. *Quintien*, chassé de Rodez, ensuite évêque de Clermont. *Dalmas*, élu par les évêques, sur la demande du peuple; il est en faveur auprès du roi des Visigots; il fait bâtir la Cathédrale : Procule : Tarcitie. *Théodose. Innocent*; son caractère sanguinaire : paroisses contestées à l'évêque de Caors : assemblée avec les évêques de Clermont et de Gevaudan. *Deusdedit I*; construction de la Cathédrale, continuée. *Vérus. Arélius.* Longue vacance du siège épiscopal. *Farald. Elizachar. Adhemar I. Frotard. Gausbert, Deusdedit II. Jorius. Adhemar II. Mangafrelus. Deusdedit III. Etienne. Deusdedit IV. Bégon. Arnaul*; il tient un synode nombreux. *Géraud. Pierre Bérenger*; il achète l'évêché de Rodez, et ensuite celui de Narbonne. *Pons d'Etienne*; donations à divers monastères; religieux de Saint-Amans. *Raimond de Frotard. Adhemar III.* Évêque inconnu. *Pierre. Hugues de Rodez. Latreille*; château de Galdegouse; léproserie de Saint-Cirice. Autres évêques inconnus. *B. A. Vivian de Boyer*; son penchant pour l'usage des censures. *Calmont*; il termine de grands différens. *Bernard de Monestier. Gaston de Corn. Pleine-Chassaigne*, envoyé par le Pape en Orient. *Castelnau. Bernard d'Albi*, il est fait évêque en Portugal, et ensuite cardinal; son goût pour la poésie latine. *Cantobre*; ponts de la Mouline et du Monastère. *Raimond d'Agrifeuille*; règlemens pour les chanoines; son testament; ses richesses. *Faydit d'Agrifeuille. Bertrand de Cardaillac*, soupçonné de favoriser les Anglais; il est chassé de Rodez. *Jean de Cardaillac*; son entrée solennelle à Rodez; insurrection des Ruthénois, contre lui; suite de cette insurrection. *Jean d'Armagnac. Raffin*, droit de dépouille. *Sévéri*; procédure contre lui. *Olirgues*; ses contestations avec le seigneur de Bourran; règlemens pour le chapitre; règlemens pour le rang des citoyens, dans les cérémonies publiques. *Mauléon. Latour*; construction de la Cathédrale; tour de Corbières; château de Salles-Curan. *Chalençon*; construction de la Cathédrale; abus insignes, relatifs aux bénéfices. *Polignac*; épitaphe de ces deux derniers évêques. *François d'Estaing*; son élection; quelle avoit été son éducation; Charles de Tournon lui conteste l'évêché; suite de cette contestation; entrée de d'Estaing à Rodez; son zèle; visite de l'église de Conques; construction du clocher, et autres édifices. *George d'Armagnac*, nommé par le roi; François I à Rodez; cérémonial de la réception de ce prince; gens de lettres attirés par l'évêque, doctrine de Luther; ses progrès; Rodez se fortifie. *Jacques de Corneillan*; troubles des religionnaires; ligue des trois Henris. *François de Corneillan*; le duc de Joyeuse à Rodez; ses expéditions; états de 1588; combat des ligueurs à Rodez; emprisonnement de l'évêque; suites de cette affaire; pillages, meurtres; transaction; expulsion de l'évêque et de ses partisans; son rétablissement. *Bernardin de Corneillan*, député par les états, en 1610. *Noailles. Péréfixe*; vœu de Rodez, dans une calamité; trait au sujet de l'armorial de Péréfixe. *Abelly. Paulmy. Luzignen. Touroucre. Saléon. Grimaldi. Cicé. Colbert.*

II. Sévérac-le-Château; son ancienneté; château; vignerie; seigneurs de Sévérac; leur tyrannie; monastère de Saint-Sauveur; plainte de Gui de Sévérac, contre l'évêque de Rodez; abus dont il l'accuse; trait d'ignorance d'Alzias de Sévérac; Amaury de Sévérac, maréchal de France; sa fin tragique, procès, à raison de son testament; chapitre de Saint-Christophe.

III. La-Roque-Valsergues; ancienneté de ce château; étymologie de son nom. Saint-Laurent; chapitre; Louis de Montjosieu.

IV. Saint-Geniez; religieuses Augustins; religieuses de la Falque; filles de l'union; communauté de Bonallistes; Guillaume-Thomas Raynal. Saint-Côme.

V. Espalion; église de Perse; conjectures sur la dénomination d'Espalion, religieuses de Sainte-Ursule; château de Calmont.

VI. Estaing; ancienneté du château, le père Annat; famille d'Estaing.

VII. Entraigues; origine de cette petite ville et de son château; ses privilèges; collège de prêtres; Laperra; Montvallat; religieuses de Sainte-Ursule; confluent du Lot et de la Truère.

VIII. Carladez; château de Carlat; monastère de Tecondels; Mur-de-Barrez, son origine; son chapitre; nombre prodigieux de prêtres; son château; Barthelemi. La Guiolle. Tenieres; les Albigeois chassés par le seigneur de Tenieres; château de la Guiolle; séminaire.

IX. Villecomtal; Cervieres. Mansillac; Hugues de Panat; maisons des Ruthénois; Foncourieu; François de la Rouadie. Valadi; le père Ferrier, maison d'Izarn; Chaliavaux; ancien monastère.

VILLES DE LA HAUTE-MARCHE.

I. Millau; étymologie de son nom; son ancien pont; église de l'Espinasse, cordeliers; carmes; capucins; l'Arpajonie; Sainte-Claire; frères du sac; fontaine publique; troubles causés par les religionnaires; vicomtes de Millau, lettre du roi d'Aragon aux Millavois; privilèges de Millau; château de Creyssels; son ancienneté; seigneurs de Creyssels.

II. Compeyre; fort d'Avarnejouls; ancien monastère de Lumenson; beau trait des nobles de Compeyre. Saint-Rome-de-Tarn.

III. Vabres; abbaye, ensuite évêché; évêques de Vabres.

IV. Saint-Afrique; son origine; ses privilèges; chapitre; courage des filles et des femmes de Saint-Afrique, pendant un siège.

V. Roquefort; ses caves.

VI. Camarez, Brusque, anciennes vigueries et châteaux.

VII. Nant; monastère; chapitre; collège; religieuses de Sainte-Claire; sa situation.

VIII. Saint-Jean-du-Bruel; Cantobre; Roquefeuil.

IX. Arpajon; dons des Arpajon à l'église de Ceignac; le roi Charles VII en Rouergue.

X. Beaumont. Saint-Sernin; Balaguier; Montlaur; Combret; Gozon; Montcalm.

VILLES DE LA BASSE-MARCHE.

I. **Villefranche**; sa fondation; église; maisons religieuses; collège; sénéchaussée; Claude Pollier; Pons de Gauthier; le maréchal de Belle-Isle.

II. **Saint-Antonin**; son ancienneté; son premier nom; dons de Pepin; monastère; chapitre, dîme du safran, ancienneté de son hôpital, carmes; cordeliers; religieuses de Costejean; vicomtes de Saint-Antonin; Raimond-Jourdain, habile Troubadour; privilèges de Saint-Antonin; épreuves judiciaires, en usage; château de la Valette; famille de la Valette; Jean de la Valette; grand-maître de Malte; ravages des Albigeois; et ensuite des Luthériens; trait horrible à Gaillac; autre à Saint-Antonin; siége soutenu par les habitants de Saint-Antonin; sources minérale grottes; minérales; fontaine intercalaire.

III. **Najac**; château; bailliage ou sénéchaussée; mines de Najac; **Varens**; son chapitre.

IV. **Villeneuve**; ancien monastère.

V. **Peyrusse**; ses antiquités; son château; sa synagogue; contestation singulière, pour le droit de justice.

VI. **Rignac**; droits ecclésiastiques, qu'on y percevait autrefois.

VII. **Bournazel**; château; famille.

VIII. **Sauveterre**; sa fondation; industrie de ses habitants; Jean Claude.

IX. **Rieupeyroux**: son monastère; ancien usage de planter la croix.

X. **Aubin**: conjectures sur son origine; château.

XI. **Conques**: ancienneté et privilèges de cette église; monastère; abbaye chapitre; possessions immense de l'ancien monastère; nombre prodigieux de ses religieux; dons de plusieurs princes; certains rois y vont en pèlerinage. Chirac médecin.

MÉMOIRES

POUR SERVIR

A L'HISTOIRE DU ROUERGUE.

PREMIÈRE PARTIE.

DESCRIPTION TOPOGRAPHIQUE DU ROUERGUE.

I.

Situation, division du Rouergue.

La province de Rouergue, connue tout récemment, sous le nom de département de l'Aveiron, est bornée au midi, par le Languedoc; au nord par l'Auvergne; au couchant, par le Quercy; et à l'orient par le Gévaudan et les Cevennes : ou, pour suivre la nouvelle division de la France, au midi, par le département du Tarn; au nord, par celui du Cantal; au couchant, par celui du Lot; et à l'orient, par celui de la Lozère. Elle a environ trente lieues, depuis son extrémité orientale, près de Saint-Jean-du-Bruel, jusqu'à Saint-Antonin; et vingt de large, depuis Térondels, au-dessus du Mur-de-Barrez, jusqu'aux extrémités du Vabrais, au delà du Pont-de-Camarez.

Les peuples du Rouergue étaient divisés anciennement en Ruthènes provinciaux, et en Ruthènes libres ou éleuthères (1). C'est la plus ancienne division connue de cette petite province. Les Ruthènes provinciaux étaient soumis aux Romains, et faisaient partie de la province Narbonnaise, dont la capitale était Narbonne. Ils occupoient la partie du Rouergue, qui est à la rive gauche du Tarn, et qui forma dans la suite, le diocèse de Vabres. Les Ruthènes libres n'étaient pas encore sujets des Romains : ils étaient soumis à la domination des rois d'Auvergne, qui faisaient leur résidence ordinaire, à Gergovia, dont on voit encore les ruines près de Clermont. César, comme nous le verrons,

---

(1) *Cæsar, lib. 7. de Bello Gall.*

détruisit cette distinction, entre les Ruthènes provinciaux, et les Ruthènes libres, en soumettant ceux-ci, comme les autres, à la République Romaine.

Long-temps après le Rouergue éprouva divers autres genres de division. Il fut partagé, pour l'état ecclésiastique, en deux diocèses, d'abord Rodez et Arsat, et ensuite Rodez et Vabres : pour la perception des impôts, et la convocation des anciens états, en trois marches, la haute, la basse, et le comté ; dont il forma dans la suite, les trois élections de Millau, de Villefranche et de Rodez : pour la justice, d'abord en un grand nombre de vigueries, dont les principales étaient Nant, Millau, Sévérac, Laissac, Ayssene, Camarez, Rodelle, Albin, Najac, Brommat, etc.; ensuite en sept bailliages, dont les chefs-lieux étaient Rodez, Millau, Peyrusse, Villeneuve, Najac, Sévérac et Sauveterre ; et plus récemment en deux sénéchaussées, et deux cours présidiales, Villefranche et Rodez : de nos jours enfin, pour l'administration générale, en neuf districts, divisés chacun en neuf cantons, formant ensemble le département de l'Aveiron (1).

II.

Montagnes, Rivières, traces de Volcans.

Outre ces divisions, que les révolutions dans le gouvernement ont occasionnées ; la nature semble aussi avoir partagé le Rouergue, en divers territoires, séparés entre eux, par des rivières, ou par des chaînes de montagnes, et entièrement différens les uns des autres, soit par la qualité du sol et des productions, soit par les mœurs même des peuples qui les cultivent.

Le Rouergue entier est un pays montagneux ; mais parmi ces montagnes, il y en a deux plus remarquables que les autres. Ce sont 1° celles d'Aubrac et de la Viadène, pleines d'excellens pâturages, pour les gros troupeaux, et dignes d'ailleurs d'attention, par les traces d'anciens volcans, qu'on y remarque à chaque pas, par les simples de toute espèce que les botanistes y recueillent, et par les mœurs fières et indépendantes des habitans. Les troupeaux qu'on y nourrit, y sont gardés en plein air, depuis le mois de mai, jusqu'à la mi-octobre, sur les lieux les plus élevés; d'où on les fait descendre ensuite, pour leur faire consommer dans des étables, pendant l'hiver, les fourrages qu'on a tirés des prairies.

2° Les montagnes du Larzac, parsemées de plantes aromatiques, et toujours couvertes d'un nombre prodigieux de brebis et

(1) Voyez cette nouvelle division, parmi les notes et monumens, à la fin de l'ouvrage, nombre CXXXV.

de chèvres, dont le lait est employé à faire l'excellent fromage de Roquefort, si renommé dans toute la France, et dans plusieurs autres contrées de l'Europe.

Les principales rivières du Rouergue sont le Lot, le Tarn, et l'Aveiron. Les deux premières ont leur source, tout près l'une de l'autre, en Gevaudan, au pied de la Lozère, montagne connue dans Pline (1) sous le nom de *Lesura*, d'où les Romains tiroient de son temps, une espèce de fromages, qui, à Rome, étoient préférés, à tous ceux qu'on y apportoit, des autres provinces de la domination romaine.

Sydonius Apollinaris parle du poisson du Tarn, estimé pour sa chair ferme et de bon goût : *Tarnis...... solido sapore pressum piscem perspicuâ gerens in undâ* (2). Ausone donne à cette rivière une propriété plus remarquable encore : il l'appelle *auriferum Tarnem* (3) ; sans doute à cause des mines précieuses, qu'on exploitait sur ses rives ; ou bien parce que en effet on a souvent remarqué quelques grains d'or, dans les sables qu'il charie.

L'Aveiron, qui donne son nom au département, prend sa source, aux environs du château de Sévérac ; et traversant ensuite la province, par son diamètre, il va arroser les plus belles plaines du Querci, après avoir presque baigné les murs de trois des principales villes du Rouergue, Rodez, Villefranche, et Saint-Antonin (4).

Aucune des rivières du Rouergue n'est navigable, dans la province ; si l'on en excepte le Lot, qui l'est depuis Entraigues, dans le temps de la crue des eaux : mais cette navigation est difficile et dangereuse, dans l'état actuel : ce qui est d'autant plus malheureux pour le pays, que cette rivière baigne de grands vignobles, des mines de charbon très-abondantes et d'immenses forêts.

Il y a peu de pays, dont la nature du sol soit plus variée, que celle du Rouergue. Par-tout ce sont des terres différentes les unes des autres. Les cultivateurs en désignent les diverses qualités, par une infinité d'expressions, qui se rapportent, ou à la couleur du terroir, ou à la nature des productions, ou à celle des pierres, et des minéraux qu'on y trouve. Ainsi ils leur donnent le nom de terres noires, de terres rouges, de terres de grave ou graviers, de terres de rivière, de causse, de ségala, de varènes, etc., etc.; qualités que les naturalistes désignent mieux, par les noms de terres volcaniques, terres de mine, terres végétales, graveleuses, sablonneuses, calcaires, graniteuses, schisteuses, etc.

---

(1) *Plin. hist. natur.* II.
(2) *Syd. Apoll. Propempticon carm.* 21.
(3) *Auson. in Mosell.*
(4) Voyez parmi les notes, nombre CXXXIV, les autres rivières du Rouergue.

Les diverses productions du pays, font connoître plus particulièrement ces différentes espèces de terre. Dans les calcaires, telles que celles qu'on appelle *le Causse*, on ne voit presque point de châtaigners, de houx, de genêts, de bouleaux ; elles sont plus propres à la culture du froment ; il y croît du buis, des genevriers, des buissons et des plantes légumineuses. Les graveleuses, les volcaniques, les schisteuses produisent du seigle, des avoines, du blé-sarrasin, du millet, des châtaignes, etc. Ces différentes espèces de terroirs, sont souvent mêlées ensemble, comme les calcaires et les terres de grès, aux environs de Rodez : les schisteuses et les graniteuses dans le Vabrais, et sur les coteaux d'Estaing. Les terres de rivière, comme à Millau, à Entraigues, sont ordinairement un composé de toutes les terres, que les rivières ont baignées, dans leur cours. Les terres volcaniques se remarquent plus particulièrement sur les montagnes d'Aubrac et de la Viadène.

En effet, il est impossible de ne pas appercevoir, sur ces montagnes, des traces d'anciens volcans. Et toutes les marques qui peuvent indiquer la situation, de ces phénomènes terribles de la nature, se trouvent réunies aux environs de la Guiolle, d'Aubrac, et sur les autres montagnes voisines. Des matières calcinées, des laves, des monceaux de cailloux vitrifiés, des fontaines chaudes et minérales (1) ; et sur-tout ces amas de basaltes, rangés tantôt en pyramide, tantôt en voûte, ou en amphithéâtre, et plusieurs autres phénomènes, que l'on voit sur ces hauteurs, ne peuvent être qu'autant de traces des anciens volcans du pays.

La petite ville de la Guiolle est bâtie, en grande partie, de basaltes ; et à quelques pas de là, on en voit une carrière, qui présente la forme extérieure, d'un assemblage confus et immense, de gros tuyaux d'orgue. On sait assez que, par basaltes, on entend ces pierres de figure pentagone, quelquefois hexagone, extrêmement dures, presque toutes de même grosseur, longues d'environ une toise, noires, rangées la plupart en piles, quelquefois étendues, cassées et dispersées çà et là, près de la carrière principale. Cette pierre est brillante dans ses fractures, quoique noire dans sa surface ; elle prend un beau poli ; mais elle est d'une dureté qui la rend très-difficile à travailler ; dans le feu, elle contracte une couleur de fer, et elle présente beaucoup d'autres phénomènes, qui ont toujours excité la curiosité des naturalistes (2).

Des lacs considérables, qu'on voit aux environs d'Aubrac, sont encore une autre preuve, du moins vraisemblable, de l'existence de ces bouches à feu, et des tremblemens de terre, qui bouleversoient la province, dans des siècles bien

---

(1) Telles que celles de Chaudes-aigues et de Sainte-Marie, qui ont leur source au pied de ces montagnes.
(2) Voyez dict. de Bomare, art. *Basaltes*.

reculés du nôtre. On voit assez dans les naturalistes, que des tremblemens de terre, en ont souvent produits de semblables; et des écrivains de nos jours (1), présument que plusieurs lacs du Vivarais et de l'Auvergne, dont ils parlent, ne sont autre chose que des cratères d'anciens volcans, dont le bassin a été rempli, ou par des sources, qui se sont réunies, dans l'intérieur des terres, ou par des eaux qui se sont glissées, par quelque soupirail caché, qui communiquoit à quelque autre grand réservoir.

Après tant de preuves qui attestent, sans pouvoir s'y méprendre, l'existence de ces antiques embrasemens, on est surpris de n'en trouver aucun témoignage écrit, dans les auteurs qui ont parlé des Gaules; que César lui-même, qui a parcouru nos montagnes, ne dise rien des vestiges de feu, qu'il devoit rencontrer à chaque pas; que la tradition du moins, qui conserve si longtemps la mémoire des grands événemens, ne nous en ait pas transmis quelque particularité. Mais comment l'auroit-elle fait ? puisque le pays devoit être alors inhabité, et inhabitable, et qu'il a dû l'être même long-temps, après l'extinction de ces gouffres de feu. Tout cela nous prouve, combien l'époque de l'activité de ces volcans, est reculée derrière nous.

Le principal des lacs, qu'on voit sur les montagnes d'Aubrac, est celui de Saint-Andéol. La profondeur en est effrayante; et il est peuplé d'une grande quantité de poissons, de différentes espèces. On croit qu'il y avoit autrefois une ville, à la place de ce lac; et l'on y voit en effet des débris de murs antiques, et de grosses pierres taillées, qui semblent l'indiquer. Les gens du pays assurent, qu'elle fut engloutie, par un tremblement de terre; et ils en sont si persuadés, que le peuple superstitieux croit, qu'on en entend encore les cloches, le jour de Saint-Jean. Quelle étoit cette ville, et depuis quel temps n'existe-t-elle plus ? Nous l'ignorons. On trouve seulement dans les vieux itinéraires romains, que sur la route de Rodez à *Anderitum*, ancienne capitale du Gevaudan, il y avoit un lieu appelé *ad Silanum* (2), à l'est, et à trente milles de Rodez; c'est-à-dire à dix lieux; mais sur les anciennes cartes géographiques, *ad Silanum* n'occupe pas la place où se trouve aujourd'hui le lac de Saint-Andéol: il est, à la vérité, à la même distance de Rodez; mais plus approchant du nord.

---

(1) Giraud Soulavie. Hist. des prov. mérid. du royaume; et le Grand. Voyage d'Auvergne.
(2) Les Romains désignoient plusieurs lieux de la Gaule, par un mot latin, précédé de *ad*: *ad Jovem*, *ad Nonum*, *ad Valentinum*, etc.

III.

Grottes naturelles, Fossiles.

Il n'est pas de coin, dans le Rouergue, qui ne présente des phénomènes aussi intéressans pour un naturaliste, que ceux des volcans éteints des montagnes de la Viadène et d'Aubrac. L'étude de l'histoire naturelle de cette petite province, seroit une occupation bien douce, pour un homme de lettres, qui pourroit disposer, à son gré, de l'emploi de son temps. Quoi de plus capable en effet, de satisfaire la curiosité d'un observateur, que ces diverses mines d'argent, de cuivre, d'alun, de vitriol, de fer, et même d'or, qu'on exploita si long-temps, dans cette province, et dont certaines faisoient, dans les premiers siècles, au rapport de Strabon (1), la ressource principale des Ruthènes ? Quelle étude plus attrayante, que celle de ces plantes, de ces arbustes, de ces simples de toute espèce, qui tapissent nos montagnes ; de ces coteaux, toujours couverts de feu et de fumée, qui brûlent depuis tant d'années, dans certains cantons du Rouergue ; de l'intérieur de ces grottes profondes, par lesquelles on semble pénétrer dans les entrailles de la terre, pour lui dérober les secrets mystérieux de la végétation, ou pour contempler les routes cachées des fontaines et des ruisseaux ? On ne craindroit pas de s'enfoncer sous ces voûtes obscures, de franchir ces passages étroits et resserrés, après lesquels on se trouve tout d'un coup, tantôt près d'un vaste réservoir d'eaux ; tantôt sur les bords d'un abyme profond, dont on entend retentir au loin les cavités ; tantôt dans une salle immense, lambrissée de pétrifications, et de stalactites variées à l'infini.

Telles sont les grottes de Soulsac, de Saint-Laurent, de Rodelle, de Salles, du Vabrais, de Roquefort, de l'Estang près de Saint-Saturnin, où l'on trouva, il y a peu d'années, une tête d'homme parfaitement pétrifiée, etc. etc. Dans plusieurs lieux du Rouergue, le sol semble être soutenu sur les voûtes de ces vastes souterrains ; et souvent l'on entend, sous les pieds des chevaux, un bruit sourd, résonner dans ces cavités, creusées par la nature, dans le sein de la terre.

Dans certains endroits, les propriétaires ont pratiqué des portes, à ces caves naturelles, pour les avoir à leur entière disposition : il y en a d'autres, qui sont ouvertes à tout le monde, et d'où les curieux vont arracher des pétrifications, pour en orner leurs appartemens. Certaines ont l'ouverture si étroite, ou si cachée, qu'elle n'est connue, que de très-peu de personnes.

(1) *Strab. lib. 4 Geogr.*

D'autres, comme l'abyme qu'on appelle *le Tindoul de la Vaissière*, sont ouvertes par le haut, et si l'on marchoit sans précaution, pendant la nuit, il seroit d'autant plus dangereux de s'y précipiter, que rien ne les annonce aux environs. Avant d'arriver, par exemple, au *Tindoul* de la Vaissière, on va d'abord sur un coteau très uni, et l'on est surpris de se trouver tout d'un coup, sur les bords d'un précipice effrayant, creusé perpendiculairement comme un puits, à la profondeur de cent quarante pieds. Un observateur (1) dont la curiosité avait été excitée plusieurs fois, par les merveilles, que les gens du pays racontoient, de l'intérieur de cet abyme, eut le courage d'y descendre par des cordes, il y a peu d'années. Parvenu au fond, après s'être précautionné contre les vapeurs méphitiques, dont ces cavités sont quelquefois infectées, il descendit dans une vaste caverne latérale, d'où il vit sur sa tête, pour toute merveille, des rochers qui menaçaient ruine, à une hauteur, qui approchoit beaucoup de la surface de la terre. Nous le vîmes se rattacher bientôt aux cordes, pour remonter, sans qu'il eût fait aucune découverte bien intéressante. Il avoit seulement remarqué sur des pierres, quelques légères incrustations de souffre ou de bitume, et quelques petites veines métalliques, dans les cailloux, dont il apporta des fragmens aux spectateurs, qui l'attendoient à l'ouverture.

Il seroit difficile de trouver la cause, qui peut avoir creusé un abyme si profond, au milieu d'une vaste plaine. On est d'abord tenté de croire, que c'est la bouche d'un volcan éteint ; mais on est bientôt dissuadé de cette conjecture, lorsqu'on remarque que l'ouverture, ni les environs, ne présentent aucun de ces amas de matières calcinées, de ces laves, de ces grands tas de pierres et de cendres, que les volcans vomissent, et qu'ils accumulent, sur le bord de leurs cratères. On se persuade aussi avec peine, que la formation de cette caverne, remonte au temps de la première formation du globe, ou bien à l'époque du refroidissement de la terre en fusion. On pourroit dire plutôt que c'est une crevasse produite par un de ces tremblemens de terre, que devoient souvent occasionner autrefois les volcans du pays. Mais si l'on observe la nature du sol du Causse, qui semble soutenu par tout, par les voûtes des souterrains immenses qu'on y remarque ; il sera plus naturel de penser, que quelqu'une de ces voûtes naturelles, s'étant écroulée, la terre supérieure se sera affaissée, pour remplir les cavités intérieures, et aura laissé cet abyme profond.

Avant la descente, dont nous venons de parler, les gens du pays racontoient, entre autres merveilles du *Tindoul*, qu'on voyoit, et qu'on entendoit, au fond de la caverne les eaux d'une

---

(1) Voy. parmi les notes, nomb. CXXXIII.

rivière souterraine : d'où l'on présumoit, que c'étoit sans doute, le ruisseau qui naît près de Salles-Comtaux, par une source très-abondante, et qui, après avoir formé des cascades admirables, se jette dans la petite rivière de Dourdou. Mais cette conjecture populaire se trouva sans fondement. Ce qui le faisoit croire peut-être ainsi, c'est que l'on voit quelquefois, dans le Causse, des sources considérables, rentrer dans la terre, peu de temps après en être sorties (1). Le terroir y est d'ailleurs spongieux de sa nature ; et quoiqu'il soit creusé souvent en forme de grands bassins, les eaux des pluies se filtrent aussitôt à travers, et ne séjournent jamais à la surface. Aussi n'y voit-on pas de ces torrens destructeurs, qui ravagent si souvent les autres parties de la province.

Thévet, dans sa cosmographie universelle (2), parle du *Tindoul* de la Vaissière, comme d'une merveille du Rouergue. Il lui donne soixante pas d'ouverture, et plus de deux cents de profondeur ; il dit que les corbeaux, les corneilles, les pies, les pigeons qui s'y rassemblent en foule, en font retentir les cavités « d'une manière estrange, et diriez, à les entendre ainsi
» gazouiller, être aux vieux acqueducs et crotesques d'Athènes,
» ou repairent bon nombre de telles bestioles ». Ce géographe parle aussi (3) des caves de Soulsac et de Bouches-Rolland, comme les ayant observées lui-même. Il fut arrêté, dit-il, par les eaux que l'on trouve, dans l'intérieur de la dernière ; mais des personnes, qui avoient eu le courage de les franchir, lui assurèrent avoir pénétré, jusques sous Rodez, qui est distant de trois lieues : « et me suis laissé dire, dit-il, par ceux qui se
» sont exposés à tel péril, qu'ils oyoient le retentissement des
» forgerons de ladite ville, ou des faubourgs d'icelle. »

Quoique nous n'ayons vu personne, qui ait pénétré dans toute la profondeur de ces caves, et que nous en ignorions les dimensions, nous sommes bien éloignés de croire ; qu'elles ayent une si grande étendue, et plus encore, qu'on ait jamais eu le courage de s'y enfoncer, jusqu'à une distance de plusieurs lieues. Parmi un certain nombre d'observateurs, qui en ont parcouru les différentes salles et appartemens, ceux qui nous ont paru avoir pénétré le plus loin, n'ont pas été au delà de deux cents toises. Les plus hardis, si l'on en excepte quelques-uns, dont nous allons parler, ont été arrêtés à certain passage, qu'on ne peut franchir, que couché sur le ventre. Et comme le bas de ce défilé étroit, est couvert de petits bassins d'eau, dont on redoute la fraîcheur ou la profondeur on ne peut le passer que sur des planches ou des bancs qu'on est forcé de traîner après soi, de grotte en grotte, à la lueur des flambeaux.

(1) Entre autres celle de Bozone, à deux lieues de Rodez.
(2) Tome 2. Liv. II.
(3) *Ibid.*

Plusieurs personnes qui ont pénétré jusqu'à l'entrée de ce détroit, nous ont dit, qu'ayant présenté leur tête à l'ouverture, et ayant poussé des cris, la voix leur avoit paru retentir, dans un espace immense, et se répéter à plusieurs reprises, dans les divers coins de ces cavités éloignées : ce qui paroît confirmer, ce qu'on nous a assuré sur les lieux, que ce passage une fois franchi, l'on pouvait avancer beaucoup plus loin.

Il est aisé de concevoir que la lumière est toujours nécessaire, pour se guider dans ces antres ténébreux; mais l'usage des torches et des gros flambeaux, y est impraticable, parce que la fumée forme bientôt un nuage épais qui dérobe à la vue, tous les objets, et qui empêche d'observer les diverses formes, de ces pétrifications sans nombre, qu'on voit pendre des voûtes, et dont les parois latérales sont tapissées de tout côté.

Il y entra, en 1783, une société de curieux, bien résolus de tout observer, et de pénétrer aussi avant, qu'il seroit possible; car c'est le projet de presque tous ceux que la curiosité attire dans ces grottes; mais divers obstacles s'opposent ensuite à l'exécution. Un de ces observateurs nous a rapporté, qu'ils étoient entrés à huit heures du matin, et qu'à quatre heures du soir, ils n'en étoient pas encore sortis : que leur voyage avoit été très-pénible : qu'ils avoient souvent marché dans l'eau : qu'ils avoient franchi des espaces très-étroits : que tantôt il falloit gravir, sur des roches de pétrifications, tantôt descendre dans des précipices : que la flamme de leurs flambeaux se rapetissoit, à mesure qu'ils avançoient : que quelquefois ils les avoient attachés, au bout d'une longue perche, et que cependant ils n'avoient pas pu voir le haut de certaines voûtes : qu'ils s'étoient amusés souvent, à tirer des coups de pistolet, et que le bruit étoit répété, par une infinité d'échos souterrains; etc., etc.

Mais les observations les plus détaillées que nous ayons eues, nous ont été données par le propriétaire même de ces caves (1); et nous ne doutons pas, que nos lecteurs ne nous sachent bon gré, de leur en rendre compte ici : nous allons rapporter en substance ce qu'il nous en a dit, en deux occasions différentes.

« Il n'est pas possible de pénétrer, dans la caverne de Bouche-Rolland, dans les saisons pluvieuses, à cause des réservoirs d'eau, qui s'y rencontrent à chaque pas : vous ne pourrez y faire vos observations, que dans les mois de juillet ou d'août. Comme j'ai eu occasion de la visiter, une infinité de fois, et que je suis même assuré d'avoir pénétré plus loin, que personne de ma connoissance, je hasarde de vous faire part de ce qu'elle peut contenir d'intéressant, en attendant que vous puissiez voir les choses par vous-même.

» L'ouverture de cette caverne présente une perspective imposante. Elle a environ soixante pieds de haut, sur quarante de

(1) Vialar d'Espinous.

large. La voûte et les côtés sont unis et réguliers; mais il est aisé de s'appercevoir, que la nature n'a pas tout fait, et qu'elle a été perfectionnée par l'art. La voûte se prolonge dans cette même régularité, jusqu'à la distance d'environ cent cinquante pas. Elle s'abaisse et se rétrécit ensuite peu à peu, de manière qu'elle n'a que deux ou trois pieds de hauteur, et qu'il faut s'incliner pour passer. Mais ce n'est qu'un mauvais pas à faire, et elle s'exhausse de nouveau, et à quinze pas de là, on se trouve barré par un rocher de pétrifications, qui s'élève peu à peu, et qui finit par ne laisser qu'un défilé étroit, qu'il faut franchir. Dès qu'on a passé ce rocher, la voûte s'exhausse de nouveau, et à quinze pas de là, on se trouve dans un espace assez large, que nous appelons la salle. Ici la voûte est très-haute, et l'on a bien de la peine à en distinguer l'extrémité, à la lueur des chandelles. On entrevoit cependant qu'elle est irrégulière; et les côtés qui ne sont que des pétrifications, ont la forme d'un rideau à demi fermé, avec ses plis et replis. En se détournant un peu, on voit sur une hauteur, un rocher isolé, qui, quand on le frappe, résonne comme un bloc de métal, creux en dedans.

» Après cette salle, on traverse une galerie assez commode, dont l'élévation est d'environ dix pieds, et l'on arrive dans une seconde salle à peu près de la largeur de la dernière; mais dont la voûte est beaucoup plus haute, et toujours irrégulière. Cet espace présente des objets très-curieux : ce sont des pétrifications en forme de tribunes, de sièges, de loges de spectacle, garnies de rideaux à demi pliés, qui descendent majestueusement du haut de la voûte, jusqu'aux pieds du spectateur. Ce n'est pas sans peine qu'on voit une salle si bien décorée, salie dans le milieu, par un tas énorme d'excrémens de chauve-souris. Ces animaux se réfugient en foule, dans ces souterrains, et y passent l'hiver, accrochés les uns aux autres, comme des essaims d'abeilles. J'en ai trouvé, en d'autres endroits de la caverne, des pelotons composés d'un certain nombre, ainsi accrochées, dans un état de stupeur; et si l'on pouvoit appercevoir le haut de la voûte, dans cette salle, on en verroit sans doute, une grande quantité, à en juger par le grand tas d'excrémens, qui s'est formé au-dessous. Dans certains coins, où l'eau ne coule pas, on apperçoit des terriers semblables à ceux des lapins dans les garennes, et je présume que c'est là que les chauve-souris vont déposer leurs petits.

» Nous avions cru, pendant longtemps, que la salle, dont nous venons de parler, étoit le *non plus ultra*, de la caverne de Bouche-Rolland; et ce n'est que par hasard que nous découvrîmes, il y a quelques années, qu'elle se prolongeoit encore au delà. Sur l'un des côtés de cette salle, est un réservoir d'eaux, considérable, dans lequel personne n'étoit jamais descendu, croyant qu'il étoit inutile et dangereux peut-être de s'exposer sur une pente assez escarpée qui en forme les bords. Un curieux, avec qui j'étois entré dans la grotte, s'étant trop approché de ce bassin, fut entraîné malgré lui, par le sable qu'il rencontra sous ses pieds, et il se trouva tout d'un coup, dans l'eau jusqu'au genou. Voyant qu'il avoit fait les premiers frais, il jugea à propos d'avancer encore, pour observer le rivage opposé. A peine y fut-il arrivé, qu'il remarqua sous une grosse pétrification, une ouverture assez large, dans laquelle un homme pouvoit s'introduire aisément. On lui fit passer une chandelle, il grimpa, et nous dit qu'il voyoit la caverne se prolonger encore. Enchantés de cette découverte, nous nous mîmes tous dans l'eau ; et dès que nous eûmes abordé de l'autre côté, nous nous convainquîmes bientôt, que nous étions sans doute les premiers, qui avions pénétré jusques là ; car nous vîmes que les pétrifications étoient entières et intactes, au lieu que dans les salles précédentes, il paroissoit qu'on avoit cassé et emporté les plus beaux morceaux. Ici nous en trouvions de très-belles, à chaque pas : il y en avoit de suspendues sur notre tête, d'autres sous nos pieds, et sur les côtés, en forme de torches, de cierges, tantôt simples, tantôt doubles, triples, ou en faisseaux, et sous plusieurs autres formes bizarres et irrégulières. Une sur-tout nous frappa par sa beauté : c'est une pyramide ronde, de la hauteur de cinq ou six pieds, placée sur une hauteur, d'un accès assez difficile, mais qu'il seroit cependant possible d'emporter, en la sciant par sa base. Elle figureroit bien dans un parterre.

» Nous ne pûmes pas avancer plus loin, ce jour-là : nous eûmes beau chercher une issue ; il ne fut pas possible d'en trouver. Par-tout l'eau nous barroit le passage ; et elle avoit, dans cet endroit, une certaine profondeur, qui ne nous permettoit pas de nous exposer. Elle étoit cependant très-claire ; et avec un peu d'attention, il étoit aisé d'en appercevoir le fond, en plusieurs endroits.

» Peu de temps après, soupçonnant qu'il étoit possible de découvrir encore quelque nouveau passage, et de pénétrer plus loin, nous rentrâmes dans la caverne, au nombre de quatre. Parvenus à l'espace où nous nous étions arrêtés la dernière fois, nous fîmes de nouvelles recherches, et après beaucoup d'efforts inutiles, nous escaladâmes enfin un rocher escarpé, au péril de tomber dans l'eau. Là nous apperçûmes une cavité, dans laquelle un homme pouvoit passer facilement, en marchant sur ses mains. Nous nous y glissâmes tous. Ce défilé qui, après quelques pas, devint plus spacieux et moins incommode, nous conduisit sur les bords d'un vaste réservoir, dont nous ne voyions pas la fin, et qui nous parut trop profond, pour tenter d'aller plus loin. Avant de rebrousser, nous remarquâmes que la caverne s'élargissoit considérablement, et que l'écho répondoit de fort loin ; de sorte qu'il serait possible d'avancer encore, en prenant certaines précautions, et de découvrir peut-être des grottes plus vastes, et plus curieuses que les précédentes.

» En parcourant les divers appartements de cette caverne, on remarque presque partout, que l'eau coule du haut des voûtes ; et il semble qu'il serait aisé à un naturaliste, d'y étudier le méchanisme des sources, qui forment les ruisseaux et les fontaines. Quand les pluies ont été abondantes, ou qu'elles ont duré long-temps, l'eau des bassins déborde et sort avec impétuosité, hors de la caverne. M'y étant trouvé quelquefois, après un temps pluvieux, il m'est arrivé d'entendre au loin un bruit effroyable. C'étoit des amas d'eaux, qui se précipitoient du haut des voûtes, dans les réservoirs. En effet, peu de temps après, je voyois venir vers moi, des torrens assez forts, pour entraîner un homme. J'ai toujours remarqué que ces torrens se formoient subitement, et cessoient de couler aussi tout d'un coup, après un court espace de temps.

» Je ne puis pas douter que la caverne de Bouche-Rolland n'ait été habitée, en diverses circonstances, sur-tout vers l'ouverture ; car, comme je l'ai déjà dit, on s'apperçoit aisément que la main des hommes a perfectionné cet édifice naturel : et l'on y voit des trous qu'on a pratiqués à une certaine hauteur, sans doute pour y placer des pièces de bois, nécessaires dans les inondations, ou pour se garantir de l'humidité. J'y ai trouvé des armes de fer, des flèches, des clés antiques, quelques médailles, des pièces de monnaie, et bien d'autres choses remarquables par leur forme antique et singulière. »

Telles sont les observations qui nous ont été communiquées par M. d'Espinous, propriétaire de la caverne de Bouche-Rolland, près de Soulsac.

Tous ceux qui nous ont parlé de ces grottes, ainsi que de celles de Salles-Comtaux, et de bien d'autres, se sont réunis à dire, que les objets qui enchantent le plus le spectateur, c'est la variété infinie des pétrifications, des stalactites, et de toutes ces concrétions sans nombre, qu'on y rencontre à chaque pas, sur-tout à Salles-Comtaux. Des tours, des pyramides, des animaux, des monstres, des fruits de toute espèce, des bouquets de fleurs, toute sorte de figures, taillées tantôt en colosse, tantôt en miniature, régulières et irrégulières, les unes vertes comme le printemps, d'autres jaunes et brillantes comme l'or; certaines d'une blancheur éblouissante, souvent raboteuses, quelquefois polies comme le marbre ; tels sont les objets qui frappent de tout côté l'observateur curieux.

Parmi les souterrains, les grottes, les précipices, et les autres singularités de ce genre, que la nature présente souvent en Rouergue, la plus frappante sans doute au premier coup d'œil, est le *raux* ou abyme de Bozoul, à très-peu de distance de la grande route de Rodez, à Espalion. Un voyageur se détourne un peu du grand chemin; il arrive au village; il entre dans une maison, présente sa tête à la fenêtre, et voit à ses pieds, avec une surprise mêlée d'effroi, un précipice immense, creusé perpendiculairement, et pour ainsi dire à angle droit, avec la plaine qu'il vient de quitter.

Ce précipice singulier paroît avoir été formé par les eaux de la petite rivière de Dourdou, qui coule dans le fond, et qui suit géométriquement tous les contours, toutes les sinuosités des angles saillans et rentrans, qui bordent son lit, pendant l'espace de quelques lieues.

Ce qui frappe le plus le spectateur, c'est une sorte de régularité qui règne dans la forme de cet abyme. Il est arrondi en demi-cercle, de plus de trois cents toises d'ouverture, et symétrisé, comme si le compas en avoit tracé le plan. Les couches de tuf, de pierre calcaire, et de schistes, dont les parois semblent construites, complètent l'illusion de la vue, et l'on croit voir un ouvrage de la main des hommes. On se représente, en le voyant, un de ces amphithéatres majestueux (1), d'où l'on voyoit autrefois combattre dans l'arène, les gladiateurs, ou les bêtes féroces.

La gorge qui, dans certains endroits, a près de cent toises de profondeur, devient ensuite irrégulière; mais les couches diverses de pierre, dont elle est formée, se perpétuent encore, et se montrent à l'extérieur, jusqu'au-dessous de Rodelle, petit bourg, où l'on voit aussi des grottes, des rocs taillés à pic, des abymes, etc.

Le rocher de Saint-Xist, ou du Guillemard, près de Cornus, autre singularité, des plus frappantes du Rouergue, est encore une de ces belles horreurs, que la nature semble s'être amusée à parsemer sur la surface de la terre. C'est une chaîne d'immenses roches calcaires, coupées à pic, formant un circuit d'environ quatre à cinq lieues, dans lequel la forêt de Guillaumard, une des plus étendues de la province, se trouve enfermée. L'entrée de cette forêt est si bien défendue, par cette chaîne de rochers, qu'on ne peut y pénétrer, en bien des endroits, que par quelques sentiers secrets, connus seulement des gens du pays.

Il y a environ quatre ans, qu'une partie de ce rocher s'écroula, avec un fracas qui porta la frayeur chez tous les habitans du canton, à trois ou quatre lieues à la ronde. Il s'en détacha alors une lourde masse, plus grosse qu'une maison, qui en roulant déplaça une pièce de terre avec ses arbres, la transporta à une certaine distance, et l'étendit comme une nappe sur un

(1) Nous lui avons trouvé des rapports avec la forme intérieure des arènes de Nîmes.

champ voisin. Cet événement occasionna un procès embarrassant pour les juges, entre le propriétaire du champ enlevé, qui réclamoit son fond quoique déplacé, et celui du champ enseveli, qui ne vouloit pas être privé du sien, quoique la surface eût été dénaturée. On nous a laissé ignorer le jugement de cette singulière affaire (1).

On voit non loin de ces rochers et ailleurs, sur le Larzac, comme c'est assez ordinaire, près des roches calcaires, plusieurs sources remarquables par la clarté, la pureté, la fraîcheur, et sur-tout par l'abondance de leurs eaux : telles sont celles de Fondamente, d'Aiguebelle, de Fons, et celles qui forment la rivière de Sorgue. Les bergers peuvent se mirer facilement dans le cristal de ces fontaines ; et c'est, dit-on, l'origine des noms des deux premières, qui signifient fontaine d'amante, et belle eau.

Dans les sols calcaires qui forment des souterrains, et d'où naissent ces sources abondantes, dont nous venons de parler, on trouve assez fréquemment, une sorte de pierre gypseuse, blanchâtre, et transparente comme de la cire, qu'on taille facilement, et qui prend un poli approchant de celui du marbre. On en fait des figures très-agréables, et sur-tout des vases assez transparens, pour qu'une chandelle qu'on y enfermeroit, brille à travers, et répande assez de clarté, pour lire à une distance de quelques pieds. Cette pierre ne peut pas être regardée comme un véritable albâtre, parce qu'elle ne se dissout pas dans les acides, mais elle ressemble beaucoup à celle que les naturalistes appellent alabastrite.

Par-tout dans le Rouergue, la nature offre des singularités à observer. Dans les champs près de Rodelle, et aux environs de Lanhac, on trouve une infinité de petites pierres, connues des naturalistes, sous le nom de bélemnites, qui présentent des phénomènes encore plus singuliers, que les basaltes dont nous avons parlé. Si on les fait chauffer sur un charbon ardent, ou à la flamme d'une chandelle, il en sort une odeur forte et désagréable de corne brûlée, d'urine et de matières sulfureuses ; ce qui a fait croire qu'elles se formoient dans les nuées, et qu'elles tomboient avec la foudre ; de là vient que plusieurs les appellent pierres de foudre, ou de tonnerre (2). Ces pierres sont d'une forme régulière, quoique toutes ne se ressemblent pas parfaitement : elles sont ordinairement de figure conique, longues, depuis deux pouces jusqu'à cinq, et de huit à vingt lignes de grosseur. Si on les casse, on remarque dans l'intérieur un petit tuyau, qui les traverse dans toute leur longueur. Elles

---

(1) Renseignemens donnés par Brun, Ingénieur du Département, et par Alverahe Secrétaire de l'Administration centrale.
(2) Voy. dict. de Valmont de Bomare, art. *Bélemnites.*

sont composées d'une matière brillante en dedans, rangée en forme de rayons, et par couches qui se séparent facilement les unes des autres, quand on les met dans le feu.

Certains naturalistes regardent ces pierres comme une sorte de coquillages. En effet, sur la montagne du Causse-noir, près de Millau, où l'on voit des bélemnites, comme dans le Causse de Rodelle, on trouve en même temps, une infinité de coquilles fossiles, de toute forme et de toute grandeur. Certaines ne sont pas plus grosses que des fèves ; d'autres ont plus d'un pied de large, et une longueur proportionnée. La figure n'en est pas moins variée que la grosseur : les unes ressemblent à un petit vaisseau, les autres présentent la forme d'une trompette ; plusieurs sont contournées en volute, à plusieurs spirales, qui vont en s'élargissant d'un côté, et qui de l'autre, se terminent en pointe. Quelques unes sont rayées en forme de peigne à cheveux, et ressemblent assez à ces coquillages, dont se chargent les pèlerins de St-Jacques ; d'autres ont la figure d'un manche de couteau. Il seroit difficile de décrire avec exactitude, tous les genres de coquilles, qu'on rencontre à chaque pas, sur ces montagnes ; mais quelque variées qu'elles soient, pour la grandeur et pour la forme, on peut les réduire presque toutes, aux espèces désignées par les naturalistes, sous le nom de nautiles, de bélemnites, de buccins, de volutes, de limaçons ; et parmi les bivalves, à celles qu'on appelle solènes, huîtres et peignes.

Les montagnes du Causse-noir sont encore remplies d'une sorte de pierres gypseuses, en forme de cristaux romboïdaux et transparens, qui ne sont pas moins dignes, que les coquilles fossiles, de fixer l'attention d'un observateur.

IV.

Mines, fontaines minérales.

Le Rouergue renferme une quantité prodigieuse de mines, dont certaines étoient exploitées autrefois, avec beaucoup de succès, au rapport de Strabon, qui dit outre cela, que les Ruthènes étaient distingués de leurs voisins, par leur habileté en orfévrerie (1). Selon les historiens du Languedoc (2), on tira d'une seule de ces mines, sur les frontières du Gévaudan, plus de six cent quintaux d'argent, en moins de quatre ans. On voit dans Tacite (3), que sous l'empire de Tibère, elles enrichissoient les peuples du pays, et fomentoient la cupidité

---

(1) *In Ruthenis argentariæ vigent artes.* Strab. lib. IV. Geogr.
(2) Dom Vaissette, Hist. du Lang. tom. I.
(3) *Annal. lib. 3.*

et l'avarice, des gouverneurs de la Province. Séronat, préfet du prétoire, dans les quatrième et cinquième siècles, en retiroit de si grands profits, par ses vexations, qu'il excita une révolte générale.

C'est sans doute à l'habitude de creuser dans la terre, pour fouiller dans ces mines, soit d'argent, soit de cuivre, de fer, d'étain, et de plomb, qui furent long-temps exploitées dans le Rouergue, le Gevaudan, le Querci et les pays voisins, qu'on doit attribuer l'usage des anciens Aquitains, de s'enfermer dans les caves, selon le témoignage de César (1). De là peut-être aussi l'origine de quelques souterrains qu'on voit encore en divers endroits, et dans lesquels on dit que nos pères alloient se tapir, les mois entiers, quand ils étoient menacés de quelque incursion, par les ennemis (2).

Les mines d'argent du Rouergue ont été exploitées, jusqu'à la découverte du nouveau monde. Lorsqu'on vit que celles de l'Amérique nous fournissoient plus abondamment, l'or et l'argent, on négligea en Europe, celles, d'où l'on tiroit ces métaux précieux. Dans le treizième siècle, on en exploitoit encore plusieurs dans la province, et souvent elles occasionnèrent des procès, entre les divers seigneurs du pays. C'est ainsi qu'en 1250, un particulier ayant découvert une mine d'argent à Orzals, près du Minier, non loin des rives du Tarn, aussitôt le comte de Rouergue, Hugues de Saint-Rome, chevalier, et le comte de Rodez se la disputèrent, et cherchèrent à se l'approprier. Le comte de Rouergue, qui était alors Alphonse, comte de Toulouse, commit en 1263, pour examiner l'affaire, Odon de Montonier, qui déclara que la mine étoit située dans les domaines de Hugues de Saint-Rome. Alphonse acheta le droit de ce seigneur ; mais Hugues, comte de Rodez, en qualité de seigneur suzerain des terres de Hugues de Saint-Rome, prétendit que la mine lui appartenoit : ils transigèrent, en 1265, avec Alphonse qui resta en possession du tiers des produits de la mine, outre le droit de seigneur dominant, lequel consistoit en trois sous par marc, de l'argent qu'on en retiroit. Le surplus fut laissé en fief, au comte de Rodez.

En 1280, les tuteurs des enfants de Bringuier de Mirande demandoient certains droits, au comte, sur les mines d'Orzals et du Minier ; mais ils transigèrent avec lui. En 1286, Brenguier Sigals, chevalier du lieu de la Romiguière donna au comte, tous les droit qu'il avoit aux mines d'Orzals et du Minier, près de Trépadou. C'est ainsi que peu à peu les comtes s'approprièrent toutes les mines (3).

(1) Cæs. lib. 1. de bello gall.
(2) Furgole, Hist. d'Aquit.
(3) Archiv. du comté de Rod. Les archives du comté et celles de l'évêché de Rodez, sont les principales sources, où nous avons puisé, pour ces mémoires. Nous nous dispenserons de les citer dorénavant, lorsque nous rapporterons des faits, que nous en aurons tirés.

Il n'y a pas encore cent cinquante ans, qu'on exploitoit près de Bozoul, une mine d'azur et une autre de fer, dont on transportoit le minéral dans les bois d'Aubrac, pour le fondre; mais la difficulté des chemins a fait interrompre ce travail, depuis plusieurs années.

Il n'est point de canton dans la province, où l'on n'ait fait en diverses occasions, quelque découverte relative aux mines. Outre celles d'argent d'Orzals, de Sylvanez et du Minier, dans le seizième siècle, on en remarqua une de même métal, près du Mur-de-Barrez, et une autre, aux environs de Villefranche. Nous avons conservé nous-mêmes pendant long-temps, des fragmens de minéral d'or, qu'un ingénieur de la province (Richeprey) avoit recueillis, aux environs de Millau. Depuis le neuvième siècle, jusqu'au quinzième, les comtes de Rodez ont fait battre monnoie, dans leur château, avec les métaux qu'ils retiroient des mines du Minier, d'Aubin, d'Orzals, de Sylvanez, etc. Nos rois reconnurent si bien, dans le quinzième siècle, l'avantage de ces mines, que pour faire convertir en espèces, les métaux qu'on en retiroit, ils établirent des hôtels de monnoies, à Villefranche, à Figeac, et à Maruéjoul (1).

Il y a à Villefranche, le long de l'Aveiron, beaucoup de mines de plomb et de cuivre. On en trouve dans les vallées affluentes de la même rivière, sur les pentes des collines schisteuses, depuis Peyrusse et Villefranche, jusqu'à Najac. On y a fait autrefois des exploitations considérables. On y voit beaucoup de puits profonds, de vastes galeries, et des ruines d'anciens fourneaux. Plusieurs familles de ces contrées doivent leur origine, à des mineurs, qui y habitoient. Enfin on croit que le grand nombre de martinets, pour battre le cuivre, qui sont encore en activité, ont été originairement alimentés par ces mines.

On rencontre aussi beaucoup de mines de fer, de cuivre et de plomb, dans le Vabrais, depuis St-Affrique, jusqu'à St-Sernin, d'un côté, et jusqu'à Saint-Félix-de-Sorgues, d'un autre. On y voit des traces d'anciennes exploitations.

On a trouvé beaucoup de minérai de fer, dans la vallée du Lot, entre Estaing et Saint-Geniez. Ce métal y est répandu sur les collines de grès. Car cette vallée est formée par des collines volcaniques de schiste, de granit, de pierres calcaires et de grès (2).

En 1672, et 1673, les mines de cuivre de Najac, de Corbières et de la Guépie furent ouvertes, par ordre du roi; et plus de quarante ans après, on en tiroit encore beaucoup de cuivre rouge ou rosette. Thévet, qui écrivait en 1574, rapporte (3), que

---

(1) Ces hôtels de monnoie sont supprimés, depuis long-temps. Celui de Villefranche marquoit sa monnoie, de la lettre X.
(2) Mém. de Henri de Richeprey.
(3) Thévet, Cosmograph. univers. tom. 2, liv. II.

de son temps on exploitait beaucoup de mines en Rouergue, et qu'on tiroit particulièrement beaucoup d'antimoine de celles de Peyrusse, de Villefranche, et du Mur-de-Barrez. « Et n'y a
» pas longtemps, dit-il, qu'en un village nommé Minier, près
» de Montjaux, découla d'un rocher et montagne si grande abon-
» dance de vif argent, que l'on eut jugé être un torrent, pour le
» bruit qu'il faisoit, lequel s'alla dégorger dans la rivière du
» Tarn. » Les mines d'alun, de couperose et de charbon, abondent en Rouergue, beaucoup plus encore que les autres, dont nous venons de parler. On en trouve plusieurs dans le Vabrais, à Aubin, à Cransac, et dans d'autres cantons de la basse-Marche.

Mais les mines du Rouergue sont presque inconnues aujourd'hui, si l'on en excepte celles de charbon et d'alun. Les habitans de la province, n'ayant presque aucune connoissance de l'histoire naturelle du pays, méprisent, faute de les connoitre, les trésors qu'ils voyent tous les jours, et qu'ils ont dans le sein même des champs qu'ils cultivent. On voit encore dans une infinité d'endroits (1), les galeries, les carrières, les puits ouverts anciennement pour l'exploitation de quelque mine ; et à peine sait-on le nom du minéral qu'on en tiroit. Quelques étrangers plus instruits, qui ont parcouru nos montagnes, ont reconnu tous ces travaux, et y ont trouvé des richesses de toute espèce, sans parler des carrières de marbre, d'ardoise, de pozzolane, et de plusieurs autres qualités de pierre, très-propre pour les ouvrages de maçonnerie.

Il y a des carrières de marbre, à Firmi, à la Peyrinie près de Rodez ; et celles de Céras, dans le Vabrais, en fournissent surtout d'une excellente qualité. On trouve de très-beaux lits d'ardoise, sur les montagnes de la Viadène, surtout entre Estaing et la Guiolle. On en voit aussi quelques carrières, aux environs de Previnquières et de Rinhac.

Les montagnes du Vabrais contiennent des masses énormes de plâtre, qu'on exploite avec succès en certains endroits, mais la difficulté des chemins en rend le transport si difficile, que dans une partie de la province, on préfère d'employer le plâtre des carrières de Paris et de Normandie. Le plâtre du Vabrais est blanc, opaque, et composé de particules fines et déliées, il ressemble à du marbre par la ténacité de ses grains. Mais quelque bonne qu'en soit la qualité, l'exploitation en est négligée, comme celle de tous les autres minéraux du Rouergue.

Les administrateurs de la province de Haute-Guienne, frappés des avantages que le Rouergue retiroit autrefois, de ces divers trésors cachés dans le sein de ses montagnes, ont délibéré de

_____
(1) A Sylvanez, au Minier, à Najac, sur les montagnes d'Aubrac, à Aubin, etc.

nos jours (1) d'envoyer à Paris, un élève, pour suivre l'école des mines ; afin que lorsqu'il sera formé, il vienne répandre ses connoissances minéralogiques dans nos provinces, et nous apprendre à mettre à profit les richesses que nous possédons, sans les connoître.

Il seroit difficile de trouver des mines de charbon, plus riches que celles qu'on exploite aux environs d'Aubin. D'après les observations qui furent faites en 1784, par ordre de l'administration provinciale, on découvrit que les veines et les filamens de ces mines, s'étendoient d'un côté, jusques dans le Querci, et de l'autre, jusqu'au Tarn, vers Vabres et Millau. Il y a lieu de soupçonner aussi une mine de charbon, près du moulin de Cardaillac, aux portes de Rodez. Elle seroit sans doute d'un grand produit, pour le propriétaire, à cause de la proximité de la ville, s'il entreprenoit de la faire exploiter.

Le gouvernement envoya en 1769, et depuis en 1783, des inspecteurs des mines, à Aubin, pour reconnoître celles de charbon, et en inspecter les travaux ; mais les gens du pays, craignant qu'on ne vint les enlever aux propriétaires accueillirent fort mal ces commissaires du roi. La première fois il y eut un soulèvement général, que l'appareil de la force armée eut peine à calmer ; et il se seroit renouvelé peut-être en 1783, si l'administration provinciale n'eût pris des précautions douces, pour appaiser des inquiétudes, mal fondées d'ailleurs.

Le grand nombre de fontaines minérales, qu'on voit dans le Rouergue, sont une nouvelle preuve de la quantité de minéraux dont la province abonde. Outre celles de Sylvanez, de Camarez, de Saint-Antonin, de Sainte-Marie, sur les frontières de l'Auvergne, de Gabriac, de Cransac, dont la réputation est fort étendue, on en trouve une infinité d'autres, soit sur les montagnes, soit dans les vallons et sur la plaine, qui toutes ont des propriétés différentes, suivant la différence du minéral qu'elles contiennent.

Il paroît que celles de Cransac sont connues depuis bien long-temps ; car on lit dans les archives de l'église de Conques, que la troisième année du règne de Charles le simple, c'est-à-dire l'an 900, une femme nommée Avierna et son fils Bernard, donnent à Arlade, abbé de ce monastère, le Village et la Fontaine de Cransac, *mansum et fontem de Caranciaco*. Il en est fait mention aussi dans le testament de Raymond, comte de Rouergue, l'an 961.

Les eaux de Cransac ont leur source dans un terrain, qui présente par-tout les vestiges du feu (2) ; et en effet les briques, les scories de fer, les terres vitrifiées qu'on y remarque, dans une étendue de deux ou trois lieues, ne permettent pas de douter

(1) Procès-verbal des séances de l'administration provinciale, année 1784.
(2) Calendrier du Rouerg. ann. 1775.

que ce pays n'ait été successivement brûlé. On voit encore à demi-heure de distance de Cransac, deux montagnes, d'où sort, par diverses ouvertures, une fumée très-épaisse, et souvent une flamme très-vive. En approchant de ces coteaux, on remarque une infinité de crevasses, où le feu s'est éteint, et d'autres où il est encore en activité, et où il enflamme en un instant, les pièces de bois qu'on présente dans les gerçures. Si l'on ne marchoit avec précaution sur le terrain d'où sort la fumée, on courroit le danger de se précipiter dans les gouffres embrasés, qu'on rencontre à chaque pas, les uns plus ardents, les autres à demi éteints. Les petites éruptions, les murmures souterrains, le bruissement de la flamme, en temps de pluie, l'épaisseur de la fumée qui sort de ces divers cratères, tous ces phénomènes et bien d'autres, présentent l'image d'autant de petits volcans. Toutes les pierres des environs sont couvertes d'incrustations de couleur verdâtre, mêlée d'un jaune brillant comme de l'or. Plus les pierres sont chaudes, plus l'éclat des couleurs est vif; mais les incrustations n'adhèrent pas fortement aux pierres; comme je m'en suis convaincu, par une collection qu'en firent dans une boîte, des jeunes étudians, qui m'avoient conduit sur ces coteaux enflammés. Frappés de la variété et de l'éclat des couleurs, ils recueillirent une certaine quantité de ces petites pierres, malgré la chaleur du sol, qui leur brûloit la plante des pieds. De retour à Cransac, nous nous empressâmes de faire part de notre découverte; mais nous trouvâmes à notre grand regret, les couleurs beaucoup moins vives, et une partie des incrustations réduite en poudre, par les froissemens qu'elles avoient éprouvés dans le transport. Parmi les amas de débris de différentes pierres, dans ces charbonnières embrasées, on a souvent trouvé de très-beaux morceaux de jaspe; mais comme on n'en a pas vu ailleurs, il est à croire que celui-là a été produit par l'action du feu, sur les pierres de quartz ou de schiste.

Il y a peu d'années que quelques bergers, pour s'amuser, ou peut-être pour essayer d'éteindre ce feu souterrain, entreprirent d'y introduire l'eau d'un ruisseau voisin. Ils pratiquèrent une rigole sur le penchant d'une colline, et sans se douter des suites de leur expérience, ils firent entrer l'eau dans une des principales crevasses. Quelle fut leur surprise, lorsque quelques momens après, ils entendirent un bruit horrible dans l'intérieur, et qu'ils sentirent la terre trembler sous leurs pieds! La frayeur les saisit, ils prennent la fuite, et bientôt frappés du bruit de l'explosion qu'ils avoient occasionnée, ils se retournent et voient dans les airs une nuée de cendres, de feu, de fumée et de pierres, dont heureusement quelques arbres les garantirent. Des gens du pays nous ont raconté que ces sortes d'éruptions avoient lieu de temps en temps, sans être excitées par de pareilles imprudences; et c'est ce qui fait regarder cette montagne comme un vrai volcan. Mais si l'on fait attention que le feu ne p...oît pas pénétrer à une grande profondeur, et qu'il n'a ja... occasionné de tremblemens de terre considérables, on [...]ssez que ce ne sont que des veines de charbon qui ont [...] ...lammées par leur fermentation naturelle, ou par quelque au[tr]e accident. On ignore l'époque de la première invasion du feu ; mais on a toujours remarqué que lorsqu'il s'éteint dans un en...roit, il s'allume dans un ou plusieurs autres. Quelquefois il s'est perpétué pendant des siècles, sur le même coteau ; d'autres fois il s'y éteint après vingt, trente, cinquante ans.

Dans certains endroits le feu qui brûle intérieurement, ne se montre pas au dehors ; et on n'est averti de son existence que par quelques sources d'eaux thermales, ou par la chaleur de quelques grottes, qui forment des étuves.

Les coteaux de Cransac ne sont pas les seuls qui alimentent ainsi des feux souterrains. On voit au pied d'une autre montagne du Rouergue, un phénomème très-intéressant et qui cependant est à peine connu de quelques géographes, qui se contentent d'en faire mention dans leurs écrits. Je veux dire les sources thermales de Chaudes-aigues, sur les frontières de l'Auvergne, au pied des montagnes de la Viadène. Chaudes-aigues n'étant pas de la province de Rouergue, il seroit hors de notre sujet d'en parler ici. Nous n'avons pas d'ailleurs assez observé sa fontaine du Parc, ni les autres sources chaudes qu'on y voit, pour entreprendre d'en entretenir nos lecteurs. Nous rapporterons cependant quelques phénomènes, qu'un écrivain de nos jours y a remarqués (1).

Quelque grande que soit la sécheresse, on n'a presque jamais reconnu une diminution sensible, dans les eaux abondantes de cette source. On lui a trouvé, dans l'été, soixante-dix degrés de chaleur ; c'est-à-dire qu'avec dix ou douze degrés de plus, elle auroit été aussi chaude que l'eau bouillante. Cette chaleur est un peu moindre en hiver ; mais elle est toujours trop forte, pour que l'on puisse y plonger la main, sans se brûler. L'eau en est toujours claire et limpide, même lorsqu'elle est refroidie. Elle conserve sa chaleur plus long-temps que l'eau ordinaire, chauffée au même degré ; ce qui prouve que les principes de fermentation qui l'occasionnent, gardent leur activité en plein air, avant de se dégager.

Les vapeurs qui s'exhalent sans cesse, des différentes sources, couvrent la ville d'une fumée et d'une humidité continuelles ; de sorte que le voyageur, qui arrive sans être prévenu, croit qu'on vient d'y éteindre un incendie.

Ces eaux servent au peuple de Chaudes-aigues, pour tous les usages de la vie. Quand l'heure du repas approche, on voit le

(1) Le Grand, dans son intéressant Voyage d'Auvergne.

long du canal d'écoulement, une foule de femmes avec un pot, un peu de beurre, du sel et du pain coupé en tranches. Elles emplissent le pot, d'eau minérale, le mettent ensuite dans le canal, comme dans un bain marie, et dans quelques minutes, leur soupe est faite. On s'en sert également pour cuire des œufs, pour épiler des cochons, pour faire le pain, pour le blanchissage du linge et pour les teintures.

Mais c'est sur-tout en hiver, que ces eaux sont d'une utilité générale pour le chauffage. Il n'y a presque pas de maison, qui ne reçoive dans un petit bassin couvert d'un pavé mobile, un certain volume d'eau, qu'un canal général va prendre à la source du Parc, pour la distribuer ensuite dans toute la ville, par des embranchemens particuliers. On augmente et l'on diminue, à volonté, la chaleur du pavé, par le moyen d'une écluse, qu'on ouvre ou qu'on ferme, suivant qu'il est nécessaire, pour donner au chauffoir la température qu'on désire.

Il est à souhaiter que quelque chimiste habile, ou quelque citoyen ami de l'humanité, apprenne à retirer un jour, des eaux de Chaudes-aigues, des avantages plus essentiels, et que les malades y trouvent, soit par la boisson, soit par des bains, un soulagement à leurs douleurs, comme dans les autres sources thermales des autres pays.

V.

Commerce.

L'exploitation des mines d'Aubin, de Cransac, du Vabrais, e des autres parties du Rouergue, deviendroit infiniment plus avantageuse à la province, si l'on venoit à bout de rendre navigables quelques rivières, comme on l'a projeté ; et si l'on mettoit la dernière main aux grandes routes déjà ouvertes en plusieurs endroits. Personne ne doute qu'alors les mines ne fussent une des plus grandes sources de commerce pour le pays. Ce qui seroit d'autant plus heureux, pour cette petite province, que les autres objets de commerce y sont peu considérables.

Les principaux sont les bestiaux, les toiles, les laines et le merrain. Les montagnes de la Viadène, fournissent les boucheries de plusieurs villes de Provence, et l'on y nourrit des mulets pour la culture des terres du Languedoc, du Querci, et de quelques provinces d'Espagne. Il se fait un certain débit de toiles, à Rodez, à la Selve, à Najac, et dans les autres villes de la province. Mais les foires de Najac, sont celles où il se fait le plus d'affaires, en genre de toiles. On y en vend, chaque année, environ deux mille balles, c'est-à-dire, pour cinq cents mille francs.

De tout temps, les Ruthènes ont donné dans ce genre de

commerce; car les historiens romains en font mention. Pline rapporte que le Rouergue, avec quelques provinces voisines, fournissoient les voiles nécessaires pour les vaisseaux des Gaulois (1).

On fabrique, en divers cantons, une grande quantité de petites étoffes de laine, qui se répandent dans les pays voisins. Les villes de Saint-Geniez et de Saint-Affrique, les plus commerçantes et les plus actives du Rouergue, ont diverses manufactures de ce genre. Plusieurs négocians de Saint-Geniez font de fréquens envois de cadis, de refoulés, de petites serges, d'impériales, dans le Lyonnois, en Provence, en Languedoc, et sur-tout en Espagne, où il s'en fait une grande consommation. Les habitans de Saint Affrique, qui sont très-laborieux et industrieux, fabriquent avec les belles laines du Larzac, des étoffes pour les troupes, des tricots, des ratines de toute espèce, qu'ils envoient à Montauban, pour la teinture et la frise. Ces deux petites villes ont le mérite d'avoir répandu l'activité et l'amour du travail, dans tous les villages des environs. Elles ont établi dans les campagnes, des filatures de laine, ou de coton, qui donnent à vivre à une foule de malheureux, qu'on verroit réduits à la dernière misère, sans cette ressource. Le goût du commerce et de l'industrie s'est communiqué ainsi, peu à peu, aux autres petites villes et aux bourgs du voisinage. Ainsi l'on voit divers ateliers et fabriques du même genre, d'un côté à Saint-Côme, à Espalion, à Lunet, à Sainte-Eulalie ; de l'autre à Camarez, à Belmont, à Saint-Félix, à Fayet, etc.

Les vins du Rouergue formeroient une autre branche de commerce, non moins considérable sans doute, si les grandes routes, ou quelque rivière navigable, en facilitoient l'exportation. Tout le monde connoît le prix de ceux, que nous fournissent les vignobles des vallons du Lot, de l'Aveiron, du Tarn, de Marsillac, et sur-tout ceux de la partie occidentale de la province, comme Varen, Lossédat, Saint-Antonin, etc.

Nous omettons ici bien d'autres petits objets d'industrie et de commerce, qu'il seroit trop long de détailler. Nous ne dirons rien d'un grand nombre d'habiles fabricans et commerçans mégissiers, chapeliers, tanneurs, amidoniers, confiseurs, tourneurs, chandeliers, papetiers répandus dans les diverses villes de la province, et dont les ouvrages et les marchandises jouissent de la plus grande réputation, dans les pays voisins, même à Lyon et à Paris (2). Tout cela nous fait présumer que si un jour le Rouergue jouissoit de l'avantage inappréciable, de pouvoir communiquer avec ses voisins, par les grandes routes,

---

(1) *Rutheni, Cadurci, Morini..... vela texunt.* Plin, lib 18 *hist. natur.*

(2) Les mégissiers de la seule ville de Millau, envoient plus de trente mille peaux de chèvre ou d'agneau, à Paris, à Lyon, à Beaucaire, et dans les autres villes du Languedoc.

le commerce y seroit aussi florissant peut-être, que dans les provinces les mieux percées.

VI.

Agriculture.

Ces communications influeroient sans doute beaucoup d'ailleurs sur la perfection de l'agriculture, à cause de la facilité que les cultivateurs auroient de comparer les divers usages d'une contrée, avec ceux d'une autre. Au lieu que dans l'état présent, on les voit suivre aveuglément les mêmes procédés de culture, quoiqu'ils soient souvent très-imparfaits ; mais on ne sauroit s'écarter de la routine reçue, parce qu'on manque d'expérience, et qu'on n'est pas à portée de connoître ceux qui sont usités ailleurs. De là vient sans doute qu'on remarque, dans certains quartiers, les propriétaires dans l'aisance, avec des fonds d'une mauvaise qualité ; tandis que d'autres, avec d'excellentes terres, vivent dans la misère.

La variété singulière dans la nature des terres en Rouergue, exigeroit de grandes différences, dans la manière de les cultiver; malgré cette diversité des terroirs, on voit qu'on les emploie tous à presque tous les genres de culture. On trouve par-tout des prés, des terres labourées, des pâturages, des châtaigneraies et des vignes. Mais un habile observateur (1), qui a parcouru la province, par ordre de l'administration, a remarqué beaucoup d'imperfections dans tous ces genres de culture.

A peine reconnoît-on en effet quelque différence, entre la manière de cultiver une terre qui ne produit qu'une récolte tous les quinze ans, sur les montagnes de la Viadène, et une autre qui en produit deux chaque année, dans les fertiles vallées de Livinhac et de Saint-Antonin.

Imprimer dans les terres fortes des sillons trop légers, et trop peu répétés ; ne pas approprier à chaque canton, le genre de charrue qui lui convient ; voilà des vices qu'il nous reproche. Il a observé encore que la plupart des cultivateurs, conduits par une routine funeste, sèment trop épais ; et que l'exemple de quelques-uns qui ont diminué avec succès leur semence, n'est pas assez suivi. Certains connoissent l'avantage de changer souvent de semence, et de ne pas toujours employer sur les mêmes sols, celles qu'on y recueille ; cependant ce moyen d'amélioration, quoique simple et peu dispendieux, est généralement négligé. Il désireroit aussi qu'on semât moins tard sur les montagnes ; qu'on fît attention que les grains qu'on sème les premiers, sont ceux qui parviennent les premiers à la maturité, et qu'ils sont outre cela moins sujets à la nielle.

(1) Henri de Richeprey.

Une autre observation qui doit frapper toutes les personnes qui ont réfléchi sur les cultures et sur l'état du Rouergue ; c'est qu'on y rencontre des territoires immenses, couverts de buis, de bruyères ou d'ajoncs épineux, dont on pourroit former les meilleurs champs. Dans d'autres cantons qui comprennent une grande partie de la province, on n'emploie qu'une culture si médiocre, qu'il est démontré qu'on n'y recueille pas la dixième partie du produit que procureroit une culture convenable. Rien de plus commun que de rencontrer un sol, en apparence ingrat et stérile, qui rend annuellement, à force de travail, dix à douze pour un, ou de riches récoltes de chanvre et de grains, tandis que les champs voisins restent incultes des années entières (1).

La pomme de terre est devenue depuis quelques années une des plus grandes ressources des habitants pauvres du Rouergue. La culture de cette plante, le plus utile présent que le nouveau monde ait fait à l'ancien, avoit été jusqu'ici si négligée, que tel propriétaire qui en recueille aujourd'hui deux cents quintaux, n'en recueilloit pas deux, il y a dix ans. Elle a en effet cet avantage sur les autres productions alimentaires, que sa récolte ne manque presque jamais, et qu'elle ne craint ni la grêle, ni beaucoup d'autres accidens, qui détruisent souvent, en un instant, toute l'espérance du cultivateur.

Mais cette culture, toute avantageuse et facile qu'elle est, est bien éloignée de sa perfection, comme les autres. Certains cultivateurs péchent par le choix des espèces, faute de les connoître sans doute ; car dès qu'une fois on a adopté la grosse-blanche, on reconnoît facilement que c'est la plus vigoureuse, la plus féconde, la plus nutritive, la moins exigeante pour les engrais et pour la qualité de la terre ; et sa grosseur (2) détermine d'ailleurs facilement à la préférer à toutes les autres ; quoiqu'elle ne soit pas plus délicate au goût.

Peu de cultivateurs connoissent aussi tous les moyens de multiplier la pomme de terre. C'est une des plantes qui prouve le plus, combien grandes sont les ressources de la nature, pour la régénération des végétaux. Elle se reproduit d'une infinité de manières. Outre ses racines qui peuvent se diviser en autant de parties qu'il y a d'œilletons, les boutures coupées de la tige, les provins, les marcottes de la plante, les germes même pourris ou desséchés, et entièrement séparés de la pomme, conservent toujours leur force végétative. Je ne parle pas des semis, je veux dire, cette baie ou fruit vert, que la plante produit, et qui ren-

(1) Description des sols, p. 175. Les observations de l'ingénieur Richeprey ont tant de précision, que quelquefois nous n'en changeons pas les expressions.

(2) On a vu des pommes de terre de cette espèce, pesant quatre livres et demie ; tandis que les plus grosses des rouges-longues, des violettes, des rouges-souris, des pelures d'oignon, des petites-blanches, autres espèces ainsi désignées par les cultivateurs, excèdent rarement une demi-livre.

ferme jusqu'à trois ou quatre cents grains, qu'on peut semer en les mêlant avec du sable ou de la terre.

Outre la culture des pommes de terre, qui est devenue si générale, on a adopté depuis peu, dans certains cantons du Rouergue, avec le plus grand succès, celle d'une nouvelle espèce de blé sarrazin, qui se répandra, à coup sûr, par-tout, dès qu'on connoîtra la prodigieuse fécondité de cette plante. Elle rapporte très-communément plus de deux cents pour un. Ce blé n'a d'autre rapport avec le blé noir ordinaire, que la couleur. La forme du grain, qui est raboteuse et rude au toucher, la fleur qui est presque insensible, la tige qui se charge de grains, depuis sa naissance à fleur de terre, jusqu'à l'extrémité de ses nombreuses branches, le goût et la couleur du pain, tout dans cette plante offre des différences essentielles, avec le blé sarrazin qu'on a cultivé jusqu'ici.

Un jeune homme venant d'Espagne en apporta par hasard quelques grains dans sa poche. Arrivé dans sa patrie, il les sema dans un jardin, et il fut étonné dans l'automne, de leur multiplication merveilleuse. C'est ainsi que cette culture s'est introduite en Rouergue.

La même imperfection qui règne dans la culture des terres labourées, se montre aussi dans celle des prés, quoique plus simple ; puisqu'elle se réduit à l'art de la direction des eaux, et de la fenaison, et à la destruction des taupinières, et des herbes nuisibles aux bestiaux.

On est bien éloigné en Rouergue, de connoître l'art d'arroser les prés, qui cependant a fait les plus grands progrès, dans une province voisine, l'Auvergne, où l'on rencontre de toute part des digues, qui traversent non-seulement des ruisseaux et des rivières, mais même des vallées entières, et qui élèvent et dirigent les eaux à de grandes hauteurs, d'où elles coulent ensuite des pentes les plus élevées, et forment des prairies immenses. Rien de plus commun que de rencontrer des ouvrages admirables de ce genre, et qui doivent avoir coûté des dépenses et des travaux incalculables. On n'est pas assez riche en Rouergue, pour se livrer à de pareilles entreprises. On se contente de faire des prés au bord des ruisseaux et des torrens, sur les pentes et dans les vallées, où les eaux peuvent se conduire et se répandre, sans peine et sans dépenses. Aussi la province n'a-t-elle pas la centième partie des prés qu'elle pourroit avoir.

Le seul canton où l'on trouve des travaux dignes de remarque, pour l'arrosement des prés, c'est celui de Ségur. On y arrête à une grande hauteur, par une forte digue, les eaux d'un torrent rapide. On les tient ainsi suspendues, pour arroser toutes les pentes de la montagne. On divise les arrosemens par une infinité de rigoles horizontales, creusées les unes au-dessus des autres, et qui retournent en divers sens. Le cours des eaux est ainsi prolongé, et conduit de toute part ; en sorte que toutes les prairies sont arrosées également et le plus long-temps possible (1).

Le cultivateur doit porter encore plus d'attention à la qualité qu'à la quantité d'eau qui arrose ses prés. Qu'on substitue à une eau vive et âcre, les égouts de la basse-cour d'un domaine, ou les eaux d'une rivière, telle que le Céor qui passe à Cassanhes-Bégonhez, ou celle de Cornus dans le Vabrais, on verra verdir les herbes, auparavant dures, sèches, maigres et insipides. Il faut détourner avec soin, des prés, les eaux marécageuses, les eaux visqueuses, et celles qui pétrifient ; mais il faut y conduire avec empressement, les eaux des rivières et des ruisseaux, qui charient des substances animales, végétales, volcaniques et calcaires. Les eaux grasses qui ont lavé les chemins, les basses-cours, les égouts et les fumiers, toutes ces eaux portent l'abondance avec elles.

Dans les montagnes d'Auvergne, on a grande attention de corriger les mauvaises qualités des eaux, soit en les faisant reposer dans des canaux exposés au soleil, soit en les faisant couler à travers des amas de fumier, soit en les battant, et en les brisant par des chûtes et des cascades, soit en les faisant filtrer à travers des bancs de sable, ou de fagots de buissons placés à différentes distances, soit enfin en les mêlant avec des eaux de meilleure qualité. En été, on répand les eaux moins souvent dans les prés ; mais en plus grande quantité au même endroit. On arrose en hiver plus abondamment ; mais on prévient la gelée, en détournant, autant qu'il est possible, l'eau des prairies.

Quelques succès qu'ayent eu les travaux des cultivateurs d'Auvergne, pour l'arrosement de leurs prés, ceux du Rouergue n'ont pas encore imité cette industrie. Ils doivent faire attention, sur-tout dans les montagnes de la Viadène, que la trop grande quantité d'eau nuit à leurs prairies, beaucoup plus souvent que l'excès contraire. Combien de prés, qui ne rapportent qu'une petite quantité de mauvais foin, seroient d'un très-grand produit, si on avait soin de dériver, ou de recueillir dans des fossés, les eaux surabondantes. Les succès étonnans de quelques propriétaires, qui se sont avisés de sillonner leurs prés, pour attirer les eaux dans des canaux profonds qu'ils y ont ouverts, devroient bien encourager leurs voisins.

Outre cette négligence, Richeprey nous reproche encore, notre peu de goût pour les prairies artificielles ; quoiqu'elles ayent eu un succès satisfaisant, chez quelques propriétaires de Saint-Affrique, de Saint-Jean-du-Bruel, des bords du Lot, et

(1) Description des sols. Table 3.

du Causse de Rodez, où une petite quantité de graines de trèfle et de luzerne a produit des récoltes considérables.

Le trèfle et la luzerne réussissent dans les terres calcaires, mêlées d'argile et surtout dans les terrains produits par alluvion. Le sainfoin, qui est plus connu dans la province sous le nom d'*esparcette*, se plait plus particulièrement dans les sols graveleux et calcaires; mais il réussit aussi dans les autres espèces de terres.

Les pâturages occupent une grande partie du sol du Rouergue; mais dans presque tous les cantons, ils sont d'une nature différente. Ici ce sont des bruyères, des friches, des landes qui ne produisent presque pas d'herbe : là ce sont des crêtes de montagnes, hérissées de rochers : ailleurs ce sont des plaines immenses, stériles et couvertes de pierres : quelquefois ce sont des sables arides aux bords des rivières, à travers lesquels il perce çà et là quelques herbes, ou quelques feuilles d'arbuste dont les brebis et les chèvres sont très-friandes. Dans plusieurs endroits, ce sont des terres marécageuses, qu'il est impossible de dessécher entièrement, et où l'on nourrit des jumens, de jeunes poulains et des vaches.

Les pâturages du Rouergue les plus remarquables, sont ceux d'Aubrac et du Lerzac. Ceux d'Aubrac sont des montagnes entières, revêtues d'un gazon épais, et composé de divers gramens, d'un peu de trèfle et de serpolet. La neige, en séjournant, une partie considérable de l'année, sur ces sols, y fait naître l'humidité, et conserve la verdure. Comme ils ont été brûlés et bouleversés par des volcans, les feux souterrains y ont laissé une abondance de sels, qui y entretiennent la fertilité.

Les bases de ces montagnes volcaniques, comprennent des vallées où les eaux ont charié le limon le plus favorable à la végétation. On ne connoît pas de terre plus productive, que celle des vallées de Cassuéjouls, du Mur-de-Barrez, de Lacalm, etc. On ne voit nulle part des prés et des pâturages aussi féconds.

Sur les premières hauteurs, on rencontre les pacages où l'on nourrit les génisses, les veaux, quelques bœufs et les vaches; dans les parties supérieures, on conduit pacager les bêtes à laine.

Les grands bestiaux sont envoyés dans ces montagnes, par les propriétaires qui habitent les vallées voisines, depuis la mi-mai, jusqu'à la mi-octobre. Les bêtes à laine y viennent de toute part; le Querci même y en conduit de nombreux troupeaux. On a calculé qu'il falloit trois arpens et demi pour nourrir une vache; et elle produit pendant le temps de son séjour sur ces pâturages, environ cent trente livres de fromage. Chaque pâturage qu'on appelle plus communément *montagne*, suffit ordinairement à la nourriture de cinquante vaches. L'habitation qu'on y pratique pour les bergers, et qu'on nomme *buron* ou *mazuc*, en langue du pays, est une cabane composée de deux pièces. On fait le fromage dans la première, et la seconde sert de magasin. Le soir on rassemble les bestiaux près du buron, dans un parc qu'on appelle *fumade*, parce que c'est un endroit qu'on se propose de fumer et d'amender par le séjour des bestiaux.

C'est une chose admirable, que la docilité avec laquelle on voit les vaches, se rendre deux fois le jour, à l'appel du berger, pour se faire traire. Le poids du lait qui les presse, une pincée de sel que le berger leur donne au commencement, pour les accoutumer à son cri d'appel, fait qu'elles ne manquent jamais d'accourir, dès qu'elles entendent le signal.

On ne voit pas avec moins de surprise le changement qui s'opère sur la montagne, dans l'instinct des vaches. Ces animaux qui, dans leurs étables et dans les pâturages même des villages, sont si paisibles, si doux, et que les plus grands efforts ont de la peine à mettre dans une certaine activité, montrent, à la montagne, un air courageux, un aspect fier et sauvage. Si un loup paroît dans le pacage, elles s'entr'avertissent aussitôt, par un cri connu. Elles accourent de tous côtés, vers l'endroit d'où est parti le signal d'allarme ; elles se rangent en cercle, autour de l'ennemi, et s'il a eu l'imprudence de se laisser envelopper, il est bientôt percé de cent coups de corne.

Un voyageur, assez mal avisé pour traverser les montagnes, avec un chien qui, par sa couleur ou par sa forme, auroit quelque ressemblance avec le loup, courroit les plus grands dangers pour sa vie. Le chien seroit poursuivi dans l'instant par des milliers de vaches ; et comme son instinct le porteroit, ainsi qu'on l'a vu plusieurs fois, à se réfugier sous le ventre du cheval de son maître ; le maître, le cheval et le chien seroient bientôt écrasés ou éventrés, avec une fureur dont on n'a point d'idée, et que tous les bergers ensemble ne retiendroient pas.

Trois jeunes gens de ma connoissance, passant un jour auprès d'une vacherie, voulûrent, pour s'amuser, contrefaire le meuglement d'un veau qu'on emmène. Aussitôt toutes les vaches se levèrent, en poussant des cris effroyables ; on vit les claies du parc renversées, ou emportées au bout des cornes, les vaches courir la queue en l'air, vers les jeunes imprudens, qui n'eurent rien de plus pressé, que de grimper sur quelques arbres, qu'ils trouvèrent heureusement pour eux, le long de leur chemin.

Le fromage des montagnes du Rouergue est semblable à celui d'Auvergne. On caille le lait, avec de la présure de veau ; on sépare ensuite le petit lait en pressurant le caillé, dans une forme, et en le pétrissant avec les mains et les genoux, pendant près de trois heures.

Il faut convenir que cette manière de faire notre fromage, est peu propre à exciter l'appétit des amateurs de ce mets si usité sur nos tables : et il seroit bien à souhaiter que les fabricans d'un objet de commerce si considérable, cherchassent les moyens d'ôter tout prétexte au reproche de mal-propreté, qu'on fait depuis long-temps au fromage de nos montagnes, et surtout à celui du Cantal. Ne devroient-ils pas prendre connoissance des méthodes usitées en Suisse, à Gruyères, à Sassenage, en Hollande, dont les fromages sont si remarquables par leur propreté, quoique la plupart soient d'ailleurs d'une qualité inférieure à ceux d'Aubrac et de la Guiolle ?

Quand le petit lait a été exprimé, on pétrit de nouveau le caillé avec du sel ; puis on le met dans une presse où il reste pendant vingt-quatre heures. Sur un fromage de soixante livres, il faut trois livres de sel. Quant les fromages sont ainsi préparés, on les dépose pendant trois mois dans des magasins, où on les lave deux fois par semaine, avec du lait caillé. On fait du beurre avec le petit lait, et le rebut du laitage sert à nourrir des cochons. Une vacherie de soixante vaches produit environ cent quintaux de fromage.

Les pâturages du Larzac, ne nourrissent guères que des troupeaux de brebis et de chèvres qui procurent le fromage de Roquefort, le premier fromage de l'Europe. Pour faire ce fromage, on mêle quelquefois au lait de brebis, environ un trentième de lait de vache ou de chèvre. Quant le lait est caillé, on en sépare le petit lait. On laisse ensuite le caillé dans la forme, pendant quelques jours, jusqu'à ce qu'il ait pris une certaine consistance. On dépose les fromages ainsi préparés, dans les caves de Roquefort, où ils reçoivent le dernier degré de perfection. D'abord on les y sale, en répandant une poignée de sel, sur le milieu de chaque fromage, et on les place ensuite en pile les uns sur les autres. Après trois jours, on étend le sel, sur tout le fromage, avec un linge mouillé ; et on le sale une seconde fois, de la même manière que la première.

Il y a sur le Larzac et sur le Causse-noir, des caves semblables à celles de Roquefort ; mais le fromage n'en est pas aussi estimé (1).

Quoiqu'il y ait beaucoup de bois en Rouergue, il y a peu de forêts d'une étendue considérable ; on n'en connoît que trois qui ayent cent arpens ; mais on trouve partout beaucoup d'arbres isolés, principalement dans les terres argileuses et graniteuses. La plupart des collines calcaires étoient autrefois couvertes de bois de chênes, qu'on a remplacés par d'autres genres de culture, d'un plus grand produit. Mais on doit regretter les bois détruits sur les sommets et les crêtes des montagnes, qui ne sont pas susceptibles de production plus avantageuse.

Quelques bois communaux du Vabrais, ceux de la Guiolle, ceux de Villeneuve et beaucoup d'autres ont disparu depuis peu.

(1) Description des sols, Table 7.

Ils formoient des futaies de prix : aujourd'hui le sol en est stérile, sans arbres et sans culture. S'il y reste des vestiges de bois, quelques arbres épars, ils disparoissent tous les jours. Il est bien à craindre que ceux des ci-devant seigneurs, des maisons religieuses, et des grands bénéfices, n'ayent dans peu le même sort, si on ne réprime pas les pillages et les dégâts, dont nous sommes témoins journellement.

Dans quelques sols calcaires, anciennement couverts de chênes, on trouve aujourd'hui des truffes. La terre où elles naissent, ne produit ordinairement que du gazon et quelques chênes rabougris. On reconnoît les endroits où il y en a, par des essaims de mouches qu'elles y attirent, ou par le moyen des cochons auxquels on apprend à les chercher. Les truffes du Rouergue ne sont ni d'aussi bonne qualité, ni en aussi grande quantité, que dans le Querci.

On trouve aussi dans les pâturages et les bois du Causse, une espèce de mousserons d'un goût exquis, qui sont très-recherchés, mais rares. Ces petits mousserons, qu'on appelle muscats, à cause sans doute de la délicatesse de leur goût, naissent par groupes dans certains coins des pâturages, des terres incultes et des bois. Les riches propriétaires ont soin de couvrir ces mousseronnières, de feuilles sèches ou de branches d'arbre, pour les dérober à l'avidité des passans, et pour les garantir en même temps des incursions des troupeaux, qui les rongent ou les écrasent, en broutant l'herbe qui est autour.

On a souvent fait des envois de ces mousserons, à Paris, pour être servis sur la table des princes et des riches seigneurs de la cour. En effet c'est un mets digne de figurer sur les tables le plus délicatement servies : et il est surprenant que les seigneurs ne se soient pas arrogé autrefois, quelque droit féodal, sur une production si recherchée. Ceux du Rouergue n'auroient pas été les seuls ; car on lit dans des géographes italiens, qu'il croit dans le territoire d'Albano, un gros champignon d'un goût délicieux, qu'on réserve pour la table des princes ; et qu'un droit seigneurial oblige les habitans, dès qu'il en naît un, de le garder nuit et jour, jusqu'à sa parfaite maturité (1).

Les cantons où l'on voit le plus de bois, sont les montagnes de la Viadène, la vallée du Viaur, et celle de Truère ; mais ils y sont à vil prix, à cause de la difficulté du transport. On fait beaucoup de merrain dans ceux qui sont moins éloignés des routes praticables.

Les bois du Rouergue sont principalement de chênes, de hêtres, de pins, et sur-tout de châtaigniers. Les châtaigneraies se trouvent ordinairement sur les coteaux exposés au nord

---

(1) Description historiq. de l'Italie. Art. *Albano*.

parce que le souffle du vent du midi est très-funeste au châtaignier, sur-tout dans les mois d'août et de septembre.

Les châtaignes sont la nourriture la plus ordinaire de la plupart des habitans d'une partie de la province ; et leurs souhaits se borneroient à pouvoir s'en nourrir toute l'année. C'est la plus grande récolte des cantons où l'on en cultive, et quand elles manquent, la disette y règne.

Les riches mines de charbon de Cransac, sont couvertes de châtaigneraies. Le cultivateur arrache le charbon des entrailles de la terre, sous les racines de l'arbre, dont il vient de cueillir les fruits. Les châtaigniers y sont rabougris ; cependant on les conserve avec soin, non-seulement par rapport aux châtaignes qu'on y cueille ; mais parce que les racines de ces arbres retiennent la terre, sur les pentes roides des collines, qui, sans ce soutien, s'ébouleroient et se transformeroient bientôt en côtes stériles et arides (1).

De tous les genres de culture, il n'y en a pas en Rouergue, de plus pénible et de plus coûteux, que celui de la vigne. Dans tous les temps de l'année, elle demande des soins et des travaux continuels, pour porter les engrais, pour provigner, fouir, échalasser, tailler, lier, sarcler, épamprer, vendanger. Ces soins se portent même au-delà de la récolte ; la préparation des tonneaux, la façon et la conservation des vins exigent une vigilance si attentive, que la moindre distraction peut causer des dommages irréparables.

Tous les sols, toutes les natures de culture, sont exposés aux cas fortuits ; et d'une plus grande conséquence dans les vignes. La grêle, la gelée peuvent emporter la récolte d'une année, dans les terres labourées et les châtaigneraies ; mais dans les vignes, ces fléaux influent sur les récoltes de plusieurs années. Les inondations, les orages, les débordemens des torrens, la formation des ravins ne laissent souvent dans les vignobles, qu'un roc aride et nu, et charient ordinairement les ceps avec les terres.

Malgré leur activité, leur travail pénible et opiniâtre, les vignerons ne peuvent arrêter la destruction de leurs vignes. Les efforts qu'ils font, pour les conserver, sont incroyables : ils soutiennent le terrain par des murailles qui couvrent la moitié de la surface : ils détournent les eaux, en creusant une infinité de fossés, qu'un seul orage a bientôt comblés : ils ont la constance de reporter annuellement sur leur dos, depuis le pied de la montagne jusqu'à son sommet, la terre que les ravins et les torrens avoient emportée : ils ont le courage d'aller amasser au loin, et à travers les précipices, des fagots de bruyère et de

---

(1) Description des sols, Table 5.

feuilles de châtaignier, pour engraisser de nouveau leurs vignes appauvries. Le lendemain qu'ils se sont livrés à d'aussi grands travaux, un autre torrent entraîne la terre, les souches, l'espérance et les fruits de tant de sueurs. C'est sur-tout sur les coteaux d'Entraigues, de Conques et d'Estaing, qu'on peut voir dans toutes les saisons, les habitans de tout âge et de tout sexe, employés à porter les terres sur leur dos, en gravissant, et souvent en se traînant appuyés sur leurs mains, jusqu'au sommet des montagnes, où ils déposent leurs fardeaux.

A de si rudes travaux, il faut ajouter, pour surcroît de misère, une incommodité qui est particulière aux habitans des vallées profondes du Rouergue, comme de quelques autres pays. Je veux dire les goîtres, ces gonflemens difformes de la gorge, qui attaquent sur-tout les femmes. Les uns attribuent cette maladie aux fardeaux qu'on y porte souvent sur la tête; mais les femmes de tous les pays n'y en portent-elles pas? D'autres lui donnent pour cause la fraîcheur des eaux des sources et de celles de neige fondue, qu'on y boit; mais les sources ne sont-elles pas aussi fraîches sur la plaine et sur les montagnes? Les riches ne boivent-ils pas à la glace? Cependant les riches et les habitants des plaines et des montagnes, sont peu sujets aux goîtres. Pour ce qui est des eaux provenant de la fonte des neiges, il n'est pas possible que ce soit la cause des goîtres; puisqu'on n'y boit presque jamais de l'eau des rivières et des ruisseaux qui viennent des montagnes. Il faut donc leur chercher une autre origine. Je croirois volontiers qu'un observateur habile pourroit la trouver, en combinant ensemble les effets que doivent produire sur les muscles et sur les glandes du cou, les chaleurs excessives auxquelles sont exposés les habitans des vallées, la crudité et la fraîcheur des eaux qu'ils boivent dans un état de sueur, en portant leurs fardeaux par des chemins escarpés et raboteux. On trouveroit sans doute que les humeurs trop abondantes, ne pouvant pas transpirer au-dehors, se coagulent, et forment une tumeur froide, qui grossit ensuite peu à peu, dès qu'une fois le premier germe est établi.

On remarque dans les vins du Rouergue autant de différence, qu'il y en a entre la nature des sols et la situation des vignes qui les ont produits. On reproche à celui des vallons de Rodez, un goût de terroir, amer et peu agréable. Ce vice n'est que particulier à certain cantons, aux sols calcaires et de grès, qui sont remplis d'argile rouge. Ce qu'il y a de frappant, c'est que les gens du pays ne sentent pas ce goût de leurs vins, et qu'ils en croient à peine aux étrangers qui s'en plaignent.

Presque par-tout les vignes sont entourées de diverses sortes d'arbres fruitiers. Les amandiers qu'on voit dans celles des vallons du Tarn, surtout près de Millau, sont un objet de commerce pour les cultivateurs du pays ; mais les dernières gelées du printemps en emportent souvent la récolte (1).

Il résulte des observations de Richeprey que le produit des vignes en Rouergue, années communes, est de soixante livres de vin, poids de marc, par arpent, pour celles de la dernière qualité ; et de quatorze quintaux, pour les plus fertiles.

Les terres labourées, qu'il divise en trente-quatre classes, produisent depuis dix sous, jusqu'à quatre-vingt-dix francs.

La situation des prés, et leur proximité ou leur distance des villes et des grandes routes, en diminuent ou augmentent beaucoup le produit ; mais en le réduisant en foin, il résulte des observations de cet ingénieur, que l'arpent rapporte, depuis dix, jusqu'à cent quatre-vingts quintaux de foin.

Les châtaigneraies, qu'il divise en quinze degrés, produisent par arpent, depuis trente sous, jusqu'à vingt livres. Le produit des autres bois se rapporte à celui des châtaigneraies, avec cette différence, qu'il y en a beaucoup qui ne rendent pas trois sous par arpent.

Il y a une infinité de pâturages, dont le propriétaire retire à peine la valeur de quelque sous ; et les meilleurs lui rapportent rarement au delà de cinq livres.

Il résulte de ce que nous venons de rapporter des observations de Richeprey, que la variété des sols produit une différence frappante dans les produits des terres. On seroit même porté à croire que cette variété des terroirs influe aussi beaucoup sur la différence qu'on remarque dans les mœurs des peuples du Rouergue. Quelle qu'en soit la cause, il n'y a personne qui ne soit frappé de cette diversité.

VII

Mœurs.

« J'ai parcouru bien des provinces, me disoit un jour un étranger qui voyageoit en Rouergue ; mais nulle part je n'ai remarqué une si grande diversité, dans les usages et les mœurs des peuples d'une même contrée. Chez vous, la manière de s'habiller, de se nourrir, le langage même et la forme des instruments usités pour l'exploitation et la culture des terres, changent d'un village à l'autre. Quelquefois on ne fait que passer une petite rivière, et l'on croit avoir fait cent lieues de chemin ; tant on trouve de différence, entre les habitants du pays qu'on quitte, et ceux chez qui on arrive. Je vois, par exemple, dans un quartier (2) les femmes de la campagne, affublées d'une coiffure jaune

---

(1) Description des sols, Table 4.
(2) Dans le Carladez, aux environs du Mur-de-Barrez.

en forme de capote, surmontée d'un chapeau de paille. J'avance et je les trouve (1) avec un chapeau de laine rond, qui couvre un autre genre de coiffure bizarre, dont les pendans s'étalent sur les épaules, comme ceux d'une mitre épiscopale. Ailleurs un gros mouchoir de couleur bleue ou rouge, serre nonchalamment une coiffure ronde et mesquine (2). Là je remarque les paysans avec une longue veste à la Henri IV ; ici je les vois enveloppés dans une grosse chemise qui couvre tous leurs autres vêtemens.

» Si je considère la culture et les productions des terres; dans certains cantons, on cultive le seigle et l'avoine ; dans d'autres, l'orge et le froment ; ailleurs je vois de vastes champs semés de maïs, de blé sarrasin, de millet, de chanvre, de haricots, de pommes de terre, etc. D'un côté, je ne vois que des attelages de bœufs ; de l'autre, ce sont des mules, des chevaux, des ânes, tantôt accouplés, tantôt un à un. Ici l'on bat les gerbes avec des fléaux, là on se sert d'un faisceau de quatre ou cinq verges de houx, liées ensemble ; d'autres les font fouler par des chevaux, et quelquefois par des bœufs.

» Ces observations vous paroissent minutieuses sans doute, me disoit ce voyageur ; mais vous auriez des détails bien plus minutieux encore, si j'avois entendu le dialecte usité dans votre province. J'ai remarqué dans l'accent et la prononciation, mille nuances différentes, que je n'entreprendrai pas de vous rendre. Dans certains cantons, l'expression m'a paru douce et coulante; dans d'autres, brusque et grossière. A Rodez, en me faisant une politesse, on semble me dire des injures; à Villefranche, on me fait un mauvais compliment, avec un ton doucereux ; mais rien ne m'a tant frappé que la différence du caractère et des mœurs.

» Croiroit-on, par exemple, que les peuples de ce petit pays que vous appelez *Causse*, et ceux des montagnes du Rouergue, fussent des hommes de la même province, et séparés seulement par un espace de deux ou trois lieues.

» Les uns sont patiens, lents, sérieux, moins forts, mous, attachés à leurs foyers : les autres sont actifs, gais, vifs, laborieux ; ils ont une constitution plus vigoureuse, qui atteste qu'ils sont les vrais enfans de la nature ; et que les vices des villes n'ont pas encore altéré leur tempérament robuste. Je ne sai si c'est le sentiment intérieur de la supériorité de leur force, qui rend les montagnards plus fiers et plus amis de l'indépendance; ou si c'est parce qu'ayant été éloignés, jusqu'ici, du centre de la force armée, qui maintient l'autorité dans un état monarchique, ils sont plus habitués à jouir de leur liberté : quoi qu'il en soit, on les voit repousser fièrement tout ce qui sent l'oppression ou la tyrannie,

(1) Dans la Viadène.
(2) Sur les frontières de l'Albigeois.

et se roidir avec obstination, contre quiconque semble vouloir les subjuguer. Mais si au contraire on ménage en eux cet amour naturel de la liberté, on éprouve de leur part une générosité noble, qui leur fait sacrifier pour autrui, leurs intérêts les plus chers. Leur conduite est une pratique constante de cette maxime du poète de Mantoue, *parcere subjectis et debellare superbos*. Bien loin de croupir dans leurs foyers, comme leurs voisins, on les voit quitter par bandes, leur pays, pour aller aider dans leurs travaux champêtres, les cultivateurs indolens des belles campagnes du Languedoc, du Roussillon et des provinces septentrionales de l'Espagne. »

Je fus frappé de toutes ces réflexions de notre observateur, sur les peuples des campagnes du Rouergue; et je lui demandai s'il n'avoit pas trouvé aussi quelque variété dans ceux des villes.

« Quoique les habitants des villes du Rouergue, me répondit-il, ayent plus de rapport que ceux des campagnes, dans leurs mœurs et leur caractère, celui qui les observeroit de près, remarqueroit cependant dans plusieurs, une certaine diversité.

» Les uns ont un abord prévenant et honnête; leur commerce est doux comme le climat qu'ils habitent; les autres sont plus brusques, et montrent davantage dans leur conversation, le ton tranchant des montagnards. Certains, entièrement livrés au commerce, dans leur petite ville, à laquelle ils ont donné une vie toute nouvelle, ne pensent qu'à leur négoce et à leurs manufactures, et semblent ne pas concevoir qu'on puisse s'occuper d'affaires plus importantes: quelques-uns, quoique divisés entre eux depuis près de deux siècles, par le culte et les opinions religieuses, paroissent unis d'ailleurs par les nœuds d'une affection réciproque. Ils cherchent à se réunir en société; tandis que d'autres préfèrent une vie solitaire et comme sauvage, fuient les cercles du monde, et se concentrent au sein de leur famille, ou dans leurs cabinets. »(1)

Je ne rapporterai pas ici bien d'autres réflexions de cet étranger, particulièrement sur les habitans d'une des principales villes du Rouergue, en qui, disoit-il, il n'avoit pas trouvé la même aménité, la même douceur de mœurs et de caractère, que dans les autres. Il nous fut aisé de nous appercevoir qu'il les avoit sans doute jugés tous, d'après quelques individus qu'il avoit fréquentés; et il rendoit justice

(1) Remarquez qu'on nous faisoit ces observations avant la révolution actuelle. Certaines manqueroient de justesse aujourd'hui.

d'ailleurs à leur loyauté, à leur franchise, et à leurs sentimens religieux et patriotiques. Mais il prétendoit toujours voir quelque justesse, dans ce vieux adage qu'on trouve dans des manuscrits très-anciens : *Ruthena quos potest rodere, rodit; et quos non rodit, odit.*

Cette conversation sur les mœurs des peuples du Rouergue, nous donna lieu de remarquer que les étrangers saisissent ces diverses nuances, plus facilement que les indigènes, parce que ceux-ci sont moins frappés des objets qu'ils ont continuellement sous leurs yeux.

VIII.

Anciens Chemins, autres Antiquités.

Dans le temps que les Romains étoient maîtres du Rouergue, et peut-être avant cette époque, on y avoit pratiqué quelques grandes routes, qui favorisoient sans doute beaucoup le commerce du pays. Il n'y a que peu d'années, qu'on y trouvoit encore, sur les montagnes, quelques restes d'anciennes voies militaires, qui prouvoient la magnificence de ceux qui les avoient construites. Telle est celle qu'on voyoit sur le Larzac, et qui aboutissoit d'un côté à Nîmes, et de l'autre à l'ancien pont de Millau, que les gens du pays attribuent généralement aux Romains.

Dans les vieux itinéraires, et particulièrement dans celui de Théodose, il est fait mention, comme nous l'avons déjà dit, d'un grand chemin qui conduisoit d'*Anderitum* ou *Gabalum* (1) ancienne capitale du Gévaudan, à Rodez alors *Segodunum*; en passant au lieu appelé *ad Silanum*, à dix-huit milles d'*Anderitum*, et à trente mille de *Segodunum*, sur les frontières du Rouergue et du Gévaudan : ce qui paroît être Trélans, à deux lieues de l'ancienne *Gredona*, aujourd'hui le château de Grezes, que Grégoire de Tours appelle *Castellum Gredonense*.

De *Segodunum*, il y avoit encore un grand chemin qui alloit à *Dicona* aujourd'hui Caors, en passant par *Carantomago et Varadeto*, le premier en Rouergue, à sept lieues de Rodez, le second en Querci près des frontières du Rouergue. Nous ne connoissons pas de ville ni de Bourg, dont le nom se rapporte à ces vieux mots celtiques. *Carantomago* étoit près du lieu, où l'on a bâti depuis Villefranche ; comme on peut s'en convaincre, en comparant les nouvelles cartes aux anciennes.

Sur la route de *Segodunum* à *Luteca*, Lodève, nous

(1) Aujourd'hui Javols, à quatre lieues au nord de Mende.

trouvons aussi *Condatoma;o*, qui occupe sur la carte ancienne de la *Gallia Bracata*, la place que Cornus, petite ville du Vabrais, occupe aujourd'hui sur les cartes modernes.

Agrippa, ministre et favori d'Auguste, contribua beaucoup à l'embellissement de la province narbonnoise dont le Rouergue faisoit alors partie, par les grands chemins qu'il y fit ouvrir (1). Mais il ne fut pas le premier qui procura cet avantage à cette province ; car avant la conquête des Romains, il est fait mention (2) d'une grande route qui conduisoit depuis les monts Pyrénées, jusqu'en Vivarais, et qui étoit marquée, de huit en huit stades, par des colonnes milliaires. Cicéron nous apprend aussi qu'avant le temps d'Auguste, la province narbonnoise étoit traversée par un grand chemin, qu'on appeloit la voie Domitienne (3). Mais c'est principalement à Auguste et à Agrippa son favori, que la Narbonnoise, fut redevable de ces grandes voies ou chemins militaires, qui furent un des plus superbes ornemens de l'empire romain, et qui, grâce aux anciens états du Languedoc, font encore celui de cette province, et même de la France entière. (4)

Le silence des historiens nous force à nous en tenir à des conjectures, sur l'époque précise de la construction de ces monumens de la grandeur romaine, comme de plusieurs autres qu'on voit encore de nos jours, dans la Gaule narbonnoise.

Nous savons qu'Agrippa établit Lyon pour centre de toutes ces grandes routes ; qu'il y en avoit quatre principales, qui conduisoient depuis l'entrée de cette ville, jusqu'aux confins des Gaules ; et que l'une de ces quatre se terminoit sur les frontières du Rouergue, au nord-est (5). Aussi voit-on encore les restes d'une route pavée, sur les montagnes d'Aubrac, près du lac de Saint-Andéol, qui selon la tradition du pays, occupe aujourd'hui la place de cette petite ville, dont nous avons parlé, qui fut engloutie, dit-on, par un tremblement de terre, et à laquelle peut-être ce grand chemin aboutissoit.

Outre ces restes de grandes routes sur lesquelles nous avons si peu de connoissances, on voit en Rouergue, particulièrement sur les plaines de Sainte Radégonde et de

---

(1) *Strab. lib. IV geog.* Hist. du Languedoc, liv. 2.
(2) *Polyb. lib 3.*
(3) *Cicero, pro Fonteio.*
(4) Hist. du Lang. liv. 2.
(5) *Ibid.* Le Rouergue étoit la dernière province de l'ancienne Aquitaine, à l'orient ; et c'est sur les confins de l'Aquitaine que se terminoit cette route.

Sévérac le-Château, quelques monumens antiques, dont il n'est pas moins difficile d'expliquer l'origine. Je veux parler de ces grosses pierres brutes, de trois ou quatre toises de surface, sur quinze ou vingt pouces d'épaisseur, placées en forme de plan incliné, et soutenues par d'autres pierres de moindre grandeur.

Seroient-ce des autels des prêtres des Gaulois, ou des tombeaux des anciens habitans du pays? L'histoire nous apprend (1), que les Druides, ces prêtres barbares de la nation celtique, avoient pour autels, des pierres d'une grosseur si monstrueuse, que les peuples superstitieux les regardoient comme l'ouvrage du diable. On en montre encore plusieurs, en diverses provinces. Ces autels étoient tantôt ronds, tantôt quarrés, ovales ou triangulaires: quelques-uns étoient creux par le haut, pour recevoir le sang des victimes; et il y avoit par dessous, un passage obscur et étroit, qu'on faisoit traverser aux étrangers, destinés à être immolés. Car c'étoit sur ces autels, que les anciens Gaulois, encore barbares, faisoient ces sacrifices atroces, dont parlent César et Plutarque, et que les empereurs romains ne purent jamais abolir entièrement, malgré les lois les plus sévères (2).

La description, que différens auteurs font de ces autels, paroit bien avoir quelque rapport avec la forme des monumens dont nous parlons; mais les raisons qui nous font croire que c'étoit plutôt des tombeaux, paroissent si convaincantes, que nous devons préférer cette opinion, à la première.

Un particulier (3) ayant fait fouiller, sous une de ces pierres énormes, aux environs de Buzens, on en tira des urnes sépulcrales, dans lesquelles étoient renfermées des pièces de monnoie, qu'on dit être frappées au coin des Romains. Des bergers creusant près de quelques autres de ces antiques monumens, en tirèrent aussi des pièces de monnoie, dont la rouille avait dévoré les caractères. En 1616, lorsqu'on creusoit au faubourg d'Albes-Peyres de Rodez, pour poser les fondemens du couvent des capucins, on trouva près d'une pierre d'une grosseur prodigieuse, plusieurs urnes remplies de cendres, avec des pièces de monnoie d'argent et de bronze, des empereurs romains.

Toutes ces découvertes, la tradition du peuple, la forme de ces sortes d'édifices, suffisent pour nous convaincre que ce ne

(1) Voy. Dict. des cultes relig. art. *Druides*.
(2) Les Gaulois étoient encore dans l'usage d'immoler des victimes humaines long-temps après que le christianisme eût été reçu dans les Gaules. *Ibid.* art. *sacrifices*.
(3) Carbon, conseiller au parlement de Toulouse.

peut être que des tombeaux. Du moins est-il bien vrai, que ces monumens ne sont l'ouvrage, ni de la nature, ni du hasard, comme le pensent certaines personnes, qui ne les ont pas sans doute observés, d'aussi près que nous. (1)

L'opinion qui en fait des tombeaux est, comme l'on voit, très-conforme à ce que les historiens nous disent des cérémonies des anciens Gaulois, qui, après avoir brûlé les corps de leurs morts, et avec eux, les meubles les plus précieux, quelquefois leurs esclaves, leurs chiens, et les animaux même pour lesquels ils avoient témoigné le plus d'inclination pendant leur vie, mettoient ensuite leurs cendres, avec une ou plusieurs pièces de monnoie, dans des sépulcres d'une magnificence outrée, ou d'une forme bizarre, que la vanité, plus souvent que l'amour et la reconnoissance, faisoit ériger chez eux, comme chez tous les peuples et dans tous les cultes du monde.

Quand ils eurent adopté les usages des Romains, qui enterroient leurs morts ou les brûloient, suivant qu'ils l'avoient demandé dans leur testament ; les Gaulois comme eux, les brûlèrent ou les enterrèrent, et ils mirent en même temps dans leurs tombeaux, des vases de terre, avec des pièces de monnoie. Tout paroît donc nous convaincre que ces grosses pierres ne sont autre chose, que les tombeaux des anciens Ruthènes.

Nous sommes étonnés de trouver tant de bizarrerie dans les mœurs de nos pères, et une si grande différence entre nos usages et les leurs. Mais les révolutions dans le gouvernement, les vicissitudes de la paix et de la guerre, les changemens de Religion, les mélanges avec d'autres peuples, ont tant d'influence sur les mœurs que ce seroit être bien peu conséquent, que de vouloir juger de celles des anciens Ruthènes, par les nôtres. (2)

(1) Nous avons souvent examiné certains de ceux qui sont répandus sur les plaines de Sainte-Radégonde, et sur-tout celui qu'on voit à peu de distance de Bezones. Il est évident que la grosse pierre qui le couvre, a été placée à dessein et de main d'homme, sur les autres pierres qui la soutiennent.

(2) Ces changemens étonnent moins de nos jours : et pour se convaincre que peu d'années suffisent, pour changer les mœurs d'une nation ; on n'a qu'à comparer les François de 1788, avec ceux de 1792.

SECONDE PARTIE.

RÉVOLUTIONS DANS LE GOUVERNEMENT ET DANS LES USAGES.

I.

Rois d'Auvergne, Romains.

Puisqu'on n'aperçoit que difficilement, à travers les ténèbres de l'antiquité, l'origine des peuples les plus célèbres, le commencement des plus florissans empires ; et que souvent on cherche en vain dans les historiens, les circonstances des plus grands événemens ; on ne doit pas être étonné de leur silence, sur les révolutions particulières d'une aussi petite province que le Rouergue. Aussi trouve-t-on à peine, dans les anciens écrivains, les mots *Rutheni* et *Segodunum*, première dénomination des peuples du Rouergue et de leur capitale. César, Strabon et Pline sont les premiers qui en font mention.

Strabon nous apprend (1) que long-temps avant que les Romains pénétrassent dans les Gaules, le Rouergue étoit soumis aux rois d'Auvergne, dont les états s'étendoient du Rhône à l'Océan, et de la Loire aux Pyrénées. Ce sont là les notions les plus reculées que nous avons de cette province.

Il paroît par les commentaires de César, et par les écrits de Strabon (2), que les anciens Ruthènes étoient parfaitement unis avec les Arvernes ou Auvergnats leurs voisins ; car ils avoient part à toutes leurs expéditions militaires ; ils vengeoient ensemble leurs défaites communes, ils avoient toujours les mêmes ennemis ; en un mot, leurs affaires étoient les mêmes.

Les Arvernes étoient très-célèbres parmi les peuples de l'ancienne Gaule. Ils prétendoient être issus des Troyens (3), aussi bien que les Romains ; et comme ils étoient les plus puissans de la nation celtique (4), ils furent aussi ceux qui opposèrent le plus de résistance à ces conquérans, lorsqu'ils

---
(1) *Lib. IV geog.*
(2) *César. Lib. I, de bello gall..... Strab. ibid.*
(3) *Sanguine ab Iliaco populi. Lucan. lib. I, vers. 128.*
(4) *Strab. ibid.*

voulurent porter atteinte à la liberté des Gaulois. Les Arvernes leur firent une guerre continuelle avec des armées de deux cents, de trois cents, et quelquefois de quatre cent mille hommes, qu'ils opposèrent aux plus habiles généraux de Rome, comme les Domitius, les Fabius-Maximus, les Emilien, les César, et plusieurs autres (1).

Les Empereurs romains étoient déjà maîtres de toute la Gaule, depuis le Rhône jusqu'au Rhin, lorsque les seuls Auvergnats sont encore appelés libres, dans Pline, *Arverni liberi;* bien différents de ces lâches rois qui avoient eu la bassesse de se dire eux-mêmes affranchis du peuple romain.

Les rois d'Auvergne faisoient leur résidence ordinaire à Gergovia, dont on voit encore les ruines près de Clermont ; ils étoient si puissants et si magnifiques, que Strabon et Athénée parlant de Luérius l'un d'entr'eux, disent qu'il faisoit distribuer des pièces d'or et d'argent, à tous ceux qui s'approchoient de son char. Selon Eutrope et Orose, ce Luérius faisoit si peu de cas de l'armée des Romains, qu'il disoit par raillerie, qu'elle ne suffiroit pas pour la pâture des limiers de sa vénérie. Florus remarque qu'il combattait sur un char d'argent, et qu'il avoit des armes de diverses couleurs, dont il changeoit de temps en temps.

Les Gaules étoient si peuplées dans les temps de ces anciens roi d'Auvergne, qu'elles ne pouvoient pas nourrir leurs habitants (2) : aussi voyoit-on de temps en temps des émigrations très-considérables dans d'autres pays, sous le règne d'Ambigat, trois cents mille allèrent se répandre dans la Germanie et dans l'Italie (3). Les Tectosages, peuples du Languedoc, envoyèrent des colonies dans la Bohême, la Hongrie, et l'Asie mineure (4). Et s'il est vrai, comme le prétendent quelques écrivains (5), que les peuples de la Russie doivent leur origine au Rouergue ; ce fut sans doute dans le temps de ces fréquentes émigrations, que les Ruthènes allèrent peupler cette contrée septentrionale. Mais je serois bien porté à croire, que ce n'est que la ressemblance des noms, qui a fait dire que les *Rutheni*, depuis appelés Russes, sont originaires du Rouergue (6).

L'étroite liaison qui régnoit entre les Arvernes et les Ruthènes, nous fait présumer qu'ils eurent souvent occasion de mesurer leurs forces réunies, contre les Romains, avant d'être entièrement

(1) Le Franc de Pompignan, Mémoir. de l'acad. de Montauban, 1775.
(2) Liv. lib. 5.— Justin. lib. 21.
(3) Tacit. lib. de morib. German.
(4) Caes. lib. 1, de bello gall.
(5) Entr'autres Bodin, en sa méthode, chap. 9.
(6) C'est ainsi qu'un autre écrivain (*Démochares*) fait évêque de Rodez, Brunon évêque et martyr de Russie, parce qu'on lit dans le martyrologe romain, le 15 octobre : *Brunonis episcopi et martyris Ruthenensis*.

soumis à leur domination. Mais la première fois que l'histoire les met bien clairement aux prises avec eux, c'est l'an de Rome 633, lorsque Bituit, roi d'Auvergne, alla les combattre en Dauphiné, à la tête d'une armée de deux cents mille hommes, dont les Ruthènes avoient fourni vingt-deux mille. (1)

César rapporte que le consul Fabius-Maximus défit cette armée d'Arvernes et de Ruthènes; mais qu'il leur laissa cependant leur liberté; que leur pays ne fut pas réduit en province romaine, et qu'il ne les chargea d'aucun tribut. Ils ne furent entièrement soumis aux Romains que l'an de Rome 702, lorsque le fameux Vercingétorix de Clermont, général d'une puissante armée d'Arvernes et de Ruthènes, eût été vaincu et contraint de se rendre à César. (2)

C'est à cette époque que le Rouergue fut soumis à la puissance des nouveaux conquérans des Gaules. César envoya à Rodez une garnison, sous les ordres de Caninius Rubicus, qui éprouva encore de la résistance de la part de quelques places du pays, et surtout d'*Ucellodunum*, sur les frontières du Rouergue et du Querci, que quelques-uns croient être Capdenac sur le Lot. Caninius l'ayant assiégée en vain pendant plusieurs mois, César lui envoya un autre de ses lieutenans, avec de nouvelles troupes qui n'eurent pas un meilleur succès. Le général romain, forcé de s'y transporter lui-même, vint enfin à bout de la prendre, après un long siège; et il fit couper les mains à tous ceux qui avoient porté les armes contre lui. (3)

Après la réduction de cette place, les Romains n'éprouvèrent plus de résistance dans le pays; et dès ce moment le Rouergue fut uni à la province narbonnoise, dont Narbonne était la capitale. Lorsque César fut forcé de porter ses armes en Espagne, il reçut comme il nous le dit dans ses commentaires, un renfort considérable d'archers levés dans le Rouergue, qui allèrent lui donner du secours devant Lérida. Quoiqu'il soit bien certain que ce ne fut qu'après la défaite de Vercingétorix, que le Rouergue entra sous la domination romaine, un trait que nous lisons dans les commentaires de César, nous prouve qu'avant cette époque, une partie de ce pays étoit déjà incorporée à la province narbonnoise. « Luthérius, dit-il, que Vercingétorix avoit

---

(1) *Caes. ibid.*
(2) *Caes. ibid..... Florus, Epitom, rerum roman.*
(3) Les gens du pays prétendent que c'est le nez qu'il leur fit couper, et que c'est de là que la ville a tiré le nom de Cap-de-nac: c'est-à-dire point de nez. Peut-être doit-on lire *nares* au lieu de *manus* dans le texte latin des commentaires. Je croirois volontiers que le nom de Capdenac est plus moderne, et qu'il vient de *caput navis*: cette étymologie est plus conforme au patois du pays, car *nac* signifie une barque, et non un nez. En effet la forme de la ville présente, dit-on, celle d'un grand vaisseau amarré à côté du Lot.

» envoyé à Rodez, menaçant de faire une irruption dans la pro-
» vince narbonnoise, César informé de ses desseins, crut devoir
» pourvoir à la sûreté des pays qui étoient en danger : il partit
» donc pour Narbonne, mit des garnisons dans les quartiers
» menacés, et particulièrement dans la partie du Rouergue, qui
» étoit déjà unie à la province narbonnoise : *præsidia in Ruthe-*
» *nis provincialibus,.... constituit.* » (1)

Il faut donc distinguer les Ruthènes libres, et les Ruthènes provinciaux incorporés à la Narbonnoise; les premiers, ennemis des Romains, et unis avec les autres Gaulois, pour la défense de la patrie; les seconds, sujets déjà de la République romaine.

Quels étoient ces Ruthènes provinciaux? Quel pays du Rouergue habitoient-ils? Quand et par qui furent-ils soumis aux Romains? Selon Le Franc (2), qui a discuté ce passage des commentaires de César, les Ruthènes provinciaux étoient ceux qui habitoient la rive gauche du Tarn, dans cette partie du Rouergue qui fut depuis appelée le Vabrais. Ce sentiment est très-conforme aux anciennes cartes géographiques, qui donnent le Tarn pour bornes, à la Gaule narbonnoise.

Ces Ruthènes provinciaux devoient être soumis aux Romains, avant que César vînt dans les Gaules; car sans doute s'il les avoit soumis lui-même, il n'auroit pas manqué d'en rendre compte. Ces peuples s'étoient assez signalés dans les anciennes guerres contre les Romains, avec les Auvergnats, pour mériter qu'on les nommât, parmi tant d'autres moins considérables ou moins célèbres qu'eux. Dailleurs ajouter de nouveaux territoires à la Narbonnoise, et étendre par là le gouvernement de cette province, étoit un des évènemens dont César n'auroit pas manqué de se faire honneur. Dans la répartition des quartiers, après la guerre de Vercingétorix, il a grand soin de dire qu'il envoya Caninius-Rubicus, avec une légion entière, chez les Ruthènes. Il est par conséquent très-vraisemblable que les Ruthènes provinciaux étoient annexés au gouvernement de la Narbonnoise, quand César en prit possession.

En quel temps donc cette réunion a-t-elle dû se faire? Nous avons déjà dit que Fabius, lorsqu'il défit l'armée des Arvernes et des Ruthènes, n'imposa aucune loi aux vaincus, et qu'il les laissa parfaitement libres et indépendans : cette victoire fut remportée l'an de Rome 632 ou 638 : César arriva dans les Gaules, au commencement d'avril de l'année 694. Puisque les Ruthènes étoient libres du temps de Fabius, et qu'ils ne l'étoient plus du temps de César; c'est dans l'intervalle de soixante-deux ans qui sépare ces deux généraux, que nous devons chercher

(1) *Cæs. ibid.*
(2) Mémoir. de l'acad. de Montauban, année 1755.

l'événement qui fut la cause de la réduction d'une partie du pays des Ruthènes.

Nous trouvons que dans ce temps là, les Auvergnats allèrent au secours des Saliens, peuples de Provence (1); il est probable qu'ils furent accompagnés par les Ruthènes leurs associés ordinaires dans toutes leurs expéditions : ils furent vaincus par le général romain, et ce fut sans doute alors que cette partie du Rouergue fut unie à la province narbonnoise. Cette opinion qui est toujours celle de Le Franc, est d'autant plus vraisemblable, que les Ruthènes avoient déjà combattu une autre fois pour les Saliens.

Quoi qu'il en soit, cette distinction entre les Ruthènes provinciaux et les Ruthènes libres, ne dura pas long-temps. On voit que sous le règne d'Auguste, les premiers qui n'étoient d'ailleurs qu'en petit nombre, ne faisoient plus qu'une seule et même nation avec leurs anciens compatriotes. Réunis tous ensemble à la province d'Aquitaine, ils restèrent soumis aux Romains pendant environ cinq cents ans, comme les autres peuples des Gaules.

II.

Goths, Francs.

Les Ruthènes passèrent ensuite sous la domination des Goths, dans le cinquième siècle de l'ère chrétienne, vers l'an 471.

Les Goths, qui s'étoient répandus du nord dans les états méridionaux de l'Europe, étoient chrétiens de la secte d'Arius, et leurs rois persécutoient cruellement les chrétiens catholiques. Nous lisons dans Sydonius Appollinaris (2) et dans Grégoire de Tours (3), écrivains de ce temps là, que l'évêque de Rodez, Eustache, fut une des victimes de leurs cruautés fanatiques;

Un auteur de ce temps-là (4) nous a laissé un tableau bien touchant de la triste situation des provinces méridionales des Gaules, après qu'elles eurent été ravagées par ces barbares : « Quand tout l'Océan, dit-il, auroit inondé les Gaules, il n'y auroit pas fait de si horribles ravages; nos bestiaux, nos fruits et nos grains ont été enlevés; nos vignes et nos oliviers détruits; nos maisons ruinées; et à peine reste-t-il encore quelque chose dans nos campagnes; mais tout cela n'est que la moindre partie de nos maux. Depuis dix ans les Vandales et les Goths font de nous

(1) *Cæs. lib. I, de bello gall.*
(2) *Epistolar. lib. 7.*
(3) *Lib. 2 hist. franc. cap. 25.*
(4) *Carm. de Provid. p. 786 et seq.... V. Till. art. 35.*

une cruelle boucherie. Les châteaux bâtis sur les rochers, les villes les plus fortes, les bourgs situés sur les plus hautes montagnes, n'ont pu garantir leurs habitans de la fureur de ces barbares; et l'on a été partout exposé aux dernières calamités. Ils n'ont épargné ni le sacré, ni le profane, ni la foiblesse de l'âge, ni celle du sexe; les hommes et les enfans, les gens de la lie du peuple, et les personnes les plus considérables, tous ont été, sans distinction, les victimes de leur glaive. Ils ont brûlé les temples; ils en ont pillé les vases sacrés, et n'ont respecté ni la sainteté des vierges, ni la piété des veuves. Les solitaires n'ont pas éprouvé un meilleur sort. C'est une tempête qui a emporté indifféremment les bons et les mauvais, les innocens et les coupables Le respect dû à l'épiscopat et au sacerdoce, n'a pas exempté ceux qui en étoient honorés. Ces barbares leur ont fait souffrir les mêmes indignités et les mêmes supplices: Ils les ont enchaînés, déchirés à coups de fouets, et condamnés au feu, comme les derniers malheureux. » Tel fut l'état déplorable de nos provinces, après l'incursion des Visigots.

Clovis ayant remporté sur ces barbares, la célèbre bataille de Vouillé, vers l'an 508, les bornes de l'empire des Francs se trouvèrent par là reculées jusqu'aux Pyrénées; mais ce ne fut cependant qu'en 508, que le Rouergue fut entièrement soumis à Clovis, par Thierri, son fils, qui, comme on le voit dans plusieurs écrivains (1), se rendit cette année avec une armée, dans le Rouergue, le Querci et l'Albigeois, pour soumettre ces provinces à la domination de son père.

Fleuri rapporte (2) que les Visigots reprirent Rodez en 512, et qu'ils en chassèrent l'évêque Quintien, qu'ils soupçonnoient de favoriser secrètement le parti des François. Les Visigots avoient alors pour roi Théodoric, qui, quoique arien, ne persécutoit pas les catholiques: il ne vouloit pas même qu'ils se fissent ariens pour lui plaire. Il consentit qu'on élût un successeur à Quintien; et il se contenta de faire passer l'évêché de Rodez sous la métropole de Narbonne, qui étoit la capitale de ses états. C'étoit un usage constant dans ce temps-là, que lorsqu'un prince faisoit la conquête d'une ville épiscopale, il la soumettoit au métropolitain des pays de sa domination. Par une suite de cet usage, Rodez, lorsque Théodebert, roi des François, en eut dépossédé les Visigots, en 531 (3), rentra dans la province ecclésiastique de Bourges. Aussi trouvons-nous que

---

(1) Greg. lib. II. Hist. Franc.... Aymon. monarch. lib. I, de gestis Francor.... Mézerai, Abrégé chronol. de l'histoire de France.
(2) Hist. ecclés. liv. 32.
(3) Hist. du Lang. tom. I. p. 255.

Dalmas, évêque successeur de Quintien, souscrivit l'année suivante 535, à un concile provincial de Clermont, avec les autres évêques suffragans de cette métropole.

Théodebert, en se rendant maître de Rodez par le moyen des intelligences qu'il s'étoit ménagées secrètement avec les habitans catholiques, se rendit maître en même-temps de la plus grande partie de la province.

III.

Évêché d'Arsat.

Je dis, de la plus grande partie ; parce qu'il paroît que les Visigots conservèrent toujours le canton, appelé *Arisitensis pagus* (1) sur les montagnes du Larzac. C'est dans ce canton que les Visigots ou Tonantius-Ferréolus, avoient fait ériger, quelques années auparavant, l'évêché d'Arsat, ou *Arisidium*, selon Grégoire de Tours ; afin sans doute que les habitants de ce petit pays, ne fussent pas soumis à un évêque étranger.

Le premier évêque de ce nouveau siège fut Deotaire, qui y fut nommé vers le commencement du cinquième siècle, par Aigulphe, évêque de Metz, son oncle, frère d'Ansbert, duc d'Austrasie. Deotaire eut pour successeur Munderic son neveu archiprêtre de Tonnerre (2), frère d'une dame d'une grande vertu, nommée Tarcitie, qui ayant quitté la cour d'Austrasie, suivit son frère en Rouergue, pour se soustraire aux poursuites d'un prince Allemand, à qui on l'avoit promise en mariage, et passa, dit-on, une partie de sa vie, dans une grotte près de Rodelle, où sa mémoire est encore en grande vénération.

L'évêché d'Arsat étoit composé de quinze paroisses, qui avoient été démembrées de celui de Rodez, et que l'évêque Dalmas réclamoit, au rapport de Grégoire de Tours (3). En effet elles furent réunies à son siège, vers l'an 571. L'évêché d'Arsat ne fut pas supprimé pour cela ; car parmi les évêques qui assistèrent au concile de Rheims, en 625, on voit encore Emon, évêque d'Arsat (4) : mais c'est là la dernière fois qu'il est fait mention de cet évêché, dans l'histoire. Depuis cette époque, on

---

(1) Greg. *Tur. ibid.*
(2) *Genealog. Pipini regis... Gall. christ. t. I, p. 159.*
(3) *Et apud Arisitensem vicum Mundericus episcopus constituitur, habens sub se, plus minus diœceses quindecim, quas prius tot Gothi quidem tenuerant, nunc verò Dalmatius episcopus Ruthenensis vindicabat. Greg. Tur. lib. 4. cap. 5.*
(4) Flodoard, *Hist. episcop. Rhem.*

n'en trouve plus le moindre vestige ; et il seroit difficile de fixer le temps de sa suppression, comme celui de son érection. La chose est d'ailleurs trop peu importante, pour que nous fassions de plus grandes recherches.

Nous ne connoissons pas d'endroit sur les montagnes du Larzac, dont le nom ait quelque rapport avec celui de cet ancien évêché, et qui puisse nous indiquer la situation précise du siège épiscopal. Mais le nom du petit pays qui formoit ce diocèse, et qu'on appeloit *Arisidium*, a beaucoup de ressemblance avec *terra Arisdii* ou *Erisdii*, dont on trouve le nom dans de bien anciens monumens, et qu'on appela depuis la baronnie d'Yerle. Cette terre est dans le diocèse d'Alais, et elle étoit limitrophe du pays compris dans le diocèse d'Arsat, si elle n'en faisoit pas partie. Quoi qu'il en soit, nous avons tout lieu de croire, que le siège épiscopal n'étoit pas loin de Trévidon, où l'illustre famille de Tonance-Ferréol, qui peut-être l'avoit fondé, faisoit sa résidence ordinaire. Nous lisons dans Sydonius Apollinaris qu'elle habitoit le long de la petite rivière de Trévezels, dans un château appelé *Trécidon*, qu'on trouve encore sur les anciennes cartes de la *Gallia Bracata*. Cette famille avoit dans le pays des possessions immenses, qui s'étendoient dans les diocèses de Nîmes et de Rodez ; et elle y jouissoit de la plus haute considération.

Tonantius-Ferréolus avoit, outre cela, sur le Gardon, près de Nîmes, une maison de campagne appelée *Prusian* ; mais il forma, vers l'an 470, la résolution d'aller avec Papianille, son épouse, faire sa résidence à Trévidon, où sa famille étoit déjà fixée depuis longtemps. Sydonius Apollinaris, évêque de Clermont, son parent et son contemporain, fit tous ses efforts pour l'en détourner, comme nous le voyons par une de ses épîtres, dans laquelle il lui donne, des habitans du Rouergue, une idée peu flatteuse pour eux, et bien peu capable d'attirer un seigneur qui vouloit y fixer sa demeure : « Quoi ! lui dit il, vous voulez
» aller à Trévidon, sur ces montagnes si voisines des calom-
» niateurs Ruthènes ! » Mais ces représentations ne l'empêchèrent pas de s'y établir, avec sa famille.

Quelques uns de ces savans, qui ont passé leur temps à construire de magnifiques généalogies, prétendent que les rois de France de la seconde et de la troisième race, doivent compter ce Ferréol parmi leurs ancêtres. Les historiens Duchêne, du Boucher, Sainte-Marthe, Dominici, le père Thomas-d'Aquin-de-Saint Joseph, Pierre de Sainte-Catherine, et autres généalogistes des maisons d'Hugues Capet et de Charlemagne, les font descendre toutes les deux, de Ferréolus, préfet du prétoire, sous l'empereur Valentinien III.

IV.

Sarrasins.

Quoique les Visigots ne fussent plus maîtres de Rodez, ils n'avoient pas renoncé à l'espérance de rentrer dans cette ville, et dans le reste de la province ; et ils firent plusieurs fois des tentatives, pour y réussir. On lit même dans de vieilles chartes de l'évêché de Rodez, qu'ils pillèrent la cathédrale, vers l'an 729. Mais les Sarrasins, peuple barbare, venu d'Afrique détruisirent pour toujours leur empire dans les Gaules ; et les cruautés de ces nouveaux brigands, firent regretter ceux qu'ils vinrent chasser de nos contrées ; quoique leur domination fût depuis long-temps insupportable aux catholiques.

Les Sarrasins, dans leurs ravages, s'attachoient principalement à détruire tout ce qui avoit quelque rapport au culte des chrétiens. Les monastères, les églises, les vases sacrés, les moines, les évêques, les ecclésiastiques, les manuscrits précieux, que plusieurs religieux avoient recueillis dans leurs archives, tout étoit pillé, détruit ou brûlé.

Ces barbares commandés par Ambiza, s'emparèrent de Rodez en 725 (1) ; ils en furent chassés la même année par Eudes, duc d'Aquitaine (2), qui venoit de leur livrer bataille, et d'en tuer, dit-on (3), trois cents soixante-quinze mille. Chassés de Rodez, ils se répandirent dans la province ; ils allèrent exercer particulièrement leurs ravages, sur l'église de Saint-Antonin, et sur le monastère de Conques (4), que plusieurs princes chrétiens avoient déjà richement doté, et qui réunissoit depuis long-temps plusieurs centaines de moines, rassemblés de toutes les parties de la France et des pays voisins. J'ai lu dans un manuscrit très-ancien, aux archives de cette église, qui y fut déposé par Bernard, écolâtre d'Angers, vers l'an 1020, qu'une troupe de ces barbares s'étoient sur-tout fortifiés, dans un certain château de Balaguier ; d'où ils sortoient de temps en temps, pour piller les lieux saints, et vexer les ecclésiastiques, les moines et les autres honnêtes gens, *clericos, monachos et alios probos homines.*

Ces irruptions fréquentes des Sarrasins, et les guerres civiles qui agitèrent la France, sous les règnes de Charles Martel et de Pepin, occasionnèrent de biens grands troubles en Rouergue.

---

(1) Lecointe, *Annal. ecclesiast. ad annum* 725.
(2) Fleury, Hist. ecclés. liv. 42.
(3) Fleury, *ibid.*
(4) Ce fut l'année 730, suivant la chronique de cette église.

Le siège épiscopal de Rodez demeura vacant pendant plus de cent soixante ans. Du moins on ne trouve aucune trace d'évêque, depuis Arédius qui vivoit en 670, jusqu'à Faraldus en 838. Ce fut dans ce temps là que les seigneurs usurpèrent une puissance excessive sur le peuple, et qu'ils s'emparèrent des dîmes, des domaines, des églises et de tous les biens ecclésiastiques.

La célèbre victoire que Charles Martel remporta sur les Sarrasins, abattit beaucoup leur courage, et jamais ils ne s'en relevèrent entièrement. Son fils Pepin s'empara du Rouergue, en 767 (1), sur les ducs d'Aquitaine, qui en étoient demeurés maîtres depuis 725, malgré les attaques et les incursions fréquentes de ces brigands. Ce prince vint cette même année, avec une cour nombreuse, à Saint-Antonin, pour y rendre grâces au Dieu des chrétiens, du succès de ses expéditions en Aquitaine ; et il profita de l'occasion de ce pieux pèlerinage, pour se mettre en possession de la province. (2)

C'est dans les archives et les cartulaires de ces églises anciennes du Rouergue, que l'on trouve les traces des événements de ce temps-là. Sans les monumens historiques qu'elles nous ont conservé, nous n'aurions aucune connoissance de l'état de la province, dans ces siècles de tyrannie et de superstition. C'est dans la chronique de l'ancien monastère de Conques, que nous avons vu les premiers vestiges des comtes de Rouergue, ces seigneurs puissans, qui régnèrent pendant près de sept cents ans sur cette province, et dont l'autorité s'accrut si fort dans la suite qu'elle devint redoutable même aux rois.

V.

Comté de Rouergue.

Il seroit difficile de fixer le temps précis de l'érection du comté de Rouergue. Lorsque Charlemagne eut érigé la province d'Aquitaine, en royaume, en faveur de son fils, Louis le débonnaire, il établit des *comtes*, en diverses provinces ; c'est-à-dire, des gouverneurs, pour aider et conduire ce prince encore jeune, dans le gouvernement de cette nouvelle monarchie. On rapporte (3) qu'il en établit à Poitiers, à Périgueux, en Auvergne, en Velai, à Toulouse, à Bordeaux, à Albi, à Limoges, etc.

(1) Annales d'Aniane... Hist. du Languedoc, liv. 8.
(2) Voy. la charte de Pepin, en faveur de Saint-Antonin, parmi les notes et monumens, nomb. IV.
(3) *Astronomus. Vita Lud. pii* p. 287.

Mais on ne trouve pas qu'il en ait nommé pour le Rouergue ; ce qui nous fait croire que cette province en avoit déjà, ainsi que le Gévaudan et quelques autres, comme on le voit dans l'histoire du Languedoc (1). Pallade étoit comte de Gévaudan, en 570 ; Romain en 571. Et nous verrons, dans la suite de cet ouvrage, qu'Innocent, avant d'être évêque de Rodez, étoit comte de Gévaudan, vers l'an 585. En effet les Visigots avoient créé des comtes dans plusieurs provinces, long-temps avant Charlemagne. Et il est très-vraisemblable que ceux de Rouergue, doivent leur origine à ces peuples. Mais quelle que soit l'époque de l'établissement des comtes en Rouergue ; nous n'en trouvons les premières traces qu'en 838, dans une charte de Pepin, roi d'Aquitaine, en faveur du monastère de Conques.

Cette charte, que nous avons en original, et que nous avons lue, avec d'autant plus d'attention, qu'elle a donné lieu à des erreurs (2), pour avoir été mal lue ou mal interprétée, fait mention de deux comtes, Gibert, et Guirbalde ou Guirbaud, l'un déjà mort du temps de Pepin, et l'autre contemporain de ce prince.

« Sachent tous, dit Pepin, en substance, dans cette charte,
» que *Gibert, autrefois comte,* ayant doté, au dépens du fisc
» royal, le monastère de Conques, que les Sarrasins avoient
» pillé et dévasté, nous confirmons toutes les donations, qui
» ont été faites autrefois, à l'abbé Dadon et audit monastère,
» *per licentiam Giberti quondam comitis....* Et afin qu'il n'y ait
» pas de contestation, à l'avenir, entre les supérieurs de ce mo-
» nastère, et les *comtes de la province ;* nous le retirons des
» mains et de l'autorité desdits comtes, pour le mettre sous notre
» protection et sauvegarde, et sous celle de nos successeurs, les
» rois des Aquitains... Nous confirmons à l'abbé Hélie et à ses
» religieux, la donation que nous lui avons ci-devant faite, du
» monastère de Jonante, et de notre forêt de Pandérémie, etc..
» Nous voulons que ledit monastère de Jonante, soit uni à per-
» pétuité, à celui de Conques. Et nous donnons en outre, auxdits
» abbé et religieux, les églises de Bournazel, de Balsac, la ville
» de Flanhac avec ses trois églises, et les autres possessions
» qu'ils ont échangées, de notre autorité, avec le *comte Guir-*
» *balde...* Nous leur assurons la propriété du vignoble qui leur
» a été donné par l'évêque Faralde, etc.... Donné la XXV année
» du règne de Louis le débonnaire, empereur, et du nôtre, la

---

(1) Hist. du Lang. liv. 8.
(2) Les historiens du Languedoc, qui, sans doute, n'en avoient lu qu'une copie infidèle, disent qu'elle est de l'an 820 ; qu'il n'y est fait mention que d'un comte, qu'ils appellent Gilbert, etc. Plusieurs autres manuscrits, qu'on nous à communiqués, ont aussi dénaturé ce monument.

» XXII » (1). Ce qui se rapporte, d'après tous les chronologistes, à l'an 838.

Cette charte nous prouve que le Rouergue avoit des comtes, depuis quelque temps; que Gibert ne vivoit plus à cette époque ; que Guirbalde étoit venu après lui ; et que ces seigneurs avoient déjà une certaine autorité dans la province. Sachant d'un autre côté que Charlemagne n'établit point de comtes en Rouergue, nous ne croyons pas trop hasarder, en conjecturant que la province en avoit, avant le règne de ce prince.

Les comtes ne furent d'abord que de simples gouverneurs, dont les principales fonctions étoient d'administrer la justice, d'avoir soin des finances, de faire lever les tributs et les deniers publics, de faire exploiter les domaines du roi, et enfin de convoquer et assembler la milice de leur comté (2). Mais dans la suite, ils s'approprièrent tous les droits, que leur crédit et leur puissance leur permirent d'usurper sur leurs justiciables : et peu à peu, de simples magistrats du peuple, ils devinrent ses tyrans. Ils rendoient la justice par eux-mêmes, ou par des viguiers, *vicarii*, qui leur étoient subordonnés, et qu'ils établissoient dans les principaux lieux de leur domaine. De là l'origine de ces anciennes vigueries de Sévérac, d'Ayssène, d'Albin, de Flagnac, de Capdenac, de Millau, de Camarez, de Rodelle, de Rossenac, de Brommat, etc. etc. (3) dont il est si souvent fait mention dans les anciennes chartes des églises du pays. Lorsque les causes étoient considérables, soit par leur importance, soit par la dignité des cliens, les comtes les jugeoient par eux-mêmes, assistés de plusieurs seigneurs, et des jurisconsultes de leur cour. Nous en rapporterons des preuves, dans l'histoire de chaque comté en particulier.

D'abord les comtes ne furent que bénéficiaires, c'est-à-dire, que leur comté ne passoit pas à leurs descendans ; mais bientôt profitant des troubles ou de la foiblesse du gouvernement, ils rendirent leur dignité héréditaire et indépendante. Raimond, fils de Fulgaud, comte de Toulouse, est le premier comte de Rouergue, connu, qui transmit ses états à ses descendans. On lui voit prendre la qualité de *comte par la grace de Dieu*, dans l'acte de fondation du Monastère de Vabres, en 861. Peu de temps après lui, Ermengaud, un de ses successeurs, prenoit celle de *duc de Septimanie*, de *prince magnifique*, etc. (4) ; ce qui prouve que les comtes commençoient dès-lors à se soustraire à l'autorité royale,

(1) Voy. cette charte parmi les notes, nomb. IX.
(2) Hist. du Lang. t. I.
(3) Il y en a d'autres dont nous ne connoissons pas la situation, comme *vicaria Sernincensis, Arisdensis, Dunensis, Ferriacensis*, etc.
(4) Il prend ces titres et plusieurs autres, dans des actes qu'on voit au cartulaire de l'église de Vabres, années 934,935.

et à usurper une puissance et des qualifications qui n'appartenoient qu'au souverain.

VI.

Usurpations des Seigneurs.

La plupart des monumens historiques de ce temps-là, nous prouve que non seulement les comtes, mais les autres seigneurs du pays, s'étoient approprié les églises, les dîmes, et presque tous les biens dont jouissoient les ecclésiastiques. Les Sarrasins s'en étoient sans doute emparés avant eux, dans le temps de leurs incursions dans la province, et les seigneurs qui leur succédèrent, voulurent les conserver, comme un droit attaché à leurs terres, ou à leurs dignités.

Ceux qui ne les tenoient pas par droit de succession profitant du droit de patronat, qu'ils prétendoient sur les *ministères* (les paroisses) et les autres églises, envahirent leurs biens, et s'agrandirent à leurs dépens. Plusieurs même s'emparèrent, non-seulement des biens, mais du titre des bénéfices ecclésiastiques dont ils faisoient ensuite un trafic scandaleux. On vit souvent les abbayes occupées par deux abbés, l'un laïque, l'autre ecclésiastique. En 983, Etienne, Bégon et Hugues étoient, en même-temps, abbés de Conques. L'un étoit évêque de Rodez, l'autre, simple ecclésiastique, et le troisième laïque (1). Deusdédit, autre abbé laïque de Vabres, donna vers ce même temps son abbaye, à l'abbé de Clugni, *pour la rémission des péchés de ses parens, qui l'acoient achetée, par des traités simoniaques* (2). Dans une vieille charte, du règne de Lotaire, il est dit que Raoul, abbé de Figeac, donna à fief à un seigneur du Rouergue, soixante églises, à condition qu'en cas de guerre, il armeroit trois cents hommes, pour la défense de son monastère.

Les comtes sur-tout regardoient les évêchés, les abbayes et les autres bénéfices, comme des fiefs mouvans de leur domaine : ils en faisoient un commerce public, et les vendoient au plus offrant ; s'embarrassant peu des anathèmes des conciles, et des décrets des papes et des évêques, qui ne cessoient de les accabler de tous leurs foudres. Adalger, abbé laïque de Conques, avoit acheté publiquement cette abbaye et celle de Figeac ; et il en vendit ensuite les biens, pour acheter l'archevêché de Narbonne, qui vint à vaquer. Le comte de Rouergue de son côté, reçut cent mille sous melgoriens (3), d'un seigneur étranger,

(1) Archiv. de Conques, *lib. mirab.* p. 70.
(2) Voy. Hist. du Lang. *ibid.*
(3) Voy. note LIX.

pour qu'il le fit donner à son fils Guifred. Celui-ci fut en effet archevêque de Narbonne, à l'âge de quatorze ans. Frotard fut élevé en même-temps au siège d'Albi, moyennant un don de quinze chevaux de grand prix. Guillaume Taillefer vendit à prix d'argent l'évêché de Caors, et donna pour trente mille sous d'or l'abbaye de Moissac. Pierre Bérenger, moine de Conques, fils du comte de Narbonne, acheta peu de temps après, l'évêché de Rodez. Hugues, comte de Rodez, s'empara de l'abbaye de Saint-Amans de la même ville. Pons, qui en étoit abbé, et les *clercs* qui lui étoient soumis, en vendoient de leur côté les biens, ou les faisoient passer à leur famille. En vain le Pape Victor assembla un concile à Toulouse, pour arrêter un si scandaleux commerce ; le désordre dura encore long-temps après lui (1).

Les seigneurs de Peyre, de Canillac et de la Roque, sur les frontières du Gevaudan et du Rouergue, jouissoient depuis long-temps de plusieurs domaines des églises du pays, et sur-tout du monastère de la Canourgue. Ils s'en étoient approprié même les dignités et les canonicats. Le prévôt et le doyen, entr'autres étoient deux gentilshommes mariés, qui trafiquoient publiquement les droits de cette église. Les historiens Sainte-Marthe rapportent (2) que l'évêque de Mende, Aldebert de Peyre, de concert avec Richard, vicomte du Gevaudan, forcèrent Deusdet, doyen de la Canourgue, Astrebald, Prévôt, *ses fils*, et les autres chanoines au nombre de huit, d'unir cette église à l'abbaye de Saint-Victor de Marseille, célèbre alors par sa régularité. Pour prévenir toute nouvelle usurpation, il fut arrêté dans l'acte d'union, qui est de l'an 1060, qu'on ne pourroit jamais choisir pour abbé de la Canourgue, un homme du Gevaudan, du Rouergue ni de l'Auvergne, et qu'il ne pourroit pas être natif des pays compris entre le Tarn et l'Allier.

Les faits suivans prouvent que ces désordres duroient encore, plusieurs années après. Nizier de Binsinol vendit en 1161, à l'église de Bozoul, moyennant vingt-cinq francs rodanois, en présence de Pierre, évêque de Rodez, tous les droits qu'il avoit sur les dîmes de cette paroisse(3).

En 1262, un seigneur nommé Bernard Berenger s'étoit emparé encore de toutes les dîmes et revenus de l'église de Bozoul. Il fut sommé de les céder, par le prieur d'Almont en Gevaudan, hospitalier de Bozoul, que l'évêque de Mende avoit chargé de cette commission, par ordre de l'archevêque de Bourges ; et sur le refus que fit Berenger de s'en désaisir, ce commissaire l'excommunia (4). Nous voyons dans les mêmes archives de la

---

(1) Hist. du Lang. *ibid.*
(2) *Gall. christ.* t. *I, inst.* p. 23 et *seq.*
(3) Archiv. de la Cath. de Rodez.
(4) *Ibid.*

Cathédrale; que Geraud de Brossignac fit, vers ce même-temps (1), donation au chapitre de Rodez, du droit de dîme, dont il jouissoit sur plusieurs villages des paroisses d'Auzits et de Firmi. Le chapitre, en reconnoissance, laissa ce seigneur en possession de ces dîmes, pour sa vie; et après sa mort, il les donna encore, à titre de ferme, à ses successeurs, pour le prix de trente-deux francs rodanois. Cette concession donna lieu à la famille de Brossignac, d'usurper encore les droits de dîme dans ces paroisses. Elle n'en fut dépossédée définitivement, qu'en 1396, à l'occasion d'un accord qui fut passé alors, entre le chapitre, et le commandeur de l'hopital d'Auzits, pour les bornes et séparation des dîmaires.

Les seigneurs, à la mort des *chapelains* (2) et de leurs vicaires, s'attribuoient leurs dépouilles et toute leur succession; et c'étoit une grande faveur, quand ils permettoient à quelqu'un de leurs protégés, de disposer de ses biens par testament. Plusieurs seigneurs cédèrent ce *droit de dépouille*, à l'évêque de Rodez, qui, de son côté, jouissoit d'une prérogative pareille, sur la plupart des bénéficiers de son diocèse, sous le titre de *droit de testament*.

On voyoit de temps en temps, quelques seigneurs, pressés par les remords de leur conscience, ou par les censures des évêques, restituer aux églises, les biens qu'on leur avoit ôtés ou les leur vendre, à un prix modique. On en vit plusieurs, fonder des maisons religieuses, ou doter celles qui étoient déjà fondées, et contribuer à d'autres établissements de ce genre.

Ceux des frontières du Gevaudan, entr'autres Austorge de Peyre, Hugues de Bonnefous, Deusdet de Canillac, avec Fouques et Roger ses frères, Etienne de Nogaret, Raimond de Mostuéjoul, Geraud de Muret, donnèrent à l'abbaye de Saint Victor, l'un, la moitié du lieu de Maruéjoul, qui n'étoit alors qu'un petit village, et qui est devenu depuis, une des principales villes du Gevaudan; un autre, l'église de notre-dame de la Canourgue, avec la moitié des dîmes; quelques-uns firent des dons pareils, à l'abbaye d'Aniane. Austorge de Peyre donna à Saint-Victor, le monastère de Chirac, qu'il venoit de fonder, et qui a été l'origine de la petite ville de ce nom, sur le ruisseau de Coulange.

Le riche hôpital d'Aubrac, les monastères de Rieupeirous, de Clairvaux, de Sylvanez, de Bonnecombe, de Bonneval, de Locdieu et plusieurs autres, supprimés long-temps avant la révolution dont nous sommes témoins, dûrent leur origine, aux libéralités des seigneurs des dizième, onzième et douzième siècles.

Ces actes de fondation, de restitution ou de vente, sont remarquables par l'énumération des différentes redevances, que les

---

(1) En 1275.
(2) C'est ainsi qu'on appeloit, dans ce temps-là les curés.

seigneurs s'étoient appropriées. Dans la donation de l'église de Maleville, par Hugues de la Roque, vers l'an 1000; dans la vente des trois églises du bourg de *Verneducium*, aujourd'hui Saint-Cyprien, près de Conques, par un seigneur nommé Bernard, en 882; de celle de Rinhac, par *Alcherius de Mellaned*, et Geraud de Belcastel, vers l'an 1010; dans la fondation de Clairvaux, près Valadi, en 1062; et dans d'autres chartes, qu'on a conservées jusqu'ici dans les archives de l'évêché et de la cathédrale de Rodez, ou de l'abbaye de Conques; on remarque que les seigneurs cèdent à ces églises, les *dîmes*, les *oblations qui viennent sur l'autel*, les *amendes* qu'on exigeoit des pécheurs soumis à la pénitence publique, le droit de *sépulture*, de *trentenaire*, de *baptistaire*, la *viguerie* ou droit de justice, le droit de *dépouille des prêtres*, les *offrandes* en fruits, en cire, en huile, en pain, en bestiaux, en argent; et une infinité d'autres droits, presque tous inconnus aujourd'hui, comme *paratas*, *freda*, *rotalicum*, *teloneum*, *guadios*, *condaminas*, *commandas*, *unum receptum cum decem caballariis*, *unam spatulam*, *duos membros*, *quinque aussos de lana*, *proferentias*, *mudas de presbyteris*, *fecum sacerdotale*, *unum medium mottonem escorgatum*, etc, etc.

Plusieurs en cédant les églises, cèdent en même temps, la maison presbytérale, qu'ils appellent *domum caminatam*, d'où est venu, sans doute, le nom de *caminade*, qu'on lui donne encore, de nos jours, dans une partie de la province. On donnoit aussi ce nom quelquefois, aux maisons des seigneurs et des riches, qui avoient une cheminée; car le commun des maisons n'en avoient pas dans ce temps-là. Une famille entière se chauffoit autour d'un foyer rond, au milieu d'une salle dont le plafond étoit percé, en forme d'entonnoir, pour recevoir la fumée. On étoit encore à inventer beaucoup des commodités de la vie, dont nous jouissons aujourd'hui. Les vitres n'étoient pas en usage; la bougie ne servoit que dans les temples, et la chandelle étoit d'un très grand luxe. On se servoit dans les familles les plus aisées, de morceaux de bois sec ou résineux, pour s'éclairer. Les chemises étoient de serge et non de linge. La vaisselle d'argent, la faïence, les horloges à roue, les fourchettes de table, le papier étoient des objets inconnus.

Il paroît que les divers droits que percevoient les églises, n'étoient d'abord que des offrandes libres, de la part des fidèles; et qu'elles devinrent ensuite des redevances qu'on ne pouvoit pas se dispenser de payer. Nous voyons dans les archives de la cathédrale de Rodez, une transaction du douzième siècle, entre le chapitre, et le prieur de Bozoul, par laquelle il fut convenu, relativement aux différens mûs entre les parties, 1° Qu'on payeroit pour la sépulture d'un noble, d'un héritier universel, d'un chef de maison, un franc rodanois; pour les non-nobles, prêtres, et autres, dix sous; pour un enfant, treize deniers: 2° pour les mariages, trois sous, *si on n'aimoit mieux inviter le curé;* pour les baptêmes, trois sous : 3° que les *capules* (linge blanc dont on couvroit la tête des enfans, qu'on portoit à l'église) seroient employées à faire des surplis : 4° que personne ne seroit enseveli dans l'église : 5° que la cire seroit partagée, entre le chapelain et l'héritier du défunt : 6° que les draps d'or et de pourpre, qu'on porteroit aux funérailles, seroient employés en ornemens pour l'église.

Dans plusieurs des chartes, dont nous venons de parler, concernant les églises, les donateurs déclarent aussi le nom et le nombre des *serfs* attachés aux domaines donnés, et celui de leurs enfans, qui leur appartiennent, disent-ils, par droit de succession. Le plus souvent, ils donnent ces serfs avec la terre; quelquefois ils cèdent la terre, et retiennent un certain nombre de serfs, qu'ils désignent par leur nom et par leur qualité, *servos, mancipia, cum filiis et filiabus eorum, qui nostri homines sunt jure hæreditario*, etc (1).

VII.

Servitude.

Depuis l'an 750, c'est-à-dire, depuis l'époque des plus anciens manuscrits de la province, dont nous ayons connoissance, jusqu'au quinzième siècle; on trouve à tout pas, des traces de la servitude à laquelle étoient soumis les habitans des campagnes du Rouergue. A moins qu'on ne donnât, dans ce temps, aux mots *servus, mancipium, ancilla*, quelqu'autre signification que nous ne connoissons pas. Il le faut bien, si l'on veut soutenir qu'il n'y a jamais eu de servitude en Rouergue, comme certain critique a voulu, dit-on, le donner à croire à une assemblée respectable (2).

On trouveroit la preuve de cet état de servitude, dans plus de cent monumens authentiques que nous avons eu occasion de parcourir. Nous en rapporterons ici un seul, qu'on peut voir aux archives de Conques ; et que nous avons préféré à bien d'autres, parce qu'il fait connoître la forme usitée alors pour l'affranchissement des serfs.

---

(1) Voyez la donation des églises de Salars et d'Arques, par Hugues, vicomte, sous le règne de Philippe I : notes et monum. nomb. XXXIV; celle des églises de Sansac et de Brousse en 895, *arch. de Conques*; testament de Garsinde, nomb. XX et divers autres monumens, à la fin de l'ouvrage.

(2) Aux électeurs du département de l'Aveiron, assemblés à Rodez, le 11 juillet 1790.

« Au nom de Dieu le père, et de son fils unique qui s'est
» incarné, pour donner la liberté, à ceux qui étoient dans l'escla-
» vage du péché.
» Afin qu'il daigne aussi nous délier de nos fautes; nous avons
» résolu de délier les hommes qui gémissent sous le joug de
» notre servitude; car il a dit: *délirez et vous serez délivrés*; et
» à ses apôtres: *vous êtes tous frères*. C'est pourquoi si nous
» sommes tous frères, nous ne devons forcer aucun de nos
» frères, à la servitude: et d'ailleurs la suprême vérité nous dit:
» *ne vous qualifiez pas de maîtres*. Si elle blâme donc l'orgueil de
» la prééminence humaine; à plus forte raison, la dureté de la
» domination. C'est pourquoi nous Pierre et Gerbert, mûs par
» des témoignages si clairs et par de si puissans motifs, nous
» affranchissons de tout joug de servitude, les serfs suivans, de
» l'un et de l'autre sexe; savoir, Geraud avec sa femme, ses
» fils et ses filles, et les sœurs dudit Geraud, Ildegarde, et
» Ingalberge, leurs fils, leurs filles, leurs effets et toute leur
» postérité, s'il en naît jamais d'eux ou d'elles. En sorte qu'ils
» ayent la liberté d'aller en tous les lieux du monde, où ils
» voudront; et qu'ils ne soient dépendans de qui que ce soit
» de notre parenté, ou de notre famille, à raison de leur condi-
» tion de serf. Fait à Conques, sous le règne de Philippe (1).
» Signés, Pierre et Gerbert frères, Dieudé Panat, Dieudé d'Hector
» etc. Ecrit par Pons, moine ecclésiastique. »

A ces preuves de la servitude, sous laquelle les peuples du Rouergue ont gémi, pendant plusieurs siècles, on pourroit en ajouter une autre, qu'on retrouve souvent, dans les actes des comtes et des autres seigneurs puissans : c'est cette clause, presque par-tout semblable, du moins pour le fonds : *nullus hominum nostrorum, sive miles aut burgensis, sive rusticus* LIBER *aut* SERVUS, *contra hanc chartam ire præsumpserit*. Cette formule et cent autres qui lui ressemblent, prouvent qu'on distinguoit parmi les citoyens, les militaires, les bourgeois, et les paysans *libres ou serfs*. Les seigneurs aliénoient ces serfs, ils les donnoient, les vendoient, les échangeoient, les léguoient dans leurs testamens, comme les autres propriétés de leurs domaines (2).

Cet état de servitude ne fut entièrement aboli, en Rouergue, que dans le quinzième siècle.

En 1302, le roi envoya dans cette province, trois commissaires, Richard et Arrenard de Lisieux, et Guillaume de Giscar, avec ordre d'y abolir la servitude, de donner la liberté, aux serfs de ses domaines, de les faire jouir de tous les droits, franchises et

---

(1) Philippe I, c'est-à-dire, vers l'an 1030. Voyez cet acte, parmi les monumens, nombre XXIX.

(2) Voyez plusieurs des actes rapportés, parmi les monumens, et particulièrement nombre V.

immunités des *bourgeois*, et d'engager en même temps, les seigneurs du pays, à affranchir ceux de leurs terres ; afin qu'ils pûssent jouir des mêmes privilèges, que les hommes libres de son royaume (1). Les seigneurs imitèrent peu à peu l'exemple du roi ; et il paroit par les actes qu'on voit, dans les archives du comté de Rodez, qu'il n'en restoit presque plus de traces, en 1450.

Nous avons tout lieu de croire qu'il y avoit des serfs en Rouergue, avant l'établissement des comtes (2) ; mais ces seigneurs et plusieurs autres de la province, ne contribuèrent pas peu, par leur tyrannie, à entretenir dans cette misérable condition, une grande partie de leurs vassaux. Lorsque après des siècles d'oppression, il venoit un comte plus humain que les autres, et assez généreux pour alléger cet odieux joug, il étoit comblé de bénédictions pendant sa vie : et long-temps après sa mort, les pères le nommoient encore à leurs enfans, comme une divinité bienfaisante. Nous trouvons que la comtesse Garsinde, ayant déclaré en mourant, qu'elle donnoit la liberté, aux serfs de ses domaines, elle fut honorée long-temps parmi eux, comme une très-grande sainte (3).

VIII.

Actes publics, Langage, Poëtes.

Les onzième et douzième siècles sont remarquables par le changement qui s'opéra alors, dans certains usages de la province, et particulièrement dans le langage, les noms de famille, et la manière de rédiger les actes publics. Comme dans toutes nos recherches, nous nous sommes attachés de préférence, aux coutumes et aux mœurs des peuples du pays, nous devons faire remarquer à nos lecteurs, les petites révolutions qui y ont rapport.

La forme des contrats, des chartes et de toute sorte d'actes, éprouva, dans ce temps-là, des changements notables. Le ministère des notaires publics, étoit encore inconnu, et avant le treizième siècle, on n'en trouve aucune trace dans la province. Le plus ancien acte de notre connoissance, reçu par un notaire public, en Rouergue, est la vente des châteaux de Montrosier, de Buzens, de Gaillac, de Prévinquières, de Sévérac-l'église, de Liaucous, de Gannac, de Laissac et de Montferrier, qui fut faite en 1207, à Raimond, comte de Toulouse, par Guillaume,

(1) Biblioth. du roi : manuscrits recueillis par Colbert, Hist. du Lang. t. 4.
(2) Il y en avoit du moins dans les provinces voisines. Voy. Hist. du Lang. t I.
(3) Archiv. de la cathédrale de Rodez.

comte de Rodez, et Yrdoine de Canillac, son épouse. Cet acte fut reçu par *Arnaud, notaire du comte de Toulouse*, en présence de Verlac, archidiacre, de Geraud de Saint-Rome, etc. (1). Avant cette époque, les parties étoient libres de choisir ceux qu'elles vouloient, pour écrire leurs actes. On donnoit ordinairement la préférence aux ecclésiastiques et aux religieux, comme étant alors les moins ignorans, et presque les seuls capables de les rédiger. Ce n'est pas que souvent, ils ne fussent aussi peu habiles que les autres : on peut s'en convaincre par plusieurs actes qu'ils ont rédigés ; voyez entr'autres l'hommage de Frotard de Broquiès (2), écrit par l'archiprêtre Durand, *Durantus, archipresbyter, scripsit ista carta.*

Souvent les grands seigneurs en choisissoient un, à qui ils donnoient leur confiance, pour rédiger et écrire tous leurs actes, et faire auprès d'eux, les fonctions de tabellion ou de secrétaire. C'est ainsi qu'on trouve, depuis l'an 1112 jusqu'en 1153, un *Pierre de Rodez*, qui exerce ce ministère auprès d'Aton, vicomte d'Albi et de Nîmes. Il termine les actes latins par cette formule : *Petrus de Ruthenis scripsit*; et ceux qui sont en langue vulgaire par, *Peiré capéla dé Roudés*. D'autres portent, *Petrus de Ruthenis scripsit, mandatus ex utrâque parte*. Ce qui semble prouver que le consentement des deux parties étoit nécessaire pour le choix du tabellion.

Au commencement du treizième siècle, quelques seigneurs commencèrent à ériger en titre d'office, le droit d'écrire les actes. Il n'y eut d'abord, pour tout le comté de Rodez, qu'un seul notaire ou tabellion, qui étoit en même temps greffier de la cour du comte et de celle de l'évêque. Mais bientôt, tous les seigneurs hauts-justiciers, soit ecclésiastiques, soit laïques, se crurent en droit d'en instituer.

Ils n'y furent cependant légalement autorisés, que dans le siècle suivant. On voit aux archives de la cathédrale de Rodez, des lettres du roi, de l'an 1328, portant permission, à plusieurs seigneurs du Rouergue, entr'autres, à Raymond de Brossignac, seigneur d'Auzits et de Fontainous, d'avoir des notaires dans leurs terres ; mais la plupart avoient usurpé ce droit auparavant: aussi nous voyons qu'une grande partie des actes du treizième siècle, furent passés par le ministère des notaires. Leur signature n'étoit pas réputée nécessaire ; les parties se contentoient, pour l'authenticité, d'y apposer leur sceau ou une croix, et d'en faire mention, à la fin de l'acte, après avoir nommé les témoins qui y étoient présens. Les notaires ne retenoient point chez eux, la minute des contrats; mais ils les délivroient aux parties, en original. L'usage contraire ne commença, que plusieurs années

(1) Voy. Monumens, nomb. LXIII.
(2) Monumens, nomb. L.

après. On peut remarquer aussi, que tous les actes, antérieurs au quatorzième siècle, sont écrits sur le parchemin ; parce qu'en effet l'invention du papier, fait avec du linge pilé et bouilli, ne remonte pas au delà de cette époque.

Jusqu'au onzième ou douzième siècles, tous les actes publics, les titres des seigneurs, les chartes des églises, les contrats, les lettres et autres monumens de ce genre, avoient été rédigés en mauvais latin, barbare, souvent très-difficile à entendre, tant à cause du style, que de certaines expressions, particulières à ces siècles reculés et qui ne sont plus usitées, depuis long-temps. Dès-lors, on commença à en écrire plusieurs, en langue vulgaire ou dialecte languedocien : ce qui nous fait présumer qu'il n'y avoit pas long-temps, que cet idiome s'étoit introduit dans la province.

La langue celtique fut, sans doute, d'abord celle des peuples du Rouergue comme de leurs voisins. César et Strabon (1) nous apprennent que la langue grecque fut aussi en usage, dans les provinces méridionales des Gaules. Et au commencement du sixième siècle même, elle étoit si commune dans la Narbonnoise, qu'on s'en servoit quelquefois, dans les actes publics (2). Elle avoit été apportée, sans doute, par les colonies grecques, qui étoient venues peupler Marseille et les provinces voisines. Les Romains introduisirent peu à peu la latine : et dans le cinquième siècle, elle étoit déjà devenue comme naturelle. Mais le commerce fréquent avec les Bourguignons, les Francs, et sur-tout avec les Visigots, en altéra si fort la pureté, qu'il se forma une nouvelle langue, qu'on appela d'abord *Romaine* ou *Romance*; et qui, si l'on excepte un petit nombre d'expressions, un peu changées, est la même sur l'idiome vulgaire, usité encore, dans nos provinces du midi. Dès le neuvième siècle, ce langage étoit en vogue, dans le Languedoc ; et peu à peu il devint si florissant, qu'on le parloit, à la cour de plusieurs princes, et dans quelques provinces d'Espagne (3). Mais l'usage de l'employer dans les harangues, et dans les autres cérémonies publiques, étant tombé insensiblement, ce dialecte finit par être avili, au point qu'il fut relégué dans la plus basse condition des citoyens, et qu'on eut honte de s'en servir pour exprimer ses pensées.

Cependant plusieurs tabellions publics soit parce qu'ils n'avoient aucune connoissance du latin, soit parce que la langue françoise étoit encore peu répandue, l'employèrent pendant plusieurs siècles, dans leurs actes (4). Quelques personnes nous

(1) *Strab. lib. IV Geog.... Cœs. lib. 6, de bell. Gall.*
(2) *Cypr. Vita S. Cœsarii Arel... Hist. du Lang. liv. 5.*
(3) Pref. des œuv. de Godelin. On le parla long-temps chez les rois de Navarre, d'Arles, d'Arragon, dans la Catalogne, chez les comtes de Toulouse ; etc.
(4) On trouve des actes ainsi rédigés, jusqu'au XVII siècle.

ont assuré avoir vu en Rouergue, des contrats en cette langue, datés de l'an 1000, ou environ: pour nous, le plus ancien qui soit tombé entre nos mains, est de l'année 1135. C'est un hommage du château d'Ayssènes, consenti par Frotard de Broquiés, en faveur de Hugues, comte de Rodez. Il suffit de lire cet écrit barbare, moitié latin, moitié patois, et un autre sans date, antérieur peut-être de quelques années (1); pour se convaincre que c'est vers ce temps-là, que l'usage de la langue latine se perdoit insensiblement, en Rouergue, et qu'elle étoit remplacée par ce dialecte particulier, déjà très-répandu dans les provinces voisines.

Quelques littérateurs du pays contribuèrent à lui donner de la célébrité, dès qu'on l'eut adopté. Dans l'histoire de Provence, par Nostradamus, et dans une vie des poëtes *troubadours*, qu'on voit en manuscrit, à la bibliothèque du roi, il est fait une mention honorable d'Hugues Brunet ou Brunenc, natif de Rodez, et de Dieudonné de Prades, ainsi nommé d'un village de même nom, sa patrie, à quelques lieues de cette ville. Ces deux poëtes s'acquirent, dit-on, de leur temps, une grande réputation, par leurs ouvrages en langue provençale ou languedocienne.

Hugues Brunet étoit recherché par les plus grands seigneurs de ce temps-là; et il passa une grande partie de sa vie, auprès du roi d'Aragon, du comte de Toulouse, du dauphin d'Auvergne, et sur-tout à la cour du comte de Rodez, dont on raconte qu'il faisoit les délices, par ses écrits. Comme les poësies de ces auteurs respiroient toujours la joie et le plaisir, elles ne contribuèrent pas peu à entretenir dans le vieux comte Hugues II, un grand fonds de gaieté, qu'il conserva avec un tempérament vigoureux, jusqu'à une vieillesse fort avancée (2).

Le manuscrit dont nous venons de parler, rapporte que Hugues Brunet embrassa l'état ecclésiastique, qu'il s'appliqua beaucoup aux belles-lettres ; qu'il se fit jongleur, et se rendit très habile à *trouter* (3); mais qu'il ne composa pas le chant de ses chansons : qu'il chanta pendant quelque temps, les grâces de *Madonna Galiéna*, bourgeoise d'Aurillac, qui méprisa ses feux et ses vers ; que quelque intrigue pareille le fit congédier de la maison du comte de Rodez; mais qu'il s'y introduisit de nouveau, sous le règne du comte Henri, et fit sa cour à la belle et vertueuse comtesse, Algayette de Scoraille ; qu'après l'avoir chantée et célébrée, dans mille petites pièces de poésie, il finit par se faire religieux dans le monastère de Strozza.

(1) Voy. ces deux actes parmi les monumens, nomb. L.
(2) Le comte Hugues II étoit encore en vie, en 1209 ; et il étoit alors âgé de près de cent ans.
(3) D'où viennent les mots *troubadours* et *trouvère*, qu'on donnoit à ces sortes de poëtes.

Deusdédit de Prades fut chanoine de Maguelonne ; il cultiva beaucoup les muses provençales, il fut aussi très habile à *trouver*. Il fit comme Brunet, plusieurs chansons ; mais il n'y parloit pas d'amour ; ce qui fit qu'elles ne furent pas, dit-on, du goût de ses contemporains, et on ne les chanta pas.

Geraud le Roux, fils d'un pauvre chevalier, se rendit aussi célèbre par ses chansons, dont on conserve encore quelques-unes (1), et qui lui furent inspirées par l'amour qu'il avoit conçu pour la comtesse, fille du comte Alfonse.

Guillaume Ademar, natif de Méiruéis, se rendit aussi *beau parleur*, et savoit *bien trouver*. Le seigneur de Méiruéis le fit chevalier ; mais ne pouvant soutenir son rang, il se fit jongleur, et fut extrêmement goûté par le peuple. Il finit, comme les autres, par embrasser la vie religieuse, dans l'ordre de Gramont (2).

IX.

Commencement de la Noblesse, Droits des Nobles, Guerres entre eux, Châteaux, Asiles.

Le dialecte languedocien ne fut pas le seul usage, qui s'introduisit en Rouergue, sur la fin des comtes de la première race. C'est vers la même époque, que les citoyens commencèrent à prendre des noms de famille héréditaires. On adopta alors le nom de son père, et on le transmit à ses descendans ; tandis qu'auparavant chaque individu de la même maison, n'étoit distingué que par quelque dénomination bizarre, qui n'étoit, ni ce qu'on appelle aujourd'hui un nom de baptême, ni un nom de famille. Dans le onzième siècle, chacun s'accoutuma peu à peu, à prendre le nom, ou de son village, ou de sa profession, ou de sa qualité, et quelquefois même de son défaut corporel.

C'est dans ce siècle, comme le dit un écrivain du Querci, qu'on trouveroit, en sondant légèrement, maint pâtre ou maint bouvier qui déposa, le premier, la houlette ou la charrue, pour donner naissance à quelque illustre dynastie. Il ne prévoyoit pas, sans doute, que ses descendans rougiroient peut-être un jour, de le reconnoître pour un de leurs ancêtres. On ne connoissait point encore de familles nobles ; et il n'y avoit d'autre distinction entre les citoyens que celle de *libres* ou *serfs*. Les premières marques d'inégalité qui s'introduisirent dans la société, furent les qualifications de *militaire* et de *bourgeois*. Les fiefs étoient possédés indifféremment par tous les citoyens

---

(1) Manuscrits de la bibliothèque du roi, n° 7229.
(2) *Ibid.* n° 7225.

libres, qui dans leurs actes, prenoient la qualité de *cavalier*, de *damoisel* ou *donzel*, mots synonymes dans le principe avec *militaire*, et quelquefois même avec *bourgeois ;* car l'on voit la même personne prendre le titre de *burgensis domicellus.* Lorsque la distinction entre la noblesse et la bourgeoisie fut devenue plus marquée, alors les nobles s'approprièrent exclusivement toutes ces qualifications de *miles, eques, cavallerus, domicellus,* etc. sans se douter apparemment, que leurs descendans les feroient tant valoir un jour, pour construire ou embellir l'édifice de leurs généalogies.

Dans les actes antérieurs au onzième siècle, on voit les membres des familles les plus distinguées, qui furent connues depuis, sous le titre de familles nobles, prendre un nom simple, sans aucune qualité, comme Gerbert, Henri, Guiraud, Adalbert, *Rigaldus filius Berengarii, Adalbertus filius Bernardi,* etc. Après cette époque, et particulièrement depuis l'an 1000, jusqu'à 1080, on voit qu'ils commencent à ajouter le nom de leur château, ou de quelque fief, comme Henri de Moret, Adalbert d'Estaing, Bernard de Levezon, Rigaud de Solages, Bérenger de Valette, etc. (1).

Le titre de *chevalier* semble avoir été réservé d'abord à ceux qui revenoient des croisades : il devint ensuite plus commun. Les familles qui prenoient les titres éminents de *comte*, *vicomte, baron,* etc. étoient encore en très petit nombre. On ne comptoit dans la province, qu'un seul comté, Rodez; trois vicomtés, Millau, Ayssènes et Saint-Antonin ; et peu de baronnies. Ce ne fut que dans le seizième siècle, que la plupart des nobles, s'arrogèrent ces qualifications distinguées ; mais presque tous, sans autre fondement, que leur ambition ou leur vanité. Aussi de temps en temps le gouvernement faisoit-il rentrer ces soi-disans comtes, barons et marquis, dans la classe des nobles non-titrés; et quelquefois même on les rabaissoit, jusqu'à celle des roturiers et des bourgeois (2).

Au commencement du douzième siècle, l'usage des familles nobles, de prendre le nom de leurs fiefs, de leurs châteaux ou de leurs pères, étoit généralement établi ; et c'est dans les actes de ce siècle, ou de la fin du précédent, qu'on commence à trouver les noms des maisons, qui jouirent dans la suite, des prérogatives de la noblesse. Galtier et ses frères prennent le nom de *Cantobre,* dès l'an 1050 (3) ; Hugues, celui de *Calmont,* sous le règne de Henri I (4) ; Gausbert, celui de *Castelnau,* en 1060 (5) ;

(1) Voy. les divers actes rapportés à la fin du volume.
(2) On en trouve plusieurs exemples, dans les archives du bureau des finances, à Montauban.
(3) Fondation du Monastère du Vigan, par Pons, comte de Toulouse.
(4) Donation de l'église de Pomairol à l'abbaye de Conques.
(5) Restitution faite à l'abbaye de Moissac.

Hugues, celui de *Moret*, vers 1060 (1) ; Bérenger celui de *Cambroulas*, en 1061 (2). Il est fait mention de Deusdet et Gaufred de *Raimond*, en 1062 (3), de Bernard d'*Azemar*, en 1067 (4), de Deusdet de *Sévérac*, en 1070 (5), de Bernard-Guillaume de *Solages*, en 1073 (6). Deusdet de *Canillac*, Joris d'*Aurelle*, Raimond de *Mostuéjoul*, Bertrand de *Latour* et autres, font, en 1075, divers dons à l'abbaye d'Aniane, et au monastère du Rosier, en Gevaudan (7). Environ la même époque, Umbert de *Belcastel* donne au monastère de Conques, le fief de Malbosc; Hector de *Panat*, l'église de Saint-Félix (8). En 1077, Jourdain de *Creyssel* donne son église de Saint Martin-de-Mauriac, en Rouergue, à l'abbaye de Saint-Guillem (9). Raimond de *Roquefeuil* fait un don, au même monastère, en 1080 (10). Vers ce même temps, Geraud d'*Amels* et Pons de *Turlande* vendent à l'abbaye de Conques les églises de Saint-Etienne et de Saint-Amans d'Orlhaguet (11). Pons de *Cassagnes*, Pons de *Panat*, Hugues d'*Etienne* souscrivent, en 1077, à la donation de l'église de Sermur-sur-Viaur, en Rouergue, à l'abbaye de Clugni, par Foi, comtesse de Rouergue (12). Vers la même époque, Bernard d'*Auberoques*, avec Pierre et Gerbert de *Trémouilles*, frères, souscrivent à une cession faite aux religieux de Conques, par Bérenger, vicomte, de tous les droits qu'il percevoit, dans la ville de Marsillac et ses dépendances (13). Bégon de *Conques* et Bégon de *Combret* assistent, en 1078, à un plaid tenu par le comte Raimond (14). Raimond d'*Adhemar*, Guillaume et Bernard d'*Arnaud* ou d'*Arnal* sont présens à un autre plaid, tenu dans le diocèse de Narbonne, en 1080 (15). Il est parlé d'*Alidulphe* de *Murasson*, de Frotard de *Combret*, d'Aldebert d'*Olargues* ou d'*Oliargues*, familles du Vabrais, dans des actes de 1083 et 1090 (16); de Pons de *Cercières*, de Bernard d'*Arnaud*,

(1) Donation du fief de Recoules à l'église de Conques.
(2) Donation de dix domaines, près du lieu de Salmiech, à l'abbaye de Saint-Victor.
(3) Union du monastère de Soreze, à celui de S. Victor.
(4) Accord entre le vicomte d'Albi et celui de Barcelone.
(5) Donation faite par Bérenger vicomte. *Archiv. de Millau.*
(6) Acte concernant l'abbaye de Moissac.
(7) Cartulaire de l'abbaye d'Aniane.
(8) Archiv. de Conques.
(9) Archives du monastère de S. Guillem.
(10) *Ibid.*
(11) Cartulaire de Conques.
(12) Cartul. de l'abbaye de Moissac.
(13) Archives de Conques.
(14) *Ibid.*
(15) Archiv. de l'abbaye de Caunes, en Languedoc.
(16) Donation en faveur de l'abbaye de S. Pons de Tomières : autre en faveur de la cathédrale d'Albi, par Aton, vicomte de cette ville.

de Pierre de *Malliam*, en 1100 (1) ; de Guitard de *Mancip*, en 1105 (2). Raimond de *Lerezon*, Jourdain de *Creyssels*, et son fils Gaufred, Déusdet de *Vezins* et son fils Virgilius assistent, en 1112, à la donation que fait Richard, comte de Rodez, à l'abbaye de Saint-Victor, des monastères de Saint-Léons et de Saint-Pierre de Clairvaux, en Rouergue (3). Miro de *Cornus*, Raimond de *la Roque*; Radulphe et Raimond de *Previnquieres*, Hugues de *Montferrand*, Etienne de *Nogaret*, Etienne de *Peyrelade*, Ratier et Raimond de *Compeyre*, Hugues-Bertrand de *Mancip*, Raimond et autre Raimond de Mostuéjoul père et fils, Geraud-Guitard de *Sévérac*, Pierre de *Caylus*, et plusieurs autres interviennent en 1132, à un traité entre Béranger, comte de Millau et de Provence, et Guillaume, seigneur de Montpellier (4). Divers autres monumens depuis 1050, jusqu'en 1200, font mention de Hugues de *Brusque*, Guillaume Bernard de *Roquecisière*, Sicard d'*Izarn*, Guillaume de *Montarnal*, Bertrand de *Montpeyrous*, Geraud de *Salles*, Raimond d'*Estaing*, Guillaume de *Ténières*, Pierre de *Panat*, Hugues de *Moret* (5), Pierre de *Belcastel*, Raimond de *Bonald* ou *Bonaldi*, Pierre de *Brunet*, Oton d'*Aubignac*, Bertrand de *Saint-Amans*, Béranger du *Bosc*, Bernard de *la Guépie*, Hector de *Mirabel*, Hugues de *Saunhac*, Pierre de *Najac*, Bernard de *Roquetaillade*, Pierre de *Grezes* de *Castelpers* (6), Bernard de *Boisséson*, Imbert de *Maleville*, Bernard d'*Arpajon*, Etienne de *Bénaven*, Guillaume de *la Barrière*, Ademar de *Capdenac*, Bertrand de *Balaguier*, Guillaume de *la Panouse*, et plusieurs autres (7).

Les nobles étoient exempts de tout subside, envers les comtes leurs suzerains : ils n'étoient tenus qu'au service militaire, lorsqu'ils en étoient requis. Les autres citoyens étoient assujettis à suivre leurs seigneurs, dans leurs chevauchées, et outre cela, à leur payer divers cens, rentes et autres droits seigneuriaux. Il est aisé de se convaincre par plusieurs monumens, que la plupart de ces redevances, n'avoient été établies par les seigneurs, que pour fournir à l'entretien et à la solde, de ceux de leurs vassaux qu'ils étoient obligés de conduire à l'armée de la nation. Elles auroient donc dû cesser, lorsque les dépenses du service militaire, cessèrent d'être sur le compte des sei-

(1) Serment fait à Bernard Aton, vicomte d'Albi et de Nîmes.
(2) Contrat de mariage entre Catherine, fille du vicomte d'Albi, et Arnaud de Béziers.
(3) Cartulaire de Saint-Victor de Marseille.
(4) Manuscrit d'Aubays, n° 81.
(5) Monumens, nombr. XXV.
(6) *Ibid.* Nombre XXVI.
(7) Plusieurs de ces actes et des précédens, se trouvent dans les archives de Rodez et de Conques. Certains sont rapportés dans l'histoire du Lang., tome II. voyez-en aussi quelques-uns, parmi ceux qui sont à la fin de ces mémoires.

gneurs, et que la nation se chargea elle-même de payer ses défenseurs ; mais il n'en fut pas ainsi : le droit du plus fort prévalut sur l'équité naturelle ; et les rois eux-mêmes, forcés de ménager les seigneurs, eurent la foiblesse de sanctionner ces fameuses usurpations, dont les peuples ont supporté le poids pendant tant de siècles. Quelques-unes de ces rentes étoient, à la vérité, fondées sur la tradition du fonds ; mais c'étoit le petit nombre.

Outre les redevances ordinaires et annuelles, plusieurs seigneurs s'étoient encore arrogé le droit d'imposer une taille sur leurs vassaux, dans certains cas particuliers, comme 1º lorsqu'ils étaient faits prisonniers par leurs ennemis : 2º lorsqu'ils marioient leurs filles ou leurs sœurs : 3º lorsqu'ils devoient faire le voyage d'outre-mer : 4º lorsque quelqu'un de leurs fils étoit reçu chevalier.

C'est ainsi que les trois premiers de ces cas sont énoncés, dans les coutumes qu'Alfonso, comte de Toulouse, donna en 1256, aux habitans de la nouvelle ville de Villefranche, qu'il venoit de faire bâtir.

Les vexations que les premiers nobles exerçoient sur leurs vassaux, par les redevances bizarres qu'ils exigeoient d'eux, n'étoient pas le seul mal qu'ils leur faisoient. Les seigneurs étoient continuellement en guerre, avec les seigneurs leurs voisins ; et chacun forçoit ses vassaux, à marcher sous ses ordres, pour venger ses querelles particulières. Quelques-uns se faisoient suivre au delà des mers, pour aller faire la conquête des lieux saints, ou pour d'autres pèlerinages de ce genre. Ces diverses expéditions formoient les peuples, à une sorte de brigandage, et fomentoient entre eux des discussions, qui leur devinrent souvent très funestes.

Vers le milieu du douzième siècle, le Rouergue se trouva tout à-coup inondé, d'une foule de ces sortes de brigands, qui revenoient des croisades, ou qui avoient porté les armes, pour faire la guerre aux ennemis particuliers du comte ou de leur seigneur. Ces brigands dévastoient les campagnes, détroussoient les voyageurs, pilloient les églises, et commettoient toute sorte d'excès dans le pays.

Pour s'en délivrer, et pour fournir aux frais de la garde, qu'il falloit établir nécessairement sur les grands chemins, sur les ponts, et dans les lieux les plus exposés à leurs ravages, l'évêque de Rodez, Hugues, de concert avec le comte son frère, imagina un genre d'imposition, qui raisonnablement auroit dû finir, lorsque la cause eut cessé, comme les rentes seigneuriales et qui s'est levée cependant jusqu'à nos jours, dans le comté de Rodez, sous le nom de *commun de paix*.

L'évêque, pour donner plus de poids à cet établissement, crut devoir le faire confirmer par le pape Alexandre III qui lui accorda en effet, une bulle, datée de la onzième année de son pontificat, ce qui se rapporte à l'an 1170.

On voit, par le préambule de cette bulle, que l'évêque et le comte avoient auparavant ordonné que personne ne pourroit porter des armes, excepté les militaires et leurs cliens, *milites et clientes*; c'est-à-dire, sans doute, les nobles et les vassaux ; que les nobles ne pourroient avoir pour toute arme, qu'une épée et les vassaux, seulement un bâton, pour leur sûreté, et pour la sûreté publique. Sans doute que cette ordonnance n'eut pas son effet, et qu'on fut obligé d'en venir à l'imposition dont nous parlons. Quoi qu'il en soit, par cette bulle, il fut ordonné : « Que tous abbés, archidiacres, archiprêtres, moines, chanoines, prieurs, et autres clercs, qui auroient une église propre ; les militaires, les marchands, les bourgeois et tous autres sujets, tant clercs que laïques, qui auroient une charrue, payeroient douze deniers rodanois (environ huit livres tournois de nos jours ; car on achetoit alors pour douze deniers, une quantité de denrées qui coûteroit aujourd'hui, 1789, au moins huit livres).

» Que ceux qui n'auroient qu'un bœuf, un mulet, un cheval, ou toute autre bête de somme, en payeroient six :

» Que les ouvriers et artisans en payeroient six, huit, ou douze, suivant qu'ils seroient taxés par leur chapelain (curé) :

» Que les laboureurs qui n'auroient point de bien, et qui vivroient de leur travail, en donneroient trois, etc :

» Que chaque paroisse nommeroit un collecteur, qui seroit chargé de rendre compte au collecteur général, à Rodez :

» Que les sommes provenues de cet impôt, seroient employées, non-seulement à entretenir la garde établie pour garantir des brigands ; mais encore à indemniser ceux qui auroient souffert de leurs ravages, etc. » (1).

Bien loin de remédier au mal, par ce moyen ; on ne fit que l'augmenter, parce que les gardes préposés pour la sûreté publique, devinrent eux-mêmes, des brigands plus dangereux que les premiers. Les comtes et les autres seigneurs, qui s'étoient approprié le droit d'exiger un *péage*, ou droit de passage, sur les ponts, sur les grands chemins, à l'entrée des villes et des gros bourgs, trouvèrent qu'il étoit plus simple pour eux, et moins dispendieux, de charger de la levée de ce droit, les soldats qu'on y avoit placés, pour la sûreté et la tranquillité publique. Peu à peu, les soldats, sous prétexte de se faire payer le droit du seigneur, qui les avoit commis, s'accoutumèrent à rançonner les voyageurs, et sur-tout les marchands et les étrangers : ce qui causa le plus grand désordre dans la province.

Ces malheurs, joints à ceux qu'y causoit sans cesse, la fureur

(1) Voy. cette bulle parmi les monuments nomb. LVIII ; et en quoi consistoit cet impôt, à l'époque de l'assemblée nationale de 1789.

que les seigneurs avoient de vider, à main armée, leurs discussions particulières, faisoient du Rouergue et des pays voisins, un champ de bataille universel.

L'évêque et son clergé, pour y remédier, eurent recours à tous les moyens que leur zèle leur suggéra. Comme il étoit impossible d'arrêter le torrent tout à la fois, on commença, comme l'avoient fait les évêques du Languedoc, par faire des règlemens, pour certains temps de l'année, et pour certains jours de la semaine ; pendant lesquels on ordonna que les guerres des seigneurs, et tout acte d'hostilité seroit suspendu. On jugera du désordre, par ces arrêtés singuliers.

On défendit 1° de commettre aucune violence dans les églises, dans les cimetières et les autres lieux sacrés, sous peine d'être jugé comme sacrilège :

2° D'attaquer les clercs, les religieux, les religieuses et les veuves :

3° De saisir les vaches, les ânes, les jumens et les poulains, au-dessous de 6 mois :

4° De brûler les maisons des paysans et des clercs :

5° On établit la *trève de Dieu*, qui avoit été en vigueur, dans le siècle précédent, et qui fixoit certains temps, pendant lesquels il étoit défendu de faire acte d'hostilité. On ordonna qu'elle seroit observée par tous les chrétiens de la province, 1° depuis le coucher du soleil du mercredi, jusqu'à son lever du lundi, de chaque semaine de l'année : 2° depuis le premier jour de l'avent, jusqu'à l'octave de l'épiphanie : 3° depuis le lundi de la sexagésime, jusqu'au lundi après l'octave de la pentecôte ; et enfin pendant certaines fêtes de l'année, les quatre temps, etc. sous peine à ceux qui violeroient la trève, de réparer au double, le dommage, ou de se justifier dans l'église cathédrale, par l'épreuve de l'eau froide ; autre usage bizarre, qui prouve la superstition et la simplicité de ces temps d'ignorance. L'épreuve de l'eau froide consistoit à lier les pieds et les mains à l'accusé, et à le plonger ensuite dans un grand bassin plein d'eau. S'il surnageoit, il étoit censé coupable du crime dont on l'accusoit ; s'il s'enfonçoit, il étoit réputé innocent, et absous de son accusation.

Les vexations des seigneurs et l'inconduite de quelques ecclésiastiques, avoient causé des désordres pareils, dans d'autres temps ; car, d'après un acte rapporté par Mabillon (1), il se tint, l'an 1001, une assemblée considérable, pour chercher les moyens de rétablir la tranquillité et la sûreté publique. Cette assemblée étoit composée des évêques Deusdet de Rodez, Bégon de Clermont, Fulcrand de Lodève, Raimond de Toulouse, et de plusieurs seigneurs et notables personnages, dont on ne marque pas le nom. L'assemblée fit divers règlemens, par lesquels on

---

(1) Dipl. p. 577. Gall. christ. t. 2. Instr. p. 225. Hist. du Lang. liv. 13.

défendit, entr'autres, aux clercs de porter les armes, aux prêtres de rien exiger pour le baptême, et aux laïques d'usurper les biens ecclésiastiques, et de troubler les gens de la campagne, dans la culture des terres.

La trêve de Dieu, et les autres règlemens diminuèrent le mal ; mais les seigneurs étoient devenus trop puissans, pour être arrêtés par de si foibles moyens. Les guerres particulières continuèrent toujours ; et c'est alors qu'ils bâtirent ces châteaux et ces forteresses, dont nous voyons encore les ruines sur des rochers, sur des montagnes presque inaccessibles, dans les lieux environnés de rivières ou de fossés. Avant la découverte de la poudre à canon et de l'artillerie, ces châteaux, placés sur les montagnes, étoient la situation la plus avantageuse pour se mettre en sûreté contre toute attaque ; mais depuis on les habita peu ; et les propriétaires, préférant le séjour des villes, comme plus sûr et plus agréable, laissèrent dépérir peu à peu, des édifices bâtis à grands frais, qui d'ailleurs n'étoient plus de mode, quoique leurs ancêtres eussent employé, pour les construire, les plus habiles architectes de leur temps. Outre ces châteaux, les seigneurs firent clore de murs, les villes et les bourgs de leur domaine, pour les mettre en état de soutenir des sièges.

Les évêques de leur côté, crurent en même temps, devoir établir des asiles ou des lieux de sûreté, aux environs des églises et des monastères, ou même dans quelques châteaux et dans les villages qu'on bâtit, et qu'on nomma *Salcitas, Salca-terra* en latin, et Sauvetat, Salvetat, Sauveterre en langue du pays, noms qui sont demeurés depuis, à quelques lieux du Rouergue et des provinces voisines. Les seigneurs de Lavaur, en donnant aux religieux de Conques, l'église de Saint-Christophe d'*Afragnio*, en 1065, leur permirent d'établir dans cette église une sauvegarde (*salvetatem*), et leurs vassaux s'engagèrent à s'y faire enterrer eux et leur postérité (1). Amélius, évêque de Toulouse, établit un asile semblable, dans une église, bâtie sur une montagne, qu'il donna, l'an 1111, au monastère (2).

Toutes ces précautions auroient sans doute été inutiles, si quelques rois n'y avoient mis la main eux-mêmes, soit en défendant aux seigneurs ces guerres particulières, soit en leur ôtant le droit de péage, qui étoit le prétexte et la source de tant d'injustes vexations. Les défenses du roi arrêtèrent, du moins pour un temps, cette fureur des seigneurs. Elle se ralluma cependant bientôt ; car nous trouvons qu'en 1316, Louis-Hutin fut encore forcé de permettre aux nobles de la sénéchaussée de Rouergue,

(1) Monumens nombre XXXII.
(2) *De consilio senioram castri Mauronis, donamus illam montem, in quo œdificata est ecclesia, in honorem S. Fidis ; et ibi constituimus SALVATIAM.* Archiv. de Conques.

« de se faire la guerre, après avoir défié leurs adversaires, huit jours avant que d'en venir aux actes d'hostilité » (1).

Jamais les habitans du Rouergue ne furent plus malheureux que dans ce temps-là. Outre les maux dont nous venons de parler, la province fut désolée pendant plusieurs années, par des pestes cruelles qui firent périr plus de la moitié des citoyens. On en trouve la preuve dans plusieurs monumens, et entr'autres, dans un mandement de Vivian, évêque de Rodez, en 1248, par lequel il ordonne des prières et des processions, dans tout son diocèse. « Quel cruel fléau nous afflige, dit-il ! Un peuple innom-
» brable a péri et périt, hélas, tous les jours ! Les villes, les
» châteaux, les villages sont déserts. Dans plusieurs campagnes,
» il ne reste plus personne pour semer, pour moissonner, pour
» lever la récolte. Plusieurs maisons sont sans un seul habitant :
» des familles entières ont été emportées ; si bien qu'il ne reste
» aucun parent, pour succéder aux biens des morts. Les églises
» les monastères sont sans ministres : ceux que la peste n'a pas
» atteints, ont en horreur leurs parens malades : il n'y a personne
» pour les soigner dans leur lit : personne pour les ensevelir,
» lorsqu'ils sont morts. Les cimetières publics ne peuvent pas
» contenir tous les cadavres, etc. » (2). On lit dans un manuscrit du collége de Foix, à Toulouse, que la contagion étoit si générale, que les animaux même, les chiens, les poules, les chats en étoient atteints, comme les hommes. Les Croisés apportoient de l'Orient, ces épidémies cruelles, dont on trouve si fréquemment des vestiges, dans les chartes et les autres actes du douzième et du treizième siècle. Ces maladies occasionnèrent la fondation d'un très-grand nombre d'hospices, pour les pauvres malades, comme nous aurons occasion de le rapporter dans la suite.

X.

Monastères. Aubrac.

Les croisades donnèrent aussi occasion à un autre genre d'établissemens fort à la mode dans ce temps-là ; je veux parler des monastères. Les seigneurs, avant d'entreprendre ces voyages longs et périlleux, mettoient leurs biens entre les mains des moines, qui étoient alors les plus puissans protecteurs qu'ils pussent trouver pour empêcher qu'ils ne fussent pillés, pendant leur absence. Pour reconnoître les soins des religieux, les seigneurs leur cédoient une partie de leurs possessions. D'autres

(1) Hist. du Languedoc, tom. 3.
(2) Monumens Nombre LXXIV.

faisoient ces sortes de dons aux monastères, par un principe de piété grossière, mêlée de superstition et d'ignorance. Ils pensoient faire un grand acte de religion, en mettant dans l'opulence, des célibataires qui faisoient vœu de pauvreté, et dont plusieurs abusoient de leurs richesses, pour parvenir aux honneurs et aux dignités de l'église.

Tout nous fait voir que la fondation ou la dotation des monastères, étoit le goût dominant des grands, dans le douzième siècle; comme la fondation de ce qu'on appela, dans la suite, *chapelles* ou *chapellenies*, fut celui des seigneurs du quinzième. On seroit dans une grande erreur, si l'on croyoit que la piété fut toujours le motif de ces sortes de dispositions. On voit que l'ambition, le désir de faire parvenir leurs enfans, et d'autres motifs aussi peu religieux, guidoient souvent un grand nombre de ces fondateurs de monastères; parce qu'on tiroit ordinairement des maisons religieuses, dans ce temps-là, les sujets qui devoient être élevés aux évêchés, aux abbayes, et aux autres prélatures et dignités ecclésiastiques. Aussi les fondateurs ne manquoient-ils pas de faire entrer quelque membre de leur famille, dans les couvens qu'ils avoient fondés ou dotés.

Il y a peu de provinces qui ayent renfermé autant de ces sortes d'établissemens, que le Rouergue. Outre les communautés religieuses et ecclésiastiques des villes, dont nous parlerons bientôt, on y en avoit fondé, dans les campagnes, une infinité d'autres, dont certaines ont existé jusqu'à nos jours, et d'autres avoient été détruites, réunies ou transférées, long-temps avant la révolution présente.

Le plus grand nombre de ces monastères furent fondés dans le onzième et le douzième siècle. Ce fut dans le onzième, qu'on vit Iscanfrède, fonder celui de Rieupeyrous; Bérenger, doter celui de Notre-Dame de l'Espinasse de Millau; Alboin rétablir celui de Saint-Pierre de Clairvaux. Vers ce même temps, il en fut fondé un autre à Saint-Léons, qui, en 1112, fut soumis à l'abbaye de Saint-Victor de Marseille, par Richard, nouveau comte de Rodez. Ce monastère suivit le sort de l'abbaye de Saint-Victor, lorsqu'elle fut sécularisée, en 1739. L'évêque Charles de Grimaldi, autorisé par la bulle de sécularisation, établit à Saint-Léons, en 1751, un petit chapitre, composé d'un prieur et de dix chanoines.

En même temps un seigneur étranger faisoit, sur les plus hautes montagnes de notre province, un établissement dont le but n'étoit pas le même dans son principe; mais qui devint dans la suite, comme l'autre, le patrimoine des religieux; c'est l'hôpital d'Aubrac, qui fut fondé en 1031 (1), par Adalard, fils du comte de Flandre, lequel ayant entrepris le voyage de Saint-Jac-

---

(1) Cette date n'est pas certaine, comme nous le verrons.

ques de Compostello, fut arrêté, dit-on, dans son chemin, par une troupe de brigands. Il se défendit, et en tua plusieurs ; mais il en coûta aussi la vie à plusieurs personnes de sa suite. Échappé lui-même de leurs mains, il réfléchit sur le danger qu'il avoit couru, et il résolut de bâtir dans cet endroit, un hospice pour les voyageurs, et un hôpital pour les pauvres pèlerins. Il obtint l'agrément du comte Hugues, et celui du pape, qui lui permit d'y rassembler treize prêtres, pour servir les pauvres et pour administrer les biens de cette fondation. Il mourut lui-même dans la maison qu'il avoit bâtie, après avoir mené la conduite la plus édifiante.

Les comtes de Rodez, ceux de Toulouse, les rois d'Aragon, vicomtes de Millau, les seigneurs de Roquelaure, de Canillac, de Castelnau, d'Estaing et autres, contribuèrent beaucoup à l'opulence et à la splendeur de cette maison. Le plus ancien monument de ma connoissance, qui en fasse mention, est un acte de l'église de Conques, qui porte que, sous le règne de Louis le Gros, « Adalard donne, cède et assure à sainte Foi, pour le ser-
» vice de Dieu et des pauvres, l'hôpital d'Aubrac, avec toutes ses
» dépendances. » C'est le seul monument authentique que j'ai vu, concernant la fondation de cette maison. Puisque Adalard vivoit encore sous le règne de Louis le Gros, qui ne monta sur le trône qu'en 1108, il paroit bien difficile qu'il eût fondé Aubrac en 1031. C'est ainsi cependant qu'on l'assure, dans tous les manuscrits qui parlent de ce célèbre hôpital.

Peu d'années après la mort d'Adalard, cette communauté fut composée d'un mélange de prêtres, de chevaliers, de frères lais, de *donats*, de dames de qualité et de servantes, qui habitoient dans ce monastère, pour le service des pauvres. Douze chevaliers, qu'on y entretenoit, étoient chargés de servir de guide aux voyageurs, et de les tirer des gorges et des bois de ces montagnes.

En 1162, Pierre, évêque de Rodez, en changea la constitution, et le soumit à la règle de saint-Augustin.

Bientôt après les chevaliers de saint Jean de Jérusalem, s'en emparèrent ; mais le dom (1) et les religieux obtinrent du pape la rétractation de la bulle, qu'il avoit accordé à l'ordre de Malthe. Les Templiers firent à leur tour des tentatives, pour s'approprier cette maison ; mais leurs efforts furent vains : elle fut conservée aux religieux qui l'occupoient, qu'on réduisit, en 1419, au nombre de soixante-dix, pour servir, tant dans l'hôpital d'Aubrac, que dans les autres qu'on avoit bâtis sous la dépendance de celui-là dans la province, presque tous avec la même dénomination.

Il y avoit un hôpital d'*Aubrac* à Rodez, à Millau, à Saint-Geniez, à Najac, à Bozoul, à Taussac, et dans d'autres bourgs du pays.

(1) C'était le nom de l'abbé ou supérieur de cette maison.

Tous ces hôpitaux étoient desservis par des religieux de la maison d'Aubrac, sous l'inspection du dom. Celui de Rodez fut dans la suite, érigé en hôpital général. Celui de Millau a subsisté jusqu'ici, sous le titre de commanderie d'Aubrac. Le commandeur étoit tenu de payer annuellement cent cinquante livres d'amandes à la maison d'Aubrac, et d'éberger une fois tous les ans, quarante mulets, pour le service de la domerie.

Le titulaire de celui de Najac, devoit distribuer annuellement quarante setiers de seigle, aux pauvres de Cadour, et entretenir plusieurs lits, pour les pauvres passans, dans un hospice près de l'église.

Celui de Bozoul, fondé en 1292, par Raimond de Calmont, évêque de Rodez, subsistoit encore, il n'y a pas long-temps ; mais celui de Taussac, connu sous le nom de commanderie de Cassanodis-d'Aubrac, est en ruines.

Différens désordres forcèrent les évêques de Rodez, à ôter l'administration de la maison d'Aubrac, aux religieux de saint-Augustin. On la confia à des prêtres séculiers ; et enfin le cardinal de Noailles, archevêque de Paris, qui en étoit dom vers le commencement de ce siècle, la mit entre les mains des chanoines réguliers de Chancelade.

La maison d'Aubrac est située, sur ces hautes montagnes volcaniques, dont nous avons parlé, qui dominent sur toute la province. On y jouit, dans les beaux jours, du plaisir de promener ses regards, sur un vaste horizon, qui s'étend dans les diverses contrées du Rouergue, de l'Auvergne, du Gevaudan, du Querci et des pays voisins ; dont le sol varié à l'infini, et parsemé de toutes les productions de la nature, est arrosé au loin par les eaux du Lot, de l'Aveiron, de Truère, du Tarn, et par mille petits ruisseaux qui vont se décharger dans ces rivières principales. C'est une jouissance délicieuse, que de plonger ses regards dans les sillons profonds, ouverts çà et là par les torrens, et d'en suivre tous les détours et les replis, à travers de vastes forêts, de coteaux plantés de vignes, de champs couverts de moissons, de prairies verdoyantes, et d'immenses pâturages qui nourrissent les troupeaux du pays. Au milieu de ces campagnes, on voit s'élever au loin, les tours gothiques de l'antique cité de Rodez, et ces saints édifices que les pieux Ruthènes substituèrent autrefois, aux temples profanes de l'impudique Ruth.

La domerie et le chapitre d'Aubrac, distribuoient annuellement six mille coupes de blé, et trois mille livres argent, aux pauvres de Lunet, de Prades, de Saint-Chéli, de Condom, de Nasbinals, de Recoules, de la Fage, de Maurines et de Marchastel. L'objet de cette distribution, étoit de décharger la maison, de l'abus des aumônes qui se faisoient à la porte, où il se formoit souvent des attroupemens redoutables, qui rançonnoient les religieux à discrétion, sous prétexte d'aumônes. Depuis l'usage de cette distribution par paroisses, les aumônes à la porte furent moins considérables, et il y régua plus d'ordre. En 1777, il s'y est distribué cependant la valeur de quinze mille livres, en blé ou en argent.

Les plus anciens manuscrits qui parlent d'Aubrac, disent que cette maison est située dans un vaste et horrible désert, à trois ou quatre lieues de distance de toutes choses nécessaires à la vie ; ce qui donne à croire que depuis la fondation, ce pays s'est amélioré ; puis qu'on y a formé des pacages, de belles prairies, et plusieurs habitations même, à une distance moins considérable.

La sureté des voyageurs, n'est donc pas le seul avantage que procura l'établissement de la maison d'Aubrac. Cette considération ne devroit-elle pas engager les propriétaires de ces immenses pâturages, à faire des efforts pour peupler ces montagnes, et y établir des familles de cultivateurs ? Les premiers sacrifices des propriétaires, seroient sans doute bientôt compensés, par les avantages incalculables, qui résulteroient de la culture des terres et de leur amélioration. Il est démontré que la plupart des pâturages, seroient facilement convertis en bons prés, sur-tout si l'on y faisoit consommer les fourrages aux bestiaux, pendant l'hiver. La culture des pommes de terre, seroit un premier secours pour la subsistance des cultivateurs.

En donnant à ces réflexions, toute l'étendue dont elles sont susceptibles, Aubrac, placé entre l'Auvergne, le Gevaudan et le Rouergue, deviendroit un jour le centre d'un grand commerce. On verroit bientôt toute cette contrée, coupée de grands chemins : elle se peupleroit de hameaux, et la montagne ne seroit plus impraticable, pendant les six mois de l'année où le commerce est le plus en vigueur. Peut-être verroit-on encore, par ce moyen, établir, entre le Rouergue et l'Auvergne, une communication désirée depuis bien long-temps, par les peuples de ces deux provinces.

XI.

Traces d'anciens Monastères.

Outre le monastère d'Aubrac, on fonda encore en Rouergue, vers ce même-temps, suivant Dufresnoi (1), deux autres monastères, celui de Cognères, ou peut-être Cubières, ordre de saint Benoît, dont on ne trouve aucune trace ; et un de filles, celui de l'Arpentail, du même ordre, que nous ne connoissons pas mieux que l'autre.

(1) Dufresnoi, tom. 1. p. 204, et 625.

On trouve à tout moment dans la plupart des archives du pays, des vestiges d'anciennes maisons religieuses, qui ne subsistent plus depuis long-temps. Ainsi Saint-Clément, dans la paroisse de Moyrasez, étoit autrefois une maison de Bernardins, qui fut réunie, dit-on, à celle de Bonnecombe.

Elver, dans la paroisse de Goutrens, a été un couvent de religieuses, qu'on transféra à l'abbaye du Buis, d'Aurillac, en 1419.

Saint-Symphorien-Bedène a appartenu à des Bénédictins, qu'on dit avoir été transférés ensuite à Lapanouse; d'où vient sans doute que le prieuré de Saint-Symphorien fut réuni à l'église de la Panouse, lorsqu'elle fut érigée en collégiale, par le pape Alexandre, en 1499.

Dans une charte de donation, faite à l'église de Vabres, il est fait mention du monastère de Ferret et de l'église de Notre-Dame de Combes, qui en étoit dépendante. Nous ignorons la situation de l'un et de l'autre : nous savons seulement que ce monastère et cette église, furent donnés à l'abbaye de Vabres, en 981, par un seigneur nommé Saluster (1).

En 943, Raimond, fils du comte de Rouergue, donna à l'église de Vabres, l'alleu de la Vernhe, *in valle olti*, avec l'église dédiée à saint Hippolyte, et toutes ses autres possessions dans ce quartier, excepté l'église de Saint-Privat, qu'il déclara appartenir à sa mère. Raimond fit cette donation, à condition qu'il seroit fondé un monastère à la Vernhe, et qu'on y établiroit les religieux de saint-Benoît.

Les dames de Pomairol avoient fondé et doté un monastère de religieuses, dans la paroisse de Fage, sur les frontières du Gevaudan; il fut détruit pendant les guerres de religion du seizième siècle.

On voit aux archives de l'évêché de Rodez, une donation de l'église de Paulhac et de ses annexes, faite par Hugues, évêque, en 1170, au prieur et monastère d'Alzone, près de Varens.

En 1316, Bertrand et Hugues de Cardaillac, fondèrent à Compolibat, un couvent de douze religieuses bénédictines, dont la supérieure avoit le titre de commanderesse (2).

Hugues, comte de Rodez, donna en 1195, à Sicard, abbé de Conques, tous les droits qu'il avoit sur le Monastère de Coubisou. A peine connoît-on aujourd'hui la situation de ces anciens monastères.

(1) Voy. *Gall. christ. nov.* t. I. et archives de Vabres. Dans cet acte, le monastère est appelé *Ferratum*, et l'église, *Beata Maria de Cumbis*.

(2) Compolibat avoit autrefois un fort château, qui appartenoit aux comtes du Rouergue : il en est fait mention dans le testament du comte Raimond, en 961.

XII.

Montsalvi.

Un prêtre, nommé Gaubert, fonda en 1077, sur les frontières du Rouergue et de l'Auvergne, le monastère de Montsalvi, dont nous parlons ici, parce que presque toutes ses dépendances étoient dans la province, quoique le chef lieu en soit éloigné d'environ trois cents pas. Gaubert étoit né à Rodez, vers l'an 1030. Il fut reçu encore jeune, au nombre des chanoines réguliers de Saint-Amans, qui menoient dans ce temps-là, une vie très licencieuse, et peu conforme à sa manière de penser; aussi se dégouta-t-il bientôt de leur société. Il alla exercer les fonctions du ministère sacerdotal dans le diocèse.

Naturellement porté à la sollicitude, il choisit toujours, de préférence, les lieux les plus éloignés du commerce des hommes. Il s'arrêta d'abord dans un hermitage appelé Bez, près Saint-Amans-*des Cots* (1) situé dans une presqu'île, formée par la petite rivière de Selves, sur un rocher escarpé, alors couvert de bois, aujourd'hui entièrement nu. A la place de la chapelle de l'hermitage, Gaubert substitua une église paroissiale, qui depuis, fut long-temps desservie par les religieux, qu'il établit à Montsalvi.

De Bez, Gaubert passa à Saint-Sulpice, autre solitude, sur la rivière du Lot, où les rayons du soleil ne pénètrent presque jamais. Mais ne se croyant pas encore assez à l'abri de la société des hommes, qu'il fuyoit, il passa la rivière et alla se cacher dans une forêt, au milieu de laquelle, il trouva une vieille masure, qui avoit servi auparavant de retraite à un hermite, et qu'on appela depuis, Saint-Projet. Tout caché qu'il étoit, la singularité de sa vie lui attira des disciples; et bientôt il se forma, sous sa direction, une communauté de religieux, sous la règle de saint-Augustin. De ce nombre étoient Pierre d'Albi, et Bertrand de Rodez, avec lesquels il bâtit une église plus vaste, et une maison religieuse. Gaubert ne pensoit à faire cet établissement, que pour lui et ses compagnons; mais nous allons voir qu'il n'en fut pas ainsi.

Il y avoit entre le Rouergue, et la ville d'Aurillac, une montagne inculte et déserte, passage dangereux pour les voyageurs, soit à cause des neiges, dont le pays est couvert, pendant l'hiver soit à cause des brigands qui s'y tenoient cachés dans des bois.

(1) Ainsi nommé de l'ancien village des Cots, c'est-à-dire, des coteaux ou des côtes. Ce village, qui étoit près de Saint-Amans, au midi, n'existe plus depuis long-temps.

Gaubert, informé des brigandages qui s'y commettoient journellement, demanda à ce Bérenger, vicomte de Carlat, dont nous avons parlé, la permission de bâtir sur cette montagne, une maison, qui pût servir d'hospice aux voyageurs. Bérenger accorda à Gaubert et à ses deux associés, Pierre d'Albi et Bertrand de Rodez, une étendue considérable de terrain, avec d'autres grâces et prérogatives ; et bientôt cette montagne de perdition, devint une *montagne de salut* ; d'où vient le mot de Montsalvi, *mons salutis*.

Ces trois prêtres travaillèrent à défricher ce pays stérile et sauvage ; ils y bâtirent une église, une maison pour eux, et une autre, pour servir d'hospice aux étrangers. Les ruines de l'ancien château de Mandulphe, qui étoit situé très-près de là, sur le monticule dit le *Puy de l'arbre*, leur fourniront les matériaux nécessaires, pour ces différens édifices.

Gaubert appela bientôt auprès de lui, les religieux qu'il avoit laissés dans sa première retraite ; et il établit à leur place, à St-Projet, une communauté de religieuses, que plusieurs seigneurs voisins (1) s'empressèrent de doter de leurs biens, et que Louis XV réunit, en 1749, au couvent de la visitation de Saint-Flour.

Un ecclésiastique qui avoit été condamné à mort, pour crime de sortilège, s'étant réfugié à Montsalvi ; Gaubert lui fit bâtir, à deux cents pas de son église, une petite cellule, nommée *le Reclus*, avec une chapelle, qu'on y voit encore, en l'honneur de la pénitente Magdelène.

Le vicomte de Carlat, satisfait du bien que Gaubert avoit fait à Montsalvi, le pressa de faire une entreprise semblable, dans un autre désert de ses domaines. Près de la rivière de Truère, sur la route qui conduit de la montagne de la Viadène, à Vic et à Carlat, chef lieu du comté de Bérenger, il y avoit une forêt remplie de sangliers, d'ours, et d'autres animaux qui désoloient par leurs ravages, les lieux circonvoisins. Bérenger de concert avec sa femme et ses enfans, tous pleins d'admiration pour les vertus de Gaubert, lui donna cette forêt, nommée Laussac, où ce saint personnage bâtit encore une église et un monastère (2). Il passa ensuite la rivière, au delà de laquelle s'étendoit cette vaste forêt, et il y fonda l'église de Brieu, qui fut démolie en 1728, et transférée à Cantoinet, par ordre de Jean Armand de Tourouvre, évêque de Rodez (3).

Lorsque le temps des croisades fut arrivé ; c'est alors sur-tout

---

(1) Entr'autres, Bertrande d'Amalon, comtesse de Rodez, et dans la suite, le seigneur de Vallon et son épouse.

(2) Il est parlé du monastère de Laussac, dans les archives de l'évêché de Rodez, et dans la *Gall. christ.*, tom. I.

(3) L'histoire de la fondation de Montsalvi est ainsi rapportée, dans la vie de S. Gaubert, écrite, dit-on, par un auteur contemporain. Plusieurs des faits qu'il rapporte, sont du moins confirmés par les anciens monumens du pays.

que les seigneurs s'occupèrent de fonder et de doter des monastères. Aussi les chartiers de toutes les maisons ecclésiastiques du pays, sont-ils remplis de ces actes de concession, tant en faveur des communautés déjà fondées, que de celles qu'on fondoit alors.

XIII.

Locdieu, Sylvanez, Nonenque.

L'abbaye de Locdieu, près de Villefranche, et celle de l'Oraison-Dieu, près de Saint-Antonin, transférée depuis à Muret, furent fondées en 1123, et dotées par divers seigneurs de la province. Aldoin de Parisot, fut le principal fondateur de celle de Locdieu, qu'on appela ainsi, par opposition à *locus diaboli*, nom qu'on lui donnoit auparavant (1). Parmi ces autres bienfaiteurs, on compte les seigneurs de Sévérac, de Belcastel, de Castelmari, de Bonnefous, etc.

Les Anglais s'emparèrent de cette église, en brûlèrent tous les titres, et en emportèrent les meubles, les ornements et les vases sacrés, comme on le voit par le procès-verbal (2), qui fut fait de ce pillage en 1411, devant Raynaldi, notaire de Villefranche, par ordre de Raulet de l'Arche, chevalier, sénéchal de Rouergue. Ces ravages furent réparés dans la suite par les abbés Dieudonné, Etienne, et Raimond de Firminhac, originaires de Conques; et par Antoine et Etienne de Volonzac, leurs neveux, qui furent successivement abbés de ce monastère, en 1512 et 1557 (3).

En 1138, Adhemar, évêque de Rodez, contribua beaucoup à la fondation de l'abbaye de Beaulieu, à laquelle Vivian, un de ses successeurs, réunit différentes églises, quelques années après.

Vers ce même temps, Pons ou Ponce, seigneur de Larazo, près de Lodève, personnage distingué alors par sa naissance, par ses grands biens, par sa valeur et par la vivacité de son esprit, fonda le monastère de Sylvanez, ou Salvanez, dans le Vabrais.

Ce gentilhomme s'étoit livré, dans sa jeunesse, à toute sorte de déréglemens. Son vice dominant étoit la rapine et le brigandage. Il s'étoit approprié, par force ou par artifice, les biens de plusieurs particuliers. Mais touché ensuite de repentir, il fit venir dans son château de Pégairoles, tous ceux qui avoient souffert de ses injustices, et après les avoir réparées, il distribua

---

(1) Voy. les act. de fondation de plusieurs de ces monastères, parmi les notes.
(2) *Gall. christ. t. I. instrum.* p. 55.
(3) Monumens, nomb. CXXVII.

aux pauvres, ce qui lui resta. Il alla ensuite en pélerinage, avec six de ses amis, à Saint-Jacques en Espagne, de là au mont Saint-Michel, à Saint-Martin de Tours, à Saint-Martin de Limoges, à Saint-Léonard, et enfin à Rodez où il fut reçu d'une manière distinguée, par l'évêque Adhemar, qui voyant ses sentiments, lui offrit des villages et des églises abandonnées, pour y bâtir un monastère. Comme ces gentilshommes cherchoient la solitude, ils choisirent le lieu de Sylvanez, qui leur fut cédé par Arnaud du Pont, seigneur du pays.

Les principaux bienfaiteurs de cette maison, furent l'évêque Adhemar, Ermingard de Chalus, Bernard de Saint-Félix, Bernard de Bégon et ses frères, les vicomtes de Béziers et de Carcassonne, les seigneurs de Roquefeuil, de Peyre, de Vintron, d'Olargues, de Montlaur, etc.

Quoique l'acte de fondation ne soit que de l'an 1136, il paroît que Pons de Larazo avoit projeté quelques années auparavant, la fondation de cette maison; car nous trouvons que dès l'an 1132, Bernard de Guillaume de Versolio, avant de partir pour Jérusalem, avoit donné à l'église qui devoit être bâtie par Pons, tout ce qu'il avoit *apud Therundum* ; et l'an 1133, Arnaud du Pont donna à cette église la terre et le lieu *de Therundo* (1).

Le pape Alexandre III, étant venu en France, en 1162, mit cette abbaye *sous sa protection*, par une bulle datée de Montpellier, et souscrite par onze cardinaux, qu'il avoit à sa suite. Passant par Mende, il en donna une semblable, en faveur du monastère de Bonneval, le 29 juillet de la même année.

Vers l'an 1145, on fonda aussi près de Sylvanez, une abbaye de filles, nommée Nonenque, de l'ordre de Cîteaux. On croit que cette maison doit son origine, aux premiers abbés de Sylvanez, particulièrement à Guiraud, à qui un seigneur appelé Raimond de Montaucuil (2), avoit donné, en 1139, la vallée d'*Elnonenque*, que ces abbés cédèrent, pour bâtir un monastère. Les comtes de Rodez contribuèrent à la dotation de ce nouvel établissement: Hugues III donna, en 1172, à l'abesse Pétronille, le domaine de Lioujas, près de Rodez, avec toutes ses dépendances.

XIV.

Bonneval, Bonnecombe.

On rapporte à ce même temps, la fondation des abbayes de Bonneval et de Bonnecombe. La première fut fondée en 1147,

---
(1) *Gall. christ.* t. I. p. 287.
(2) *De Montanolio. Gall. christ.* t. I. p. 290.

et dotée principalement, par Guillaume de Calmont, évêque de Caors, par les seigneurs d'Estaing, de Bénaven, de Calmont-d'Olt, par l'abbé de Conques, par le prévôt de Montsalvi, par Hugues, comte de Rodez, par les chevaliers et les commandeurs du Temple d'Espalion, par Hélie de Montbrun, Dieudonné de Corbières, Bernard d'Anduze, Guillaume de la Aarrière, Bégon et Raimond de Montmaton, Guillaume de Malaval, Pierre d'Azemar, Amblard de la Vaissière, et plusieurs autres seigneurs, tant laïques qu'ecclésiastiques (1).

Celle de Bonnecombe fut fondée, en 1162, par Raimond, comte de Toulouse, de concert avec Hugues, évêque de Rodez, et le comte son frère. Cet évêque réunit dans la suite plusieurs églises, à ces deux dernières abbayes ; et en 1203, il exempta celle de Bonneval, du droit de commun de paix.

Parmi une infinité de seigneurs, qui ont contribué à la dotation de Bonnecombe, on trouve Bremond, d'Uzez (2), Rostaing, Adhémar de Castelas, Bernard de Bérenger, Guillaume de Saint-Paul, Raimond de Cervières, Bernard de Berald de Calmont, Pierre et Bégon de Cassagnes, Robert de Castelmari, Raimond de Montolieu, Guillaume d'Enjalbert, Guillaume de Calmont, Gui de Salmiech, Guibert de Cadols, Amblard et Guiral de Cardaillac, Raimond de Combret, Bernard d'Arpajon, Pierre de Miramont, Raimond de Mayran, Geraud et Dieudonné de Mirabel, Odalric et Raimond de Belcastel, Hugues de Saunhac, Guillaume et Arnaud de Cassagnes, et sur-tout un grand nombre de seigneurs de l'ancienne famille de Panat (3). Presque toutes ces familles jouoient un grand rôle en Rouergue, dans le temps de l'ancienne chevalerie ; la plupart sont éteintes aujourd'hui ; quelques unes subsistent encore en Rouergue, ou dans les provinces voisines. Celle de Panat, si toutefois il en reste quelque rejeton, est fixée, dit-on en Languedoc ; celle de Belcastel, à Caors ; et celle de Saunhac, en Rouergue, où on la voit divisée en plusieurs branches. Ces trois maisons étoient distinguées par leur ancienneté, parmi les familles nobles du Rouergue. Il en est fait mention dans un grand nombre d'actes du onzième et du douzième siècle, dans lesquels on leur donne ces qualifications dont nous avons parlé, *Domicellus, eques, miles,* etc.

Les maisons religieuses du Rouergue firent des sacrifices considérables, pour le rachat de François I. C'est à cette occasion que l'abbaye de Bonnecombe, vendit le gros domaine de Puimainado, qu'elle possédoit auparavant. Conques vendit son argenterie, et entr'autres, un grand bassin avec sa cuvette, du poids de plus de deux cents marcs d'argent.

(1) *Gall. christ.* t. I, p. 259.
(2) *Monum. nomb.* LVII.
(3) *Gall. Christ. ibid.* 249.

Parmi les abbés de Bonnecombe, on doit distinguer Antoine de Guiscard, si connu sur la fin du dernier siècle, sous le nom d'abbé de la Bourlie. Il étoit né avec un génie vaste et entreprenant ; mais ses intrigues le perdirent. Il fut nommé à l'abbaye de Bonnecombe, à l'âge de quinze ans. Cette fortune précoce lui donna la facilité de se livrer à la galanterie, pour laquelle il avoit un grand penchant. Ses affaires de cœur dérangèrent si fort celles de sa fortune, que dans peu d'années, son patrimoine et ses bénéfices ne suffisoient pas pour faire face à ses engagemens. Ses créanciers le firent réduire à une portion de ses revenus, et se firent céder la jouissance du reste. Cette réduction ne lui permettant pas de mener la vie tumultueuse, qui lui étoit ordinaire auparavant, il se retira à Vareilles, une des terres de son abbaye. Là, livré à sa mélancolie, il médita une révolution dans le pays. Il fit tous ses efforts, par des lettres incendiaires qu'il faisoit imprimer, et qu'il répandoit ensuite, pour exciter un soulèvement en Rouergue, en faveur des Camisards, qui faisoient alors beaucoup de bruit dans les Cevennes ; mais ses complots n'ayant pas eu le succès qu'il en attendoit, il passa en Hollande, et de là en Angleterre, cherchant par-tout à faire valoir le zèle qu'il avoit montré en France, contre la religion catholique. Il réussit à obtenir de la reine d'Angleterre, une pension de cinq cents livres sterling ; mais ayant été convaincu, peu de temps après, d'entretenir une correspondance criminelle, avec le ministère français ; il fut arrêté à Londres, en 1711, et conduit devant le conseil du roi, où on lui montra plusieurs des lettres qu'il avoit écrites en France. Ce qui le fit entrer dans une telle fureur, qu'ayant saisi un canif, qui étoit sur le bureau du conseil, il en frappa plusieurs des ministres. La mort le délivra, peu de jours après, du supplice qui l'attendoit. Il mourut le 28 mars de la même année, dans la rage et le désespoir (1).

Outre les monastères dont nous venons de parler, il est souvent fait mention, dans les testamens des comtes, des comtesses et des autres seigneurs de ce temps-là, de sept hermitages célèbres, qui s'établirent insensiblement, en Rouergue, dans le douzième et le treizième siècle. Quelques cénobites avoient choisi, pour se livrer entièrement à la solitude et à la vie contemplative, les lieux les plus déserts de la province, comme Aurenque sur la rive du Lot, Cadamarans près de Cabrespines, Combanière près de Marsillac, Villiés près d'Entraigues, Aurières le long de Trudre, etc. Là, ils défrichoient quelques terrains abandonnés et incultes, en pratiquant la pauvreté et l'humilité chrétiennes, dans la plus haute perfection. Cette vertu et leur conduite, qui fut long-temps régulière et édifiante, leur attiroit des aumônes et

---

(1) Hist. de Louis XIV, par un protestant réfugié en Brandebourg. Mémoire manuscrit, aux archiv. de Bonnecombe. Dist. des hommes illustres.

une infinité de présens, de la part des fidèles. Ils se bâtirent dans leur retraite, une petite cellule et une chapelle. D'abord on ne leur faisoit que des legs modiques dans les testamens, où ils sont presque toujours désignés collectivement, sous le nom des *sept hermites*; mais à ces dons passagers et de peu de valeur, en succédèrent d'autres plus solides. Quelques seigneurs, voisins de leurs hermitages, leur assignèrent des rentes, sur leurs terres et sur leurs domaines. De là l'origine et la dotation de ces petits bénéfices, connus jusqu'à nos jours, dans le diocèse de Rodez, sous le nom de *Domeries*.

XV.

Anglois, maîtres du Rouergue.

Ces divers établissemens et plusieurs autres, dont nous aurons occasion de parler, eurent lieu, dans le temps que la province étoit toujours soumise, d'un côté, aux comtes de Rouergue, dont le règne ne finit qu'en 1271; et de l'autre, aux comtes particuliers de Rodez.

La famille des vicomtes de Millau et de Carlat, posséda le comté de Rodez, jusqu'en 1301. Henri II, le dernier de cette dynastie, n'ayant pas laissé de postérité masculine, institua pour son héritière, Cécile sa fille, épouse de Bernard d'Armagnac; et par cette disposition, le comté de Rodez passa dans cette famille célèbre, ainsi nommée de la petite contrée d'Armagnac, en Gascogne, dont elle étoit comme souveraine.

La maison d'Armagnac faisoit remonter son origine, aux rois de Castille et aux premiers ducs de Gascogne, connus dès le huitième siècle, dont les descendans prirent dans la suite indifféremment, le nom de comtes de Gascogne, d'Armagnac, de Barcelone, d'Auch, etc. Dans les beaux jours de la noblesse françoise, les plus grandes maisons de France, se faisoient gloire de lier leur généalogie, à celle des Armagnac. Plusieurs rois des provinces d'Espagne, plusieurs princes, plusieurs seigneurs des plus qualifiés, en avoient épousé des filles, en différens temps.

Mais cette famille devint encore bien plus puissante et plus renommée dans la suite, qu'elle ne l'étoit dès-lors. On y vit entrer des princesses du sang royal de France, d'Aragon, de Navarre, de Savoie, et de plusieurs autres princes souverains. Quoique vassaux des rois des François, les comtes d'Armagnac traitèrent souvent avec eux, pour ainsi dire d'égal à égal : souvent ils firent ensemble des pactes d'alliance, de paix, de ligue contre les ennemis de la nation. Souvent on les vit mettre sur pied, des armées de trente, de quarante mille hommes, pour défendre leurs intérêts particuliers, contre leurs voisins, et quelquefois contre le roi lui-même. Le malheur eut été moins grand, pour les provinces qui leur étoient soumises, s'ils eussent été seuls les victimes des maux qui entraînèrent leurs divisions avec leurs souverains, ou avec leurs ennemis particuliers. Mais combien de fois la nation entière ne se ressentit-elle pas, des troubles des guerres civiles, que leur esprit d'indépendance, leur ambition, ou leurs prétentions mal fondées allumèrent dans son sein?

Peu de temps après que la famille d'Armagnac fut en possession du comté de Rodez, le Rouergue passa, pour quelques années, sous une domination étrangère, avec la province de Guienne, dont il faisait partie. Les Anglois, qui nous faisoient la guerre depuis long-temps en Flandre, vinrent tout d'un coup, attaquer l'autre extrémité de la France. Ils pénétrèrent en 1351, dans la basse-Marche du Rouergue, et s'emparèrent de Saint-Antonin et de quelques châteaux. Il n'en falloit pas tant, pour jeter l'alarme dans un petit pays comme le Rouergue. Qu'on se figure un peuple peu aguerri, dépourvu d'armes, de machines, de soldats, dans une province qui ne fut presque jamais le théâtre d'une guerre sérieuse, et qui n'avoit pour toutes fortifications à opposer à un ennemi formidable, que quelques bourgades entièrement démantelées. Une consternation générale se répandit par-tout. Les timides habitants des campagnes, se précipitoient en foule dans les villes, croyant y trouver un asile et des défenseurs; mais réfléchissant bientôt, sur le peu de sûreté qu'il y avoit, dans l'enceinte de quelques foibles murailles, que des guerriers comme les Anglois, auroient franchi dès le premier abord, ils s'enfuyoient dans les bois ou sur les montagnes, laissant à l'abandon leurs propriétés, leurs denrées, leurs troupeaux, et tout ce qu'ils avoient de plus précieux. Cependant ceux qui étoient chargés des affaires publiques, dans les villes, exhortèrent leurs concitoyens à se fortifier, et à organiser une garde.

Aussitôt les habitans de Rodez, de Villefranche, de Millau, de Najac, de Marsillac et de toutes les villes et gros bourgs du pays, s'empressèrent de construire ou de réparer leurs murailles, et de s'entourer de tous les moyens de défense, que leur suggéra la crainte d'un ennemi puissant. Les habitants de Rodez se mirent tous, sans distinction, à réparer les murs de leur ville. Le 28 septembre 1351, l'évêque Raimond d'Agrifeuille expédia d'Orlhaguet, où il se trouvoit alors en cours de visite, des lettres qui enjoignoient à tous les citoyens de la Cité, d'y contribuer, sans que personne pût s'en prétendre exempt. Quelques ecclésiastiques s'y étant refusés, l'official les excommunia, et écrivit aux curés, *de les nommer publiquement, au son des cloches, les cierges éteints* (1). Le comte donna en même temps, à ses

---
(1) Archives de la Cité de Rodez.

vassaux du Bourg (1), les mêmes ordres, que l'évêque avoit donné aux siens, dans la Cité. Il écrivit de Grandselve à ses officiers, de faire estimer les maisons, qui étoient bâties sur les murs, et de les faire démolir pour les fortifications. On lit dans les archives de la Cité, qu'on employa trente ans, à rebâtir les murs qui entourent la ville; et que cet ouvrage coûta deux cents mille livres, somme énorme, qui seroit évaluée à vingt millions de nos jours; ce qui paroît incroyable, quoiqu'on en voie la preuve dans les registres publics de la commune.

Les habitans de Marsillac demandèrent aussi au comte, la permission de ceindre leur ville de murailles, pour se défendre contre les Anglois; et ils l'obtinrent. L'ouvrage en fut adjugé à des architectes, par Hugues de Pradines, Guillaume de Montméja et les autres consuls. Les registres des hôtels de ville de Millau et de Villefranche, font mention des sommes employées aux fortifications.

Le comte d'Armagnac alla en personne, assiéger les Anglois dans Saint-Antonin; mais pressé de se procurer des subsides pour la guerre, il commit la continuation de ce siège, à un de ses lieutenans; et il se rendit le 15 mars 1353, à Najac, où il avoit convoqué les états de la province du Languedoc, dont il étoit lieutenant général pour le roi (2). Le siège de Saint-Antonin continuoit cependant, et les assiégés étoient en grand danger; mais un des plus grand revers de fortune qu'ayent éprouvé les armes françoises, la prise du roi Jean, à la bataille de Poitiers, en 1356, relève leur courage, et fit concevoir aux Anglois, les plus hautes espérances.

Les François se crurent soumis pour toujours à la domination angloise. On s'assembla dans les provinces, pour chercher un remède à tant de maux. On s'occupa d'abord du rachat du roi. Les états du Rouergue, assemblés à Rodez, se soumirent de leur propre mouvement, à une imposition de six mille *moutons d'or*, (environ cent quatre-vingt mille livres d'aujourd'hui); et ils en firent la répartition avant de se séparer. Cette somme fut mise en dépôt jusqu'à ce que le roi demanda qu'elle fut comptée au dauphin son fils, par une lettre qu'il adressa de sa prison, à ses amés et féaux, les prélats, évêques, abbés, chapitres, collèges religieux et séculiers, et autres personnes d'église quelconques; aux comtes, barons, chevaliers et autres nobles: aux communes, universités, consuls, bourgeois et habitants de sa

(1) La ville de Rodez est divisée en deux parties, *le Bourg* et *la Cité*.
(2) Le Rouergue faisoit alors partie du gouvernement du Languedoc, depuis l'an 1280 environ, jusqu'en 1365. De là vient qu'on lit dans l'Histoire de dom Vaissette, t. IV, que le premier août 1365, le duc d'Anjou convoqua à Rodez les communes du Languedoc, pour délibérer sur le payement d'une somme de 48,000 florins, qu'on avoit promise aux Anglois, pour leur faire évacuer quelques châteaux.

bonne ville de Rodez, et des autres de la sénéchaussée de Rouergue.

« Parce que, leur dit-il, vous nous octroyâtes gracieusement
» un subside bel et grand, à convertir à notre délivrance, et
» non ailleurs : de quoi nous vous avons mercié, et mercions
» encore par ces présentes : duquel subside, ou la graigneur
» (plus grande) partie d'icelui, fut levée, reçue et mise en dé-
» pôt, jusques à tant que métier fût de la bailler, et convertir
» pour le fait de notre délivrance : si, vous requérons, prions
» et mandons, sur l'amour et loyauté que vous avez envers
» nous, et à la couronne de France, que tout ce qu'a été levé,
» reçu et mis en dépôt, comme dit est, pour la cause dessus
» dite, vous fassiez bailler et délivrer tantôt et sans délai, à
» notre amé fils..... ou vous-mêmes, députez et ordonnez cer-
» taines et notables personnes, qui l'apportent au lieu et jour
» accordé et ordonné pour faire ledit payement, selon que notre
» amé fils vous le fera savoir..... A Londres, le 22 mai 1360.
» Signé Johan ».

Cette somme fut apportée au dauphin Charles, par Jean Colomb, trésorier de Rodez. L'année suivante 1361, en exécution du traité de Brétigny, le Rouergue fut cédé aux Anglois ; et le maréchal de Boucicaut fut chargé d'en faire la délivrance, entre les mains de Jean de Chandos, commissaire pour le roi d'Angleterre. On peut juger de l'impression que dut faire une si cruelle nouvelle sur les habitants du Rouergue, qui de tout temps avoient marqué un attachement singulier au gouvernement françois.

Le comte Jean d'Armagnac, fit beaucoup de difficulté de se soumettre ainsi à un prince ennemi de la France ; il disoit que le roi n'étoit pas le maître d'aliéner les domaines de ses comtes, ni de faire passer ses vassaux sous une dénomination étrangère ; et il ne se détermina à cette soumission que sur *la prière* que le roi lui en fit faire, pour remplir ses engagements.

Il n'y eut pas de ville en Rouergue, qui ne montrât une semblable répugnance. Après la mort du roi Jean, en 1364, les Anglois ayant sommé les habitants de Villefranche, de venir prêter serment de fidélité au roi d'Angleterre, dans la ville de Rinhac ; Pierre Pollier, et le juge-mage furent députés par les consuls, pour se présenter au prince de Galles ; mais ils refusèrent constamment le serment qu'on exigeoit : et comme le prince de Galles se disposoit à les faire condamner à mort, le seigneur d'Arpajon obtint, en leur faveur, la permission de retourner à Villefranche, pour prendre avec leurs concitoyens, une meilleure résolution. Dès qu'ils y furent arrivés, nouveaux Régulus ; ils ne firent que les affermir dans leurs sentimens, les exhortant à ne pas trahir leur roi légitime. Ils eurent même le courage d'aller rapporter la réponse au prince anglois, à Rinhac (1) ; d'autres

(1) Manuscrit intitulé, Annales de Villefranche.

disent à Rodez (1). Pollier obtint grâce, par la médiation du seigneur d'Arpajon son ami, chez qui le prince de Galles étoit logé, à Caumont ; mais le juge-mage fut attaché à la queue d'un cheval, et traîné jusqu'à Villefranche, où le prince de Galles fut forcé d'aller en personne se faire reconnoître.

Il est rapporté dans les archives de l'hôtel de ville de la Cité de Rodez, que ce prince, ayant ordonné cette même année, que ses armes seroient empreintes sur des pierres de taille, et placées sur chacune des portes de la ville de Rodez, les consuls furent forcés d'obéir ; mais Pierre de Boissière, procureur-général du comte et de l'évêque, fut assez courageux, pour dénoncer les consuls, comme traîtres à la patrie ; et il les cita devant la cour commune du paréage (2). Ils répondirent « qu'ils avoient été » contraints par la force : et qu'ils n'en étoient pas moins fidèles » au comte et à l'évêque, leurs seigneurs, et au roi de France » leur souverain ».

Le comte de son côté, quoiqu'il se fut soumis, obéissoit toujours avec peine aux Anglais, et il ne tarda pas à faire connoître, que ce nouveau joug ne lui pesoit pas moins qu'aux habitans de Villefranche et de Rodez. Il trouva bientôt une occasion favorable de montrer ses sentimens.

Les finances du prince de Galles, général des troupes angloises en Guienne, s'étant épuisées, il établit, par le conseil de son chancelier Bertrand de Cardaillac, depuis évêque de Rodez, un nouvel impôt, qu'on appela *fouage*, parce qu'il consistoit en vingt sous, ou un *franc guiennois*, sur chaque feu. Le comte d'Armagnac, profitant du mécontentement général, que cette nouvelle charge avoit excité dans la province, appela au roi de France (3), de cette imposition inouie jusqu'alors, pour lui et pour ses sujets du Rouergue. « Jamais, dit-il, dans l'acte d'appel, jamais le roi de France lui-même n'a eu le pouvoir d'établir des impôts sur mes sujets du comté de Rodez : vous n'avez donc pas ce droit de vous-même, ni celui de créer de nouvelles tailles, comme vous l'avez fait dans les lieux de Réquista, de Broquiès, d'Ayssènes, etc. »

Le roi, après en avoir délibéré avec son conseil, reçut l'appel du comte ; mais avant de le recevoir, pour ne pas paroître violer ouvertement le traité de Brétigni, il écrivit au baron de Sévérac, une longue lettre, qu'on voit aux archives du comté, dans laquelle il exhorte ce seigneur à faire entendre aux peuples, que son dessein est d'être fidèle aux traités ; mais que jamais le souverain domaine de la Guienne, n'a été cédé au roi d'Angle-

---

(1) Borel, médecin de Castres : Trésor des recherches et antiquités gauloises.
(2) C'est le nom d'une cour de justice dont nous parlerons dans la suite.
(3) Voy. cet acte d'appel, parmi les pièces rapportées à la fin. Nomb. C.

terre, et que s'il ne satisfait pas au devoir ordinaire des grands vassaux, cette province sera confisquée.

Aussitôt que le roi se fût expliqué, plusieurs seigneurs et un grand nombre de villes de la province, suivirent l'exemple du comte d'Armagnac. Celles de Rodez et de Villefranche, furent des premières, qui eurent le courage de se soustraire à la domination des Anglois. Le 9 septembre 1368, les habitans de Rodez déclarèrent qu'ils refusoient de payer le nouvel impôt, et qu'ils en appeloient au roi de France, leur légitime souverain ; et le 17 du même mois, ils secouèrent ouvertement le joug (1). Bérenger de Nattes, premier consul du bourg, fut un de ceux qui montrèrent le plus de courage et de zèle, pour les intérêts du roi, qui lui accorda des lettres de noblesse, en récompense de sa fidélité (2).

L'évêque Faydit d'Agrifeuille permit aux habitans de Rodez, de placer une cloche d'un quintal sur la tour *Rayenlde*, et de petites cloches, sur les autres tours et sur les autres portes de la Cité ; afin de pouvoir, à toute heure, donner aux citoyens le signal de se mettre en garde, en cas de surprise. S'il étoit encore permis de parler de privilèges de villes, ou de provinces, après la révolution, dont nous venons d'être témoins en France, et dont un des plus beaux effets, est l'anéantissement de tous les privilèges ; nous dirions que le roi Charles V fit plusieurs concessions honorables alors, aux habitans de Rodez, pour reconnoître leur généreux patriotisme, et leur fidélité singulière à la couronne de France. On voit dans les deux hôtels de ville, plusieurs monumens, qui prouvent qu'il leur accorda des privilèges distingués (3). Il les exempta à perpétuité, du droit de gabelle, de toute nouvelle taille, subside ou imposition quelconque ; à moins qu'elle ne fut ordonnée, pour le besoin particulier du pays de Rouergue, et en présence des consuls. Cette exemption leur fut confirmée par Charles VII en 1443 ; et par Louis XI, en 1471. Les états généraux ayant imposé en 1424, une somme de 15,000 livres, sur le pays de Rouergue ; le roi en exempta les habitans de Rodez, en vertu de leurs privilèges.

Outre ces exemptions, Charles V déclara qu'ils ne pourroient être contraints par corps, au payement des tailles ; que jamais il ne seroit établi de sergent royal à Rodez, sans le consentement des citoyens, qu'ils pourroient acquérir et posséder des fiefs, quoique roturiers, sans payer aucun droit de franc-fief, etc.

(1) Archiv. de la Cité et du comté de Rodez.
(2) C'est de là que descend la famille de Nattes, plus connue depuis, sous le titre de seigneurs de Villecomtal.
(3) Voy. dans les archiv. de la Cité et du Bourg, lettres patentes de 1369, 1370, 1371, 1372, 1373, etc.

Par autres lettres patentes de l'année 1376, dans lesquelles Charles V appelle les habitans de Rodez, « de vrais et fervens » zélateurs de l'honneur du royaume, qui les premiers du duché » d'Aquitaine, ont appelé au roi et à son parlement »; ce prince, en considération des beaux et loyaux services, que lui ont rendus ses fidèles et bien amés consuls de la ville et cité de Rodez, en refusant d'obéir au roi d'Angleterre, et en reconnoissant le roi de France, pour leur légitime souverain ; en considération aussi de l'attachement singulier qu'ils ont montré de tout temps pour lui, et les rois ses prédécesseurs, et particulièrement en se déclarant « des premiers, contre les Anglois », accorda aux habitans le privilège de ne pouvoir être pris ni détenus dans les prisons royales, pour aucun crime ou délit, de ne pouvoir être appliqués à la question, si ce n'est pour crime de lèze-majesté, ou d'hérésie ; de ne pouvoir être cités personnellement devant les juges royaux de Villefranche, ni autres, hors de la ville de Rodez.

Les autres villes de la province suivirent peu à peu l'exemple de celles de Rodez et Villefranche. Millau et le fort château de la Roque-Valsergues, tinrent jusqu'en 1369, par les soins du sénéchal Witevalle, qui y soutenoit les garnisons angloises. Si l'on en croit Froissard, Millau ne se soumit qu'en 1371 ; mais les archives de cette ville attestent le contraire. On y voit des lettres patentes de Charles V, datées du 11 mars 1369, par lesquelles il accorde plusieurs privilèges à cette ville, en récompense de son inviolable fidélité, et du zèle que ses habitans ont montré, en se tirant des mains des Anglois (1).

Saint Affrique, Peyrusse et Najac s'étoient soumises aux François, peu de temps après Rodez et Villefranche. Le duc d'Anjou, lieutenant-général pour le roi, en Languedoc, confirma leurs privilèges, et leur en donna de nouveaux. Il fit en même-temps accorder par les états de Rouergue, une somme de mille livres, à Bouchard de Vendôme, pour le siège de Roquecisière, dans le Vabrais, où les Anglois s'étoient retranchés. Il établit Arnaud et Guillaume de Roquefeuil, écuyers bannerets, pour la garde de leurs châteaux ; le premier avec vingt-huit écuyers de sa suite, le second avec neuf (2). Jean de Villemur, chevalier banneret, fut établi capitaine du château de la Guépie, avec trente-six écuyers de sa croissance. Raimond de Cardaillac, chevalier, seigneurs de Privezac, fut employé dans l'été de 1369, pour traiter avec diverses villes du Rouergue, qui n'étoient pas encore soumises. Guy de Sévérac, chevalier banneret, fut chargé de la garde de la ville de Saint-Affrique, avec trois autres chevaliers,

---

(1) Ces concessions furent confirmées, par autres lettres patentes du mois de mai 1370 et du mois de juillet 1372, qu'on voit aussi dans l'hôtel de ville de Millau.

(2) Chacun de ces écuyers avoit un certain nombre d'hommes à ses ordres.

et seize écuyers de sa suite. Le duc d'Anjou fit compter cinq cent francs *d'or*, à Jean d'Armagnac *son cousin*, pour avoir engagé la ville de Sauveterre, à rentrer sous l'obéissance du roi (1).

Saint-Antonin fut assiégé long-temps, par le comte d'Armagnac, et les habitans refusèrent de se soumettre. Cette résistance fit que les Anglois se soutinrent plus long-temps dans la basse-Marche du Rouergue.

Sévérac tint encore plus long-temps, parce que le seigneur de ce château, étoit entièrement dévoué aux Anglois, dont il avoit reçu plusieurs faveurs. Mais il fut enfin forcé de se soumettre, sur la sommation que lui fit Raimond de Rabastens, sénéchal de Toulouse, de reconnoître le roi de France, comme seul souverain seigneur du duché de Guienne et du pays de Rouergue, à peine de mille marcs d'argent, et même de confiscation de corps et de biens, comme traître à son roi, s'il persistoit dans son refus.

En 1373, une garnison angloise, commandée par Bertrand de Lebret, et Bernard de Lasale, chevaliers, étoit encore maîtresse de Figeac; et on lit dans les archives de la Cité de Rodez (2), que pour l'en chasser, il fallut composer avec elle. Les trois états de la sénéchaussée du Rouergue, conjointement avec les gens des montagnes d'Auvergne, et ceux de la viguerie de Figeac, firent avec la garnison angloise de cette ville, un accord par lequel ils s'obligèrent à lui payer une certaine somme, à condition qu'elle évacueroit ladite place. Les deux Marches du Rouergue ne purent pas convenir entre elles, de la portion que chacune devoit supporter; les habitans de la haute, prétendant que ceux de la basse, étant plus près de Figeac, où les Anglois étoient encore, devoient plus contribuer, à raison du plus grand danger. Sur cette contestation, les consuls de Verfeil, de Villefranche, de Villeneuve et de Peyrusse, faisant tant pour eux, que pour les autres consuls et communautés de la basse-Marche; et les consuls de Compeyre, de Millau, de Saint-Afrique, et de la Cité de Rodez, faisant tant pour eux, que pour les autres communautés de la haute, résolurent de s'en rapporter au jugement de *nobles et puissans seigneurs* Jordan Jordani, seigneur de Tournemire, sénéchal du comté de Rodez, et Raimond de Cardaillac, qui décidèrent que sur la somme de cinquante-trois mille sept cents seize francs d'or, que les deux Marches devoient supporter, il étoit juste que la basse payât plus que la haute, qui d'ailleurs, en escomptant les pays, villes, châteaux et lieux du ressort du comté de Rodez, ne renfermoit que dix-sept cents feux du

(1) Registres de la sénéch. de Toulouse. Archiv. de Sévérac. Hôtel de ville de Millau. Hist. du Lang.
(2) Petit registre dit *de 96 feuilles*.

domaine du roi dont plusieurs même étoient hors d'état de payer.

En conséquence la majeure partie de cette somme fut imposée sur les communautés de la basse-Marche ; et elles furent outre cela condamnées à payer treize mille francs d'or, au duc d'Anjou, en remboursement des dépenses faites pour la défense du Rouergue.

Ce dernier article causa beaucoup de discussions. Le duc d'Anjou commit le sieur Menou de Castelpers, avec Arnaud Bérail, sire de Saissac, châtelain de Najac, et à leur défaut l'évêque de Rodez, pour terminer le différent ; mais on n'eut pas égard à leur sentence ; et les états généraux de la province furent forcés de s'assembler à Sauveterre, en 1375, pour prononcer sur cette affaire. Les deux Marches furent condamnées à payer par égale part, la somme qui faisoit l'objet de la contestation (1).

XVI.

Compagnies Angloises.

Moyennant ces arrangemens, le Rouergue se croyoit délivré pour toujours des Anglois ; mais il n'en fut pas ainsi : cette province fut désolée, pendant long-temps, par les *Routiers*, c'est-à-dire, par des compagnies de troupes angloises, qui restèrent en possession de plusieurs châteaux du pays. Ils s'étoient établis principalement dans les forts, situés sur les montagnes et sur les éminences escarpées, d'où il étoit très-difficile de les chasser. Les châteaux de Pouzols, de Montpeyrous, de Belcastel, de Balaguier, de Vallon, de Carlat, de Cassuejoul, de Pénaven, de Quinsac, de Miramont, étoient les lieux principaux qui servoient de centre à leurs brigandages. Ils sortoient de ces forteresses, comme des ours de leurs forêts, pour piller, voler, brûler, tuer, exercer mille ravages, dans les campagnes voisines. Ils rançonnoient les marchands, dépouilloient les voyageurs, arrachoient au paysan ses bestiaux et ses denrées, et le forçoient à venir servir de manœuvre, dans leurs châteaux, et à y porter les matériaux nécessaires pour s'y fortifier ; ils faisoient prisonniers tous ceux qu'ils rencontroient, et exigeoient ensuite des rançons exorbitantes.

Leurs garnisons assemblées formoient jusqu'à six mille lances, troupe formidable pour les seigneurs du pays. Le comte étoit le seul qui pût leur faire tête ; mais il fut long-temps occupé au

(1) Registres de Raimond Imbert, notaire d'Aguessac.

service du roi, dans les guerres de Flandre, et ensuite à combattre le comte de Foix ; et les Routiers profitèrent de son absence, pour faire souffrir mille maux, aux habitants de la province. Quatre cents ans après, les pères montrent encore à leurs enfans, les souterrains, les forts, les rochers inaccessibles, qui servoient de retraites à ces brigands. On nous raconte encore de nos jours, plusieurs traits de cruautés, que nos ancêtres ont transmis de génération en génération.

Les états du Rouergue s'occupoient dans toutes leurs assemblées, des moyens de délivrer la province de ces vexations continuelles. On trouve dans les archives de l'hôtel de ville de Millau, qu'ils donnèrent, au mois de mars 1376, cent vingt-huit mille francs d'or, pour faire évacuer aux Anglais, certaines places, et pour entretenir cent hommes d'armes. Les mêmes états s'assemblèrent encore à Rodez, le 6 juillet suivant, pour faire la répartition de la somme imposée.

En 1377, le duc d'Anjou passa en Rouergue, les mois d'avril et de mai, pour faire la guerre à ces Compagnies ; et ayant assemblé les états à Rodez, on lui accorda un franc et demi d'or, par feu, pour les frais de cette campagne.

En 1378, les états du Rouergue s'accordèrent avec les chefs des troupes angloises, pour l'évacuation des forts de Belcastel et de Balaguier.

En 1380, les habitants d'Aurillac, ne pouvant plus supporter les ravages, que venoient continuellement faire sur leurs terres, les garnisons angloises de Carlat et d'Auzo, châteaux du voisinage, envoyèrent une députation au comte d'Armagnac, pour le prier de les prendre sous sa protection. Le comte, moyennant quinze cents francs d'or, qu'ils lui payèrent, pour l'entretien des gens de guerre, qu'il fallait mettre sur pied, les garantit pour un certain temps de leurs incursions.

Les états de la province, de leur côté, continuoient de prendre toutes les mesures possibles, pour s'en délivrer. Ils s'assemblèrent à Rinhac, le 30 octobre 1382 (1). Il y fut arrêté qu'on établiroit une imposition annuelle, pour fournir au comte de quoi assurer les grands chemins et la tranquillité des propriétaires, du moins pour quelque temps.

Assemblés de nouveau à Rodez, ils promirent de lui payer pour cela, une somme de vingt mille francs d'or. Dans une autre assemblée du 3 mars 1383, convoquée du mandement et autorité d'Arnaud de Landorre, sénéchal de Rouergue (2), il fut arrêté que le comte seroit supplié de traiter avec les chef des compagnies angloises.

(1) Monum. nomb. CII.
(2) Monumens, nomb. CIV.

En effet le comte fit avec eux un accord, par lequel il les rendit paisibles, pendant dix-huit mois seulement, pour seize mille francs d'or, qu'il compta à Geoffroi Tête-noire, l'un des capitaines. Il fut convenu entre autres articles, que les Anglois ne contraindroient pas les habitans de la province, à *venir faire bâtimens et manœuvres en leurs forts*. Le roi, en récompense de ce service, accorda au comte tous les revenus des *aides* imposées sur les villes, châteaux, forteresses et autres lieux du Rouergue.

Dès que le terme de dix-huit mois fut expiré, les Compagnies recommencèrent leurs hostilités ordinaires. Jean III, devenu comte de Rodez, en 1384, travailla beaucoup à les faire cesser, de concert avec son frère Bernard ; mais ils eurent beau faire : ni leurs soins infatigables, ni les troupes que le roi envoyoit de temps en temps, ni les différens traités faits avec eux, ne purent délivrer entièrement la province de ce cruel fléau. Ces Compagnies étoient alors composées de vingt-cinq à trente mille hommes. Ce n'étoit que des Anglois dans l'origine ; mais dans la suite, le libertinage, l'oisiveté, la misère y avoient attiré une infinité de Gascons, de Normans, de Bretons, de Foixois, qui étoient venus s'y enrôler, dans l'espérance de piller et de faire fortune.

Dans le commencement, il se tenoient loin des villes considérables ; mais quand ils furent plus forts, ils s'établirent dans les châteaux les plus proches, pour être à portée de les mettre à contribution, quand bon leur sembleroit. La puissance et la réputation du comte d'Armagnac, les tint cependant toujours éloignés de Rodez ; mais ils étoient en force, dans le château de Carlat, près d'Aurillac, et dans celui d'Aleuse, près de Saint-Flour. Leur chef principal, et celui que le comte d'Armagnac redoutoit le plus, étoit Geoffroi Tête-noire, qui dans ses lettres et sauf-conduits, prenoit les titres pompeux de *duc de Ventadour, comte de Limousin, sire et souverain de tous les capitaines de Rouergue, de Limousin et d'Auvergne*.

Jean et Bernard d'Armagnac, voyant qu'on ne pouvoit les chasser à force ouverte, prirent le parti de recourir encore aux négociations ; quoique cette mesure eût été souvent inutile, comme celle des armes.

Le Gevaudan venoit de députer au comte, qui habitoit alors Gages, le seigneur de Canillac, pour lui demander sa protection, contre les brigands, et pour lui compter six mille francs d'or, de la part des états de cette province.

A l'exemple du Gevaudan, les habitans de la haute-Auvergne, du Querci, du Velai, des sénéchaussées de Toulouse, de Beaucaire et de Carcassonne, résolurent aussi de se mettre sous la protection du comte d'Armagnac, le plus puissant du pays, le seul capable de réduire les Compagnies, et de faire cesser leurs brigandages.

Sur les représentations qui lui furent faites par les états de ces provinces, il convoqua à Rodez, le 6 juillet 1381, une assemblée de leurs députés, et là, il fut fait avec les principaux capitaines des Routiers, un traité solennel, par lequel on s'engagea à leur donner, pour l'évacuation des places qu'ils occupoient dans le pays, la somme de deux cents cinquante mille francs d'or, dont l'assemblée fit la répartition, avant de se séparer (1).

Moyennant cette somme, les capitaines des Compagnies, Ramonet de Sort, Guilhem de Caupène, Mérigot, Chopin de Badesol, le Bort de Garlenq, Nolin Barbé, Bernard Doat, Emmanuel de Montbec, Basquinet de Campanes, Bourbinot, Bertrand de Perserol, et plusieurs autres Anglois, présens à l'assemblée, promirent avec serment, de vider et abandonner les lieux, places et forteresses de Carlat, Murat, la Gasse, Aloise, Roquemadour, Castelnau, Verdale, Veyrac, Quinsac, Coesques, la Garinie, Sabadel, Montbazens, Creyssels, Orgueil, Anglars, Agen, Gerle, Valcaylès, Muret, Boussac, Fraissinet et les autres forts desdites provinces.

Le comte d'Armagnac, de son côté, promit aussi par serment, de forcer les Anglois à évacuer toutes ces places, de les conduire, ou faire conduire hors du duché de Guienne, d'exiger d'eux et de leurs complices, « qu'ils feront si grands et si forts ser-
» mens, comme se pourra, de ne faire guerre ou dommage
» auxdits pays et royaume de France, et duché de Guienne, et
» qu'ils déclareront qu'ils n'ont fait murs, ni fossés, ni autres
» engins, pour que ils ou autres, puissent retourner et occuper
» lesdits lieux, ou si fait l'avoient, ils le diront et révéleront sur
» les sermens qu'ils feront, sur la peine d'être réputés faux,
» mauvais et parjures, et en donneront obligeances si fortes
» comme faire se pourront. Lesquels sermens et obligations fu-
» rent reçus par lesdits députés, et par mondit seigneur le
» comte » (2).

Le comte demanda cependant un délai de huit jours, pour traiter avec Mérigot-Marquès et quelques autres absens, promettant de faire ses efforts, pour s'accorder avec eux au plutôt. En effet Mérigot-Marquès abandonna son fort d'Aloise pour dix mille livres qu'on lui compta ; mais il témoigna, peu de temps après, le plus vif repentir de l'avoir cédé. On peut lire dans Froissard, les regrets amers qu'il ressentoit, d'avoir donné pour dix mille livres, un château qui, selon ses calculs, lui rapportoit vingt mille florins par an.

« Que nous étions réjouis, disait-il à ses compagnons, quand nous chevauchions à l'aventure, et que nous pouvions trouver sur

---

(1) Cette somme équivaut à cinq millions d'aujourd'hui. Voy. le rôle de la répartition qui en fut faite, monum. n. CV.

(2) Le procès-verbal de ce traité, est aux arch. du comté.

les champs, un riche prieur ou marchand, ou une route de mulets de Montpellier, de Narbonne, de Limoux, Beziers, Toulouse, Carcassone, chargés de draps de Brunelles, de Molervilliers, ou de pelleteries venant de la foire du Landit, ou d'épiceries venant de Bruges, de draps de soie de Damas ou d'Alexandrie! Tout étoit nôtre, ou rançonné à notre volonté. Tous les jours nous avions novel argent. Les vilains d'Auvergne et de Limosin nous pourvoyoient, et apportoient en notre châtel, les blés, la farine, le pain tout cuit, l'avoine pour les chevaux, la litière, les bons vins, les bœufs, les brebis, les moutons tous gras, la poulaille et la volaille. Nous étions servis, gouvernés et étoffés comme rois ; et quand nous chevauchions, tout le pays trembloit devant nous. Tout étoit nôtre, allant et retournant. Comment primes-nous Carlat, moi et le bourgeois de Caupène? Et Châslucet, moi et Perrot le Béarnois? Comment échelâmes-nous, vous et moi, le fort château de Marquet? Je ne le tins que cinq jours ; et si en reçus sur une table, cinq mille livres, etc. »

Mérigot désespéré d'avoir perdu son fort, s'empara de la Roche-Vaudois, en Auvergne, d'où il fut chassé aussi par Robert de Béthune. S'étant retiré enfin chez un gentilhomme de ses parens, nommé Tournemire, il fut trahi et livré au comte d'Armagnac. Le roi écrivit au comte, pour le réclamer (1), et pour l'engager à le lui faire conduire à Paris, sous bonne et sûre garde. Il y fut conduit en effet, et peu de temps après, condamné à mort et exécuté aux Halles. Ainsi finit cette persécution, la plus violente sans doute, que les peuples du Rouergue eussent ressentie, depuis plus de six cents ans. Aussi voit-on par les procès-verbaux des états de la province, que les vexations des compagnies angloises, furent long-temps la principale et presque l'unique affaire, qui les occupoit, toutes les fois qu'ils s'assembloient. Plus d'une fois, ces brigands en empêchèrent la convocation, en troublèrent l'ordre, ou firent changer le lieu des séances.

XVII.

Etats du Rouergue.

Il ne sera pas hors de propos de faire connoître ici l'origine et la nature de ces sortes d'assemblées générales des citoyens qui représentoient alors la province ; assemblées connues dans le principe, sous le nom de *comices*, ou *plaids*, et dans les derniers temps, sous celui d'*états*. L'usage de ces assemblées,

(1) Cette lettre est parmi les monumens, n. CVII.

avant qu'il fut interrompu, vers le milieu du dernier siècle étoit si ancien, qu'il seroit impossible d'en fixer le commencement.

Si nous voulions remonter au temps ou les Romains étoient encore maîtres des Gaules ; nous trouverions que l'empereur Honorius, informé par Agricola, préfet de la province narbonnoise, que l'interruption des assemblées provinciales de la Septimanie, à laquelle le Rouergue étoit uni, avoit causé de grands maux dans le pays, en ordonna pour toujours le rétablissement, en 418(1). Par cette constitution, chaque province en général, et chaque ville en particulier, devoit envoyer des personnes notables, des propriétaires, des gens de bien (2), outre ceux qui par leurs emplois, avoient droit d'y assister : et ceux qui s'en absentoient, étoient condamnés à une amende de cinq livres d'or.

Les Visigots, qui furent maîtres du pays après les Romains, bien loin de détruire cet usage des assemblées provinciales, sont regardés par plusieurs écrivains, comme les premiers qui l'ont établi dans certaines provinces de France. Et si l'on ne voyoit des preuves évidentes, que cet usage subsistoit dans les parties méridionales, long-temps avant eux ; on seroit tenté de croire que c'est à ces peuples, que nous en devons l'établissement. Ils avoient ordonné que les principaux ecclésiastiques, les juges et les plus qualifiés des laïques, s'assembleroient tous les ans, pour veiller à ce que les peuples ne fussent pas surchargés d'impôts et de redevances onéreuses. En effet ils n'établissoient jamais la moindre imposition, sans le consentement des peuples ; et ils en faisoient faire la répartition, dans les différens quartiers, par des assemblées particulières, composées de personnes les plus dignes de considération (3).

Depuis le règne des Visigots, quoique l'usage des assemblées provinciales, paroisse avoir été interrompu par différentes révolutions ; il nous reste cependant, quelques monumens, qui prouvent que les affaires importantes se sont traitées souvent, dans des assemblées de notables.

Grégoire de Tours rapporte que l'an 590, les évêques de Rodez, du Gevaudan et de l'Auvergne, s'assemblèrent avec les principaux seigneurs du pays, sur les confins de leurs trois diocèses, près des montagnes d'Aubrac. Le principal sujet de cette assemblée, fut l'affaire de Tétradie, veuve de Didier, duc de Toulouse, qui s'étoit retirée à Agen, après la mort de son mari. Cette femme avoit épousé d'abord un seigneur d'Auvergne, nommé Eulalius, homme méchant et débauché, qui la maltraitoit beaucoup ; ce qui fit prendre à Tétradie, le parti de l'aban-

---

(1) *Mansura in aevum autoritate decernimus.* Édit de l'empereur Honorius. Voy. Sirmond, t. I. p. 1257.
(2) *Honoratos possessores, curiales, optimos.*
(3) Hist. du Lang. t. I.

donner. Elle se livra pendant son absence, à Virus, neveu de son mari, qui l'enleva et lui promit de l'épouser. Mais ce jeune homme retenu par la crainte de son oncle, se contenta de la remettre, avec un fils qu'elle avoit eu d'Eulalius, et tout ce qu'elle avoit pu emporter de la maison de ce seigneur, entre les mains de Didier, duc de Toulouse, dans l'espérance de l'épouser dans la suite. Dès que Eulalius apprit l'enlèvement de Tétradie, il s'en vengea par la mort de son neveu. Mais ne pouvant retirer son épouse des mains de Didier, qui, après la mort de Virus, s'étoit marié avec elle ; il épousa, pour se consoler de cette perte, une jeune personne qu'il enleva d'un monastère de Lyon. Après la mort de Didier, dont la puissance avoit retenu les réclamations d'Eulalius contre Tétradie, celui-ci la cita devant l'Assemblée dont nous parlons, pour la forcer à lui rendre ce qu'elle lui avoit enlevé, lors de sa fuite. Tétradie comparut devant les évêques et les seigneurs, assemblés à Aubrac, et ne pouvant se justifier, elle fut condamnée à rendre à Eulalius, quatre fois autant de biens qu'elle en avoit emportés, et tous les enfans, qu'elle avoit eus de Didier, furent déclarés bâtards.

Dans les huitième, neuvième et dixième siècles, les seigneurs prenoient souvent occasion des cérémonies publiques, comme de la dédicace d'une église nouvellement bâtie, des fêtes votives des lieux, des synodes diocésains, pour s'assembler avec l'évêque, les abbés, les archidiacres. Les comtes tenoient quelquefois des *plaids généraux,* c'est-à-dire, des séances publiques, où se trouvoient les principaux ecclésiastiques, les barons, les juges et les notables du pays. C'est ainsi qu'en 878, Raimond, comte de Toulouse, jugea dans une nombreuse assemblée de notables du Rouergue et de l'Albigeois, une affaire de Carissime, abbesse de Saint-Sernin sous Rodez, et une religieuse sa parente, du même couvent, qui réclamoient ensemble quelques possessions, dont leurs parents s'étoient emparés, malgré le droit qu'avoient alors les religieuses de ce monastère, d'hériter des biens de leur famille (1).

En 971, Raimond, comte de Toulouse, tint un *plaid,* au sujet de la restitution d'une église qu'il avoit usurpée à l'évêque de Nimes. Cette assemblée étoit composée de Raimond comte, de Fulcran évêque, de Séguin vicomte, de Bernard son frère, de Geraud, de Théodebalde, de Bernard, d'Aldebert, de Wagon, d'Annon, et de plusieurs autres (2).

Nous avons encore les actes d'une autre assemblée, tenue en 1112, au Caylar, vers les frontières du Rouergue, sur les montagnes du Larzac, dans laquelle Pierre de Raimond, évêque de

(1) Voy. ce *plaid,* d'un style presque barbare, parmi les notes, nomb. XIV.
(2) *Et multo plures alii, qui communi voto decreverunt, etc. regnante Lotario, anno XVIII.* Hist. du Lang. t. I.

Lodève, de l'ancienne famille de Raimond en Rouergue, fut pris pour arbitre dans une affaire, entre les religieux de Joncels, diocèse de Béziers, et ceux de Conques, qui se disputoient une certaine église de Saint-Martin.

On doit remarquer quels étoient les membres de ces assemblées, si l'on veut observer le passage insensible de ces sortes de *plaids*, à ce qu'on appela ensuite *états*. Car ce n'étoit pas encore les états proprement dits ; puisque les trois ordres du clergé, de la noblesse et du tiers, y étoient encore confondus. Voici donc la souscription entière de ce plaid : *Actum est hoc placitum monitu archidiaconorum Ruthenensis ecclesiæ, Udalrici de Vezins, et Guillelmi de Montesalvio, anno dominicæ incarnationis 1112. Signum Petri episcopi, Fulconis canonici, Rigaldi Salseti, Hugonis de Cornus, Astorii, Agulionis, Petri Ciret Raymundi, Arnaldi sancti Tiberii, Bernardi Richardi militis, et cœterorum qui huic placito adfuerunt* (1).

Nous avons déjà vu qu'en 1171, l'évêque et le comte de Rodez, lorsqu'ils voulurent établir le commun de paix, assemblèrent les *abbés, prévôts, archidiacres*, et les *barons* de leurs terres ; ainsi qu'il en est fait mention dans la bulle, par laquelle Alexandre III confirma cet établissement (2).

Enfin, de cette coutume de s'assembler, que les peuples du pays avoient pratiquée, avant les Romains, qui fut rétablie par l'empereur Honorius, que les Visigots confirmèrent, et qui fut maintenue par les comtes, se forma dans le treizième siècle, l'usage de convoquer des assemblées plus fixes et plus réglées, qu'on appela *états*.

On s'apperçoit par plusieurs actes, que dès le onzième ou douzième siècle, les *bourgeois* des villes avoient commencé à former un corps distingué des ecclésiastiques et des nobles ; mais leur droit de suffrage dans les états, ne fut cependant reconnu que long-temps après. Ils prenoient bien quelquefois séance, dans les plaids des comtes et des seigneurs ; mais il ne paroît pas qu'ils y eussent voix délibérative. Peu à peu la noblesse, peu instruite, reconnut que leurs lumières étoient d'une grande utilité, et elle s'accoutuma insensiblement à les admettre dans toutes les assemblées ; c'est ainsi que se forma par degrés, ce nouvel ordre de citoyens qu'on appela, *tiers état*, et qui conquit, pour ainsi dire, à force d'application aux affaires publiques, le droit de voter dans les assemblées de la province, où on les traitoit.

Les consuls des villes furent d'abord les seuls, qui y eurent entrée ; mais peu à peu, ceux des bourgs et des principaux villages, y eurent séance et voix délibérative, comme les autres.

(1) Hist. du Lang. tom. I.
(2) Voy. monum. n. LVIII.

Et sur la fin du treizième siècle, le rang et le nombre des membres, tant du clergé, que de la noblesse et du tiers état, étoit déjà fixé.

La première assemblée générale, dans laquelle il paroisse que le tiers état ait donné son suffrage, est du commencement du treizième siècle. Dans cette assemblée, convoquée par Raimond comte de Rouergue, il fut ordonné entre autres choses, après en avoir délibéré avec les *clercs* et les *bourgeois*, que l'inquisition seroit établie à Rodez.

Après cette assemblée, nous en trouvons cependant encore quelques unes, composées de la noblesse seule, du clergé seul, ou de la noblesse et du clergé ensemble, sans que le tiers état eut été appelé ; parce que sans doute les affaires qu'on avoit à y traiter, ne demandoient pas la présence de cet ordre. Nos neveux auront peine à croire, qu'il ait été un temps, où les intérêts publics d'une partie des citoyens étoient différens de ceux des autres. On trouve plusieurs exemples de ces assemblées d'un ou de deux ordres en particulier.

Ainsi en 1319, *nobles et puissans hommes*, Amalric de Narbonne, seigneur de Talayran, pour lui et comme administrateur du comté de Rodez, Arnaud de Landorre, Déodat de Sévérac, Raimond de Roquefeuil, Bérenger d'Arpajon, Guillaume de Barrière, Arnaud de Roquefeuil seigneur de Combret, Eméric de Castelpers, Bertrand de Balaguier, Dalmas de Vezins, Rostaing de Camboulas, Bernard de Gualy damoiseau, s'assemblèrent devant Pierre de Ferrières, sénéchal de Rouergue, pour offrir au roi, tant pour eux que pour les autres nobles de la sénéchaussée, de partir pour la guerre de Flandre.

En 1602, la noblesse seule fut aussi assemblée à Sauveterre, par le juge-mage de Villefranche, chargé de publier l'édit portant prohibition des duels.

En 1685, le clergé seul fut assemblé à Rodez, pour les affaires de l'évêque François de Corneillan, avec les habitans de cette ville, dont nous parlerons ailleurs. Mais ces assemblées d'un ordre particulier, étoient très-rares ; au lieu que les assemblées générales des trois états, se tenoient régulièrement tous les ans. Le ministère résolut en 1606, la suppression des états du Rouergue ; et ils furent en effet supprimés, peu de temps après ; mais la province fit si bien valoir ses réclamations, qu'ils furent rétablis et convoqués de nouveau en 1611, par Durieu, juge-mage de Villefranche. Le roi cependant, en les rétablissant, ordonna, pour éviter la confusion et la dépense, que le nombre des députés seroit diminué, et que les seigneurs du pays y assisteroient à tour de rôle, et non tous en même temps, comme auparavant.

Outre l'assemblée générale des états, il y avoit des assemblées particulières des syndics et de quelques députés, formant une commission intermédiaire, qui s'assembloit sur l'avis du président, soit pour l'audition des comptes des receveurs, et pour le département des impositions, soit pour les autres affaires urgentes de la province.

Après le règne des comtes de Rodez et de ceux de Rouergue, personne n'assembloit les états, sans une commission particulière du roi, laquelle étoit presque toujours adressée *au sénéchal de Rouergue ou à son lieutenant* (1).

Le lieu des séances des états du Rouergue, n'étoit pas fixe. Il paroît qu'on les convoquoit ordinairement à Rodez ; mais souvent aussi à Villefranche, quelquefois à Millau, à Sauveterre, à Salles-Comtaux, à Najac, à Rinhac, à Gages, etc. (2).

Nous avons tout lieu de croire que dans le principe, il dépendoit du comte de Rodez, ou du sénéchal, qui les convoquoit, de fixer le lieu de l'assemblée. Ils observoient ordinairement de choisir une ville, au centre de la province, et non sur les extrémités ; mais, comme en l'absence du sénéchal de Rouergue, la commission de convoquer les états, étoit adressée à son lieutenant, c'est-à-dire, au juge-mage de la sénéchaussée de Villefranche ; l'usage d'indiquer de temps en temps l'assemblée dans cette ville, s'introduisit peu à peu. Les députés de Rodez protestoient toujours contre les convocations, qui avoient lieu hors de leur ville, et se faisoient concéder acte de leur protestation, par l'assemblée.

Lorsque les états se tenoient à Rodez, ils s'assembloient, dans les premiers temps, dans une grande salle de l'hôpital du Pas, dont une partie étoit du territoire de la Cité, et l'autre de celui du Bourg. Ensuite on s'assembla alternativement, dans le réfectoire des Jacobins, et dans celui des Cordeliers : et quel que fût le lieu de l'assemblée, l'évêque de Rodez en étoit toujours le président.

Les états de Rouergue n'ont cessé de s'assembler qu'en 1651, peu de temps après l'établissement des élections.

Les guerres contre les Anglois, les contestations des comtes avec le roi, l'établissement des religionnaires dans plusieurs villes du Rouergue, les démêlés des deux cours présidiales de Rodez et de Villefranche, le département des tailles et des autres impositions, quelques affaires particulières des nobles ou du haut clergé, tels sont les principaux objets qui remplissent les procès-verbaux des délibérations de ces assemblées. C'est-là aussi qu'on nommoit les députés de la province aux états généraux de la nation, toutes les fois qu'on les convoquoit.

(1) Quelquefois le roi envoyoit des commissaires extraordinaires, pour cette convocation ; c'est ainsi que le sieur de Matignon en fut chargé extraordinairement en 1595 ; le sieur le Prévôt en 1602, 1603, 1604 ; le sieur de Gourgues en 1605, etc. Lettres de convocation, communiquées par Saunhac de Villelongue.
(2) Monum. nomb. LXXXVII.

On apperçoit bien quelque légère différence entre les divers rôles de convocation des états du Rouergue, qu'on retrouve encore dans les archives des seigneurs (1) ; mais elle ne provient que de ce que quelques nobles, et les consuls de certains villages qui n'y entroient pas d'abord, demandèrent à y être admis, et l'obtinrent, comme il étoit juste. De sorte que toutes les assemblées furent, après un certain temps, composées, à peu de choses près, comme la dernière qui fut tenue en 1651, et dont on trouvera la liste, parmi les notes et monumens, à la fin de ces mémoires (2).

Il est aisé de concevoir l'influence que devoit avoir, sur les délibérations de ces sortes d'assemblées, un seigneur aussi puissant que le comte de Rodez. Cette considération ne fut pas sans doute, une des moindres raisons, qui engagèrent les rois de France à se délivrer entièrement de la famille d'Armagnac.

XVIII.

Fin du Comté de Rodez.

Depuis long-temps les comtes de cette famille faisoient ombrage aux rois des François, à cause de leur puissance, de leurs prétentions. En vain il leur avoit été défendu, dans plusieurs occasions, d'exercer aucun droit de souverain dans leurs domaines : jamais ils ne voulurent se départir de leurs privilèges. Jean V, le dernier, fut cité par le roi Charles VII, devant son parlement de Paris, et accusé de plusieurs griefs. On lui reprocha entre autres, d'avoir, contre les défenses reitérées du roi, continué de faire battre monnoie dans sa ville de Rodez : de s'être toujours qualifié de *comte par la grâce de Dieu*, d'avoir accordé la grâce pour des crimes, d'avoir donné des lettres de noblesse, d'avoir fait battre des verges l'archevêque de Bordeaux, d'avoir pratiqué des intelligences avec le roi d'Angleterre, d'avoir épousé sa sœur, Isabeau d'Armagnac, etc.

Le comte s'étoit justifié de la plupart de ces accusations, et Louis XI, successeur de Charles VII, l'avoit rétabli dans tous ses domaines, qui lui avoient été confisqués, par arrêt du parlement. Mais quelques nouvelles fautes, dont nous parlerons dans l'histoire de sa vie, furent un prétexte suffisant à ce prince, pour le perdre. Il le fit juger par son parlement, qui ordonna que la personne et les biens du comte, seroient mis sous la

(1) Notes et monumens, nomb. CXXXII.
(2) Nomb. CXXXII.

main du roi. L'arrêt fut exécuté peu de temps après, et les terres furent distribuées par ordre de Louis XI, à divers seigneurs, en récompense de leurs services. Le sieur de Beaujeu eut le château et les revenus de la Roque-Valsergues ; le comte d'Auvergne, celui de Cassagues-Bégonhéz ; le comte de Dammartin, ceux de la Guiolle, de Cabrespines, de Bénaven, d'Alpuech, de Lacalm et de Montezic ; Gaston du Lyon, sénéchal de Toulouse, celui de Saint-Geniez de rive d'Olt ; le sieur de Crussol, celui de Bozoul; Roffec de Balsac, ceux de Marsillac et de Cassagnes-Comtaux ; le seigneur du Boscage, ceux de Salles-Comtaux et de Rinhac ; le seigneur de Concressant, celui d'Albin ; Etienne de Vignolles, sénéchal de Carcassonne, celui de Montrosier ; le sieur de Laforêt, ceux de Gages et de Sébazac ; le marquis de Canillac, celui de Camboulas ; Josselin Dubois, bailli des montagnes d'Auvergne, ceux du Ram, de Montjaux, d'Ayssènes, de la Besse et du Minier ; pour en jouir eux et leurs héritiers, comme de leur propre héritage. Le sieur de Bouillon, sénéchal de Rodez, eut les revenus de Rodelle, de Prades, du Pont-de-Salars, et du Bourg de Rodez ; excepté ceux de la *Pierrefoiral*, qui furent donnés au héraut du roi, nommé Bonnes-nouvelles ; excepté aussi soixante livres tournois, qui furent donnés annuellement à George Colomb, *procureur de la comté de Rodez*, à prendre sur les revenus de Prades.

Jean V chercha plusieurs moyens de recouvrer les bonnes grâces du roi, et de rentrer en possession de ses domaines. Il envoya à la cour le sieur de Loubers, avec quelques autres gentilshommes, pour demander sa grâce. Le roi les reçut avec indignation, et leur fit défense, sous peine de la vie, de faire la moindre poursuite, en faveur du comte. Il fit publier en même temps, à son de trompe, dans tout le Rouergue, qu'il défendoit, sous peine de la *hart*, à toute personne, de quelque état et condition qu'elle fût, de donner conseil, faveur ni aide, au comte d'Armagnac. Un furieux, qui couroit les rues de Rodez, ayant voulu seulement crier, *Armagnac*, il fut pris et condamné au fouet, par les officiers de la justice.

Le comte ne pouvant pas réussir, du côté du roi, s'adressa à son frère le duc de Guienne. Il alla le joindre à Bordeaux, où il s'étoit retiré, mécontent de ce que le roi son frère, ne lui avoit pas donné, selon sa promesse, les terres confisquées en Rouergue. Le duc de Guienne, fit expédier au comte des lettres patentes, qui le rétablissoient dans tous ses biens ; par ce moyen, il recouvra en effet la ville de Leictoure, dans le comté d'Armagnac ; mais le roi fit marcher contre lui, une armée, sous les ordres du sire de Beaujeu et du cardinal d'Arras, évêque d'Albi. Nous ne suivrons pas tous les détails de cette guerre. Le comte soutint dans Leictoure, contre quarante mille hommes, un siège de deux mois, au bout desquels il capitula honorablement ; mais on ne garda pas envers lui, les conditions de la capitulation ; et il se crut autorisé à rentrer dans Lectoure. Le roi chargea le cardinal d'Arras de l'y assiéger. Cet évêque général s'y rendit, accompagné de Robert de Balsac, sénéchal d'Agen, de Gaston du Lyon sénéchal de Toulouse, du sieur de Montbrun, et de Gaillard de Montfaucon. Mais voyant que le siége traînoit en longueur, il eut recours à la ruse. Il employa, pour tromper le comte, un stratagème également indigne d'un général et d'un évêque. Il fabriqua des lettres de sauvegarde pour le comte, qui ne se doutant pas de la trahison, lui ouvrit les portes. Aussitôt les troupes du roi entrent, tout est saccagé. Robert de Balsac crioit aux soldats ; *tuez, tuez tout, hormis les dames.* Un Limousin, nommé Pierre Gorgias, pénétra dans le château, où étoit le comte, et le tua de sang-froid, au milieu de sa famille, dans la grande salle du château, où l'on montroit, dit-on, encore, il n'y a pas long-temps, le pavé teint de son sang.

La ville fut ravagée, les habitans massacrés, les églises pillées, les cloches brisées, les murs de la ville démolis, et le feu mis aux quatre coins, pour achever de consumer ce qui avoit échappé aux gens de guerre. On arracha à la comtesse ses pierreries, et tous les bijoux de sa parure. On la conduisit au château de Busset, où les sieurs de Castelnau-de-Bretenous, Olivier le Roux, et Guiraudon lui demandèrent si elle étoit enceinte. Elle donna une réponse ambiguë ; et aussitôt on la força à prendre un breuvage qui la fit avorter d'un enfant mâle (1).

Les enfans du comte vécurent misérablement. Louis XII touché de compassion pour eux, leur donna dans la suite, à l'un, la terre de Montrosier, à l'autre, celle de Ségur, et à Rose une de ses filles, les revenus de Bozoul.

Ainsi finissoit peu à peu cette malheureuse famille. Louis XI en avoit juré la ruine, comme celle de tous ses grands vassaux. Après la mort de Jean V, il s'attacha à la poursuite du duc d'Alençon son beau frère, et de Jacques d'Armagnac, duc de Nemours, son cousin. Le premier fut pris par Tristan l'Hermite, ministre ordinaire des vengeances de Louis XI, et condamné à Paris, à être décapité ; mais le roi commua sa peine en une prison perpétuelle, où il mourut deux ans après. Le second fut assiégé et pris dans son château de Carlat, en Auvergne, conduit à la bastille en 1477, et peu de temps après, décapité aux Halles. On rapporte que Louis XI, par un raffinement de cruauté, avoit fait placer sous l'échafaud, les malheureux enfans de cet infor-

---

(1) Manusc. aux arch. du comté de Rodez ... général. des comtes d'Armagnac p. 49.

tuné seigneur ; afin que le sang de leur père ruisselât sur leur tête (1).

Jean V fut le dernier de la maison d'Armagnac qui posséda en toute propriété le comté de Rodez. Il lui restoit un frère, nommé Charles, enfermé depuis long-temps à la Bastille, lorsque Jean fut mis à mort. Charles n'étoit accusé d'aucun crime, qui eut mérité qu'on lui ôtat la liberté ; mais il suffisoit qu'il portât le nom d'Armagnac : et Louis XI étoit si acharné contre cette famille, qu'il employoit toute sorte de moyens, justes et injustes, pour la perdre. Plusieurs seigneurs sollicitèrent la liberté de Charles d'Armagnac auprès du roi ; mais leurs démarches furent vaines. Nous voyons dans les archives du comté de Rodez, une lettre écrite pour cela, à Louis XI, par Jean d'Estaing, dom d'Aubrac, camérier comte de Lyon, conseiller au parlement de Toulouse, dont la famille prétendoit être en droit d'occuper, alternativement avec la maison d'Arpajon, le premier rang, parmi les nobles qui avoient séance aux états du Rouergue.

« Sire, lui dit-il en substance, j'ai reçu de monsieur de Châteauguyon, par le Seigneur de Bertolène, et Charlot de Solages, certaines lettres de créance, par lesquelles il me demande que je fasse délibérer aux trois états du pays, de vous envoyer des députés, pour vous supplier de mettre monsieur d'Armagnac en liberté. Si vous supplie, sire, de me faire connoître votre volonté. » Le roi répondit qu'il défendoit à toute personne, de quelque qualité qu'elle fut, de lui faire aucune demande, en faveur de la maison d'Armagnac.

Le comté de Rodez resta donc sous la main de Louis XI, jusqu'en 1483. Alors Charles d'Armagnac présenta requête à Charles VIII, pour recouvrer sa liberté, et rentrer en possession des biens de sa famille. Il obtint l'un et l'autre ; mais avec déclaration expresse qu'il ne jouiroit des comtés d'Armagnac et de Rodez, qu'au nom du roi, qui se réserva même la garde des châteaux de Sévérac, de Capdenac et de Rodelle, principaux forts du pays.

On raconte encore en Rouergue, les mauvais traitemens que le comte Charles faisoit essuyer souvent, sans sujet ni raison, à ses vassaux, à ses domestiques et à toutes les personnes qui l'approchoient. Cette conduite fit croire, que sa longue prison à la Bastille, où il avoit été détenu quinze ans, avoit aliéné son esprit. Le sire d'Albret son parent, et le duc d'Alençon, fils de celui qui avoit été condamné à mort, sous Louis XI, firent beaucoup valoir cette débilité de sens, pour lui faire interdire l'administration de ses biens, et s'en emparer.

Le sire d'Albret, ayant réussi à la lui ôter, fit enfermer Charles, dans les prisons de Castel-Geloux, en 1484. Catherine de Foix,

(1) Manusc. d'Antoine Bonal, juge des montagnes du Rouergue.

son épouse, obtint du roi sa liberté, l'année suivante. Mais il y fut enfermé de nouveau, et n'en sortit qu'en 1496, pour aller terminer sa malheureuse vie, dans son château de Castelnau de Montmirail, en Albigeois, où l'on voit encore son tombeau, devant le grand autel de l'église paroissiale.

La principale cause des maux sans nombre, auxquels cet infortuné seigneur fut en butte, pendant la plus grande partie de sa vie, fut d'être né de la maison d'Armagnac, dont Louis XI, par des principes de politique, sages peut-être, mais cruels et sanguinaires, avoit résolu la perte. Charles passe quinze ans dans les prisons de la Bastille ; et au moment où il croit ses maux finis en même temps que sa captivité, il trouve tous les biens de sa maison, confisqués. Il voit d'abord plusieurs seigneurs, s'en disputer la propriété : bientôt après, ses plus proches parens lui en font interdire l'administration ; et comme si c'eût été trop peu, de lui ôter l'héritage de ses pères, un d'entre eux se rend encore maître de sa personne, et lui fait passer en prison, une grande partie de son dernier âge.

Il ne restoit plus de la maison d'Armagnac, que deux mâles, Louis et Jean, fils de ce Jacques, duc de Nemours, exécuté aux Halles, par ordre de Louis XI, qui les condamna eux-mêmes encore enfans, à assister au supplice de leur père. Ils moururent l'un et l'autre, sans laisser de postérité. Louis, le dernier, fut tué dans les guerres d'Italie, en 1503 ; et en lui, finit cette célèbre famille, qui avoit gouverné le Rouergue, pendant deux cents ans, et qui avoit ajouté une infinité de privilèges, à ceux des comtes des races précédentes.

XIX.

Privilèges des Comtes.

La magnificence des comtes de Rouergue, dans toutes les cérémonies, leurs alliances illustres, les prérogatives sans nombre dont ils jouirent, pendant tout le temps que cette province fut soumise à leur gouvernement, en tout ou en partie, ne nous permettent pas de douter que leur état n'approchât beaucoup, de celui des princes qui se disoient souverains.

On trouve la plupart de leurs privilèges, recueillis, dans un procès-verbal, qui fut fait en 1415, par Guillaume Coëural, et Hugues Bonal (1); commissaires pour la réformation du domaine des comtes. Dans ce procès-verbal, qui est écrit en latin, sous ce titre : *Sequuntur jura, privilegia et franchesiæ comitum ruthenensium,* on lit :

(1) Voy. parmi les notes, n. CXXIX.

« Qu'ils avoient droit de se faire couronner, à leur avénement au comté, comme les princes souverains :

» Qu'ils faisoient battre monnoie à leur coin ; et qu'ils connoissoient dans leur territoire, de tous les délits relatifs à cette partie :

» Qu'ils prenoient dans leurs lettres, dans les contrats et généralement dans toute sorte d'actes, le titre de *comtes de Rodez, par la grâce de Dieu* :

» Qu'ils légitimoient les bâtards ; qu'ils ennoblissoient les roturiers et les vilains, et les rendoient habiles à posséder des fiefs nobles :

» Qu'ils permettoient le duel, dans les procédures ; qu'ils avoient un champ clos pour ces sortes de combats, et qu'ils en jugeoient l'issue :

» Qu'ils avoient des poinçons publics, auxquels les ouvriers et orfèvres, étoient tenus de marquer tous les ouvrages d'or et d'argent :

» Qu'ils accordoient des sauvegardes générales et particulières, tant aux églises et aux ecclésiastiques qu'aux personnes laïques :

» Qu'ils créoient des notaires, lesquels étoient tenus de dater leurs actes du règne du comte ; et qu'il n'étoit permis aux officiers d'aucun autre prince, d'exercer leur ministère dans Rodez :

» Que ceux mêmes qui étoient chargés d'exécuter des commissions pour le roi, ne pouvoient y séjourner plus de trois jours :

» Qu'ils avoient le droit de convoquer, sans l'intervention du roi, les états de la province, soit pour les impositions, soit pour les autres affaires :

» Qu'ils créoient des consuls, des syndics, des jurés ; et qu'ils accordoient à leurs sujets, des prérogatives et des privilèges :

» Qu'ils avoient un trésorier qui faisoit, en leur nom, la levée des tailles et des autres impôts, tant pour eux, que pour le roi :

» Qu'ils établissoient des foires et des marchés, de leur propre autorité, dans toute l'étendue de leurs domaines :

» Qu'ils accordoient des lettres de grâce et d'abolition, pour les homicides et pour les autres crimes, sauf le droit des parties lésées :

» Qu'ils imposoient des droits de péage, de leude, de pacage, et qu'ils permettoient à leurs vassaux d'en imposer comme eux :

» Qu'ils levoient un droit de passage, sur les troupeaux qu'on conduisoit sur les montagnes du Cantal et d'Aubrac, ou qu'on en ramenoit :

» Qu'ils faisoient exploiter les mines ; qu'ils les acensoient, et les donnoient à ferme à des entrepreneurs :

» Qu'ils avoient un étalon pour les poids et mesures :

» Qu'ils établissoient des juges, devant lesquels étoient portées par appel, les causes déjà jugées dans les tribunaux des seigneurs :

» Qu'il n'étoit permis à aucun officier du roi de mettre à exécution les ordres dont il pouvoit être chargé ; sans les avoir notifiés au comte, et sans que le comte lui eut donné son agrément, et prêté territoire pour ses fonctions :

» Qu'ils avoient un sénéchal dans leur comté, comme le roi dans ses provinces : qu'ils avoient aussi une voirie, à laquelle étoit préposé un officier, chargé de l'entretien et de la commodité des chemins. »

La cérémonie du couronnement des comtes se faisoit avec tout l'appareil usité dans celui des princes. Il arrivoit souvent qu'elle occasionnoit des contestations entre eux et les évêques, parce que ceux-ci prétendoient que le comte leur devoit hommage de son comté. Le comte Hugues II, ayant voulu, en 1195, à l'exemple de ses prédécesseurs, faire installer son fils *en la comté de Rodez*; l'évêque Hugues son frère, prétendit qu'il devoit auparavant lui faire hommage de son comté. Ils soumirent leur différent à Richard leur troisième frère, à Ranulphe abbé d'Aurillac, à Hugues prévôt de Montsalvi, à Bernard de la Coste archidiacre de Rodez, qui prononcèrent que le comte devoit être promu par l'évêque, et lui rendre hommage : que l'évêque étoit tenu de l'installer, à la tête de son clergé, de le faire asseoir sur la chaire du comte, et lui livrer ensuite les tours, les remparts et les fortifications de la Cité, particulièrement la tour ronde, qui étoit la principale tour du palais épiscopal et le premier fort de la ville : que le comte seroit obligé de les remettre dans trois jours, au pouvoir de l'évêque : que l'évêque et le comte laisseroient aux habitans de la Cité, et à ceux du Bourg, le passage libre, d'une communauté dans l'autre, par la porte située entre l'église Saint-Etienne, et l'hôpital du Pas (1).

L'évêque, le comte et son fils jurèrent d'être fidèles à cet accord (2). En conséquence les évêques, selon un usage déjà ancien d'ailleurs, conduisoient les comtes en possession au grand autel, où ils faisoient une oraison, après quoi ils alloient les faire asseoir, dans une chaire de pierre qu'on voit encore dans l'église cathédrale, et là ils lui adressoient ces paroles, en latin : « Seigneur, nous savons que le comté de
» Rodez vous appartient, et non à d'autres ; que c'est à
» nous, en qualité d'évêque de Rodez, à vous y installer,
» suivant les accords passés entre vos prédécesseurs et les

---

(1) L'église de Saint-Etienne étoit sur la place de ce nom, aujourd'hui place du Fruit, près des boucheries. Et l'hôpital du Pas, ainsi appelé, parce que c'étoit le lieu du passage du territoire du comte, dans celui de l'évêque, occupoit l'espace qu'occupe aujourd'hui le Séminaire. La porte de la Rue neuve dont l'arceau subsiste encore, étoit la seule communication de la Cité avec le Bourg. Cette porte se fermoit régulièrement tous les soirs ; et en temps de guerre même, pendant le jour.

(2) Voy. parmi les notes, n. LXI.

» nôtres, comme il conste de divers actes connus de vous et de
» nous : c'est pourquoi, voulant marcher sur les traces de nos
» prédécesseurs, et ne voulant préjudicier ni à vos droits, ni
» aux nôtres, nous vous requérons, en qualité d'évêque de
» Rodez, de nous rendre hommage, nous proposant de remplir
» à notre tour envers vous, les obligations auxquelles nous
» sommes soumis, par les transactions passées entre vos pré-
» décesseurs et les nôtres. »

A quoi le comte répondoit, en élevant ses mains, et le visage tourné du côté de l'image de la Vierge : « Nous N, à qui le
» comté de Rodez appartient, par droit de succession et d'héri-
» tage, faisons à vous révérend père évêque de Rodez, et à vos
» successeurs canoniquement élus, l'hommage dû ; et nous
» vous demandons qu'en qualité d'évêque de Rodez, vous nous
» installiez. »

L'évêque répondoit aussitôt : « Nous recevons pour nous et
» pour nos successeurs, l'hommage que vous nous rendez. » Il embrassoit ensuite le comte, et lui mettoit la couronne comtale sur la tête, en lui disant : « Seigneur, vous êtes maintenant véri-
» tablement comte de Rodez; c'est pourquoi, en qualité d'évêque,
» je remets entre vos mains, selon les conventions faites entre
» vos prédécesseurs et les miens, la tour principale et toutes
» les autres tours et fortifications de la Cité de Rodez. »

Tel étoit le cérémonial qu'on observoit à l'installation des comtes. Leur première entrée solennelle dans la ville, se faisoit aussi avec beaucoup de pompe et d'appareil ; comme on peut s'en convaincre par plusieurs actes des archives du comté, et par les registres des hôtels de ville.

Jean Bonal nous a transmis le détail des cérémonies observées, à la première entrée de Henri d'Albret roi de Navarre, et de Marguerite d'Orléans son épouse, lorsqu'ils vinrent se faire installer en leur comté de Rodez, qui avoit passé par concession à leur famille, après l'extinction de celle d'Armagnac, dont ils descendoient par femmes.

« L'an 1535, et le jeudi 15 du mois de juillet, le roi et reine de Navarre (Henri d'Albret et Marguerite d'Orléans, veuve du duc d'Alençon) firent leur première entrée en la ville de Rodez, capitale de leur comté, comme s'ensuit.

» Premièrement ladite dame, sur le matin, partit du château de Caumont, appartenant au sieur baron d'Arpajon, où elle, ensemble le roi de Navarre, son mari, avoient couché le mercredi 14 dudit mois, et arriva à Rodez sur les dix heures. Messieurs les officiers dudit comté, lui allèrent au-devant en fort bel ordre, jusques près du village de la Boissonnade, où ils la rencontrèrent dans une litière, accompagnée d'un grand nombre de seigneurs, dames et damoiselles.

» Là, maître Jean Bonal, juge des *appaux*, audit comté, pour et au nom desdits officiers, lui fit la harangue ; après laquelle ladite dame s'étant remise en chemin, tendant toujours vers ladite ville, vindrent les consuls accompagnés de messieurs de la ville, et suivis des notaires, marchands et artisans, portant bannière pour la ville. Lui fit la harangue, sire Blaise Sicard, premier consul du Bourg, et trésorier dudit comté ; et après, marchèrent vers la porte de la ville, dite des Cordeliers, où étoient quatre consuls, deux du Bourg et deux de la Cité, portant un pavillon de velour cramoisi, sous lequel étoit la reine, dans sa litière, qu'elle avoit fait découvrir. Ainsi elle entra droit vers la place dite du Fruit ; étant sadite litière conduite par deux mulets richement ornés et harnachés, sur chacun desquels étoit monté un page d'honneur....

» A ladite place, se trouva révérend père en Dieu, George d'Armagnac, évêque de Rodez, revêtu de ses habits pontificaux, accompagné de l'évêque de Cahors abbé de Bonnecombe, de l'abbé de Conques, du dom d'Albrac, et de messieurs du chapitre, en procession, revêtus de leurs chapes.

» A ce rencontre, ladite dame, étant dans sa litière, en descendit, fit le serment accoutumé, après lequel elle remonta dans sa litière ; et marcha comme devant, jusques à l'église cathédrale Notre-Dame ; ledit seigneur évêque de Rodez, étant toujours à son côté.

» Comme elle fut devant la porte de ladite église, répondant à la maison épiscopale, ladite dame descendant de sa litière, fut prinse par ledit seigneur évêque d'un côté, et par le sieur évêque de Cahors, de l'autre, qui la conduisirent dans le chœur de l'église cathédrale, où se trouva une place préparée pour ladite dame, devant le grand autel ; et là, ledit sieur évêque de Rodez dit quelques oraisons. Et après, lui et ledit sieur évêque de Cahors prirent ladite dame, et la menèrent en la maison épiscopale, où étoit préparé son logis.

» Après dîner, sur les quatre heures, partirent de rechef lesdits officiers, les consuls et les autres de ladite ville, en l'ordre que dessus, pour aller recueillir le roi de Navarre, qui fut rencontré près du même lieu, où avoit été rencontrée la reine, accompagné de plusieurs seigneurs et gentilshommes. Ledit Bonal, juge des appaux, lui fit la harangue, pour lesdits officiers, comme fit peu après Blaise Sicard pour messieurs de la ville ; après laquelle tous marchèrent en fort bel ordre, jusqu'à ladite porte des Cordeliers, où lui fut présenté par les quatre consuls, un autre pavillon de velours cramoisi, sous lequel le roi tout à cheval se mit, et ainsi marcha jusques à la place du Fruit, où pareillement se trouva ledit sieur évêque de Rodez, qui lui administra le serment (1) lequel ledit seigneur roi fit comme le comte.

(1) Lui présenta la formule du serment qu'il devoit prêter.

Après lequel toute la compagnie marcha jusqu'à la porte de l'église, où le roi descendit de cheval, et fut prins par lesdits sieurs évêque de Rodez et de Cahors, qui le conduisirent l'un d'un côté, l'autre de l'autre, jusqu'au chœur de ladite église, où il fit son oraison, en un siège tout exprès à lui préparé. Et après que ledit sieur évêque de Rodez eut dit quelques oraisons, le roi fut semblablement conduit à la maison épiscopale.

» Le 17 jour du mois de juillet, qui étoit un samedi, lesdits seigneurs roi et dame, délibérèrent prendre possession dudit comté de Rodez, et se faire couronner comme comtes, tout ainsi qu'avoient fait leurs prédécesseurs.

» Le matin donc dudit jour, tous deux ensemble, accompagnés de messieurs les officiers dudit comté, et d'un grand nombre de seigneurs, gentilshommes, dames et damoiselles, ils partirent de la maison épiscopale, où ils étoient logés, et allèrent droit en ladite église de Notre-Dame ; et quand ils furent à la porte d'icelle, ils trouvèrent ledit sieur évêque de Rodez, revêtu en pontifical, accompagné de messieurs du chapitre, de l'évêque de Cahors abbé de Bonnecombe, de celui de Conques, du dom d'Albrac, lequel sieur évêque de Rodez print illec lesdits sieur et dame, et les mena dans le chœur de ladite église, les faisant tous deux asseoir dans la chaire épiscopale, où il les laissa pour aller au grand autel, dire l'introït de la messe, qu'il chanta en pontifical. Et quand se vint à l'offrande, lesdits seigneur et dame, tous deux ensemble, portant un drap d'or, vindrent et offrirent ledit drap, qui fut prins par ledit sieur évêque, lequel leur dit certaines paroles contenues en l'acte par moi prins ; et par lesdits seigneur et dame lui fut répondu tout ainsin qu'il est contenu audit acte. Ce que fait, ils se levèrent, et ledit sieur de Rodez les mena asseoir, en une chaire de pierre, qui est tout auprès de la chaire épiscopale, appelée la chaire du comte, qui étoit élevée fort haut, et parée d'un drap d'or fort magnifique, dessus laquelle il y avoit un pavillon qui la couvroit.

» Iceux étant assis en ladite chaire, ledit seigneur évêque mit premièrement sur la tête dudit seigneur roi, une couronne d'acier avec les lions et aigles d'or, et l'ayant après ôtée, la mit pareillement sur la tête de ladite dame, qu'il ôta peu après. Et incontinent présenta auxdits sieur et dame, dans un bassin d'argent, les clefs de la maison épiscopale, tour de Corbières, et château de Caldegouse. Et cependant furent mis sur ladite tour et château, et sur la porte dite de l'évêché, des pennonceaux de taffetas, où étoient les armoiries de la comté. Et illec aussi entre lesdits sieur et dame, et ledit sieur évêque, furent dites certaines paroles contenues audit acte par moi à part prins. Ce que dessus ayant été ainsi fait, l'évêque acheva de dire la messe ; et après la messe, lesdits seigneur et dame s'en retournèrent à la maison épiscopale.

» De tout ce dessus fut retenu acte par moi Jean Bonal, secrétaire et greffier des conseils desdits sieur et dame. »

On voit sur une des colonnes de l'église cathédrale, une inscription qui fait mention de ce couronnement. Le 20 du même mois, les roi et reine de Navarre, reçurent l'hommage des consuls, ainsi que de tous les habitans, et confirmèrent leurs privilèges.

Cette confirmation des privilèges des habitans du Bourg, étoit toujours la première cérémonie des comtes, après leur installation. Le principal de ces privilèges étoit une exemption de tout péage à quatre lieues de distance de Rodez; et nommément à Montrozier, à Camboulas, à Prades, au Pont-de-Salars, à Rodelle, à Bozoul, à Souiry, etc. Certains des comtes leur accordoient aussi la permission de bâtir des maisons dans la ville, de tester, et de faire passer leurs biens à leurs héritiers; car un des droits usurpés par les comtes et par plusieurs seigneurs du pays, dans ce temps-là, étoit non-seulement de succéder aux biens de ceux qui mouraient sans en disposer; mais encore d'exiger une redevance sur les biens que les pères transmettoient à leurs enfans, par testament. Outre cela les vassaux ne pouvoient pas marier leurs filles, sans le consentement du seigneur; et leurs fils ne pouvoient entrer dans l'état ecclésiastique, qu'avec sa permission. Lorsqu'un vassal vouloit marier sa fille, le futur époux étoit obligé de solliciter le consentement du seigneur, qui quelquefois ne l'accordoit, qu'à condition qu'elle passeroit avec lui la première nuit de ses noces. Il est fait mention de ce droit tyrannique, dans quelques mémoires, sous le nom de *jus concubitûs*. Il y est parlé aussi d'un autre droit non moins odieux, qu'avoient, dit-on, quelques seigneurs, de forcer leurs vassaux à battre les étangs et les marais, pendant la nuit, pour empêcher que le coassement des grenouilles, n'interrompît le sommeil de la dame du château. Peut-être que ce qu'on raconte de ces prétendus usages, a été imaginé par quelque mécontent, qui cherchoit à jeter de l'odieux sur les seigneurs. Du moins est-il bien vrai, que les monumens qui en parlent, sont bien peu authentiques.

Outre les droits de péage que les comtes percevoient, dans tous les lieux de passage de leur domaine, ils jouissoient de ce qu'on appeloit *droit de leude* ou *leida*, qui n'étoit autre chose, qu'un impôt sur le bois, le sel, le fromage, l'huile, les cuirs, la laine, les pourceaux en vie, et les lards ou pourceaux salés; lorsque ces huit espèces de marchandises ou denrées étoient apportées, pour être vendues par des étrangers et gens non domiciliés dans la ville.

Les comtes n'étoient pas les seuls, qui étoient dans l'usage de lever ces sortes de droits d'entrée, dans les villes de leur domaine. Plusieurs particuliers jouissoient, comme eux, de ce privilége, par concession sans doute de quelqu'un des comtes, ou parce que, à leur exemple, ils avoient établi cet usage dans leurs terres.

Nous trouvons dans les archives du comté et des hôtels de ville, qu'en 1253, le comte Hugues acquit les *leudes* que Bertrand du Bourg de Rodez, *avoit coutume* de lever sur les boucheries, que Brenguier et Barrière lui cédèrent, en 1258, ceux qu'ils *étoient en droit* de percevoir sur la Pierrefoiral : qu'en 1255, Antoine de Peyralés ; Brenguier son frère, Pierre et Hugues de Montethi, Dordé Bertrandi et Pierre Rames vendirent à Durand de Camboulas, *les droits de leude qu'ils percevoient au Bourg de Rodez*, sur les marchands étrangers : lesquels droits consistoient en deux deniers, que chaque marchand *ayant table ou tablier*, étoit obligé de leur payer, chaque samedi et à toutes les foires de l'année.

En 1160, Izarn, abbé de Conques, vendit à divers particuliers, pour dix-huit marcs d'argent, les droits de *la leida*, qu'il percevoit dans sa ville. Et en 1405, Bertrand de Trémouilles, habitant au château de Montarnal, vendit à Raimond de la Salle, abbé du même monastère, la faculté de prendre *les langues de bœuf et les échinées de pourceau*, dans les boucheries de Conques (1).

Au seizième siècle encore, Héral de Pellegri, seigneur de la Roque, fut maintenu par le sénéchal de Rouergue, dans certain droit de leude, sur la ville de Millau, qu'il prouva que ses prédécesseurs avoient perçu, depuis un temps immémorial, sur toutes les marchandises que les forains venoient y mettre en vente. En 1536, il se départit de ce droit, en faveur des consuls et communauté de Millau, moyennant une exemption de taille et autres impositions sur ses biens (2).

Il seroit trop long de rapporter tous les droits singuliers, que les comtes et les seigneurs du Rouergue s'étoient attribués, dans les villes, bourgs et villages de leur domaine.

XX.

Monnoie Rodanoise.

Le droit de faire battre monnoie, dont les comtes de Rodez furent en possession pendant plusieurs siècles, suffiroit seul pour prouver leur puissance ; puisque c'est la prérogative, dont les rois se sont, de tout temps, montrés le plus jaloux.

Les comtes de Rodez en faisoient battre de trois sortes, comme on en juge par les coins, qu'on a conservés jusqu'ici,

(1) Arch. de l'abbaye de Conques.
(2) Arch. de l'hôtel de ville de Millau.

dans les archives du comté. Elle se fabriquoit dans une maison, qui porta encore, long-temps après la suppression de ce droit, le nom de la *Moneda*, entre les prisons et l'église de Saint-Amans.

La monnoie rodanoise avoit cours dans tout le Royaume, comme la monnoie royale. Le sou rodanois valoit huit deniers tournois. Le prix et l'aloi en étoient fixés par deux ordonnances, l'une de 1271, et l'autre de 1280, qu'on voit encore dans les archives en vieux langage Rouergas.

Dès le dixième siècle, il est fait mention des sous rodanois, des sous *raimondins*, des sous *hugonins*, ainsi appelés des Raimond et des Hugues, comtes de Rouergue et de Rodez (1).

Les sous raimondains valoient plus que les sous rodanois. Vingt-six sous raimondains, au commencement du treizième siècle, pesoient et valoient un marc d'argent fin. Mais la valeur de ces diverses monnoies, éprouva dans la suite tant de variations, qu'il seroit bien difficile de faire la comparaison de leur valeur, dans tous les temps, avec celle de la monnoie nationale d'aujourd'hui. Sous le règne de Robert, un cochon gras valoit, à Conques, douze deniers : *detur porcus pinguis aut XII denarii* (2). Vers ce même temps Geraud, prêtre de Castaillac, dans la viguerie de Golinhac, en donnant à l'église de Conques, son domaine de la Besse lui donne aussi *un porc de six deniers de Limoges* (3). A la fin du onzième siècle, dix sous étoient le prix ordinaire d'une vache (4). En 1162, un setier de froment, mesure de Nîmes, valoit deux sous six deniers (5). Dans le quinzième, un setier de froment ne coûtoit, à Rodez et à Villefranche, que huit sous rodanois. Un denier par semaine, étoit le salaire ordinaire d'un ouvrier ; et l'on voit dans les fastes consulaires de Villefranche, qu'il y eut un grand concours d'ouvriers, à la construction du clocher de l'église collégiale de cette ville, parce qu'on leur donnoit un denier par jour. La fille d'un bourgeois qui avoit un domaine de cinq ou six charrues, étoit richement dotée, avec cinquante ou soixante livres. Une maison à Rodez, avec cour, jardin, caves, boutique, greniers, écurie, chambres, etc. fut vendue, en 1374, quinze moutons d'or, du poids de deux deniers chacun (6).

Pour la fabrique des monnoies que les comtes de Rodez, ceux du Gevaudan, et ceux du Velai, faisoient battre dans leur

(1) Arch. de la cath. de Rodez… Il est parlé des sous rodanois, dans un acte des archives de Conques, daté du règne de Robert qui mourut en 923.
(2) Acte aux archiv. de Conques, ainsi daté, *regnante Roberto rege*.
(3) Autre charte aux archiv. de Conques.
(4) Baluze, p. 19.
(5) *Sextarium frumenti, ad mensuram Nemausi, II solidos et VI denarios vendebatur.* Chroniq. de Nimes. Hist. du Lang. tom. 2, preuves, p. 11.
(6) Monumens recueillis aux arch. du département. Le denier d'or vaut aujourd'hui, trois livres dix sous.

comté, on tiroit les métaux, principalement des mines d'Orzals et du Minier en Rouergue, de Sixte, de Vallong, de Lacombe en Gevaudan, de l'Argentière en Vivarais, etc.

Cette multiplicité de monnoies, ayant causé des troubles dans nos provinces méridionales, entre les seigneurs, les commerçans et le peuple; les états du Languedoc demandèrent au roi, de les réduire toutes à une; mais aucun des seigneurs qui avoient ce privilége, ne voulant se départir du droit de la faire battre dans son château, le roi se vit forcé, dans le quatorzième siècle, de les proscrire toutes, et de défendre le cours de toute autre monnoie que la royale.

Peu de temps après, pour la plus grande commodité des peuples, et pour tirer profit des mines qu'on exploitoit dans le pays, le roi établit des hôtels de monnoie, dans plusieurs villes voisines; entre autres à Figeac, à Maruéjoul et à Villefranche de Rouergue, en 1372.

Les comtes de Rodez n'eurent pas égard à cette défense du roi; et ils continuèrent de jouir de leur privilége comme auparavant. Mais pour que leur désobéissance fût moins évidente, on croit que depuis ce moment, ils firent battre leur monnoie dans des souterrains, qu'on voit encore dans l'intérieur du château de Gages, et près de celui de la Roque.

XXI.

Magnificence des Comtes dans les cérémonies publiques.

Divers procès-verbaux et autres monumens, qu'on trouve dans les archives du comté de Rodez et dans les maisons communes de cette ville, nous prouvent que les comtes de Rodez étoient jaloux de montrer une grande magnificence, dans les funérailles, les baptêmes, les mariages de leur famille, et dans toutes les cérémonies publiques.

Lorsqu'un comte mouroit, son successeur et ses parens en conservoient le corps embaumé, quelquefois pendant plusieurs mois, pour donner le temps de disposer la pompe funèbre. On lit dans les archives de l'abbaye de Bonneval, qu'à la sépulture du comte Henri II, qui fut enterré dans ce monastère, en 1303, le convoi étoit composé du clergé de toutes les paroisses de cinq lieues à la ronde, de la plupart des gentilshommes de la province et d'un peuple immense.

Le corps du connétable Bernard d'Armagnac, tué à Paris le 12 juin 1418, fut porté trois mois après à Bonneval, où il fut aussi enseveli le 11 septembre suivant; ainsi qu'il l'avoit demandé dans son testament (1). On y lit, dans une inscription à côté de son tombeau, que neuf cents prêtres assistèrent à sa sépulture, que l'église étoit entourée de cent quarante draps d'or ou de soie, et de vingt-deux mille torches allumées.

Cette magnificence étoit fort usitée alors, dans les funérailles des grands; et souvent dans leurs testamens, ils ordonnoient pour leur sépulture, des dépenses excessives et ruineuses pour leurs héritiers. On portoit aux enterremens des chevaliers, des barons et des autres gentilshommes, un lit de parade, dans lequel on faisoit coucher un homme vivant, armé de pied en cap, qui représentoit la personne du défunt. On voit dans des actes de la maison de Polignac, qu'en 1375, on donna cinq sous à un nommé Blaise, pour avoir fait le chevalier mort à la sépulture de Jean, fils du vicomte de Polignac.

Dans le tiers état, les laïques de l'un et de l'autre sexe se faisoient enterrer, revêtus de l'habit de quelque ordre religieux, dans lequel ils avoient été incorporés de leur vivant, ou même après leur mort.

Les comtes n'étoient pas moins magnifiques, dans les baptêmes et les mariages de leur famille, que dans les funérailles. Jean, fils aîné du comte Jean d'Armagnac, fut baptisé dans l'église des Cordeliers de Rodez, avec la plus grande pompe, en 1395, par Raimond de la Salle, abbé de Conques. Les parrains furent le pape Benoît XIII, et le duc de Berri prince du sang, ayeul de l'enfant; lesquels furent représentés, le premier par l'évêque d'Albi, et le duc, par le comte dauphin d'Auvergne.

Lorsque Charles, duc d'Orléans, vint épouser Bonne d'Armagnac, au château de Gages, en 1411, le château fut environné pendant plusieurs jours, d'une armée de vassaux du comte, et de toute la noblesse du pays, pour lesquels on avoit dressé de superbes pavillons de soie et d'or. Une troupe de jongleurs et de ménétriers qui s'y étoient rendus des provinces voisines, y jouèrent pendant plusieurs jours, des pièces de théâtre et des pantomimes.

Un concours immense de peuple du Languedoc, de l'Auvergne et du Gevaudan, s'étoit rassemblé à Rodez, en 1327, pour être témoin des honneurs et de la réception solennelle, qu'on fit à la comtesse Béatrix de Clermont, princesse du sang royal de France, petite-fille de saint Louis, que le comte de Rodez venoit d'épouser.

Nous ne nous étendrons pas davantage, sur les honneurs et les privilèges, dont jouissoient les comtes de Rodez : nous aurons occasion d'en rappeler encore plusieurs, dans leur histoire par-

(1) Il avoit demandé d'être enterré à Bonneval, ou dans la métropole d'Auch en Gascogne suivant qu'il mourroit plus près de la première ou de la seconde de ces deux églises. Étant mort à Paris, il fut porté à Bonneval.

ticulière. Après que leur règne eut fini, et que leur comté eut été réuni à la couronne, l'histoire de la province ne présente que des événemens, qui lui sont communs avec les autres provinces de la France, et dont il seroit trop long et inutile de charger ces mémoires.

XXII.

Comtes de Rouergue.

GIBERT, GUIRBALDE.

Les plus anciens comtes de Rouergue dont on trouve quelques traces, sont *Gibert* et *Guirbalde* mentionnés l'un et l'autre dans une charte de Pepin, roi d'Aquitaine, en faveur du monastère de Conques. Cette charte dont nous avons déjà parlé, est de l'an 838 (1). Il y est parlé de Gibert, comme d'un comte qui n'existoit plus depuis plusieurs années ; mais il paroît qu'à cette époque, il n'y avoit pas long-temps que Guirbalde étoit mort, si toutefois il ne vivoit pas encore. Le roi Pepin confirme les donations que Gibert avoit faites de son vivant, à ce monastère, ainsi que celles que Guirbalde lui avoit faites depuis.

Une ancienne chronique de l'église de Conques, qui fait mention de quelques échanges, entre le comte de Rouergue et Farald, évêque de Rodez, appelle ce comte *Guibert*. D'autres lui donnent le nom de *Gilbert* (2). Nous devons remarquer qu'il y avoit eu, vers le même temps, un *Gilbert*, *comte de Narbonne*, comme il paroît par le testament de Carissime fille d'Odon, prince de Bourges, daté de l'an 752, qui déclare vouloir être inhumée dans un mausolée qu'elle a acheté de Gilbert, très-noble comte de Narbonne : *quod centum libras argenti à Gilberto nobilissimo comite Narbonensi comparavi* (3). Étoit-ce le même que Gilbert comte de Rouergue ? Rien ne nous l'indique. Nous observons seulement que les comtés de Rouergue et de Narbonne furent dans la suite souvent réunis, dans la même famille ; et quelquefois sur la même tête.

Le père Ange (4) prétend qu'il y avoit un comte de Rouergue appelé Bernard, du temps d'Hincmar, archevêque de Rheims, vers l'an 845. Et ce sentiment a été suivi par l'auteur d'une généalogie des comtes de Rouergue, imprimée à Rodez, en 1682.

(1) Voyez-la parmi les monumens, numéro IX.
(2) Manuscrit anonyme, aux arch. de l'évêché.
(3) *Gall. christ. nova*, tom. 2, preuv. p. 177.
(4) *Hist. générale*, tom. 8, p. 604.

Mais ce Bernard étoit comte de Rouen, et non de Rouergue ; on lit *Rodomensi*, dans la lettre d'Hincmar, et non *Rodenensi*, comme le veut le père Ange.

FULGUALD ou FULCOALD.

L'origine et l'époque précise de l'existence des comtes Gibert et Guirbalde, nous sont inconnues, aussi bien que leur histoire. Ce qui paroit certain, c'est qu'ils n'avoient plus le gouvernement de cette province en 837, et même quelques années auparavant. Car nous voyons, par une charte de l'empereur Louis le débonnaire, qu'à cette époque un comte nommé *Fulguald* ou *Fulcoald*, avoit été commis par ce prince, sur les montagnes du Larzac, pour donner certains pâturages du pays, aux religieux de l'abbaye d'Aniane en Languedoc : *inter confinia de pago Ruthenico et Nemausense (donamus)* dit ce prince, *Alpes ad pecora alenda.... quas olim præfato monasterio per missos nostros Rayambaldo, seu Fulcoaldo comite tradidimus*, etc.

On voit, par une autre charte de l'an 862 (1), que Fulguald avoit pour femme Sénégonde, et pour fils Frédelon et Raimond, qui occupèrent après lui successivement le comté de Rouergue et qui parvinrent à celui de Toulouse. Cette famille possédoit en Rouergue des biens considérables, comme on le voit par les grands dons qu'elle fit vers ce temps-là au monastère de Vabres.

FREDELON.

D'après ce qu'on lit dans l'histoire de Rheims, par Flodoard (2), *Frédelon* fils de Fulgaud, jouissoit dès l'an 845, de quelque comté dans le royaume d'Aquitaine ; et comme nous savons d'ailleurs (3) qu'il domina sur le Rouergue, il est vraisemblable que c'est du comté de Rouergue que Flodoard veut parler.

Frédelon ayant livré Toulouse de gré ou de force, au roi Charles le chauve qui l'assiégeoit en 849 ; ce prince, pour le récompenser, ou pour le mettre dans ses intérêts, lui donna le comté de cette ville, dont il n'étoit auparavant que le gardien, *custos urbis* (4). C'est ainsi que les comtes de Rouergue obtinrent le comté de Toulouse, que leur famille posséda, jusqu'à ce qu'il

(1) Fondation de l'église de Vabres par Raimond comte de Rouergue.
(2) Liv. 3 chap. 20.
(3) Archiv. de l'église de Vabres. Donation en faveur de ce monastère par Richard et Rotrude son épouse, en 875.
(4) Chronique de Fontanelle, p. 388.

fut réuni à la couronne, dans le treizième siècle. Nous verrons souvent les deux comtés de Rouergue et de Toulouse réunis sur la même tête ; mais il paroit cependant que celui de Rouergue étoit généralement affecté aux cadets de la maison, comme un apanage qui leur étoit cédé par leur père ou leur aîné. Nous ne rapporterons de leur vie, que les faits qui ont rapport à notre province ; et nous renvoyons aux historiens du Languedoc, ceux qui voudront connoître à fonds, l'histoire des comtes de Toulouse, et leurs expéditions militaires dans des provinces étrangères.

RAIMOND I.

Il y a lieu de croire que Frédelon ne vivoit plus dès l'an 852 ; car suivant un ancien auteur (1), *Raimond* son frère lui avoit déjà succédé alors, dans le comté de Toulouse ; ce qui fait présumer que Frédelon étoit mort, sans laisser d'enfant mâle. Il paroit cependant qu'il eut une fille nommée Udalgarde, qui épousa un seigneur de Rouergue, appelé Bernard. Dans un acte de l'an 877, il est dit que *Udalgarde fille de Frédelon et d'Ode* rétablit conjointement avec son époux, l'ancienne abbaye de Nant en Rouergue, sous la dépendance de celle de Vabres, fondée par Raimond frère de Frédelon (2).

C'est cet acte de fondation de l'abbaye de Vabres par Raimond, en 862, conjointement avec plusieurs autres donations en faveur de ce monastère, qui nous fait connoître la famille de ce comte, ses dignités, ses grandes possessions, et le grand nombre de serfs qui étoient attachés à ses domaines (3). On y voit qu'il avoit pour épouse Bertheys ou Berthe, femme d'une grande piété, qui vivoit encore en 883 ; qu'il prenoit déjà les qualités de duc, de marquis, de comte par la grâce de dieu, *divinâ annuente gratiâ* : ce qui prouve que ces seigneurs commençoient dès-lors à se soustraire à l'autorité royale, et à usurper cette puissance, qui devint dans la suite redoutable même aux rois.

On voit encore par les chartes de dotation de ce monastère, que Raimond et Berthe avoient pour fils Bernard, Fulgaud, Odon, et Aribert qui se fit religieux dans cette abbaye, sous le nom de Benoît : que Bernard, l'aîné, prenoit le titre de comte, dès l'an 862.

Ils eurent aussi une fille, dont le divorce avec Etienne, comte d'Auvergne, occasionna des troubles qui occupèrent plusieurs conciles et beaucoup d'assemblées de princes et de seigneurs.

---
(1) Baluze, *Miscell.* t. 2, p. 298.
(2) Voy. ci-après, article NANT.
(3) Voy. plusieurs de ces actes, parmi les notes et monumens, à la fin de l'ouvrage, et notamment n. X.

BERNARD.

Le titre de comte, que *Bernard* prend dans la charte de fondation du monastère de Vabres, nous fait présumer qu'il avoit déjà succédé à son père, dans le comté de Rouergue. Dans une autre charte de l'an 865, par laquelle Bernard conjointement avec sa mère Bertheys, donne à cette abbaye plusieurs terres situées en Rouergue, il prend la qualité de *comte et marquis de Toulouse;* ce qui fait croire que Raimond son père étoit mort à cette époque.

Bernard, ainsi que son père Raimond, possédoit aussi le comté de Querci, comme il paroit par plusieurs actes. Ce comte demanda et obtint du roi Charles le chauve, en 870, une charte pour confirmer la fondation de l'abbaye de Vabres. Le roi ordonna par cet acte, que Rotland autrefois chapelain du comte Raimond, seroit abbé de ce monastère pendant sa vie, et qu'ensuite Benoît, frère du comte Bernard, lui succéderoit.

Il paroit que le comte Bernard mourut sur la fin de l'an 875; car il étoit encore en vie au mois d'août de cette année, comme nous le voyons par une lettre menaçante que Hincmar, archevêque de Rheims, lui écrivit alors, pour le presser de restituer les biens qu'il avoit usurpés sur son église (1). Et dans un autre monument (2) du mois de décembre de la même année, il est fait mention de lui, comme étant déjà mort.

ODON ou EUDES.

Eudes ou Odon, frère et successeur de Bernard, dans les comtés de Rouergue et de Toulouse, étoit déjà qualifié comte, dès l'an 875, ou tout au moins au commencement de 876 (3).

Eudes eut de Garsinde son épouse, fille d'Ermengaud comte d'Albi, deux enfans, dont Raimond l'aîné, fut comte de Toulouse, et Ermengaud, le cadet, comte de Rouergue.

Eudes vivoit encore en 918; comme il paroit par les actes d'une assemblée tenue cette année à Carcassone (4); mais il s'étoit démis de ses dignités, sans doute à cause de son grand âge.

---

(1) Hist. du Lang. t. I, p. 561.
(2) Donation de Richard et de Rotrude à l'église de Vabres.
(3) Charte de Frotaire, en faveur de l'abbaye de Beaulieu, rapportée dans l'histoire du Lang. t. I, preuv. p. 130.
(4) Hist. du Lang. t. 2, p. 59.

ERMENGAUD.

Après la mort d'Eudes, Raimond et Ermengaud ses enfans, se partagèrent son domaine; le premier eut le comté de Toulouse, et *Ermengaud* celui de Rouergue; mais ils prirent toujours l'un et l'autre le titre de *princes ou marquis de Gothie* (1); ce qui semble prouver qu'à l'exception des comtes de Toulouse et de Rouergue, ils possédèrent par indivis les autres domaines de leur maison. Leurs descendans en firent de même, jusqu'à la fin du dixième siècle, que les deux branches convinrent à ce qu'il paroît, d'un partage limité.

Lorsque le roi Raoul monta sur le trône, le comte Ermengaud fut au devant de lui en 932, avec le comte de Toulouse son frère, pour lui prêter serment de fidélité. Cette soumission valut à Ermengaud, le comté de Gevaudan, que Raoul lui donna en reconnaissance, avec la moitié du duché d'Aquitaine.

Ermengaud demeura jusqu'à sa mort, fidèle à Raoul. Cela paroît par divers monumens, entr'autres par l'échange (2) qu'il fit au mois de janvier de la V° année du règne de ce prince, ou l'an 934, conjointement avec Raimond son fils, et Raimond *vicomte et vicaire* dans le Rouergue (3) de plusieurs biens situés dans le pays, contre Frédelon abbé de Vabres. Ermengaud prend dans cet acte la qualité de *comte*, de *prince* et de *prince magnifique*. Ses fils Raimond et Hugues y souscrivirent après lui.

L'année suivante, Ermengaud et la comtesse Adélaïde sa femme, donnèrent à la même abbaye, l'alleu et l'église de *Ségonzac* en Rouergue, dont ils se réservèrent l'usufruit (4).

Il est parlé encore du comte Ermengaud, dans une donation que fit en 935, à l'abbaye de Vabres, une religieuse appelée Ide, *pour le salut de son âme, pour le comte Ermengaud, pour Adélaïde sa femme, pour leurs enfans*, etc. (5).

Nous ne trouvons plus depuis, aucun monument où il soit fait mention du comte Ermengaud, ce qui nous fait croire qu'il ne vécut pas long-temps après l'an 935.

Ermengaud laissa trois fils, Raimond, Hugues et Etienne. Le premier lui succéda dans le comté de Rouergue. Hugues prit la qualité de comte; mais nous ignorons quel est le comté qui lui

(1) Le marquisat de Gothie ou la Septimanie, comprenoit les diocèses de Narbonne, d'Elne, de Béziers, d'Agde, de Maguelonne et de Nîmes.
(2) Cet acte est rapp. dans l'Histoire du Lang. t. 2, pr. 71.
(3) Viguier, vicomte, vicaire, ou lieutenant du comte, étoient alors des termes synonymes.
(4) Hist. du Lang. *ibid.* preuv. p. 73.
(5) Catel, Comtes, p. 85.

échut en partage ; il paraît seulement qu'il posséda une partie de celui du Querci. Etienne fut comte de Gevaudan (1).

RAIMOND II.

Frodoard fait mention (2) d'une conférence, qu'eut, l'an 944, le roi Louis d'Outremer, avec *Raimond prince des Goths* et les autres seigneurs d'Aquitaine ; ce qu'on ne peut entendre que de Raimond comte de Rouergue, qui en effet étoit qualifié prince des Aquitains et marquis de Gothie, comme nous allons le voir.

Luitprand rapporte (3) que *Raimond, comte de Rouergue, marquis de Gothie, prince des Aquitains*, ayant appris que Hugues, roi d'Italie, était arrivé sur les bords du Rhône, pour se mettre à l'abri des factions qui déchiroient son royaume, alla lui offrir de le reconduire dans ses états, à la tête d'une armée. Hugues accepta sa proposition, et lui compta la somme de mille mines, qui montoit à celle de quinze cents soixante marcs d'argent. Luitprand parle de ce fait, comme en ayant été témoin. Il ajoute que les promesses de Raimond, prêtèrent à rire aux Italiens qui étoient à la suite du roi Hugues, à cause du peu de cas qu'ils faisoient de la parole des Aquitains et des Gascons ; mais l'événement prouva que leurs promesses n'étoient pas toujours des gasconnades. Hugues rentra en Italie, et fut reconnu de nouveau pour roi (4). Pour reconnoître le service du comte Raimond, il lui donna en 946, Berthe sa nièce et son héritière, princesse d'une rare beauté, fille de Boson, marquis de Toscane et frère du roi Hugues.

Cette princesse, qui étoit déjà veuve de Boson I, comte d'Arles, apporta à Raimond des trésors immenses, que le roi, son oncle, ou son premier mari lui avoient laissés. Elle se distingua par sa piété, il paroît par les grands dons qu'elle fit à diverses églises (5), auxquelles elle donna des vases précieux, des bijoux et plusieurs domaines, avec un grand nombre de serfs des deux sexes.

Elle survécut longtemps à son mari ; car elle vivoit encore sous l'épiscopat d'Arnaud, évêque de Rodez, qui ne parvint à cet évêché qu'après l'an 1004. Elle assista à un synode convoqué

---

(1) Hist. du Lang. liv. 12.
(2) Chroniq. p. 608.
(3) Liv. 5, chap. 11. Hist. du Lang. liv. 12.
(4) Frodoard, Chroniq. p. 619.
(5) Entr'autres à celles de Nîmes, de Narbonne, de Montmajour. Hist. du Lang. t. 2. preuv. p. 102 113. Elle fit don aussi, à l'abbaye d'Aurillac, d'un magnifique calice de cristal, enrichi de pierreries. Mabill. t. 2, p. 21.

et tenu par cet évêque, dans les prairies de Saint-Félix près Rodez (1).

Raimond, dans son testament dont l'original est aux archives du comté de Rodez, lègue plusieurs églises et plusieurs fiefs à Deusdadit évêque de Rodez, à Pons abbé de Saint-Amans, et après eux à leurs églises. Il donne des terres, des domaines, des rentes, à un grand nombre de seigneurs, entr'autres à Adhemar vicomte de Toulouse, Izarn vicomte de Saint-Antonin, à Bernard et Adelaïde seigneurs du Larzac, à Ermengaud, Hugues seigneurs du Querci, etc. Il laisse outre cela à des enfans naturels, qu'il avoit eus, de la fille d'un seigneur nommé Odouin, les châteaux et terres d'Albin, de Brandonet, de Compolibat, de Cransac, avec plusieurs autres fiefs ou alleus.

Cet acte est sur-tout remarquable, par les legs sans nombre, qu'il fait aux différentes églises de ses états. Celles de Notre-Dame de Rodez, de Saint-Amans, du monastère Saint-Sernin, de Conques, de Figeac, de Beaulieu, d'Aurillac, de Marcillac, de Mende, de Vabres, de Nant, du Puy, d'Uzez, de Viviers, de Nîmes, de Lodève, de Maguelonne, d'Agde, de Beziers, de Narbonne, de Saint-Pons, de Carcassonne, de Saint-Salvi et de Sainte-Cécile d'Albi, de Castres, de Saint-Sernin et de Saint-Etienne de Toulouse, de Condom, d'Auch, de Moissac, de Caors, de Saint-Antonin, de Souillac, et plusieurs autres, eurent part à ses libéralités. On remarque qu'il charge ses donataires de Figeac et de Beaulieu, de donner un repas, à la mi-carême, aux religieux de ces monastères.

Il suffit de lire ce testament, pour avoir une idée des possessions immenses du comte Raimond (2).

Quoique cet acte soit sans date, diverses circonstances font croire qu'il fut fait vers l'an 961 (3). Du moins paroit-il que Raimond vivoit encore en 960, et qu'il étoit mort au mois de septembre de l'année suivante. Car Berthe, son épouse, parle de lui, comme vivant, dans une donation qu'elle fit au monastère de Montmajour, au mois de février 960, et dans une autre faite à l'église de Nîmes, par elle et son fils, le VII des ides de septembre, la VIII année de Lothaire, c'est-à-dire, en 961, il n'est fait aucune mention de Raimond, tandis que son fils aîné y prend déjà le titre de comte (4).

D'après ce que j'ai lu dans un manuscrit de Bernard, écolâtre d'Angers, qu'on conserve dans les archives de l'église de Conques, Raimond fut tué sur le chemin de Saint-Jacques; car en parlant de son fils, cet auteur dit : *Urbis Ruthenicæ comes Rage-*

---

(1) Manusc. de Bernard, écol. d'Angers, arch. de Conques.
(2) Voy. Monumens. numb. XIX.
(3) Voy. une dissert. sur ce point, Hist. du Lang. t. 2, p. 537.
(4) Hist. du Lang. tom. 2.

mundus, filius illius Ragemundi qui in via sancti Jacobi trucidatus fuit.... Mais il ne dit rien de l'époque ni des circonstances de cette mort. Ce Bernard écrivoit vers l'an 1020, et sans doute qu'il veut parler de Saint-Jacques de Compostelle, où l'on avoit coutume d'aller en pèlerinage, dans ce temps-là.

Nous voyons par les testamens et autres actes déjà cités, que Raimond laissa de Berthe, quatre fils, Raimond, Hugues, Pons et Ermengaud, outre plusieurs enfans naturels.

RAIMOND III.

Raimond III devoit être bien jeune, quand il succéda à son père en 961, puisque celui-ci ne s'étoit marié, que quinze ans auparavant. Aussi Raimond III fut-il d'abord sous la tutelle de sa mère, qui depuis son veuvage, prenoit dans les actes publics, le titre d'humble comtesse d'illustre nom, *inclyti nominis Bertha humilis comitissa* (1).

On lit dans l'histoire de Fulcrand, évêque de Lodève (2), un trait qui ternit la mémoire de Raimond III. Cet évêque voulant secourir ses diocésains, dans une grande disette, vers l'an 975, et ayant appris qu'il y avoit du blé à vendre en Rouergue, s'y transporta en personne, avec une grosse somme d'argent. Raimond l'ayant su, alla l'attendre sur sa route, pour lui enlever l'argent qu'il portoit. L'évêque en fut instruit; mais le zèle dont il étoit rempli pour ses diocésains, lui firent surmonter la crainte du piége qu'on lui tendoit. Il continua son chemin, et il trouva le comte attaqué d'une grosse fièvre, qui le força de renoncer à son injuste projet. Le peuple ne manqua pas de donner à cet événement, une cause surnaturelle.

Raimond III fit plusieurs dons à l'église de Conques; il lui donna entr'autres, la terre de Palais, en Languedoc, qui occasionna dans les suites, une longue contestation, entre l'abbé de Conques et un seigneur nommé Bernard, qui exigeoit sur cette terre divers droits qu'il avoit usurpés. Etienne abbé de Conques en porta sa plainte devant Raimond comte de Rouergue, et Ermingarde comtesse de Beziers, seigneurs dominans du pays, qui tinrent différens plaids pour terminer cette affaire. Mais les parties n'ayant pas pu s'accorder, elles s'en rapportèrent à la décision de Matfred évêque de Beziers, et Frotard abbé de Saint-Pons-de-Tomières, et de plusieurs autres seigneurs du pays. Bernard ne voulut pas se conformer au jugement qui fut rendu; mais le comte de Rouergue, pour l'y obliger, alla rava-

---

(1) On le voit dans les actes déjà cités et dans d'autres.
(2) *Boll. t. 2, fab. p. 712.* Hist. du Lang. t. 2, p. 104.

ger ses domaines, ruina ses maisons, et le dépouilla des biens qu'il possédoit auprès de Palais, dont il remit l'abbé de Conques en possession. Enfin Bernard étant mort, peu de temps après, Pierre son fils, reconnoissant l'injustice des prétentions de son père, et craignant de perdre tous ses domaines, transigea avec l'abbé de Conques, par le conseil du comte de Rouergue, et abandonna entièrement à ce monastère, tous les droits que son père avoit exigés à Palais et dans ses dépendances, moyennant cinq cents sous de Beziers, que l'abbé lui donna, avec la viguerie du même lieu (1).

Sous le règne de Raimond, Garsinde comtesse de Toulouse, fit par son testament, en 975, des dons à diverses églises du Rouergue, ce qui a fait croire aux auteurs de quelques manuscrits, et à nous-mêmes, qu'elle étoit comtesse de Rouergue; mais nous nous sommes assurés qu'elle étoit femme de Pons, comte de Toulouse, cousin germain de Raimond II, comte de Rouergue (2).

Elle laisse divers alleus à l'église cathédrale de Rodez, aux monastères de Saint-Amans et de Saint-Sernin de la même ville, de Saint Antonin, de Vabres, de Saint-Afrique.

Elle fait mention de plusieurs de ses parens, entr'autres du *comte Hugues son neveu*, à qui elle lègue l'église de Saint-Symphorien et l'alleu de Cabannes, en Rouergue. Ce qui donne lieu de conjecturer que Hugues possédoit le domaine d'une partie de cette province, et qu'il est le même que Hugues frère du comte Raimond III. Garsinde peut l'appeler son neveu, puisqu'il l'étoit, à la mode de Bretagne, de son mari Raimond Pons, comte de Toulouse. Elle donne à un autre neveu nommé Amélius, depuis évêque d'Albi, le village de Brousse, *Brutia*, en Rouergue. Deusdet, évêque de Rodez, eut aussi part à ses libéralités; mais ce qui est plus digne de remarque, et ce qui honore la mémoire de cette comtesse; c'est qu'elle donne la liberté à tous les serfs de ses domaines, tant hommes que femmes (3).

Il paroit par divers monumens, que Raimond III, comte de Rouergue, et Guillaume Taillefer, comte de Toulouse, ou la comtesse Garsinde sa mère, étendirent également leur domination, jusque vers l'an 975, sur la Gothie et sur les comtés d'Albigeois et de Querci; et que depuis la fin du dixième siècle, Raimond III

---

(1) Hist. du Lang. *ibid.*

(2) Il y eut dans ce temps-là, tant de comtes du nom de *Raimond*, qui ne prenoient que la simple qualité de *comes*, et tant de femmes qui se qualifioient seulement de *comitissa*, sans spécifier leur comté qu'il est presque impossible de ne pas confondre quelquefois les uns avec les autres. Si malgré nos soins pour nous garantir de l'erreur, quelqu'un de nos lecteurs trouve que nous y sommes tombés, nous espérons que, lorsqu'il se sera convaincu de l'attention que nous avons mise à débrouiller ce cahos aride et dégoûtant, il sera moins surpris et nous excusera.

(3) Notes et monumens, nomb. XX.

et les comtes de Rouergue, ses successeurs, furent seuls marquis de Gothie ; et Guillaume Taillefer et ceux de sa branche, seuls comtes d'Albigeois et de Querci. Les historiens du Languedoc infèrent de là, que ces deux princes partagèrent, vers l'an 975, les domaines que leurs branches avoient possédés jusqu'alors par indivis ; et que par ce partage, le marquisat de Gothie demeura en entier aux comtes de Rouergue, et les comtés d'Albigeois et de Querci aux comtes de Toulouse. On voit en effet, entr'autres par un acte du commencement du onzième siècle (1), que Guillaume Taillefer ne prenoit alors que le titre de comte de Toulouse, d'Albigeois et de Querci ; tandis que vers le même temps, le comte de Rouergue étendoit seul son autorité dans la Gothie, comme il paroit par l'acte d'élection de Guifred, archevêque de Narbonne (2).

Quelques anciens monumens nous donnent lieu de remarquer que le comte Raimond, ni les autres seigneurs du Rouergue, ne s'empressèrent pas de reconnoître Hugues Capet, lorsqu'il se fut fait couronner roi, au préjudice des princes de la race de Charlemagne. Une donation en faveur de l'église de Vabres, du 21 mai 988, est ainsi datée : *Dieu régnant dans l'attente d'un roi* (3). Une autre du 22 du même mois : *Dieu régnant, et dans l'espérance d'un roi* (4), fut faite par un seigneur du Rouergue, en action de grâces, de ce qu'étant allé, le jour des rameaux, dans l'église de Saint Guillem du désert, pour demander à dieu la grâce de vaincre son ennemi dans un combat singulier, il avait été exaucé.

Bernard, écolâtre d'Angers, dans son manuscrit déjà cité, nous apprend que Raimond III mourut en allant à Jérusalem, comme son père étoit mort en allant à Saint-Jacques de Compostelle ; avec cette différence, qu'il paroit que Raimond III mourut d'une mort naturelle, au lieu que son père avait été tué : *Ragemundus.. antequàm Jerosolimitanum iter aggrederetur, in quo obiit, dederat...* ect. Cet auteur ne dit rien du temps de la mort de l'un ni de l'autre ; mais il nous fait connoître indirectement qu'il étoit mort avant l'an 1010 ; car dans les mémoires qu'il écrivit alors, il parle d'un voyage, que Richarde, *venve de ce comte*, avoit fait à Conques, quelque temps auparavant (5).

Le nom de cette comtesse a fait conjecturer, qu'elle étoit de la famille de Richard, vicomte de Millau, dont nous parlerons ailleurs. Quoi qu'il en soit, elle présida long-temps à l'administration des comtés de Rouergue et de Narbonne, après la mort de son mari. Nous lisons dans l'histoire du Languedoc (6), qu'un

(1) Concile des provinces de Narbonne et d'Auch, tenu à Toulouse, en 1056.
(2) Hist. du Lang. tom. 2, liv. 12 et note 8.
(3) Gall. christ. nova, t. I, instrum. p. 58.
(4) Mabill. ad annum 987, n. 100.
(5) Notes, nombr. LXIV.
(6) Liv. 13, p. 157.

évêque nommé Oliba, voulant terminer un différent, entre Guifred, archevêque de Narbonne, et Bérenger, vicomte de cette ville, en 1023, ce prélat déclara qu'il vouloit attendre l'arrivée *de la comtesse de Rouergue*, avant de procéder à cette conciliation.

HUGUES.

Hugues, fils de Raimond III et de Richarde, succéda à son père, dans le comté de Rouergue et le marquisat de Gothie. Il est fait mention du comte Hugues, dans divers monumens dont nous parlerons dans la suite (1). En 1028, il termina un différent entre Hector de Castelnau, prieur d'Orlhaguet, et le vicaire ou viguier de Bromme, en présence d'Aldebert d'Estaing, Pierre de Panat, Raimond de Solages, Hector de Montal, etc.

Le père Labbe rapporte (2) que cette même année, Hugues profita de la triste situation où se trouvoit la province, sous son règne, pour s'emparer des revenus de l'église de Saint-Amans de Rodez. Une cruelle famine désoloit le Rouergue : Richard, abbé de Saint-Vannes de Verdun, dont, je ne sai comment, le monastère de Saint-Amans dépendoit alors, l'engagea au comte Hugues, pour une somme considérable, qui le chargea de distribuer au peuple, pendant la famine. Le comte se crut légitime possesseur des biens de l'abbaye, il les transmit à Berthe sa fille, et à Robert son mari.

Le pape Nicolas II écrivit en 1060, une lettre à Robert, pour l'exhorter à restituer à ces religieux les biens que l'abbé de Saint Vannes avoit engagés à Hugues. Le porteur de cette lettre mourut en chemin (3); elle ne fut pas remise, et cette restitution ne fut faite que plusieurs années après.

Hugues donna en 1051, à l'abbaye de Conques, l'église de Trébosc avec ses dépendances. L'acte de donation (4), est souscrit par les comtesses Foi et Berthe, dont la première étoit sa femme, et l'autre sa fille.

Celle-ci étant héritière de son père qui n'avoit point d'enfans mâles, avoit épousé Robert, comte d'Auvergne, dont il est fait mention aussi dans le même acte.

Hugues vivoit encore en 1053, comme nous l'inférons d'une charte de cette année, par laquelle un seigneur du Rouergue, nommé Odile, étant allé à Jérusalem, *causâ orationis*, forma le projet de bâtir un monastère, dans la paroisse de Mauriac en

(1) Voy. ci-après, art. Riecpeyroux, et Saint-Amans de Rodez.
(2) Biblioth. p. 183, 193.
(3) Mabill. *ad annum 1060*, n° 74.
(4) Archiv. de Conques, monum. n. XXVII.

Rouergue, dans les états du comte Hugues (1). Nous n'avons plus depuis aucun monument, où il soit fait mention de lui.

BERTHE et ROBERT son mari.

Après la mort d'Hugues, Berthe sa fille lui succéda dans tous ses domaines ; et Robert son mari se qualifia comte de Rouergue et de Gevaudan. Baluze (2) prétend que Berthe étoit fille unique ; mais il se trompe, car Hugues, dans la donation de l'église de Trébose, dont nous venons de parler, fait mention de plusieurs enfans, *infantes Hugonis comitis*. En effet, il y a lieu de présumer (3) que Foi, femme de Bernard vicomte de Narbonne, étoit aussi fille du comte Hugues et de la comtesse Foi ; mais il est certain que Hugues n'avoit pas laissé de postérité masculine ; et c'est ce qui occasionna des dissentions et une guerre cruelle, qui désola le Rouergue pendant plusieurs années.

Il étoit encore incertain si les filles pouvoient succéder aux domaines des grands vassaux de la couronne ; c'est pourquoi il se trouva plusieurs prétendans au comté de Hugues, dès qu'il fut mort. Et de là vient que nous trouvons trois seigneurs différens, qui prennent en même temps le titre de comte de Rouergue en différens actes : savoir, Berthe, en qualité de fille du dernier comte avec Robert son mari ; Guillaume comte de Toulouse, et Raimond son frère, en qualité de plus proches parens mâles de l'ancien comte Hugues, ou peut-être en vertu de quelque substitution, entre les deux branches de cette famille.

Berthe mourut en 1065, et la contestation ne fut plus, après sa mort, qu'entre les deux frères Raimond et Guillaume. Il ne paroit pas du moins que Robert ait soutenu ses prétentions : il se remaria en 1069, avec Judith fille du comte de Nelgueil (4), et nous ne trouvons pas qu'il ait pris depuis, la qualité de comte de Rouergue.

Comme le Rouergue étoit l'objet principal des prétentions de ces divers compétiteurs ; cette province fut le théâtre des guerres qui se firent jusqu'en 1079. Guillaume et Raimond terminèrent alors leurs différens, en partageant entre eux les domaines de leur maison. L'aîné eut le comté de Toulouse avec toutes ses dépendances ; et Raimond, le cadet, fut seul comte de Rouergue et de Narbonne. Par ce traité, que nous avons lieu de supposer, mais que nous ne connoissons pas, le comté de Rouergue rentra dans la branche aînée des comtes de Toulouse.

(1) Hist. du Lang. t. 2, pr. p. 215. Voy. notes, n. XXIV.
(2) Hist. d'Auvergne, t. 1, p. 48.
(3) Hist. du Lang. t. 2, p. 189.
(4) Baluze, Hist. d'Auvergne, t. 1, p. 50.

Nous voyons dans un décret de Pons d'Etienne, évêque de Rodez, daté de l'an 1079, que les guerres que cette contestation avoit occasionnées, étoient alors appaisées. Il dit qu'entr'autres abus qu'il a trouvés à corriger, à son avènement à l'épiscopat, les désordres de l'abbé et des religieux de Saint-Amans, sont un des principaux ; que le comte Robert et sa femme Berthe, fille de Hugues, pour ramener cette église à son ancienne régularité, l'avoient soumise à Bernard, abbé de Marseille ; mais qu'à cause des troubles de la guerre, *seviente bellorum turbine*, il n'avoit pas pu y établir l'ordre ; qu'enfin la paix étant arrivée, il alla trouver Richard, abbé de Marseille, successeur de Bernard, et lui confirma la réunion de cette abbaye à celle de Saint-Victor(1).

Ce monument nous prouve que Berthe vivoit encore en 1065, puisque Bernard, abbé de Saint-Victor, ne fut élu qu'au mois de mai de cette année. Elle mourut intestate, et sans postérité.

RAIMOND IV.

Raimond IV, depuis l'an 1066, se qualifia constamment comte de Rouergue. Il se maria trois fois ; la première, avec une fille de Bertrand, comte de Provence, sa cousine, dont il eut un fils, nommé aussi Bertrand ; mais qui fut toujours regardé comme illégitime, parce que le pape avoit déclaré ce mariage nul, à cause de la parenté : la seconde, avec Mahault ou Mathilde de Sicile, en 1080 ; et la troisième, avec Elvire, fille d'Alfonse, roi de Castille.

Le temps des croisades étoit arrivé, le pape Urbain II, qui vint en France, ayant assemblé un concile à Clermont, le comte de Rouergue y envoya ses députés, pour déclarer qu'il étoit prêt à marcher à la conquête de la terre sainte, et pour offrir ses secours à ceux qui n'auroient pas la faculté de se croiser et d'entreprendre ce voyage.

Pour être mieux disposé à ce dévot pèlerinage, il voulut restituer avant de partir, les biens qu'il avait usurpés, ou qu'il retenait injustement, sur différentes églises. Il fit des fondations dans l'église du Puy : il céda à l'abbaye de Saint-Gilles en Languedoc, tous les droits dont ses prédécesseurs et lui, avoient joui *justement ou injustement*. Il se désista en faveur de la cathédrale de Béziers, de l'évêque et de ses successeurs, du droit dont il jouissoit justement ou injustement, d'unir à son domaine toute la succession des évêques décédés. On le vit sur la porte de l'église, en présence des grands du pays, jurer solennellement sur l'évangile, tant pour lui que pour les comtes de Rouergue, ses successeurs, qu'ils ne s'empareroient plus des biens des

(1) Baluze, Auv. t. 3, p. 52.

évêques après leur mort. En reconnoissance, l'évêque de Béziers lui donna un cheval, du prix de deux cents sous melgoriens.

Après ces pieuses dispositions, Raimond partit pour la terre sainte, en 1096, avec une belle armée, qu'il avoit levée dans ses états, accompagné d'Aimar de Monteil, évêque du Puy, de Guillaume d'Orange, de Geraud de Roussillon, de l'archevêque de Tolède en Espagne, de Bernard de Previnquières, évêque de Lodève, originaire du Rouergue (1), et de plusieurs autres seigneurs.

Sa femme Elvire voulut être du voyage ; elle prit avec elle son fils, encore enfant, qui mourut en chemin. Elle accoucha d'un autre en 1103, qui fut nommé Alfonse et surnommé *Jourdain*, parce qu'il fut baptisé dans les eaux de ce fleuve.

Après mille beaux exploits, que Raimond fit dans ce voyage, au siège de Nicée, d'Antioche, de Jérusalem et de plusieurs autres villes, il mourut de maladie, l'an 1105, devant Tripoli, dans un fort qu'il avait fait bâtir lui-même, pour bloquer cette ville.

Ceux qui voudront connoître le détail des exploits militaires de ce comte fameux, qu'il seroit trop long et déplacé de rapporter ici, le trouveront dans presque tous les écrivains qui ont traité l'histoire du Languedoc. Ils y verront que ses domaines et sa puissance étoient d'une étendue immense : que le pape Grégoire VII l'appela à son secours contre les Normans, en 1074 ; qu'il réprima en diverses occasions les prétentions des vicomtes de Narbonne, *ses hommagers* : qu'il assista à divers conciles, par lui ou par ses ambassadeurs : qu'il reçut le pape Urbain II à Toulouse, en 1095 ; qu'il aliéna vers ce temps-là plusieurs de ses domaines, pour aller à la terre sainte : que lorsqu'il partit en 1096, son armée étoit composée *de plus de cent mille hommes*, et de la plus grande partie de la noblesse de ses terres : qu'il reçut sur sa route une ambassade d'Alexis, empereur de Constantinople : qu'il prit plusieurs villes très-fortes dans l'Orient, et enfin Jérusalem : qu'il refusa plusieurs fois de régner dans cette ville, quoique les Croisés lui en offrissent la couronne, etc. etc.

BERTRAND.

Avant de partir pour la terre sainte, Raimond laissa tous ses biens à son fils *Bertrand*, qu'il avoit eu de sa première épouse, et qu'il aima toujours beaucoup.

(1) Comme il paroit par une donation qu'il fit au mois d'octobre 1095, avec Astorge son frère, en faveur de l'abbaye de Saint-Victor de Marseille. Cette même année, il racheta pour 300 sous du Puy, l'église de Saint-Grégoire en Rouergue *in territorio Vallcoli*, des mains de Guillaume de Previnquières son parent. Gall. christ. t. VI. p. 335.

Il l'avoit même mis en possession du comté de Rouergue, plusieurs années auparavant ; car Bertrand, dans son contrat de mariage avec Electe ou Hélène, fille d'Eudes, duc de Bourgogne, en 1095, donne à son épouse, *les villes, comtés ou évêchés* de Rodez, de Caors, d'Avignon et de Viviers ; donation que son père confirme dans le même acte (1).

Ce monument et une donation que Bertrand fit vers l'an 1100, à l'abbaye de Saint-Sernin (2), sont les seuls qui nous prouvent qu'il ait pris le titre de comte de Rouergue. On doute même si jamais il prit possession personnelle de ce comté.

Il forma le dessein de faire, comme son père, le voyage de la terre sainte ; soit par dévotion, soit pour aller recueillir la succession des biens que son père y avoit acquis. Il partit en 1109, accompagné de quatre mille hommes de guerre, à la tête desquels, il se rendit maître de Tripoli, après un an de siège, et força les troupes du pays, à abandonner plusieurs autres villes qu'elles tenoient assiégées.

Il mourut de maladie comme son père, en 1112. Les biens qu'il avoit laissés en Asie, passèrent à son fils, et ensuite à son petit-fils, qui mourut sans postérité. Comme il avoit résolu de finir ses jours dans l'Orient, il renvoya en France Elvire, comtesse de Toulouse et de Rouergue, troisième femme de son père, avec cet Alfonse-Jourdain, dont elle avoit accouché en Asie, qui n'avoit encore que quatre ou cinq ans, et lui fit don de tous les biens qu'il avoit eu France (3).

ALFONSE I.

Alfonse épousa Faydide, fille de Gilbert, comte de Provence, et de Tiburge, laquelle avoit des prétentions au comté de Rouergue, et qui en effet, selon l'auteur de l'histoire des comtes de Provence (4), étoit fille et héritière des comtes de Rouergue. Si cela est fondé, il est vraisemblable qu'elle étoit fille de Robert et de Berthe, qui, comme nous l'avons vu, eurent plusieurs filles. Ce qui le confirme, c'est que, Douce, fille de Tiburge, comme Faydide, ayant épousé Raimond-Bérenger, comte de Barcelone ; et ces deux comtes en étant venus, en 1125, au partage des biens de leurs femmes ; par cet arrangement, Faydide eut le comté de Rouergue, et Douce le comté de Millau et de Carlat.

(1) Arch. de l'abbaye de Saint-Sernin. Il se qualifie dans cet acte, *Bertrannus comes Tolosanus, et Ruthenensis, et Albiensis*.
(2) Notes et mon. nomb. XXXIX.
(3) Hist. du Lang. t. 2.
(4) D: Glapières.

Non-obstant ce partage, le comte de Barcelone conserva toujours des prétentions sur le comté de Rouergue, et l'on trouve même qu'il en disposa, comme d'un bien propre, dans son testament, en 1130 (1).

Les rois d'Aragon, descendans des comtes de Barcelone, et qui en cette qualité, furent long-temps comtes de Millau, réclamoient toujours ce droit sur le comté de Rouergue. Dans un accord entre Raimond, comte de Toulouse, et le roi d'Aragon, en 1177 (2), on voit qu'il y eut une longue contestation, au sujet des prétentions que ce roi disoit avoir sur les comtés de Rodez, de Gevaudan et de Carlades. Ce ne fut qu'en 1258, que les rois d'Aragon se départirent de tous les droits, comme on le voit dans une transaction, entre Jacques roi d'Aragon, et Louis IX roi de France.

Tout cela prouve que Tiburge, mère de Faydide et de Douce, avoit eu des droits sur le comté de Rouergue; mais elle n'en jouit jamais, à cause sans doute de la puissance de ses compétiteurs, comme nous l'avons vu.

Enfin Alfonse réunit en lui seul plus de droits que personne, sur le comté de Rouergue, soit en qualité de successeur de Bertrand son frère, soit en qualité d'époux de Faydide, petite-fille de Berthe.

Il n'en fut pas cependant possesseur paisible; car Philippis, fille de Guillaume comte de Toulouse (3), le réclamoit avec force. Il y eut même entre les deux partis, un combat très-vif, en 1147, dans lequel fut tué Pierre évêque de Pampelune, originaire du Rouergue (4), qui s'étoit mis dans la mêlée, pour apaiser les combattans.

Alfonse voulut marcher sur les traces des deux comtes ses prédécesseurs. Il entreprit le voyage de la terre sainte, en 1147, avec Louis le jeune, roi de France; mais il n'y fut pas plutôt arrivé, qu'il fut empoisonné à Césarée, par ordre de Mélissande reine de Jérusalem (5).

Il est vraisemblable que ce fut sous le règne d'Alfonse, que le comté de Rodez fut séparé de celui de Rouergue, comme nous le verrons, en parlant des comtes de Rodez.

---

(1) Voy. parmi les notes, nomb. XLVIII.
(2) *Hieronimo Zureta*, ann. d'Aragon, liv. 2.
(3) Frère aîné de Raimond IV comte de Rouergue, dont nous avons parlé ci-devant.
(4) Notes, nomb. LIII.
(5) L'archevêque de Tyr. *Hist. de bello sacro*.

RAIMOND V.

Alfonse eut plusieurs enfants de Faydide. *Raimond*, l'aîné, né en 1134 (1), lui succéda dans les comtés de Toulouse et de Rouergue, et dans le reste de ses états ; mais il paroît qu'il les partagea, ou du moins qu'il posséda le marquisat de Provence (2), par indivis avec Alfonse son frère puîné. Raimond épousa Constance, fille du roi Louis le jeune, vers l'an 1154. Les historiens du Languedoc rapportent que les noces furent célébrées par les Toulousains, avec magnificence. Constance étoit alors veuve d'Eustache comte de Blois, fils d'Étienne roi d'Angleterre. Et comme son premier mari avoit été associé à la couronne par son père, elle conserva toujours le titre de reine.

Raimond eut une guerre à soutenir contre Henri II roi d'Angleterre, qui ayant épousé Eléonor héritière du duché de Guienne, prétendoit que les comtés de Toulouse et de Rouergue, appartenoient à cette princesse, par droit de succession (3). Le comte Raimond se ligua avec le roi de France son beau-frère et soutint avec lui le siège de Toulouse, contre le roi d'Angleterre et ses alliés, en 1159.

L'histoire de Raimond, ainsi que celle de ses successeurs, n'ayant aucun rapport avec la province de Rouergue, nous passerons rapidement. Il mourut à Nîmes en 1194 (4).

Il s'étoit séparé de la reine Constance, et avoit eu plusieurs maîtresses dont il laissa quelques enfans naturels. Il protégea beaucoup les poètes provençaux, qui ne furent pas ingrats ; car certains ont célébré sa mémoire dans leurs ouvrages, où ils l'appellent *bon Raimond comte de Toulouse*.

RAIMOND VI.

Raimond VI naquit le 27 octobre 1156, de Raimond V et de la reine Constance.

Il eut successivement cinq femmes, et outre cela plusieurs maîtresses. Il épousa 1º, en 1172, Ermessinde de Pelet, comtesse de Melgueil, qui mourut en 1176 ; 2º Béatrix de Béziers, qu'il répudia dans la suite ; 3º Bourguigne fille d'Amaury de Luzignen,

(1) Comme on le voit dans une vieille chronique qui porte : *Anno MCXXXIV, notus est R. comes, filius Ildefonsi comitis.*
(2) Histoire du Lang. liv. 17, et note 50.
(3) Elle descendoit de Bernard, marquis de Gothie dans le neuvième siècle.
(4) Hist. du Lang. liv. 17.

roi de Chipre, qu'il répudia aussi ; 4° Jeanne d'Angleterre, en 1196, qui mourut grosse, trois ans après ; 5° enfin Eléonor d'Aragon, au mois de janvier 1203.

Ce comte passa la plus grande partie de sa vie à guerroyer avec les papes et les évêques de son temps, qui ne cessoient de l'accabler de censures et d'excommunications, tant à cause de ses fréquens divorces, que parce qu'il avoit embrassé le parti des hérétiques Albigeois, qui causèrent de son temps beaucoup de troubles, en Rouergue et dans les provinces voisines. Le roi fut long-temps forcé de lui faire la guerre, pour le soumettre ; le comte lui opposa une résistance opiniâtre. Tantôt vainqueur, tantôt vaincu et fugitif, il passa sa vie misérablement, et mourut de même, en 1222. On lui refusa la sépulture ecclésiastique ; et son fils fit de vains efforts pour la lui procurer.

Le comte Raimond voyoit avec peine, que le comté de Rodez eût été démembré de celui de Rouergue, par ses prédécesseurs; et il fit en 1208, un voyage à Rodez, pour tâcher de le recouvrer. Sa tentative eut en effet quelque succès ; car Hugues évêque de Rodez lui engagea le château de Palmas ; et le comte Guillaume celui de Montrozier avec tout le pays de *Laissaguez*, qui faisoit partie du comté de Rodez, et qui comprenoit neuf châteaux, le long de l'Aveiron.

Le comte de Rodez, Guillaume, étant mort peu de temps après, sans postérité, et ayant laissé pour héritier Guy, comte d'Auvergne, Raimond continua ses négociations auprès de celui-ci, pour réunir à son domaine l'entier comté de Rodez, dont il n'avoit recouvré qu'une petite partie. Dans cette vue, il fit avec Guy, à Martel en Querci, un traité, au mois de décembre de la même année (1), par lequel 1°, il promet de marier Raimond son fils, qu'il avoit eu de Jeanne d'Angleterre, avec une fille de Guy. 2° Guy, en considération de ce mariage, disposa du comté de Rodez, en faveur du jeune Raimond, à l'exception du fief de Bernard de Bénaven, et de Cantoin. 3° Il fut convenu, qu'en cas que le jeune Raimond vint à mourir, avant d'avoir accompli ce mariage, un autre fils du comte Raimond, né d'une femme légitime et son plus proche héritier, épouseroit la fille du comte d'Auvergne, et que si cette fille venoit à mourir, avant son mariage, le jeune Raimond, ou à son défaut, un autre fils du comte de Toulouse, épouseroit une autre fille de Guy. 4° Le comte de Toulouse s'engagea, en cas qu'il n'eut pas d'héritier légitime, ou que toutes les filles du comte d'Auvergne mourussent avant l'âge nubile, de restituer à ce comte et à ses héritiers, le comté de Rodez, sauf les dépenses qu'il avoit faites en cette occasion, lesquelles se montoient à trois cents marcs d'argent, et celles

(1) Baluze, Auv. t. 2, p. 84.

qu'il devoit faire pour recouvrer entièrement les domaines de ce comté, jusqu'à la concurrence de cent cinquante autres marcs.

Le mariage projeté n'eut pas lieu, sans que nous en sachions la raison. Raimond n'en acquit pas moins pour cela le comté de Rodez, et il fit un nouveau traité, quelque temps après, avec le comte Guy, qui le lui céda entièrement.

Henri qui descendoit des comtes de Rodez, prétendit succéder à ce comté, et en disputa la possession au comte Raimond. Ils firent ensemble un accord, à Roquemadour en Querci, par lequel Raimond se départit de ses droits, moyennant une somme de seize cents marcs d'argent, pour laquelle Henri lui engagea la ville de Rodez, le château de Montrosier et quelques autres. Par cet arrangement, les comtes de Toulouse furent dépossédés pour toujours du comté de Rodez (1).

RAIMOND VII.

Raimond VII, fils de Raimond VI et de Jeanne d'Angleterre, naquit à Beaucaire, l'an 1196 (2) : il épousa à l'âge de quatorze ans, Sancie sœur du roi d'Aragon. Il prenoit, du vivant de son père, le titre de jeune comte, *comes jurenis Tolosæ* (3) : ce qui fait présumer que celui-ci, dans le cours de ses persécutions, l'avoit associé au gouvernement de ses états.

Raimond VII vint en Rouergue, en 1219, sans doute pour faire rentrer dans l'obéissance ce pays, qui dans le temps des troubles des Albigeois, s'étoit déclaré pour le roi. Nous trouvons que cette année, étant à Najac, il donna divers châteaux à quelques seigneurs, en présence de Guillaume de Najac, d'Arnauld de Roquefeuil, de B. de Roquefort, de Guillaume de Cadolle, de Malvin de Pestillac, de Guillaume de la Barrière, d'Aimeric de Clermont, de Bremond d'Aldeguier, ect. (4).

Raimond VII, comme son père, dont il avoit épousé les opinions religieuses et les prétentions, fut continuellement en contestation avec les papes, avec leurs légats et avec les évêques. Il parut devant plusieurs conciles, pour y réclamer ses droits, ou pour y faire des professions de foi ; et il s'en retira, tantôt excommunié, tantôt absous, tantôt dépouillé de ses états, tantôt rétabli dans tous les domaines de sa maison.

(1) Hist. du Lang. t. 2.
(2) Chroniq. rapportée dans l'hist. du Lang. t. 2, pr. p. 14.
(3) Archiv. du comté de Rodez : Creyssels, n° 386.
(4) Hist. du Lang. t. 2, pr. p. 255.

Après avoir vécu dans une agitation continuelle, il mourut à Millau, à l'âge de cinquante-trois ans. Il avoit marié sa fille unique, Jeanne, avec Alfonse, comte de Poitiers, frère du roi Louis IX. Raimond, allant à Aigues-mortes, prendre congé de cette princesse, comme elle alloit s'embarquer pour la terre sainte, avec son mari, tomba malade en chemin ; il s'alita d'abord à Prix en Rouergue, d'où il se fit transporter à Millau. Il édifia toute la province par les sentimens de piété, qu'il montra pendant sa maladie et à sa mort. Il fut visité par les évêques de Toulouse, d'Agen, de Caors, de Rodez et d'Albi, par les principaux seigneurs de ses états, par les consuls de Toulouse, et par les personnes les plus qualifiées du Languedoc, du Rouergue et des provinces voisines.

Il fit sa confession à un célèbre hermite du pays, nommé Guillaume Albaronier ; et l'évêque d'Albi lui administra les derniers sacremens. On raconte que, comme ce prélat entroit dans son appartement, lui apportant le viatique, le comte sauta aussitôt de son lit, s'avança vers lui, tout foible qu'il étoit, et reçut l'eucharistie, à genoux sur le pavé. Il mourut le 27 de septembre 1249 ; et en lui finit la postérité masculine des comtes de Toulouse ; famille illustre, qui étoit alliée à presque tous les princes de l'Europe, et qui régnoit à Toulouse et en Rouergue, depuis plus de quatre cents ans.

Guillaume de Puilaurens qui nous a laissé une chronique, où il décrit la plupart des actions de ce comte, dont il étoit chapelain, marque « que la providence permit qu'il mourut dans la partie orientale de ses états, afin, dit-il, que le corps de ce dernier prince de la maison de Toulouse, devant être rapporté vers l'occident, reçut en passant, les derniers devoirs de tous ses sujets, qui témoignèrent un extrême regret de sa mort. » On embeauma, en effet, son corps, et après l'avoir renfermé avec beaucoup de soin, dans un cercueil, on le transporta avec pompe, par Albi, Gaillac et Rabastens, jusqu'à Toulouse, où on le mit sur la Garonne, dans un bateau qu'on y avait préparé, qui le conduisit par eau, au monastère de Paradis en Agenois. « Ce fut un spectacle digne de compassion, ajoute le même auteur, de voir les peuples aller en foule au-devant du convoi, ou le suivre, en pleurant et en gémissant sur la perte de leur seigneur naturel, et sur ce qu'il ne laissoit aucune postérité masculine. C'est ainsi qu'il plut à notre seigneur de faire voir à toute la terre, qu'il tiroit vengeance du pays, à cause de l'hérésie dont il étoit infecté, en enlevant aux peuples celui qui les gouvernoit. »

Raimond étoit réellement un prince qui méritoit d'être regretté de ses sujets. Les historiens du Languedoc, de qui nous empruntons ce tableau, le dépeignent comme un seigneur doux, affable, libéral, magnifique, qui ne manquoit ni d'esprit ni de jugement. Il avoit donné des preuves éclatantes de sa valeur, dans les diverses guerres qu'il avoit eu à soutenir dès sa jeunesse, soit pour conserver et recouvrer le patrimoine de ses ancêtres, soit pour secourir ses alliés, soit enfin pour venger ses querelles particulières, et il fut un des plus braves capitaines de son temps. On loue aussi sa circonspection ; mais on l'accuse de légèreté et d'imprudence dans sa conduite, et de variation dans la poursuite des hérétiques. Il est vrai qu'il les poursuivit avec un zèle outré, dans certains temps, et que dans d'autres, il les ménagea trop, au gré de la cour de Rome, et de quelques fanatiques de ses états, qui demandoient qu'il les exterminât sans miséricorde ; mais aussi ces mêmes fanatiques eurent-ils lieu d'être contens de lui dans les dernières années de sa vie ; car il les poursuivit alors avec un acharnement atroce. Quoiqu'il fît une profession assez ouverte de catholicité, cela ne le garantit pas des censures des évêques : ils l'en chargèrent à l'envi, dans les différens qu'ils eurent avec lui. Il a laissé du reste beaucoup de monumens de sa piété ; car il y eut dans l'étendue de ses domaines, peu d'églises et de monastères qui n'ayent conservé quelques chartes dans lesquelles il donne en leur faveur, ou des marques de sa protection, ou des preuves de sa magnificence (1).

JEANNE et ALFONSE II.

Raimond institua pour son héritière *Jeanne* sa fille, qui mourut sans postérité, ce qui fit réunir les comtés de Toulouse et de Rouergue, à la couronne de France. Le comté de Rouergue, depuis que celui de Rodez en avoit été démembré, comprenoit ce qu'on appelle encore la haute et la basse Marche ; et les comtes de Rouergue conservèrent toujours la suzeraineté sur ceux de Rodez.

Ils avoient établi des juges qu'on appeloit *baillis*, pour rendre la justice en leur nom, dans plusieurs villes de la province, entr'autres, à Millau, à Rodez, à Peyrusse, à Villeneuve et à Najac. On trouve dans un extrait des comptes de la maison d'Alfonse, de l'an 1258, l'article des frais de la justice dans la sénéchaussée de Rouergue, ainsi conçu :

---

(1) Il fonda entr'autres en 1215, l'entretien d'un prêtre dans l'hôpital d'Aubrac, pour y célébrer la messe, tant pour lui-même, que pour les comtes ses prédécesseurs et successeurs. *Hist. du Lang.* liv. 25. *Archiv. d'Aubrac.*

Baillages du Rouergue.

Le Sieur Pierre de Landrecille étant sénéchal.

Baillage de Millau.....................	1750 livres tournois.
Baillage de Rodez.....................	1150 livres tournois.
Baillage de Peyrusse...................	960 livres tournois.
Baillage de Villeneuve.................	700 livres tournois.
Baillage de Najac.....................	775 livres tournois.
Somme.....................	5335 livres tournois.
Autres frais.......................	707 livres tournois.
Fiefs et aumônes en 1258............	289 livres tournois.
Gages des juges et du sénéchal........	715 livr. tourn. (1)

Divers monumens nous prouvent que Jeanne et Alfonse parcoururent le Rouergue, en 1251; car ils reçurent à Millau, le 5 de Juillet, l'hommage de Guillaume de Barrière, en présence de Jean Darcis, leur sénéchal en Rouergue. Le 7 du même mois, ils confirmèrent, à Glosille, les habitans de Gaillac dans leurs coutumes et privilèges; et le lendemain, étant à la Roque-Valsergues, ils confirmèrent celle de la ville de Montauban.

En 1269, Alfonse passa un accord, avec Hugues comte de Rodez, à qui il demandoit le péage du Mur-de-Barrez et du château de Montrosier.

Lorsque Alfonse et Jeanne quittèrent le Languedoc, pour aller habiter Vincennes, ils subordonnèrent les juges particuliers de leurs états, à quatre sénéchaux qu'ils avoient établis, l'un à Toulouse, le second en Provence, le troisième en Rouergue, et le quatrième dans le Querci (2).

Jeanne et Alfonse moururent tous les deux dans la même semaine, en Italie, au château de Corneto, sur les confins de la Toscane, en revenant de leur pèlerinage à Jérusalem, en 1271. Peu d'années après leur mort, les comtes de Rodez, qui étoient déjà très-puissans, étendirent leur domination sur toute la province.

(1) Voy. cet extrait parmi les notes, n. LXXVI.
(2) Voy. la liste des sénéchaux du Rouergue; not. n. LXXII.

Fin du premier tome.

TOME SECOND.

ENVOI DU PREMIER VOLUME

A L'ADMINISTRATION CENTRALE

DU DÉPARTEMENT DE L'AVEIRON.

Rodez, le 5 Messidor, an V.

L. C. P. BOSC, ancien Professeur au Collége de Rodez, aux administrateurs du département de l'Aveiron.

CITOYENS ADMINISTRATEURS,

Je puis enfin vous présenter le premier volume d'un ouvrage, qui, s'il a quelque succès, le devra sans doute en grande partie, à l'opinion avantageuse que vous avez bien voulu en donner, dans divers Arrêtés. Puissiez-vous, Citoyens, le lire avec autant de satisfaction que j'en ai de vous l'offrir

SALUT ET RESPECT, BOSC.

―――――

RÉPONSE.

Rodez, le 6 Messidor, an V de la République française.

Les Administrateurs du Département de l'Aveiron, Au Citoyen L. C. P. Bosc, ex Professeur au Collége de Rodez.

CITOYEN,

Nous avons reçu avec reconnoissance le premier volume de votre ouvrage, intitulé Mémoires pour servir à l'histoire du Rouergue. Nous vous remercions de l'offre que vous avez bien voulu nous faire. Si nous n'avions déjà rendu un témoignage authentique de l'érudition profonde que renferment ces Mémoires, de la clarté avec laquelle vous les avez disposés, et de la pureté de leur style, nous chercherions à vous exprimer ce sentiment. Le public, n'en doutez pas, accueillera avec transport ce fruit de vos veilles et de vos savantes recherches : l'homme attaché à son pays y verra avec satisfaction l'histoire de ses aïeux et la fondation du lieu qu'il habite; le Citoyen éclairé y admirera les progrès de la civilisation et du génie des découvertes; le Naturaliste, la diversité du sol et la variété des productions; le religieux, les divers monumens de la piété de ses pères; et le philosophe trouvera dans l'impartialité de la narration, une source de réflexions sages et judicieuses. Enfin, Citoyen, persuadés que votre ouvrage ne peut qu'être avantageux au public, nous allons faire nos efforts pour le propager. C'est une justice que nous devons, et que nous rendons avec plaisir à un auteur estimable, qui a tant de droit à la reconnoissance de ses concitoyens.

Salut et fraternité.

Cabrieres, Président; Balsa, Delpech, Administrateurs; Rouvelet, Commissaire du Directoire exécutif.
Merlin, Secrétaire général,

MÉMOIRES
POUR SERVIR
A L'HISTOIRE DU ROUERGUE.

TROISIÈME PARTIE.

VILLES DU ROUERGUE.

Si l'on cherche de belles villes, de beaux monumens d'architecture ou de sculpture, ce n'est pas en Rouergue qu'on les trouvera. L'industrie humaine relativement aux arts d'agrément, y est infiniment reculée, en comparaison de plusieurs provinces de France. Il n'y a pas sans doute de pays où les villes soient plus mal construites. Dans toutes, on ne voit que des rues étroites, malpropres, étranglées, bizarrement contournées, des maisons d'une structure irrégulière, ridicule, incommode, sans solidité ni agrément. Dans quelques-unes, les rues et les places sont, pendant plusieurs mois, couvertes de broussier, de feuilles de châtaignier, de petites branches d'arbre, de marc de raisin et autres matériaux, que les vignerons y font pourrir sous les pieds des passans, pour en fienter ensuite leurs vignes. Mais quelque peu dignes d'attention que soient les villes du Rouergue, pour leur agrément, la plupart méritent cependant d'être connues, soit par leur ancienneté, soit par les maisons de religion, d'éducation, de charité, et autres établissemens publics, qu'elles ont renfermés pendant longtemps ; soit parce qu'elles ont été le berceau de quelque personnage célèbre, ou de quelqu'une de ces familles, connues jusqu'ici sous le titre de nobles, et dont quelques membres se sont fait un nom par les bons ou mauvais services, qu'ils ont rendus à leurs concitoyens. Nous parlerons de la plupart des villes du Rouergue, en commençant par celles de l'ancien comté de Rodez.

VILLES DU COMTÉ DE RODEZ.

I. Rodez.

Rodez a été regardé de tout temps comme la capitale, et la plus ancienne ville du Rouergue. Les Gaulois, et les Romains après eux, l'appelèrent *Segodunum ;* nom dont quelques auteurs se sont amusés à chercher l'étymologie. Ils ont prétendu que *Sego-dunum,* est composé de deux vieux mots celtiques, qui signifient *éminence aqueuse,* à cause disent-ils, que Rodez est entouré de marécages (1). D'autres moins subtils, mais peut-être plus fondés, ont présumé que Rodez, comme plusieurs autres villes, tiroit son nom de son fondateur, ou de quelque événement particulier. Mais on ne peut que faire des conjectures, sur le nom, comme sur l'époque de la fondation de cette ville, à cause de son ancienneté, qui remonte à des temps bien antérieurs à l'ère chrétienne.

On lui donna ensuite le nom de *Ruthena,* ou de *civitas Ruthenorum,* à cause d'une idole nommé Ruth, qui fut, dit-on, long-temps, l'objet du culte des anciens Ruthènes. Les peuples du Rouergue sont ainsi appelés par des auteurs qui vivoient, les uns avant, les autres peu après Jésus-Christ (2). Ce qui prouve, qu'il y avoit déjà long-temps, qu'ils offroient leur encens à cette divinité, lorsque son culte fut aboli dans le cinquième siècle.

La tradition ne s'accorde pas sur l'endroit où l'idole de Ruth étoit placée ; les uns prétendent qu'elle étoit hors des murs, dans une prairie où l'on voit encore les ruines d'un très-ancien édifice ; d'autres croient qu'elle étoit sur une place, dans l'enceinte même de la ville, et qu'une colonne qu'on y a vue encore de nos jours, lui fut substituée, lorsque l'idole eut été renversée. Il n'y a pas long-temps du reste, qu'on voyoit sur les murs extérieurs de quelques édifices, autour de la place de l'Olmet, de grosses pierres qui représentoient en sculpture, des boucs portant sur leur dos de petits Cupidons : symboles qui annoncent peu de pureté, dans le culte des anciens Ruthènes ; aussi croit-on qu'il ne différoit en rien de celui de Vénus.

Plantévitius, dans son histoire des premiers évêques de Lodève, croit qu'il y avoit une idole hors de Rodez, et une autre dans la ville : peut-être aussi que l'idole étoit dans la ville, et son temple dans la prairie dont nous avons parlé. La superstition a suggéré tant d'idées bizarres ; et elle a fait d'ailleurs imaginer tant de fables ; qu'il y a de la témérité à chercher la vérité sur cette matière, quand on a aussi peu de monumens pour la constater.

Cette réflexion acquerra plus de poids par le parallèle que nous allons faire, en passant, entre l'idole de Roth des Normans, et la nôtre.

Un manuscrit sur l'histoire de l'église de Rouen, m'étant un jour tombé par hasard entre les mains, dans une bibliothèque de Rodez (3), je le comparai par curiosité avec d'autres ouvrages

---

(1) Notes, nomb. I.
(2) César : Strabon qui vivoit l'an 14 de Jésus-Christ ; Ptolémée, l'an 138, etc.
(3) Biblioth. du Collège.

connus, qui traitent de l'histoire de cette célèbre capitale de la Normandie. Je n'y lus pas sans quelque surprise, que la dénomination latine de Rouen, *Rothomagus*, tiroit, selon quelques écrivains, son origine d'une certaine idole de Roth, que les Normans adoroient avant d'être chrétiens ; que cette divinité avoit un temple hors de l'enceinte de Rouen, et un dans la ville; que son idole avoit été renversée par le feu du ciel, à la prière de Saint Mellon, évêque de Rouen, vers l'an 1260. Que cet évêque avoit fait plusieurs miracles, en présence des idolâtres de Rouen, pour leur prouver sa mission ; qu'entre autres prodiges, il avoit fait monter l'eau de la Seine à une hauteur considérable. Un rapport si frappant entre tout ce qu'on nous raconte des idoles de Roth et de Ruth, la ressemblance de leurs noms, et d'autres circonstances, laissent naturellement soupçonner que quelque amateur du merveilleux, aura dans des temps de superstition et d'ignorance, copié l'histoire de l'une sur celle de l'autre.

Quoi qu'il en soit de cette anecdote de notre histoire, nous croyons un tel sujet peu digne d'attention, et nous laissons au lecteur la liberté des conjectures.

Lorsque la religion chrétienne eut succédé en Rouergue, au culte de Ruth ; les Ruthénois s'empressèrent d'élever des temples au dieu des chrétiens. Grégoire de Tours et Sydonius-Apollinaris, écrivains du cinquième et sixième siècle (1), font mention de l'église de *Notre-Dame* bâtie d'abord par *Dalmatius*, évêque de Rodez, et de celle de *Saint-Amans*, peut-être plus ancienne encore, qui fut d'abord sous l'invocation des apôtres Saint Pierre et Saint Paul.

L'église cathédrale fut laissée imparfaite par *Dalmatius* (2) ; mais Deusdédit, un de ses successeurs y mit la dernière main, sur la fin du septième siècle. Ce fait est constaté par une inscription qu'on lit encore, dans l'église cathédrale (3), et qui porte que cette église s'étant écroulée subitement, le 16 de février 1275, avec le clocher qui étoit d'une très grande élévation ; au mois de janvier suivant, on arracha des décombres, l'autel de la vierge, dans l'intérieur duquel on trouva trois châsses de plomb, remplies de reliques, *que l'évêque Deusdédit d'heureuse mémoire, y avoit placées, environ sept cents ans auparavant*. Cette époque se rapporte à l'épiscopat de Deusdédit dans le septième siècle ; ce qui prouve que Deusdédit continua l'ouvrage commencé par Dalmatius. On tira en même-temps de ces ruines trois autres autels, dont deux (dédiés, l'un à Saint-André, l'autre à Saint-Martial), étoient élevés sur une voûte, au-dessous de

---

(1) *Greg. Turon. lib. 5, cap. 17... Syd. Apoll. lib. IV, epist. XV.*
(2) *Greg. Turon. ibid.*
(3) Voy. cette inscription parmi les pièces rapportées à la fin de l'ouvrage numb. LXXVII.

laquelle étoit le troisième, consacré à Saint-Jean l'évangéliste. Tous ces autels étoient aussi remplis de reliquaires, autour desquels on lisoit diverses inscriptions, dont les caractères et le style constatoient l'ancienneté des autels, et l'authenticité des reliques qui y étoient contenues.

Raimond de Caumont qui étoit évêque de Rodez, lors de cette chute de l'église cathédrale, employa tous ses soins pour la reconstruction de cet édifice. Il chargea un de ses ecclésiastiques d'y présider; et il lui donna une place distinguée dans son chapitre, sous le titre de chanoine-ouvrier, auquel il assigna pour sa dotation, outre la prébende canoniale, le prieuré de Saint-George de Camboulas; à la charge par lui de fournir tous les ans pour la *fabrique*, une portion de ses revenus. Il céda lui-même, pour cet édifice, une partie de son palais épiscopal qui y étoit contigu, et qui s'étendoit alors depuis la porte Saint-Martial, aujourd'hui porte de l'Evêché, jusqu'à la maison du *chapelain* qui desservoit la paroisse, laquelle maison faisoit partie de l'ancien cloître des chanoines. Par cette cession, on eut le moyen d'agrandir de plusieurs toises, l'église cathédrale, dans sa partie inférieure, et de la prolonger hors des murs de la ville, dans l'enceinte desquels elle étoit close auparavant.

Le palais épiscopal, qui occupoit auparavant toute la partie supérieure de la place d'Armes, se trouvant réduit à un petit bâtiment, au-dessus de la porte Saint-Martial, Raimond de Caumont, pour y suppléer, acheta d'un gentilhomme de Rodez, nommé Corbières, la tour qui en porte encore le nom, avec le terrain, sur lequel ses successeurs ont bâti depuis, un nouvel évêché, et pratiqué les jardins et les cours qui en font partie.

Raimond de Caumont, outre la partie de sa maison qu'il avoit cédée pour la reconstruction de la Cathédrale, légua encore à cette église, par son testament, la grosse cloche qui porta toujours son nom, quoiqu'elle ait été refondue sept fois, et considérablement augmentée, depuis cette époque, comme on le voit par l'inscription gravée autour des anses (1).

Malgré les soins de l'évêque Raymond de Caumont, pour la réconstruction de l'église cathédrale, elle resta dans un état d'imperfection, pendant plus de deux cents ans. Les évêques y faisoient travailler, par intervalles, comme on peut s'en convaincre par leurs écussons, qu'ils y faisoient placer, à mesure que l'ouvrage avançoit; mais chacun laissoit à son successeur, le soin d'y mettre la dernière main. Bertrand de Chalençon la fit agrandir, depuis la troisième colonne, du côté de la place d'Armes. On voit son armorial (2), gravé en plusieurs endroits

(1) Voyez cette inscription parmi les notes et monuments, Nomb. LXXXI.
(2) Il portoit écartelé d'or et de gueules, à la bordure de sable, semée de fleurs de lis d'or.

de la partie occidentale de cette église. Cet évêque fit faire aussi les stalles du chœur, avec le jubé qui est à l'entrée, les galeries qui l'entourent, et le trône épiscopal; mais il laissa imparfaite la partie inférieure de l'église.

Il étoit réservé à l'évêque François d'Estaing, de couronner l'œuvre. Il y travailla avec le zèle dont il fut toujours animé, pour la dignité du culte, et il mit enfin cette église dans l'état où elle est de nos jours. Il fit outre cela entourer le chœur de tous ces festons, feuillages, figures d'hommes, d'animaux, de monstres, et autres ornements qu'on y voit encore, et dont on admire plus la délicatesse que le goût. Il fit placer dans le chœur ce balustre, et cette colonnade de cuivre doré, qu'on alloit supprimer, pour y substituer des embellissemens plus conformes au goût de l'architecture moderne, lorsque la révolution est arrivée.

Il fit bâtir la magnifique tour qui sert de clocher, un des plus superbes monumens d'architecture gothique qui existe en France. L'ancien clocher étoit une masse de charpente, couverte de plomb, assise sur une pile quarrée de pierre de taille, qui sert aujourd'hui de base, à la nouvelle tour. Tout ce vaste édifice fut consumé par les flammes, le 28 avril 1510, pendant la nuit. L'incendie fut si violent, que les cloches même furent fondues, et les habitans, que ce triste événement avoit tous mis sur pied, voyoient couler, au milieu des horreurs de la nuit, un torrent de métal fondu, par les ouvertures de la tour. Le peuple ne manqua pas d'attribuer ce malheur au feu du ciel, à cause des discussions dont on étoit témoin tous les jours, entre François d'Estaing, et les chanoines, qui ne vouloient pas se soumettre aux sages réglemens, que le saint prélat leur avoit prescrits, soit pour la conduite extérieure, soit pour les offices du chœur (1); mais une inscription qu'on lit au bas de cette tour, en dehors, nous apprend que l'embrasement n'avoit pas une cause surnaturelle, et qu'il fut occasionné par quelques charbons mal-éteints, que des ouvriers avoient laissés le soir, par imprudence, sous le toit de l'horloge qu'on réparoit.

Quelle que fût la cause de cet incendie, ce fut, s'il est permis de parler ainsi, un heureux malheur; puisqu'il fit naître dans François d'Estaing, le projet d'un édifice, qui fait aujourd'hui l'objet de l'admiration des Ruthénois et des étrangers. Au-dessus de la pile quarrée, qui servoit de base à l'ancien clocher, il bâtit une tour octogone, à jour, chargée de tous les ornemens gothiques, que l'imagination suggéra à l'architecte. Il termina la partie supérieure en dedans, par un escalier en forme de lanterne, par lequel on monte à la plate-forme qui lui sert de toit, du milieu de laquelle s'élève une tourelle qui soutient la cloche de l'horloge, et qui est couronnée par une énorme statue de la

(1) Voy. les notes, nomb. CXXIII.

vierge. Cette statue étoit d'abord en cuivre doré, dont l'éclat éblouissoit les spectateurs, à plusieurs lieues de distance ; mais ayant été fondue, d'un coup de foudre, en 1588, elle fut remplacée par une semblable en pierre, telle qu'on la voit aujourd'hui.

Du sommet des quatre angles de l'ancienne pile quarrée, il fit élever à dix toises de distance du fondement, quatre autres petites tours qui accompagnent la principale, et qui sont toutes couronnées par un dôme, au-dessus duquel on voit la statue d'un des quatre évangélistes, qui, l'encensoir à la main, et la face tournée vers la vierge, semblent rendre continuellement leurs hommages à cette reine des cieux.

La hauteur de la tour, depuis le pavé de la place jusqu'à la plate-forme, est de deux cents six pieds quatre pouces, et jusqu'à la tête de la statue, de deux cents cinquante-sept pieds sept pouces. Cette tour tient au corps de l'église ; mais elle est extérieure à son plan. Quant au corps de l'église, sa disposition est en croix latine, terminée en demi-cercle, du côté de son chevet. Sa grande nef est accompagnée de bas côtés, qui lui forment un péristile général : en dehors de ces bas côtés, on trouve une suite de chapelles, qui forment sa dernière enceinte. La longueur de l'édifice est de cinquante toises ; la largeur de la croisée de dix-huit toises, trois pieds, le tout dans œuvre, et compris les bas côtés ; sa hauteur, sous la clef de la voûte, est de dix-sept toises ; sa superficie intérieure, d'environ huit cents quatre-vingt-quinze toises trois pieds neuf pouces quarrés.

Évêché.

Le siège épiscopal de Rodez est un des plus anciens de l'église de France. Plusieurs auteurs en font mention, dès les premiers siècles de l'ère chrétienne.

L'église de Rodez étoit très-pauvre, au commencement. A peine étoit-elle fondée, qu'elle fut pillée et ruinée par les Ariens (1); mais elle fut dans la suite richement dotée. Son premier bienfaiteur fut le roi Théodebert, qui soit par reconnoissance pour les citoyens qui l'avoient introduit dans la ville, en 534, soit par estime pour le saint évêque Dalmas, en fit par ses libéralités, de l'église la plus pauvre, une des plus riches de ses états, et fournit à Saint Dalmas, les moyens d'en rebâtir l'édifice (2).

D'autres princes contribuèrent dans la suite à sa dotation. Charles le chauve, venant de Toulouse, en 864, lui donna l'église de Connac avec toutes ses dépendances. Les circonstances de cette donation, sont détaillées dans une charte, qu'on conserve

(1) *Greg. Turon. lib. 5.*
(2) *Greg. Turon. ibid.*

encore dans les archives de la Cathédrale. On y lit que Charles le chauve, au retour d'un voyage qu'il venoit de faire à Toulouse, fut obligé de combattre contre des *barbares* ou *payens*, dans un endroit appelé auparavant *Planmont*, et qu'on appela depuis *Connac*, près du Tarn en Rouergue. Que la bataille fut sanglante, et qu'il y périt plusieurs évêques et autres grands seigneurs; que Charles, pour remercier Dieu du succès de ses armes, après avoir conféré avec Rodolphe, évêque de Bourges, Hacmar, évêque de Rodez, et tous les évêques du pays, qui s'étoient rassemblés sur le champ de bataille, y fit construire une église qu'il appela Connac, et qu'il donna à l'évêque Hacmar et à ses chanoines.

Il est fait mention dans cet acte de divers villages, dont certains noms se rapportent, dit-on, à ceux d'aujourd'hui. Il y est dit que le roi donna à la nouvelle église de Connac, tout ce qui s'étendoit depuis le vallon de *Coffinhals*, d'un côté; jusqu'à celui d'Ortizet, de l'autre. Le ruisseau de Coffinhals est ainsi nommé, dit cette charte, à cause des payens *qui in Coffurnium habuerunt mortem*.

Comme il n'est parlé de la bataille de Connac, dans aucun historien françois, ni dans aucun autre monument de ce temps-là; et que d'ailleurs cette charte, quoique respectable par son antiquité, nous a paru renfermer quelques fautes contre la chronologie; nous en avons d'abord suspecté l'authenticité : ce qui nous a fait faire diverses recherches pour découvrir la vérité, sur un événement si digne de notre attention.

D'abord nous nous sommes demandé quels pouvoient être ces *barbares* ou *payens*; et nous avons trouvé (1) que les Normands, peuple barbare et idolâtre, faisoient dans ce temps là de grands ravages dans l'Aquitaine : qu'ils entreprirent le siège de Toulouse en 863 : qu'ayant été chassés de cette ville, ils se répandirent aux environs : qu'ils pilloient les églises : qu'une garnison très nombreuse fut placée par Ermingaud, comte d'Albi, à Valderies, non loin de Connac, pour s'opposer à leurs ravages (2).

Nous savons d'ailleurs que Charles le chauve avoit une maison royale appelée *Aveins*, *Arincium*, sur le Tarn en Albigeois, et qu'il fit plusieurs fois, de son vivant, le voyage de l'Albigeois et du Languedoc (3). En 843, venant d'assiéger Toulouse, il s'arrêta à Aveins, avec une cour nombreuse, comme on le voit dans une charte, en faveur de Samuel, évêque de Toulouse.

Plusieurs autres chartes prouvent qu'il étoit à Albi en 849. Aimoin le moine raconte que Hildebert, et Audalde religieux de l'abbaye de Conques, étant allés à Valence en Espagne, pour

---

(1) *Annales Bertini*, p. 716.... Hist. du Lang. liv. 10.... *Aimonius monach. translat. S. Vincentii*, p. 768 et 650.
(2) *Aimon. ibid*, p. 651.
(3) Hist. du Lang. *ibid.*

recueillir les reliques du célèbre martyr Saint Vincent, et les ayant apportées à travers mille dangers, dans le monastère de Saint-Benoît de Castres, il n'y furent pas plutôt arrivés, que les courses des Normans les forcèrent de chercher un asile plus sûr. Ils se réfugièrent à Valdéries, lieu dépendant alors de leur monastère ; mais les Normans, dit toujours cet auteur, les Normans qui assiégeoient Toulouse, en 864, s'étant répandus dans les environs, les forcèrent encore de fuir loin de cette retraite, pour sauver leur dépôt précieux. S'il faut ajouter foi à notre charte ; c'est alors sans doute qu'ils se répandirent dans la partie du Rouergue, dont nous parlons, et Charles le chauve vint leur donner la chasse.

Du moins résulte-t il des faits et des autorités que nous venons de citer, que la bataille de Connac, *contre des barbares et des payens, en 864*, n'est pas dépourvue de vraisemblance ; et si la charte qui en fait mention renferme quelques anachronismes, on doit en attribuer la cause à l'ignorance du siècle (1). La tradition du pays a conservé outre cela, la mémoire de cet événement. Il n'y a que quelques années qu'on voyoit encore dans la chapelle de Saint-Fabien de l'église de Connac, un monument antique, en forme de mausolée, que le peuple croit avoir été érigé par Charles le chauve, ou en son honneur, en mémoire de cette bataille. Le lieu de Connac présente d'ailleurs la forme d'une petite ville fortifiée autrefois de murs, de portes et de tours, dont on voit encore des ruines et des arceaux.

Depuis la donation de l'église de Connac à l'évêque Hacmar et à son clergé, on en trouve une infinité d'autres, qui ont été faites à l'évêché et au chapitre, par les comtes et les autres seigneurs du pays.

Vers l'an 1200, le chapitre acquit à Onet, certaines possessions et rentes, qui lui furent vendues, par deux frères nommés Girma, gens perdus de dettes, et sur-tout de réputation ; car ils étoient prévenus d'assassinat et de plusieurs vols ; ce qui les força d'aliéner leurs propriétés, pour se soustraire aux poursuites de la justice, et à la haine de leurs concitoyens, qui les avoient en horreur. Le chapitre inféoda quelque temps après, ces acquisitions à différens particuliers, et en fit de nouvelles, comme il conste de divers traités qu'il passa avec les sieurs de Scoraille, de Capdenac, de Saint-Paul et autres. En même temps, il fit bâtir un château qui pût servir tout à la fois, aux chanoines, de maison de campagne, et d'asile en cas de guerre, de contagion, ou de quelque autre de ces calamités, qui alors désoloient si fréquemment le pays. Les architectes qui entreprirent cet édifice, s'apperçurent qu'à mesure que leur travail avançoit, une main

(1) Voyez cette charte parmi les notes et monumens, nomb. XII.

inconnue détruisoit pendant la nuit, une partie de ce qu'ils avoient fait le jour.

Aussitôt le bruit se répandit que le diable étoit l'auteur de ces démolitions nocturnes. Une idée aussi extravagante ne doit pas surprendre, dans un siècle où le peuple voyoit dans tous les événemens, des sortilèges, des maléfices, des devins et des enchanteurs. Ce qui accréditoit cette prévention, c'est que le local avoit appartenu aux frères Girma, scélérats reconnus, et regardés généralement comme les vrais suppôts des esprits infernaux.

Le préjugé étoit si grand, qu'à peine trouvoit-on des ouvriers, pour continuer l'édifice ; mais on découvrit bientôt qu'une autre main que celle du diable, opéroit ces prétendus miracles. Une nuit le feu cousuma tout l'échafaudage et la partie du château qui qui étoit déjà construite. Les habitans des villages voisins d'Onet, avertis par la clarté de l'incendie, y accoururent, et trouvèrent un des frères Girma qui l'alimentoit. Pour le coup le diable fut pris, jugé et condamné à être pendu sur la place des Ormeaux, à Rodez.

Les premiers évêques de Rodez, vécurent dans la simplicité apostolique ; mais leurs successeurs acquirent dans la suite, beaucoup de privilèges et droits seigneuriaux, soit dans leur ville épiscopale, soit dans le diocèse. Parmi les droits singuliers dont ils jouissoient ; on doit remarquer celui de leur première entrée solennelle, dans leur ville épiscopale. Le seigneur de Bourran étoit obligé d'introduire l'évêque dans la ville, conduisant son cheval par la bride, à pied, la tête nue, et une jambe bottée. Il devoit ensuite le servir à table ; et après le repas, il s'emparoit de la monture, sur laquelle l'évêque avoit fait son entrée, aussi bien que de son linge, de sa vaisselle d'or, d'argent, d'étain, de cuivre, de ses vases, de ses cristaux, des chaudières, et en général de tous les ustensiles de sa cuisine. On voit dans les archives de l'évêché, que cet usage bizarre, fut la cause, de plusieurs procès entre les évêques et les seigneurs de Bourran.

Gilbert de Cantobre acheta en 1310, de Bernard de Torenne, gentilhomme de Compeyre, la moitié du droit, que cette famille avoit depuis long-temps, sur la mule ou cheval que l'évêque montoit le jour de son entrée, et sur tous les meubles de table et de cuisine, dont on se servoit pour son premier repas dans le palais épiscopal ; bien plus encore de tous ceux dont on se servoit, chaque année, aux fêtes de noël, de pâques et de la pentecôte. La famille de Torenne avoit acquis autrefois ce droit, de Pons de Balsac, et elle le céda à l'évêque Gilbert de Cantobre, pour la rente annuelle de sept livres dix sols.

L'autre moitié de ce droit, appelé dans les actes *sescalcia*, et quelquefois *jux dextrandi*, appartenoit à Raimond de Fort, gentilhomme de la cité de Rodez, qui le transmit dans la suite à la famille des Scoraille, seigneurs de Bourran (1). Guillaume de Scoraille transigea sur ce droit en 1399, avec l'évêque Guillaume d'Olargues, qui s'obligea à lui payer deux marcs d'argent, en représentation.

Quelque singulier que paroisse ce droit, dont il seroit bien difficile de découvrir l'origine ; il n'étoit pas particulier aux évêques de Rodez. Le seigneur de Saint-Nazaire, dans le diocèse de Narbonne, avoit la même prétention sur le service de la table, et sur le cheval de l'archevêque, le jour que ce prélat faisoit sa première entrée dans sa ville métropolitaine. Guillaume Alfaric, seigneur de Saint-Nazaire, se départit de ce droit, en 1188, en faveur de l'archevêque Bernard de Caucelin, pour deux marcs d'argent ouvré, que ce prélat lui paya.

Bernard de Beziers renonça aussi, l'an 1216, en faveur de Bertrand de Saint-Gervais, évêque de Béziers, au droit qu'il prétendoit avoir, sur le cheval, la chape et les ornements de l'évêque, lorsqu'il entroit pour la première fois dans son palais épiscopal (2).

Quelques seigneurs ont joui d'un droit pareil, dans d'autres diocèses. Il paroit vraisemblable que cet usage ne fut d'abord que la récompense gratuite de l'hommage que certains vassaux rendoient à leur évêque, le jour de leur première entrée ; et que ce qui n'étoit au commencement, qu'un effet de la générosité des évêques, devint ensuite une charge réelle pour eux, envers les vassaux qui leur rendoient ce service.

La contestation ridicule qui eut lieu, lors de la première entrée de l'évêque Bertrand de Raffin, dans Rodez, en 1383, nous prouve jusqu'à quel point de délicatesse, les seigneurs de Bourran portoient leurs prétentions, relativement à ce privilège. Lorsque cet évêque, issu d'une ancienne famille du Rouergue, arriva, les consuls Vigourous, Godini, Barronis et Serres, accompagnés d'un grand nombre d'habitans, allèrent le recevoir, selon l'usage, au faubourg Saint-Cirice, près le puits. Arrivé devant la porte de l'Ambergue, il fut requis d'approuver, ratifier et confirmer les immunités, libertés et franchises accordées à la Cité, par ses prédécesseurs : ce qu'il promit, la main sur sa poitrine. Après avoir fait quelques pas, il reçut la même réquisition de la part de la noblesse, et il fit la même réponse. Pendant ce cérémonial, le seigneur de Bourran ne tenoit pas encore la bride de la monture de l'évêque. Les consuls prétendoient qu'il ne pouvoit la prendre, qu'après que l'évêque étoit entré. Guillaume de Scoraille seigneur de Bourran, soutenoit au contraire, qu'il étoit en droit de la prendre avant, pendant et avant son entrée. La contestation fut terminée par la médiation de l'évêque lui-même.

(1) Notes. nomb. CIX.
(2) Hist. du Lang.

Après plusieurs débats très vifs entre les parties, qui s'arrachoient tour à tour la bride des mains, sur ses représentations, il il fut convenu qu'à l'avenir, la conduite de la monture de l'évêque, seroit cédée, dès qu'elle auroit les pieds de devant dans la ville, au seigneur de Bourran et à un autre noble choisi par l'évêque. En conséquence de cet arrangement, Guillaume de Scoraille, et noble Ratier de Landorre, conduisirent le seigneur évêque, par la Rue-neuve basse, jusqu'à la place de Cité, où il descendit de son cheval, que Guillaume de Scoraille monta aussitôt, pour parcourir les rues de la ville, avec son costume. Alors le chapitre prit l'évêque, le revêtit de ses habits pontificaux, et le conduisit en procession dans sa cathédrale (1).

Chapitre cathédral.

Le *chapitre* de l'église cathédrale étoit composé d'abord d'un archidiacre, et d'un nombre indéfini de chanoines, qui furent ensuite fixés à seize, puis à vingt, et ensuite portés à vingt-cinq. Ils furent long-temps présidés par un prévôt qui fut supprimé en 1215, par l'évêque Pierre d'Henri de la Treille. Le nombre des archidiacres fut en même temps fixé à quatre; et ils eurent chacun un territoire déterminé pour leur juridiction; Rodez, Conques, Saint-Antonin et Millau. Nous avons vu plusieurs manuscrits, où l'on assure que l'église de Rodez n'avoit auparavant qu'un seul archidiacre, et que cet évêque établit les trois autres à la place du prévôt; mais cette assertion est sans fondement; car nous connoissons plusieurs actes antérieurs à cette époque, dans lesquels il est fait mention de plusieurs archidiacres en même temps (2).

Dès les premiers temps, l'église de Rodez avoit des *archidiacres*. Grégoire de Tours parle de Théodose, archidiacre de Rodez, qui fut élu évêque, après Saint Dalmas, en 581 (3). Il est fait mention aussi dans le même auteur, de Transobade autre archidiacre de saint Dalmas, qui aspiroit à l'épiscopat. Le père Labbe parle de Rustique, fils d'un grand seigneur d'Albi, appelé Salvi, et frère de Siagrius comte de cette ville en 615. Ce Rustique, archidiacre de Rodez, étoit en même temps abbé palatin, c'est-à-dire, intendant de la chapelle, ou grand aumônier du roi Clotaire, qui combla de bienfaits sa famille (4), et qui le fit élire lui-même, évêque de Caors, en 621.

Pierre de Pleine-Chassaigne, évêque de Rodez, que le pape

---

(1) On peut voir le procès-verbal très-détaillé de cette cérémonie, dans un ancien pouillé aux archives de l'Evêché.
(2) Notes, nomb. XLIV.
(3) *Greg. Turon. lib. 6, cap. 38.*
(4) Notes, nomb. III.

Clément V nomma patriarche de Jérusalem, au commencement du quatorzième siècle, donna aux quatre archidiacres de sa cathédrale, le droit de porter la robe rouge, et aux quatre chanoines bourdonniers, celui de porter la mitre épiscopale, les jours solennels ; privilège dont ils ont joui jusqu'ici, malgré les réclamations de quelques évêques.

Long-temps auparavant, en 1099, les chanoines de la cathédrale avoient demandé, de leur propre mouvement, la faculté d'embrasser la vie régulière canoniale, à l'exemple de quelques autres églises ; l'évêque Adhemar le leur ayant permis, ils obtinrent une bulle du pape Urbain II, qui les y autorisa. En exécution de cette bulle, ils s'assujettirent à vivre en communauté, soumis à un prévôt, sans la permission duquel, ils ne pouvoient ni sortir, ni rien posséder en propre ; et à s'enfermer dans un cloître qu'ils firent bâtir autour de l'église cathédrale, et dont on voit encore des restes dans les rues de Saint-Roch et du Chapitre. Ces rues ne communiquoient alors avec les autres quartiers de la ville, que par de grandes portes, dont les arceaux subsistent encore.

Les chanoines firent, conformément à la bulle d'Urbain, un cimetière dans leur enclos : ce qui leur occasionna une contestation avec les religieux de Saint-Amans, qui prétendoient que les corps des chanoines, ainsi que ceux des autres citoyens, devoient être portés au cimetière public, situé sur le territoire de l'église de Saint-Amans. Ce cimetière étoit alors, conformément aux ordonnances de ce temps-là, hors des murs de la ville ; et la ville ne s'étendoit pas au-delà de ce qu'on appelle encore *la Cité*. Il occupoit la plus grande partie de l'espace qui forme aujourd'hui la place du Bourg et celle de l'Omet ; comme plusieurs monumens l'attestent, et comme on le reconnoît tous les jours par les ossemens qu'on y découvre. Il paroît même que c'étoit le cimetière commun des Ruthénois, avant l'établissement du christianisme ; car il nous a été certifié par des témoins encore vivans, qu'en creusant sur la place de l'Omet, pour réparer des aqueducs, on avoit déterré des cadavres humains, qui avoient, entre la tête et les épaules, un petit pot de terre rond, contenant deux ou trois pièces de monnoie, pour payer, sans doute, le passage de la barque de Caron, suivant la croyance de l'ancienne mythologie. Ces fouilles ont présenté aussi un phénomène bien frappant, et presqu'incroyable, s'il n'étoit attesté par des personnes très-dignes de foi, et exemptes de superstition : c'est qu'on a trouvé dans ces tombeaux des pièces de marbre, tellement imprégnées de l'odeur infecte des cadavres qu'elles renfermoient, que quoiqu'on les ait frottées et lavées avec soin ; on n'a pu trouver aucun ouvrier qui ait eu la force de les travailler, et de résister à la puanteur qui s'exhaloit de leurs pores.

Le cimetière des chanoines, qui étoit placé près de l'ancienne chapelle de *Saint-Pierre-le-doré*, entre la Maîtrise et l'église cathédrale (1), excita de bien ridicules débats dans Rodez, pendant plusieurs années. Tout le monde vouloit y être enterré. Un grand nombre de particuliers, tant laïques qu'ecclésiastiques, pour avoir le privilège d'être ensevelis dans le cimetière des chanoines, prenoient l'habit de leur ordre, aux approches de la mort : ce qui renouveloit continuellement les plaintes des religieux de Saint-Amans. Enfin l'évêque termina cette contestation, en ordonnant qu'il n'y auroit que ceux, qui auroient pris l'habit de chanoine, depuis un an, qui eussent le privilège d'être enterrés dans le cimetière de l'église cathédrale (2). On ne peut que gémir sur la ridiculité de ces folles prétentions. C'est porter la vanité bien loin, que d'aspirer à pourrir dans un champ plutôt que dans un autre ; à côté d'un chanoine, plutôt qu'auprès d'un savetier ; avec un habit de religieux, et non dans un suaire de toile. Mais jusqu'où ne se portent pas les folies humaines, surtout lorsque la superstition s'en mêle ?

Les chanoines restèrent dans cet état de régularité canoniale, jusqu'en 1115. Ils demandèrent et obtinrent alors leur sécularision, par l'entremise de Pierre d'Henri de la Treille, leur évêque. Ils vécurent cependant en commun jusqu'en 1216 ; mais ils se séparèrent pour toujours sous l'épiscopat de Vivian, qui fit démolir leur cloître, et les assujettit au service du chœur. Il fixa l'étendue de la juridiction des quatre archidiacres, et le nombre des chanoines. Il leur assigna à chacun leur rang et leur place dans l'église ; il leur donna un habit de chœur, et il établit des vicaires et des choriers, pour les aider dans les offices et les cérémonies du culte.

Depuis le dixième, jusqu'au seizième siècle, les évêques de Rodez se donnèrent beaucoup de mouvement, pour établir l'ordre et la discipline dans le clergé de leur Cathédrale. On voit dans les archives de l'Evêché, que des papes, des légats, des cardinaux, des archevêques ont fait en divers temps, sur la demande des évêques, une infinité de réglements et de statuts, dont plusieurs articles prouvent que ce chapitre étoit bien éloigné alors de cette régularité de conduite, qu'on a remarquée dans les membres, dont il étoit composé de nos jours. Souvent même les évêques furent forcés de recourir à l'autorité civile, pour réprimer les excès auxquels ils se livroient. Sous l'épiscopat de Guillaume d'Olargues, ils vendoient publiquement les croix, les calices et les autres vases nécessaires au culte divin : ils prêtoient à usure : la crosse même de l'évêque avoit été

---

(1) Notes, nomb. XLVI.
(2) Voy. ce décret de l'évêque, ainsi que la bulle d'Urbain II, parmi les monumens, nomb. XLI et XLII.

vendue par quelques-uns d'entr'eux, comme on le voit dans des statuts, qui furent faits à la suite de cet excès scandaleux.

Nous lisons dans la *Gallia christiana*, que l'évêque Guillaume d'Oliargues en fit battre, fouetter et mettre deux aux fers, en 1404, avec un autre ecclésiastique, pour avoir fait appel à Bourges, de certaine ordonnance, qu'il avoit rendue au sujet de la table du chœur (1). Une pareille violence étoit bien peu propre à ramener les esprits ; aussi le désordre ne fit qu'augmenter, et l'évêque eut recours, à l'autorité du comte, à qui il écrivit une lettre remarquable par la singularité du style et des pensées, comme on peut en juger par ce fragment :

« Sapias, mon très-car et rédoutablé Signor, qu'el és impos-
» sibla causa, qué ladita gleya sia dégudamen réformada in spi-
» ritual, ni in temporal bén ordonnada, per papa, ni cardinal, ni
» ni archévesqué, ni évesqué; si no sé fa moyennan vostra gra-
» tia, et bona ordonnanza; car nos autrés de gleya, comptan maï
» perdré lo profiech del mondé, qué la gratia de dio, et la salva-
» tio de l'ama » (2). Cette lettre, quoique portant sur tous les gens d'église, ne pouvoit avoir en vue que quelques particuliers ; car quelque grand que fut alors le désordre dans le chapitre cathédral, on sait d'ailleurs que le plus grand nombre des ecclésiastiques méritoient par leurs mœurs simples et pures, l'estime et la considération dont ils jouissaient généralement.

Les chanoines instruits des démarches de l'évêque, craignant l'autorité du comte, dont l'humeur n'était pas favorable aux ecclésiastiques (3), s'empressèrent de faire des statuts, pour remettre le bon ordre; mais il ne dura pas long-temps. L'insubordination étoit venue à son comble, sous l'épiscopat de François d'Estaing ; mais ce zélé évêque, par ses sages réglements, et plus encore par son exemple, ramena l'ordre et la discipline dans son clergé.

Eglise de Saint-Amans.

L'église de *Saint-Amans*, rivale de celle de la Cathédrale pour l'ancienneté, fut ruinée par les Ariens, peu de temps après sa première construction ; mais les fidèles de Rodez la rebâtirent dans le cinquième siècle; et le siége épiscopal se trouvant vacant, parce que ces hérétiques avoient massacré l'évêque Eustache, ils invitèrent Sidonius-Apollinaris, alors évêque de Clermont, à venir en faire la consécration. On lit encore dans ses ouvrages, la lettre qu'il écrivit à *Elaphius*, prêtre de Rodez,

---

(1) Il fut enquis de ces excès de l'évêque, par le promoteur de Bourges. Voy. *Gallia christ.* t. I. p. 224.

(2) Notes, n. CX.

(3) Il en avait maltraité plusieurs, et notamment l'archevêque d'Auch, qu'il tint long-temps en prison.

pour le prévenir qu'il va se rendre à ses instances, malgré la rigueur de la saison et la difficulté des chemins : il l'exhorte à faire les préparatifs nécessaires, pour recevoir le grand concours de peuple, que cette cérémonie va attirer : il loue le zèle et la piété des fidèles de Rodez, de ce qu'ils ont eu le courage, de bâtir des lieux saints, tandis que leurs voisins n'ont pas même celui de réparer les toits des églises que les Ariens ont ruinées (1).

On croit communément que Sidonius veut parler dans cette lettre, de l'église qui est aujourd'hui dédiée au premier pasteur des chrétiens de Rodez, et qui étoit alors sous l'invocation de saint Pierre et saint Paul, et le siége des évêques, dit-on, avant la construction de la Cathédrale. L'Evêque Quintien y ayant fait transférer dans la suite, le corps de saint Amans, après l'avoir agrandie, selon le témoignage de Grégoire de Tours (2), elle changea alors de titre et de patron.

Quelque détaillée que soit la lettre de Sidonius ; il nous laisse ignorer le nom de l'église dont il veut parler : et ce n'est que par conjectures qu'on applique ce trait historique à l'une de ces deux rivales d'ancienneté, plutôt qu'à l'autre. Comme l'église cathédrale, commencée par Dalmatius, resta longtemps imparfaite ; il est vraisemblable que les évêques placèrent, en attendant, leur siége, dans celle qu'on venoit de bâtir, et dont Sidonius venoit se faire la consécration. D'ailleurs c'est une tradition constante à Rodez, que l'église de Saint-Amans a été, pendant quelque temps, le siége des évêques.

Cette église fut pendant plusieurs siècles, un monastère de religieux, de l'ordre de saint Augustin, soumis à un abbé. Il est fait mention de cette abbaye, dans la vie de Magdalvius, évêque de Verdun, qui mourut en 776 ; ce qui prouve l'ancienneté du monastère et de l'abbaye de Saint-Amans. Les religieux menèrent long-temps, une conduite régulière et édifiante : mais la discipline s'y relâcha si fort, vers le milieu du onzième siècle, que l'évêque Pons d'Etienne se vit forcé de les chasser de leur couvent, et d'appeler à leur place, les moines de Saint-Victor de Marseille, qui vivoient alors dans une grande régularité, et qui étoient déjà établis dans le diocèse ; car Pierre Bérenger de Narbonne, prédécesseur de Pons d'Etienne, leur avoit donné en 1062 l'église de Saint-Léons, et en 1075 celle de Millau (3).

(1) Voyez cette épître de Sidonius-Apollinaris, parmi les monumens, nomb. II.
(2) Greg. Tur. lib. 6.
(3) Voyez le décret de Pons d'Etienne ; monumens, nomb. XXXVII. Les religieux de Saint-Victor possédèrent l'église de Saint-Amans, jusqu'à ce qu'elle fut sécularisée en 1739. Charles de Grimaldi y établit en 1752, quatre pannetiers et un clerc, pour y faire les fonctions que faisoient avant eux les religieux.

Maisons de Religion et d'Education.

Il est fait mention du *Monastère de Saint-Sernin* de l'ordre de saint Benoît, près Rodez dans ce *plaids*, dont nous avons parlé, tenu à Albi en 878, par Raimond comte de Rouergue. C'est la première fois qu'il est parlé de ce monastère, dans les divers monumens que nous avons vus. On peut présumer que les actes de cette ancienne abbaye, ont été pillés autrefois; car ce n'est que dans les archives des autres églises du pays (1) qu'il est fait mention des premières abbesses de cette maison, et des fondations qui l'intéressent. Dans une charte du règne de Henri I, qui monta sur le trône en 1031, il est parlé de Gisla abbesse, qui donna au monastère de Conques, le fief *de Castlaro*, dans la viguerie de Golinhac.

Pendant long-temps, le nombre des religieuses fut fixé à cinquante, dans ce couvent; et l'abbesse y étoit élective, avant le concordat de François I avec Léon X.

Les comtes et les grands seigneurs du pays, étoient singulièrement favorables au monastère de Saint-Sernin, dans les dixième et onzième siècles : on voit dans leurs testamens une infinité de legs, en faveur de l'abbesse et des religieuses, tantôt pour leur vestiaire, tantôt pour leur dépense. Malgré leurs libéralités, cette maison fut pauvre pendant long-temps. La discipline s'y étoit relâchée dans le douzième siècle; mais Pierre de Pleine-Chassaigne, évêque de Rodez, leur donna des réglemens, pour la remettre en vigueur. Il y établit une infirmière, une camérière, une célérière ; et il réunit à leur mense, plusieurs églises de son diocèse. Le désordre et l'insubordination s'y introduisirent de nouveau dans la suite. Les religieuses ne faisoient aucun cas de leur vœu de clôture : elles sortoient de leur monastère, pour des promenades, pour des visites de bienséance à leurs parents et à leurs amis, ou pour assister même en procession aux enterrements des personnes de qualité. L'Evêque François d'Estaing arrivant un jour de son château de Salles, fut fort étonné de trouver cette communauté revenant d'une cérémonie pareille, escortée d'une foule de jeunes gens, attirés sans doute par la singularité d'un spectacle qui n'étoit pas commun. C'est pourquoi il fit peu de temps après, la visite de cette abbaye, ainsi que des autres couvens de son diocèse ; et il fit défenses, à peine d'interdit, aux religieuses, de violer la clôture, sous aucun prétexte.

Dans la suite, elles avoient encore trouvé le moyen de se soustraire à la juridiction épiscopale : mais elles y furent soumises de nouveau par l'évêque Gabriel de Voyer de Paulmy, en 1679 (2).

(1) C'est dans le cartulaire de l'église de Vabres, qu'on trouve le plaids de 878. Voy. monum. nomb. XIV.
(2) Nomb. CXXX.

Les autres maisons religieuses de Rodez sont beaucoup moins anciennes que l'abbaye de Saint-Sernin. Les *Cordeliers* y furent appelés en 1232, par l'évêque Pierre d'Henri de la Treille. Un bourgeois, nommé Dieudonné de Germain, donna la plus grande partie du terrain occupé par leur couvent : le comte leur donna quelques jardins ; et plusieurs citoyens de Rodez, voulant contribuer à cet établissement, leur cédèrent de quoi étendre leur enclos (1).

L'église des Cordeliers étoit autrefois comme la chapelle du château des comtes, et le lieu ordinaire des mariages, des baptêmes et des sépultures de leur famille. On y voit encore le tombeau de quelques comtesses, entre autres, de *Bonne de Berri*, princesse du sang royal de France, mère du pape Félix V, laquelle passa plusieurs années dans un quartier séparé de ce couvent, sur la fin de sa vie. On lit dans la chronique de ce couvent, et dans les archives du comté de Rodez, que cette princesse alloit toutes les nuits, de son appartement à l'église, pour assister à matines et aux autres heures, accompagnée de ses demoiselles et filles de service, dans une petite chapelle séparée, qu'elle fit bâtir à côté du chœur, pour se livrer plus commodément à ses exercices de piété. Elle vécut ainsi jusqu'au 30 décembre 1435, qu'elle mourut dans son château de Carlat, assistée d'Anne, dame d'Albret, sa fille ; d'Eléonor de Bourbon, fille de Jacques roi de Sicile et de Jérusalem, et femme de Bernard, son fils puîné, qu'elle institua son héritier universel. Son corps fut porté aux Cordeliers, où elle fut ensevelie en grande pompe, par Guillaume de Latour, évêque de Rodez (2).

Comme elle étoit morte en odeur de sainteté, il se formoit tous les jours, un si grand concours de peuple sur son tombeau, que ces religieux furent obligés de le faire entourer d'une grille ; mais lorsqu'ils furent reformés en 1489, ils firent transporter les ossemens de cette princesse dans leur clôture (3), après en avoir obtenu la permission du roi Charles VIII, qui dans ses lettres patentes, donne à Bonne de Berri, le titre de sa *grande aïeule*, comme elle l'étoit en effet : car la fille de son fils Amédée, duc de Savoie, avoit épousé Louis XI, et étoit mère de Charles VIII.

L'évêque Raimond de Caumont établit à Rodez, les *Jacobins* en 1282. La ville réunit dans la suite, à leur maison, l'hôpital de Vigourous, qui se trouvoit dans leur enclos, et permit en même temps à ces religieux de fermer l'ancienne rue des *Fro-*

---

(1) Notes et monumens, nomb. LXXIII.
(2) Notes, nomb. CXVIII.
(3) On voit encore dans la chapelle de Notre-Dame-des-Anges, derrière l'autel, le cercueil de plomb, qui renferme le corps de Bonne de Berri, avec cette inscription : *Hic jacet, corpus dominæ Bonæ.*

mages, qui tendoit de la Rue-neuve à celle de la Carcassonie, au dessous du couvent des religieuses de Sainte-Catherine.

Un des premiers religieux de la maison des Jacobins de Rodez, fut Bérenger de Landorre, d'une des principales maisons de la province, lequel fut nommé général de son ordre, en 1312. Le pape Jean XXII, qui l'estimoit beaucoup, le chargea de ses affaires, auprès du roi Philippe le Long ; et en 1318, il lui donna l'archevêché de Compostelle en Espagne, où il mourut en 1330. Son corps fut porté, comme il l'avoit ordonné, dans la maison des Jacobins de Rodez, où on le conserve avec beaucoup de vénération (1).

Bernardin de Corneillan, évêque de Rodez, posa le 25 octobre 1616, la première pierre du couvent des *Capucins*, du faubourg Sainte-Marthe, qui venoit d'être fondé principalement par les libéralités d'un citoyen de Rodez, nommé Neuvéglise.

Ce même évêque établit aussi à Rodez, les religieuses de *Notre-Dame*, principalement pour l'éducation des jeunes filles.

Les *Jésuites* y avoient été établis en 1562, par le cardinal George d'Armagnac, évêque de Rodez, qui est regardé comme le premier fondateur du collège ; mais ce prélat ayant été transféré à l'archevêché de Toulouse, laissa à Jacques de Corneillan, son neveu et son successeur à l'évêché de Rodez, le soin de consommer cet établissement dont il n'avoit fait que jeter lui-même, les premiers fondemens. La communauté du Bourg donna la même année aux Jésuites, une maison et un jardin. Les évêques y joignirent bientôt quelques prieurés (2) : et peu à peu ces religieux étant devenus propriétaires de toutes les maisons des anciennes rues de *Bonnecal*, de *Flandres*, des *Ecoles*, et d'une partie de celle du *Bal*, ils y bâtirent un des plus beaux colléges de la France.

Avant cet établissement, les religieux Jacobins enseignoient gratuitement la théologie, dans leur couvent ; et il y avoit d'ailleurs dans la ville, pour les autres parties de l'éducation, quatre maîtres publics, dont le chef avoit le titre de maître-mage. Ils donnoient leurs leçons dans une tour qui subsiste encore, dans la rue des Ecoles.

On lit dans un vieux manuscrit, aux archives de l'Évêché qu'un des principaux motifs, qui engagèrent le cardinal d'Armagnac, à appeler les Jésuites à Rodez, fut parce que ceux qui étoient chargés avant eux de l'éducation publique, avoient voulu y introduire les nouvelles opinions de Calvin et de Luther, qui avoient déjà pénétré dans d'autres villes du Rouergue. Le maître-mage

---

(1) Moreri, art. *Landora*.

(2) Savoir les prieurés du Monastier en Gevaudan, de Ruines en Auvergne, de Saint-Félix, de Notre-Dame de Bez, de Saint-Radégonde, de Saint-Martin-des-Faux, en Rouergue.

et les autres instituteurs en avoient même imbu trois ou quatre familles; mais elles furent bientôt ramenées à la croyance orthodoxe, par le zèle de l'évêque, et de quelques ecclésiastiques qu'il chargea d'instruire le peuple dans les anciens principes.

Un ancien instituteur du cardinal d'Armagnac, Nicolas du Mangin, depuis évêque de Salonne *in partibus*, fameux théologien de la maison de Sorbonne, contribua beaucoup à la dotation du collége; et il laissa outre cela une rente de deux cents livres, entre les mains des consuls de la Cité, pour habiller tous les ans, à la Toussaints, douze écoliers pauvres à leur choix, sur l'avis du maître mage (1).

L'académie des jeux floraux, qui fut fondée à Rodez, dans le dernier siècle, par Jean de Tuilier, bailli de la Cité, joignoit tous les ans, des prix d'éloquence et de poésie, à ceux du collège, pour l'encouragement des jeunes élèves.

Les *Chartreux* et les *religieuses Annonciades* furent établis à Rodez, sous l'épiscopat de François d'Estaing, par Hélion de Jaufroi, chanoine-chantre de la Cathédrale, neveu de Jean de Jaufroi cardinal d'Arras, évêque d'Albi, qui le fit, dit-on, son héritier, à la charge de faire ces fondations (2). Il acheta d'un gentilhomme de Rodez, nommé Vigourous, le sol qu'occupe aujourd'hui la Chartreuse, où l'on voyoit auparavant quelques édifices qui servoient de logement aux corps-de-garde, qu'on plaçoit sur ce coteau pour la sûreté de la ville, en temps de guerre. Le domaine et la petite chapelle de Notre-Dame de Pitié, qu'on voit au-dessous de l'enclos des Chartreux, fut au commencement leur première habitation.

L'enclos des Annonciades, qui d'abord furent appelées religieuses de Fargues ou Menonettes, a fermé la communication des trois rues de *Saint-Vincent*, du *Pertus*, et de *Corbieres*, aujourd'hui rue des Frères.

La dame du Solier, plus connue sous le nom de sœur Colombe, fonda en 1660, les religieuses de *Sainte-Catherine*, dont elle fut la première supérieure. On lui donna, pour cet établissement, l'ancienne chapelle et la rue de *Saint-Maurice*; et on lui permit de fermer la rue des *Tarrettes*, qui alloit de l'Ambergue à la Bullière; à condition toutefois, qu'en cas de guerre, ou de toute autre nécessité publique, les religieuses de Sainte-Catherine seroient forcées de rétablir cette rue, et le passage libre de l'Ambergue aux fossés de la Bullière, tel qu'il étoit auparavant (3). On céda encore à la sœur Colombe pour sa fondation, la maison appelée *l'ancienne Arpajonie*; comme on avoit cédé, cent ans auparavant,

---

(1) Hôtel de ville de la Cité.
(2) Notes, nomb. CXXII.
(3) Les jacobins avoient été soumis à la même obligation pour la rue des Fromages; et les Annonciades, pour celles de Corbieres, du Pertus et de Saint-Vincent.

l'*Arpajonie neure*, pour la fondation du collége. Ces deux maisons tiroient leur nom de leurs anciens propriétaires, les d'Arpajon, seigneurs puissans du Rouergue, dont nous aurons occasion de parler (1).

Outre ces maisons religieuses, on établit depuis à Rodez, des *Filles de l'union chrétienne*, auxquelles on donna pour habitation l'ancien hôpital de Sainte-Croix-du Bourg ; et les *Frères des écoles chrétiennes*, que l'évêque Jean d'Ise de Saléon y appela, pour apprendre aux enfants du peuple les premiers élémens de la lecture et de l'écriture.

Par un effet de la stabilité des choses humaines, et du peu de consistance des établissemens même auxquels les hommes ont mis le plus d'intérêt, ces diverses maisons de religion et d'éducation, pour la construction ou la dotation desquelles, nous trouvons que nos ancêtres se sont donné tant de mouvemens, sont retombées de nos jours dans le néant, depuis que les nouvelles lois ont détruit tout ce qui se rapporte au culte des chrétiens, et déclaré propriétés nationales, tous les édifices des moines et des communautés ecclésiastiques.

Dans le temps des vexations atroces des diverses factions qui ont agité la France, nous avons vu presque toutes les maisons de ce genre, dans le département, converties en cachots ou en maisons de réclusion, où les agens de la tyrannie ont enfermé des milliers de victimes, avec une fureur que nos neveux auront sans doute peine à concevoir. Dans la seule ville de Rodez, l'auteur de ces mémoires a été successivement compagnon d'infortune, de plus de douze cents honnêtes citoyens, la plupart connus de tout temps par leur probité, et par toute sorte de vertus morales et civiques. Ces édifices, presque tous d'une structure agréable et commode, ont été dégradés à différentes reprises, par les cloisons, les grilles et les guichets, qu'on y a pratiqués, pour mieux s'assurer des prisonniers. Dans toutes, on retrouve des traces du triste usage auquel elles ont été employées. Ce n'est pas sans émotion que je me dis, quand j'y entre : c'est dans les ouvertures de cette poutre fendue en deux, que j'ai vu enfoncer par une troupe furieuse, les jambes de mon infortuné compagnon de captivité. Cette planche m'a long-temps servi de lit, de table et de siége ; j'ai traîné cette chaîne ; ce fer m'a attaché avec mon voisin, et je l'ai forcé par ce lien, à me suivre pour les fonctions les plus dégoûtantes de l'humanité, j'ai vu dans ce coin, sur quelques brins de paille, jusqu'à quarante malheureux entassés les uns sur les autres, mourant de maladie, de faim ou de chagrin, sans autre ressource, que les secours impuissans de leurs compagnons de misère, que la contagion n'avoit pas encore atteints. Mille fois ces verrous s'ou-

(1) Arch. de la Cité.

vrirent avec fracas, pour engloutir dans notre cachot de nouvelles victimes ; cent fois ils se rouvrirent pour les en arracher et les traîner au supplice, au son des instrumens militaires. C'est à travers cette triple grille, que tu nous offris du linge, jeune inconnue, et que nous te vîmes aussitôt saisir par une garde effrénée, qui te traîna impitoyablement dans une prison, comme complice de nos prétendus crimes, quoique tu n'eusses fait qu'un acte d'humanité. C'est du seuil de cette porte fatale, que mes amis, mes compagnons d'étude, mes anciens élèves, mes collègues, me firent, en partant pour l'échafaud, leur dernier adieu, avec plus de courage et de fermeté d'ame, que je n'en avois à le recevoir. C'est là que nous fut annoncée l'abolition éternelle des solennités des chrétiens, la proscription entière de leurs ministres, et l'anéantissement d'une religion qui nous fut si chère dès nos plus tendres années. C'est de là que nous entendîmes pour la dernière fois, le son de l'airain sacré de nos temples : depuis ce moment, la nature entière nous parut condamnée à un éternel silence ; et nous attendions avec une vive impatience, que la mort, qui depuis long-temps étoit l'objet de nos vœux les plus sincères, vînt enfin nous délivrer du spectacle de tant de calamités, et de cette consternation générale dont nous étions les témoins.

Je retracerai peut-être un jour, le tableau de cette oppression universelle, si je puis venir à bout de recueillir les renseignemens nécessaires, pour écrire l'histoire de la révolution dans le département de l'Aveiron.

Hôpitaux.

Les maladies contagieuses, et particulièrement la peste et la lèpre, qui comme on le voit dans les archives du pays, ont si souvent désolé le Rouergue, firent établir à Rodez un grand nombre d'*hôpitaux*, en différents temps. Les actes des hôtels de ville de la Cité et du Bourg, font mention de celui de *Laparra*, fondé en 1381, par noble Déodat de Laparra, dans la rue Balestrière ; de celui de *Sainte-Croix-du-Bourg*, fondé par un gentilhomme nommé Hugues de Rostaing, en 1373 ; de celui de *Vigourous*, ainsi nommé d'une famille noble qui habita long-temps Rodez, vendu depuis aux Jacobins, parce qu'il se trouvoit dans leur enclos ; de celui de *Saint-Jacques*, fondé en 1346, par Brenguier Barral, prêtre, curé de Saint-Laurent, natif du Bourg de Rodez, supprimé ensuite, et rétabli en 1696, pour les malades, habitans de la ville et des faubourgs ; de celui de *Saint-Lazare*, ainsi nommé, parce qu'on n'y admettoit que les malades du feu Saint-Lazare ; de celui de *Saint-Laurent*, destiné aux lépreux ; d'un autre, pour les pestiférés, près du ruisseau de Lauterne ; de celui de *Saint-Cirice*, léproserie très richement dotée, qui subsista près de cinq cents ans; de celui de *Notre-Dame du Pas*, dont les statuts faits en 1394, portoient qu'il seroit desservi par un *dom*, prêtre ou laïque, et neuf *frères-croisés*, qui porteroient une croix sur leur manteau, et dont quatre seroient laïques et les cinq autres prêtres, pour faire les fonctions de curés, dans les églises d'Abbas, de Salars, de Saint-Maime, du Pas, et de Lasvals, dépendantes de cette maison.

Outre ces hôpitaux, on en avoit auparavant fait construire plusieurs autres, autour de Rodez dans les douzième et treizième siècles, pour ceux qui étoient infectés de la lèpre, qu'on avoit soin de placer toujours hors des villes, pour éviter la contagion. On voit encore en plusieurs endroits, aux environs de Rodez, les ruines de ces anciennes léproseries ; à Saint-Maime, à Saint-Cirice, au-dessous de la Mouline, à Combecrose, et en plusieurs autres endroits (1).

La plupart de ces hôpitaux, furent réunis dans la suite à *l'hôpital général* du faubourg Sainte-Marthe, qu'on appela aussi pendant long-temps l'hôpital d'*Aubrac*, parce qu'il étoit desservi par les religieux de cette maison. Avant 1677, l'hôpital de Sainte-Marthe n'étoit qu'un asile pour les étrangers : l'évêque Gabriel de Voyer de Paulmy, y ayant réuni plusieurs des hôpitaux dont nous venons de parler, ainsi qu'une aumône générale fondée par le chapitre, pour tous les jours du carême, l'érigea alors en hôpital général ; et en fit construire l'édifice tel qu'il est aujourd'hui.

C'est à ce même évêque, que Rodez doit aussi le *séminaire*, qu'il fit bâtir au lieu de l'hôpital du Pas, pour former les jeunes clercs, aux fonctions du culte catholique. On a réuni de nos jours, à cette maison, les revenus de l'ancien monastère du *Sauvage*, à deux lieues de Rodez, qui fut donné aux religieux de l'ordre de Gramont, dans le quatorzième siècle, par Richard, roi d'Angleterre, alors duc de Guienne. Ce don est sans doute le seul monument qui nous restoit de la domination angloise, à laquelle, comme nous l'avons vu, le Rouergue fut soumis pendant quelques années. Nous ne connoissons pas l'époque précise de la fondation de ce monastère, mais il existoit long-temps auparavant ; comme on peut s'en convaincre par divers baux à cens, qu'on voit dans les archives du séminaire (2).

Châteaux des Comtes.

Les comtes de Rodez, firent pendant long-temps, leur séjour ordinaire dans cette ville. Leur *château* environnoit les trois quarts de l'église et de l'ancien cloître de Saint-Amans. Il renfer-

---

(1) Notes, nomb. XCII.
(2) Il y en a de 1230, 1275, 76, 79, 85, 91, etc.

moit la *Salle-Comtal*, où l'on rendit long-temps la justice ; la *Halle* qui s'écroula en 1690 ; l'hôtel de ville du Bourg ; les Pénitens bleus, et plusieurs maisons et jardins occupés aujourd'hui par divers particuliers. Le comte Hugues IV acheta(1), pour l'agrandir, les maisons de Saunhac et de la Barrière, gentilshommes de Rodez, et la tour Martelière qui sert aujourd'hui aux prisons.

La halle qui faisoit partie du château, étoit destinée pour les marchands et colporteurs étrangers, qui étoient obligés d'y étaler leurs marchandises, et non ailleurs. Les comtes percevoient sur les différents objets de commerce qu'on y apportoit, certains droits qui furent donnés à fief dans la suite à des particuliers.

La famille de la Barrière, à qui la halle appartenoit, avant que les comtes en fissent l'acquisition, conserva long-temps après, le droit de connoitre des délits qui s'y commettoient avec effusion de sang (2).

Pendant le séjour des comtes à Rodez, leur cour fut toujours fréquentée par un grand nombre de seigneurs qui habitoient la ville comme eux ; et qui la quittèrent avec eux, pour se retirer dans leurs châteaux. Les comtes donnoient asile sur tout aux jeunes damoiseaux sans fortune ; et leur maison étoit une sorte d'école où la jeunesse noble se formoit aux vertus militaires, dont les éperons dorés (3) devoient être un jour la récompense. De Rodez, les comtes allèrent se fixer à Montrozier, où ils bâtirent une belle maison de campagne. Ils donnèrent alors à fief à divers citoyens, leur château de Rodez, s'en réservant seulement une partie pour les audiences de leurs juges. Quand ils alloient eux-mêmes à Rodez, ils logeoient au couvent des Cordeliers, qu'ils avoient fait bâtir, et dont ils avoient réservé un quartier séparé, pour leur famille, quand elle voudroit habiter la ville.

Vers la fin du treizième siècle, le comte Henri II fit bâtir le château de Gages, sur le plan que son père Hugues lui en avoit laissé. Ce château fut d'abord composé de quatre corps de logis, environnés de fossés, et flanqués de quatre grosses tours, à une distance égale les unes des autres, avec une grande cour au milieu. Le cardinal d'Armagnac, évêque de Rodez, à qui la reine Marguerite de Valois en avoit donné la jouissance pour sa vie, en changea dans la suite la construction, et en fit une superbe maison de plaisance, comme on peut en juger encore par les ruines.

Outre ces châteaux, les comtes en avoient plusieurs autres en Rouergue et dans les provinces voisines ; mais ils les habitoient rarement ; et quelques uns étoient d'ailleurs tenus à fief par des

---

(1) En 1264 et 1258. Archiv. du comté.
(2) Notes, nomb. LXXXII.
(3) On sait assez que les *chevaliers* seuls avoient le privilége de porter les éperons dorés.

seigneurs qui leur en rendoient hommage. Les principaux de ces châteaux étoient Montolieu dans la paroisse de Saint-Maime, Arsac, près de Rodez, Rodelle, Camboulas, Bozoul, Bénaven, Cabrespines, Montezic, Marsillac, Rinhac, Albin, Sébazac, Sévérac, le Ram, la Besse, Alpuech, Lacalm, Prades, Maleville, Entraigues, Capdenac, Ségur, Montpeyrous, Salles-Comtaux, Cassagnes, Creyssels, Meyrueis; Carlat en Auvergne, Castelnau en Albigeois, Caussade en Querci, et plusieurs autres; sans compter les quatre châtellenies de Rouergue, la Roque-Valzergues, Saint-Geniez, la Guiolle, et Cassagnes-Bégonhez, qui furent cédées au comte Jean d'Armagnac, par le roi Jean, pendant sa prison en Angleterre, en 1360.

Plusieurs de ces châteaux étoient des forts considérables dans la province, principalement Rodelle, Sévérac et Bozoul, dont il est fait mention dans les plus anciens monumens du pays. Dans les neuvième et dixième siècles la viguerie de Rodelle, comprenoit une étendue considérable du Rouergue. Divers actes de l'église de Conques, prouvent que les lieux d'Estaing, de Marsillac, de Cervières, de Bozoul, étoient de son territoire. Sous le règne de Lotaire, vers l'an 960, Pons abbé, donne à l'abbaye de Conques, son alleu de Vaissettes, in vicariâ Ruthenulense. L'an 888, Rodolphe donne *per præstariam*, à Ragambert et autres ses vassaux, un domaine au lieu d'Estaing *in ministerio Ruthenulense* (1).

La forme de ces châteaux, l'épaisseur des murailles, les tours dont ils étoient flanqués, les fossés qui les environnoient, les souterrains dont on voit encore partout des vestiges, soit dans l'intérieur, soit dans les environs, prouvent assez que la plupart étoient plutôt des forts, que des maisons de plaisance.

Celui de Montezic entr'autres, renferme beaucoup de ces signes de fortification. On y remarque les ruines d'une tour très forte, de larges fossés, des souterrains creusés avec beaucoup d'art, un étang de cent soixante seize seterées de surface, qui a été desséché depuis. Ce château étoit situé sur les montagnes de la Viadène, dans le petit bourg de Montezic, qui a le titre de ville dans les anciens monumens; et en effet, les marchés qu'il y avoit chaque semaine, plusieurs foires qu'on y tient encore, les traces d'une ancienne fontaine publique, les décombres de plusieurs belles maisons, du charbon de bois et de vieux meubles en métaux, qu'on découvre en fouillant profondément la terre, tout annonce que c'étoit autrefois un lieu plus considérable qu'il ne l'est aujourd'hui. Les compagnies angloises qui s'en étoient emparées dans le quatorzième siècle, s'y étoient puissamment fortifiées. On y voit encore dans l'intérieur et aux environs, plusieurs caves souterraines, qu'elles y avoient construites et arrangées avec une certaine régularité.

(1) Archiv. de l'abbaye de Conques.

Tous les châteaux dont nous venons de parler, n'ont pas été de tout temps annexés au comté de Rodez : ils ont été acquis successivement par les comtes ; comme aussi plusieurs furent aliénés en diverses occasions, ainsi que nous aurons lieu de le rapporter.

Duels judiciaires.

Les anciens comtes pratiquoient à Rodez, l'usage de faire ordonner par leurs juges, le *duel judiciaire*, dans les procès, lorsque les parties le demandoient ; et ils avoient fait clore un champ près de *la Mouline*, pour ces sortes de combats. Nous trouvons dans les archives du comté, et dans les écrits de Bonal, le procès-verbal d'un de ces duels, ordonné par le juge du comte en 1353, entre Pierre Roby, et Raimond Emergau, tous deux sergens. Roby accusoit Emergau d'être d'intelligence avec les Anglois, qui étoient déjà maîtres de quelques châteaux du pays, et d'avoir voulu les introduire secrètement dans Rodez.

Les mœurs de ce temps-là, sont trop bien peintes dans le cérémonial de ce combat ; pour que nous ne rapportions pas ici le sommaire du procès-verbal qui en fut dressé (1).

« Sachent tous présens et avenir, qu'une cause de gage de bataille, fut traitée pardevant honorable seigneur Guibert de Tournemire, Damoisel, bailli de Rodez, entre Pierre Roby, sergent du Bourg de ladite ville, appelant, d'une part ; et Raimond Emergau, aussi sergent dudit Bourg, appelé, d'autre. En laquelle cause ledit Roby propose, contre ledit Emergau, les paroles qui suivent :

» *A tous messieurs les juge et bailli des seigneurs, comte et évêque de Rodez, je Pierre Roby, sergent de ladite ville, comme bon, loyal et fidèle que je suis à mesdits seigneurs, déclare et expose que Raimond Emergau aussi sergent, comme faux et traître qu'il est, a pris et reçu de l'argent, de l'archidiacre de Durfort, et d'autres ennemis capitaux et mortels de notre vrai souverain le roi de France, ou de sa cour, et de nos seigneurs les comte et évêque susdits, pour mettre les ennemis dans la ville de Rodez, et icelle rendre en leur puissance ; et comme il n'est pas en mon pouvoir de prouver ce que dessus, par témoin, mon corps le prouvera contre ledit Emergau. C'est à savoir que je le combattrai en champ clos, avec armes de sergent ; et le rendrai mort ou vaincu ; ou bien lui ferai dire le mot par sa gueule : et pour vous donner à entendre que cela est vrai ; voici mon gage ; vous requérant, messieurs, et suppliant qu'il vous plaise adjuger la bataille ; car me voici tout prêt à combattre.*

» Lesquelles paroles ainsi dites et prononcées, ledit Roby jeta son gage, savoir, un gan ; et ledit Emergau ayant demandé jour

---

(1) L'original est en langage du pays : nous le rapporterons en françois.

et délai, pour avoir conseil de ce qu'il devoit répondre, lui fut assigné jour au lendemain.

» Auquel jour, comparant lesdites parties, devant sage et discret homme Hugues Palhol, lieutenant ; ledit Roby proposa de rechef les mêmes paroles, jeta une autre fois son gan ; et ledit Raimond Emergau répondit que ledit Roby, comme faux et méchant qu'il étoit, mentoit par la gorge, requérant que sur le gage, il fut ordonné suivant le droit. Sur quoi fut ordonné que les parties se représenteroient le vendredi suivant.

» Et ledit jour, les parties requérant de nouveau la bataille, ledit Emergau, jeta aussi son gage, lequel fut reçu et ramassé par ledit Roby, qui demanda également la bataille, avec retention toutefois des armes de sergent, savoir (1) souliers, guêtres, cuissards, brassards, gorgerin, gans de fer : *plates*, *barbude*, lance, *teulachou* ou pavois, épée ou massue, deux couteaux, coton, charpie, aiguilles, fil, et autres choses nécessaires et requises en champ clos. Et ledit Emergau persistant en sa réponse, demanda la bataille avec retenue d'armes. Sur quoi ils furent assignés pour ouïr sentence, au samedi après les cendres. »

Les parties furent souvent renvoyées, sans doute afin de leur donner le temps d'un accommodement ; mais ayant toujours persisté dans leur demande, le juge fut enfin obligé de prononcer : « après avoir, dit-il, communiqué le tout en plein conseil, tant de sages en droit, que de chevaliers séans en chaire, et les saints évangiles mis pardevant nous, afin que notre jugement puisse procéder de la face de dieu ; considérant que les choses avancées par les parties, ne se peuvent prouver que par une bataille, laquelle a été acceptée par l'appelé ; tant pour ces causes, que autres à ce nous mouvant, nous avons déclaré et déclarons y avoir lieu de gage et bataille, entre lesdits appelant et appelé, lesquels se battront en champ clos, avec armes sortables et convenables à leur état ; les assignant tous deux au mercredi après la fête Notre-Dame prochaine, pour faire choix des armes ; et au jeudi suivant pour entrer en champ clos, au lieu qui leur sera indiqué. Prononcé le 5 février 1353. »

Ce combat fut encore différé, parce que les officiers royaux de la sénéchaussée firent défense aux parties de passer outre, sur ce que, disoient-ils, la sentence avoit été rendue par un juge incompétent ; mais le juge du comte ayant appelé au roi de cette inhibition de la sénéchaussée, l'appel fut porté devant le juge royal de Maruéjoul, qui ordonna une enquête, pour savoir quel étoit l'usage en pareil cas. Douze témoins déposèrent qu'ils

(1) Savatous, cambieras, cueissieras, manias, gorgiera, gans de fer, platas, barbuda, lança, teulacho ou pavés, espaza ou massa, dos cotels, coton, pilha, agulha, et fial....

avoient vu quatre combats pareils, ordonnés par les comtes ou par leurs juges, et qu'ils avoient eu lieu au pré de *Moulinau*, lieu destiné aux duels judiciaires, où l'on voyoit alors des perrons et des colonnes pour les athlètes et pour les spectateurs. Ils dirent y avoir vu combattre, entre autres, Louis de la Serre, contre un Anglois nommé Louicton qui fut *vaincu et porté de terre* par ledit Laserre, en présence du comte de Rodez, de son frère et de Béatrix sa sœur, placés sur un échafaud, avec un grand nombre de barons et de gentilshommes, au milieu d'une foule extraordinaire de curieux, qui s'y étoient rendus de la ville et des campagnes, au nombre de plus de dix mille.

Sur cette déposition, le juge de Maruéjoul prononça en faveur du comte de Rodez, contre le sénéchal royal. De sorte que le combat eut lieu au pré des *Lices*, près de La Mouline, en présence du comte, *de ses damoiseaux*, des principaux seigneurs du Rouergue, et d'un concours innombrable de peuple. Émergau terrassa son adversaire, après une longue résistance, et fut déclaré vainqueur par le juge et les assistans (1).

Depuis plusieurs années les rois de France avoient proscrit l'usage aussi singulier que barbare, des combats particuliers (2); les comtes de Rodez, l'ordonnoient cependant encore dans leur ville; mais enfin il fut défendu, sous les plus grandes peines, vers le commencement du quinzième siècle (3), aux juges et aux seigneurs, de quelle qualité qu'ils fussent, d'ordonner ces sortes de preuves.

Municipalité, Tribunaux.

En 1214, le comte Henri I accorda aux habitants du Bourg, la faculté d'élire des consuls, pouvoir qu'ils n'avoient pas eu jusqu'alors. Les affaires de la commune étoient confiées auparavant à des *prud'hommes*, qu'on appelle dans quelques vieux monumens, *boni homines*, c'est-à-dire, à des citoyens respectables par leur probité et par leurs lumières, qui étoient appelés aux assises des comtes, pour l'administration de la justice, et particulièrement pour décerner des peines contre les voleurs, les homicides et les autres malfaiteurs.

Les consuls furent d'abord au nombre de huit; dans la suite il y en eut douze; et enfin ils furent réduits à quatre, dans chacune des communautés de la Cité et du Bourg. Le comte de Rodez, en 1324, accorda à ceux du Bourg, qui n'avoient pas encore de place distinguée dans l'église, le droit *de banc avec dossier*, et permission *d'y mettre bannières*; à la charge par lesdits consuls, de lui payer annuellement, à noël, une lance de fer blanc.

(1) Voy. notes, nomb. XCVII.
(2) Philippe le Bel, en 1307.
(3) Par Charles VI, en 1422.

Les autres villes du Rouergue qui n'étoient pas du domaine des comtes de Rodez, avoient déjà leurs consuls depuis longtemps. Il y en avoit depuis plusieurs années, à Millau ; et les vicomtes de Saint-Antonin en avoient établi douze dans leur ville, depuis près d'un siècle. La comtesse Cécile permit dans la suite aux consuls de Rodez, « d'user de bancs et de dais, et d'avoir à ces fins, des serviteurs *banniers*, qui seroient tenus de porter bâtons, armés des armoiries du comte, et de celles du Bourg ». Elle leur permit aussi de bâtir un hôtel de ville, au-dessus de la Boucherie ou du Poids, ou autre part plus commode, sur la reconnoissance de deux éperons dorés. Elle leur confirma la faculté d'élire leurs successeurs, et ordonna qu'à la fin de leur administration, ils seroient tenus de nommer neuf citoyens, *non avocats ni clercs*, parmi lesquels le comte ou son sénéchal en choisiroient six.

De tout temps, Rodez a été divisé en deux parties, *la Cité* et *le Bourg*. Cette division remonte aux premiers temps de la féodalité. Chaque seigneur alors se forma un arrondissement plus ou moins grand, selon le degré de puissance et de considération dont il jouissoit. Le comte et l'évêque convinrent sans doute, dans ces premiers temps, de fixer les limites de leur territoire. Quoi qu'il en soit, les comtes étoient seigneurs du Bourg ; et les évêques, de la Cité ; ce qui occasionna plus d'une fois des démêlés, entre les vassaux des évêques, et ceux des comtes ; comme nous le verrons dans plusieurs occasions. La justice étoit rendue en Cité, au nom de l'évêque ; et dans le Bourg, au nom du comte. Ces deux juridictions furent réunies en 1316 ; et il fut formé une cour commune qu'on appela *Paréage*, pour connoître de toutes les causes civiles et criminelles, tant de la Cité que du Bourg (1).

Le comte avoit outre cela plusieurs autres officiers chargés de l'administration de la justice. Il avoit 1°. un *sénéchal*, qui en étoit le chef ; 2°. un *juge de la comté* ; 3°. un *juge des montagnes et quatre châtellenies* ; 4°. un *juge des appaux*, ou appels. Les causes jugées dans ces divers tribunaux, ressortissoient par appel à la sénéchaussée royale de Rouergue, séant à Villefranche.

Dès le treizième siècle, les comtes de Rodez avoient un sénéchal ; mais nous ignorons à quelle époque remonte l'établissement de ces officiers, dans le comté de Rodez. Nous trouvons que Jean de Morlhon étoit sénéchal du comte en 1309 : et qu'en 1337, les habitants de Salles lui demandèrent permission de *faire assemblée*. Après les Morlhon, on trouve que cette charge a été remplie en divers temps, jusqu'en 1621, par les sieurs de Brillac, de Sully, de Barth, de Fenayrols, de Bouillon, de Solages, de Scoraille seigneur de Bourran, et surtout par la famille

(1) Voy. notes, nombre XCVI.

des barons de Tholet, qui vers la fin, étoit la même que celle de Solages (1).

Louis XI ayant confisqué les domaines du comte de Rodez, en 1471, pourvut le sieur de Bouillon, auparavant sénéchal du comte, de la charge du sénéchal royal ; et en cette qualité, il fut reçu au parlement de Toulouse, le 8 février 1472. Le roi ordonna que le sénéchal de Rodez, et ses justiciables ressortiroient dorénavant au parlement de Toulouse, et il fit défense à son sénéchal de Villefranche, de prétendre aucune juridiction sur eux.

Le roi ordonna en même temps, que les juges d'appaux et ordinaires du comté et des quatre châtellenies du Rouergue, qui avoient coutume de tenir leurs audiences dans la *Salle-Comtal du Bourg*, au nom du sénéchal, seroient érigés en *cour présidiale*.

Par cet établissement, le nouveau présidial de Rodez, se trouva avoir dans son ressort, tout ce qui formoit le comté de Rodez. Et celui de Villefranche, qui comprenoit auparavant tout le Rouergue, fut réduit au reste de la province. C'est là l'origine de l'arrondissement bizarre de la juridiction de ces deux cours, par lequel on vit enclavés dans le ressort du présidial de Villefranche, des cantons qui sont à l'extrémité opposée du Rouergue, et des villages qui sont aux portes de Rodez.

L'évêque Bertrand de Chalençon, voyant que cet établissement diminueroit l'autorité de ses juges, y forma opposition devant le parlement, de concert avec Lardit de Bar, sénéchal de Rouergue, et Rigal-Boyer, lieutenant général au présidial de Villefranche. Le parlement ordonna qu'il seroit fait un procès-verbal de commodité et d'incommodité, pour lequel Louis de la Vernude, premier président, se transporta à Rodez. Sur son rapport, l'érection fut confirmée ; et maîtres Jean de Mayres, et Guillaume Ozilis furent reçus, l'un en qualité de juge-mage et lieutenant général, et l'autre en qualité de son assesseur, par arrêt du 29 juin 1477.

Cependant les consuls et habitans de Villefranche, jaloux de ce qu'on avoit démembré ainsi du ressort de leur présidial, tout le centre de la province, présentèrent requête au roi Charles VIII, après la mort de Louis XI, pour faire supprimer le nouveau présidial de Rodez ; et ils y réussirent. Les consuls de Rodez firent de vains efforts pour faire rétracter cette ordonnance : il fallut attendre une occasion plus favorable ; et elle ne revint pas de long-temps. La cour présidiale ne fut rétablie à Rodez, qu'en 1635.

Depuis long-temps les villes de Millau, de Vabres, de Saint-Afrique et plusieurs autres communes des environs, se plaignoient de la trop grande distance du présidial de Villefranche,

---

(1) Notes, nomb. XXIII.

où elles étoient obligées de porter leurs causes ; et elles demandoient qu'il fut établi un tribunal, plus à portée des peuples de ce canton. Louis XIII qui reconnoissoit l'avantage de rapprocher la justice des justiciables, établit enfin à Millau, au mois de mars 1635, une cour présidiale, dans le ressort de laquelle fut enclavée la viguerie du Vigan, qui ressortissoit auparavant à Nîmes.

Les habitans de Rodez réclamèrent pour leur ville, un établissement dont elle avoit déjà joui, et qui auroient un arrondissement plus commode et plus parfait, que dans toute autre ville. Le roi eut égard à leurs représentations, et par un autre édit du mois de juillet de la même année, il transféra le présidial de Millau à Rodez, « tant pour la commodité des habitans du » comté de Rodez, que parce que cette ville est située au milieu » de la province, qu'elle en est la ville capitale et épiscopale, et » parce qu'il veut d'ailleurs lui faire sentir les effets de sa » bienveillance ».

Les états du Languedoc, assemblés cette même année à Pézenas, ayant réclamé contre la réunion de la viguerie du Vigan à cette cour, le parlement de Toulouse, en enregistrant l'édit de création, déclara que ladite viguerie demeureroit dans le ressort de celui de Nîmes. Il en arriva de même pour le Gevaudan, qui ayant été aussi attribué peu de temps après, au ressort du nouveau présidial de Rodez, en fut également démembré, sur les réclamations des états du Languedoc, assemblés à Toulouse en 1639. Les habitans de Villefranche obtinrent de leur côté, par leurs représentations, que le quartier de Millau et du Vabrais, en fût aussi démembré, et qu'il demeurât uni à leur ressort, comme il l'avoit été de tout temps. De sorte que le présidial de Rodez, auquel le roi avoit attribué un arrondissement très-considérable, se vit réduit au seul territoire de l'ancien comté. Encore eut-il à lutter pendant long-temps contre les officiers de la sénéchaussée et les consuls de Villefranche, qui s'opposèrent vivement à cette nouvelle création. En effet, on vit pendant l'espace d'environ trente ans, paroître divers édits ou déclarations du roi, qui tantôt supprimoient, tantôt rétablissoient ou transféroient le présidial de Rodez (1).

En 1619, le baron de Tholet, sénéchal du comté de Rodez, et les autres officiers de justice de cette ville, présentèrent requête au roi, à l'effet de faire convertir la sénéchaussée comtale, en *sénéchaussée royale*; mais ils eurent à lutter contre l'évêque Bernardin de Corneillan, zélé défenseur des intérêts de Villefranche sa patrie, contre le comte de Noailles, sénéchal de Rouergue, contre Jean Tuillier, bailli de la Cité, contre les officiers de la sénéchaussée de Villefranche, et en même temps, contre les syndics, consuls, villages et communautés qui ressor-

---

(1) Il y en a de 1635, 1643, 1649, 1650, 1657, 1659, 1656, etc.

tissoient à cette cour. Malgré toutes ces oppositions, l'établissement eut lieu en 1621; de manière cependant que les deux sénéchaussées n'eurent depuis, qu'un seul et même sénéchal.

L'Election de Rodez, ainsi que celles de Millau et de Villefranche, qui avoient été créées en Rouergue par Henri IV, et dont on avoit obtenu la suppression, au commencement du règne de Louis XIII, y furent rétablies par ce prince, en 1627. Les nouvelles lois, pour simplifier l'administration de la justice, ont réuni tous ces tribunaux en un seul.

Comtes de Rodez. Première famille.

RICHARD.

Vers les premières années du douzième siècle, un des comtes de Rouergue, dont nous avons parlé, démembra de son comté, le comté particulier de Rodez, qui comprenoit non-seulement cette ville; mais encore une grande partie de la province; car il s'étendoit d'un côté, depuis les frontières de l'Auvergne, jusqu'aux environs de Sauveterre, et de l'autre, depuis le Gevaudan jusqu'à Rinhac.

Le comté de Rodez fut vendu à *Richard*, vicomte de Millau et de Carlat en Auvergne, dont les ancêtres avoient été vicomtes en Rouergue (1), c'est-à-dire lieutenants des comtes. Quoique nous ne puissions pas douter que ce ne soit par contrat de vente, que le comté de Rodez passa à la famille des vicomtes de Millau, puisqu'on le lit en termes exprès, dans plusieurs monumens du même siècle (2), il nous a été impossible de fixer l'époque précise de cette aliénation. Tout ce que nous avons pu découvrir, c'est qu'en 1096, Richard ne prenoit encore que le titre de vicomte (3), et qu'en 1112 et 1119, il prenoit celui de comte de Rodez *Ruthenensium comes* (4). Ce sont là les monumens qui nous ont rapproché le plus de l'époque de l'aliénation du comté de Rodez, par les comtes de Rouergue.

Richard étoit d'une famille déjà ancienne et distinguée dans la province, et dans les pays voisins. Il étoit petit-fils de Richard, vicomte de Gevaudan, qui avoit uni à l'abbaye de Saint-Victor, l'église de Saint-Martin de la Canourgue; et un des des-

(1) Notes et mon. nomb. XVIII.
(2) Voy. entr'autres, l'extrait d'un acte rapporté parmi les monum. n. XL, et la donation de l'église de S. Amans de Rodez à S. Victor de Marseille. Voyez aussi, notes, nomb. XLIX, et Hist. du Lang. t. 2, p. 627.
(3) Voy. nomb. XL.
(4) *Ibidem.*

cendans de ce Bernard, vicomte de Rouergue, qui dota de ses biens le monastère de Vabres, en 935.

Son père Bérenger, le même qui contribua à la fondation de Montsalvi, étoit devenu vicomte de Carlat, par son mariage avec l'héritière de cette vicomté, Adyle, dont la famille dominoit depuis Charlemagne, dans ce canton du Rouergue et de l'Auvergne, qu'on appelle encore aujourd'hui *Carlades*.

Rixinde, mère de Bérenger, étoit fille du comte de Narbonne, et elle avoit apporté en dot à son mari, la seigneurie de Lodève et du fort château de Montbrun, près de cette ville, dont les comtes de Rodez, ses successeurs, jouirent pendant long-temps. Cette seigneurie occasionna de grandes contestations entre le nouveau comte de Rodez, et les évêques de Lodève qui prétendoient aussi être seigneurs de leur ville épiscopale et du château de Montbrun. Il y eut différentes transactions entre le comte Richard et Pierre de Posquières, évêque de Lodève ; ce qui a fait dire à un ancien écrivain (Plantévitius) que cet évêque délivra enfin sa ville, *du joug et de la servitude des comtes de Rodes*.

Mais le procès recommença sous Gaucelin de Montpeyroux, son successeur, qui fit en 1167, avec le comte Hugues II, petit-fils de Richard, un nouvel accord, par lequel ils convinrent de jouir de la ville de Lodève, et du château de Montbrun, chacun six mois de l'année. Cet acte assoupit les contestations ; mais ne les termina pas. Elles se renouvelèrent souvent entre les évêques de Lodève, et les comtes de Rodez.

Richard avait épousé Adelaïs, comme on le voit dans les chartes que nous venons de citer, et dans un hommage du château d'Ayssène, fait l'an 1135, à son fils Hugues, par Frotard de Broquiès ; mais nous ignorons de quelle famille étoit cette comtesse.

Nous ne connoissons pas l'époque de la mort de Richard ; mais l'hommage déjà cité, du château d'Ayssène, nous fait présumer qu'il ne vivoit plus en 1135, puisqu'il n'y est parlé que d'Adélaïde sa femme, et de son fils Hugues qui lui succéda.

HUGUES I.

Richard avoit associé de son vivant, son fils unique *Hugues*, au comté de Rodez, comme le pratiquoient anciennement les rois de France ; de là vient que nous les voyons dans plusieurs actes, prendre tous les deux, soit ensemble, soit séparément, la qualité de comtes. Hugues se qualifie ainsi dans l'acte de 1119, déjà cité. Dans un traité entre Alfonse, comte de Toulouse, et Guillaume, seigneur de Montpellier, vers l'an 1132, on voit que *Hugues, comte de Rodez*, est nommé arbitre avec l'archevêque de Narbonne : *quod si Ildelfonsus comes, et Guillelmus de Monte Pes-*

sulo.... discordati fuerint, revocentur ad concordiam per consilium Arnaldi Narbonensis archiepiscopi, et Ugonis Ruthenensis comitis (1).

L'an 1140, Hugues donna à la cathédrale de Rodez, de concert avec Pierre abbé de Marseille, l'église de Bozouls, avec tous ses droits et appartenances (2). Malgré cette cession, les religieux de Marseille restèrent en possession de Bozouls ; mais le chapitre cathédral ayant porté sa plainte au pape Alexandre III, ce pontife força l'abbé de Marseille à produire les titres en vertu desquels, il jouissoit de cette église. L'abbé opposa une possession paisible depuis plus de quarante ans ; mais le chapitre ayant produit une transaction, par laquelle les moines de Marseille s'étoient obligés, entr'autres choses, à payer au chapitre de Rodez deux livres d'encens, jusqu'à ce qu'il seroit en possession de l'église de Bozouls, le pape l'adjugea aux chanoines de la Cathédrale, par une bulle datée de l'an 1182, et signée du souverain pontife, de onze cardinaux et de quatre évêques (3).

On voit dans les archives du château de Foix, un traité d'alliance fait en 1142 (4), entre Hugues, comte de Rodez, fils d'Adélaïs, et Roger, vicomte de Carcassonne, par lequel ils se promettent un secours mutuel, contre Alfonse, comte de Toulouse, et leurs autres ennemis. Ils s'engagent par serment à ne jamais faire ni paix, ni trêve, avec Alfonse, sans le conseil, l'un de l'autre (5). Il paroît que Hugues se montra toujours l'ennemi des comtes de Toulouse ; car nous trouvons encore (6) qu'en 1153, il promit à Raimond Bérenger comte de Barcelone, en présence de Raimond de Canillac, et de quelques autres seigneurs, de l'aider envers et contre tous, et nommément contre Raimond, comte de Toulouse.

Ces sortes de ligues ne surprenoient pas dans ce temps là, parce qu'on voyoit presque toujours les seigneurs armés les uns contre les autres. Les vicomtes de Millau, de Nîmes, de Beziers, de Lautrec, le seigneur de Montpellier, étoient tous ligués, contre le comte de Toulouse ; et celui-ci de son côté, l'étoit avec le comte de Foix et le vicomte de Saint-Antonin. Les évêques se mêloient aussi dans ces querelles : ils excommunioient et anathématisoient tous ceux qui étoient d'un parti contraire au leur.

Le principal sujet de la ligue de 1142, étoit la succession de Gilbert, vicomte de Millau et de Provence, frère du comte Richard, dont nous venons de parler. Les maris des deux filles

---

(1) Hist. du Lang. t. 2, pr. p, 494.
(2) Monum. nomb. XLVII.
(3) Archiv. de la cathédrale de Rodez.
(4) Monum. Nomb. LI.
(5) Hist. du Languedoc. t. 2, p. 498.
(6) *Marc. Hisp.* p. 315.

de Gilbert se plaignoient de l'inégalité du partage de cette succession, et ils avoient engagé dans leur querelle, tous les seigneurs du pays (1).

L'hommage de Frotard de Broquiés, nous apprend que Hugues avoit épousé Ermengarde de l'ancienne famille de Creyssels, près de Millau, qui après la mort de son mari, se donna avec tous ses biens, au monastère de Nonenque, où elle prit l'habit de religieuse (2).

Il en eut quatre enfans, savoir 1° Raimond qui mourut jeune, dont il est fait mention dans l'hommage de Frotard de Broquiés. 2° Hugues qu'il institua son héritier en 1152, du consentement de Raimond, comte de Toulouse, son suzerain. 3° Richard à qui il donna la baronnie de Cornus dans le Vabrais, et les seigneuries de Lodève et de Montbrun. 4° Hugues qui fut évêque de Rodez.

Le dernier monument de notre connoissance, qui fasse mention de Hugues I, est une restitution d'une partie de l'église de Creyssels, qu'il fit à l'abbaye de Saint-Guillem en 1151, de concert avec Ermengarde sa femme, et Hugues leur fils (3). Nous ignorons l'époque de sa mort.

HUGUES II.

Hugues II succéda à son père vers l'an 1155. Il nous paroit du moins vraisemblable que c'est de lui et non de son père, qu'il est fait mention, dans le contrat de mariage de Guillaume, seigneur de Montpellier, avec Mathilde de Bourgogne en 1155. *Hugues, comte de Rodez*, est un des seigneurs, qui se rendent garans des promesses de Guillaume, dans la célébration de ce mariage au Puy (4).

Sous le règne de Hugues II, nous voyons commencer des contestations qui durèrent long-temps, entre les comtes et les évêques de Rodez. Nos comtes, à l'exemple des autres grands vassaux de la couronne de France, s'étoient déjà appropriés plusieurs droits régaliens et seigneuriaux, dont quelques-uns leur étoient contestés par les évêques, ce qui forma souvent deux partis dans la ville, et beaucoup de troubles dans toute la province, comme nous aurons occasion de le rapporter.

Les divisions commencèrent entre Pierre, alors évêque de Rodez, et le comte Hugues II, au sujet des tours et des fortifications de la ville, des foires, de la police, du droit d'hommage

---

(1) Hist. du Lang. t. 2.
(2) Gall. christ. t. 1, p. 283.
(3) Marten. Anecd. t. 1, p. 435.
(4) Hist. du Lang. t. 2, p. 555.

que l'évêque prétendoit lui être dû par le comte, et de plusieurs autres prétentions respectives.

Les parties ayant soumis leur différent à quelques seigneurs du pays, et à quelques jurisconsultes; ces arbitres prononcèrent en 1161, un jugement, dont il suffira de rapporter le sommaire, pour connoitre le fonds de l'affaire, et la manière dont elle fut terminée.

« Nous Raimond de Levezon, Guillaume de Salles, Nizier de Broussignac, Frotard de Belcastel, Durand de Mirabel, Arnaud de Capdenac, assistés de Pierre Raimond de Hautpoul, Bertrand de Sanciret, Hugues Bel, et Hugues de Montferrand, sur les différens qui nous ont été soumis par Pierre évêque de Rodez, et Hugues comte, avons ordonné, après avoir entendu les raisons de part et d'autre:

« Que les fortifications et les tours de la ville, seront rendues au comte, sauf le droit de propriété, pour celui à qui il appartiendra;

» Que l'évêque ne sera pas tenu de payer la somme de mille sous, que le comte exigeoit sur son église;

» Que l'évêque recevra douze ecus par semaine, sur l'hôtel des monnoies du comte;

» Que le comte sera tenu de lui rendre hommage de certains jardins et *patus* près de la *Salle-Comtal*;

» Qu'il rendra à Brenguier de Canac, sa maison du Bourg;

» Qu'au sujet de leur prétentions respectives sur certains villages, et des droits à lever sur les marchandises, les jours de foire ou de marché; le comte et l'évêque continueront d'en jouir, comme en jouissoient avant eux, l'évêque Adhemar, et le comte Richard, etc., etc. (1). »

Après cette sentence, il paroit que l'évêque Pierre et le comte vécurent dans une parfaite intelligence. Ils agirent de concert pour délivrer la province, des courses continuelles de certains brigands, qui la désoloient dans ce temps-là. Entr'autres marques de réconciliation qu'ils se donnèrent, nous trouvons que l'évêque donne au comte, le titre de *père de la patrie*, dans une lettre qu'il écrivit au roi Louis le Jeune l'an 1163. « Près de par-
» tir, pour la cour, lui dit-il, je n'ai pas pu me mettre en chemin
» à cause des voleurs, dont nous sommes obsédés. Etant
» obligé de demeurer moi-même pour la défense du pays; le
» comte de Rodez, le père de la patrie, qui se rend lui-même
» auprès de votre majesté, suppléera à mon défaut (2). »

Le comte Hugues, quoique vassal de Raimond comte de Toulouse, se ligua contre lui en 1167, avec Alfonse, roi d'Aragon et comte de Millau, avec Guillaume seigneur de Montpellier, avec

---

(1) Cette sentence se voit en latin aux archives de l'évêché de Rodez.
(2) *Ibid.*

Aldebert d'Estaing, Gui de Sévérac, et plusieurs autres seigneurs de son comté.

Hugues, pour engager Alfonse dans cette ligue, s'obligea à lui faire hommage de sa vicomté de Carladez. Dans cet accord, qu'ils firent en présence de plusieurs évêques, et d'un grand nombre de seigneurs du pays, entr'autres d'Aldebert d'Estaing, de Grimal de Sallos, de Bernard-Raimond de Croyssals, d'Hugues de Panat, ils se promirent de se défendre respectivement contre leurs ennemis.

En 1173 Hugues, sans aucun égard, pour les transactions passées entre les comtes de Rodez, et les évêques de Lodève, rançonna de nouveau l'évêque, les chanoines et les habitans de cette ville. Il exigea d'eux qu'ils lui prêtassent la somme de dix-huit mille sous melgoriens (1). Savoir l'évêque, six mille; six mille, le chapitre, et autant les bourgeois. Et moyennant cette somme, il s'engagea à ne plus les molester, leur permettant de prendre les armes contre lui-même, s'il manquoit de parole (2).

Malgré toutes ces protestations, il ne fut pas fidèle à ses engagemens; il inquiéta de nouveau l'évêque Gaucelin de Montpeirous, qui crut devoir recourir à l'autorité du pape. Celui-ci envoya en 1175, à l'archevêque de Narbonne, un bref, par lequel il lui mande d'avertir Hugues, comte de Rodez, de laisser en paix Gaucelin, et de ne plus l'inquiéter, ainsi qu'il l'a promis et juré; et en cas de désobéissance, il lui commande de l'excommunier, d'interdire ses états, de priver ses sujets des sacremens, à la réserve du baptême, jusqu'à ce qu'il aura obéi (3).

Les foudres de l'église, faisoient plus d'impression dans ce siècle que dans le précédent. Hugues se soumit sans doute; il ne paroît pas du moins que l'archevêque de Narbonne, ait exécuté le mandat du pape.

Cependant ce ne fut qu'en 1188, que le comte de Rodez, renonça pour lui et ses successeurs, à toutes ses prétentions sur la ville et territoire de Lodève, et sur le château de Montbrun, moyennant une somme de soixante mille sous melgoriens, qui lui fut comptée par Raimond de Madrières, successeur de Gaucelin de Montpeirous.

Cette concession fut confirmée en 1204, par Guillaume, alors comte de Rodez; malgré cela en 1262, Hugues IV, sous prétexte qu'on avoit élu un évêque de Lodève, sans le consulter, et qu'on ne lui avoit pas donné la garde du palais épiscopal, pendant la vacance du siége, renouvela encore ces vieilles affaires, et cette prétention lui valut mille sous melgoriens, qu'on lui compta pour avoir la paix (4).

(1) Voyez la note, LIX.
(2) Hôtel de ville de Lodève. Acte rapporté par Plantevitius, *Hist. episc. Lutev.*
(3) *Ibid.*
(4) *Ibid.*

La conduite du comte Hugues envers l'évêque le clergé et les habitants de Lodève, semble nous donner une idée peu avantageuse de sa probité et de sa bonne foi. Cependant, par un contraste assez ordinaire chez les seigneurs de ce temps-là, il donnoit en même temps des preuves de religion et de désintéressement.

Il donna l'an 1172 à Pétronille, abbesse du monastère de Nonenque, le domaine de Lioujas près de Rodez (1), et en 1193, à Sicard, abbé de Conques ou à son église, tous les droits qu'il prétendoit avoir, et dont il jouissoit *justement* ou *injustement* sur le monastère de Coubisou (2).

Il accorda aussi plusieurs privilèges à la communauté du Bourg de Rodez. Entr'autres, en 1171, il en déclara les habitans, exempts du droit de péage, à l'entrée et à la sortie de la ville de Rodez, de Rodelle, de Souiry, de Cambonlas, de Bozouls, de Prades, de Montrosier, et de tous les autres lieux, à la distance de quatre lieues (3).

Hugues II avoit épousé en premières noces, Agnès, fille de Guillaume, comte d'Auvergne, et d'Anne de Nevers, de laquelle il eut plusieurs enfans. Nous avons tout lieu de croire qu'il épousa en secondes noces, Bertrande d'Amalon, issue d'une ancienne maison du Rouergue, le long du Tarn, pour laquelle il avoit témoigné de l'inclination, du vivant même d'Agnès; car en 1174, il acheta pour elle, d'Arnaud de Levezou, le château de Trépadou, avec les rentes qu'il avoit dans la paroisse d'Amalon, pour trois mille cinq cents sous. Quelques-uns doutent qu'il y ait jamais eu de légitime mariage, entre Hugues et Bertrande d'Amalon; cependant dans une restauration du monastère de Saint-Projet, en 1216, elle se qualifie *veuve du comte Hugues, et mère du comte Henri.*

Hugues II voulut installer lui-même son fils, dans le comté de Rodez, en 1195, et le couronner de son vivant. Ce qui lui occasionna avec l'évêque son frère, des contestations dont nous avons parlé ailleurs.

Il fit son testament l'année suivante, en présence d'Hugues, évêque de Rodez, son frère, des prieur et sous prieur de Bonneval, de Pons d'Armande, du comte Richard son frère, de Geraud de Panat, de Bernard de Luzençon, de Raimond Delpon, de Guillaume de Barrière et des comtesses sa mère et son épouse. Il choisit Bonneval pour le lieu de sa sépulture : il donne à Hugues son fils aîné, le comté de Rodez, et tous ses domaines jusqu'à la rivière du Tarn : à Gilbert son second fils, tous ses

---

(1) *Gall. christ.* t. 1.
(2) Notes et monum. nomb. LX.
(3) Voy. l'avertiss. préliminaire, qui est à la tête des notes et monumens, à la fin de l'ouvrage.

biens au delà du Tarn, voulant qu'il les tienne à fief de son aîné, avec substitution de l'un à l'autre. Mais ce qu'il y a de plus remarquable dans ce testament; c'est la manière dont il dispose de ses autres enfans. Il donne à l'abbaye de Loc-dieu Bernard ; à celle de Conques, Henri ; et Guillaume, le cinquième, il le confie aux soins du prévôt (1), avec cinq cents sous de pension annuelle sur le Carladez. Il ordonne qu'en cas où le prévôt ne voudroit pas se charger de Guillaume, il sera religieux à Saint-Victor de Marseille, avec deux mille sous Rodanois. Au surplus, il leur donne pour tuteurs, Hugues, évêque de Rodez, et Richard, ses frères. Il veut qu'on rende à sa femme quatre cents sous du Puy, vingt-cinq marcs d'argent, à prendre sur la terre d'Entraigues, et l'usufruit de la moitié du Carladez, avec réserve de la propriété pour son fils.

Nous ignorons l'époque fixe de la mort de Hugues II ; mais nous savons qu'il vivoit encore en 1209 ; car il exempta cette année l'abbaye de Bonneval, du droit de commun de paix, de concert avec l'évêque son frère, et le comte Guillaume son fils, en présence de Richard et Bernard d'Arpajon, d'Aymoin de Camboulas, de Dieudonné de Malamosque, de Guillaume de Saint-Laurent, etc.

HUGUES III.

Hugues III ne survécut pas long-temps à son couronnement; il mourut à Millau, l'année suivante, comme on le voit dans un vieux registre de l'hôtel de ville de Montpellier, qui porte : « L'an M. CXCVI, mourut Alfonse, roi d'Aragon, à Perpignan ; » et le comte de Rodez, à Millau ». Il laissa trois fils, Jean, Hugues et Richard qui ne lui succédèrent pas : car Hugues II, leur grand-père, fit couronner comte, à leur préjudice, son cinquième fils Guillaume, qu'il avoit d'abord voué à la religion.

Jean, fils de Hugues III, eut cependant pour apanage, la justice et châtellenies de la Cité de Rodez, de Salles, de Muret, de Moyrazès et de Montrosier ; car il les légua en 1227 à Hugues et Richard ses frères ; à la charge que ces terres ne tomberoient jamais en main-morte ; précaution qui n'eut pas son effet, puisqu'elles ont fait long-temps partie de la dotation de l'évêché de Rodez.

Cet acte mérite quelque attention, 1° en ce que Jean y rapporte son origine, qu'il fait remonter au temps de Charlemagne ; 2° en ce que devant entrer dans l'état ecclésiastique, il dispose de ses biens ; comme nous l'avons vu faire de nos jours, quand on entroit dans un ordre religieux (2).

(1) On présume que c'étoit le prévôt de Brioude, frère de la comtesse Agnès.
(2) Notes, nomb. LXII.

GUILLAUME.

Guillaume fut couronné comte, du vivant de son père, après la mort de Hugues III son frère.

Il confirma en 1201, les privilèges que son père et son frère avoient accordés aux habitans du Bourg de Rodez. Dans cet acte, qui fut écrit en langue du pays, dans le cloître de Saint-Amans, en présence des ecclésiastiques, des chevaliers, des bourgeois, et de la commune du Bourg, (« Et aquesté don fo fach en lo » claustré de Saint-Amans, en présentia des clergués, des » cavaliers, des bourgés, et de la communal del Bourg de Rou- » dez ») il leur accorde une exemption de tout péage, à la distance de quatre lieues de Rodez, comme ses prédécesseurs, la permission de bâtir des maisons dans la ville, de tester, et de faire passer leurs biens à leurs héritiers.

Guillaume conserva toujours pour son père Hugues II, la plus parfaite déférence ; car nous voyons qu'il le faisoit intervenir dans toutes ses opérations, et qu'il ne faisoit rien sans son conseil. Ce fut de concert avec lui (1), qu'il fit en 1207, son testament, dans lequel il nomma pour son héritier, Gui comte d'Auvergne.

Hugues est présent aussi à un emprunt que le comte Guillaume son fils, fait la même année, d'Hugues le Monnedier, habitant de Rodez, sous le cautionnement de Gichelli de Panat, de Guillaume et Bernard de Najac, de Guillaume Oalriez, de Guillaume de Cornus, de Guillaume de la Roque-Cassan, de Cher de Mirabel, et de Guillaume d'Estaing.

Le comte Guillaume mourut sans postérité ; après avoir disposé de ses biens, comme nous l'avons dit, au préjudice de Henri son frère, fils de Hugues II et de Bertrande d'Amalon.

HENRI I.

Quoique le comté de Rodez, fût dû à Henri par droit de naissance ; puisqu'il étoit le plus proche parent du dernier comte ; il fallut cependant entrer en composition avec le comte de Toulouse et celui d'Auvergne, qui y avoient tous les deux des prétentions, celui-ci en qualité d'héritier de Guillaume, et le comte de Toulouse, en vertu des droits que lui donnoient les traités faits avec Guillaume, et avec le comte d'Auvergne lui-même, comme nous l'avons rapporté ailleurs (2).

(1) *Ego Hugo comes pater, huic testamenti codicillo..... consensum et auto-ritatem præbeo.*
(2) Voy. ci-dev. art. Raimond VI, comte de Rouergue.

Henri, pour les faire renoncer à leurs droits, s'obligea à leur payer la somme de seize cents marcs d'argent, pour laquelle il leur engagea trois de ses châteaux, Montrosier, Rodelle et Maleville (1) : moyennant cette obligation, le comté de Rodez lui fut assuré.

Au commencement du règne du comte Henri, l'hérésie des Albigeois, causoit déjà de grands troubles dans le Rouergue et les provinces voisines. Ces hérétiques que le peuple appeloit par injure, pifres, cathares, patarins, boulgres, ou bulgares, adamites, publicains, etc., appuyés par le comte de Toulouse, avoient allumé la guerre dans le Languedoc, l'Albigeois, le Querci et le Rouergue. Le roi y avoit envoyé le comte de Montfort avec une armée, pour les combattre. Le comte de Toulouse et plusieurs seigneurs, ses hommagers, les défendoient vigoureusement.

Ils s'étoient déjà emparés de plusieurs forts du pays, entr'autres de Sévérac, de Saint-Antonin, de la Guiolle, du Mur-de-Barrez, et sans le baron de Ténières qui les battit aux portes de Rodez, ils étoient sur le point de se rendre maîtres de cette ville.

Le comte Henri, quoique ennemi de ces hérétiques, craignant de déplaire au comte de Toulouse, n'osoit pas se déclarer ouvertement en faveur de Simon de Montfort ; mais Pierre d'Henri de la Treille, évêque de Rodez, voyant que leurs opinions alloient s'introduire dans sa ville épiscopale, employa tout son zèle pour engager Henri à embrasser le parti des catholiques. Une circonstance seconda ses efforts.

Montfort arriva en Rouergue : il prit d'abord le fort château de Maurillac qu'il fit raser, dans la basse-Marche. Après que les Croisés eurent fait brûler *avec une joie extrême* (2), sept hérétiques Vaudois qu'il y trouva, et qui avouèrent leur croyance devant lui, il vint à Rodez. L'évêque profita de son séjour dans cette ville, pour gagner le comte Henri. Il le pressa si vivement, qu'après beaucoup de contradictions et de résistance, il le décida à abandonner le parti du comte de Toulouse, et à se mettre sous la protection du général Montfort.

Henri lui rendit donc hommage dans le palais épiscopal en 1214, de son comté de Rodez, de Rodelle, de la Vicomté de Camboulas, d'Abbas, et de toutes ses terres en deçà du Lot, sauf toutefois le droit du pape sur le château de Montrosier, de

---

(1) Cette dette ne fut acquittée qu'en 1230, comme il conste d'un accord entre Hugues alors comte de Rodez, et Raimond, comte de Toulouse. Le payement fut fait à Rodelle, en présence de Hot gentilhomme, de P. vicomte de Murat, d'Astorg d'Orlhac, de G. de la Barrière, de P. de Cadol, de P. de Gaillac, de Pons de Cervières, de Guibert d'Alboy, de G. de Panat.

(2) *Petrus Valesius, Cap. 79.*

l'église du Puy sur celui de Sévérac, de l'évêque de Rodez sur la monnoie, et sur les châteaux de Coupiac et de Combret. L'acte fut passé solennellement en présence des évêques de Rodez, de Mende, de Caors, d'Albi et de Carcassone, de Raimond, évêque d'Utique, de plusieurs chanoines, de Bernard de Calmont, de Bernard de Cardaillac, de Philippe de Goloinh, de Guillaume de Caumont, de Geraud de Mirabel, de Bernard de Paris, de Bernard de Praines, de Uc (Hugues) de Saunhac, de Bégon de Camboulas (1). Les autres seigneurs du Rouergue, suivirent l'exemple du comte de Rodez, et se soumirent tous au général envoyé par le roi.

Après l'expédition de Montfort en Rouergue, il ne paroît pas que cette province ait eu à souffrir des troubles des Albigeois. Cependant nous lisons dans l'histoire du Languedoc, que dans un concile tenu à Béziers en 1243, Raimond, comte de Toulouse, somma les évêques de ses états et en particulier celui de Rodez, d'exercer eux-mêmes l'inquisition contre les hérétiques de leurs diocèses, ou de l'y faire exercer en leur nom par les religieux de l'ordre de Citeaux, les frères Prêcheurs, les Mineurs, et autres personnes qu'il leur plairoit constituer pour cette fonction. Ils en chargèrent en effet les religieux de saint Dominique, qui ayant rencontré quelques difficultés dans l'exercice de leur ministère, consultèrent quelques évêques assemblés à Narbonne. La réponse qu'ils firent à leurs questions, nous donne une idée de la manière atroce, dont certains vouloient qu'on traitât ceux qui avoient suivi ou favorisé les erreurs des Albigeois : cette lettre excita l'indignation de tous les ecclésiastiques et des vrais chrétiens de ce temps-là ; et l'on seroit autant dans l'erreur, que peu équitable, si l'on croyoit que tous les évêques et les prêtres de ce siècle, pensoient comme deux ou trois fanatiques qui se laissoient aller à la passion et à l'esprit de parti que le comte de Toulouse fomentoit et appuyoit de toute sa puissance. Les ecclésiastiques sincèrement religieux, gémissoient de ces excès ; mais la crainte d'être traduits eux-mêmes devant le tribunal terrible de l'inquisition, étouffoit leurs réclamations et leurs plaintes. Ils se contentèrent d'éluder ces ordres sévères et d'en empêcher l'exécution, autant qu'il étoit en leur pouvoir.

Voici quelle fut la réponse de ces évêques, à ceux qui les consultoient ; on ne sauroit la lire sans indignation.

« Vous enjoindrez, leur dirent-ils, aux hérétiques et à leurs fauteurs, qui seront venus s'accuser et se remettre d'eux-mêmes entre vos mains, de porter des croix sur leurs habits ; de se présenter tous les dimanches à leurs curés pendant la messe, entre l'épître et l'évangile, ayant une partie de leur corps nu, et une poignée de verges à la main, pour recevoir la discipline. Ces

(1) L'acte est parmi les monumens, nomb. LXVI.

pénitens feront la même cérémonie à chaque procession solennelle ; et tous les premiers dimanches du mois, ils visiteront, en se fouettant avec des verges, toutes les maisons de la ville, où ils auront fréquenté des hérétiques. Les coupables feront une confession publique de leur crime, et en dresseront des actes publics. Comme il y a des villes, où le nombre de ceux qui doivent être enfermés dans une prison perpétuelle, est trop grand ; en sorte qu'on ne trouveroit pas assez de pierre et de ciment, pour construire des prisons, nous vous conseillons d'attendre sur cela, les ordres du pape. »

Après ces instructions, qui prouvent jusqu'à quel excès se portoit alors le fanatisme, les inquisiteurs travaillèrent à faire des recherches dans les diocèses ; mais ils furent peu secondés. Le pape Innocent IV leur ordonna en 1267, à eux et aux évêques, nommement à celui de Rodez, de faire restituer aux femmes catholiques, leurs dots qui avoient été confisquées avec les biens de leurs maris hérétiques.

Ce sont là les dernières traces que nous trouvons de l'hérésie des Albigeois, dans la province. Les Albigeois n'étoient pas les seuls que le tribunal de l'inquisition de Rodez avoit à poursuivre. Elle avoit été établie aussi pour rechercher et punir les magiciens et enchanteurs qui abusoient de la crédulité du peuple, pour le tromper et le voler. Il seroit difficile de se faire une idée de la grossièreté, de l'ignorance et de la simplicité de nos ancêtres, dans ces malheureux siècles : et c'est là sans doute la cause des révoltantes superstitions auxquelles ils se livroient. Une des plus ridicules, étoit cette grande facilité à trouver dans tous les événemens malheureux, les effets de quelque sortilège, magie, maléfice ou enchantement. Le penchant pour le merveilleux étoit si grand, qu'on en trouvoit dans les choses les plus communes, et les plus conformes aux lois ordinaires de la nature. Une jeune femme ne faisoit-elle pas d'enfans ? elle avoit été ensorcelée. Un orage fondoit-il sur une paroisse plutôt que sur une autre ? Une récolte étoit-elle mauvaise ? Une épidémie, de quelque genre qu'elle fût, se manifestoit-elle dans un canton ? tout étoit l'effet de quelque maléfice. Une simple aurore boréale, une éclipse, le chant d'un oiseau nocturne, faisoient craindre les plus grands maux. Malheur à qui étoit soupçonné d'être sorcier : il terminoit tôt ou tard sa vie par le dernier supplice. Un fait que nous allons rapporter en passant, donnera une idée de la grossièreté barbare de ce siècle.

Peu de temps après l'établissement de l'inquisition à Rodez, les gros troupeaux de la montagne furent attaqués d'une épizootie, qui à coup sûr, n'avoit rien de surnaturel, et qui cependant coûta la vie à un homme et à une vieille femme, qu'on condamna comme sorciers. Ces deux malheureux avoient passé dans le pays, quelques jours avant que la maladie se manifestât.

Les bergers rapportèrent aux juges que ces personnes inconnues leur avoient vendu quelques herbes fortes, et une sorte de beaume mal-faisant, et qu'en leur livrant ces drogues, elles avoient prononcées entre elles certaines paroles magiques, qu'ils n'avoient pas comprises. Les deux prévenus furent arrêtés et interrogés. On leur demanda qu'elle étoit cette plante et ce beaume qu'ils avoient distribués sur la montagne : ils répondirent que c'étoit de l'ellébore, et de l'huile de genièvre : qu'ils n'avoient aucune connoissance de la magie : que les paroles qu'ils avoient prononcées, n'étoient autre chose que le jargon de leur pays ; qu'ils étoient originaires du haut Gévaudan : que la forme de leur habillement, dont on leur faisoit un crime aussi, ne tenoit pas du sortilège ; que dans leur état misérable, ils s'habilloient comme ils pouvoient, et se couvroient de tous les vieux haillons qu'on vouloient bien leur donner.

Sur cet interrogatoire, ils furent d'abord renvoyés par les juges, qui ne purent pas les convaincre ; mais la prévention du peuple étoit si grande, et ils furent chargés par un si grand nombre de témoins, qu'on les remit de nouveau en jugement. La vieille femme fut convaincue, entre autres puérilités, d'avoir dit la bonne aventure aux filles, et de leur avoir prédit qu'elles se marieroient. Ainsi ces deux malheureux mendians, victimes de la sanguinaire crédulité de leurs contemporains, terminèrent leur vie dans un bucher, comme sorciers et enchanteurs (1). On nous laisse ignorer si ce fut en exécution de quelque jugement, ou si le peuple voulut se faire lui-même justice de leurs prétendus crimes.

Toute l'autorité des comtes, ne suffisoit pas pour guérir les peuples, de cette crédulité excessive, ni pour réprimer le fanatisme de l'inquisition.

Le comte Henri, quoiqu'il eut manqué de fidélité à son suzerain, resta tranquille possesseur de son comté. Il songea à agrandir ses domaines. Il acquit en 1215, de Raimond de Cervières le château de Salles-Comtaux, et tous les droits qu'il avoit *dans le mandement et rivière de Salles*, jusqu'à Conques. En 1217, il acheta tout ce que le chapitre de Brioude avoit dans le Barrez (partie du Carladez,) et la châtellenie de Montjaux sur le Tarn. Après ces diverses acquisitions, il résolut cette même année, de signaler son zèle pour la religion, et d'entreprendre le voyage de la terre sainte ; comme nous l'apprenons par les lettres de sauvegarde, que lui accorda à Clermont, le cardinal Robert, légat du pape, et par une bulle du pape même, qui met toutes ses terres sous la protection de la cour romaine pendant son absence (2).

(1) Petit manuscrit de la bibliothèque des Jacobins.
(2) Notes et monum. nomb. LXVI.

Mais quoiqu'il eût fait en 1217, ses dispositions pour son voyage en Orient, il paroît qu'il étoit encore en France deux ans après; car il fit son testament en 1219, devant Toulouse, et il confia la garde de ses terres à l'évêque d'Henri de la Treille, comme il conste d'un acte de cette même année, daté du camp devant Toulouse, *datum in obsidione Tolosæ, IV Calend. julii, anno M.CCXIX* (1). Il fit outre cela en 1220, certain accord avec les habitants de Crozillac, mandement de Cabrespines.

Ces différens monumens nous donnent lieu de douter s'il effectua jamais son projet de visiter la terre sainte. Nous ignorons du moins s'il en revint ou s'il y mourut. On croit qu'il ne vivoit plus en 1222. Car on trouve des actes de cette même année, dans lesquels son fils Hugues, prend seul la qualité de comte.

Henri le nomma son successeur dès l'an 1219, dans son testament, par lequel il donna en même temps à Guibert son autre fils, les châteaux de Vic, de Pons, de Marmiesse, de Scoraille, de Saint-Christophe, et tous ses autres biens, au-delà de la rivière de Cère (2): il constitua à Guise sa fille, mille marcs d'argent ou cent mille sous tournois, à son choix: il fit plusieurs legs aux églises d'Aubrac, de Monsalvi, d'Aurillac et de Carlat: il donna à l'abbaye de Bonneval, quelques rentes qu'il avoit à Entraigues; à Bonnecombe, celles d'Is, et à Nonenque, l'église de Caysac. Par un codicile de l'an 1221, il donne le lieu de Canet, aux chevaliers de Saint Jean de Jérusalem, et fait présent à l'église de Rodelle, d'une croix et de quelques reliquaires d'argent.

La comtesse Algayette de Scoraille, dont Hugues Brunet célébra dans ses vers, les grâces et la vertu, survécut long-temps à son mari. Elle vivoit encore en 1254, comme on le voit par un accord fait entre Hugues son fils et les seigneurs de Scoraille.

Nous avons lieu de croire que c'est par erreur, que dans certains manuscrits, on fait épouser à Henri, Alizette de Benaven, au lieu d'Algayette de Scoraille. Du moins nous ne connoissons pas de monument qui prouve que Henri ait jamais eu d'autre épouse que Algayette de Scoraille, d'une très-ancienne et illustre famille d'Auvergne, dont une partie des biens ont passé à la maison d'Izarn-Valadi, par le mariage de Jeanne-Marie-Elisabeth de Scoraille, qui épousa sur la fin du siècle dernier, le comte de Valadi.

HUGUES IV.

Hugues IV succéda à son père vers l'an 1222. Il eut peu de temps après une contestation avec l'évêque Pierre d'Henri de la Treille, au sujet de l'hommage que l'évêque prétendoit lui être

---

(1) Notes et monum. nomb. LXIX.
(2) Petite rivière qui passe à Vic en Carladez, et au bourg de Pajon, près d'Aurillac.

dû par le comte, pour les châteaux de Peyrebrune, Thoels, Coupiac et Caïstort. Ils soumirent leurs différens à des arbitres, qui déclarèrent en 1226, les deux châteaux de Coupiac et de Caïstort seulement, sujets à l'hommage. Le comte faché de se voir vassal de l'évêque, voulut se rédimer de cette sujétion; c'est pourquoi il vendit ces deux terres en 1238, à Archambaut de Panat, qui lui céda en échange, les droits et revenus qu'il avoit dans les *ville et mandement* de Marsillac et de Salles-Comtaux.

Raimond de Caumont, un des successeurs de Pierre d'Henri de la Treille, demanda dans la suite la cassation de ces échanges, disant qu'ils avoient été faits au préjudice de son église, qui par cette aliénation, se trouvoit privée d'un vassal d'une plus haute condition qu'Archambaut de Panat. Nous verrons en son temps, comment cette ridicule contestation fut terminée.

Hugues compensa amplement dans la suite par d'autres acquisitions, l'aliénation des terres dont nous venons de parler. Il acheta de Bernard de Levezon, en 1248, tout ce qui pouvoit lui appartenir aux châteaux de Doulon et de Blanquefort, dépendans de Creyssels; de Raimond de Belcastel, en 1251, la terre de Maleville, avec tout ce qui pouvoit lui appartenir, entre les rivières d'Algasse et d'Aveiron, pour le prix de mille sous rodanois : d'Azemar Jordani, gentilhomme du Rouergue, en 1270, le château *majeur* de Salles, avec toutes ses dépendances, pour le prix de sept cents sous. Grimal de Salles, autre gentilhomme du pays, lui céda l'année suivante, pour quarante-sept livres d'argent, tous les droits qu'il prétendoit avoir sur ce château : et le même jour Geraud et Hugues d'Entraigues, frères, se désistèrent aussi en sa faveur, pour la somme de trois cents sous, de la juridiction et des autres prétentions qu'ils avoient sur la même terre.

Hugues prétendoit percevoir le droit de *leude*, sur toutes les machandises qui étoient exposées en vente, par des étrangers, dans la Cité, comme il le percevoit sans contestation dans le Bourg. Il exigeoit particulièrement un impôt sur les marchands de chandelles, trois fois l'année, aux fêtes de noël, de pâques et de la pentecôte et des autres marchands, aux foires de saint Pierre et de saint André.

L'évêque Vivian contesta ces droits à Hugues, prétendant qu'ils n'étoient dûs qu'aux évêques, en qualité de seigneurs hauts de la Cité, sur cela il fit repousser un jour les gens du comte, qui étoient venus lever ces droits sur des marchands étrangers. Le comte irrité, le cita devant la pape Innocent IV. Mais leurs amis communs leur ayant conseillé de terminer leurs différens par une voie plus douce : ils s'en rapportèrent à l'arbitrage de Guillaume de Lavaur, et Guillaume Vassal, qui ayant fait une enquête, pour savoir si le comte étoit dans l'usage de lever la *leuda* dans la Cité, prononcèrent en 1250, qu'il seroit maintenu en la possession de ce droit, pendant procès, jusqu'à ce que le pape en auroit autrement ordonné.

Comme ce jugement ne regardoit que le possessoire, bientôt après, voulant faire juger le fonds, ils choisirent pour arbitres, Raimond prieur de Millau, archidiacre d'Agen, chapelain du pape, et Raimond de Saint-Beauzéli, official de Rodez, lesquels maintinrent définitivement le comte, en 1253, et l'autorisèrent à lever à perpétuité ledit droit de leude sur le bois, le sel, le fromage, l'huile, les cuirs, la laine, les pourceaux en vie, et les lards ou pourceaux salés; lorsque ces marchandises seroient mises en vente, par gens étrangers et non domiciliés dans la ville : avec la réserve expresse, que si le comte prouvoit dans deux mois, qu'il avoit coutume de lever ce droit sur d'autres marchandises, il y seroit aussi maintenu : clause qui donna lieu dans la suite, à beaucoup de démêlés.

Le comte Hugues avoit épousé, en 1230, Isabeau de Roquefeuil, fille et héritière de Raimond, baron de Roquefeuil, et de Dauphine de Turenne.

Par ce mariage, la baronnie de Roquefeuil et de Mevrueys, sur le Larzac, ainsi que la vicomté de Creyssels près de Millau, furent unies au comté de Rodez. En 1246, Raimonde de Roquefeuil, sœur d'Isabeau, se déclara payée de tout ses droits sur ces baronnies, en présence de Bernard de Levezon, de Bernard Sicard, juge du comté de Rodez, de Pierre-Jourdain de Creyssels, de Falcon de Camboulas, de Guillaume de Verières, d'Aldeguier de Rodez, de Pierre de Mostéjoul, de Pierre de Foulquier, de Bernard d'Azemar, d'Arnaud de Cocural, de Jean de Pouzols, etc.

Mais dans la suite, les descendants d'un puiné de la maison de Roquefeuil, ayant formé des prétentions sur cette baronnie, les comtes, par accommodement, furent forcés en 1362, de les laisser rentrer en possession du château de Roquefeuil et d'une partie des revenus en dépendans.

Hugues eut de son mariage avec Isabeau, 1.º Henri qui lui succéda. 2.º Alis, religieuse de Nonenque. 3.º Delphine qui épousa Messire Pierre Pelet, sieur d'Aleth, auquel elle apporta en dot six cents marcs d'argent. 4.º Valburge, qui fut mariée avec Guillaume de Randon de Castelnau, sieur de Luc, avec sept cents marcs d'argent. 5.º Alisette ou Alzayette qui épousa Amaury, vicomte de Narbonne, et qui eut pour dot deux mille deux cents marcs d'argent. Son fils Amaury de Narbonne, sieur de Talayran, fut dans la suite gouverneur du comté de Rodez, pendant la minorité du comte Jean I : et on lui donna pour supplément de légitime de sa mère, le lieu et mandement d'Agen, la quatrième partie du lieu de Prades, et du Pont-de-Salars, une partie du lieu de Canet, les villages de Belvezet et de Puech-Testés, avec justice jusqu'à soixante sous.

La comtesse Isabeau de Roquefeuil, institua héritiers par égale part, son fils Henri, et sa mère Delphine de Turenne. Mais celle-ci disposa dans la suite de sa portion, en faveur de Henri, qui, par ce moyen, réunit l'hérédité entière. Isabeau légua cinq mille sous melgoriens à chacune de ses filles. Elle fit, selon l'usage du temps, une infinité de legs particuliers, aux ecclésiastiques, aux églises et aux monastères. Il n'y eut presque pas de couvent du Rouergue, ni du Languedoc, qui ne se ressentît de ses pieuses libéralités.

Hugues se sentant près de la fin de sa carrière, fit aussi son testament à Montrosier, en 1271. Il nomma pour héritier son fils Henri, qui lui succéda au comté de Rodez. Il substitua ses biens en faveur de ses filles, de leurs descendans, d'Henri de Bénaven son cousin, et de ses autres parents, conformément à l'usage pratiqué dès-lors, par tous les seigneurs qui disposoient de leurs biens.

Ce testament est remarquable par la singularité des legs qu'il fait aux églises du pays, après avoir choisi l'église de Nonenque, pour sa sépulture, selon la coutume des seigneurs de ce temps-là, qui demandoient ordinairement à être ensevelis dans quelque monastère, il donne aux religieuses de ce couvent, trois cents sous melgoriens pour des chemises ; à Notre-Dame de Rodez, deux cents sous ; aux Cordeliers de Rodez, pour leur église, cinq cents sous ; pour des tuniques, cinq cents sous ; à ceux de Millau, mille sous ; aux Frères de la Pénitence de Millau, pour la fabrique de leur église, deux cents sous melgoriens, et pour des tuniques, cent sous ; aux Carmes de Millau, dix livres melgoriens, pour la construction de leur église, et cent sous pour des tuniques ; aux Moines de Bonneval, trois cents sous pour la pitance ; aux Moines de Bonnecombe, trois cents sous pour la pitance ; à ceux de Sylvanès, cent sous pour la pitance ; à chacune de vingt femmes pauvres, originaires ou habitantes de sa terre, cent sous rodanois pour les marier ; à certaines églises pauvres du diocèse, au choix des gardiens de Rodez et de Millau, cinquante livres ; aux religieuses du monastère Saint-Sernin, cent sous pour la pitance ; aux Moines de Conques, trois cents sous pour la pitance ; aux Moines blancs de Beaulieu, deux cents sous pour la pitance ; aux Moines de Vabres, cent sous pour la pitance ; aux Frères de *Combarom*, cent sous ; aux Frères du Salvage, cent sous ; à chacun des sept Hermites du diocèse, cinquante sous, pour leur vestiaire ; à la fabrique de l'église de Saint-Amans, cent sous ; aux religieuses du Buis d'Aurillac, cent sous de Clermont, pour leur vestiaire ; à la fabrique du monastère d'Aurillac, cent sous de Clermont ; aux Moines de l'abbaye de l'Estang, cent sous melgoriens, pour leur pitance ; une aumône en pain, aux pauvres du Bourg et à ceux de ses châteaux de Bozoul, de Salles, de Rodelle, de Marsillac, de Montrosier, de Ségur, de Trépadou, de Créyssels, de Camboulas, d'Estaing, du Mur-de-Barrez, de Carlat, de Montezic, de Saint-Christophe et de Cabrespines.

Il veut que le jour de cette charité, tous les ecclésiastiques desdits châteaux et des environs, soient invités à célébrer pour le repos de son âme ; qu'il leur soit servi à manger et à boire à eux et à leur suite, et qu'il leur soit fait une offrande en argent, savoir trois sous aux prêtres, deux sous au diacres, et douze deniers aux autres clercs.

Il assigne pour le payement de tous ces legs, les revenus du péage et de *Lestrade* (grand chemin) de Bozoul, de Rodelle, de Montrosier, de Millau et de Prades.

Il fonde des chapelles, au château de Rodelle, à Muret, à Mural, à Nonenque, à Bonneval (1), ect.

Il nomme pour ses exécuteurs testamentaires, *son bien-aimé et féal* Boson du Monastier, gardien de Rodez, Frédéol de Follaquier, ou Foulquier chanoine de Mende, et Bernard d'Estaing. Il nomma et stipendia un avocat, qu'il chargea, selon l'usage des grands seigneurs de ce temps-là, de défendre après sa mort, la cause des pauvres, qu'il pourroit avoir lésés de son vivant.

HENRI II.

Henri II, qui du vivant de son père, prenoit le titre de vicomte de Creyssels, et de baron de Meyrueys et de Roquefeuil, parce qu'il avoit été nommé l'héritier d'Isabeau de Roquefeuil, sa mère, succéda à Hugues I" en 1274 ; et fut solennellement couronné selon l'usage, à la fin de la même année.

Henri se maria trois fois. Avant la mort de son père, il avoit épousé Marquèse de Baux, fille de messire Barral de Baux, famille illustre de Provence, qui donna des rois à Arles, et qui avoit la ridicule prétention de descendre d'un des rois mages qui furent adorer Jésus à Bethléem, conduits par une étoile. C'est pour cela, qu'ils s'armoient de gueules *à l'étoile d'or*. Le contrat fut passé à Pescaire en Italie, et Dordé de Canillac, en qualité de procureur fondé, épousa Marquèse, au nom de Henri.

De ce mariage sortit Isabeau, qui fut promise à Robert de France, cinquième fils de saint Louis, dauphin d'Auvergne et comte de Clermont ; mais le pape ayant refusé une dispense de parenté, ce mariage n'eut pas lieu, et Isabeau épousa Gerfroi, seigneur de Pons et de Ribeyrac, et vicomte de Turenne. Après la mort de Marquèse de Baux, Henri épousa en secondes noces, Mascarone de Comminges, fille de Bertrand, comte de Comminges, laquelle eut pour dot, quarante mille sous morlanois. Le contrat de mariage fut passé dans l'église de l'Ile en Albigeois ;

---

(1) Pour cette dernière, son fils assigna en 1299, certaines rentes situées au village de Bessades, alors de la paroisse de Cabresprines, à condition qu'on entretiendroit une lampe qui brûleroit nuit et jour, dans la chapelle, qui seroit construite dans ce monastère.

car, dans ce temps-là, les accords de mariage se faisoient dans l'église.

Cette seconde épouse donna à Henri trois filles. La première, Béatrix, épousa Bernard de Latour d'Auvergne, dont un fils servit d'ôtage dans la suite pour le roi Jean, lorsqu'il fut délivré de sa prison.

Les deux autres, Cécile et Valburge, furent mariées le même jour en 1298, avec deux frères de la maison d'Armagnac, Bernard et Gaston. La première eut dix mille livres tournois, et la seconde cinq mille, avec promesse d'augmentation de trois mille livres pour la première, et de deux mille pour la seconde, si elles avoient des enfans mâles. Henri donna pour cautions et garans de ses promesses, Raimond Pelet, sieur de Caumont, chevalier, Amaury de Narbonne, Henri de Bénaven, Gui d'Estaing, baron de Sebrazac, Henri de Balaguier, sieur de Villeneuve, Pierre de Panat, Arnaud de Landorre, sieur de Salmiech, Guillaume de Combret, sieur de Broquiès, tous vassaux du comte de Rodez.

Pour ces divers mariages, Henri imposa une taille sur les communautés de ses états, en vertu du droit qu'avoient les comtes et quelques grands seigneurs du pays, dans les quatre cas dont nous avons parlé ailleurs.

Mascarone de Comminges mourut en 1292. Elle avoit fait son testament l'année précédente à Arsac, village près de Rodez, où les comtes avoient un château de plaisance. Elle avoit fait, selon l'usage du temps, des legs à tous les couvens et monastères du Rouergue, sans oublier les septhermites. Elle fut enterrée comme elle l'avoit demandé, dans l'église des frères Mineurs, où l'on a pu voir de nos jours, son tombeau.

Henri se maria, pour la troisième fois, avec Anne de Poitiers, fille d'Aymar de Poitiers, comte de Valentinois, dont il n'eut pas d'enfans.

Peu de temps après son couronnement, Henri reçut l'hommage de la vicomté de Murat en Auvergne, en qualité de vicomte de Carlat. Et il fut sommé lui-même à son tour, de faire hommage de la vicomté de Carlat, au roi d'Aragon en qualité de comte de Millau.

Les anciennes discussions qui s'étoient élevées autrefois, entre l'évêque Vivian et le comte Hugues, et qui sembloient assoupies par la sentence arbitrale de 1253, furent renouvelées avec plus d'aigreur que jamais, par Henri et l'évêque Raimond de Caumont.

Le comte prétendoit que la garde de police des foires, lui appartenoit dans la Cité et dans le Bourg, ainsi que le fossé qui faisoit la séparation du Bourg d'avec la Cité. L'évêque lui contestoit tous ces droits : ce qui donna lieu à des procédés violens de part et d'autre. Geraud de Scoraille, Bertrand d'Alboy, et Garnier de Trémouilles, chevaliers, à la tête des partisans du comte, mirent un jour le feu, à certaines maisons de la Cité dans la rue de la Bullière.

L'évêque, par un abus accrédité par l'usage et par les effets, dans ces siècles de fanatisme et d'ignorance, excommunia ces trois gentilshommes, ainsi que tous les habitans du Bourg, et mit leurs églises en interdit. Le vicaire de l'église cathédrale, en publia la sentence au son des cloches, par ordre de l'évêque, comme on le voit par divers actes des archives du comté (1).

Ces violences ne firent qu'aigrir les esprits. Un jour qu'on tenoit la foire à la porte de l'Évêché, les gens du comte ayant rencontré ceux de l'évêque en armes, à la place des *Oms* (2), ils les attaquèrent, les chargèrent vivement, et en tuèrent plusieurs. Il est aisé de croire que l'évêque ne manqua pas de recourir à ses armes ordinaires. Il excommunia tous les sujets du comte; et lança un second interdit sur l'église et les religieux de Saint-Amans. Le comte appela de ces diverses censures à un certain cardinal de Sainte-Cécile, légat du pape, qui délégua Raimond d'Urbain, secrétaire de l'église de Maguelonne.

En attendant le jugement de ce commissaire, le comte eut recours à l'autorité civile ; il s'adressa au sénéchal de Rouergue, qui le maintint provisoirement dans la jouissance des droits contestés par l'évêque.

Quant aux censures, comme le sacristain de Maguelonne, faisoit trop attendre son jugement, les parties convinrent de s'en rapporter à Bertrand de l'Ile, évêque de Toulouse, qui cassa et annulla l'interdit, comme contraire aux lois de l'église. Sans doute, l'évêque refusa de s'en tenir à sa décision ; car l'année suivante 1277, les consuls et habitants du Bourg, se présentèrent devant Raimond d'Urbain, qui étoit toujours à Rodez pour cette affaire, et lui demandèrent la cassation de l'excommunication prononcée contre eux, et publiée par Hugues Gérard, clerc de la Cité.

Le commissaire prononça enfin une sentence contenant cassation, révocation et absolution de l'excommunication et interdits, lancés contre le comte, consuls et communauté du Bourg de Rodez.

Quant au fonds de l'affaire, l'évêque et le comte s'étoient déjà rendus à Paris, pour en poursuivre le jugement, devant le parlement ; mais leurs amis communs, les ayant déterminés à s'en rapporter à la décision d'Eustache de Beaumarchais, sénéchal de Toulouse et d'Albi, et de l'évêque Bertrand de l'Ile, dont nous venons de parler ; ils choisirent d'un commun accord, ces deux

(1) De 1275, et 1276.
(2) C'est-à-dire, des Ormes, à cause de trois ormes qu'il y avoit. Cette place occupoit le terrain où l'on voit encore la tour, dite des Écoles, près de la porte des Cordeliers.

arbitres, avant de partir de Paris. Leur compromis (1) est daté de la chambre même des audiences du parlement de la chandeleur, au mois de mars 1277.

Les arbitres prononcèrent, de concert avec maître Pierre Martini, et Garnier de Cordoue, jurisconsultes choisis du consentement des parties :

« Que le comte percevroit sans trouble, à perpétuité, dans la cité de Rodez et ses dépendances, le droit de leude, sur le bois, le sel, l'huile, les cuirs, la laine, les fromages, les lards et les cochons vivans, lorsque ces marchandises y seroient mises en vente par des étrangers ; et que les habitans de la ville, en seroient exempts.

» Qu'il pourroit contraindre à payer, ceux qui refuseroient ;

» Qu'il ne pourroit rien exiger des étrangers, ni des habitans, pour le blé, ni pour aucun genre de marchandises, autres que les précédentes :

» Que l'évêque, ni le chapitre ne pourroient établir dans la Cité, une mesure publique, pour le blé ; et que les habitans, ainsi que les étrangers, seroient obligés de se servir de celle qui étoit établie dans le Bourg :

» Qu'on n'entendoit pas préjudicier par cette sentence aux particuliers qui, outre le comte, auroient le droit de percevoir le leude sur le sel ou sur d'autres denrées :

» Que les fossés qui étoient autour des murs du Bourg de Rodez, notamment ceux qui étoient près de la porte du Pas, appartiendroient au comte, et qu'il pourroit en disposer à son gré :

» Que les héraults publics du comte et de l'évêque, ne pourroient exercer leur ministère que dans leur territoire respectif : qu'ils ne pourroient ni l'un ni l'autre, outre-passer une certaine pierre, placée sur la place de Saint-Etienne, près de la *Barbacane* de la porte du Pas :

» Que pour ce qui regardoit la juridiction sur cette place, elle appartiendroit à l'évêque, du côté de la Cité, et au comte du côté du Bourg, jusqu'à ladite pierre ; sans que pour cela il fût permis audit évêque, ni aux habitans de la Cité d'une part : ni au comte et aux habitans du Bourg, de l'autre, de bâtir sur ladite place, ni murs, ni fortifications, ni aucun genre d'édifice, qui pût empêcher de passer librement, du Bourg dans la Cité, et de la Cité dans le Bourg :

» Que l'évêque et le chapitre, n'auroient aucune juridiction temporelle sur les rues qui sont dans l'enceinte des murs du Bourg :

» Que cependant le petit bourg de la place de Saint-Etienne, qui confronte d'un côté avec la rue Neuve, et de l'autre avec la

(1) Il se voit en latin, aux archives du comté.

rue transversale, qui va de la rue Neuve à certaine maison de Raimond Colonda, et de là à la place de Saint-Etienne, appartiendroit à l'évêque, comme ayant été acquis du comte, en son nom, par Arnaud de la Roche, archidiacre de Rodez :

» Que quant au couronnement des comtes, et au cérémonial qui devoit s'y observer, lesdits comtes seroient promus et installés par l'évêque, à la tête de son chapitre, qu'il les recevroit processionellement, et les feroit asseoir sur la chaire destinée aux comtes : que ledit évêque seroit tenu de livrer au comte nouvellement couronné, toutes les tours et fortifications de la Cité, notamment la tour Ronde, qui faisoit partie du palais épiscopal, et le château de Caldegouse : que le comte, de son côté, les lui remettroit trois jours après, dans le même état, et lui rendroit l'hommage accoutumé :

» Que certaines maisons, dont le comte s'étoit emparé dans la rue des frères Mineurs, au-dessus de l'hôpital d'Aubrac, (aujourd'hui l'hôpital général) du territoire de la Cité, seroient cédés à l'évêque : que le comte les remettroit en l'état où elles étoient, quand il les avoit mises sous sa main.

» Que pour ce qui regardoit les autres articles contestés par lesdites parties, lesdits arbitres retenoient et prorogeoient leurs pouvoirs jusqu'à la fête de saint Jean suivante, pour statuer ce qu'il appartiendroient. »

Tel fut le jugement que prononcèrent à Toulouse, l'évêque et le sénéchal de cette ville, le *jeudi après la fête de sainte Luce en 1278*, en présence des abbés de Bonnecombe et de Bonneval, de Bérenger, chanoine de Rodez, d'Hugues Déjan, de Bernard Molinier, et Garnier de Cordoue, jurisconsultes, de Gaucelin de Lagarde, de Bernard, comte de Cominges, de Guillaume Unald, d'Izarn *de Ricis*, d'Archambaut de Panat, d'Arnaud de Marcafaba, de Galtier des Fossés, d'Henri de Bénaven, de Raimond Aymar, de Jordanet de Rabastens, damoiseau, de Bernard, comte d'Astarac, de Guillaume de Nogaret, de Bernard Laurens, et de Dieudonné Fabri, notaire public de Toulouse et d'Albi.

Les parties promirent, par serment, d'observer le contenu de cette sentence, comme elles s'y étoient engagées par leur premier compromis ; et les arbitres, après avoir examiné et fait examiner par les jurisconsultes, les autres points de discussion, en prononcèrent une seconde, dont nous ne rapporterons que les principaux articles (1).

« Nous déclarons, dirent-ils, que la rue du Bal autrement dite des Frères Mineurs, près de la place des *Oms*, est dans les appartenances du Bourg, et par conséquent de la juridiction du comte :

(1) Notes : avertiss. préliminaire.

» Que la rue qui va de ladite porte des Cordeliers (1), à ladite place des Oms, est aussi de la juridiction du comte, jusqu'à certaine ruelle, nommée la Pantarelle ; et le reste depuis ladite ruelle, de la juridiction de l'évêque :

» Nous ordonnons cependant que le comte pourra faire conduire par la partie de cette rue, qui est de la juridiction de l'évêque, les criminels condamnés au dernier suplice, pour être exécutés sur la place des Oms, selon l'usage :

» Pour ce qui est du droit de passage, que l'évêque et le comte prétendent pouvoir percevoir sur les bestiaux qu'on conduit dans les pâturages des montagnes du Rouergue ; nous statuons et ordonnons que ni l'évêque, ni le comte n'exigeront plus rien à l'avenir, pour cet objet, ni dans les rues, soit du Bourg, soit de la Cité, ni sur les grands chemins autour de Rodez.

» Nous voulons que l'évêque puisse faire construire des murs, des portes, des remparts, et pratiquer des fossés dans la Cité et dans ses faubourgs et dépendances, pour la clôture de la ville et la sûreté des citoyens, comme il en a le droit, d'après les anciens traités entre les évêques et les comtes.

» Nous déclarons que l'évêque n'est pas fondé à contester au comte le droit de tenir et faire tenir les foires, dans les faubourgs d'Albespeyres (2) et de Saint Cirice, selon l'usage ; quoique ces lieux soient du territoire de l'évêque, etc.

» Prononcé à Toulouse, en présence de Bernard, comte de Comminges, d'Henri de Bénaven, de Guillaume d'Unald, de Guillaume de Viguier, d'Arnaud de Marcafaba, de Garnier de Trémouilles, de Jourdain de Saissac, etc. le samedi après la fête de saint Vincent 1278 ; » c'est-à-dire, suivant le nouveau style 1279 (3).

Cette sentence de l'évêque de l'Ile, et d'Eustache de Beaumarchais, quelque détaillée qu'elle fût, ne termina pas l'affaire. Ces minutieuses contestations se renouvelèrent encore en 1293. L'évêque fâché de ce que les deux marchés de la semaine, se tenoient sur la place du Bourg ; et voyant que la Cité étoit entièrement privée des avantages que les vassaux du comte retiroient du concours des habitans des campagnes, qui venoient vendre leurs denrées, imagina un moyen de transporter ces marchés dans la Cité. Il prit pour prétexte que la place du Bourg avoit été autrefois le cimetière public de la ville, et qu'il étoit indécent de faire servir ainsi les lieux saints à des usages profanes. Il fit donc faire défense par son official, aux habitans du Bourg, de tenir doréna-

(1) Notes, nomb LXXIX.
(2) Ce qu'on appelle aujourd'hui le Foiral.
(3) Notes, Nomb. LXXX.

vant les marchés sur cette place, sous peine d'excommunication.

Le comte craignant que cette menace ne fit impression sur ses vassaux du Bourg, et qu'ils ne fussent attirés insensiblement dans la Cité, avec les habitans des campagnes, pour y tenir le marché, s'adressa au roi, et lui demanda un ordre, pour faire lever les inhibitions de l'official. Le roi écrivit au sénéchal de Rouergue (1), qui fit interdire l'official comme suspect, en qualité de juge de l'évêque, et le prit à partie. La défense fut rétractée, et l'on a continué depuis, à tenir les marchés sur la place du Bourg, comme auparavant. De là vient que le commerce, a toujours été plus florissant sur cette place, que dans les autres quartiers de la ville.

Le comte Henri II fut un des vaillans hommes de son siècle. Il rendit de grands services au roi. Dans les guerres de Flandre, et de Gascogne, contre les Anglois, Philippe le Bel, ayant cité devant son parlement, Edouard, roi d'Angleterre, pour l'hommage des duchés d'Aquitaine et de Normandie, et personne ne s'étant présenté, ces provinces furent mises sous la main du roi, suivant les traités et les lois concernant les grands feudataires de la couronne. Le roi d'Angleterre envoya une armée en Guienne, et Philippe, de son côté, une autre, sous les ordres du comte de Valois.

A cette armée vinrent se joindre tous les grands seigneurs de la Guienne et des provinces voisines. De ce nombre fut Henri II, à la tête des seigneurs et nobles du Rouergue, ses vassaux.

Le sénéchal du Rouergue, qui avoit reçu ordre du roi, d'assembler le ban et l'arrière-ban (2), prétendit que c'étoit à lui de convoquer et de conduire à l'armée, toute la noblesse du Rouergue. Henri s'opposa aux prétentions du sénéchal, et lui ayant fait faire un acte de protestation par son procureur en 1295 (3), il fut forcé de se désister. Ainsi malgré les sommations du sénéchal, les vassaux du comte se rangèrent sous les drapeaux de leur seigneur suzerain.

L'année suivante, Philippe envoya une seconde armée en Gascogne, aux ordres de Robert, comte d'Artois, surnommé le noble et bon prince. Et en 1297, le roi ayant résolu de commander son armée en personne, le comte d'Artois convoqua de sa part, tous les seigneurs de la Guienne, et leur donna ordre de venir joindre le roi à Langon, on voit aux archives du comté, la lettre qui fut adressée à Henri pour cette convocation :

« A haut et noble homme et sage, son très-cher ami spécial,

---

(1) Notes et monum. nomb. LXXXV.

(2) Le ban et l'arrière-ban étoit une sommation que le seigneur suzerain faisoit à tous les vassaux et arrière-vassaux, de se trouver en armes pour son service.

(3) Notes, LXXXVI.

» Monseigneur Henri, comte de Rodez, Robert Coms d'Artoys
» salut et bonne amour.
» Comme li ennemi de monseigneur le roi, ayant assiégié la
» Cité d'Ays (d'Acqs) moult efforciément par mer et par terre...
» nous qui de votre loyauté avons moult grand fiance, et à bon
» broit, spécialement à aidier, et à garder l'honneur, monseigneur
» le roi et son royaume; ainsi comme vous avez fait bien et loyau-
» ment, et à grands travaux et à grands peines, vous mandons dé
» par monseigneur le roi, prions et requérons dé par nous, si ché-
» rement, comme nous poons, plus comme à notre cher ami, que
» vous, si cher comme vous avez, l'honneur de monseigneur le roi
» et la vôtre, vous ayez à trouver à Langon, le jour de la quin-
» zaine de la Magdeleine prochaine ; à tout quanques vous pourrez
» avoir de gens d'armes, de Garnilz, de chevals et armes conve-
» nables, en la manière qu'il appartient à la noblesse de votre
» estat, pour aller lever ledit siège. Et sçachiez que de guagies de
» vous et de vostres gens, dès que vous partirez de vos houstieux,
» jusques à votre retour, nous vous ferons votre gré ; si que vous
» en tenrés pour payés : et ne nous failliez mie. Vous avez notre
» amour à tousjours. Donné le samedi devant la Magdeleine, l'an
» de grâce 1297. »

Pendant cette guerre, le roi prit le comte de Rodez sous sa sauvegarde ; et il lui fit expédier des lettres patentes (1), par lesquelles il mande aux sénéchaux de Rouergue, et de Beaucaire, et au bailli des montagnes d'Auvergne, de faire jouir paisiblement le comte Henri de Rodez, de toutes ses terres et seigneuries, et d'ôter tous les empêchemens qui pourroient lui être donnés au contraire, pour être ledit comte occupé à la guerre de Gascogne, où il étoit employé pour son service.

Après la guerre de Gascogne, dont les détails seroient déplacés ici, Henri partit pour celle de Flandre, et il imposa à cette occasion une taille sur tous ses sujets, sans en excepter même, à cause de l'urgence du cas, ses feudataires nobles, quoiqu'il n'eut pas accoutumé de les y comprendre. Nous avons encore les lettres patentes qu'il envoya d'Arsac, pour cette imposition en 1297, à Gaillard Agasse, chevalier, Guillaume Bournazel, Pierre de Ramés, et Pierre Carrière, ses vassaux, du Bourg de Rodez.

Henri accompagna toujours le comte d'Artois dans ses expéditions militaires ; mais il ne vécut pas long-temps après la guerre de Flandre ; car il mourut en 1303, au château de Gages, qu'il avoit fait bâtir.

Il avoit fait son testament deux années auparavant, à Villers, près d'Aubigni. Il institua pour son héritière, sa fille Cécile, épouse de Bernard d'Armagnac : il légua la vicomté de Carlat, à Isabeau qu'il avoit eue du premier mariage ; à Béatrix, les baron-

(1) Datée du dimanche après la fête saint Michel 1297.

nies de Saint-Christophe et de Scoraille en Auvergne, avec deux cents livres de rente, sur le comté de Rodez; et à Valburge, la vicomté de Creyssels, avec la baronnie de Roquefeuil et de Meyrueys, à la charge toutefois de la substitution, en faveur de Cécile et de sa postérité; clause qui fit rentrer dans la suite, les vicomtés de Carlat et de Creyssels.

Henri avoit encore une fille naturelle, nommée Catherine, qu'il avoit mariée en 1282, avec Raimond de Millau, docteur ès droits de la ville de Millau, à laquelle il constitua cent mille sous melgoriens, et deux cents livres de rente annuelle, qu'il lui assigna sur les péages de Creyssels, du Larzac et des Enfruchs.

Le comte Henri fut enterré à Bonneval, avec la plus pompeuse magnificence. Le convoi étoit composé d'une infinité d'ecclésiastiques, de nobles et de vassaux de toute condition, comme nous l'avons dit en parlant des priviléges des comtes de Rouergue.

Il eut la satisfaction de voir délivrer sous son règne, les habitans du Rouergue, de la servitude à laquelle ils avoient été soumis jusqu'alors. En 1302, le roi envoya trois commissaires dans la province, pour donner la liberté à *ses hommes de corps*, et pour inviter les seigneurs du pays à en faire de même à l'égard des leurs.

Henri II fut le dernier comte de la postérité de Richard de Millau : en lui finit la ligne masculine de cette illustre famille, une des plus anciennes et des plus distinguées qu'on connût dans ce temps-là, et qui avoit occupé le comté de Rodez, pendant deux cents ans.

Comtes de Rodez. Seconde famille.

BERNARD D'ARMAGNAC.

Henri II n'ayant point laissé de postérité masculine, Cécile sa fille et son héritière, épouse de Bernard d'Armagnac, lui succéda; et le comté de Rodez, passa par ce mariage, dans cette famille déjà illustre depuis plusieurs siècles.

Cécile, quoique nommée héritière par son père, devoit naturellement s'attendre à des contestations de la part de ses sœurs, à qui elle avoit été préférée quoique cadette. Aussi, à peine avoit-elle pris possession du comté de Rodez, qu'Isabeau son aînée, présenta requête au roi Philippe le Bel « aux fins d'être reçue à » lui faire hommage de la comté de Rodez, comme lui étant due par droit d'aînesse » (1). Cécile lui opposa le testament de leur père commun, d'après lequel ce comté devoit lui appartenir de plein droit.

(1) Les comtes de Rodez, ne rendoient cet hommage au roi, que depuis la réunion du comté de Toulouse à la couronne.

Le roi les renvoya devant sa cour du parlement de Paris (1). Isabeau fit valoir ses raisons et soutint « qu'il étoit d'usage et de coutume, quand aucun cuens (comte) ou baron muert audit pays de Rouergue, et laisse plusieurs fieux ou filles, ly aîné fieux, ou aînée fille, là où n'y a hoir masle, vient ou doibt venir pour le tout, à la succession de ladite duché, comté ou baronnie, et tout lui appartient.

» Mesmement comme duchés, comtés ou baronnies sont indivisibles, elles sont deues, pour raison de la première engendrance, à l'aîné ou à l'aînée, au cas dessus dit :

» Item qu'il est d'usage et de coutume du pays et des lieux, desquieux question est, de la sénéchaussée de Rouergue, et des lieux voisins, de long-temps appreuvée et gardée, que quand aucun cuens, duc ou baron muert, et qu'il laisse plusieurs enfans, s'il muert en testament ou sans testament, ly aîné doit parvenir à la succession de ladite comté ou duché, spécialement de la graigneur et dignité d'icelle. »

Le parlement, après avoir fait une enquête pour constater l'usage du pays de Rouergue, concernant l'ordre qu'on avoit coutume d'observer, dans la succession des filles, au défaut d'hoirs mâles, et examiné le testament de Henri, qui donnoit à Cécile le comté de Rodez dans toute son étendue, depuis la rivière du Tarn, jusqu'à celle de Truère, débouta Isabeau de sa requête et de ses prétentions sur le possessoire, sans cependant rien prononcer sur le fonds et sur la pleine maintenue dudit comté (2) : ce qui fit qu'après la mort de Cécile en 1313, Isabeau intenta procès de nouveau, au comte Bernard d'Armagnac. Se fondant toujours sur les mêmes raisons, elle demandoit la restitution du comté de Rodez, et outre cela les revenus que sa sœur en avoit perçu, depuis le décès de son père (3). Ce procès dura plus de quatre-vingts ans, entre eux ou leurs successeurs ; et enfin il intervint un accord en 1399, entre Bernard, pour lors comte d'Armagnac et de Rodez, et Renaud *sire* de Pons, petit-fils d'Isabeau. Par cet accord, Renaud se démit de toutes ses prétentions sur le comté de Rodez, moyennant la somme de cinq mille livres, pour laquelle le comte lui donna la jouissance du château de Cabrespines.

Béatrix, autre sœur de Cécile, jalouse sans doute, comme Isabeau, de la préférence, qu'on avoit donnée, à sa cadette, l'appela aussi au parlement de Paris, pour une augmentation de dot, et pour l'obliger d'assigner, conformément à la volonté de Henri leur père, certaines terres, pour deux cents livres de rente qui lui avoient été léguées. Ce procès dura aussi plusieurs années, même après la mort de Cécile. En 1327, le parlement de Paris,

---

(1) Notes, nomb. LXXXVIII.
(2) Cet arrêt se voit dans plusieurs manuscrits à Rodez.
(3) Notes, nomb. XC.

commit Amaury de Narbonne et Arnaud de Castelnau, qui assignèrent en toute propriété pour ladite rente de deux cents livres, la ville, château et mandement de Villecomtal (1). Quant à l'autre point du procès, il fut terminé, nous ne savons comment, en 1343, par le pape Clément VI, qui faisoit sa résidence à Avignon.

Anne de Poitiers, troisième femme du comte Henri II, ayant demandé en même temps, la restitution de sa dot, et l'usufruit des terres de Marsillac, de Salles Comtaux, d'Agen et de Gages, dont son mari lui avoit donné la jouissance ; l'affaire, après avoir été long-temps poursuivie au parlement de Paris, fut terminée en 1308, par sentence arbitrale du comte de Forez, qui condamna Cécile, à restituer à Anne de Poitiers, sa dot et son augment, à lui payer une fois seulement trois mille cent livres pour l'usufruit des places de Marsillac, Salles, Agen et Gages, et trois cents livres annuellement, qui lui furent assignées, sur le château d'Entraigues.

Dès que le parlement de Paris, eut prononcé son arrêt contre Isabeau, et que Cécile fut reconnue seule en droit de faire hommage au roi, pour le comté de Rodez ; elle partit pour Paris, en grand équipage, pour s'acquitter de ce devoir.

De retour dans ses états, elle y fit le bonheur de ses vassaux, par sa sagesse, par ses vertus, par des concessions utiles, et par des règlemens pleins de prudence, qu'elle fit en faveur des Ruthénois.

En confirmant les priviléges des habitans du Bourg, pour se concilier les esprits qui pouvoient pencher un peu pour ses sœurs, elle leur fit remise du droit d'*albergue* (d'où sont venus les mots auberge, éberger) droit seigneurial, assez commun, qui consistoit à nourrir le seigneur, avec un certain nombre de chevaux et de domestiques, pendant un ou plusieurs jours.

Pour donner une idée de la sagesse et de l'équité de cette comtesse, il suffira de rapporter quelques articles des règlements qu'elle fit, concernant les manufactures, les vivres, la police, les bonnes mœurs, l'administration de la justice, etc.

Elle ordonna « que pour les étoffes qu'on fabriqueroit à Rodez, il serait nommé deux hommes, pour veiller à ce qu'elles fussent faites de bonne laine, qu'elles eussent la largeur requise, qu'elles fussent scellées du sceau du comte ; et que les ouvriers qui seroient surpris en contrebande, seroient punis par la confiscation de leurs étoffes, lesquelles seroient brûlées ou données aux pauvres ;

» Que les vins frelatés seroient confisqués, que les taverniers ou marchands de vin, qui vendroient au-delà du prix marqué, ou qui feroient quelque mixture ou fausse mesure, seroient punis ;

(1) Bertrand de Latour, fils de Béatrix, vendit ensuite cette terre, au seigneur de Vallon.

» Que les bouchers ne pourroient vendre que des viandes saines et nettes, jamais de chèvres, de boucs, ni de truies non châtrées, qu'ils ne pourroient gagner qu'un denier par sou, que les contrevenans seroient punis, et les viandes confisquées au profit des pauvres (1).

» Même règlement pour le poisson ;

» Que ceux qui recevroient chez eux des joueurs, connus pour tels, ou qui leur prêteroient de l'argent, seroient condamnés à une amende ;

» Que les femmes ne porteroient que des robes sans queue : que leurs robes ne descendroient qu'à la cheville : que les femmes de mauvaise vie ne seroient reçues en aucune maison, etc. »

On y voit aussi différens règlemens sur l'administration de la justice, et concernant la taxe des droits qu'on pourroit exiger pour les écritures. Ce détail s'étend jusqu'au nombre des lignes et des mots que chaque page doit contenir.

En même temps que Cécile faisoit ces règlemens, pour ses vassaux du Bourg, l'évêque Pierre de Pleine-Chassaigne en faisoit de son côté en 1307, pour les habitans de la Cité. Ces règlemens ont tant de rapport ensemble, qu'on a tout lieu de croire qu'ils ont été faits de concert. L'évêque, comme Cécile, fait diverses ordonnances, concernant l'administration de la justice, les joueurs, les jeux publics, les vêtemens des filles et femmes publiques, les poids, les mesures, les aunages, les cabarets et auberges, les boucheries, le prix et la qualité des viandes, les moulins, les droits de mouture, les fours, etc.

Cécile établit aussi un poids public, où les habitans étoient tenus de faire peser leurs blés et leurs farines, en payant un denier par setier. Les émolumens qui en provenoient, devoient être employés aux réparations des ponts et des chemins publics. Les consuls qui tenoient ce poids des comtes, étoient obligés de lui en faire hommage, et de lui payer une paire de gans blancs, à chaque fête de noël.

Elle permit aussi aux consuls, de bâtir un hôtel de ville, et confirma à la communauté, la faculté d'élire ses consuls.

Rodez ne jouit pas long-temps de sa vertueuse et sage comtesse. Elle mourut en 1312, laissant deux enfans, Jean et Marthe (2). Par son testament, elle nomma pour son héritier Jean son fils, à condition qu'il porteroit les armes des comtes de Rodez, qui étoient de gueules au léopard lionné d'or ; lui laissant toutefois la liberté de les écarteler dans la suite avec celles d'Armagnac (3) lorsqu'il seroit en possession du comté.

Elle fonda, selon l'usage du temps, et de ses aïeux, plusieurs chapelles dans ses châteaux de Montrosier, de Trépadou, de

(1) Notes, nomb. LXXXIX.
(2) Marthe fut mariée avec Bernard, sire d'Albret.
(3) La maison d'Armagnac portoit d'argent, au lion de gueules.

Gages, d'Ayssènes, etc., et une autre à l'hôpital Saint-Georges de Bozoul, dépendant d'Aubrac. Ses exécuteurs testamentaires furent le comte son mari, Bernard de Cennaret, dom, d'Aubrac, Arnaud de Landorre, Amaury de Narbonne-Talayran, le prieur des Jacobins, et le gardien des Cordeliers.

Elle fut enterrée dans l'église des Frères-Mineurs, où elle avoit élu sa sépulture ; et lorsque ces religieux eurent rebâti leur église, son corps, ainsi que celui de Mascarone de Comminges sa mère, et les autres de la famille des comtes, y furent transférés, après la consécration de ce nouvel édifice, en 1325.

JEAN D'ARMAGNAC I.

Jean d'Armagnac, fils et héritier de Cécile de Rodez, et de Bernard, comte d'Armagnac, étoit encore fort jeune, lorsque sa mère mourut. Il eut pour administrateur du comté de Rodez, Bernard son père, qui pour les frais de cette administration, emprunta quinze cents florins d'or, du cardinal de Mostuéjoul, évêque de Saint-Flour (1).

Dans ce temps-là, l'évêque Pierre de Pleine-Chassaigne, renouvela les anciennes contestations, au sujet de la police des foires, qui avoit été attribuée au comte, par arbitrage, en 1278. Cet évêque prétendoit qu'elle lui appartenoit, lorsque les foires se tenoient dans la Cité ; et en conséquence, il envoyoit ses gens armés, pour y maintenir l'ordre et punir les délinquans.

En 1315, aux approches de la foire de saint Pierre, qui devoit se tenir à la place d'Albespeyres, près du faubourg Sainte-Marthe, dans le territoire de la Cité, chaque partie se mit en devoir de soutenir ses prétentions, par la force des armes. Le chapitre et les habitans de la Cité, appuyoient les intérêts de l'évêque ; ceux du Bourg, étoient pour le comte ; de sorte que toute la ville étoit divisée en deux factions également acharnées l'une contre l'autre.

L'évêque qui faisoit ordinairement son séjour à la cour d'Avignon, se trouvant absent, son vicaire général envoya à la foire, un grand nombre de soldats armés, avec ordre de se défendre en cas d'attaque.

Le comte Bernard, informé de cet armement, se mit aussi en défense, de son côté. Il étoit alors dans son château de Salles-Comtaux, où il avoit assemblé les états de la province, pour délibérer sur les préparatifs à faire pour la guerre de Flandre, à laquelle il avoit été mandé par Louis Hutin. La noblesse et les troupes de son comté d'Armagnac, s'étoient déjà rendues à Salles, et y attendoient son départ, lorsqu'il apprit ce qui se passoit à Rodez. Il y envoya aussitôt Guillaume de Moncade, à la tête d'un

(1) Le comte Jean rendit cette somme en 1337, à Marquès de Mostuéjoul, héritier du Cardinal.

détachement de ses soldats Gascons, qui s'étant joints avec les habitans du Bourg, attaquèrent les gens de l'évêque, qu'ils trouvèrent retranchés au faubourg Sainte-Marthe. Ceux-ci se défendirent long-temps avec beaucoup de courage ; mais enfin voyant plusieurs de leurs compagnons, étendus morts sur le champ de bataille, ils prirent le parti de se barricader dans une tour de ce faubourg. La troupe du comte les y assiégea, et fit tous ses efforts pour les forcer de se rendre ; voyant qu'elle ne pouvoit pas y réussir, elle mit le feu à la tour. Plusieurs des assiégés y périrent dans les flammes, et les autres furent obligés de passer à travers le feu, pour se sauver. Il n'y eut cependant que quinze à vingt morts et quelques blessés.

L'évêque instruit de l'événement, se rendit en diligence à Rodez, et il lança aussitôt sur le comte et ses vassaux, toutes les censures, interdits et excommunications qui furent en son pouvoir. Ce qui mérite d'être remarqué, c'est que ces anathèmes furent étendus non-seulement sur le comte, et les habitans du Bourg ; mais encore sur tous les parens et alliés du comte, en quelque pays qu'ils habitassent : de manière qu'Amalric de Narbonne, ayant passé par hasard en Rouergue, pour se rendre à la guerre de Flandre, il fut arrêté par le sénéchal du pays, avec toute sa suite, comme excommunié par l'évêque. En même temps son grand vicaire poursuivoit vivement l'information qu'il avoit entamée, devant le juge de l'officialité.

Ce démêlé en entraîna beaucoup d'autres, particulièrement sur la juridiction, et les bornes du territoire de l'évêque et du comte. La noblesse du pays, craignant pour eux les suites d'un procès immense, qui s'entamoit avec beaucoup d'aigreur de part et d'autre, fit ses efforts pour les amener à des voies de conciliation. Elle réussit enfin à leur faire soumettre à des arbitres, leurs prétentions respectives. Ils choisirent Guillaume, évêque de Mende, un des plus habiles jurisconsultes de ce siècle, dont on conserve encore des ouvrages précieux sur le droit.

Ce prélat, après avoir ouï et pesé les raisons des parties, prononça sa sentence : et pour prévenir toute nouvelle contestation à l'avenir, il établit une cour commune qu'on nomma Paréage, à laquelle ressortiroient toutes les affaires des deux communautés du Bourg et de la Cité. Par ce moyen, il réunit la juridiction temporelle de l'évêque, avec celle du comte ; et il termina pour toujours des discussions scandaleuses, qui se renouveloient auparavant, pour les sujets les plus minutieux.

« Nous prononçons et ordonnons, dit-il, au sujet des discussions mues entre révérend père en dieu, Pierre, patriarche de Jérusalem, légat du pape dans les pays d'outre-mer, évêque de Rodez, du consentement de son vénérable chapitre, tant pour lui que pour ses successeurs, vassaux et sujets, d'une part : et haut, puissant et magnifique seigneur, Bernard, par la grâce de dieu, comte d'Armagnac et de Fézenzac, père et légitime administrateur de noble et puissant damoiseau, Jean comte de Rodez, fils de la comtesse Cécile, d'illustre mémoire, etc., d'autre part; de l'avis d'Albert de Roye, chanoine de Noyon, et de Pons d'Omeillac, chevalier, docteur ès lois, conseiller du roi, commissaires nommés par ledit seigneur roi, pour la réformation de la sénéchaussée de Rouergue; et du conseil de Pierre de Ferrières, chevalier, sénéchal de ladite province:

» Qu'il sera distribué une somme de mille livres tournois, aux veuves, enfans ou autres parens de ceux qui ont été tués au faubourg Sainte-Marthe, à la dernière foire:

» Que les maisons incendiées, ruinées ou endommagées, audit faubourg Sainte-Marthe, seront réparées et remises en l'ancien état, le tout au frais et dépens de la partie qui sera condamnée par cette présente sentence:

» Que l'interdit jeté sur le Bourg sera suspendu, jusqu'à la fête de pentecôte prochaine afin qu'on puisse exécuter dans cet intervalle ce que nous venons d'ordonner, pour la réparation desdits homicides, incendie et dommages:

» Que la garde et la police des foires, et tout ce qui y a rapport, la justice haute et basse, et tous autres droits de supériorité et de juridiction sur le Bourg, la Cité et les lieux adjacens, dans l'étendue des paroisses de Notre-Dame, de Saint-Martin, de Saint-Félix, de Saint Amans, de Sainte-Catherine et de Saint-Naamas (depuis la Magdelène); que toutes les amendes, oblations, leudes, profits et revenus quelconques appartiendront dorénavant à l'évêque et au comte par égale part:

» Qu'ils en feront faire la régie et exploitation par des officiers communs, en leur nom commun, et à leur profit commun.....(1):

» Que pour compenser le comte, du profit des foires, du sceau et des leudes, dont ils jouissoit seul auparavant, et qui sera commun à l'avenir, l'évêque sera tenu de lui céder, d'ici à la pentecôte prochaine, des avantages équivalens et suffisans, ainsi qu'il sera jugé par nous, et en attendant ladite compensation, le comte jouira des revenus du château de Salles-Curan:

» Que les trois ormes de la place où se font les exécutions de la haute justice, sur les limites du Bourg et de la Cité, seront coupés incontinent; et qu'il sera assigné un autre lieu convenable et commun, pour l'exécution et l'exposition des criminels:

» Que l'évêque et le comte nommeront en commun, un bailli et un juge qui connoîtront des causes civiles et criminelles, tant de la Cité que du Bourg, et autres lieux ci-devant mentionnés. Lesquels et autres officiers inférieurs, qui pourront être choisis, rendront la justice et feront toutes leurs fonctions, au nom com-

---

(1) On omet plusieurs articles peu intéressans, dont certains ne sont d'ailleurs qu'une répétition ou une suite des précédens.

mun de l'évêque et du comte ; observant toutefois les libertés, franchises et coutumes des habitants du Bourg et de la Cité.

» Prononcé par nous Guillaume, évêque de Mende, et comte de Gevaudan, sur le *Pui* (monticule) d'Albespeyres, près du nouvel oratoire, situé dans la paroisse de Notre-Dame de Rodez ; l'an 1316, le 31 mars. »

On voit à la suite de cette sentence, la ratification qu'en firent l'évêque Pierre de Pleine-Chassaigne, le comte Bernard ; et Guiraud de Salomon, chanoine député du chapitre. Les parties promirent par serment de s'y conformer et de l'observer dans tous ses points. L'évêque et le comte donnèrent pour garans et cautions de leurs promesses, Brenguier d'Arpajon, seigneur de Caumont, Raimond d'Estaing, Arnaud de Landorre, Jean de Morlhon, chevaliers ; Amaury de Narbonne, sieur de Talayran, Etienne des Albarets, Geraud d'Arjac, Bertrand, sieur de Benaud, Guillaume de Creyssels, Henri de Château-Marin, et Raimond de Pruines (1).

En exécution de cette sentence, Pierre de Pleine-Chassaigne et Bernard d'Armagnac nommèrent pour bailli, Raimond de Pruines, damoiseau, et pour juge, Pierre de Peysserol. Mais l'évêque et le comte, ne pouvant pas s'accorder dans la suite, pour cette nomination ; ils convinrent à l'amiable, en 1339, que chacun auroit son juge et ses officiers particuliers, et que quant aux autres articles concernant le paréage, ils auroient toute leur force, suivant leur teneur. Depuis ce temps-là, le comte et l'évêque nommèrent chacun leur juge, jusqu'à ce que la justice du Bourg fut réunie au sénéchal.

Bernard, comte d'Armagnac, père de Jean, mourut en 1319 ; et comme son fils n'avoit encore que douze ou treize ans, il lui laissa pour tuteurs et administrateurs de ses biens, Roger d'Armagnac, vicomte de Manhoac, son oncle, depuis archevêque d'Auch, et Amaury de Narbonne ; le premier, pour les comtés d'Armagnac et de Fézenzac ; et le second, pour le comté de Rodez.

Cette même année, le sénéchal de Rouergue ayant publié le ban et arrière-ban, pour la guerre de Flandre, et sommé la noblesse de Rouergue de s'y rendre ; Almalric de Narbonne protesta pour son pupille, qu'il ne pouvoit ni ne devoit être compris dans le ban du sénéchal, et que lui seul avoit le droit d'assembler et de conduire à l'armée, la noblesse de son comté.

Peu de temps après, en 1321, il y eut une protestation pareille contre les officiers du roi, de la part de tous les vassaux du comté de Rodez, qui déclarèrent qu'ils n'étoient tenus d'obéir qu'à leur comte. C'est ainsi que commençoit à se fomenter cette

(1) Notes et monum. nomb. XCVI.

résistance aux ordres du roi, qui causa dans la suite tant de maux aux Rouergue (1).

Jean se maria en 1324, avec Régine de Gout, fille et héritière de Bertrand de Gout, vicomte de Lomagne et de Hautvillar, neveu du pape Clément V, famille très-riche qui fondit depuis dans celle de Duras.

Régine mourut l'année suivante, et quoiqu'elle n'eût point d'enfans, elle donna par son testament, au comte Jean son mari, les vicomtés de Lomagne et de Hautvillar, avec toutes ses autres terres qu'elle avoit eues de l'hérédité de son père, dans le Basadois, l'Agenois, la Gascogne, le Périgord, et la Provence.

Les biens immenses de Jean, la puissance l'ancienneté et la splendeur de sa famille, son âge et ses qualités personnelles, lui donnèrent droit d'aspirer aux plus brillantes alliances : aussi se remaria-t-il en 1227, avec Béatris de Clermont, comtesse de Charolois, princesse du sang royal de France, fille de Jean de Clermont, petit-fils de saint Louis. Par les accords de ce mariage, qui furent réglés, en présence du roi Charles le Bel, il fut arrêté que les biens de ladite demoiselle de Clermont, ne pourroient en aucune manière, passer dans la maison d'Armagnac, à moins aux enfans qui proviendroient dudit mariage (2).

Le comte Jean se distingua dans les guerres de son temps, sous les règnes de Philippe de Valois et du roi Jean, qui dans leur lettre le qualifioient de leur *très-cher et féal cousin*. Les trésoriers des guerres lui donnoient en même temps dans leurs états de dépenses, le titre de *noble et puissant prince monseigneur le Comte d'Armagnac*.

On peut voir, par une quittance qu'il fit au roi en 1351, le nombre de gentilshommes qui servoient alors sous ses étendards. « Nous avons reçu, dit-il, pour les gages de douze chevaliers Bannerets, quarante-huit chevaliers bacheliers, deux cents quarante écuyers, deux cents hobergeons, deux cents sergens à cheval, etc. qui ont servi ès quartiers de Normandie, la somme de neuf mille cinq cents dix livres tournois. »

Les alliances brillantes de sa famille, prouvent également la haute considération dont il jouissoit : sa sœur avoit épousé le *sire* d'Albret, un des ancêtres de Henri IV ; et dans la suite il maria sa fille Jeanne, avec Jean, duc de Berri, fils du roi Jean, et Mathée avec dom Jean d'Aragon, duc de Gironne, fils aîné du roi d'Aragon, et son successeur à la couronne.

Il paroît par plusieurs lettres qu'on voit aux archives du comté, qu'il étoit en grande relation avec le pape Clément VI. Il ordonna en 1342, à son sénéchal Guillaume de Scoraille, d'assurer à Guillaume Rogier, chevalier, seigneur du Cambon, frère de ce

(1) Notes, nomb. XCIV.
(2) Notes et monum. nomb. XCIII.

pape, une pension de deux cents livres, sur son château de Parizot.

On voit dans un acte passé devant Corneti notaire, en présence de Jean de Gozon, damoiseau, et de plusieurs chevaliers, que le comte Jean transigea en 1363, avec Gui de Sévérac, au sujet d'une forteresse que noble Pierre Guitard faisoit bâtir au village de Luganhac (1).

Nous ne rapporterons pas ici tout le détail des guerres, dans lesquelles le comte Jean d'Armagnac se distingua par son courage, et sa fidélité au roi.

Il se trouva, à l'âge de vingt-deux ans, avec toute sa noblesse d'Armagnac et de Rouergue, à la fameuse bataille de Cassel, en 1328, où les Français défirent complétement les Flamans, et en laissèrent près de vingt mille sur le champ de bataille. Pour les frais de cette expédition, il avoit imposé une taille sur les habitans du Bourg; mais sur les représentations qu'ils lui firent, que les impôts excédoient leurs facultés, il leur en fit remise, ce qui le fit surnommer *le Bon*; titre dont il se rendit digne de plus en plus, dans la suite, par la douceur et la bonté avec laquelle il traita toujours ses sujets.

S'étant enfermé en 1340, dans la ville de Saint Omer, pour la défendre contre les Anglois et les Flamans qui l'assiégeoient; il fit un jour une sortie si vigoureuse contre les assiégeans, qu'il les mit en déroute, en tua trois mille, et leur enleva leurs tentes et leur bagage, qu'ils abandonnèrent, pour fuir plus promptement.

Dans la trève qui fut conclue en 1341, à la suite de cette guerre, le roi le nomma pour un de ses plénipotentiaires, avec le roi de Bohême et le comte de Savoie.

La guerre de Flandre n'étoit pas encore terminée, lorsque les Anglois attaquèrent l'autre extrémité du royaume, et se mirent à ravager la Guienne. Le roi y envoya son fils, duc de Normandie, avec une puissante armée. On lit dans Froissard, que ce prince passant par le Rouergue, trouva le comte d'Armagnac qui l'attendoit avec de belles troupes, et il se rendit avec lui à Toulouse. Le comte suivit par-tout ce prince, depuis si célèbre par sa prison en Angleterre, lorsqu'il fut roi. Il se trouva avec lui, à la fameuse bataille de Crécy, où la France perdit toute la fleur de sa noblesse, et de là au siège de Calais, où nos armes ne furent pas plus heureuses. Quelque malheureuse qu'eut été cette campagne, le duc de Normandie se loua beaucoup des services que le comte d'Armagnac lui avoit rendus; et en récompense, il lui donna quatre deniers pour livre, sur les impositions royales du comté de Rodez, de la vicomté de Creyssels, et de ses autres domaines de Rouergue, avec le gouvernement du Languedoc, et

(1) Essai général, par Lavaissière.

de toute la partie de la Guienne, qui n'étoit pas sous la domination des Anglois.

Malgré le zèle ardent que le comte Jean I montra toujours pour les intérêts du roi et de la patrie, ce qui sembloit devoir absorber tout son temps et ses soins; il ne négligea pas les affaires particulières de sa famille et de ses domaines. Sa vigilance s'étendoit à tout. Il fit construire en 1339, le pont de la Mouline (1), et l'évêque Gilbert de Cantobre, afin d'en presser la construction, accorda des indulgences aux ouvriers qui y travailloient. Il fit rentrer dans le domaine du comté de Rodez, la baronnie de Bénaven, qui en avoit été démembrée, cent cinquante ans auparavant, en faveur de Henri de Rodez, fils du comte Hugues III.

Quoique Jean d'Armagnac fut possesseur de biens immenses, ses revenus suffisoient à peine aux dépenses excessives que la guerre, l'établissement de sa famille, et ses malheurs particuliers lui occasionnèrent.

Ayant été fait prisonnier en 1334, par le comte de Ferrare en Italie, sa rançon fut taxée à vingt-mille *réals* d'or, qu'il fut forcé d'emprunter de Bernard d'Albret son beau-frère.

On assure encore qu'il paya un million pour son rachat, au comte de Foix, par qui il avoit été fait prisonnier en Gascogne, avec un grand nombre de nobles du Rouergue, qui avoient épousé ses intérêts. Ces deux seigneurs avoient depuis longtemps, un procès pendant au parlement de Paris, au sujet de la succession de Gaston de Moncade, seigneur du Béarn. La prise du roi Jean, ayant interrompu, pendant quelques années, le cours de la justice, ils profitèrent de ce temps de désordre, pour vider leurs contestations par une voie plus prompte. Ils se déclarèrent la guerre; et après s'être, pendant quelque temps, pillé et ravagé leurs terres, de part et d'autres, ils en vinrent à un combat décisif dans lequel le comte d'Armagnac fut vaincu et fait prisonnier. C'est alors que le comte de Foix, profitant des malheurs de son ennemi, exigea de lui cette rançon exhorbitante.

Le mariage de ses filles ne lui occasionnoit pas des dépenses moins considérables. Il donna cent cinquante mille francs d'or à Mathée; et à Jeanne, cent mille florins d'or. Il imposa, pour les payer, une taille sur ses sujets du comté de Rodez, suivant l'usage de quelques seigneurs, au mariage de leurs filles. Les trois états de la province, assemblés en 1360, firent la répartition de cet impôt, qui étoit de six mille deux cents quatre vingts florins.(2).

Jean I du nom, comte d'Armagnac et de Rodez, mourut à Beau-

---

(1) Il n'y avoit auparavant qu'un mauvais pont de bois sur l'Aveyron, à l'endroit qu'on appelle *Pont-vieil*, dont les avenues étoient difficiles.

(2) Archiv. de l'hôtel de ville du Bourg. Voy. le rôle de cette imposition, notes, nomb. XCIX.

mont de Lomagne, en 1373 ; et il emporta les regrets de tous ses sujets, dont il s'étoit concilié l'attachement, par son humanité et sa clémence. Pendant son long règne qui dura soixante ans, il fut tour-à-tour l'objet des plus grandes faveurs et des plus grands revers de la fortune. Aucun comte ne fut témoin de plus de révolutions, de troubles et de malheurs, dans la province de Rouergue. Des démélés violens avec l'évêque de Rodez ; une guerre continuelle pour le roi, ou contre ses ennemis particuliers ; les Anglois maîtres de tous les états de sa dépendance, pendant plusieurs années ; l'indiscipline des ecclésiastiques, contre lesquels il fit faire un règlement sévère en 1340 ; la misère du peuple qui étoit accablé par les dépenses de la guerre ; la famine, qui depuis peu avoit attiré à Toulouse plus de vingt mille paysans, dont sept mille étoient morts de faim, dans l'espace de trois mois ; la peste, qui réduisit le Rouergue au tiers de ses habitans en 1348, et les deux années suivantes ; l'apparition d'une comète effrayante, qui sembloit présager ces maux, par les feux menaçans qu'elle darda, pendant trente-huit nuits, en 1329 (1) ; un tremblement de terre qui engloutit, cette même année, plusieurs maisons à Toulouse ; tels furent les fléaux dont Jean I fut le témoin, pendant sa vie.

Au commencement du règne de Jean I, la mort tragique d'un jeune étudiant du Rouergue occasionna à la ville de Toulouse, une affaire dont le récit mérite de trouver place ici.

Le jour de pâques de l'an 1331, plusieurs écoliers de l'université de Toulouse, ayant fait la débauche le matin, se promenèrent ensuite dans la ville, poussant des cris, et frappant des vases de métal et des ustensiles de cuisine qu'ils avoient pris, après leur déjeûner, dans certaine auberge de *Dona Alboïna*. Le tumulte força les capitouls d'interposer leur autorité. François de Gaure, l'un d'eux, escorté de cinq hommes, saisit un de ces perturbateurs au collet, et l'arrêta prisonnier ; aussitôt un jeune clerc de ses camarades, nommé Aimeric de Brenguier ou de Bérenger, fils du seigneur de Villelongue en Rouergue, porta au capitoul un coup de poignard qui lui emporta le nez, les deux lèvres, et une partie du menton. La nuit suivante les capitouls, suivis de deux cents hommes armés, allèrent prendre Bérenger qui s'étoit réfugié dans la maison où demeuroient cinq frères de la maison de Penne en Albigeois, étudians de l'université, comme lui, savoir Ratier, prévôt de Saint-Salvi d'Albi, Fortanier, archidiacre d'Albi, Bernard, archiprêtre, Raimond, chanoine de Tolède, et Olivier, tous bacheliers en droit. Les capitouls, après avoir enfoncé les portes de la maison, se saisirent par force de la personne de Bérenger, des cinq frères de Penne, de plusieurs de leurs compagnons et de leurs domestiques, en tout trente personnes, qu'ils emmenèrent en prison, après avoir mis la maison

(1) Voyez le tableau de la frayeur que causa cette comète à Toulouse ; notes, nomb. XCV.

au pillage. L'official de l'évêque de Toulouse, intervint aussitôt pour demander le renvoi de cette affaire à son tribunal, comme devant être le juge des prisonniers, suivant les lois. Nonobstant sa demande, les capitouls appliquèrent Bérenger, à une rude question, et après lui avoir fait avouer tout ce qu'ils voulurent par la force des tourmens, ils le condamnèrent a être traîné dans la ville, à la queue d'un cheval, à avoir le poing coupé devant la maison de François de Gaure, à être traîné ensuite sur une claie aux fourches patibulaires, et à y avoir la tête tranchée, ce qui fut exécuté le mercredi de Pâques, malgré l'appel qu'il interjeta successivement au viguier de Toulouse, au sénéchal et au parlement.

L'université de Toulouse, porta aussitôt des plaintes de cette violation de ses priviléges et immunités, au pape Jean XXII, qui adressa un bref aux capitouls, pour les exhorter à réparer au plutôt cette faute, ne voulant pas, disoit-il, user dabord de toute son autorité, contre une ville qu'il avoit beaucoup aimée dans sa jeunesse.

Les parens et les amis de Bérenger, ayant agi de leur côté auprès du Procureur général au parlement de Paris, ce magistrat présenta sa requête à la cour, et conclut, tant contre les capitouls, qui avoient violé la sauve-garde spéciale, accordé par le roi aux écoliers de l'université de Toulouse, et qui avoient jugé l'affaire d'un noble, qui n'étoit pas de leur compétence, que contre toute la ville, dont il supposoit que tous les habitans avoient contribué au jugement ou l'avoient approuvé. Il demanda entr'autres, qu'elle fut privée de son consulat ; que ses biens patrimoniaux fussent confisqués, et que les capitouls fussent punis dans leurs personnes.

Le parlement, après avoir entendu les défenses des capitouls, par le ministère du syndic de la ville, considérant que lesdits capitouls avoient été incompétens pour juger Aimeric de Bérenger, et qu'ils l'avoient condamné sans observer l'ordre judiciaire, ordonna par son arrêt du 18 juillet 1335, que le corps dudit Bérenger seroit retiré des fourches patibulaires et qu'il seroit rendu à ses amis, qui lui procureroient la sépulture ecclésiastique ; que la ville de Toulouse fonderoit une chapelle de quarante livres de rente pour le repos de son ame, qu'elle payeroit quatre mille livres de dédommagement à ses parens et à ses amis, qu'elle seroit privée du droit de faire corps et communauté, et que ses biens patrimoniaux seroient confisqués.

Le 7 août suivant, le roi nomma, pour faire exécuter cet arrêt, quatre commissaires, du nombre desquels étoient le sénéchal de Toulouse, et Etienne d'Albret, professeur, depuis pape sous le nom d'Innocent VI.

Ils s'acquittèrent de leur commission avec l'appareil le plus pompeux. Ils se rendirent dans la maison commune, où ils furent introduits par six capitouls qui les attendoient à la porte, ils montèrent sur un tribunal qui avoit été dressé pour eux dans la grand'salle, et firent asseoir les capitouls sur des bancs inférieurs. Là, après avoir fait enregistrer l'arrêt du parlement, ils forcèrent les capitouls, à entendre debout et tête nue, les articles du cérémonial à observer, pour la sépulture de Bérenger.

Le mardi suivant, les crieurs des morts parcoururent toutes les rues, en criant : *O vous tous habitans de Toulouse, hommes et femmes, priez pour Aimeric Bérenger, que vous avez cruellement martyrisé et fait décapiter par le bourreau, contre tout droit et justice*. Après eux venoit un héraut sonnant de la trompette, d'un ton lugubre et enjoignant de la part des commissaires, à tous les pères de famille, sous peine de confiscation de corps, d'assister le lendemain à la cérémonie des funérailles.

Le convoi partit en effet le lendemain mercredi, de la maison commune, précédé de toutes les communautés ecclésiastiques, et de cinq cents pauvres vêtus en deuil, portant des torches, décorées des armes de la famille de Bérenger. Quatre capitouls portant le drap mortuaire, où les mêmes armes étoient peintes. Après eux venoit l'archevêque avec son clergé, et ensuite les autres capitouls, les bourgeois et les pères de famille, deux à deux.

Dès qu'on fut arrivé devant les écoles du droit, où étoient les professeurs et environ trois mille étudians, les capitouls leur présentèrent une humble requête, dans laquelle ils les supplioient de vouloir bien pardonner au peuple de Toulouse, l'injure qu'il leur avoit faite, en violant leurs privilèges. Après quoi ils continuèrent ensemble leur marche vers les fourches patibulaires. Dès qu'on y fut arrivé, tous les Toulousains, de quelque rang et qualité qu'ils fussent, se mirent à genoux, demandant d'un ton lamentable, pardon et miséricorde. Ensuite les capitouls détachèrent eux-mêmes la tête et le cadavre de Bérenger ; et l'ayant mis dans le cercueil, on le porta dans la grand'salle de la maison commune, et de là au cimetière de la Daurade.

Dès que la cérémonie des funérailles fut terminée, les capitouls furent destitués de leur charge, par ordre des commissaires ; et les clefs du capitole, ainsi que celles de la ville, furent confiées au viguier de Toulouse, avec ordre de remplir dorénavant les fonctions dont étoient chargés auparavant les capitouls. Il en coûta dans la suite cinquante mille livres tournois, à la ville de Toulouse, pour recouvrer ses privilèges (1).

(1) Chroniq. de Bardin, conseiller au parlement de Toulouse. Lafaille, Ann. t. I, p. 6). Hist. du Lang. liv. 30.

JEAN II.

Jean I avoit institué héritier son fils Jean, déjà marié avec Jeanne de Périgord, qui lui avoit apporté en dot, cinquante mille florins d'or. Le contrat de mariage avoit été passé le 21 novembre 1359, au Château-Gaillard-les-Rodez, qui étoit alors une petite maison de plaisance des comtes.

Ainsi Jean d'Armagnac, second du nom, surmonté *le comte Gras*, succéda à son père Jean I, surmonté aussi *le Bon* ; car c'étoit alors le siècle des sobriquets, sur-tout chez les grands. Ils servoient à distinguer les divers individus d'une même famille, comme les rois et les princes de même nom. On ne connoissoit guères dans ce temps-là Philippe III, Louis X, Philippe V, Charles IV, etc., que sous la dénomination de Philippe le Hardi, Louis Hutin, Philippe le Long, Charles le Bel. Par une suite du même usage, Jean II, comte d'Armagnac et de Rodez, fut appelé le comte Gras, à cause de son embonpoint ; son père le comte Bon et sa fille Béatrix *la gaie Armagnagoise*, à cause de sa beauté et de sa belle humeur.

Jean II, jusqu'à l'époque de la mort de son père, avoit toujours suivi le duc de Berri, son beau frère, dans ses expéditions militaires, à la tête de douze cents hommes, soudoyés aux dépens du roi. En récompense de ses services, le roi lui donna en 1373, une pension de mille livres ; et en 1375, les quatre châtellenies de Rouergue, la Roque Valsergues, Saint Geniez, la Guiole, et Cassagnes-Begonhez (1).

Le comte Jean II, eût, avec Gaston de Foix, une cruelle guerre dont le principal théâtre fut en Gascogne. Comme les circonstances en sont totalement étrangères à notre sujet, nous nous contenterons de dire qu'elle fut terminée par le mariage de Béatrix, la gaie Armagnagoise, avec le fils du comte de Foix, jeune prince dont la fin fut si tragique (2).

Le comte Jean II ne fit sa première entrée solennelle à Rodez, que le 9 mars 1380. Les consuls de la Cité, Raimond de Cros, Antoine de Resseguier, Raimond Déodat, Jean Tauriac, allèrent au devant de lui, avec ceux du Bourg, à la porte Saint-Martial ; et au moment où il entroit dans la ville, Pierre de Laparra saisit la bride de son cheval, et lui demanda s'il prétendoit contrevenir aux libertés, droits et franchises des citoyens. Le comte répondit qu'il ne vouloit préjudicier en rien aux droits de la ville, ni de

(1) Notes et monum. nomb. CI.
(2) Notes, CIII.

l'évêque, ni des consuls, ni des communes, ni d'aucun particulier, et on retint acte de sa promesse (1).

Les barons et les nobles du pays exigèrent aussi qu'il promît par serment, d'observer les privilèges et coutumes de la province, et ensuite ils lui rendirent hommage.

Le comte Jean II, après avoir employé la plus grande partie de son règne à délivrer le Rouergue des compagnies Angloises, qui le désoloient, mourut en 1384 à Avignon ; d'où son corps fut transporté dans l'église cathédrale d'Auch.

Il avoit fait son testament à Gages, le 4 janvier 1381, et par un codicille qu'il fit peu de jours avant sa mort, il nomma pour exécuteurs testamentaires, dans ses terres de Rouergue, l'évêque de Rodez, l'abbé de Conques, Arnaud, baron de Landorre, Jean de Castelnau, seigneur de Caumont, et Brenguier, seigneur de Castelpers et de Bénaven. Les témoins à ce codicille, sont Bernard Raffin, chevalier, Guillaume de Saunhac, Gaillard de Vezins, Olivier de Gréalou, Ratier de Landorre, Guinot de Bonnefous, damoiseaux.

Il avoit eu de Jeanne de Périgord son épouse, deux fils, Jean et Bernard, et une fille Béatrix, qui, après la mort de son premier mari, Gaston de Foix, épousa Barnabé Visconti, seigneur de Milan. Il eut encore un fils naturel, nommé Jean d'Armagnac, qui fut patriarche d'Alexandrie, archevêque d'Auch, cardinal, et administrateur de l'évêché de Rodez depuis 1378, jusqu'en 1381.

JEAN III.

Jean III qui succéda à son père dans les comtés d'Armagnac et de Rodez, ayant été nommé lieutenant général des armées du roi en Languedoc, laissa son frère Bernard en Rouergue, pour défendre cette province des incursions des Routiers, et il alla lui-même les chasser du Querci et de l'Agenois, où il leur enleva dans peu de temps, plus de trente places fortes.

De retour à Rodez, en 1386, il travailla, de concert avec son frère, à les expulser entièrement du pays, et il y réussit enfin en 1387. Il passa, peu d'années après (en 1391) en Italie, à la tête de trente mille hommes, pour donner du secours aux Florentins, contre Galéas Visconti, duc de Milan. Il épousa cette querelle, parce que son beau-frère Barnabé Visconti avoit été dépossédé du duché de Milan, par ce même Galéas, à qui les Florentins faisoient la guerre. Cette campagne coûta la vie au comte d'Armagnac. Ayant mis le siège devant Alexandrie, il donna dans un piège que lui tendit le duc de Milan ; il fut blessé et mourut peu

(1) Archiv. de la Cité de Rodez

de temps après de ses blessures. Son corps ayant été embaumé, et mis dans un cercueil de plomb, fut envoyé ensuite en France par le duc de Milan, et enterré dans l'église d'Auch.

Son armée, après avoir souffert toute sorte de mauvais traitemens, repassa en France, sous la conduite d'Amaury de Sévérac, depuis maréchal de France. Elle se croyoit enfin à l'abri de tout danger, dès qu'elle eut passé les Alpes; lorsque tout à coup cette malheureuse troupe, harassée encore de fatigue et de souffrances, fut attaquée par le comte de Valentinois, le prince d'Orange et l'évêque de Valence, qui l'attendoient sur son passage. Mais Amaury de Sévérac se défendit avec le plus grand courage; il remporta la victoire, laissa un grand nombre d'ennemis sur le champ de bataille, fit prisonniers plusieurs officiers des plus distingués, et poursuivit sa marche vers le Rouergue.

Le comte Jean III fut regretté non-seulement de ses sujets, mais des provinces même qui n'étoient pas de sa dépendance. Le Rouergue, l'Auvergne, le Quercy, le Gevaudan, le Velai, le Languedoc, et tous les pays méridionaux de la France lui étoient redevables d'avoir expulsé par son courage ou par ses négociations, ces hordes de brigands qui les désoloient depuis plusieurs années.

Quelques années, avant sa mort, en 1388, les communautés du Bourg et de la Cité, ayant eu quelques démêlés, au sujet de certaines maisons de la place Saint-Etienne, qu'elles vouloient l'une et l'autre comprendre dans leurs rôles; on nomma pour arbitres quatre bourgeois, Lagliole, Vigouroux, Beaulieu et Hébrard, qui pour prévenir de pareilles discussions à l'avenir, plantèrent des bornes, depuis l'Aveiron, près du moulin des Attizals, jusqu'à la place de St-Etienne, en suivant l'ancienne rue appelée de Flandre, sur laquelle le collège fut bâti dans la suite.

De la rue de Flandre ces bornes furent continuées jusqu'à l'Aveiron, à l'orient, par la rue des Jacobins. Les jardins de l'hôpital du Pas, et quelques autres contigus, furent déclarés de la communauté du Bourg.

Jean III avoit épousé Marguerite de Commenges, dont il n'eut que deux filles, qui ne lui succédèrent pas; parce que par le testament des comtes ses prédécesseurs, et notamment par celui de son père, il étoit porté expressément que les filles ne pourroient être appelées à la succession de la maison d'Armagnac, à l'exclusion des mâles, tant qu'il y en auroit; ainsi le comté de Rodez passa à Bernard d'Armagnac, leur oncle paternel (1).

(1) Notes nomb. CVI.

BERNARD II.

Quoique personne ne put contester les comtés de Rodez et d'Armagnac à Bernard, après la mort de son frère, à cause des dispositions des anciens comtes ; cependant, pour mieux s'en assurer la possession, Bernard assembla à Auch, les états d'Armagnac et ceux de Rouergue, pour qu'ils nommassent un successeur à Jean III. L'assemblée déclara unanimement que les filles ne pouvant pas succéder, quand il y avoit des mâles, tous les biens de l'ancien comte appartenoient à Bernard, comme son plus proche parent.

Aussitôt ap.   cette délibération, il fit son entrée solennelle à Rodez, sur la fi. de l'année 1391, le 21 mars ; car l'année ne commençoit encore que le samedi de Pâques, selon l'ancien usage. Il fut reçu avec beaucoup de magnificence, et le lendemain il fut couronné avec les cérémonies ordinaires, dans l'église cathédrale, par l'évêque Henri de Séveri.

Il partit peu de temps après, avec la plus grande partie de la noblesse de Rouergue et d'Armagnac, pour aller rendre hommage de ses terres au roi, qui étoit alors au château de Gisors, en Normandie.

Il se maria l'année suivante avec Bonne de Berri, sa cousine germaine, fille de Jean, duc de Berri, et de Mathée d'Armagnac. Le contrat fut passé à Meun-sur-Yeuse, le 26 janvier 1393, entre Jean, duc de Berri, père de Bonne, qui lui constitua cent mille livres d'or ; et les procureurs fondés du comte qui étoient Marqués de Beaufort, marquis de Canillac, et Guillaume de Solages, seigneur d'Entraigues.

Le mariage ne s'accomplit cependant que l'année suivante à Chambéry en Savoie, séjour ordinaire de Bonne, qui étoit veuve d'Amédée VI, comte de Savoie, dont elle avoit eu Amédée VII, depuis pape, sous le nom de Félix V (1).

De ce mariage, le comte Bernard eut sept enfans, dont deux mâles et cinq filles. Jean l'aîné naquit en 1396, dans le couvent des Cordeliers, où il fut baptisé en grande cérémonie par l'abbé de Conques, et tenu sur les fonts par le pape, et par le duc de Berri, représentés l'un par l'évêque d'Albi ; et l'autre par le comte dauphin d'Auvergne (2).

Les autres enfans furent Marie, née au château de Gages en 1397, et morte à l'âge de sept ans.

(1) Notes et monum. CVIII.
(2) Chronique des religieux Cordeliers de Rodez.

Bonne, née à Laverdun en 1399, qui épousa à Gages, Charles, duc d'Orléans, veuf d'Elisabeth de France.

Bernard, depuis comte de la Marche et de Pardiac, né le 29 mars 1400.

Anne, née à Gages en 1402, mariée en 1418, avec Charles d'Albret, comte de Dreux, fils du connétable, à qui elle apporta quarante mille écus d'or.

Jeanne, née à Gages en 1403, et Béatrix en 1406, mortes l'une et l'autre sans être mariées, et enterrées aux Cordeliers.

Le comte d'Armagnac fut élevé successivement aux premières dignités de l'état, il fut d'abord nommé lieutenant général des armées du roi en Italie, et ensuite connétable, après la mort de Charles d'Albret, tué à la bataille d'Azincourt. Son courage le rendit digne des faveurs de son souverain ; mais il ternit l'éclat de ces emplois brillants, par plusieurs traits de cruauté, qui lui attirèrent la haine de la nation, et furent dans la suite la principale cause de sa fin tragique. Il fit un jour traîner en prison l'archevêque d'Auch, en 1397, pour quelques légères discussions qu'ils avoient ensemble. Il fit mourir cruellement le seigneur de Sévérac, un de ses premiers vassaux, qui étoit venu lui rendre visite au château de Gages, et le fit pendre à une des fenêtres.

On lit aussi dans de vieux manuscrits, qu'il avoit destiné un traitement pareil à l'évêque Vital de Mauléon, avec qui il eut de grandes discussions, au sujet de quelques droits, que le comte exigeoit des vassaux des terres de l'évêque, comme des siens propres. Le comte feignant de vouloir transiger à l'amiable avec lui, l'avoit engagé à se transporter dans son château de Gages ; mais un mendiant qui couroit les rues de Rodez, contrefaisant le fou, s'étant trouvé sur les pas de ce prélat, comme il y alloit, lui sauva la vie, en criant en son langage : « si mons de Rodez » savoit, jamais à Gages il n'iroit » (1). L'évêque qui avoit d'ailleurs tout lieu de se méfier du comte, dont les trahisons étoient fréquentes, fit ses réflexions ; et ce propos, quoique d'un auteur de peu de poids, le détermina à venir sur ses pas. Le traitement fait à l'archevêque d'Auch, lui prouvoit d'ailleurs assez que le comte n'avoit pas beaucoup d'égards pour la dignité épiscopale. Et comment auroit-il épargné les évêques, puisque ses parens même n'étoient pas à l'abri de son atroce cruauté.

Depuis long-temps il avoit résolu la perte des Armagnac, vicomtes de Fézenzaguet, seconde branche de sa famille. En 1403, il fit mettre Geraud, le chef de cette maison, dans les prisons de Laverdun en Gascogne, et de là il le fit transférer à Rodelle en Rouergue, dans une citerne, où il mourut dix ou douze jours après. Les deux fils de ce malheureux seigneur,

---

(1) Sé mon de Roudez sapia, jamaï à Gages n'anaria.

furent, comme leur père, les victimes de la fureur du comte Bernard. Arnaud-Guillaume l'aîné, fut conduit aussi à Rodelle, et à la vue de la prison où son père venoit de finir ses jours, il fut saisi d'une si grande douleur, qu'il tomba mort. Jean périt aussi misérablement au château de Brousse, où il avoit été enfermé, après que sa femme, poussée par le connétable, l'eut privé de la vue, par le moyen d'un bassin ardent, qu'elle lui fit mettre devant les yeux.

Le comte d'Armagnac embrassa le parti du duc d'Orléans contre le duc de Bourgogne (1), dans leur trop fameuse querelle, qui fit verser tant de sang. Nous ne dirons qu'un mot de cette malheureuse guerre, dont on trouve les circonstances longuement détaillées, dans tous les auteurs qui ont traité de l'histoire de France. Le comte Bernard y joua un si grand rôle, qu'on ne distingua bientôt tous ceux du parti du duc d'Orléans, que sous le nom général d'*Armagnacs* : comme on appela *Bourguignons*, ceux du parti opposé.

Lorsque le duc d'Orléans eut été assassiné à Paris, par le duc de Bourgogne, le jeune duc d'Orléans, pour mieux venger la mort de son père, résolut de s'attacher le comte d'Armagnac, par le lien le plus étroit. Pour cela il demanda en mariage sa fille Bonne, qu'il épousa à Gages en 1411. Aussitôt le comte partit pour Paris, à la tête de ses troupes, et il fit dire au roi que le duc d'Orléans demandoit justice, contre les assassins de son père, avec menace de se la faire rendre par force si on la lui refusoit.

Le roi qui étoit alors partisan du duc de Bourgogne, déclara le comte d'Armagnac criminel de lèse-majesté ; le bannit du royaume ; le fit crier dans tous les carrefours de Paris, à son de trompe ; confisqua ses biens ; et le comte de Foix, l'ennemi irréconciliable de la maison d'Armagnac, fut chargé de veiller à l'exécution des ordres du roi. Il remplit en effet sa commission, avec tout le zèle, qu'inspirent la vengeance et la haine. Il prit plusieurs de ses villes, ravagea son comté d'Armagnac et tous ses domaines. Le comte accourut pour les défendre ; et bientôt après le roi, qui avoit besoin de son secours, le rétablit en tous ses biens, par lettres patentes de l'an 1413 (2).

Quelque temps après, les Bourguignons furent déclarés, à leur tour, criminels de lèse-majesté. Le roi (Charles VI) marcha contre eux en personne ; et notre comte, proscrit peu auparavant, et dont on avoit pour ainsi dire mis la tête à prix, eut la satisfaction de voir prendre à son souverain, l'écharpe blanche d'Armagnac ; comme s'il eût été enrôlé dans ses troupes.

La paix fut conclue enfin ; le comte s'en retourna dans ses terres, pour faire la guerre au comte de Foix ; et en passant, il

---

(1) Voyez leur traité d'accord, notes et monum. n. CXI.
(2) Elles sont aux archives du comté.

chargea le baron d'Estaing, d'assiéger la forte place de Murat, dont le vicomte Arnaud lui refusoit l'hommage. Ce château fut pris, après un long siège, et le comte donna en récompense au baron d'Estaing, le village de Prades et quelques autres, ainsi qu'on le voit dans un acte des archives du château d'Estaing.

Cependant le comte continua sa marche vers le comté de Foix, ayant sous ses ordres le vicomte de Narbonne, les barons de Sévérac de Landorre, d'Arpajon et de Broquiès, Ramonet de Guerre, les seigneurs de la Hire, de Barbazan, de Xaintrailles, et autres chevaliers, chacun à la tête de leurs troupes. Mais cette guerre finit bientôt par la médiation du pape, qui engagea les parties à terminer leurs differens à l'amiable.

Peu de temps après, le baron d'Estaing, chambellan du roi, ayant apporté au comte la nouvelle de sa promotion à la dignité de connétable (1), le comte fut forcé de repartir pour Paris, où le roi lui acheta un hôtel, près de l'église Saint-Honoré. Il n'y fut pas plutôt arrivé, qu'il s'y rendit maître de la personne de tous les princes du sang, des finances et des places fortes de Paris, et du royaume. La reine elle-même, ayant voulu contrarier ses projets, il la fit reléguer dans le château de Tours ; et il fit jeter, dans la rivière, Bourdon, le confident intime de cette princesse.

La guerre recommença, le pape envoya deux nonces, pour procurer la paix à la France, et tout étoit déjà conclu, lorsque le connétable s'y opposa. Le peuple de Paris indigné, courut en foule à son hôtel : il massacra dans sa fureur tous les *Armagnacs* qui s'y trouvèrent ; et le connétable lui même n'eût pas échappé à cette populace effrénée, s'il ne se fut déguisé et caché dans la maison d'un maçon.

Le prevôt des marchands, fit publier à son de trompe, que quiconque auroit recélé le connétable, eût à le réveler sous peine de mort. Le pauvre homme chez qui il s'étoit réfugié, craignant pour sa vie, alla le dénoncer, et le comte fut mis dans les prisons du palais. Mais bientôt le peuple craignant qu'on ne lui rendit la liberté, s'attroupa autour de sa prison en rompit les portes, et le massacra le 12 juin 1418.

Son corps fut déposé d'abord dans l'église de Saint-Martin-des-Champs, et transporté ensuite, non à Auch, comme certains auteurs l'ont écrit, mais à Bonneval, où on lit dans une inscription (2), à côté de son tombeau, qu'il fut enseveli, le 14 septembre 1418 ; que neuf cents prêtres assistèrent à sa sépulture ; que l'église fut entourée de cent quarante draps d'or ou de soie, et de deux mille deux cents torches allumées.

Une délibération des communantés de Rodez, du 20 mai 1400,

(1) Voy. ces lettres de connétable, notes et monum. CXV.
(2) Voy. notes, CXVI.

nous apprend qu'il avoit projeté de bâtir un château, près de la porte Sainte-Catherine. De plus grandes affaires l'empêchèrent sans doute d'exécuter son dessein.

Il avoit fait son testament en 1398, et il avoit choisi pour le lieu de sa sépulture, la cathédrale d'Auch, ou l'église de Bonneval, suivant qu'il mourroit plus près de l'une ou de l'autre.

Il légua à l'église consacrée à St-Amans, une châsse d'argent, pour enfermer le corps de ce premier évêque de Rodez. Il fonda, suivant l'usage, plusieurs chapelles dans les églises de Rodez et d'Auch. Il institua tutrice de ses enfans, Bonne de Berri son épouse, et ses exécuteurs testamentaires, l'évêque de Rodez, Guillaume de Solages, son féal conseiller, *maîtres* Pierre Audebert, jacobin, et Gerard Dupui, cordelier, ses confesseurs, Guillaume de la Roque, chevalier, sénéchal du comté de Rodez, et le seigneur de Castelnau son cousin ; en présence de Pons de Cardaillac, chevalier, de Jean de Laparra, licencié en droit, de Pierre de Valette, seigneur de Parisot, d'Aimeric de Mercato, chanoine (1), etc.

JEAN IV.

Jean IV fut l'héritier et le successeur de Bernard son père, non-seulement dans les comtés de Rodez et d'Armagnac ; mais encore dans tous ses autres domaines, qui étoient immenses.

Il avoit épousé d'abord au château de Nantes, en 1407, Blanche de Bretagne, qui vint en Rouergue la même année ; mais elle mourut jeune, ne laissant qu'un fils qui suivit bientôt sa mère au tombeau, et deux filles, Marie qui épousa le duc d'Alençon, en 1437, et Éléonore que le pape Félix V, son oncle, maria en 1446, avec Louis de Châlons prince d'Orange.

Le comte Jean épousa en secondes noces, Isabeau de Navarre, fille de Charles III roi de Navarre, et d'Éléonor de Castille. Il eut de ce mariage 1º Jean, qui pendant la vie de son père, eut le titre de vicomte de Lomagne ; 2º Charles, à qui on donna pour apanage, la vicomté de Creyssels, et la baronie de Meyrueys ; 3º Isabeau, dont le mariage incestueux avec Jean son frère, fit tant de bruit.

Jean IV habitoit le Languedoc, où il étoit lieutenant pour son père, dans le temps que celui-ci étoit occupé à faire la guerre au duc de Bourgogne. Mais dès qu'il eut appris sa fin tragique, il se retira en Rouergue, où il tâcha de se concilier, par ses bienfaits, la bienveillance de ses vassaux, que la sanguinaire cruauté de son père avoit si fort aliénée. Il confirma, le 7 octo-

---

(1) C'est cet Aimeric de Mercato qui fonda, vers ce temps-là, l'aumône du carême, dite *la Pièce*, et qui donna pour cela au chapitre, sa terre de Pruines.

bre 1418, les privilèges du Bourg, et donna à la communauté le *corratage* de toutes les marchandises, avec pouvoir de *mulcter de peine, et de vingt sous d'amende*, ceux qui voudroient faire les *corratiers*.

Cette même année, il partit pour Paris, accompagné de la noblesse de ses états, par le conseil de sa mère Bonne, pour demander justice au dauphin, contre les meurtriers de son père. Le dauphin lui promit, et le comte l'accompagna l'année suivante en Languedoc, pour lui aider à chasser de cette province, le comte de Foix qui en étoit gouverneur; espérant sans doute que le dauphin lui donneroit ce gouvernement. Mais ce prince en disposa en faveur du comte de Clermont; et Jean d'Armagnac mécontent se retira en Gascogne, où il acquit, en 1421, du duc de Bourbon, le comté de l'Ile-en-Jourdain, avec plusieurs autres terres.

Depuis le connétable, tous les d'Armagnac étoient suspects au roi et à la plus grande partie de la nation. Jean IV vivoit retiré dans ses terres, lorsque ses ennemis l'accusèrent de plusieurs griefs, auprès du roi Charles VII, qui se trouvoit alors à Montauban, et qui avoit, de son côté, quelque ressentiment contre lui, au sujet du comté de Commenges, que Jean IV réclamoit, en qualité de successeur de Marguerite de Commenges, comtesse de Rodez, et que le roi au contraire prétendoit lui appartenir, en vertu du testament de ladite Marguerite de Commenges, qui en avoit disposé en sa faveur.

Le comte fut accusé, 1° d'avoir recherché l'alliance du roi d'Angleterre, en lui offrant sa fille en mariage; 2° d'avoir voulu s'ériger en souverain, parce qu'il prenoit le titre de comte d'Armagnac et de Rodez par la grâce de Dieu; 3° de s'être emparé de plusieurs places dépendantes du comté de Commenges, contre les droits du roi.

Il nia le premier article; et on ne put pas l'en convaincre.

Il avoua le second, disant qu'il n'avoit fait que suivre l'usage immémorial de ses prédécesseurs, qui avoient toujours pris le titre de comte par la grâce de Dieu.

Quant au troisième grief, il dit que le comté de Commenges lui appartenoit par droit de succession.

Le roi n'eut pas égard à ses réponses; il le fit sommer par Tanneguy du Châtel, et le sénéchal de Toulouse, de payer le subside pour la guerre, de remettre les places de Commenges, de faire sortir les troupes qu'il avoit en Rouergue, et de rompre son traité avec le roi d'Angleterre; quoiqu'il n'en existât aucune preuve.

Le comte refusa d'obéir; on lui fit faire de nouvelles sommations; il ne répondit rien. Le roi piqué, envoya contre lui le dauphin, depuis Louis XI, qui arrivé à Rodez, en chassa les troupes étrangères que le comte y entretenoit. De là il continua sa marche vers la Gascogne, pour se rendre maître de la personne du comte. Il y réussit en effet par des stratagèmes indignes d'un homme de son rang ; mais tel étoit le caractère de Louis XI. Étant arrivé à l'Ile-en-Jourdain, il témoigna de l'amitié au comte, qui ne se doutant de rien, l'introduisit dans son château. Dès qu'il y fut entré, il l'arrêta prisonnier avec sa femme, son fils Charles et ses deux filles, qu'il laissa en passant dans les prisons de Carcassone.

Le vicomte de Lomagne, fils aîné du comte, qui étoit dans ce temps-là en Rouergue, ayant appris les malheurs de sa famille, se réfugia à la cour de Navarre, et ensuite chez le comte de Foix, cherchant partout des vengeurs à son père ; mais il n'y réussit pas. Toutes les places, tant de la Gascogne que du Rouergue, se rendirent aussitôt au dauphin. Le bâtard d'Armagnac (1), qui jusques là avoit défendu les châteaux de Sévérac et de Capdenac, dès qu'il eut appris la disgrâce du comte, les livra au dauphin.

Le comte demeura long-temps prisonnier à Carcassone ; mais enfin le roi d'Espagne, le duc de Savoie, les ducs d'Orléans, d'Alençon, de Bourbon, et plusieurs autres seigneurs, tous parens du comte d'Armagnac, obtinrent sa liberté du roi, qui ne la lui accorda toutefois, qu'à condition qu'il prendroit des lettres d'abolition ; mais le comte refusa d'abord de se soumettre à cette clause, disant que s'il y donnoit son consentement, il s'avoueroit coupable. Cependant, réflexion faite, voyant qu'il falloit renoncer à sa liberté, ou accepter les lettres d'abolition, il s'y soumit.

Le roi, dans ses lettres, qui sont du mois d'août 1445, ramène avec beaucoup de détail, les crimes du comte d'Armagnac. Il lui reproche « d'avoir injurié plusieurs fois par violence et voie de fait, les exécuteurs des lettres et mandemens royaux ; d'avoir souvent détroussé, battu, pris et détenu les commissaires exécuteurs de ses ordres, d'en avoir même meurtris et tués aucuns ; d'avoir ôté et ravi de leurs mains, ses armes et enseignes ; de les avoir arrachées des lieux où elles avoient été mises par son autorité, notamment en la ville de Saint-Rome, où le sénéchal de Rouergue les avoit fait graver, par ordre du roi, sur une pierre, sur le pont de ladite ville, d'où ledit comte les fit enlever et jeter dans le Tarn, pour y placer les siennes ; quoique cette ville fût dans la juridiction du roi ; d'avoir fait plusieurs courses dans les pays soumis à la domination du roi ; d'avoir vexé, pillé ses sujets du Rouergue et des autres provinces ; d'avoir fermé les portes aux troupes dudit seigneur roi ; d'avoir pratiqué des intelligences avec les ennemis de l'état », etc, etc.

Après ce détail, le roi déclare qu'il remet au comte et à ses

(1) Il étoit fils naturel de Jean III, comte d'Armagnac.

enfans, toutes les peines encourues, tous les excès commis, et qu'il le rétablit en ses biens, honneurs et dignités, se réservant toutefois le comté de Commenges, comme lui appartenant, les terres de Sévérac et de Balcayré, les villes d'Entraigues, de Capdenac, de Gourdon et de Lectoure, les quatre châtellenies du Rouergue, et toutes ses terres en deça de la Garonne, jusqu'à ce que le roi d'Espagne, le duc de Savoie, et les autres seigneurs auront donné les assurances promises par le comte.

Dès que le comte eut recouvré sa liberté, il protesta par acte public, qu'il n'avoit accepté ces lettres de grâce, que pour se tirer de prison, et qu'il étoit innocent de tous les crimes dont on le chargeoit. Il fit la même protestation devant le parlement de Toulouse, lorsqu'il y fit entériner ses lettres, et dans ses terres, lorsqu'il y fut arrivé.

Les places du Rouergue, que le roi s'étoit réservées, furent cédées en 1446, au dauphin pour le dédommager des frais de la guerre. Ce prince, après la mort du comte d'Armagnac, les rendit à son fils pour vingt-deux mille écus, par un accord qu'il fit en 1451, avec Antoine de la Beaume, sénéchal de Rouergue, et Jacques de Pouzols, archidiacre de Rodez, procureurs fondés du jeune comte, successeur de Jean IV. Le comte réclama les meubles et autres effets précieux, qui avoient été enlevés à son père, le jour de son arrestation ; mais le roi lui imposa silence.

JEAN V.

Jean V étoit au siége de Falaise en Normandie, lorsqu'il apprit la mort de son père, et il se rendit aussitôt dans ses terres.

Il épousa en 1444, Jeanne de Foix, fille de Gaston comte de Foix, et d'Eléonor d'Aragon, reine de Navarre. Il n'eut point d'enfans de ce mariage ; mais il en eut plusieurs de sa sœur Isabeau, avec laquelle il vivoit incestueusement, malgré les remontrances secrètes du roi, qui lui avoit promis d'obtenir du pape, l'absolution des censures encourues, s'il vouloit changer de conduite ; mais le comte n'eut pas égard à ces représentations. Il crut rendre légitime cette union honteuse, en la couvrant du voile sacré du mariage. Pour cela il obtint subrepticement une dispense par le moyen d'un référendaire du saint siége, françois de nation (1), qui lui fabriqua des lettres, par lesquelles le pape lui permettoit d'épouser sa sœur. En vertu de cette dispense, il força son chapelain, à leur donner la bénédiction nuptiale ; mais le pape, instruit de la supercherie, chassa le référendaire de sa cour, et excommunia de nouveau le comte et sa sœur.

Cette conduite attira au comte, l'indignation du roi Charles VII,

(1) Notes, CXX.

à qui d'ailleurs il faisoit ombrage depuis long-temps, à cause de sa puissance et de ses richesses. Malgré les défenses qui avoient été faites à son père, en 1445, et à son aïeul en 1403, de prendre le titre de *comte par la grâce de Dieu*, il ne s'étoit pas départi de cette qualification. Il usoit d'ailleurs, dans toutes les occasions, de plusieurs droits régaliens, contre la volonté du roi ; il faisoit battre monnoie ; il accordoit la grâce pour les crimes. Il fit expédier en 1454, des lettres de rémission en faveur d'Etienne de Favars, seigneur de Cervières, qui avoit tué son valet, d'un coup de dague. Cette désobéissance jointe à l'obstination avec laquelle il soutenoit un nommé Lestan, élu archevêque d'Auch, par le chapitre, contre Philippe de Lévis, pourvu par le pape, et soutenu par le roi, lui suscita une affaire, dont les suites lui coûtèrent la vie, sous le règne ombrageux et despotique de Louis XI.

Le procureur général au parlement de Paris le fit ajourner, par ordre du roi, en 1445, à comparoir en personne, pour répondre sur les faits qui lui seroient mis en avant. Et en même temps le roi envoya deux armées, l'une en Gascogne commandée par le comte de Clermont, et l'autre en Rouergue, aux ordres d'Antoine de Chabannes, et de Poton de Xaintrailles, dit la Hire, grand écuyer de France, pour saisir tous les biens du comte et les mettre sous la main du roi.

Le comte, pour laisser passer le premier feu de la colère du roi, se retira à Palhas, sur les frontières de l'Aragon, après avoir laissé ordre à ses capitaines, d'ouvrir les portes de toutes ses villes, aux armées du roi, et de lui prêter obéissance.

Quelque temps après, il se présenta à la cour du parlement, et il fut mis en arrêt dans la ville, où il attendit long-temps qu'on lui donnât audience. L'ayant obtenue enfin, il subit son interrogatoire, et on ordonna qu'il seroit sursis à la poursuite de son procès, sans cependant lui accorder son élargissement.

Il ne fut pas possible de le convaincre des griefs qu'on avoit cotés contre lui ; mais on crut bien qu'en prolongeant sa détention à Paris, son caractère fougueux et fier lui feroit bientôt commettre de nouvelles fautes, et qu'il donneroit lui-même, par sa conduite, quelque nouveau moyen de délivrer l'état, d'un sujet qu'on regardoit comme très dangereux.

En effet, il garda encore ses arrêts pendant deux ans ; mais enfin las d'attendre, il quitta Paris secrètement, et alla joindre en Flandre, le dauphin qui s'y étoit retiré pour quelque mécontentement. Aussitôt il fut poursuivi comme contumace, par le procureur général ; et le parlement le déclara, le 13 mai 1460, atteint et convaincu de tous les griefs dont on l'accusoit, le bannit du royaume à perpétuité, et confisqua ses biens. On voit l'arrêt dans les archives du comté de Rodez, à Montauban. Il y est fait mention, 1° de la voie de fait contre l'archevêque d'Auch,

Philippe de Lévis ; 2º d'une intelligence avec le roi d'Angleterre ; 3º de son mariage avec sa sœur, et de certaines lettres qu'il lui écrivit de Paris, avec cette suscription, *à ma vraie compagne pour jamais*.

L'année suivante, le roi Charles VII étant mort, Louis XI devenu roi, s'étant rendu à Paris, le bâtard d'Armagnac, qui étoit depuis quelque temps, le favori intime de ce prince, obtint de lui le rappel du comte, l'abolition de tous ses crimes, et son rétablissement dans ses domaines, qui avoient été confisqués en exécution de l'arrêt du parlement. Le roi fit expédier au bâtard d'Armagnac, à qui il venoit de donner le bâton de maréchal de France, une commission, pour remettre le comte en possession de ses terres. Il écrivit même à Guillemot de Vinuac, qui étoit chargé de la garde du château de Sévérac, pour lui ordonner de le remettre entre les mains du bâtard d'Armagnac, ou à tout autre, commis par lui, pour rétablir le comte en possession de cette place (1) ; ce qui fut fait réellement, le 22 septembre 1464, par le seigneur de Laubac, qui avoit été chargé de cette commission. Nous trouvons qu'il remit Sévérac entre les mains de Raimond Marqués, juge d'Aures et de Manhac, que le comte avoit nommé son représentant en Rouergue, pour recevoir en son nom, les terres que le bâtard d'Armagnac étoit chargé de lui restituer.

Malgré ces bienfaits du roi, le comte se déclara la même année, contre lui, en se jetant avec plusieurs autres seigneurs, dans la ligue du bien public ainsi appelée, de ce que les seigneurs avoient pour prétexte de leur révolte, le soulagement du peuple, qui étoit surchargé d'impôts.

Louis XI dissimula long-temps ; mais il ne lui pardonna jamais ; et enfin il le fit juger par son parlement, qui ordonna d'abord que les biens et la personne du comte, seroient mis sous la main du roi. Le comte refusa de se soumettre à cet arrêt, et pour en prévenir l'exécution, il introduisit cinq cents hommes d'armes dans Rodez, sous prétexte de pèlerinage. Il fallut user de cette ruse, pour pénétrer dans cette ville ; parce que ses crimes et sa fierté avoient depuis longtemps indisposé les habitants contre lui : ils avoient été trop souvent la victime de ses fautes, pour être ses partisans. Le sénéchal du comté, qui leur étoit suspect aussi, à cause de son zèle pour les intérêts du comte, voulut comme lui, pourvoir à la sûreté de sa personne : il réussit à introduire dans la ville, certains arquebusiers, en habit de paysans ; mais la difficulté fut de faire entrer leurs armes. Il eut

---

(1) Suivant un compromis de l'an 1465, entre le chapitre de Rodez, et Jean V comte d'Armagnac, au sujet d'une maison que le seigneur de Sévérac avoit en la Cité de Rodez, il paroit que Pierre de Beaumont avoit aussi été commis, pour rétablir le comte en ses terres.

bien l'adresse de les faire cacher dans des charrettes couvertes de foin et de paille; mais son stratagème fut découvert; une charrette fut prise, avant qu'elle entrât dans la ville : les habitans se mirent sous les armes, pour éviter toute surprise, et ils forcèrent le sénéchal à prendre la fuite. Le roi les mit sous sa sauvegarde; et en même temps pour l'exécution de l'arrêt qui confisquoit les biens du comte, il envoya quatorze cents lances, et dix mille francs-archers, qui firent de grands ravages en Rouergue, et en Armagnac; quoiqu'on ne leur fit aucune résistance.

Il fit distribuer toutes les terres du comte à divers seigneurs en récompense de leurs services. Cette distribution fut faite en 1469; mais soit que Louis XI n'eût pas intention de tenir parole, aux seigneurs à qui il les avoit cédées; soit qu'il crût qu'ils ne s'en mettroient pas en possession, par égard pour le comte d'Armagnac; nous trouvons, non sans étonnement, qu'il nomma cette même année, Alexis Catel, pour faire la recette des revenus du comté, et des quatre châtellenies du Rouergue; à la charge par lui, d'en rendre compte au directeur général de ses finances, et à sa chambre des comptes à Paris.

Catel, comme il est naturel de s'y attendre, ne put pas faire la levée des revenus, parce que les seigneurs voulurent en jouir. Il demanda et obtint en 1484, une décharge de sa recette. C'est dans les lettres du grand sceau, qui lui furent expédiées pour cela, que nous trouvons la distribution détaillée que le roi avoit faite des terres du comte (1).

Jean V eut en vain recours à divers moyens, pour rentrer en grâce avec le roi; il ne put jamais y réussir, il finit par être massacré dans son château de Lectoure, où il s'étoit réfugié avec sa famille.

Il est à remarquer que le chapitre de la Cathédrale de Rodez, a célébré, depuis la mort de Jean V, un anniversaire pour le repos de son ame, en reconnoissance de ce qu'il leur avoit donné en 1455, la relique connue sous le nom de la sainte fusée de la vierge, dans un beau reliquaire. En vain il a été fait des recherches, pour découvrir d'où il avoit tiré ce précieux monument de la pieuse croyance des chrétiens de Rodez.

Charles, frère de Jean V, posséda après lui, le comté de Rodez, non à titre de propriété; mais comme simple usufructuaire. Il étoit à la bastille, lorsqu'on fit mourir son frère; et en vain les principaux seigneurs du royaume demandèrent sa liberté à Louis XI; il ne l'obtint qu'après la mort de ce prince, en 1483. Alors Charles VIII, son successeur, lui permit de sortir de sa prison, où il avoit passé quinze ans, et de rentrer en possession des biens de sa famille; mais il n'en jouit jamais en paix, comme nous l'avons dit dans un autre endroit. Après beaucoup de per-

(1) Nous en avons parlé ci-devant, p. 11°.

sécutions, il termina enfin sa malheureuse vie, en 1495, au château de Montmirail en Albigeois.

Il fut le dernier comte de l'illustre, mais trop puissante et trop fière famille d'Armagnac, qui dominoit en Rouergue, depuis le commencement du quatorzième siècle. Aussitôt qu'elle fut éteinte, plusieurs seigneurs qui en descendoient par femmes, présentèrent requête au roi, pour en avoir les biens.

Les principaux étoient Charles, duc d'Alençon, François Philibert, comte de Châlons, et Alain, sire d'Albret. Ils demandèrent tous au roi d'être reçus à lui rendre hommage des biens qui avoient appartenu à la famille d'Armagnac. Le procureur général du parlement de Paris, opposa à leurs prétentions, l'arrêt de confiscation de 1470, et une donation de Jean V au dauphin, depuis Louis XI, en 1452 (1).

Le procès dura plusieurs années, et il fut enfin terminé par le roi François I, qui donna en 1513, sa sœur en mariage au duc d'Alençon, et lui céda à perpétuité tous ses droits et prétentions, sur les biens de la famille d'Armagnac.

Il en fut mis en possession, l'année suivante, par maître Jean Salat, chevalier, maître des requêtes de l'hôtel du roi. Il vendit en 1518, le château, place et baronnie de Capdenac, à Jacques de Genouillac, grand maître de l'artillerie de France, dont la fille unique épousa Charles de Crussol, vicomte d'Uzez.

Le duc d'Alençon étant mort sans postérité, en 1525, au retour de la funeste bataille de Pavie; Marguerite de France, sa veuve, épousa en secondes noces, Henri d'Albret, roi de Navarre, et par ce mariage, elle apporta tous les biens d'Armagnac à cette maison.

Nous avons déjà rapporté l'entrée solennelle du roi de Navarre et de Marguerite son épouse, à Rodez, en 1535, en qualité de comtes de cette ville.

Henri d'Albret ne laissa de Marguerite d'Orléans qu'une fille unique, qui épousa Antoine de Bourbon, duc de Vendôme, prince du sang de France, dont elle eut Henri IV, qui réunit, avec le royaume de Navarre, les comtés de Rodez, de Foix, d'Armagnac, de Bigorre, et de Béarn, à la couronne de France, en 1589. Ainsi finit le comté de Rodez, lequel fut possédé d'abord conjointement avec celui de Rouergue, jusqu'au commencement du douzième siècle, par les comtes de Toulouse, qui le vendirent, à cette époque, à Richard, vicomte de Carlat et de Millau, d'où il passa, en 1298, dans la maison d'Armagnac.

---

(1) Cette donation, que nous ne connoissons pas, fut sans doute extorquée par la politique de Louis XI.

ÉVÊQUES DE RODEZ.

Nous ne rapporterons ici comme ailleurs, que ce que nous trouverons consigné dans des monumens bien authentiques. On ne doit pas s'attendre, par conséquent, à y trouver de ces faits merveilleux, imaginés et répétés par la superstition ou la crédulité, et dont on n'a d'autre preuve, que quelques légendes apocryphes qui les rapportent.

Nous considérerons les évêques, dans ces mémoires, moins comme les ministres d'un culte, que comme des hommes puissans et considérés, qui influèrent presque toujours sur les événemens de leur temps, qui contribuèrent à la plupart des établissemens publics, et qui jouèrent un rôle dans presque toutes les grandes affaires.

Quoique saint Martial, qui fut envoyé en 250, dans les Gaules, pour y prêcher l'évangile, et qui parcourut principalement l'Aquitaine, ait bâti, dit-on, à Rodez, un petit oratoire aux nouveaux chrétiens; nous n'avons aucune preuve, qu'il en ait été évêque comme on le donne à croire dans quelques manuscrits. Il est plus probable qu'en quittant Rodez, si toutefois il y passa jamais, il commit quelqu'un, pour la conduite de cette église naissante. On va voir cependant qu'il est impossible que ce soit saint Amans qui fut chargé de ce soin, par l'apôtre de l'Aquitaine; quoi qu'en disent quelques écrivains, qui comme bien d'autres, se laissant entraîner par le désir de reculer l'ancienneté d'une église, jusqu'au temps des apôtres, ou de leurs disciples, commettent des anachronismes manifestes, et ne donnent aucune preuve de leurs assertions.

SAINT AMANS.

Que saint Amans ait été le premier évêque de Rodez, ou non, ce qui est fort incertain, on ne peut pas reculer son épiscopat, au delà du cinquième siècle, époque trop postérieure à celle de la mission de saint Martial, pour qu'il ait pu être son disciple. Baillet, Labbe, Fortunat, évêque de Poitiers, les martyrologes, Surius et plusieurs autres écrivains, font mention de cet évêque; mais aucun ne fixe l'époque précise de son existence. La plupart se réunissent à dire qu'il vivoit dans le cinquième siècle; et c'est aussi la tradition constante de l'église de Rodez. Ce qu'il y a de bien certain; c'est qu'il vivoit avant Grégoire de Tours qui en fait mention dans ses écrits; et que dès le septième et huitième siècle, il y avoit en France, plusieurs églises qui lui étoient consacrées. De ce nombre étoient le célèbre monastère de Saint-

Amans, au diocèse d'Angoulême ; et l'ancienne abbaye de ce nom, dans le Bourg de Rodez.

Des faits qu'on trouve dans tous les auteurs qui donnent l'histoire de saint Amans, fixent d'une manière plus précise, l'époque de son existence. On dit qu'il obtint de l'empereur Honorius vers l'an 420 (1), la suppression d'un impôt excessif, sous lequel gémissoient les peuples de cette province ; et qu'il envoya son diacre Naamas à Rome, pour demander à cet empereur, des architectes Italiens, pour la construction d'un temple. Ces faits sont d'autant plus vraisemblables, que nous savons d'ailleurs, 1° que le prêtre Elaphe appela, quelques années après l'évêque de Clermont, à Rodez, pour faire la consécration d'une église (2) et que l'on croit que c'étoit la même pour laquelle saint Amans avoit demandé des architectes Italiens ; 2° Sydonius Apollinaris parle (3), des impôts excessifs que les préfets du prétoire exigeoient, vers ce temps là, des peuples du Rouergue. Il dit que sous le règne de l'empereur Honorius ou de son successeur, le pays de Rouergue et d'Auvergne, étoit singulièrement vexé par Séronat, préfet du prétoire, qui faisoit le malheur des peuples, par ses violences, et ses malversations ; et que sa tyrannie leur devint si odieuse, que plusieurs avoient résolu d'abandonner leurs biens, pour se soustraire aux impositions excessives, dont il les chargeoit, mais que quelques seigneurs d'Auvergne trouvèrent moyen de s'assurer de sa personne, et le firent conduire à l'empereur Anthémius, qui lui fit expier ses crimes, par le dernier supplice.

Si saint Amans vivoit dans le temps des vexations de ce Séronat, et sous le règne de l'empereur Honorius, c'est une preuve qu'il occupoit le siège de Rodez, vers le commencement du cinquième siècle.

Quoi qu'il en soit, saint Amans est le plus ancien évêque de Rodez, que nous connoissions ; à moins qu'il ne faille ajouter foi à un manuscrit anonyme, qu'on nous a communiqué, qui fait succéder saint Amans à un autre évêque, nommé Julien, qui, dit-on, étoit évêque de Rodez, dans le temps que saint Amans l'étoit de Lodève, d'où il fut transféré à Rodez, sa patrie. Mais on n'en donne aucune preuve.

SAINT EUSTACHE.

On croit que c'est cet évêque de Rodez, qui fut tué par les Visigots en 475, au rapport des écrivains de ce temps-là (4).

(1) L'empereur Honorius mourut en 423.
(2) Syd. Apoll. dont nous avons cité ci-devant l'autorité.
(3) Syd. Apoll. lib. 2, epist. 1, lib. 5, epist. 13, lib. 7, ep. 7.
(4) Syd. Apoll. et Gregor. Tur.

Baronius, Plantévitius, et autres pensent aussi que cet *Eustache évêque* (1) qui souscrivit en 431, une lettre des évêques des Gaules au pape Léon, étoit évêque de Rodez.

Quoi qu'il en soit, nous sommes bien assurés que Rodez a eu quelque évêque entre saint Amans et saint Quintien; car Sydonius Apollinaris (2) met *l'évêque de Rodez*, au nombre de ceux qui furent massacrés par les Ariens, à la fin du cinquième siècle. Ce qui le confirme encore, c'est la lettre que ce même Sydonius écrivit à Elaphe, prêtre de Rodez, dont nous avons déjà parlé. Elaphe n'auroit pas eu recours à un évêque étranger, pour faire la consécration d'une église, si le siège de Rodez eût été rempli.

SAINT QUINTIEN.

Certains croient (3) que le prêtre Elaphe, pressé par les habitans de Rodez, et par Sydonius lui-même, occupa le siége épiscopal, après Eustache, mais ce n'est qu'une conjecture; et le premier évêque dont on trouve des vestiges, après Eustache, est *Quintien*, Africain de nation, neveu d'un évêque de Carthage. La persécution des Vandales, l'ayant forcé de quitter sa patrie, il s'arrêta dans le Rouergue, où ses vertus le firent choisir pour gouverner l'Eglise de Rodez, qui étoit sans chef, depuis plusieurs années. Il assista en 506, au concile d'Agde, où les évêques des Gaules, qui venoient de rentrer dans le libre exercice de leurs fonctions, s'assemblèrent par permission d'Alaric II, roi des Visigots. Quintien retrouva dans ce concile, Lisier, évêque de Couserans, qu'il avoit autrefois reçu, élevé et ordonné prêtre, dans le temps qu'il fuyoit comme lui, les persécutions des Vandales (4).

Quintien fut chassé de Rodez par les habitans de cette ville, qui soumis aux Visigots depuis peu, soupçonnèrent Quintien de vouloir les livrer aux Francs, dont le roi, Clovis, venoit d'embrasser la religion chrétienne.

Il se retira à Clermont, où il conserva, quelques années, le titre d'évêque de Rodez, comme on le voit par les actes d'un concile d'Orléans, auquel il assista en cette qualité l'an 511. Il fut fait ensuite évêque de l'église de Clermont, qu'il gouverna dix-sept ans. Grégoire de Tours rapporte (5), que c'est lui qui plaça le corps de saint Amans, dans une belle et magnifique église de Rodez.

(1) Ego Eustachius episcopus apostolatum vestrum venerans saluto.
(2) Epist. 6. lib. 7.
(3) Gall. christ. t. 1, p. 198.
(4) Vie des pères, impr. à Villefr. en 1769; t. 7, p. 21.
(5) Lib. de vitis Patrum cap. 4.

SAINT DALMAS.

Après que Quintien eut été forcé de quitter Rodez, les habitants de cette ville demandèrent *Dalmas*, d'un consentement unanime, et il fut élu par les évêques de la province.

Un auteur contemporain de Dalmas, fixe trop précisément l'époque de son épiscopat, pour qu'on puisse ajouter foi à quelques vieux manuscrits de l'église de Saint-Amans, qui le font succéder immédiatement à ce premier pasteur des chrétiens de Rodez. Grégoire de Tours dit qu'il fut fait évêque, cinq ans après la mort de Clovis ; c'est-à-dire, selon les chronologistes, l'an 516.

Le Rouergue étoit alors sous la domination de Théodoric, roi des Visigots, qui protégeoit les catholiques ; mais il voyait tous les cultes d'un œil de philosophe ; et quoique Arien lui-même, il méprisoit ceux qui se faisoient Ariens, pour lui plaire (1). Si tous ceux qui ont gouverné les François avoient pensé comme ce grand prince, les annales de l'histoire ne seroient pas si souvent souillées des horreurs du fanatisme.

Amalaric, son fils, tint une conduite moins philosophique ; il persécuta à outrance les catholiques ; mais selon Grégoire de Tours l'évêque Dalmas, par sa prudence et sa douceur, avoit si bien gagné sa bienveillance, qu'il eut toujours un accès favorable auprès de lui.

L'évêque Dalmas passa la plus grande partie de sa vie, à la construction de l'église cathédrale, qu'il laissa cependant imparfaite. Il mourut en 581, accablé de vieillesse, après avoir occupé pendant soixante-cinq ans, le siège de Rodez (2).

Sous son épiscopat, Rodez vit naître dans ses murs, une fille célèbre nommé Procule, qui ayant été promise en mariage à un seigneur du pays, nommé Geraud, prit la fuite le jour même destiné à ses noces. Elle traversa les montagnes de l'Auvergne, et se retira à Gannat, en Bourbonnois, où Geraud la poursuivit, et la fit mourir (3).

THÉODOSE.

L'évêque Dalmas avoit désigné pour son successeur, un prêtre, nommé Sexennius, menaçant des plus terribles anathèmes, dans son testament, quiconque feroit ordonner un étranger, un ambitieux, un homme marié (4). Il sembloit qu'il avoit en vue

(1) Mézerai ; t, 2, p. 352.
(2) *Greg. Tur. lib. 5.*
(3) Tradition populaire consignée, dans de vieilles chroniques.
(4) *Greg. Tur. ibid, cap. 17.*

dans ses protestations un ancien archidiacre de son église, nommé Transobade, lequel espéroit d'être élevé à la dignité épiscopale, par la protection de son fils, qui étoit à la cour du roi Childebert. Mais le roi n'eut égard, ni au testament de l'évêque Dalmas, ni aux brigues de Transobade : il fit ordonner *Théodose*, archidiacre de l'église de Rodez, qui mourut selon Grégoire de Tours la neuvième année du règne de Childebert, c'est-à-dire, vers l'an 581 (1).

INNOCENT.

Pendant que l'église de Rodez fut pauvre, elle fut gouvernée par des personnages vertueux, qui n'avoient en vue que l'humilité chrétienne ; mais depuis peu, les libéralités de Théodebert l'avoient rendue assez riche, pour que les courtisans ambitieux crussent cet évêché, digne d'arrêter leurs regards.

Innocent, comte de Gévaudan, employa la cabale, pour y parvenir, et il l'obtint par l'intrigue de la reine Brunehaut, dont il avoit servi l'animosité, contre Louvain, abbé de Saint-Privat de Mende, qu'Innocent avoit dénoncé à cette princesse, comme ayant tenu des discours injurieux contr'elle. Louvain fut mandé à la cour d'Austrasie, où il se justifia si bien, qu'il fut renvoyé absous. Mais il ne put échapper à la vengeance particulière d'Innocent qui le fit prendre et conduire dans une de ses terres, où il lui fit trancher la tête, après lui avoir fait souffrir toute sorte de tourmens. Innocent se présenta à la cour, les mains encore fumantes de cette malheureuse victime de sa fureur ; et il obtint en récompense, l'évêché de Rodez.

Innocent eut une contestation avec Urcisse, évêque de Caors, au sujet de certaines paroisses, dont Urcisse jouissoit, et qu'Innocent prétendoit avoir été démembrées du diocèse de Rodez. Leur différent dura long-temps : ils s'adressèrent enfin au métropolitain (2), qui assembla un concile à Clermont, où l'affaire fut jugée en faveur de l'évêque de Caors (3). On croit (4) que ces paroisses étoient Capdenac, et quelques autres voisines, que nous avons vues en effet, de nos jours, de la province de Rouergue, pour la justice et les impositions, quoique dépendantes du diocèse de Caors.

Nous ignorons l'époque de la mort d'Innocent ; mais Grégoire de Tours nous apprend qu'il étoit encore évêque de Rodez, en 590 ; car ce fut cette année qu'il se réunit avec les évêques de

(1) *Greg. Tur. lib. 6, cap, 38.*
(2) C'était alors le célèbre Sulpice Sévère, archevêque de Bourges.
(3) *Greg. Tur. lib. 10, cap. 8.*
(4) Manuscrit aux archives de l'Evêché.

Gevaudan et d'Auvergne, pour juger l'affaire du comte Eulalie et de son épouse, dont nous avons déjà parlé.

DEUSDÉDIT I.

Une inscription qu'on lit dans l'église cathédrale de Rodez, nous prouve que peu de temps après Innocent, le siège épiscopal fut rempli par *Deusdédit* ou *Dieudonné*, vers la fin du sixième siècle. Cette église s'étant écroulée, en 1275, on grava sur un mur la mémoire de cet évènement. Cette inscription qu'on lisoit encore de nos jours, dans la chapelle dite du saint Soulier, est le seul monument qui fasse mention de Deusdédit : elle porte que certain autel qu'on tira des ruines, et dans lequel on trouva trois vases de plomb, avoit été construit *plus de sept cents ans auparavant*, par un évêque, nommé Deusdédit (1). On voit encore dans la chapelle de Cantobre, une grande pierre de marbre, qui faisoit partie de cet autel ; et tout autour de cette pierre, on lit ces mots, en caractères gothiques : *Deusdedit episcopus indignus fecit fieri hanc aram.*

Puisqu'il y avoit plus de sept cents ans que cet autel avoit été construit ; on a lieu de présumer que Deusdédit vivoit, dans le sixième siècle. On peut induire aussi de cette inscription, que ce fut lui qui continua l'édifice de l'église cathédrale, commencée par l'évêque Dalmas.

VÉRUS.

Flodoard et Syrmond rapportent que *Vérus* fut un des quarante évêques qui assistèrent au concile de Rheims, en 625. On connoît de cet évêque, une lettre qu'il écrivit à Didier, trésorier du roi Clotaire II (2), et une autre qui lui fut adressée par Sulpice Sévère, archevêque de Bourges (3).

Mabillon rapporte (4), une vieille charte, en faveur du monastère de Sainte-Croix, dans laquelle il est fait mention de Vérus en ces termes : *Verus licet peccator, Rotenus urbis episcopus, hoc privilegium consentiens subscripsi.*

ARÉDIUS.

Nous ne connoissons que le nom d'*Arédius* mentionné dans une vie de Didier évêque de Caors, vers l'an 670. On y lit

(1) Voy. cette inscription, notes, LXXVII.
(2) *Lib. 5 antiq. lection. Canisii.*
(3) *Gall. Christ. t. I. p.* 201.
(4) *Tom. IV Annal. p.* 752.

qu'Arédius, évêque de Rodez, ayant été long-temps d'une complexion valétudinaire, envoya à Caors un homme de confiance nommé Thélanus, qui lui apporta une certaine liqueur d'une odeur très agréable, qu'on appeloit de l'eau de saint-Didier ; et qu'Arédius en ayant bu, il recouvra aussitôt la santé.

Après Arédius, l'église de Rodez, fut sans évêque pendant long-temps, comme, la plupart des églises voisines. On lit dans Hincmar, et dans Flodoard que cette longue vacance fut occasionnée par les incursions et les persécutions des Sarrazins, qui avoient en vue de détruire le culte des chrétiens. Les seigneurs laïques profitèrent de ce temps de calamité, pour s'emparer en Rouergue, de la plus grande partie des biens ecclésiastiques. De là vient que dans les siècles suivans, on voit que dans presque tous les actes de dernière volonté, les comtes et les autres seigneurs du pays, disposent des dîmes et des églises, comme d'un bien propre et héréditaire.

FARALDUS.

Faraldus est le premier évêque, dont il soit fait mention depuis Arédius ; encore n'en connoît-on, pour ainsi dire, que le nom. Dans la charte de Pepin, roi d'Aquitaine, en faveur du monastère de Conques, l'an 838 (1), il est parlé d'un domaine et d'une vigne, que l'évêque Faraldus avoit donnés auparavant à cette abbaye.

ÉLIZACHAR.

Il est fait mention d'*Elizachar*, dans la fondation du monastère de Vabres, par Raimond, comte de Toulouse, en 862 ; comme on peut le voir, par la charte rapportée ci-après, parmi les monumens relatifs à cet ouvrage. On connoît un Elizachar, référendaire de Louis le Débonnaire, et un autre qui étoit évêque de Toulouse, vers ce même temps ; mais nous ignorons si aucun des deux est le même que l'évêque de Rodez de ce nom.

ADHEMAR I.

Dans la charte de fondation de l'église de Connac, par Charles le chauve en 864, il est fait mention de l'Evêque *Hacmar* ou *Adhemar*. Il en est parlé aussi dans les actes du concile de Ponthion, auquel il assista en 876. Le pape Jean VII l'appelle *Aymar*, dans une lettre qu'il lui écrivit en 879, pour l'exhorter à faire

(1) Voy. notes, IX.

rentrer dans le devoir Berthilde, épouse d'un seigneur du pays, nommé Rostaing, qui malgré les monitions fréquentes des évêques, vivoit séparée de son mari (1).

FROTARD.

Dans un manuscrit de la bibliothèque des Jacobins de Toulouse, il est dit que *Frotard* o *Fromard, évêque de Rodez*, assista à Pamiers en 887, à la t[r...]tion des reliques des martyrs Antonin, Jean et Almaque.

GAUSBERT.

Gausbert a dû occuper le siège épiscopal de Rodez, vers le commencement du dixième siècle, si jamais il l'a occupé ; car l'auteur de l'histoire de l'église de Caors, prétend que c'est de Caors et non de Rodez, qu'étoit évêque ce Gausbert, qui accompagna à Rome, Geraud, comte d'Aurillac, mort en 909 (2). Mais Duchène et Claude Robert, croient qu'il a été évêque de Rodez, d'après Odo, abbé de Clugni, qui, dans ses écrits, fait un grand éloge de ce saint évêque.

DEUSDÉDIT II.

Toute la preuve que nous avons de l'existance de cet évêque, c'est une charte par laquelle Arégius donne à la cathédrale de Rodez, l'église *de Barlandd, regnante Roberto rege*. Cette charte est souscrite ainsi par cet évêque : *S. Deusde* (3). Certains croient que ce (4) Robert dont il est parlé, est celui qui régnoit en 922. Mais ne seroit-ce pas plutôt Robert, Fils de Hugues Capet, qui commença à régner en 997 ? Cette conjecture est d'autant plus vraisemblable, qu'un Deusdédit occupoit vers ce temps là, le siège de Rodez. Si elle est fondée, nous ne connoissons pas d'évêque intermédiaire entre Gausbert et le suivant.

JORIUS ou GEORGIUS.

On trouve dans les anciennes tables de l'église de Rodez, que cet évêque siégeoit en 933. On ne connoît pas d'autre monument qui fasse mention de lui.

(1) Voy. cette lettre, notes et monum. XV.
(2) *Mab. ad annum* 909.
(3) Dans les anciens monumens, presque toutes les signatures sont précédées d'une S. qui signifie *signum*.
(4) *Gall. Christ.* tom. 1, p. 202.

ADHEMAR ou AIMAR II.

On trouve le nom d'*Aimar*, dans quelques fragmens d'une donation faite à l'église de Rodez, *la douzième année du règne de Raoul*, ce qui se rapporte à l'an 935 (1).

MANGAFRÉDUS.

Mangafrédus ou *Mainfroi* étoit évêque de Rodez, sous le règne de Louis d'Outremer, selon une charte de donation, faite à l'église de Rodez, sous ce règne, c'est-à-dire, vers l'an 942 (2).

ÉTIENNE.

Les auteurs de la *Gallia Christiana*, ne font aucune mention de cet évêque : des monumens respectables attestent cependant, qu'il occupa, pendant plusieurs années, le siège de Rodez.

Un seigneur du Rouergue, nommé Benjamin, qui embrassa l'état religieux, dans le monastère de Conques, avoit donné à Etienne, abbé de cette église, et en même temps évêque de Rodez, certaines possessions près de Saint-Ciprien, *in ministerio Montiniacense*.

La dixième année du règne de Louis d'Outremer, c'est-à-dire, l'an 946, ce même Etienne, évêque, et abbé de Conques, assisté de ses religieux, rendit à Benjamin la jouissance de ses domaines, durant sa vie.

L'an 964, cet évêque tint devant la porte de l'église de Saint-Sauveur de Conques, un plaid composé d'Hugues abbé, des religieux de ce monastère, des seigneurs Hector, Bernard, Frotard, Isalgar, Hector et autres, en présence des bons hommes (*bonorum hominum*) qui s'y étoient rendus, pour juger les contestations de quelques particuliers qui se disputoient certain alleu de la Serre.

La preuve de tous ces faits, se voit aux archives de l'église de Conques. Celles de l'évêché de Rodez renferment un acte de partage, de l'an 956, qui atteste qu'Etienne étoit alors évêque de Rodez.

---

(1) Donation de l'église et terre de Connac, à la cathédrale de Rodez, par Elias neveu du vicomte Rainon, et Sénégonde, sa femme. Mon. n. XVII.
(2) *Gall. Christ.* t. I. p. 203.

DEUSDÉDIT III.

Dans le testament de Raimond, comte de Rouergue, que plusieurs monumens nous forcent, comme nous le verrons, de fixer à l'an 961, il est fait mention de l'évêque *Deusdedit*, en ces termes : *illa alode de Sulciaco, cum ipsâ ecclesiâ, teneat* DEUSDEDIT EPISCOPUS, *dummodò vivit; post suum discessum, Sanctœ Mariœ Ruthenensi remaneat* (1). Si Deusdédit étoit évêque en 961 comment Etienne l'étoit-il encore en 966 ? Nous laisserons à nos lecteurs, le soin de débrouiller ces difficultés chronologiques si elles peuvent les intéresser. On peut conjecturer que sur la fin, il s'étoit démis de son évêché, et qu'il prenoit encore le titre d'évêque, quoique son siège fut occupé par son successeur.

Dans l'histoire des évêques de Lodève, par Bernard Guidoni, on voit que *Deusdédit, évêque de Rodez*, assista en 975, à la consécration de l'église de Saint-Geniez de Lodève, avec Aimeric, archevêque de Narbonne, et Ricuin, évêque de Maguelonne. Cette même année, Garsinde, comtesse de Toulouse, dans son testament, fait un don à *Deusdé*, évêque.

En 1004, *Deusdédit évêque de Rodez*, assista à une nombreuse assemblée de seigneurs et d'évêques, pour remédier aux troubles de ce temps-là (2).

BÉGON.

Dans une vieille charte, datée du règne de Lotaire, fils de Louis d'Outremer, il est dit que Raoul, abbé de Figeac, donna à fief à un seigneur, *neveu de Bégon, évêque de Rodez*, soixante églises et cinq cents villages, sous la réserve de l'hommage, et à condition qu'en cas de guerre, il armeroit trois cents hommes, pour la défense de l'église de Figeac. Il est fait encore mention de Bégon, évêque, dans deux actes de donations faites à l'église de Conques, sous le règne de Robert, l'une du fief de la Serre, dans la paroisse de Montignac, et l'autre du domaine de Corn, dans la viguerie de Sainte-Spérie.

ARNAUD.

Il est souvent fait mention d'*Arnaud, évêque*, dans des actes qu'on voit aux archives de Conques. Un moine de Saint-Martial

---

(1) Mabill. *De re diplom.* lib. 6, p. 572.
(2) Hist. du Lang. tom. 2

de Limoges, rapporte qu'il assista, en 1028, à la consécration de l'église de Saint-Sauveur dans cette ville, avec plusieurs autres évêques. Ce fut sous son épiscopat, qu'Iscanfrède, fonda le monastère de Rieupeyrous.

Bernard, écolâtre d'Angers, nous apprend (1), que l'évêque Arnaud, tint un synode très-nombreux, vers l'an 1030, dans une prairie de Saint-Félix, à un mille de Rodez, où il avoit fait disposer des pavillons et des tentes, pour mettre à couvert le peuple. On y apporta, dit-il, une infinité de châsses et de reliquaires précieux, de la plupart des églises et des monastères du Rouergue.

GERAUD.

Geraud, évêque de Rodez, donna en 1031, son consentement à la construction du pont d'Albi, sur le Tarn (2). Il est nommé aussi dans un bullaire d'indulgences de l'église de Conques. D'après ce monument, il vivoit encore en 1037.

Il est naturel que quelque lecteur observe ici, que peu importe sans doute que Geraud, Bégon et autres aient été évêques de Rodez, ou non ; puisque leur histoire ne présente aucun fait digne d'attention : il est bien peu intéressant en effet, que Vérus ait assisté à un concile de Rheims, qu'Aimar ait reçu une lettre du pape, que Frotard ait été présent à une translation de reliques ; mais il est très-utile, pour constater l'époque des évènemens, de fixer celle de l'existence des personnes en place. La plupart des monumens de ces siècles reculés, n'ont aucune date précise ; et ce n'est que par les évêques, les comtes, les princes dont il est parlé, qu'on peut la connoître. On en jugera par ces dates, que je recueille au hasard, de quelques chartes que j'ai sous les yeux. *Regnante Philippo Adhemaro episcopo* (3)........ *Blodohic rege Aquitanorum* (4).... *Petro episcopo* (5).......... *Anno tertio Begonis abbatis* (6) ... *Anno XXVI regnante Karolo* (7) *Die veneris, lunâ I* (8) .... *Christo regnante et regem sperante* (9). *X calendas februarii, feria VII* (10) .:....... *Anno IV regnante Lothario* (11) ...... *Papâ Gregorio, indictione 2* (12)..........

(1) *Lib. I, cap. 30.*
(2) Hist. du Lang. tom. 2, p. 165.
(3) Donation de l'église de Saint Saturnin au monast. de Conques. Archives de Conques.
(4) Donation de la roche de Prix. *ibid.*
(5) Acte concern. l'église de Rinhac, *ibid.*
(6) *Ibid.* (7) *Ibid.*
(8) *Ibid.* (9) *Ibid.*
(10) *Ibid.*
(11) *Ibid.* (12) *Ibid.*

Stephano episcopo, Hugone abbate (1) .... Il en est ainsi d'une infinité d'autres, aussi incertaines que celles-là, et qu'il seroit trop long de rapporter ici. Il importe donc, pour fixer avec précision la date de ces monumens de se fixer sur l'époque de l'existence du roi Philippe, de l'évêque Adhemar, de Blodohie ou Louis, roi d'Aquitaine, de l'évêque Pierre, de l'abbé Bégon, ect.

Le monument qui rapporte la construction du pont d'Albi, par exemple, est sans date ; et par les noms des évêques Geraud de Rodez, et Bernard de Caors, qu'on y trouve mentionnés, on en fixe l'époque vers l'an 1034.

Ceux des lecteurs qui voudront éviter la sécheresse de la chronologie, et qui ne chercheront qu'à satisfaire leur curiosité, peuvent omettre les annales de la plupart des évêques, et celles de plusieurs comtes.

PIERRE BÉRENGER DE NARBONNE.

Pierre Bérenger étoit fils de Bernard Bérenger, vicomte de Narbonne, et de Garsinde, et neveu d'Ermengaud, archevêque de cette métropole. Il étoit religieux de Conques, lorsqu'il fut élu évêque de Rodez, ou pour mieux dire, lorsqu'il acheta cet évêché ; car c'est par cette indigne voie qu'il y parvint, comme on l'infère de divers monumens. Il souscrivit en 1052 à l'élection d'Itier, évêque de Limoges. Il assista en 1056, au concile de Toulouse, convoqué contre ceux qui fesoient un trafic des biens des églises, abus fort commun dans ce temps-là. Il contribua cette même année, à la dotation du monastère de Beaumont : et en 1061, il consentit à la donation qui fut faite du monastère de Vabres, aux abbés de Moissac et de Clugni.

Après la mort de Wifred, archevêque de Narbonae, Pierre Bérenger, soutenu par sa famille, s'empara de ce siège en 1079 : il en chassa Dalmas son compétiteur, que le chapitre avait élu. Il fut excommunié par le pape Grégoire VII, en 1080, et forcé de quitter le siège de Narbonne. Il retourna alors en Rouergue ; mais ayant trouvé le siège de Rodez rempli, il se contenta, jusqu'à sa mort, d'un vain titre d'évêque sans fonctions et sans évêché (2).

PONS D'ÉTIENNE.

Dès que Pierre Bérenger eut abandonné son siège, *Pontius Stephani* fut élu, en 1079. Il donna, cette même année, l'abbaye

(1) *Ibid.*
(2) *Gall. Christ.* t. I. page 203, Hist. du Lang. t. 2. Archiv. de l'évêché de Rodez.

de Saint-Amans à Richard, abbé de Saint-Victor de Marseille; et l'année suivante, il donna au monastère de Pébrac, l'église de Saint-Martin-d'Alpuech *(de Altopodio)*, celle de Saint-Jouéri-d'Altun, et quelques autres de son diocèse. En 1081, il donna aussi un nombre considérable d'églises au monastère de Montsalvi, que Gausbert avoit fondé, quelques années auparavant (1). Cette donation fut faite sans doute, en récompense des soins que Gausbert s'étoit donnés, pour rétablir l'ordre et la discipline parmi les religieux de Saint Amans, que l'évêque Pons d'Etienne fut forcé, comme nous l'avons déjà dit, de chasser de leur couvent.

La plupart des monastères du pays, se ressentirent des libéralités de Pons d'Etienne. Il donna encore en 1082, à l'abbaye de Saint-Victor de Marseille, plusieurs églises de son diocèse, dont certaines furent depuis de celui de Vabres. Cette charte de donation (2) fait mention des églises de Saint-Amans, de Bozoul, d'Estaing. *Sancti Electi sublus Belceder*, de Sainte-Marie-de-Hautefage, de Rivière, de Saint-Pierre-de-Colnoz, de Sainte-Marie-de-Lumenson, de Mostuéjoul, de Saint-Michel-de-Castelnau, de Sainte-Marie, de Saint-Bauzeli. Il est parlé aussi des monastères de Vabres, de Nant, de Millau, de Ferret, de Saint-Séveri, de Saint-Hippolyte, de Saint Léons, de Lavernhe avec ses dépendances, des églises de Saint Geniez-d'Olt, de Figeaguet, de Marnhac, de Saint-Sauveur-de-Grandfuel, de Saint-Victor-de-Camboulas, de Saint-Pierre-d'Alsarbres, de Saint-Etienne-de-Viviers, de Notre-Dame-de-Gleizeneuve, de Mauriac, etc.

Nous ignorons quelle étoit la patrie de Pons d'Etienne; mais divers monumens prouvent qu'il y avoit en Rouergue, une famille noble de ce nom (3).

RAIMOND DE FROTARD.

Suivant le père Labbe (4) *episcopus Rothenensis Raymundus*, étoit au nombre des évêques qui accompagnèrent, en 1095, le pape Urbain II, à Limoges, et qui assistèrent à la consécration de l'église de Saint-Martial. Ce même pape lui donne le nom de *Raymundus Frotardi*, dans une bulle, dont nous aurons dans peu occasion de parler.

ADHEMAR III, ET SON SUCCESSEUR N.

Dans une note de l'ancien monastère de Villeneuve, il est dit

(1) Voy. cette donation. Monum. nomb. XXXVIII.
(2) Elle est rapportée dans la *Gall. Christ.* tom. I. *Instrum*, p. 50.
(3) Monum. nomb. XLIII.
(4) Tom. X. p. 598.

qu'Adhemar étoit parent (*consanguineus*) de Pierre de Bérenger de Narbonne fondateur de ce monastère (1).

Urbain II qui mourut en 1099, fait mention de l'évêque *Adhemar*, ainsi que des trois précédents, dans la bulle par laquelle il soumet à la vie régulière, les chanoines de la cathédrale de Rodez. Quoique cette bulle n'ait point de date fixe, elle prouve qu'Adhemar étoit évêque de Rodez, du temps d'Urbain. Il est fait mention de lui, dans plusieurs chartes des églises du Rouergue, datées des années 1103, 1120, 1121, 1127, et autres qu'il seroit trop long et inutile de rapporter ici. Dans un acte du monastère de Sylvanez, de l'an 1133, il est appelé *piœ memoriœ et magnœ autoritatis vir*. D'autres monumens de cette même abbaye prouvent qu'Adhemar étoit contemporain de Pierre, évêque de Lodève, dont l'épiscopat ne commença qu'en 1138. Adhemar étoit donc encore évêque de Rodez en 1138; mais il étoit mort en 1144; car le pape Luce II, dans une lettre adressée, cette année, à Pierre, abbé de Marseille, rappelle Adhemar, *bonœ memoriœ episcopum*.

Adhemar eut pour successeur, un évêque dont le nom nous est inconnu. Saint Bernard qui vivoit dans ce temps-la, dit qu'il ne siègea que trois ans; et que son avarice et son libertinage forcèrent le pape Eugène III, à le déposer (2).

PIERRE.

Cet évêque, qui ne nous est connu que sous le nom de *Pierre*, se trouve mentionné dans plusieurs actes, depuis l'an 1146, jusqu'en 1161, et particulièrement dans les chartes de fondation ou de dotation des abbayes de Bonneval et de Nonenque. L'an 1146, il donna au monastère de Brantome, les églises de Notre-Dame-de-Luganhac, de Sévérac, de Cromières, de Saint-Martin-de-Lenne, et de Marnhac, qui passèrent depuis aux religieux de la Daurade de Toulouse. Il fit en 1162, un règlement (3), pour les religieux qui déservoient l'hôpital d'Aubrac.

Nous avons assez parlé d'ailleurs des démêlés de l'évêque Pierre, avec le comte de Rodez, au sujet des fortifications de la ville, et du droit d'hommage de la part des comtes.

HUGUES DE RODEZ.

Hugues, frère du comte Hugues II, étoit évêque de Rodez, dès l'an 1161. Cependant nous voyons que Pierre son prédécesseur,

---

(1) Notes, XLII.

(2) *Ruthenensis episcopus .... de abbatiá in abbatiam, vel potius de abysso in abyssum descendit, ut idem sit violator virginum et consecrator. Epist. 329, 240, 328.*

(3) *De concilio prudentium clericorum et laicorum. Gall. Christ. t. p. 207*

prenoit encore l titre d'évêque, quelques années après cette époque. On lit dans une charte de l'abbaye de Bonneval, datée de l'an 1163, que Pierre, évêque, exempta de la dime, les biens de ce monastère ; et l'an 1164, il confirma la donation qui avoit été faite de l'église *de Genciaco*, à Pons, abbé de Sylvanez. Sans doute qu'il s'étoit déchargé des fonctions d'évêque et qu'il en conservoit cependant le titre. Quoi qu'il en soit le pape Alexandre III adressa en 1161, une bulle à *Hugues, évêque, frère du noble comte de Rodez :* et l'an 1162, il est mentionné dans la charte de fondation de Bonnecombe.

Il seroit trop long de rapporter ici tous les actes, dans lesquels est intervenu l'évêque Hugues, pendant sa longue vie. Il gouverna l'église de Rodez, pendant plus de cinquante ans ; car il vivoit encore en 1214 (1).

Nous lisons dans Fleury, que le pape Innocent III chargea les deux légats, qu'il avoit envoyés en France contre les Albigeois, de le contraindre par censure, à se démettre de son évêché, suivant la permission qu'il en avoit demandée lui-même, à cause sans doute de son grand âge.

Il mourut en 1214, et fut enterré à Bonnecombe, où l'on voit encore son épitaphe, en un style qui ne prouve pas le bon goût du siècle (2).

Il avoit toujours montré du zèle pour la tranquillité publique et le bonheur de ses diocésains. Il contribua beaucoup à l'établissement du commun de paix, comme nous l'avons vu ailleurs; et en 1208, il termina encore un différent considérable, entre les habitans de Rodez et les chanoines de la Cathédrale, au sujet de quelques impositions, auxquelles la ville avoit soumis le chapitre, comme il étoit juste, pour les réparations des murs et des remparts, et pour l'entretien de la garde qui devoit veiller à la sureté des citoyens (3).

PIERRE D'HENRI DE LA TREILLE ET SES SUCCESSEURS B. A.

Pierre d'Henri de la Treille, d'une noble famille du Rouergue, étoit archidiacre de Rodez, lorsqu'il fut élu évêque par le chapitre, le 1 juillet 1211.

Il donna en 1214, aux lépreux qui habitoient la léproserie de Saint-Cyrice, la dime de tous les bestiaux dépaissans dans leurs terres. En 1217, il termina un grand procès entre Amblard, abbé

(1) *Gall. Christ. ibid. p.* 269.
(2) Voyez-la, monum. n. LXVII.
(3) L'acte est souscrit par Aimeric prévôt, Adhemar de Broussignac, Hugues Baldoin, G. Troupel, D. de Pommiers, D. Jourdain, Roux, Hugues Guillemi, Pons Bonnefous, Boyer, secrétaire. Voy. not. et monum. n. LXV.

de Bonnecombe, et Bernard d'Arpajon. Lorsque le comte de Rodez partit pour les croisades, en 1219, l'évêque fut chargé du gouvernement de son comté. L'année suivante 1220, il acheta de noble Pierre de Cahuzac, le château de Caldegouse. Il unit, en 1233, l'église de Saint-Maime à l'Hôpital du Pas.

Nous ignorons l'époque précise de sa mort; mais les tables chronologiques de l'église de Bourges, portent qu'il ne vivoit plus en 1234 (1).

Son successeur ne nous est connu, que par la lettre initiale de son nom, B; quoiqu'il en soit fait mention, dans plusieurs monumens. Les tables chronologiques de Bourges disent qu'après la mort de Pierre, le chapitre de Rodez élut B. archidiacre, et demanda la confirmation de cette élection, à l'archevêque de Bourges, le 8 août 1234.

L'an 1248, B. confirma les privilèges de la Cité de Rodez.

Cet évêque siégeoit encore en 1245; car il souscrivit cette année, à une transaction, entre l'abbé de Bonnecombe et Gui de Sévérac.

Après B, les tables chronologiques de Bourges et les auteurs de la *Gallia Christiana* font encore mention d'un autre évêque, auparavant archidiacre de Rodez, qui ne nous est connu que par la lettre A. Il fut élu en 1245, par le chapitre, qui demanda cette même année, *in festo S. Gregorii* (2), que son élection fut confirmée par Philippe, archevêque de Bourges.

VIVIAN DE BOYER.

L'épiscopat d'A. fut très-court; car *Vivian* ou *Bibian de Boyer*, désigné aussi, souvent, par la lettre initiale de son nom, fut élu par le chapitre, sur la fin de 1246.

Le cartulaire de Vabres nous apprend que Vivian étoit religieux Cordelier, et qu'il étoit à Rome, auprès du pape Innocent IV, dont il étoit l'homme de confiance, lorsqu'il fut choisi pour occuper le siège épiscopal de Rodez. On voit par une lettre de ce pape (3), que Vivian faisoit auprès de lui, les fonctions de notaire apostolique, et qu'il étoit très-versé dans les lettres et dans le droit.

Il fut nommé en 1247, commissaire avec l'évêque d'Albi et quelques autres seigneurs, pour prendre la déposition des témoins que le comte Raimond VII faisoit entendre, en faveur

---

(1) *Gall. Christ. ibid.*

(2) Suivant notre manière de compter, en commençant l'année par le mois de janvier, cette demande fut faite en 1246. Voy. notes, n. LXXX.

(3) *Gall. Christ. ibid.*

de son père, à qui il vouloit procurer la sépulture ecclésiastique, qu'on lui avoit refusée (1).

Vivian montra quelquefois du zèle pour ses diocésains ; mais il ne sut jamais le retenir dans de justes bornes. Entier dans ses prétentions, il ne s'en relâchoit jamais ; et pour parvenir à ses fins, il employoit toujours les moyens violens, que le fanatisme de son siècle lui mettoit en main. La cour du pape qu'il avoit fréquentée, n'avoit pas sans doute, d'ailleurs, peu contribué à lui inspirer ce penchant démesuré à faire usage des armes ecclésiastiques. Aussi ne lui en coutoit-il rien de lancer, pour le moindre sujet, les excommunications, les interdits, et toutes les censures. Nous verrons bientôt par la plainte que porta contre lui Gui de Sévérac, et nous avons déjà vu par les contestations violentes qu'il eut avec le comte de Rodez, que les habitans du Rouergue furent souvent les victimes de son despotisme religieux et de ses caprices.

Il fit son testament et mourut en 1274. Il fut enterré dans l'église des religieux Cordeliers, ses confrères.

RAIMOND DE CALMONT.

Raimond de Calmont, issu de la famille de Calmont-d'Olt, près Espalion, fut élu par le chapitre, l'an 1274.

Nous avons déjà parlé de ses démêlés avec le comte de Rodez, et des soins qu'il se donna pour la reconstruction de l'église cathédrale, qui s'écroula sous son épiscopat.

On voit dans la *Gallia Christiana* (2) qu'il assista, en 1278, à un concile provincial, tenu à Aurillac, ville alors du diocèse de Clermont. Cet évêque étoit aussi grand ami de la paix, que son prédécesseur avoit été turbulent. Nous voyons qu'il fut choisi pour arbitre ou pour médiateur, dans beaucoup d'affaires de ses diocésains, et qu'il s'empressa de terminer celles qui lui étoient personnelles, tant avec le comte, qu'avec le chapitre, au sujet des limites du château et terre de Calmont ; avec les religieux d'Aubrac, pour le droit d'exemption qu'ils prétendoient, etc. Il termina en 1285, un différent entre les chanoines de la cathédrale, et les religieux Jacobins, qui se contestoient certains droits de sépulture ; et en 1288, un autre, entre son chapitre, et Gaucelin de Saint-Jouéri, commandeur du Temple d'Espalion.

Il fit son testament au mois de février 1298, et mourut peu de

---

(1) Hist. du Lang. t. 3, p. 456.
(2) T. 1, p. 213.

temps après ; car le cartulaire de Nonenque atteste que le siège épiscopal étoit vacant au mois de mars suivant (1).

BERNARD DE MONESTIER.

L'épiscopat de *Bernard de Monestier* fut très-court ; aussi connoissons-nous peu ne monumens qui fassent mention de cet évêque. Il fut élu par le chapitre en 12.. ; et son élection fut confirmée par le métropolitain, le 18 octobre de la même année.
Il confirma l'union, que Pierre, un de ses prédécesseurs, avoit faite autrefois de quelques églises, au chapitre de Beaumont. Il mourut au mois de novembre 1299.

GASTON DE CORN.

Gaston de Corn ou *de Cornu*, issu d'une famille noble de Gascogne, succéda à Bernard de Monestier. Il fut élu par le chapitre, le 13 avril 1300. Son règne fut aussi fort court ; car il mourut au Pui en Velai, le 2 mars de l'année suivante. La chronique de l'église du Pui en fait mention, sous le nom de *Gasto de Cornone*. Son corps fut transporté à Rodez, et enterré dans une chapelle, où l'on voit encore son tombeau, avec deux cors de chasse, qui étoient, sans doute, l'armorial de sa famille.

PIERRE DE PLEINE-CHASSAIGNE.

Après la mort de Gaston de Corn, les chanoines de la cathédrale, ne pouvant pas s'accorder pour le choix de son successeur, ils résolurent de demander un sujet au pape Benoit XI. Mais cette déférence pour le souverain pontife, leur coûta cher dans la suite ; car ils furent privés du droit d'élection, pendant plus de deux cents ans. Le pape nomma Pierre de *Pleine-Chassaigne*, religieux de Saint-Benoît.
Le premier acte dans lequel il soit fait mention de lui, est une transaction, datée de 1302, entre les religieux de Bonneval, et les chevaliers du Temple d'Espalion. Cette même année, il réunit plusieurs églises à l'abbaye de St-Sernin sous Rodez. Clément V le nomma patriarche de Jérusalem et son légat en Orient. Il assista, en cette qualité, à la conquête de l'île de Rhodes, par les chevaliers de Saint-Jean de Jérusalem. Ce pape écrivit le 6 janvier 1309, une lettre au roi Philippe, pour conserver à Pierre

---

(1) *Gall. Christ.* ibid. p. 216.

de Pleine-Chassaigne, les biens de son évêché, pendant son absence.

En 1317, le pape Jean XXII démembra cent trente paroisses de son diocèse, pour former celui de Vabres, qui fut érigé alors.

Pierre de Pleine-Chassaigne mourut le 6 février 1318, et fut enterré dans la chapelle de saint Paul, qui depuis fut la sacristie de l'église cathédrale.

PIERRE DE CASTELNAU.

Peu de jours après la mort de Pierre de Pleine-Chassaigne, le chapitre élut Pierre de Castelnau, de la famille de Castelnau de Brétenous en Querci ; mais la confirmation que le pape Jean XXII fit de cette élection, le 5 mars 1318, approche beaucoup d'une nomination pure et simple.

Il ne fit son entrée à Rodez qu'en 1334 ; ce qui a fait croire à quelques-uns qu'il n'avoit été nommé que cette année. Par son testament, qu'il fit à Paris en 1334, il avoit demandé d'être enterré dans l'église des Jacobins de cette ville ; mais il n'y mourut pas, comme certains l'ont cru (1) : il mourut à Rodez, en 1336, et l'on y voit encore son tombeau, dans l'église des Jacobins.

BERNARD D'ALBI.

Les papes s'étant emparés du droit d'élection dont le chapitre jouissoit auparavant, Bernard d'Albi, natif de Saverdun, fut nommé évêque de Rodez, le 8 février 1336, par le pape Benoît XII son concitoyen et son ami. Il fit sa première entrée à Rodez, le 15 août de la même année. Benoît XII l'envoya en Espagne, pour terminer les différens des rois de Castille et de Portugal. Il y étoit encore, lorsque le pape le nomma cardinal, en 1338.

Il se démit cette même année de l'évêché de Rodez, en faveur de Gilbert de Cantobre, pour se livrer entièrement à la poésie, pour laquelle il avoit un penchant singulier. Il fut encore envoyé en Espagne, pour concilier la paix entre les rois d'Aragon et de Majorque, en 1343. Il fut nommé au riche évêché de Porto, en Portugal, en 1348, et mourut le 13 novembre 1350.

On connoît trois lettres du fameux Pétrarque à ce cardinal, dans l'une desquelles il dit que Bernard d'Albi avoit tant de facilités à faire les vers, qu'en une heure il en faisoit plus de trois cents.

....*Pleno tibi carmina cornu*
Copia suppeditat : versus brevis hora trecentos

---

(1) Calendrier du Rouergue, 1775.

Et septem decies excudit.

Dans un autre, il le loue de son goût pour les poëtes sacrés :

Audio quòd studium sacros tibi nosse poetas,
Ceperis, alme pater : dulcis labor, ardua cura :
Gratulor et laudo. etc.

Il lui envoya Servius, commentateur de Virgile, pour mieux l'engager à l'étude de la poésie.

Hoc iter ingresso, magnum tibi, munere parco,
Auxilium conferre velim ; transmittitur ergo
Servius altiloqui relegens arcana Maronis.
Suscipe tranquillus, nec jam variante senectá,
Lurida permoveat facies, nec turpis amictus.
Frons decet ista senem......

GILBERT DE CANTOBRE.

Gilbert de Cantobre de l'ancienne famille de ce nom, au diocèse de Vabres, abbé de Saint-Gilles, et de Saint-Victor de Marseille, neveu du premier évêque de Saint-Papoul, fut préconisé évêque de Rodez, par Benoît XII, le 27 janvier 1339, et fit son entrée solennelle, le mois de juillet suivant.

Il accorda, cette même année, des indulgences à ceux qui contribueroient à la construction des ponts de la Mouline et du Monastère. En 1340, il tint à Rodez un synode, pour réformer les mœurs, et rétablir la discipline, parmi les ecclésiastiques. Pendant le cours de l'année 1348, il ordonna plusieurs fois des prières publiques, pour la cessation de la peste, qui ravageoit la province.

Gilbert de Cantobre mourut à Chaudesaigues, dans le temps de cette peste.

RAIMOND D'AGRIFEUILLE.

Après la mort de Gilbert de Cantobre, André Roger de Limoges, frère du pape Clément VI, fut administrateur de l'évêché de Rodez ; mais il céda bientôt cette fonction à Raimond d'Agrifeuille, son neveu, religieux de Saint-Martial de Limoges, qui fut nommé évêque par Clément VI. Il contribua à faire entourer de murailles, Rodez et plusieurs autres villes du Rouergne, pour se mettre en garde contre les Anglois.

En 1358, le comte, les consuls et les habitans de Rodez, ayant appris les progrès des Anglois dans la Basse-Marche du Rouergue, s'empressèrent de former une compagnie de gendarmes pour la sûreté de la ville, et ils en donnèrent le commandement à Guillaume Ebles. La première opération de cet officier, fut de faire fermer la porte de l'Evêché : le chapitre de la Cathédrale vit cette entreprise, de mauvais œil ; et il assembla la nuit plusieurs personnes armées, pour aller démolir cette clôture, et rouvrir la porte. Un habitant de la ville étant entré pour prendre de la lumière dans l'église, au moment de cette assemblée tumultueuse ; les chanoines craignant d'être découverts, avant que leur opération fut terminée, le retinrent prisonnier, jusqu'à la fin. Les consuls en ayant eu avis, intentèrent procès au chapitre devant le sénéchal de Rouergue. Le chapitre, pour bien de paix, et sentant le foible de sa cause, compta aux gens du roi cent florins d'or (1).

Les absences fréquentes de Pierre de Pleine-Chassaigne qui fut patriarche d'Alexandrie et légat en Orient ; de Pierre de Castelnau qui faisoit sa résidence à la cour d'Avignon ; du cardinal d'Albi, plus occupé des affaires d'Espagne, que de celles de son diocèse, avoient laissé ralentir la discipline parmi les ecclésiastiques. Gilbert de Cantobre, plus zélé, voulut la rétablir, en 1340; mais les chanoines refusèrent de se soumettre à ses statuts. Cet évêque dont le zèle fut absorbé bientôt par les menaces des Anglois, par les ravages de la peste, ou par d'autres affaires, négligea celles de son chapitre. Son successeur Raimond d'Agrifeuille, moins patient, ou moins modéré, interdit les chanoines, et les anathématisa tous. Ils portèrent leur plainte au pape, qui appuya l'évêque. Enfin les deux parties se déterminèrent à soumettre leurs démêlés à Pons de Cuzières, qui condamna le chapitre, en 1350. Cette sentence ne fit qu'aigrir les esprits : les chanoines ayant refusé, l'année suivante, de contribuer à la réparation des murs de la ville, que l'évêque avoit ordonnée, il les fit excommunier encore par son official. Le pape Innocent VI, crut devoir appaiser ces débats scandaleux. Il chargea le cardinal de Sainte-Sabine de se transporter à Rodez, pour y rémédier. Celui-ci fit un règlement sévère, qui fixa les droits respectifs de l'évêque et du chapitre, et établit des peines contre les délinquans.

Raimond d'Agrifeuille mourut en 1361, après s'être démis de son évêché, en faveur de Faydit d'Agrifeuille, son neveu.

On voit aux archives de l'évêché, le testament de ces deux derniers évêques. Celui de Gilbert de Cantobre, qui fut fait à Chaudesaigues, le 12 mars 1348, est remarquable par ses legs pies, et par la fondation de plusieurs chapelles : mais celui de Raymond d'Agrifeuille l'est encore plus. Les dons immenses qu'il fait à ses parens, à ses domestiques, et à plusieurs églises de son diocèse et des diocèses étrangers, annoncent qu'il étoit dans la plus grande opulence, et qu'il étoit surtout riche en vases

---

(1) Archiv. de la cathédrale de Rodez.

et ustensiles d'église de toute sorte, en calices, en cuvettes d'or et d'argent, en ornemens d'or et de soie, etc.

FAYDIT D'AGRIFEUILLE.

Faydit d'Agrifeuille ne parut presque pas à Rodez; si l'on en excepte le voyage qu'il y fit, pour le mariage de Jeanne, fille du comte de Rodez, avec Jean de France, duc de Berri, qu'il célébra avec la plus grande pompe dans l'église des Cordeliers.

Il confia ensuite à ses vicaires généraux, le gouvernement de son diocèse, et se tint toujours à Avignon, auprès du pape Urbain V, qui le nomma à l'archevêché d'Avignon, en 1370 et le décora de la pourpre romaine en 1383. Il mourut à Avignon le 2 octobre 1391.

BERTRAND DE CARDAILLAC.

Bertrand de Cardaillac étoit fils de Pons de Cardaillac, vicomte de Murat, seigneur de Privezac, Valadi, Maleville, Caylar, Prévinquières, Panat, Saint-George, Cassagnes, etc. et d'Ermengarde d'Estaing, son épouse. Il avoit été déjà nommé à l'évêché de Rodez, sur la démission de Faydit d'Agrifeuille, en 1369; car nous trouvons (1) que le 8 octobre de cette année, il fit défense à tout particulier, même prêtre, de s'asseoir sur les sièges des obituaires de Villefranche.

Avant d'être nommé à l'évêché de Rodez, il étoit chancelier du prince de Galles, dans le duché de Guienne. On croit même que c'est lui qui suggéra à ce prince, l'idée d'établir l'impôt, connu sous le nom de *fouage*, qui contribua beaucoup à faire secouer, aux habitants de Rodez, le joug de la domination Angloise.

Lorsqu'il fit son entrée à Rodez, il étoit accompagné d'un grand nombre d'Anglois; ce qui fit soupçonner aux habitans, qu'il vouloit remettre la ville en leur puissance. Soit que cette crainte fût fondée, ou non, ils prirent les armes, allèrent assiéger le palais épiscopal, et forcèrent l'évêque et ses hôtes, à prendre la fuite. Il eut beau faire dans la suite, pour regagner la confiance de ses diocésains : il fut toujours regardé comme entièrement dévoué au parti Anglois; et à force de lui témoigner de la méfiance, on l'obligea de renoncer à son évêché.

Il se retira, dit-on, dans une maison qu'il avoit fait bâtir près près de Rodez, le long de l'Aveiron, et qu'on appelle encore le moulin de Cardaillac. Un de ses prédécesseurs en avoit acheté le fonds, d'un Gentilhomme nommé Frotard de Saint-Martin.

(1) Archiv. de l'évêché : notes de l'abbé de Grimaldi.

JEAN DE CARDAILLAC.

Bertrand de Cardaillac se démit de l'évêché de Rodez, en faveur de son frère Jean, patriarche d'Alexandrie, qui fit son entrée à Rodez, le 24 juin 1371. Les consuls allèrent le recevoir au faubourg Saint-Cirice. Vigourous et Godini, placés, l'un à la droite, et l'autre à la gauche, prirent la bride de son cheval, et le conduisirent jusqu'à la porte de Lambergue. Là avant d'entrer il fut requis par les consuls et par les habitans qui les accompagnoient, de ratifier et de confirmer les privilèges de la Cité ; ce qu'il fit, en mettant la main sur sa poitrine. Arrivé sous la porte de la ville, plusieurs seigneurs et barons qui étoient venus à sa rencontre lui firent la même réquisition ; il répondit et promit de même. Si nous ne savions que c'étoit un usage pratiqué, à la première entrée de tous les évêques ; ces précautions nous feroient penser, qu'on lui soupçonnoit déjà les mêmes sentimens qu'à son frère, comme on le fit dans la suite. Mais si on le soupçonna, il paraît que ce fut toujours sans fondement ; car il se montra aussi dévoué au roi de France, que Bertrand de Cardaillac avoit paru attaché au parti Anglois.

Cependant la crainte d'éprouver, comme son frère, quelque insurrection de la part des habitans de Rodez, lui faisoit prendre toute sorte de précautions. En 1375, son official rendit une ordonnance qui obligeoit tous les ecclésiastiques *habitués* de la cathédrale, à faire garde et sentinelle dans son palais épiscopal. Le chapitre en ayant porté sa plainte au métropolitain, l'official fut forcé de révoquer son ordonnance. Cette révocation n'empêcha pas Jean de Cardaillac, de faire emprisonner un prêtre du chœur nommé Bernard Vinhes, pour avoir manqué de faire garde, à son tour, en 1376 ; le chapitre eut beau demander la liberté de cet ecclésiastique ; l'évêque qui se sentoit appuyé du gouvernement, n'eut aucun égard aux réclamations de son clergé (1).

Jean de Cardaillac étoit conseiller intime du duc d'Anjou, lieutenant général des provinces méridionales du royaume ; et il lui fut d'un grand secours, pout achever de chasser les Anglois du Languedoc et de la Guienne. Malgré cette grande confiance que le duc d'Anjou avoit en lui, et qu'il méritoit par son zèle pour les intérêts de l'état, les habitans de Rodez se persuadèrent qu'il étoit porté pour les Anglois, comme son frère ; et il ne put jamais effacer le ressentiment qu'ils conservoient contre leur ancien évêque. Ce qui causa de grandes contestations, dont l'issue fut funeste à la ville.

Entr'autres affaires de cette nature, il arriva en 1377, que

(1) Archiv. de la cathédrale de Rodez.

l'évêque ayant chez lui en visite Bertrand de Cardaillac, seigneur de Vieule, son frère, avec plusieurs autres gentilshommes et militaires du Querci, les habitans crurent qu'ils vouloient venger l'affront fait à Bertrand de Cardaillac. Ils prirent les armes, allèrent en tumulte à l'évêché, blessèrent quelques domestiques, et chassèrent tous les étrangers que l'évêque avoit chez lui.

Il en porta sa plainte au duc d'Anjou, qui condamna la ville à une amende, la priva de la faculté d'élire ses consuls, et de convoquer des assemblées publiques. On lui rendit ses privilèges dans la suite ; mais cela ne calma pas les esprits des Ruthénois. Ils suscitèrent encore d'autres affaires à l'évêque, au sujet de la porte Saint-Martial, dont les évêques étoient en possession, depuis long-temps. Ils formèrent sous ses yeux et malgré lui, le projet de bâtir un petit fort au-dessus de cette porte, pour observer ceux qui entreroient dans le palais épiscopal, ou qui en sortiroient.

Jean de Cardaillac, voyant qu'il n'étoit pas possible de détruire leur prévention, quitta son évêché, et passa à l'archevêché de Toulouse, dont il prit, jusqu'en 1390, le seul titre d'administrateur, comme il avoit fait de celui de Rodez.

JEAN D'ARMAGNAC.

Jean d'Armagnac, patriarche d'Alexandrie, prit comme son prédécesseur, la qualité d'administrateur de l'évêché de Rodez, en 1376. On voit à l'hôtel de ville du Bourg, une procuration faite cette même année, par le comte de Rodez, en faveur de *Jean d'Armagnac, administrateur de l'évêché de Rodez.*

L'année suivante, il intervint dans le traité de paix conclu entre les comtes d'Armagnac et de Foix. Et cette même année il baptisa, à Toulouse, Louis, depuis roi de Sicile, fils du duc d'Anjou.

Jean d'Armagnac fut dans la suite cardinal et archevêque d'Auch.

BERTRAND DE RAFFIN.

Plusieurs actes qu'on voit aux archives de l'évêché, prouvent que Bertrand de Raffin, d'une ancienne famille du Rouergue (1) établie depuis en Agenois, étoit évêque de Rodez, dès l'an 1379 et par conséquent avant 1381, quoique les auteurs de *la Gallia Christiana*, assurent le contraire (2). Il avoit été auparavant com-

---

(1) La famille de Raffin posséda longtemps le château et terre de Villelongue.
(2) T. I, p. 223.

mensal du pape Clément VII, à Avignon et à Rome pendant plusieurs années.

Il ne fit son entrée solennelle à Rodez, que le 7 juin 1383. Nous avons déjà parlé des contestations puériles, que le cérémonial de cette entrée occasionna.

Il aliéna, pour une modique somme, un droit très-considérable qui tenoit de l'ancienne servitude des Ruthènes. Les évêques jouissoient depuis un temps immémorial du *droit de dépouille*, sur tous les bénéficiers de leur diocèse. Bertrand de Raffin y renonça, pour une rente annuelle de deux cents livres que le clergé a payée à l'évêque, jusqu'à nos jours, sous le titre de *droit de testament* : dénomination qui tire son origine de ce que, par cet arrangement, les bénéficiers acquirent le droit de tester, qu'ils n'avoient pas auparavant.

HENRI DE SÉVÉRI.

Un acte de fondation du 24 septembre 1386, prouve que Henri de *Sécéri* ou de *Sénery* ou de *Serny*, étoit dès lors évêque de Rodez ; mais il n'y fit son entrée qu'en 1390. Le diocèse étoit gouverné par Jean, évêque *in partibus*, son vicaire général, qui, le 24 mai 1389, fit la consécration d'une église à Marsillac (1).

Henri de Sévéri étoit originaire de Savoie, comme nous le voyons par une lettre que le comte de Savoie écrivit au comte d'Armagnac, pour le remercier du bon accueil qu'il avoit fait à l'évêque de Rodez, qu'il dit de noble famille de son pays.

Nous ignorons comment cet évêque encourut les disgrâces du roi Charles VI ; mais nous trouvons (2) que ce prince écrivit en 1392, au sénéchal de Rouergue et aux autres officiers de justice, de procéder en toute rigueur, contre l'évêque Henri, contre son official, ses vicaires généraux et contre son bailli, comme criminels d'état.

GUILLAUME D'OLIARGUES.

Guillaume d'Oliargues, ou de la Tour d'Oliargues, fut nommé en 1395, par le pape Benoît XIII, et il fut installé le 4 mars 1397.

L'église cathédrale n'étoit pas encore reconstruite en entier, depuis qu'elle s'étoit écroulée en 1275. Guillaume d'Oliargues, pour en accélérer la reconstruction, donna à l'œuvre de cette église, le droit d'annate, c'est à-dire, la moitié du revenu des bénéfices vacans, dont ses prédécesseurs avoient joui depuis long-temps.

(1) Archives de l'évêché.
(2) Ibid.

Cet évêque, lors de sa première entrée à Rodez, eut encore un procès avec le seigneur de Bourran, qui selon l'usage, s'étoit emparé de sa monture, de sa vaisselle, de son linge, et en général de tout ce qui avoit été servi sur sa table, ce jour-là. L'évêque lui contesta ce droit, disant que c'étoit une pure libéralité de ses prédécesseurs ; et cependant, par accommodement, il s'obligea, le 9 août 1399, en son nom et au nom de ses successeurs, à lui payer, pour ledit jour de première entrée, deux marcs d'argent bon et fin.

L'indiscipline et l'incontinence du clergé de l'église cathédrale, força Guillaume d'Oliargues à faire de nouveaux règlemens pour contenir dans l'ordre ses ecclésiastiques. On voit par le détail de ces règlemens, jusqu'où se portoient leurs excès (1).

On régla aussi, sous son épiscopat, en 1412, le rang que les corps et les personnes qualifiées de la ville, devoient occuper dans les cérémonies publiques (2). Cet évêque mourut en 1416.

VITAL DE MAULÉON.

Vital de Mauléon, originaire de Gascogne, étoit déjà patriarche d'Antioche, lorsqu'il fut nommé à l'évêché de Rodez, en 1416.

Il assista, cette même année, au concile de Constance. Ses démêlés avec le sanguinaire Bernard d'Armagnac, le forcèrent à se tenir loin de lui ; aussi habita-t-il peu Rodez. Il se démit de son évêché en 1429, en faveur de Guillaume de Latour, et fut nommé ensuite évêque de Saint Pons, et patriarche d'Alexandrie.

GUILLAUME DE LATOUR.

Guillaume de Latour, de l'illustre famille de Latour d'Auvergne, fut nommé par le pape Martin V, en 1429, sur la résignation de Vital de Mauléon. Le chapitre de la cathédrale, fit une tentative pour recouvrer son droit d'élection, dont les papes l'avoient privé. Il élut Pierre d'Estaing, archidiacre de cette église ; mais Guillaume de Latour fut maintenu par arrêt du Parlement de Toulouse. Dès qu'il fut paisible possesseur, il travailla à perfectionner et à agrandir l'édifice de l'église cathédrale, qui n'étoit pas encore fini.

Il consentit en 1430, à l'union de l'église de Saint-Martin-de-Bouillac, à la communauté d'Aurillac, sur la demande de la comtesse Bonne de Berri, et de Bernard d'Armagnac son fils ;

(1) Voy. notes et monum., nomb. CXIII.
(2) Notes et monum. CXIV.

demande que Vital de Mauléon avoit refusée d'accueillir, comme on le voit par l'acte d'union (1).

En 1442, il assista, à Montauban, aux états généraux de *la Languedoc*, avec Michel de Sévérac, Hector de Montlaur, Aimeric de Castelpers et plusieurs autres nobles du Rouergue (2).

Il fit bâtir à Rodez, en 1445, la tour de Corbières, une des plus fortes de la ville, et quelques années après, un château à Salles-Curan, petit bourg, sur les montagnes, où il établit aussi un chapitre collégial, qui fut supprimé en 1779.

Guillaume de Latour se démit de son évêché, en 1457, en faveur de Bertrand de Chalençon, son petit-neveu ; et il fut élevé par le pape Callixte III, à la dignité de patriarche d'Antioche. Après sa démission, il passa encore treize ans à Rodez, avec son successeur, honoré et chéri de ses diocésains. Il mourut le 20 mars 1470, au château de Muret (3).

BERTRAND DE CHALENÇON

Bertrand de Chalençon succéda à Guillaume de Latour, en 1457 ; et il fit son entrée de cérémonie, à Rodez, le 21 août de la même année. Il montra, comme son prédécesseur, beaucoup de goût pour la reconstruction de la Cathédrale, et pour la réparation de divers édifices de la dépendance de l'évêché.

Il fut député aux états généraux de Tours, en 1484, avec Gui d'Arpajon. En 1494, il se démit de son évêché, en faveur de Bertrand de Polignac, son neveu, et son coadjuteur depuis 1478. Il mourut en 1501.

Les archives de l'évêché nous donnent lieu de faire remarquer un abus insigne, qui s'accrédita beaucoup sous son épiscopat, et qu'il est étonnant qu'on ait toléré pendant si long temps. La plupart de ce qu'on appeloit bénéfices à charge d'âmes, furent divisés en deux, un prieuré simple et une cure. Les curés primitifs commencèrent d'abord à confier, à un vicaire amovible, le soin de leur paroisse, avec la permission de l'évêque. Et bientôt la facilité d'obtenir ces permissions, leur fit imaginer le moyen de rendre ces vicairies perpétuelles ; afin d'être entièrement déchargés des soins pastoraux. Par ce moyen, ils jouissoient, dans l'oisiveté, du gros des revenus, et ne laissoient qu'une *portion congrue* très-modique (4), au curé ou vicaire perpétuel qui leur étoit substitué.

(1) *Gall. Christ.* t. VI, p. 215.
(2) Chroniq. de Bardin, conseiller au parlem. de Toulouse.
(3) Notes, nomb. CXIX.
(4) Cette portion ne fut, pendant long-temps, que de dix à quarante livres.

Bertrand de Chalençon étoit neveu de Pierre de Chalençon, grand archidiacre de l'église cathédrale, qui fonda le collége de la Panouse, en 1449 (1).

BERTRAND DE POLIGNAC.

Le chapitre de la cathédrale étoit toujours privé du droit d'élire les évêques. Il faisoit cependant, de temps en temps, quelque tentative pour le recouvrer; mais l'usage des *résignations*, ou des *démissions en faveur*, qui s'étoit introduit depuis quelque temps, privoit de leur effet, les élections du chapitre. Bertrand de Chalençon, usa de ce moyen, pour faire passer l'évêché de Rodez, à son neveu Bertrand de Polignac (2). Mais celui-ci n'eut aucune part à l'administration de son diocèse, parce que son oncle vivoit encore, et qu'il ne mourut que huit jours avant lui, en 1501 (3).

FRANÇOIS D'ESTAING.

Après leur mort, le chapitre élut, le 11 novembre de la même année, François d'Estaing, chanoine de Rodez, comte de Lyon, conseiller au grand conseil, et abbé de Saint-Chaffre du Puï. Le chapitre a dû se glorifier depuis, d'être rentré dans son droit d'élection, dont il étoit privé depuis deux cents ans, pour faire choix d'un évêque, dont les chrétiens du Rouergue ont révéré profondément la mémoire jusqu'ici, à qui la province doit le plus beau de ses édifices, et dont la famille a joui jusqu'à nos jours, de la plus haute considération.

Il paroit qu'on observoit encore dans ces élections, quelque chose de l'ancien usage de recueillir les suffrages du peuple. On faisoit une enquête pour constater le mérite et la capacité du sujet qu'on devoit choisir. Parmi les témoins qui furent entendus, sans aucune distinction de rang, pour François d'Estaing, on trouve Gaillard de Peyre, professeur de Théologie en l'université de Paris, inquisiteur de la foi, religieux de saint Dominique, du couvent de Rodez; Pierre Astorg, professeur de Théologie, religieux de Saint-Dominique; Antoine de Campagnac, juge royal du comté de Rodez; Guillaume Carle, notaire apostolique; Jean Froment, juge de Villecomtal; Bernard Capelle, médecin, noble

(1) Cette fondation ne fut confirmée qu'en 1499.
(2) Il étoit de la famille de Polignac, en Velai, qui avoit la prétention de descendre d'Apollinaire, gendre de l'empereur Avitus, préfet et patrice de Rome, dans le cinquième siècle.
(3) Voyez l'épitaphe de ces deux derniers évêques : monum. nomb. CXXI.

Antoine de Cocural, seigneur de Cocural ; noble Bernard de Resseguier ; noble Jean de Vigourous, seigneur de Gamarus ; noble et puissant homme Jean de Lapanouse, écuyer, seigneur de Loupiac et de Cruéjouls ; Guillaume Rodulphe, dom de Sainte-Marthe ; Guillaume Masson, médecin ; Antoine Vedelli, notaire ; noble et puissant homme Jean de Lévis, baron de Panat, seigneur de Peyrebrune et de Coupiac ; Guillaume Bertrandi, curé de Notre-Dame ; Guillaume Guirbaldi, marchand ; noble et puissant homme Jean de Belcastel, seigneur de Belcastel, d'Ampiac et de Verdun, etc.

Les dépositions furent reçues par les électeurs, qui étoient au nombre de quinze, parmi lesquels on remarque Guillaume de Laparra, archidiacre de Saint-Antonin, Guillaume Boyer, archidiacre de Millau, Hélion Jaufroy, chantre ; Astorg de Glandières, Raimond de Lucador, Gaillard Roux, Jean Fabri, Jean Pouget, chanoines.

François étoit fils de Gaspard d'Estaing, sénéchal de Rouergue, et de Jeanne de Murols, petite-nièce du cardinal Jean de Murols, évêque de Genève.

François d'Estaing et son frère Antoine, depuis évêque d'Angoulême et grand aumônier de France, avoient été élevés auprès de Jean Pierre d'Estaing, dom d'Aubrac, leur oncle, camérier comte de Lyon, gouverneur du comté de Rodez, qui avoit envoyé ensuite François, à la cour de Rome, pendant un an, et de là à l'université de Pavie, une des plus célèbres de ce temps là. François y avoit été accueilli, avec le plus grand empressement, à cause du souvenir qu'on y conservoit encore du célèbre cardinal d'Estaing, surnommé le pacificateur de l'Italie.

Cette éducation distinguée, jointe à ses vertus personnelles et au crédit de sa famille, fut le motif principal du choix que firent de lui ses confrères.

Peu de temps après qu'il eut été élu par le chapitre, le pape nomma, de son côté, Charles de Tournon, qui créa aussitôt des vicaires généraux, s'empara du château de Muret, où il mit une garnison, aux ordres d'un gentilhomme du Rouergue, nommé Bernard de Cassagnes, et exigea les droits synodaux dans le diocèse.

Les chanoines, de peur qu'il ne s'emparât aussi de l'église cathédrale, firent murer une porte de communication, par laquelle on entroit depuis un temps immémorial, du palais épiscopal dans cette église. Ils soutinrent le choix qu'ils avoient fait, et le grand conseil le confirma en 1504.

La même année, François d'Estaing fut envoyé à Rome, en qualité d'ambassadeur, par Louis XII. De retour en France, il fut sacré, l'année suivante, à Blois, en présence du roi, et il fit son entrée solennelle à Rodez, le 11 janvier 1506.

La noblesse et la bourgeoisie, allèrent au-devant de lui, jusqu'au château de Ségur, et les consuls, au delà du pont de la Guioule, près du château des Ondes, où ils le haranguèrent. Il fut encore harangué, à l'entrée du faubourg Saint Cirice, selon l'usage ; et à la porte de Lambergue, où il fit le serment accoutumé de maintenir les privilèges de la ville.

A peine arrivé à Rodez, le roi, en récompense des services qu'il lui avoit rendus, pendant son ambassade à Rome, l'avoit fait nommer, par le pape, vice-légat d'Avignon, et gouverneur du Comtat Venaissin. Mais il s'en déchargea bientôt, ne croyant pas pouvoir allier le soin des affaires temporelles, avec le gouvernement de son diocèse.

Depuis ce moment, il fit sa résidence habituelle dans sa ville épiscopale, où il présida souvent les états de la province, en sa qualité d'évêque de Rodez ; en même temps que son frère présidoit quelquefois la noblesse, en qualité de baron d'Estaing, de Landorre, d'Orlhac-Ténières, et d'Esparrou.

On s'occupa souvent dans ces assemblées, des moyens de remédier aux calamités publiques, causées par la peste, qui ravageoit annuellement le pays, depuis quinze ans. Le zélé prélat établit deux hopitaux, pour le traitement des malades, celui de Saint-Laurent dans la Cité, et celui de Saint-George dans le Bourg. Il alloit visiter régulièrement les pestiférés, deux fois par jour, malgré les représentations de son clergé et des magistrats. Son zèle ne se bornoit pas à sa ville épiscopale ; tout son diocèse en ressentoit souvent les effets. On trouve dans les archives du château d'Estaing, des sacs remplis de mandemens signés de sa main, pour la dotation de plus de quatre cents soixante filles, dans l'espace de deux ans (1517 et 1518).

Il visitoit tous les ans quelque partie de son diocèse, pour remédier aux désordres qui s'y étoient introduits insensiblement, par la négligence de ses prédécesseurs, soit dans les églises paroissiales, soit dans les couvens et les chapitres. L'insubordination et la licence régnoient dans les communautés ecclésiastiques. Les religieuses sortoient de leurs maisons, pour visiter leurs amis et leurs parens. Il n'en falloit pas tant pour exciter le zèle de François d'Estaing.

En 1514, il fit la visite de l'église de Conques, où il fut mal accueilli des religieux, parce qu'ils se prétendoient exempts de la juridiction épiscopale. Ils le firent sortir de leur chœur ; et l'on raconte même qu'ils eurent recours à des voies violentes, pour l'en exclure ; ce qui causa, entre les gens de l'évêque et ceux de l'abbaye, un débat très-vif, dans lequel certains ecclésiastiques furent maltraités de part et d'autre.

Pour ne pas donner de suite à une rixe si scandaleuse, l'évêque repartit aussitôt, pour le château de Muret, où le baron d'Estaing, son frère, instruit de ce mauvais accueil, se rendit bientôt après lui, avec cinquante gentilshommes de ses amis, bien disposés à aller venger, à Conques, l'injure qu'on lui avoit faite ; mais le prélat arrêta un projet de vengeance si peu conforme à son esprit de paix et de douceur.

Malgré ses visites fréquentes dans le diocèse, François d'Estaing surveilloit continuellement les opérations des architectes, qu'il avoit chargés à Rodez, de la construction ou de la réparation de plusieurs édifices.

Il fit mettre la dernière main à la partie occidentale de l'église cathédrale qui étoit encore imparfaite. Il fit agrandir le palais épiscopal, qu'il avoit fallu rétrécir pour prolonger la nef de l'église. Tous les ornemens du chœur, stalles, trônes, balustres, jubé, colonnades de cuivre doré, et autres embellissemens, furent son ouvrage. Rodez lui doit sur-tout la magnifique tour qu'il fit bâtir sur les fondemens de l'ancien clocher, que le feu avoit consumé en 1510.

Lorsque ses grandes occupations lui donnoient un peu de relâche, il se plaisoit particulièrement dans ses châteaux de Salles, et de Muret, où le peuple montre encore aux étrangers, avec une vénération touchante, les grottes, les rochers, les sentiers secrets, fréquentés par le saint évêque, les oratoires qu'il avoit pratiqués le long des ruisseaux, ou dans les endroits les plus solitaires des bois.

Ce vertueux prélat mourut en 1529, emportant avec lui les regrets de ses diocésains, dont il avoit été le bienfaiteur et le modèle. Il est enterré au milieu du sanctuaire de l'église cathédrale, où nous avons vu, de nos jours, son épitaphe, sur une grande plaque de bronze, qui couvroit son tombeau (1).

GEORGE D'ARMAGNAC.

François d'Estaing eut pour successeur George d'Armagnac, le premier évêque de Rodez, nommé par le roi, en vertu du concordat de François I, avec le pape Léon X. Le chapitre élut, malgré le concordat, Jean d'Estaing, comte de Lyon, archidiacre de Saint-Antonin; mais cette élection n'eut pas d'effet.

George d'Armagnac étoit fils de Pierre d'Armagnac, baron de Caussade, et de Fleurette de Lupé, de la maison de Lalane en Gascogne. Il fut héritier de son père, qui, en mourant, le recommanda au duc d'Alençon, et à Marguerite d'Orléans son épouse, depuis reine de Navarre. Le duc d'Alençon le protégea avec une affection singulière, et après la mort du duc, Marguerite sa veuve, lui donna le gouvernement de toutes ses terres d'Armagnac et de Rouergue.

Peu de temps après son installation à l'évêché de Rodez,

(1) Notes et monum. nomb. CXXIV.

George d'Armagnac reçut le roi François I, qui passa par cette ville, au mois de juillet 1533, allant, dit-on, à Toulouse, voir les châsses et reliquaires de Saint-Sernin.

On voit aux archives du Bourg, et dans un vieux manuscrit, en langue du pays, le détail circonstancié de la réception qu'on fit à ce prince.

On y lit qu'il avoit couché à Aubrac le 22 juillet, que de là il alla dîner à Espalion, le 23, à l'hôtel de la Colombe, et coucher à Lioujas ;

Que six jours avant son entrée à Rodez, il commença à passer plusieurs seigneurs de sa cour, qui annoncèrent son arrivée :

Que le 19, le roi de Navarre, comte de Rodez, passa avec une suite de cent vingt chevaux ; que les consuls s'étoient mis en devoir de lui rendre les hommages qui lui étoient dûs, en qualité de comte, il ne voulut pas le permettre, parce qu'il n'étoit pas encore installé : que cependant l'évêque et les consuls furent au-devant de lui, à Gages, où il avoit couché, et l'escortèrent jusqu'à Rodez :

Que le 21, le chancelier Duprat, passa avec une suite de cent chevaux :

Le 22, le grand prieur de France, avec quatre-vingts :

Le 23, M. de Vendôme, et le grand écuyer, avec deux cents chevaux, et peu après, le duc de Lorraine, avec quatre vingts :

Que le 24, il passa toute la journée, un nombre considérable de personnes, sans discontinuer :

Qu'enfin, le 25, le roi fit son entrée le matin, par la porte qui a porté depuis, le nom de Viarague (via regia) qu'il étoit fort sérieux ; qu'il rit cependant, en voyant son portrait, qu'un des officiers de sa suite lui fit remarquer suspendu à un arc de triomphe, sur son passage ; qu'il entendit la messe à la cathédrale, et qu'il partit aussitôt, sans boire ni manger ; qu'il alla dîner à Luc, et coucher à Villefranche d'Albigeois ; que l'artillerie ne cessa de faire feu ; que la ville mit six cents hommes sous les armes, outre trente notables, ou bourgeois, *accoutrés* de velours et de satin, quatre-vingts marchands *accoutrés parfaitement*, trente six jeunes gens vêtus de damas blanc, criant toujours, *vive le roi*, douze Suisses, douze trompettes, et douze fifres :

Que les rues, sur son passage, étoient toutes tapissées ; qu'on avoit dressé des tentes couvertes de draps de soie et de velours, avec des broderies d'or :

Que l'on avoit placé sous ces tentes, de jeunes filles vêtues en nymphes, avec des robes de satin blanc ; et quelquefois en sybilles, avec un costume grotesque :

Qu'elles haranguoient le roi, lorsqu'il passoit, et lui récitoient des pièces de vers *français, grecs* ou *latins* :

Que devant la porte de la chapelle St-Cirice, on voyoit une

statue de Ruth, terrassée par un hercule ; que sur toutes les places et dans les rues, on avoit dressé des arcs de triomphe, dont les colonnes étoient entre-lassées de lierre et de bois, et qui couvroient des figures et des symboles, non moins bizarres que celui de Saint-Ciriec :

Qu'à la place de *la Leigna* (1), *sur un tabernacle, y avia una bella démoisella, filla dé mons dé Rosseguier, moulher dé mons dé la Boissiéra, ambé douzé petits enfans, tous accoutrats dé damas et d'autrés bels habillamens, laquella présentet lé don al rey, qu'éra trés claux d'or, et una coupa d'argen brumat d'or* (2).

On loue George d'Armagnac d'avoir toujours fait grand cas des belles lettres et de ceux qui les cultivoient. Il attira en effet auprès de lui, plusieurs savans ; entr'autres Pierre Gilles, auteur de certains ouvrages sur l'histoire naturelle ; Philandre, natif de Châtillon-sur-Seine, dont il nous reste quelques commentaires, et autres ouvrages fort estimés de son temps (3). Ses talens lui avoient acquis l'estime de George d'Armagnac qui le prit avec lui, lorsqu'il fut nommé ambassadeur à Venise et à Rome, et qui le fit, à son retour, chanoine de Rodez, et archidiacre de Saint-Antonin. Cet évêque avoit encore auprès de lui, un savant jurisconsulte, nommé Desfosses, Guillaume Dublanc, natif d'Albi, depuis évêque de Toulon, Guillaume de Patris, abbé de la Grace, et Nicolas du Mangin, évêque de Salonne, son ancien instituteur.

Sous l'épiscopat de George d'Armagnac, la doctrine de Luther et de Calvin, commença à s'introduire en Rouergue, malgré les soins qu'il se donna, pour en garantir son diocèse. Elle trouva des sectateurs d'abord à Millau, à Saint-Antonin, à Capdenac, et ensuite elle pénétra jusqu'à Villefranche, et à Rodez même ; mais elle ne poussa pas de fortes racines dans ces deux dernières villes. Il n'y eut jamais à Rodez que quatre familles qui l'embrassèrent secrètement.

Mais à Villefranche, les nouveaux religionnaires s'emparèrent, en 1541, des couvens des Chartreux et des Cordeliers, d'où ils chassèrent les religieux. Ils essayèrent même de se rendre maîtres de l'église collégiale et du clocher, où quelques ecclésiastiques s'étoient réfugiés, pour éviter la persécution. Déjà ils avoient disposé des canons et quelques pièces d'artillerie, pour en faire le siège ; mais les catholiques qui s'y étoient retirés, en étant sortis pendant la nuit, les religionnaires abandonnèrent leur entreprise.

(1) La place de Cité, ainsi appelée du mot *lignum* parce qu'on y tenoit le marché du bois.
(2) Archiv. du Bourg. M snusc. d'un marchand de Rodez qui avoit été témoin de ce cérémonial.
(3) Notes, n. CXXVI.

L'évêque George d'Armagnac fit faire une information sur tous ces désordres, et il en instruisit le commissaire Montluc, que le roi avoit envoyé en Guienne, pour appaiser les troubles que le fanatisme commençoit à y exciter. Montluc se rendit à Villefranche, il fit punir de mort quelques-uns des plus coupables, chassa les autres, et procura ainsi le calme à cette ville.

Mais la raison et l'expérience auroient dû apprendre depuis long-temps aux hommes, que la violence est, de tous les moyens, le moins propre à calmer les troubles religieux. Les voies rigoureuses ne firent, comme on devoit bien s'y attendre, qu'exciter de plus en plus le zèle des novateurs.

En 1562, les religionnaires, au nombre de cinq à six cents, commandés par Gautier, firent encore une nouvelle tentative contre Villefranche; ils furent vivement repoussés par les habitans, et par les gens des campagnes, qui accoururent à leurs secours. Les religionnaires furent forcés de prendre la fuite; mais poursuivis et harcelés continuellement dans leur retraite, ils se réfugièrent dans le château de Graves, à un quart d'heure de la ville, entre les routes de Montauban et de Figeac. Ils y furent assiégés et s'y défendirent quelque temps; mais les assiégeans ayant coupé un aqueduc de plomb, qui conduisoit l'eau dans cette maison, il fallut se rendre. Ils capitulèrent donc, et il fut convenu qu'ils sortiroient sans armes, *vies et bagues sauves*. Comme ils faisoient leur retraite, un d'entr'eux, ayant été surpris, portant une bayonnette cachée dans son bagage, on prit prétexte de cette violation de la capitulation, pour les massacrer tous. Les chefs furent jetés par les fenêtres; et les autres passés au fil de l'épée. On trouve souvent de leurs ossemens, dans une pièce de terre contiguë à la cour du château, et qu'on appelle encore *le Clos des Huguenots*. Le château de Graves appartenoit alors à la famille de Dardène, qui l'avoit fait bâtir; d'où il a passé à celle de Pomairol Gramont.

Les religionnaires étendirent, dans peu de temps, leurs progrès, aux environs de Millau. Nous trouvons dans les archives de la Cité de Rodez, que les catholiques se soutenoient à peine, dans le château de Creyssels, où ils s'étoient refugiés, et où ils se défendirent de leur mieux, sous les ordres du capitaine Arnaud de Mejanès, sieur de Larguiés.

Ils avoient sur tout en vue de pénétrer de nouveau dans Rodez, par adresse ou par force. Ils y envoyèrent secrètement quelques ministres, pour faire germer insensiblement les premières semences de leur doctrine; mais l'évêque usa contre eux des moyens ordinaires du fanatisme; il les fit enfermer dans son château de Caldegouse : traitement bien cruel contre des personnes qui n'employoient que les voies de l'insinuation, et qu'on auroit pu se contenter de mépriser. On raconte que les religionnaires de Millau, en ayant été instruits, vinrent en troupe réglée, sur les plaines de Sainte-Radégonde, dans le dessein d'attaquer la ville, à force ouverte; mais voyant de là les tours, où étoient enfermés les apôtres de leur doctrine, ils n'eurent pas le courage de pousser plus loin leur tentative.

Les habitans de Rodez se prémunissoient tous les jours, contre toute surprise. En 1549, la Cité leva cinquante hommes d'armes, dont le commandement fut donné au capitaine de Patris, pour se tenir en garde, contre les attaques des religionnaires. Tous les registres des hôtels de ville de Rodez, attestent que, pendant plus de cent ans, on s'occupa de fortifications, de réparations de murs, de fabrique d'artillerie, d'entretien de troupes pour la garde de la ville. On avoit mis aussi sur les avenues à Muret, à Gages, au monastère Saint-Sernin, des garnisons que la ville entretenoit à ses dépens.

L'évêque et le chapitre entretenoient, de leur côté, une troupe de gens d'armes à cheval, sous les ordres des sieurs de Valsergues, de Trélans et de Balsa, qui se tenoient constamment dans la ville, pour la défendre de toute incursion.

George d'Armagnac, après avoir occupé successivement, ou en même temps, les sièges de Rodez, de Vabres, de Lescar, de Toulouse et de Tours, fut nommé vice légat d'Avignon, où il mourut, en 1585, âgé de quatre-vingts-cinq ans. Il avoit été décoré de la pourpre romaine par le pape Paul III, en 1544.

Jacques de CORNEILLAN.

Le cardinal d'Armagnac avoit obtenu, en 1560, un brevet du roi, qui lui permettoit de résigner l'évêché de Rodez, à Jacques de Corneillan, son neveu, administrateur de l'évêché de Vabres. Le roi lui donna en même temps le gouvernement du comté et des quatre châtellenies de Rouergue : et depuis ce temps-là, les évêques ont pris la qualité de comtes de Rodez, qu'ils n'avoient pas auparavant.

Jacques de Corneillan étoit fils de Jeanne d'Armagnac, sœur du cardinal, laquelle avoit épousé Jean, vicomte de Corneillan, en Gascogne. Cette famille se fixa en Rouergue par le mariage du frère de l'évêque Jacques, avec Jeanne de Rhodes, dame de Brusque et de Montalègre. Leur fils George de Corneillan épousa, en 1585, Judith de Gozon, de la famille du grand maître de Malte, dont nous aurons occasion de parler (1).

Sous l'épiscopat de Jacques de Corneillan, le principal soin des habitants de Rhodez, fut toujours de se prémunir contre les troubles qui désoloient les villes et les pays voisins. En 1574,

(1) Notes nomb. CXXXI.

ils furent avertis tout à coup (1), que les religionnaires commandés par Jean et Jacques de Castelpers, frères, l'un baron, et l'autre vicomte de Panat, devoient se rendre maîtres de Rodez, et délivrer les prisonniers de la tour de Caldegouse, que pour mieux s'assurer de leur entreprise, ils avoient demandé et obtenu du maréchal de Damville, le secours du fameux capitaine Aragon, homme d'une force de corps extraordinaire, dont on raconte des faits singuliers. Il étoit fils d'un forgeron de Lunel; on dit qu'il se fit faire dans la forge de son père, un grand coutelas, et que pour en faire l'épreuve un jour, sur le pont d'Avignon, il partagea en deux, d'un seul coup, un âne qui se rencontra sur son passage (2). Il partageoit aussi deux moutons posés l'un sur l'autre : il enlevoit sans effort un âne chargé, et le plaçoit sur un banc de boutique. Son courage joint à une force si peu commune, l'avoit rendu la terreur de son temps. On l'attendoit à Rodez avec sa troupe, et on se disposoit à le repousser. Mais des affaires plus pressantes ayant fait différer l'attaque de Rodez, à l'année suivante, le capitaine Aragon, qui abusant des faveurs de son général et de sa force, étoit devenu un brigand de grands chemins, fut arrêté par surprise, et décapité à Montpellier, en 1575.

Les habitans de Rodez, agissoient tous de concert, et ils étoient de la plus parfaite intelligence, pour repousser les ennemis de la religion catholique, lorsque les affaires de la ligue vinrent y semer la discorde.

La ligue, c'est-à-dire, cette fameuse confédération entre plusieurs grands du royaume, pour la défense de la religion catholique, avoit commencé dans le Languedoc, en 1568; et quelques années après, elle s'étendit dans toute la France. Dès lors le royaume entier fut divisé en trois partis différens, qu'on appela *la guerre des trois Henris;* celui des ligueurs conduits par Henri, duc de Guise; celui des Huguenots dont Henri, roi de Navarre, depuis Henri IV, étoit le chef; et celui des royalistes, ou du roi Henri III. Le roi, qui voyoit ces trois partis se former insensiblement, crut, en 1580, calmer tous les esprits par un édit de pacification, qui permit le libre exercice de la religion protestante; mais les ligueurs mécontens n'en devinrent que plus acharnés.

Une partie des habitans de Rodez, favorisoit la ligue, par attachement pour la religion catholique; mais le plus grand nombre étoient royalistes. En 1580, il fut arrêté dans une assemblée générale des deux communautés, que tous les habitans, promettroient par serment, de faire garde à leur tour, contre les ligueurs et contre les religionnaires. Cette même année, un chanoine, nommé Labro, et quelques autres citoyens, ayant été

(1) Archiv. de l'Hôtel-de-Ville du Bourg.
(2) Hist. du Lang., liv. 40.

soupçonnés d'avoir des intelligences avec certains partisans de la ligue, ils furent condamnés à mort (1).

L'évêque lui-même se soumit à la garde, et établit une amende contre tout ecclésiastique qui ne la feroit pas à son tour. Quoiqu'il se prononçat ainsi au dehors, il étoit fortement soupçonné d'être ligueur intérieurement; mais il mourut, en 1582, après avoir transmis son évêché et ses sentimens, à son neveu François de Corneillan, conseiller au Parlement de Toulouse, et chancelier de l'académie des jeux floraux.

François de CORNEILLAN.

Sous l'épiscopat de François de Corneillan, le Rouergue fut continuellement agité par le fanatisme de tous les partis; et il ne contribua pas peu lui-même aux troubles de Rodez, par son attachement excessif pour les ligueurs.

En 1586, le roi envoya dans les pays méridionaux de la France, l'amiral duc de Joyeuse, qui lui promit, en partant, « de détruire tous les hérétiques, de raser toutes les villes qu'ils occupoient, d'en exterminer les habitans, de mettre tout à feu et à sang, d'aller ensuite chercher le roi de Navarre, et de le lui amener lié et garrotté, après avoir taillé en pièces son armée. » Heureusement pour le Rouergue, qui devoit être le théâtre de ses premières expéditions, il ne tint pas ces pompeuses promesses. La nouvelle seule, qu'une armée de religionnaires assiégeoit la petite ville de Compeyre, sur le Tarn, nouvelle qu'il apprit à Moulins, lui fit ralentir sa marche.

Il tint un conseil de guerre pour savoir ce qu'il y avoit à faire, et il se détermina à assiéger d'abord le château de Malzieu, sur la rivière de Truère, ensuite Saint-Chéli, le château de Peyre, et quelques autres petites places, qui, quoique dégarnies de troupes, ne laissèrent pas de se défendre vigoureusement.

Ensuite il attaqua Marnéjoul, qui, faute de troupes, fut forcé de capituler. La ville obtint que ses défenseurs sortiroient avec les honneurs de la guerre; mais on ne leur tint pas parole. Ils furent massacrés en grande partie, à mesure qu'ils sortoient; la ville fut brûlée et rasée, et Joyeuse fit élever au milieu de la place, une colonne de marbre, sur laquelle fut gravée une inscription fastueuse, où ses exploits étoient pompeusement détaillés.

Enfin Joyeuse, après des conquêtes qui lui avoient coûté peu, se mit en marche, dans le dessein d'assiéger la ville de Millau. Cette ville étoit défendue par quinze compagnies d'infanterie commandées par Saint-Auban, qui informé du projet de Joyeuse,

(1) Archiv. de l'Hôtel-de-Ville du Bourg.

lui envoya dire qu'il l'attendoit de pied ferme, qu'il pouvoit se dispenser de faire marcher avec lui l'artillerie, qu'il lui feroit lui-même la brèche qu'il voudroit. L'amiral effrayé d'une contenance si fière, jugea à propos de renvoyer son entreprise à un autre temps.

Il fit faire halte, quelques jours, à ses troupes, sur le bord du Tarn ; et il les conduisit ensuite à Rodez, où il fit une entrée triomphante, le 16 septembre 1586. Les habitants le reçurent magnifiquement parce que, comme nous l'avons dit, la plus grande partie étoient royalistes. Les consuls, à la tête des marchands, des bourgeois et de deux compagnies sous les armes, allèrent audevant de lui, et firent de grandes dépenses, pour lui faire honneur. Quelques jours après, il disposa ses troupes aux environs de Rodez, en quartier de rafraîchissement, et il séjourna lui-même dans cette ville, jusqu'au 14 octobre suivant.

Pendant son séjour, il fit mine de retourner à Millau pour l'assiéger ; il parla aussi de marcher sur Sévérac qui étoit défendu par d'Andelot avec quatre cents arquebusiers ; mais comme celui-ci montroit aussi bonne contenance que Saint-Auban à Millau, Joyeuse partit de Rodez, sans exécuter aucun des projets qu'il annonçoit si souvent. Il laissa en partant, la peste qui infecta la plus grande partie de la province, pendant deux ans. Il n'y eut pas trente maisons dans Rodez, qui ne se ressentissent de ce cruel fléau.

Il assiégea en passant la petite ville d'Ayssènes, qui résista quelques jours ; mais ne pouvant pas se défendre, la garnison et les habitans prirent la fuite pendant la nuit. Le gouverneur de Millau ayant appris que Joyeuse étoit parti de Rodez, après beaucoup de bravades contre lui, sans rien effectuer, résolut de le harceler dans sa marche. Il surprit en effet une de ses compagnies de cavalerie près de Villefranche-de-Panat, il prit les chevaux et emmena les cavaliers prisonniers. Ces petits succès enhardissoient les religionnaires ; ils prirent, l'année suivante, Murasson, Poustomis, Roquecisière, Laverniole, laissant partout des traces de leur fureur fanatique. Les catholiques n'en montroient pas moins, de leur côté ; peu de jours auparavant, Caylus, un de leurs chefs, avoit assiégé, pris, brûlé et démoli le château de Tanus, uniquement parce que le seigneur étoit partisan des religionnaires.

Toute la France étoit dans un désordre général ; on n'entendoit parler que de violences, de meurtres, de vols, d'emprisonnemens et de trahisons. Le roi, qui depuis long-temps cherchoit en vain le moyen de procurer la paix à ses sujets, se détermina à assembler les états généraux, au mois d'octobre 1588.

François de Corneillan, qui y fut député pour la province de Rouergue, avec le seigneur de Bournazel, y soutint les intérêts de la ligue avec tant de chaleur, qu'on fit des recherches pour se aisir de lui (1); mais elles furent vaines : il retourna tranquillement dans son diocèse; où il se montra toujours aussi zélé ligueur qu'auparavant.

Il eut une occasion particulière de manifester ses sentimens, en 1589, lorsque le roi Henri III se fut uni contre les ligueurs, avec le roi de Navarre, chef des religionnaires. Dès ce moment, il conçut le projet de soumettre aux ligueurs, la ville de Rodez. Mais les habitans, toujours fidèles au roi, restèrent inébranlables dans leur première résolution.

L'évêque cependant trouva le moyen de mettre dans son parti deux des consuls et le syndic de la province, qui lui aidèrent secrètement à munir l'évêché d'arquebuses, de grenades, de boulets, de poudre, de mousquets, de mortiers, de piques, d'échelles et d'autres armes et machines. Après ces préparatifs, il entreprit, de concert avec Jean de Corneillan son frère, et quelques autres partisans, de se rendre maître du Bourg.

Le 3 juin, Jean de Corneillan plaça des soldats armés en divers endroits du Bourg et de la Cité, et il s'avança ensuite vers la porte des Cordeliers, avec nombre d'arquebusiers et de cuirassiers, sonnant de la trompette et criant *armes bas*. Mais certaine jeunesse, qui célébroit ce jour-là, au Monastère, une espèce de confrérie joyeuse, nommée *Papegai*, ayant été mandée, monta en diligence, et assistée d'un grand nombre d'autres habitans armés de l'épée, elle tomba brusquement sur la troupe du seigneur de Corneillan, et la força de se réfugier dans le palais épiscopal (2). Toute la nuit suivante, on sonna le tocsin ; on se barricada dans les rues ; et les Ruthénois protestèrent qu'ils ne mettroient bas les armes, que lorsque l'évêque et tous ses adhérens auroient vidé la ville. Les deux consuls et le syndic, qui s'étoient réfugiés à l'évêché, se sauvèrent pendant la nuit, par le moyen d'une corde, par laquelle ils descendirent le long du mur de la ville. Le lendemain l'évêque quitta aussi son palais, assurant qu'il désapprouvoit tout ce qui s'étoit passé la veille.

Les Ruthénois voulurent rendre publiquement des actions de grâces à Dieu, pour la conservation et délivrance de la ville. L'évêque y assista et entonna lui-même le *Te deum*. Mais la cérémonie faite, il fut arrêté en sortant de l'église, et emmené prisonnier, d'abord dans la maison du grand archidiacre, et de là, chez le juge de la ville, dans la rue Neuve, sous une bonne et sûre garde.

Cependant une partie des partisans de l'évêque, s'emparèrent du château de Gages, de Muret et de Salles-Curan ; et les autres se répandirent dans les campagnes, aux environs de Rodez, où ils firent beaucoup de dégât, dans les possessions des Ruthé-

---

(1) Fleuri, t. 36.
(2) Archives de l'évêché.

nois. Ceux-ci, à leur tour, pillèrent l'évêché, enlevèrent les meubles, et firent faire une enquête contre l'évêque et ses partisans. Ils chargèrent quelques gentilshommes de la porter à Toulouse, et de la présenter au parlement ; mais les gens de l'évêque portèrent la scélératesse jusqu'à aller les attendre au pont de Marsac en Albigeois, où ils en tuèrent quelques-uns et firent les autres prisonniers (1).

Le Parlement de Toulouse envoya à Rodez un commissaire, le sieur de la Filère, conseiller de cette cour, pour tâcher de mettre fin aux troubles. Aussitôt les Ruthénois lui présentèrent leur requête et un procès-verbal, dans lequel on voyoit, dans le détail, la quantité d'armes, de machines, de munitions et autres appareils de guerre, qui s'étoient trouvés dans la maison épiscopale. De ces divers actes, qu'on voit dans l'hôtel de ville du Bourg, il résulte que la maison épiscopale, qui aboutissoit au mur de la ville, du côté du couchant, avoit été trouvée pleine de voûtes secrètes, et de souterrains cachés, par lesquels on pouvoit introduire de jour et de nuit, des armes et des forces étrangères ; que dans le creux d'une tour carrée, qui servoit de cabinet à l'évêque, on avoit trouvé une échelle de bois longue de vingt-neuf échelons, par laquelle on pouvait monter du fossé à une ouverture extérieure dudit cabinet ; que jamais citoyen n'avoit ouï parler de cette échelle, avant cette époque ; que dans le cabinet des armes, on avoit trouvé deux autres échelles de corde, toutes neuves, lesquelles mesurées à la hauteur de la muraille, paroissoient n'être faites que pour l'escalader ; qu'outre ces échelles, on avoit trouvé dans ledit cabinet, quarante ou cinquante piques longues, des mortiers tous chargés et amorcés, cent soixante à cent quatre-vingts grenades, et autres pots à feu, sept ou huit cents balles ramées, grande quantité d'artillerie, de poudre, de boulets et autres armes offensives et défensives ; que ce n'étoit pas la première fois que la ville avoit été en danger d'être prise par cet endroit ; qu'on conservoit encore la mémoire de quatre ou cinq autres entreprises, complotées contre la ville, par les domestiques de ladite maison, dont certains avoient été poursuivis et exécutés à mort, et les autres condamnés par défaut, comme contumaces ; que ladite maison, ayant d'un côté le fort de l'Eglise, et de l'autre, une grosse tour, de quatre ou cinq étages, elle pouvoit aisément être convertie en citadelle ; ce qui causeroit la ruine de la ville, en cas de siège ; que les habitans prévenus des dangers qui menaçoient la ville de ce côté, avoient de tout temps pressé et sollicité les évêques de démolir et changer ledit bâtiment, afin de laisser la liberté du passage sur les remparts, lequel dans toute ville de guerre doit être de vingt-cinq à trente pas, pour pouvoir faire les retranchemens néces-

---

(1) Tous ces faits sont consignés dans des verbaux, aux archives de l'évêché.

saires ; mais que leurs instances avoient été vaines, et qu'ils requéroient ledit commissaire d'ordonner ladite démolition, suivant la demande qui lui en avoit été faite, par délibération de l'assemblée générale de la ville.

Le conseiller la Filère admit cette requête, le 28 du mois d'août, et ordonna que le palais épiscopal seroit démoli. Le peuple y accourut aussitôt, avec une activité, qui faisoit assez voir que la passion y avoit plus de part, que le désir de fortifier la ville.

Cependant l'évêque tenoit toujours prison ; par ordre du parlement. On alloit lui rendre compte de l'animosité de ses diocésains contre lui et les siens. Il espéroit que le temps, sa patience, et les efforts qu'il faisoit pour arrêter les démarches précipitées de ses partisans, lui ramèneroient les esprits ; mais ce fut en vain. Il fut forcé de proposer un accommodement, et d'offrir de se démettre de son évêché.

On tint en conséquence, le premier septembre, une assemblée très-nombreuse, dans le réfectoire des Jacobins, où l'évêque fut amené par sa garde ; et là, il fut passé un accord, devant Coignac notaire, « entre ledit messire François de Corneillan, évêque de Rodez, assisté de messire Thomas Delauro, élu évêque de Vabres, son vicaire général, et des seigneurs d'Estaing, de Sieujac, de Gabriac, de Lescure, faisant tant pour eux que pour messire Bernardin de Corneillan, dom d'Albrac, noble Jean de Corneillan, frère dudit seigneur évêque, ensemble pour tous les seigneurs, gentilshommes et autres, qui avoient suivi le parti des dits sieurs de Rodez, d'Albrac et de Corneillan, d'une part ;

» Et nobles Guillaume Masnau, sieur de Boussignac, Hugues Nattes, Pierre de Thuillier, Antoine Carles, Jean Rayniés et Guillaume Coignac, consuls de Rodez, assistés des seigneurs, de Vezins, chevalier de l'ordre du roi, du seigneur de Compréhnac son fils, de maître Jacques Cayron, conseiller et président de la première chambre des enquêtes du parlement de Toulouse, de Jean de Raoul, archidiacre de Millau, Raimond de Fredaud, ouvrier, et Amans Delouvrier, chanoine de l'église cathédrale, de Jean Lenoir, docteur, juge de la ville, de Jean de Ginestet, juge en la comté, d'Antoine Bonal, juge des montagnes et quatre châtellenies de Rouergue, de Jean Vaissettes, licencié, d'Hugues Caulet, seigneur de Combret, de Jean Maynard, seigneur de Lala, de Pierre Baudinel, seigneur de la Roquette, de Jean Boissière, seigneur de Carcenac, d'Etienne Cat, seigneur de la Boissonnade, et de plusieurs autres habitans de ladite ville, d'autre part.

» Lesquelles parties considérant les inconvéniens, ruines, foules, et dépens qui auroient pu s'ensuivre du procès et instance criminelle, qui étoit pendante en la cour du parlement de Toulouse, pour raison des choses advenues à Rodez, les 5 et 6 juin précédens ; et pour tenir entre tous les catholiques, la paix union et concorde, convinrent, et accordèrent, sous le bon plaisir de ladite cour de parlement, les points et articles qui s'ensuivent :

« Que pour le bien de la paix et repos de la ville et du pays ; aucune recherche ne seroit faite contre ledit sieur évêque de Rodez, ou par lui contre les habitans de la ville, de ce qui étoit devenu dans icelle, le cinquième et sixième juin précédens : et que toutes choses concernant la mémoire de ce fait, ensemble la détention dudit sieur évêque de Rodez, le bris et dégât de ses meubles et maison épiscopale, et tout ce qui s'en étoit ensuivi, demoureroient éteintes, assoupies, et comme non advenues, sans que ores ni pour l'advenir, il en fut fait aucune poursuite, de part ni d'autre :

» Et néanmoins que les meubles dudit sieur évêque, qui se trouveroient en nature, selon l'inventaire remis és mains du sieur de Casson, chanoine, lui seroient rendus : comme aussi lesdits sieurs d'Albrac et de Corneillan feroient rendre tout le bétail gros et menu, et autres choses prinses sur les habitans de ladite ville, qui se trouveroient en nature :

» Qu'il seroit promis et juré solennellement, tant par lesdits sieurs de Rodez, d'Albrac et de Corneillan, que par les autres qui s'étoient trouvés audit accident, qu'il ne seroit fait tort, injure ni déplaisir, à aucuns habitans de ladite ville, soit en leur personne, soit en leurs biens :

» De quoi non-seulement messieurs d'Estaing et de Tholet, donneroient leur foi à ladite ville, mais encore lui feroient donner celle de tous les gentilshommes qui étoient au château de Gages, portant les armes avec ledit sieur de Corneillan : et qu'au cas où adviendroit qu'aucun desdits habitans, fût offensé de parole ou de fait, injurié, ou aggrédé à raison desdits accidens, lesdits gentilshommes emploieroient leurs forces, amis et moyens, pour en faire réparation.

» Comme au semblable, ladite ville jureroit et promettroit de ne rechercher, en façon quelconque, aucun desdits gentilshommes et autres étrangers, qui s'étoient trouvés en ladite ville, audit accident et depuis, et qui avoient pris les armes et fait la guerre, pour l'élargissement dudit sieur de Rodez, ou qui l'avoient assisté : et qu'au cas où aucun desdits habitans, voudroit attenter és personnes ou biens desdits sieurs de Rodez, d'Albrac et de Corneillan, ou autres de leur parti, ladite ville s'uniroit en corps, avec lesdits sieurs d'Estaing, de Sieujac et de Tholet, pour en poursuivre la réparation :

» Et pour ôter la cause et sujet de semblable accident, il fut convenu que lesdits sieurs de Rodez, d'Albrac et de Corneillan, seroient priés de n'entrer, ores ni pour l'advenir, dans ladite ville de Rodez. Dequoi lesdits sieurs d'Estaing, de Tholet et de Sieujac, donneroient leur foi et parole aux dits habitans ; sauf audit seigneur évêque de Rodez d'assister, par ses vicaires généraux, aux assemblées des états qui se tiendroient en ladite ville : qu'on avertiroit aussi les sieurs Charles de Corneillan, Delrieu, le chevalier des Bourines, etc. de n'entrer plus dans la ville, ores ni pour l'advenir :

» Qu'en cette composition ne seroient compris ceux d'un parti ou d'autre, au cas qu'il y en eût, qui se trouveroient coupables de la trahison et conspiration faite sur la personne de feu M. de Sévérac et autres de sa compagnie, qui furent assassinés, près du lieu de Marsac, en Albigeois. Ainsi on pouvait découvrir les auteurs ou consentans à la dite conspiration, il en seroit fait poursuite par les deux partis, qui agiroient de concert pour en avoir réparation :

» Que les dits sieurs évêque de Rodez, dom d'Albrac, et de Corneillan, feroient vider ceux qui tenoient les maisons de Gages, Muret, et les Salles-de-Curan ; lesquelles seroient mises en autres mains : savoir, Gages entre les mains des consuls de Rodez, lesquels pourroient commettre à la garde d'icelle, tel que bon leur sembleroit : Muret, és mains du sieur de Gabriac ; et les Salles, és mains du sieur de Sieujac, pour les tenir, jusqu'à ce que, par la cour du parlement, eût été autrement ordonné :

» Que cependant il ne seroit loisible auxdits sieurs de Rodez, d'Albrac et de Corneillan, d'entrer dans lesdites maisons sous quelque couleur et prétexte que ce fut : et qu'après que le château de Morlhon auroit été recouvré des mains de ceux qui le tenoient, il seroit remis és mains du sieur de Tholet :

» Que la cour de parlement seroit très humblement suppliée d'ordonner que ledit sieur évêque de Rodez, fût remis en pleine liberté :

» Qu'il seroit donné six bourgeois en otage par la ville, pour la sûreté de la place de Gages, qui seroit remise aux consuls :

» Et parce que ledit sieur évêque étoit quelque peu mal disposé, et désiroit prendre l'air hors la ville ; il fut aussi convenu, que s'il présentoit requête à M. de la Filère, conseiller en ladite cour de parlement et commissaire par elle député, pour être commué au lieu du Monastère-les-Rodez ; lesdits consuls seroient tenus de consentir à l'entérinement de ladite requête, jusqu'à ce que ladite cour auroit autorisé le présent accord, pour après être mis en pleine liberté :

» Et qu'au cas où ladite cour n'auroit pas agréable le présent accord, ledit sieur évêque seroit remis sous bonne et sûre garde, en ladite ville et maison où il étoit dès-lors, pour y demeurer, jusqu'à ce que par ladite cour autrement eût été ordonné ».

Tel fut l'accord passé entre l'évêque François de Corneillan, et les consuls et habitans de Rodez. Il fut ratifié, peu de jours après, au château des Bourines, par Bernardin de Corneillan, dom d'Aubrac, et noble Jean de Corneillan, frères de l'évêque, ainsi que par les autres gentilshommes qui se trouvèrent audit château, savoir, les sieurs de la Conilhade, de Comps, de Fraissinet, Delmas, de Goulard, la Ravière, Charles de Corneillan, du Bouchet, de Lescure, la Conilhade, Lalande, Saint-Aubin, Lédenac, Thibon, Combret, Lassipière, de la Conque, Dufieu, chevalier, d'Estradin, Tenou de Borbotan, de Moret, P. du Guil, de Lespinas, de Fontanges, de la Bessade, Lindraut, G. de la Visado, Jean de Mellet. C'est ainsi qu'ils sont signés dans l'acte de ratification qui se voit aux archives de l'hôtel de ville du Bourg de Rodez.

Ainsi se termina pour un temps, autant qu'il étoit possible de le terminer, un différent qui avoit causé tant de troubles, et tant de ravages aux environs de Rodez.

Les Ruthénois continuoient toujours à démolir l'évêché, tant pour fortifier la ville, que pour satisfaire leur ressentiment contre l'évêque. Celui-ci et ses partisans, sur tout les habitans de Villefranche, où sa famille étoit fixée, voyoient cette démolition de mauvais œil. Déjà les deux villes se menaçoient d'une guerre ouverte : Il y avoit eu même quelques actes d'hostilité de part et d'autre ; mais le 8 février 1593, elles convinrent d'une trêve.

Villefranche envoya pour otages à Rodez, cinq de ses principaux habitans, le 11 du même mois ; et le 26, Rodez envoya, de son côté, à Villefranche, Thomas Delauro, évêque de Vabres, le sieur Bonal, chanoine, le juge de la ville, celui des montagnes et deux consuls, pour ratifier les articles de la trêve accordée.

Enfin l'accord du mois de septembre 1589, ayant été envoyé à Paris, pour être ratifié, le sieur de Roquelaure, sénéchal de Rouergue, qui y étoit, et peu de temps après, le roi Henri IV, ordonnèrent que l'évêque, ses domestiques, archidiacres, chanoines, ecclésiastiques et autres habitans de Rodez, qui l'avoient suivi et assisté, rentreroient, si bon leur sembloit, dans ladite ville, pour y demeurer et jouir de leurs biens, honneurs, prérogatives, prééminences, libertés et franchises :

Que l'évêque pourroit faire rebâtir sa maison épiscopale, sur les fondemens et vestiges de celle qui avoit été démolie ; en sorte néanmoins que le passage, *pour faire ronde et garde*, sur la muraille de ladite ville, demeurât libre auxdits habitans :

Que le crime de ceux qui avoient tué, blessé pillé les blés, vivres, munitions, bestiaux, meubles, de part et d'autre, étoit aboli, et toute procédure annulée.

François de Corneillan, après avoir passé une grande partie de son épiscopat, dans les sollicitudes et l'agitation, que lui suscita son zèle outré pour la ligue, mourut à Espalion, en 1614, en allant aux états généraux, où il avoit été député par la province. Il étoit naturellement bon et affable, et comme ses fautes avoient pour principe, un grand zèle pour la religion catholique, il fut regretté généralement par tous ses diocésains, même par les

Ruthénois, dont plusieurs pleuroient amèrement, lorsqu'on apporta son corps d'Espalion, pour être enseveli dans l'église cathédrale.

Il ne sera pas hors de propos de rapporter un trait, qui prouve sa générosité et la bonté de son cœur. Dans le temps des plus grands troubles de son épiscopat, une troupe de séditieux s'étant portés à l'évêché, un des chefs, frère d'un chanoine de la Cathédrale, après l'avoir atrocement injurié, porta sa fureur jusqu'à le frapper à la joue, et le faire mettre en arrestation ; et aussitôt il fit piller et dévaster le palais épiscopal, par la troupe qu'il conduisait.

Quelques années après, lorsque les troubles se furent calmés, celui qui l'avait si cruellement traité, eut une mauvaise affaire, qui ruina sa fortune ; et la mort de son frère chanoine, qui lui étoit d'un grand secours pour l'entretien de sa famille, acheva de mettre le comble à sa misère. Dans son infortune, il lui vint dans l'idée de recourir à son évêque, dont tout le monde lui vantoit la bienfaisance, et la générosité à secourir les malheureux ; mais le souvenir de ses atrocités contre ce digne prélat, lui en ôtoit le courage. Il s'y détermina cependant : il le trouva dans les jardins de l'évêché, au milieu d'un nombre considérable de Ruthénois, qui étoient allés lui rendre visite. « Monseigneur, lui dit-il, je sens mes torts envers vous, et depuis long temps je me les reproche ; j'ai jusqu'ici concentré dans le fond de mon ame, les sentimens de repentir dont je suis pénétré, mais la situation malheureuse de ma famille m'a inspiré aujourd'hui le courage de venir vous les manifester, et de recourir à un prélat qui oublie avec tant de grandeur d'ame, les fautes de ses diocésains. »

« Vous ne vous êtes pas trompé, monsieur, lui répondit l'évêque, en me donnant votre confiance dans vos malheurs. Vous me trouverez toujours disposé à vous faire plaisir. Ne rappelons pas quelques manquemens, que l'esprit de parti peut avoir occasionnés, dans des temps de trouble ; j'étois bien sûr que votre cœur, que je connois les désavoueroit un jour. Faites appeler un notaire, pour que je donne à votre fils le bénéfice de son oncle. »

Un traitement si généreux arracha les larmes de la plupart des assistans. Le malheureux qui en étoit l'objet, se retira, le cœur serré, pour aller annoncer cette nouvelle à une épouse chérie et à sa nombreuse famille, qui alla toute entière se jeter aux pieds de son bienfaiteur.

BERNARDIN DE CORNEILLAN.

Depuis plusieurs années, François de Corneillan avoit auprès de lui pour coadjuteur, Bernardin de Corneillan, son neveu, évêque de Nicopolis, qui avoit été député par les états du Rouergue, en 1610, pour prêter serment de fidélité à Louis XIII, au nom de la province ; et en même temps pour lui demander la suppression des *élections*, que Henri IV avoit établies en Rouergue, et le prier de conserver aux états de cette province, le pouvoir de faire, selon l'usage, la levée et la répartition des impôts. Il l'obtint en effet : les élections furent supprimées, et les états continuèrent de s'assembler.

L'évêque Bernardin de Corneillan, prit toujours beaucoup de part aux contestations, que les habitans de Villefranche eurent souvent pendant son épiscopat, avec les officiers du présidial et de la sénéchaussée de Rodez. Il mourut en 1645, dans son château de Salles-Curan ; et il fut enterré auprès de ses deux prédécesseurs, dans le sanctuaire de l'église cathédrale, à côté de François d'Estaing (1).

CHARLES DE NOAILLES.

Bernardin de Corneillan eut pour successeur Charles de Noailles abbé d'Aurillac, et évêque de Saint-Flour. Il étoit fils de Henri, marquis de Noailles, comte d'Ayen, gouverneur d'Auvergne, maison puissante et en grand crédit alors ; car trois oncles de Charles furent, de son vivant, ambassadeurs du roi, l'un à Rome et ensuite en Espagne ; l'autre successivement en Angleterre, à Rome, à Venise et à Constantinople, et le troisième en Angleterre, en Ecosse, à Constantinople, et en Pologne.

Charles de Noailles ne jouit que quelques mois de l'évêché de Rodez ; car il fut installé le 30 septembre 1647, et mourut le 5 mars de l'année suivante.

HARDOUIN DE PÉRÉFIXE.

Il eut pour successeur Hardouin de Péréfixe, originaire du Poitou, abbé de Sablonceaux, proviseur de Sorbonne, précepteur de Louis XIV, auteur de l'histoire de Henri IV, qu'il avoit composée pour l'éducation de son élève. Il fut nommé à l'évêché de Rodez, le 19 juin 1648 ; mais il n'y résida presque jamais. Il confia le gouvernement de son diocèse, à François Pons de Patris, son vicaire général, et après lui, à François d'Hersan.

Une contagion qui régna, sous son épiscopat, à Rodez, et particulièrement aux Cordeliers, en 1652 et 1653, donna occasion au vœu que firent les habitans de la ville et des faubourgs, de

(1) Notes. nomb. CXXXI.

jeûner, tous les ans à perpétuité, la veille de la conception, et d'aller en procession à Notre-Dame de Ceignac : vœu que nous avons vu accomplir jusqu'à nos jours.

Les armoiries de l'évêque Hardouin de Péréfixe, étoient neuf étoiles *fixes* d'or. On raconte que ses officiers, pour lui attribuer quelque droit qui ne lui appartenoit pas, ayant voulu un jour placer son armorial, sur un mur qui n'étoit pas de sa dépendance, quelques Ruthénois l'en tirèrent, pendant la nuit, et y substituèrent ce vers latin :

Fixæ dum faustæ, sed dum nocuere cadentes (1).

Hardouin fut transféré à l'archevêque de Paris, en 1662. Il étoit commandeur des ordres du roi et l'un des quarante de l'académie françoise.

LOUIS ABELLY.

Hardouin de Péréfixe se démit de son évêché, en faveur de Louis Abelly, curé de Saint Josse à Paris, qui fut sacré en 1664, par son prédécesseur, et installé l'année suivante. Il se retira en 1666 chez les prêtres de l'Oratoire de Saint-Lazare, où il mourut en 1691, après avoir publié plusieurs ouvrages dont les principaux sont : 1º *Medulla theologica*, qui lui fit donner par Boileau, le nom de *Moelleux Abelly*. 2º la *vie de saint Vincent de Paule*, où il fait la guerre aux Jansénistes. 3º des *Méditations*, etc. tous ouvrages oubliés aujourd'hui.

GABRIEL DE VOYER DE PAULMY.

Gabriel de Voyer de Paulmy, prédicateur du roi, né en Touraine, fut nommé à l'évêché de Rodez en 1666. Le cardinal de Richelieu l'avoit autrefois spécialement protégé, et peu s'en fallut qu'il ne fût choisi pour être le précepteur de Louis XIV, dont sa belle sœur étoit gouvernante. Rodez lui doit deux de ses principaux édifices, l'hôpital général de Sainte-Marthe, et le Séminaire.

L'évêché de Rodez avoit été, jusqu'en 1676, suffragant de la métropole de Bourges ; mais il devint, cette année, suffragant d'Albi, dont l'évêché fut alors érigé en archevêché.

Gabriel de Voyer de Paulmy mourut, le 6 septembre 1682.

PAUL-PHILIPPE DE LÉZÉ DE LUSIGNEN.

Après la mort de Gabriel de Voyer, les brouilleries de Louis

---

(1) Elles restent fixes, tant qu'elles sont favorables ; mais elles tombent, dès qu'elles deviennent nuisibles.

XIV avec le pape, laissèrent vaquer l'évêché, pendant deux ans ; et son successeur Paul Philippe de Lusignan, quoique nommé en 1681, ne reçut ses bulles, qu'en 1693 : il gouverna cependant le diocèse, pendant cet intervalle, en qualité de vicaire général du chapitre. Il mourut, le 25 février 1716. Son épiscopat, ainsi que celui de ses successeurs, ne présente aucun événement remarquable.

Quelques vieillards, morts depuis peu, qui l'avoient fréquenté dans leur jeunesse, nous l'ont dépeint comme un homme d'esprit, d'une société agréable, grand littérateur et savant. On lui a reproché beaucoup trop de facilité à admettre aux ordres ecclésiastiques, toute sorte de sujets. Lorsqu'on lui en faisoit l'observation, il répondoit qu'il aimoit mieux que la vigne sainte fût cultivée par des ânes, que si elle restoit inculte. Quelques années après sa mort, on voyoit à Rodez, peu de pères de famille qui n'eussent été tonsurés de sa main. Ses revenus ne suffisoient pas à ses dépenses ; et ses domestiques, dans sa dernière maladie, lui demandant le payement de leurs gages, il leur répondit : Mes amis, il ne me reste rien, je ne puis vous donner que la tonsure.

JEAN ARMAND DE LA VOVE DE TOUROUVRE.

Jean Armand de la Vove de Tourouvre, né en Normandie, fut nommé évêque de Rodez, en 1716, et mourut au château de Salles-Curan. Il étoit si peu économe, dans ses dépenses, qu'outre les revenus de son évêché, il eut consumé en peu d'années, le prix de sa terre de Tourouvre, qui étoit très-considérable. Par un contraste singulier, ce seigneur, qui étoit d'une générosité excessive pour sa table, pour ses pauvres et pour la magnificence de sa maison, montroit une humeur insupportable dans le jeu ; cependant il ne pouvoit y perdre que très-peu de chose ; car lorsqu'il se livroit à ce genre de récréation, ce qui lui arrivoit rarement, il ne jouoit que quelques sous, avec ses grands vicaires.

Il étoit d'ailleurs d'une régularité édifiante ; il montroit dans la société, un esprit délié et fin. On raconte qu'allant un jour aux offices, avec le comte de Corneillan, l'évêque voulut lui céder le pas, à l'entrée de l'église cathédrale ; mais le comte de Corneillan s'étant constamment refusé à cet honneur, l'évêque entra avant lui, en lui disant : je vois bien, monsieur le comte, que vous voulez faire les honneurs de chez vous faisant allusion aux trois évêques Corneillan, dont l'armorial étoit peint sur une des colonnes de cette église.

Un intendant de Montauban étant un jour à souper chez cet évêque, se donnoit les airs tranchans et peu circonspects d'un homme constitué en dignité. Monseigneur, dit-il à l'évêque, nous irons faire demain un tour de chasse ensemble ? — Je n'aime pas la chasse, monsieur. — Vous n'aimez pas la chasse ; mais quel est donc votre amusement? aimez-vous le jeu ? — Aussi peu que la chasse. — Vous n'aimez ni la chasse, ni le jeu ; vous n'aimez pas les femmes ; qu'aimez-vous donc, monseigneur ? — J'aimerois à vous voir manger cette aile de perdreau que je vais vous servir.

L'évêque Tourouvre étoit aussi populaire et affable, que deux de ses vicaires-généraux, Guéret et Mazières, étoient fiers et dédaigneux, sur-tout envers les prêtres leurs inférieurs. Ces deux grands vicaires avoient inondé, de leur temps, le diocèse, d'une foule de lettres, de mémoires, de mandemens et autres écrits relatifs aux dogmes de Jansénius qu'ils favorisoient, sans vouloir cependant être traités de Jansénistes. Un curé de Salles-Curan, homme d'esprit, mais timide, modeste et parlant peu, alloit de temps en temps faire sa cour à l'évêque, qui résidoit souvent dans le château. Les abbés Guéret et Mazières le voyant entrer un jour, crurent pouvoir se permettre toute sorte de railleries, contre un homme dont ils faisoient peu de cas. Ah ! monseigneur, voici monsieur le curé, qui va nous amuser. Allons donc, monsieur le curé, racontez-nous quelqu'une de vos bonnes aventures ; vous ne nous dites jamais rien. Vous avez cependant fait votre théologie : vous avez étudié le traité de la grâce, et vous avez été à Rome et à Venise. Messieurs, Messieurs, leur dit l'évêque de son lit, ménagez un ecclésiastique que j'estime beaucoup, et en qui je reconnois plus d'esprit, quoiqu'il n'en fasse pas parade, qu'à certains petits suffisans, remplis d'amour-propre. Monsieur le curé, pour satisfaire ces messieurs, je vous ordonne de nous dire quelque chose de vos voyages en Italie. Le curé fit tous ses efforts pour en être dispensé ; mais l'évêque ayant insisté, il crut devoir obéir. Monseigneur, dit-il, modestement, je raconte peu et mal ; mais je respecte trop vos ordres, pour ne pas m'y conformer. Je me rappelle qu'une certaine année, ayant passé le carnaval à Venise ; et vous savez, messieurs, que le carnaval est un temps de joie, de plaisirs et de fêtes continuelles, dans cette ville ; j'étois jeune alors ; je crus au commencement du carême, devoir aller faire ma coulpe, selon l'usage du pays. Je fus me jeter aux pieds d'un bon religieux qu'on m'avoit indiqué : et quand il eut entendu le narré de mes fautes, et pris connoissance de toute ma conduite ; il m'imposa pour toute pénitence un *Te deum laudamus*. Une satisfaction si légère me fit craindre que je m'étois mal adressé, et je soupçonnois que peut-être des systèmes, qui causent de nos jours tant de trouble en France, avoient pénétré jusques-là. Après quelques réflexions, je lui observai que je trouvois que la peine étoit bien peu proportionnée à mes fautes (1). Aussitôt

(1) Les Jansénistes avoient pour système, les uns qu'on appeloit rigoristes, de

je vois ce bon vieillard sortir en fureur de son confessionnal ; et se débattant à la porte, gesticulant, frappant du pied, il m'apostropha ainsi, d'une voix très-forte : vous êtes tous des Jansénistes en France ; oui, des Jansénistes : vous n'aurez qu'un *Te deum laudamous* : un *Te deum laudamous*, pas davantage.

L'évêque rit beaucoup de ce récit vrai ou imaginé fort à propos ; mais il fit une sensation différente sur les abbés Guéret et Mazières, à qui le curé avoit adressé avec beaucoup d'énergie, la saillie du religieux de Venise : *Vous êtes des Jansénistes.*

JEAN D'IZE DE SALÉON.

Jean D'Ize de Saléon fut transféré de l'évêché d'Agen à celui de Rodez, où il s'occupa, pendant tout le temps de son épiscopat, du gouvernement spirituel de son diocèse et de l'instruction et de la conduite de ses prêtres. De Rodez, il passa à l'archevêché de Vienne en 1746.

CHARLES DE GRIMALDI.

Charles de Grimaldi d'Antibes, des princes de Monaco, aumônier du roi, montra toujours beaucoup de zèle pour les pauvres, pour l'embellissement, la commodité, et la dotation des maisons de charité, pour l'éducation publique, tant des jeunes ecclésiastiques, que des élèves des écoles publiques de belles-lettres et de philosophie. Il reçut le maréchal duc de Richelieu, gouverneur de la province, avec la dignité d'un prélat d'une naissance illustre. Il fit la consécration solennelle de la nouvelle église de Saint-Amans de Rodez, qui venoit d'être reconstruite, par les soins du négociant Riols. Il mourut au château d'Ollioules en Provence, le 10 mars 1770.

JÉRÔME-MARIE CHAMPION DE CICÉ.

Jérôme-Marie Champion de Cicé, agent du clergé de France, fut nommé évêque de Rodez, en 1770 ; président de l'administration provinciale de Haute-Guienne, en 1779 ; archevêque de Bordeaux, en 1781 ; et garde des sceaux de France, au commencement de la révolution présente. J'ai entendu souvent dire de

suivre la rigueur des anciens canons pénitentiaux, les mitigés au contraire de n'imposer aucune ou qu'une légère pénitence.

lui, qu'entier dans son opinion, il ne s'en relâchoit jamais; et qu'il la soutenoit avec hauteur, et sans ménagement pour ses collègues, tant dans l'administration de la province, que dans le gouvernement de son diocèse et dans les bureaux particuliers d'administration des divers établissemens publics... ce caractère fier, il devenoit rampant auprès de ceux qui avoient le courage de lui résister avec énergie. Un simple valet de chambre le traitoit impunément avec autant de dureté qu'il en montroit souvent lui-même envers ses courtisans. Quoique sa hauteur eût aliéné de lui beaucoup de cœurs; on a toujours rendu justice à son génie et à son expérience dans les affaires, qui lui a souvent suggéré de grandes vues de bien public.

SEIGNELAI COLBERT DE CASTLE-HILL.

Seignelai Colbert de Castle-Hill, né au château de Castle-Hill en Écosse, en 1736, ci-devant vicaire général de Toulouse, succéda, en 1781, à Jérôme-Marie Champion de Cicé. Il étoit député à l'assemblée constituante de 1789; et il a été, comme tous les autres évêques de France, victime de la révolution. Son caractère franc, loyal, populaire et affectueux l'a fait regretter généralement de tous ses diocésains. Je dois un hommage public aux soins qu'il s'est donnés, pour procurer les matériaux qui ont servi aux mémoires que j'écris sur l'histoire du Rouergue. Il fut, comme tous les Colbert, ami des sciences; et ses connoissances en littérature, l'avoient fait associer à l'académie de Montauban. Dans l'administration de la province de Haute-Guienne, dont il étoit président, il montra toujours beaucoup de zèle pour le bien public.

II.

Sévérac-le-Château.

Parmi les autres villes du comté de Rodez, Sévérac paroît la plus ancienne; et divers monumens attestent qu'elle a été long temps la plus forte de la province. Le château, quoique ruiné, s'annonce encore de loin, comme une forteresse antique, qui a résisté à plusieurs assauts, et en même temps, comme la maison d'une famille puissante qui l'habita pendant plusieurs siècles. Ce château a été souvent assiégé, particulièrement pendant les guerres de religion. Les brigands, connus sous le nom d'hérétiques Albigeois, s'en étoient emparés, au commencement du treizième siècle; et c'étoit un de leurs principaux boulevards dans la province. Le seigneur de Sévérac, qui les favorisoit, exerçoit, à leur tête, toute sorte de ravages, dans les environs: mais Simon de Montfort, que le roi avoit envoyé contre eux, ayant mis le siège devant Sévérac, en 1214, il en chassa les Albigeois, et força le seigneur de Sévérac à lui rendre hommage.

Ce château soutint encore un siège contre le dauphin, depuis Louis XI, en 1443, dans le temps des guerres contre le comte d'Armagnac. On voit aux archives du comté de Rodez, des lettres patentes, signées de ce prince, datées *du camp devant Sévérac*, le 11 mars 1443, en faveur de Jean de Stuart, écuyer du pays d'Écosse, à qui le comte d'Armagnac avoit donné la seigneurie de Courbarieu.

Louis XI regardoit cette place comme si importante, que toutes les fois qu'il disposa des domaines du comte d'Armagnac, il se réserva la garde du château de Sévérac.

Le tribunal ordinaire de justice des seigneurs de Sévérac, qui a conservé jusqu'à présent, le titre de viguerie, existoit sous le même nom, dès le neuvième siècle. Dans une charte datée du règne de Charles, roi des Français et des Lombards, l'an 883, qu'on voit dans les archives de l'abbaye de Conques, il est dit que Bernard, comte par la grâce de Dieu, et Ermengarde son épouse, donnent à ce monastère, le village *de Bautone, in vicariâ Severacense* (1).

Les seigneurs de Sévérac furent pendant long-temps, une des maisons les plus puissantes du Rouergue. Ils présidoient la noblesse dans les états de la province; et l'on voit encore dans les archives de leur château, plusieurs monumens qui leur confirment ce privilège. Ils étoient alliés des comtes de Rodez, des vicomtes de Narbonne, de ceux de Millau, et de plusieurs autres seigneurs de ce rang. On prétend même (2), que Déodat de Sévérac, qui vivoit en 1212, épousa Constance de Toulouse qui avoit été mariée avec Sancho VI, roi de Navarre, et répudiée par ce prince, quelques années auparavant.

Vers le milieu du onzième siècle, Gui de Sévérac et Aldoindo son épouse, fondèrent l'abbaye de Saint-Sauveur de Sévérac, dont deux de leurs filles furent successivement abbesses. L'ordre ne régna pas long-temps dans ce monastère; et le seigneur de Sévérac, de concert avec l'évêque de Rodez, en expulsa les religieuses, en 1087, et les fit enfermer dans un village appelé *Bellas*, près de Sévérac. En 1103, l'évêque Adhemar appela à leur place, les religieux de Saint-Chaffre, du Puy, auxquels il donna les églises de Sévérac, de Gaillac, et de Saint-Dalmazi, suivant la demande qui lui en avoit été faite par Déodat de Sévérac, par Ermengarde son épouse et leurs enfants, du consentement du vicomte de Millau, et de Richard son frère.

S'il faut s'en rapporter à ce qu'on lit dans divers manuscrits, les seigneurs de Sévérac ne firent pas toujours le bonheur de

---

(1) Notes et monum. nomb. XVI.
(2) Hist. du Lang., t. 3, p. 232.

leurs vassaux. Il y en eut au contraire qui les traitèrent avec un despotisme révoltant. Ils entretinrent pendant quelque temps, dans leur château, un certain nombre de satellites, qu'ils appeloient *Apôtres*. C'étoit les ministres ordinaires de leurs vengeances, et de leurs vexations. Ils les envoyoient dans les campagnes, pour arracher les laboureurs du sein de leurs familles, et les forcer à prendre les armes pour leur seigneur, quand il étoit en guerre contre un seigneur voisin; et si quelqu'un refusoit ou négligeoit de se rendre, il étoit traité comme un esclave, et châtié avec une cruauté tyrannique. Quelquefois on coupoit les oreilles à ceux dont on étoit mécontent, et la crainte des satellites du château, ou de quelque traitement encore plus barbare, étouffoit les plaintes de ces malheureux (1).

Dans les anciens titres du comté de Rodez, on voit souvent les seigneurs de Sévérac, marcher à la tête de leurs vassaux, pour le service des comtes ou du roi, et certains même, comme *Amalric*, dont nous allons parler, parvenir aux premiers emplois dans les armées de la nation. On en voit d'autres au contraire passer tranquillement leur vie, dans la simplicité et l'ignorance, au fond de leur château, sachant à peine écrire leur nom, au bas d'un cartel qu'ils font porter à leur ennemi (2).

Le sceau des seigneurs de Sévérac, dont les armes étoient d'or, à quatre paux de gueules, se voit pendant ou empreint à divers actes des archives du comté de Rodez. Gui de Sévérac souscrivit, en 1249, au testament de Raimond VII, comte de Toulouse et de Rouergue; et de dix sceaux dont il est scellé, celui de Gui de Sévérac est le premier, du côté droit.

C'est ce même Gui de Sévérac qui adressa, en 1260, à Alphonse, comte de Toulouse et de Rouergue, une plainte contre Vivian, évêque de Rodez, qu'il accuse de divers griefs, et particulièrement de faire un usage fréquent des censures ecclésiastiques, contre ses diocésains. Cet acte a trop de rapport aux mœurs de ce temps-là, pour que nous n'en rapportions pas ici la substance. Il est en vieux langage Rouergas; et certains passages seroient difficilement entendus de nos lecteurs; c'est pourquoi nous en rapporterons en françois les principaux articles.

« Je Gui, sire de Sévérac, fais savoir à vous, sire, comte de Poitou et de Toulouse, que Vivian, évêque de Rodez, grève de plusieurs manières, vos *chevaliers* et vos *hommes* de l'évêché de Rodez: que lui et ses gens donnent retraite dans sa ville, et dans ses châteaux de Salles-Curan, et de la Capelle, à certains brigands, meurtriers, boutefeux, et autres malfaiteurs qui viennent faire des incursions dans la terre que je tiens de vous, et

---

(1) Fléchier, dans son Hist. des grands jours d'Auvergne, raconte la même chose des seigneurs du Pont-du-Château.
(2) Notes, n. LXXV.

qui, après l'avoir pillée et ravagée, vont se mettre sous sa sauvegarde ; ainsi qu'il est prouvé par les enquêtes de vos baillis :

» Qu'un de ces malfaiteurs étant mort excommunié, et les pauvres gens dont il avoit brulé et spolié les maisons, voulant empêcher qu'il ne fût enseveli en terre sainte, selon l'usage du pays ; l'évêque ordonna au *chapelain* de la Panouse, de l'ensevelir sous peine de suspense, et de privation de son bénéfice ; ce qui fut fait, au grand scandale de bien des personnes, qui n'avoient jamais vu ensevelir d'excommunié :

» Que depuis trois ou quatre ans il a établi une coutume nouvelle et inconnue jusqu'alors, qui est d'exiger de tous ceux qui sont excommuniés par lui ou par son official, douze sous tournois, avant de leur accorder l'absolution : et sachez, sire, que c'est un grand revenu pour lui ; car il en excommunie beaucoup ; mais à tort et à droit ; de quoi nous sommes fort grévés, nous laïques, qui ne l'avons pas accoutumé :

» Qu'il lève ses *procurations* en deniers ; et si on refuse de le payer en deniers, selon sa volonté, il interdit les lieux. Or, quand il advient qu'un paroissien meurt, ou veut prendre femme, ou relever de couches et faire dire messe ; il exige qu'on aille à Rodez en obtenir la permission, de lui ou de son official, qui ne l'accorde que pour cette fois au chapelain du lieu, ou à ses voisins, laissant toujours subsister l'interdit ; de façon que c'est à recommencer le lendemain pour un autre.

» Puis sire, sachez que, quoique à Toulouse vous ayez ordonné de ne pas rançonner les hérétiques qui voudroient se convertir ; mais de se contenter de leur imposer la pénitence prescrite par les canons, l'évêque de Rodez a levé plus de cinquante mille sous, sur les hérétiques de vos terres : aussi sont-ils devenus plus méchans et plus mécréans qu'auparavant.

» En outre, sire, sachez que cet évêque, au mépris des usages établis, a marché en armes en personne, sur vos terres, savoir dans le Bourg de Rodez, que le comte tient de vous : qu'il y a poursuivi un vaillant homme, nommé Durand de Valeilles, et l'a chassé lui et sa suite, de maison en maison, jusqu'à l'église du Bourg, où il s'est réfugié ; que là, de sa propre main, il a enfoncé les portes et les *huis* du Monastère (de Saint-Amans) ; que ce citoyen, lorsqu'il a vu les portes enfoncées, s'étant retiré dans la maison d'un de vos chevaliers, l'évêque est allé l'y assiéger, et l'eût pris, si vos *hommes* n'eussent embrassé sa défense ; que l'évêque voyant qu'il ne pouvoit prendre la personne, a pris son cheval et ses *choses*.

» Puis, sire, sachez que ledit évêque a frappé de sa main et ensanglanté, à coups de bâton, un de vos *hommes*, qui demandoit à être payé de ses deniers, que l'évêque lui devoit :

» Qu'il a fait prendre et enfermer dans sa prison, un de vos *gentilshommes*, Rostaing d'Entraigues, qui tient fief de vous, et un autre *Damoisel*, nommé Bernard d'Arpajon; qu'il a refusé de leur rendre leur liberté, malgré leurs réclamations, et les réquisitions de votre bailli.

» En outre je vous informe, sire, des exactions et des rapines sans pareilles, de ceux de sa cour; car les *lettres* qu'on obtenoit de ses prédécesseurs, pour trois deniers, en coûtent six ou douze; et celles, pour lesquelles on ne payoit que douze deniers, coûtent six sous, dix sous.

» Ensuite, sire, sachez que, quoique dans l'évêché de Rodez, il y ait plusieurs villes et châteaux, la plupart n'ont d'autre fort que les églises; et qu'en temps de guerre, les bonnes gens du pays mettent dans lesdites églises, leurs *arches*, dans lesquelles ils serrent leur blé et leurs habits : or, sire, l'évêque a défendu de porter ces *arches* dans les églises, et a excommunié tous ceux qui les y plaçoient. Les bonnes gens qui ont leurs maisons très-petites, ne sachant où serrer leurs denrées, sont forcés de s'adresser à l'évêque, pour en obtenir la permission de les laisser dans les églises, et les excommuniés sont forcés de payer douze sous tournois, pour leur absolution.

» Puis, sire, sachez que, comme *vos gens* construisent une nouvelle ville, qui a nom *Villefranche*, près de Najac, et que plusieurs vont s'y établir et bâtir des maisons, l'évêque a excommunié les habitans de cette nouvelle ville, et a maudit le lieu : ce qui en a forcé plusieurs de se retirer, et d'abandonner leurs maisons déjà faites; de quoi vous avez reçu grand dommage.

» Je vous fais en outre savoir, sire, que dans l'évêché de Rodez, il y a plusieurs pauvres *chapelois* (prêtres) qui n'ont point de rentes, et qui ont coutume de *chanter messes*, et de faire le service de notre seigneur, pour nos pères et pour nos mères : or, l'évêque a ordonné que nul chapelois, s'il n'a bénéfice, ne pourra *chanter messes*, sans y être autorisé par des lettres obtenues de lui; lesquelles il veut qu'on renouvelle deux fois l'an; et pour les obtenir, il faut payer dix, vingt, trente, quarante. cinquante sous : ce qui fait que plusieurs chapelois, n'ayant pas de quoi faire renouveller leurs lettres, laissent le service divin à faire; de quoi nous et nos amis trépassés, souffrons grand dommage. »

Tel est le sommaire de cette plainte singulière par son style, et par les griefs imputés à l'évêque Vivian. Les auteurs de l'histoire du Languedoc rapportent que Gui de Sévérac, non content de l'avoir adressée à Alfonse, se rendit en personne auprès de lui, pour l'appuyer, en 1261.

La maison de Sévérac a donné plusieurs prélats à l'église (1)

---

(1) Entr'autres, à celle de Castres, dans le quatorzième siècle et à celle de Saint-Victor de Marseille en 1182.

et plusieurs chefs aux troupes du roi ; mais *Amaury* ou *Amalric* de Sévérac, maréchal de France, dans le quinzième siècle, fut sans doute celui qui illustra le plus cette ancienne famille. Il étoit fils d'Alzias de Sévérac, et de Marguerite de Campendu, dame de Sallelles. Il fut élevé auprès d'Amaury de Sévérac, son oncle, archidiacre d'Albi et de Rodez. Dès qu'il fut en état de porter les armes, il servit d'abord avec honneur en Italie, où il alla, en 1391, avec le comte d'Armagnac, porter du secours aux Florentins, contre le duc de Milan ; mais il se distingua encore plus, dans un second voyage qu'il y fit, à la tête des troupes du comte d'Armagnac. Il y prit alors cent soixante places, et fit prisonnier le comte de Valentinois, qui s'opposoit à son passage.

Il s'étoit acquis une si grande réputation dans cette campagne, qu'il étoit devenu redoutable au gouvernement même, sous le roi Charles VI. Nous trouvons en effet, dans les archives du comté de Rodez, que le connétable de Sancerre donna ordre, en 1398, au sénéchal de Rouergue de faire réparer toutes les forteresses du pays, de les faire garder nuit et jour, de les pouvoir de vivres et de munitions, à cause de la guerre de Provence, dans laquelle Amaury de Sévérac, avoit pris parti, à la tête de trois mille hommes. En même temps le roi envoya ordre au sénéchal de Beaucaire, de combattre Amaury de Sévérac et de se saisir de sa personne, et de ceux de sa suite. Mais il paroît que le roi lui rendit bientôt après, sa confiance ; car il le nomma sénéchal de Rouergue, en 1410, et cette dignité lui fut encore confirmée en 1415.

Amaury se fit connoître, sur tout, dans diverses campagnes, sous Charles VII encore Dauphin, et dans les guerres contre les Anglois, et contre les ducs de Bourgogne : aussi ce prince ne fut pas plutôt parvenu à la couronne, qu'il le nomma maréchal de France. On voit aux archives de Montauban, des lettres du roi Charles, de l'an 1418, par lesquelles il est ordonné à tous maréchaux, capitaines, gens d'armes, et autres sénéchaux et prévôts, gardes des ponts, forts et passages, de laisser passer Amalric, maréchal de Sévérac, pour faire la guerre aux Anglois. On y voit aussi des ordres aux généraux des finances, de lui compter diverses sommes, pour la solde de ses troupes.

Dans divers monumens du Rouergue et du Languedoc, il est souvent fait mention du maréchal de Sévérac, comme d'un militaire qui avoit la confiance du roi et des troupes, et qu'on chargeoit des commissions les plus importantes.

On voit dans les archives du comté de Rodez, que pendant le procès de Guillaume de Ténières, avec le vicomte de Roque-Bertin, qui se disputoient la vicomté de Narbonne, cette vicomté fut mise en séquestre par le roi, en 1424, entre les mains d'Amalric, maréchal de Sévérac, avec dispense de rendre compte des revenus.

Le 10 mars 1425, le roi assigna la somme de huit mille livres, au maréchal de Sévérac, sur les états du Languedoc, pour lever un certain nombre de gens d'armes et de trait, et aller ensuite forcer le comte de Foix à obéir aux ordres du roi.

En 1426, le roi le nomma son lieutenant général, en Maconnois, Lyonnois et Charolois ; mais il paroit qu'Amaury trahissoit par fois la confiance que les rois de France lui témoignoient. On lit dans l'histoire du Languedoc, que cette même année, au mois d'août, il écrivit au parlement, alors séant à Narbonne, une lettre dans laquelle il menaçoit de porter la guerre, dans le Velai, le Gevaudan et le Vivarais, et d'y mettre tout à feu et à sang, s'il n'étoit payé par le roi, de certaines sommes, qu'il prétendoit lui être dûes, et si on ne lui rendoit les domaines, dont sa majesté avoit disposé, quoiqu'ils lui appartinssent. Ces menaces obligèrent le roi de faire un voyage en Languedoc, l'année suivante 1427 ; et le sénéchal de Beaucaire convoqua la noblesse du pays, pour se mettre en défense (1). Mais la mort tragique du maréchal de Sévérac, mit fin aux alarmes qu'il causoit. Il fut cruellement assassiné, cette même année, à Gages, par le comte de Pardiac, frère du comte Jean d'Armagnac, et pendu aux fenêtres du château. Ce meurtre paroit d'abord d'autant plus difficile à expliquer, qu'Amalric de Sévérac avoit été de tout temps, très étroitement lié avec la maison d'Armagnac, et que les comtes Bernard, Jean et le comte de Pardiac lui-même, avoient été, pendant long-temps, ses compagnons d'armes ; mais il sera aisé de trouver les causes d'un si barbare traitement, en reprenant les choses d'un peu plus haut.

En 1421, Amalric de Sévérac, qui avoit une fortune considérable, se voyant sans enfans, disposa de tous ses biens, tant de ceux qui provenoient du chef de son père, que de ceux qui lui avoient été donnés par le cardinal de Canillac son grand-oncle, et par Gui, baron de Sévérac, son cousin, qui l'avoit fait, son héritier en 1416. Il les donna par son testament, à Jean, vicomte de Lomagne, qui venoit de naître de Blanche de Bretagne, épouse de Jean IV comte d'Armagnac et de Rodez.

Il fit plus ; se voyant toujours employé dans les armées, pour le service du roi ; et ne pouvant défendre par lui-même ses intérêts, contre le duc d'Arpajon qui se prétendoit maître des terres de Sévérac, et qui l'avoit déjà appelé au parlement pour cette affaire, il prit le parti, en 1426, de remettre entièrement ses biens, au vicomte de Lomagne son héritier, à la charge par le comte d'Armagnac son père de faire face aux prétentions du duc d'Arpajon. Par ce moyen, cet enfant qui n'avoit encore que cinq ans, se trouva maître des terres de Sévérac, Beaucaire,

(1) Hist. du Lang. t. 4. Registres de la sénéchaussée de Nîmes. Archiv. de Sévérac, etc.

Espeyrac, Chaudesaigues, Serres, Marzials et de plusieurs autres places.

Cette disposition, et les assiduités fréquentes d'Amaury, auprès de la comtesse Blanche de Bretagne attirèrent au comte, de la part du duc d'Arpajon, certains propos piquans qui eurent les suites les plus funestes. Le comte de Pardiac excité par ces railleries, et se voyant d'ailleurs frustré sans retour de ses espérances sur la succession d'Amaury, qu'il attendoit, s'en vengea cruellement. Cet infortuné étant allé un jour rendre visite au comte d'Armagnac, dans son château de Gages, avec la confiance d'un bienfaiteur qui va voir les heureux qu'il a faits, fut assassiné dans son appartement, par les gens du comte de Pardiac, qui le pendirent ensuite à une croisée. On croit même que cet horrible meurtre fut commis de concert avec le comte d'Armagnac lui-même (1), soit qu'il lui tardât de jouir en toute sûreté des biens d'Amaury ; soit que les propos du duc d'Arpajon sur les sentimens du maréchal pour la comtesse d'Armagnac, eussent réveillé dans le mari, une passion qui occasionna plus d'une fois, des excès de ce genre.

Quoi qu'il en soit, ainsi périt ce malheureux militaire, le dernier rejeton mâle d'une des plus célèbres familles du Rouergue.

Dans la donation qu'Amalric de Sévérac avoit faite de ses biens, en faveur du vicomte de Lomagne, il s'étoit réservé les donations déjà faites au chapitre de Saint-Christophe, qu'il avoit fondé en 1415, et à un autre petit collège de six prêtres, qu'il avoit établi à Sévérac ; et outre cela une pension viagère de trois mille livres, pour laquelle le comte d'Armagnac lui assigna les terres de Marsillac, de Salles, d'Alpuech, de Bénaven et de Lacalm. Les autres conditions de sa donation, étoient : 1° Que le fils aîné d'Armagnac écarteleroit à perpétuité ses armes, de celles de Sévérac (2) ; 2° que si la femme du maréchal de Sévérac, Souveraine de Solages, survivoit à son mari, elle auroit la jouissance des terres d'Espeyrac et de Beaucaire ; 3° que si elle avoit d'elle des enfans mâles, la donation n'auroit pas lieu ; 4° que le comte d'Armagnac s'accorderoit avec la famille d'Arpajon, pour les prétentions qu'elle avoit sur les biens de la maison de Sévérac (3).

Ces prétentions de la famille d'Arpajon étoient fondées sur ce que Hugues d'Arpajon avoit épousé Jeanne de Sévérac, fille de

---

(1) Morery, art. Sévérac.

(2) Les armes d'Armagnac qui sont empreintes sur plusieurs édifices de Rodez suivant l'ancien usage des seigneurs, étoient écartelées au 1 et 4 d'argent, au lyon de gueules, qui est Armagnac; et au 2 et 3 de gueules, au lyon léopardé d'argent, qui est Rodez. Celles de Sévérac étoient d'or, à quatre paux de gueules.

(3) Le P. Anselme, Hist. des grands officiers de la couronne. Hist. du Lang. Archives du comté de Rodez.

Gui VI, qui la nomma son héritière universelle, au cas que Gui VII son frère, mourût sans enfans; ce qui arriva. Amaury de Sévérac, au contraire, se fondoit sur le testament de Gui VII, dont il étoit héritier, et sur ce que les biens de Sévérac étoient substitués depuis long-temps, aux mâles, par exclusion des filles. Ce procès se transmit pendant long-temps de génération en génération, dans ces deux familles; et enfin le parlement de Paris le jugea, en 1508, en faveur de Charles, vicomte d'Arpajon.

III.

Château de la Roque, Saint-Laurent.

Près de Sévérac, on voit le vieux château de *la Roque Valsergues*, place forte autrefois, et l'une des quatre châtellenies du Rouergue. Ce château fut entièrement démoli, en 1626. Suivant la tradition du pays, lorsque César fit la conquête du Rouergue, il chargea de la partie du *Sévéraguez*, deux de ses officiers, *Sévérus* et *Sergius*, qui ont laissé leur nom à Sévérac et Valsergues, *Castrum Seceri, Vallis Sergii*.

Ce qui paroit confirmer la vérité de ces étymologies, c'est la dénomination de *Camp de César*, qu'on donne encore à quelques plaines, auprès de Saint-Geniez et de Sévérac-le-Château. C'est du moins une raison de conjecturer que quelques officiers de l'armée de César, et peut-être César lui-même, avoient campé dans ces cantons, pour réduire les Ruthènes.

Les Sarrasins s'étoient rendus maîtres du Sévéraguez, dans le huitième siècle. Un de ces barbares établit même sa famille dans le pays, et resta long-temps en possession des dîmes et des autres revenus de l'église de Campagnac; mais une vieille charte de l'église de Conques, datée du règne de *Charles empereur*, nous prouve qu'un de ses descendans, nommé *Raginaldus*, ayant embrassé la religion chrétienne, céda l'église de Campagnac, avec les dîmes de l'orge et du froment et le droit de justice, au monastère de Conques. L'abbé de ce monastère, en reconnoissance de ce don, comme on le voit dans une seconde charte, assura à *Adelbertus*, surnommé *le Sarrasin*, fils aîné de ce Raginalde, une rente annuelle d'un agneau, et de quatre gerbes, sur chacun des villages dépendans de ladite église de Campagnac.

Saint-Laurent n'est qu'un petit bourg, où Charles Roger de Beaufort (1) comte d'Alais, marquis de Canillac, avoit établi, en

---

(1) Cette famille originaire du Limousin, a donné deux papes à l'église Romaine, Clément VI et Grégoire XI.

1501, un petit chapitre, composé d'un doyen et de six chanoines.

Près de Saint-Laurent on voit la patrie de *Louis de Montjosieu*, auteur d'un livre plein d'érudition sur la peinture et la sculpture des anciens ; ouvrage qui peut répandre du jour sur l'antiquité. Louis de Montjosieu le fit imprimer à Rome, où il avoit accompagné le duc de Joyeuse, en 1583. De retour en France, il fut maître de mathématiques de Monsieur, frère du roi. Peu de temps après, ayant entrepris de nettoyer Paris des immondices il s'y ruina ; et finit par épouser une méchante femme, qui causa sa mort (1).

IV.

Saint-Geniez, Saint-Côme.

Saint-Geniez, petite ville, est une des plus commerçantes, et des plus peuplées de la province. Les comtes d'Armagnac y avoient établi une communauté de religieux Augustins, dans le quatorzième siècle. On voit aux archives du comté de Rodez, des lettres patentes de l'an 1398, par lesquelles Bernard, connétable d'Armagnac, leur accorda un *droit d'amortissement*, pour leur couvent, église, dortoir, cloître, maison, jardin, prés et clôture, avec exemption de toutes charges.

En 1660, un citoyen de Saint-Geniez, nommé Pierre Benoît, fonda près de cette ville, une communauté de religieuses, de l'ordre de Cîteaux. Avant la révolution actuelle, le roi avoit ordonné, il y a quelques années, l'extinction de ces religieuses. Leur maison avoit été destinée, dit-on, à un hôpital, et leurs revenus, à la dotation des filles de l'Union chrétienne, qui furent établies à Saint-Geniez, en 1680, par la dame Campels, et qui ont été jusqu'ici chargées des écoles publiques des jeunes filles.

En 1667, il fut établi à Saint-Geniez, un petit séminaire, sous la direction des *Bonallistes*, prêtres séculiers, ainsi appelés du nom de leur fondateur Bonal.

Saint-Geniez est la patrie de Guillaume Thomas Raynal si connu par ses ouvrages philosophiques et historiques, intitulés, *Histoire du parlement d'Angleterre, Histoire du Statoudhérat* et *Histoire de l'établissement du commerce dans les deux Indes* ; dans lesquels on admirera toujours l'élégance du dessin, la vivacité et le brillant du coloris, et la fécondité de l'imagination ; malgré tout ce qu'on a pu dire sur le défaut de véracité et de solidité. L'abbé Raynal a prouvé, de nos jours, par de nouveaux écrits,

(1) Dict. Hist. des grands hommes.

et par les nouvelles éditions de ses ouvrages, que le grand âge n'a rien diminué du nerf de sa plume hardie et vigoureuse.

Saint-Côme, autre petite ville où l'on a établi quelques manufactures, est agréablement située sur le Lot.

V.

Espalion.

Espalion, qui n'est qu'à une petite lieue de Saint-Côme, jouit du même avantage ; mais elle est beaucoup plus peuplée et plus commerçante, sur-tout en cuirs et en laines.

S'il faut en croire la tradition du pays, l'ancienneté de cette petite ville remonte au-delà de Charlemagne. On croit que Charles-Martel en fit bâtir le pont, ainsi que l'église de Perse, dans le huitième siècle. Il est du moins parlé de cette église dans plusieurs chartes anciennes de l'abbaye de Conques, depuis l'an 900. C'étoit, dans le principe, un Monastère de l'ordre de saint Benoît, qui fut réuni à celui de Conques. Les inscriptions gothiques, qu'on voit sur les murs de ce vieux édifice, en prouvent aussi l'ancienneté.

On raconte que Charlemagne passant par Espalion, à son retour de l'Espagne, en 779, fut frappé de la ressemblance de la situation de cette petite ville, avec celle de Séville, en latin *Hispal*, ou *Hispalis*, nom qu'on lui donnoit alors ; et que de là est venu le nom d'Espalion, comme qui diroit petit Hispal. On remarque, en effet, dans les géographes, que Séville, comme Espalion, est traversée par une rivière considérable, le Guadalquivir, sur laquelle on a bâti un beau pont, au-delà duquel on voit le bourg de Triana, qui sert de faubourg à cette ville, et du côté opposé, le fort château d'Alcazar, sur une éminence.

Marie-Magdelène de Nantouillet, épouse de Gabriel Aldouin de Castelnau, comte de Clermont, seigneur de Calmont et d'Espalion, fonda dans cette ville, en 1631, le couvent des religieuses de sainte Ursule, pour l'éducation gratuite des filles de la ville, dans des écoles publiques.

Au-dessus d'Espalion, on voit le château de Caumont, ou Calmont, autrefois très-fort, principalement à cause de sa situation sur une éminence escarpée, dont l'abord est très-difficile de tous les côtés : ce qui fit dire au cardinal de Richelieu, lorsqu'il passa par Espalion, en 1629, qu'il auroit soin de faire raser cette place forte ; de peur qu'elle ne servît de boulevart aux religionnaires, s'ils venoient à s'en emparer. Ce château fut bâti par les anciens barons de Caumont, famille distinguée dans le temps de l'ancienne chevalerie, et qui fondit dans celle de Castelnau-de-Bretenous en Querci, vers l'an 1295, par le mariage d'Alidie, héritière de la maison de Caumont, avec Jean, baron de Castelnau.

Plusieurs églises du Rouergue se ressentirent autrefois des libéralités de cette famille. Bégon de Calmont donna, vers l'an 1100, l'église de St-Saturnin, avec le château de la Roque, au monastère de Conques (1). Bernard, Berail et Guillaume de Calmont, sont comptés parmi ceux qui dotèrent celui de Bonnecombe, dans le douzième siècle (2). Lorsque celui de Bonneval fut fondé, en 1147, les seigneurs de Caumont, contribuèrent aussi beaucoup à la dotation de cette abbaye, de concert avec les seigneurs d'Estaing, dont on voit le château dans la petite ville de ce nom, à peu de distance d'Espalion, en suivant toujours le cours du Lot.

VI.

Estaing.

Un acte qu'on voit dans le cartulaire de l'église de Conques, prouve l'ancienneté de cette petite ville. C'est une charte de l'an 850, par laquelle Adalbert, Adalfroi, et Ragambert s'obligent à payer aux religieux de Conques, la quatrième partie des fruits qu'ils recueilleront, *in Castro de Stanno*.

On trouve dans les archives de l'évêché que François d'Estaing accorda des indulgences à ceux qui contribueroient à la reconstruction du pont, en 1511.

Estaing est la patrie du père Annat Jésuite, confesseur de Louis XIV, qui se distingua, dans cette place, par son humilité, sa modestie, et son désintéressement. On remarqua en lui, ce qu'on voit rarement dans les courtisans, qu'il n'usa jamais de son crédit, pour son utilité particulière, ni pour celle de sa famille : ce qui fit dire un jour à Louis XIV, qu'il ne savoit pas si le Père Annat avoit des parens. Quelques représentations qu'il voulut faire, sur la fin de ses jours, au roi, sur son inclination pour la duchesse de la Valière, lui attirèrent sa disgrace. Il se retira à Paris dans une maison de son ordre, où il mourut, en 1670, dans la quatre-vingt-unième année de son âge.

La famille d'Estaing fut une des plus illustres du Rouergue et des provinces voisines. Il n'y a point d'archives dans le pays, où il n'en soit fait mention, depuis l'an 1000, jusqu'à nos jours. Dans celles du comté de Rodez, on voit qu'*Aldebert d'Estaing*, souscrivit, en 1001, à une sentence du comte Raimond ; qu'en

---

(1) *Gall. Christ.* t. 1, p. 211.
(2) En 1174, et 1182, *ibid*.

1028, Hugues, comte de Rouergue, ayant terminé un différent, entre Hector de Castelnau, prieur d'Orlhaguet, et le Viguier de Bromme, le jugement fut signé par *Aldebert d'Estaing*, Pierre de Panat, Raimond de Solages, Hector de Montal, etc. : qu'en 1122, Richard, comte de Rodez, donna le prieuré de Saint-Léons, et le monastère de St-Pierre de Clairvaux, à l'abbaye de Saint-Victor de Marseille, de l'avis et en présence d'*Odalric d'Estaing*, de Jourdain de Creyssels, de Niquaise de Bruniquel, de Dieudonné de Vezins, de Raimond de Levezou, etc. : qu'en 1167, Hugues, comte de Rodez, voulant faire la guerre au comte de Toulouse, se ligua avec Alphonse roi d'Aragon, comte de Millau, avec *Aldebert d'Estaing*, Gui de Sérérac, Bernard de Salles, Bernard-Raimond de Creyssels, Hugues de Panat, et plusieurs évêques (1). Qu'en 1192, *Guillaume d'Estaing*, connu dans l'Histoire des Croisades, sous le nom de Lestang, fit des prodiges de valeur, pendant le siège de Joppé, auprès de Richard Cœur de Lyon, roi d'Angleterre.

Mais, s'il faut ajouter foi aux monumens trouvés, il y a quelques années, au château d'Estaing, l'origine des seigneurs de ce nom qui vinrent ensuite, étoit bien différente de cette première famille d'Estaing, dont nous venons de parler.

Après la mort de François comte d'Estaing, chevalier des ordres du roi, lieutenant général de ses armées et gouverneur de Douai, en 1732, les officiers de la sénéchaussée de Rodez, firent apposer le scellé au château d'Estaing. Dans le procès verbal de levée des scellés, en 1750, à la requête du comte d'Estaing, depuis vice-amiral de France, il est dit qu'on trouva dans les archives, un petit paquet lié d'une vieille ficelle, et couvert d'une enveloppe, sur laquelle on lisoit cette étiquette : *Faire déchiffrer à Paris*.

Ce petit paquet contenoit deux feuilles de parchemin roulées l'une sur l'autre, écrites en caractères très-anciens et gothiques. Dans ce rouleau on trouva un petit instrument de fer, de six pouces de longueur, troué par le milieu, et terminé d'un côté, par une béquille en forme de T ; et de l'autre, par quatre orillons en forme de croix. Au trou du milieu étoit attachée par une chaîne d'argent, une petite plaque aussi d'argent, sur laquelle on aperçut quelques caractères gothiques, qu'on réussit avec beaucoup de peine à déchiffrer. Après l'avoir frottée et nettoyée, on y lut cette inscription latine : *Aditus arculæ in quâ pretiosissimus hujus castelli d'Estagno thesaurus continetur: latet in camerâ porticula dictâ, sive aula consilii, sub petrâ notatâ cruce huic quæ videtur ibi simillimâ* (2).

(1) Notes, n. XXXV.
(2) C'est-à-dire : Clef du petit coffre dans lequel est renfermé le plus précieux trésor de ce château d'Estaing, qui est caché dans la salle qu'on appelle la Galerie, ou la Chambre du conseil, où l'on voit une croix semblable à celle-ci.

On fit appeler le concierge, pour savoir de lui dans quel endroit de la maison étoit cette croix; il répondit qu'il croyoit en avoir apperçu une semblable en balayant dans la salle du billard.

Les officiers de la sénéchaussée s'y transportèrent aussitôt, avec le comte d'Estaing. On fit lever en présence d'un grand nombre d'assistans, le pavé sur lequel cette croix étoit empreinte, et l'on tira de terre un coffre de fer, tout rouillé, couvert de mastic. La difficulté fut de trouver la serrure : on soupçonna qu'elle pouvoit être cachée par une croix qu'on voyoit sur le couvercle. Elle l'étoit en effet ; et on parvint enfin à ouvrir le coffre, qu'on trouva rempli de charbon. On fit fouiller dans le charbon, et on en tira un second coffre de fer, sans serrure ni ouverture, qu'on fut forcé de mettre en pièces, pour savoir ce qu'il contenoit.

On y trouva 1° un contrat de mariage (1) de Sybille, fille de Vittus de Lusignen, roi de Chypre et de Jérusalem, avec Raymond VI, comte de Toulouse, fils de la reine Constance, et père de Dieudonné Tristan, baron d'Estaing, prince de Rouergue :

2° Une copie du registre de baptême de Dieudonné, dans l'église de Saint-Etienne de Toulouse, par l'évêque Fulcrand. Cet acte porte que « le troisième dimanche d'octobre de l'an 1193, fut baptisé par Fulcrand, évêque de Toulouse, Raimond Dieudonné, fils légitime de Raimond, duc de Narbonne, et de Sybille de Jérusalem, dont la naissance répandra la joie dans le ciel et sur la terre, et particulièrement dans le cœur des habitans de Toulouse .» L'acte est signé par Fulcrand évêque ; par Raimond, duc de Narbonne, comte de Toulouse, marquis de Provence, aïeul de l'enfant ; par Raimond, duc représentatif du duché de Narbonne, fils de la reine Constance, père de l'enfant ; par Guillaume de Courtenai, prince du sang royal de France, parrain ; et par la duchesse Mathilde de Constantinople, épouse de Guillaume de Montpellier, marraine. Daté du troisième dimanche d'octobre de l'an 1193, régnant en France Philippe, et à Toulouse Raimond.

En 1219, Martin Favent, archidiacre de Toulouse, expédia une copie de cet acte de registre « au seigneur Dieudonné Tristan, duc représentatif du duché de Narbonne, prince de Rouergue, baron d'Estaing et de Montigni, pour lui servir de certificat de catholicité dans le mariage qu'il veut contracter. » L'expédition est signée par Fouques, évêque de Toulouse.

On donna à Tristan le titre de *prince de Rouergue*, en conséquence du contrat de mariage de Raimond avec la princesse de

(1) Cet acte est daté du 6 des calendes de décembre 1192. Voyez-le parmi les notes et mon. nomb. CXXXVII, ainsi que les autres pièces mentionnées dans ce procès-verbal.

Chypre, ses père et mère, dans lequel il avoit été convenu que Sybille jouiroit, pendant sa vie, des comtés de Rodez et d'Albi, et que leur premier né auroit la *principauté* de Rouergue.

Nous ne connoissons point d'historien, qui fasse mention du fils de cette malheureuse princesse de Chypre, qui fut répudiée par Raimond. Ce silence vient sans doute de ce que Dieudonné, pour éviter la persécution de Raimond son frère, fut obligé de se cacher, après que sa mère eut été répudiée, et de servir sous un nom emprunté ; jusqu'à ce qu'enfin ses exploits le firent connoître à la bataille de Bouvines, où il sauva la vie à Philippe Auguste ; qui en récompense de ce service, lui donna pour lui et ses descendans, le privilège de porter les armes de France. La concession de cette prérogative, est le troisième acte rapporté dans le procès-verbal, dont nous parlons. Il est daté du Camp de Bouvines, en 1214, le lendemain de la victoire que Philippe venoit de remporter sur l'empereur Othon IV et ses confédérés. Ce monument est trop remarquable pour que nous n'en rapportions pas ici le sommaire en françois.

« Philippe, par la grâce de dieu, roi de France, à Dieudonné dit Tristan, duc représentatif du duché de Narbonne, prince de Rouergue, baron d'Estaing et de Montigni, salut.

» Les liens les plus forts qui attachent les hommes, étant la parenté et la reconnoissance, personne ne peut vous être plus étroitement lié que moi, puisque vous êtes mon proche parent, par la reine Constance ma tante et votre ayeule : et que de plus je vous dois la vie, que vous m'avez sauvée dans la mémorable bataille du jour d'hier ; lorsque vous m'avez remis sur mon cheval, avec une diligence incroyable, et que vous avez défendu ma personne avec tant de courage, en faisant de votre corps un bouclier au mien ; de quoi le souvenir ne s'effacera jamais de mon esprit. Si sous le nom emprunté du simple chevalier Tristan, vous avez fait de si grands prodiges de valeur; si vos beaux exploits vous ont élevé, sous un nom inconnu, au commandement en chef de mes gens d'armes ; que ne ferais-je pas pour vous, à qui je suis redevable d'ailleurs, maintenant que je sais qui vous êtes, et que je ne saurois ignorer votre haute naissance, ni le prochain degré de parenté qui est entre vous et moi, après les preuves que vous m'en avez fournies. Toutefois vous ne m'avez demandé que mon aide, mon amitié et ma protection, pour toute récompense des services que vous venez de me rendre. Et lorsque ayant appris votre nom et votre naissance, j'ai voulu vous prêter mes troupes et mes armées, pour vous mettre, à force ouverte, en possession des biens et des domaines, que votre cruel et hérétique père Raimond, comte de Toulous~, vous retient injustement ; l'amour filial qu'on ne sauroit trop estimer en vous, vous a fait rejeter mon offre ; et vous vous êtes contenté de me demander d'employer seulement les remontrances auprès de votre père ; quoique ses états et seigneuries vous soient légitimement dévolus, aux yeux de dieu, à ceux des hommes, et aux miens, à cause de son crime d'hérésie, et des anathèmes dont il a été frappé (1). De tout le bien que j'offre de vous faire, vous n'avez désiré de ma part, que ma protection auprès de lui, pour l'empêcher de vous déshériter, et transporter son hérédité, à Raimond votre frère cadet, né de Jeanne d'Angleterre, qu'il a épousée contre les lois du christianisme, pendant la vie de Sybille de Chypre votre mère, sa légitime épouse.

» Voulant donc vous prouver que j'ai résolu de l'en empêcher de toutes mes forces, et vous convaincre que dorénavant je veux vous regarder et traiter, non seulement comme mon parent et mon libérateur ; mais encore comme mon propre fils ; pour gage de ma parole, et de mes promesses, je vous donne et par ces présentes, je vous remets mon écu royal, pour que vous le portiez vous même, tel que je le porte, et qu'il couvre le vôtre ; et pareillement mes enseignes et mes armoiries, pour que le tout vous appartienne, et soit dans vos mains le gage permanent de mes promesses : en attendant que par mes soins et mon appui, vous puissiez recouvrer mon patrimoine, et recueillir toute la splendeur de votre maison. Et afin que ce soit chose stable et certaine, j'ai souscrit les présentes de ma propre main ; je les ai fait souscrire par plusieurs de ceux qui ont été témoins de votre valeur; et j'y ai apposé mon sceau, qui devient de ce moment le vôtre.... Donné au Camp victorieux de Bouvines, le 28 juillet 1214, Signés, Philippe, Eudes de Bourgogne, Robert de Courtenai, Philippe, évêque de Beauvais, princes du sang royal, etc. »

Ce qui paroît confirmer l'authenticité de cet acte, d'ailleurs si singulier par ses détails ; c'est que depuis ce temps là, la famille d'Estaing a porté constamment pour armes, l'écu de France. On voit ce sceau apposé par les d'Estaing, à divers actes et autres monumens très-anciens. L'on trouve, entr'autres, aux archives du comté de Rodez, une obligation de Henri chevalier, fils du comte Hugues, de l'an 1272, par laquelle il promet de payer trois mille sous rodanois, à Guiral de Bozons, sous le cautionnement de Henri de Bénaven, et de *Pierre d'Estaing*, recteur de Saint-Hippolyte, archidiacre de Rodez (2). On voit pendant à cet acte, le sceau de ce Pierre d'Estaing, qui est d'azur chargé de trois fleurs de lys d'or, comme l'écu de France ; ce qui prouve que cette maison jouissoit dès lors, du privilège accordé à Tristan. On voit outre cela, cet armorial gravé en plusieurs endroits du

---

(1) Nous avons vu que Raimond VI, comte de Toulouse, avoit protégé singulièrement l'hérésie des Albigeois ; ce qui lui attira plusieurs fois les anathèmes de l'église. Il fut excommunié 1° par le Pape Célestin III : 2° par Pierre de Castelnau, légat de la cour Romaine, qu'il fit assassiner peu de temps après : 3° par le concile d'Arles.

(2) Depuis, élu à l'évêché du Puy, qu'il refusa, en 1282.

Rouergue, sur les murs des églises, sur les tombeaux de la famille d'Estaing, sur des chapelles, sur des portes de leurs anciens châteaux, et sur d'autres édifices bâtis par eux. On lit même dans Morery, qu'ils les portoient autrefois sans nombre, comme les rois de France, et qu'ils ne les ont réduites à trois, que depuis que les rois s'y sont réduits eux mêmes (1). Lorsque les princes cadets de la maison royale, ont été obligés de briser leurs armes, pour les distinguer de celles du roi, les seigneurs d'Estaing ont aussi brisé les leurs, et ils ont ajouté aux trois fleurs de lys, un chef d'or pour brisure.

Le quatrième parchemin trouvé dans le petit coffre de fer, est un cartel de défi de « Dieudonné par la grâce de Dieu, duc de Narbonne comte de Toulouse, marquis de Provence, prince de Rouergue et de Nicosie, baron d'Estaing et de Montigni, né de Sybille de Chypre, à Raimond son frère cadet, né de Jeanne d'Angleterre ». A la suite du Cartel vient l'attestation de Norbert, héraut de France, qui déclare que revêtu de sa casaque et de ses ornemens, il a notifié ledit défi, à Raimond, fils de la reine Jeanne, trouvé en personne à Saint-Flour, le troisième jour de l'an 1224.

Il paroit par quelques autres actes mentionnés dans le procès-verbal de levée des scellés, par les officiers de la sénéchaussée de Rodez, que Tristan et ses successeurs réclamèrent pendant long temps, soit auprès de divers rois de France, soit auprès des états généraux de la nation, les droits que la famille d'Estaing prétendoit sur le comté de Toulouse.

Enfin le cinquième monument trouvé dans le coffre, sont trois plaques de bronze, liées entr'elles par des boucles d'argent. Sur ces plaques, on lit le tableau généalogique de Dieudonné Tristan, depuis Roderic dernier roi des Visigots, mort en 713, de qui descendoient les anciens comtes de Toulouse, jusqu'à *la présente année 1222* : c'est ainsi qu'on lit sur une des plaques.

Tels étoient d'après ces divers monumens, les ancêtres de Dieudonné Tristan. Quoi que l'on puisse opposer contre les preuves d'une aussi pompeuse origine; il est du moins bien vrai que la famille d'Estaing a fourni des personnages distingués, dans tous les états. Tels sont François d'Estaing, évêque de Rodez; Antoine son frère, évêque d'Angoulême et grand aumônier de France; Déodat d'Estaing, évêque de Saint-Paul-Trois-Châteaux, qui, en 1389, donna au chapitre de la cathédrale de Rodez, une belle maison qu'il avoit dans la cité; Joachim et Louis d'Estaing, évêques de Clermont; Joachim-Joseph et Pierre, évêques de Saint-Flour; le cardinal Pierre d'Estaing, d'abord évêque de Saint-Flour, puis archevêque de Bourges, et évêque

---

(1) Cette assertion paroît peu fondée; car les rois de France avoient réduit les fleurs de lys à trois, avant le règne de Philippe Auguste.

d'Ostie, légat du saint siège, général des armées du Pape, qui fut surnommé le pacificateur de l'Italie, et le vainqueur des Lombards et des vicomtes de Milan, dans le quinzième siècle ; Pierre d'Estaing, grand archidiacre de Rodez, élu évêque après Vital de Mauléon ; Jean-Pierre d'Estaing, dom d'Aubrac, Camérier comte de Lyon, gouverneur du comté de Rodez, sous Louis XI ; Guillaume, baron d'Estaing, chambellan du roi, le même qui fut chargé d'apporter l'épée de connétable, à Bernard d'Armagnac, mort en 1418 ; Guillaume d'Estaing, sénéchal de Rouergue, chambellan du roi Charles VII, grand bailli de Nîmes, ambassadeur en Castille ; Gaspard d'Estaing, sénéchal de Rouergue, père de François évêque de Rodez ; Jean d'Estaing, baron d'Altun, de Murol et de Landorre, que le parlement de Toulouse engagea à embrasser le parti de la ligue, en 1589, et que le roi Henri IV reconnut ensuite pour son parent, comme il paroît par une lettre qu'il lui écrivit de Lyon en 1595 ; François, comte d'Estaing, chevalier des ordres du Roi, gouverneur de Douai, qui donna de grandes preuves de courage, au commencement de ce siècle, dans les guerres d'Espagne.

En 1616, la maison d'Estaing fut divisée en deux branches, par le mariage de Jacques, fils de Jean et de Gilberte de la Rochefoucaut, lequel épousa Catherine du Bourg, dame de Saillans, arrière-petite-fille du chancelier Antoine du Bourg. C'est de cette branche que descendoit Jean-Baptiste-Charles-Henri d'Estaing, lieutenant-général et vice amiral de France, une des victimes de la révolution.

Différens monumens prouvent que les seigneurs d'Estaing ont possédé, en différens temps, plusieurs autres châteaux du Rouergue, comme Aubin, Murols, Sebrazac, Cabrespines, Altun, Landorre, etc. (1).

VII.

Entraigues.

Au-dessous d'Estaing, toujours sur le Lot, mais hors du territoire de l'ancien comté de Rodez, on trouve la petite ville d'*Entraigues*, ainsi nommée de sa situation entre le Lot et Truère, à leur confluent, dans une vallée très-profonde, creusée par ces deux rivières. Le plus ancien monument de notre connoissance

(1) En 1279, Guillaume d'Estaing donna à Henri, comte de Rodez, tous les droits qu'il avoit sur la tour de Mouret, sur le château de Salles, sur Marsillac, Pruines, Lunel, Sébrazac et dépendances.
En 1292, Henri, comte de Rodez, céda à Gui d'Estaing, le château de Sébrazac, et celui-ci, en échange, lui donna celui de Cabrespines. Ces actes sont aux archives de Montauban.

qui parle d'Entraigues, est une charte des archives de Bonneval, qui porte qu'en 1195, Hugues, comte de Rodez, donna à cette abbaye le terroir de Séveyrac, avec six autres villages *du mandement d'Entraygues*. Ce lieu n'étoit, vers ce temps là, qu'un très-petit village de la paroisse de Saint-George ; mais Henri, comte de Rodez, ayant fait l'acquisition de la terre d'Entraigues, en 1278(1) ; il y fit bâtir un château, sur un terroir nommé *le Pla*, qui lui fut cédé par noble Bernard d'Azemar. Ainsi l'on peut regarder le comte Henri comme le fondateur de cette petite ville. Il paroît même qu'il avoit pour elle, une prédilection particulière ; car il lui accorda des privilèges et des exemptions considérables, sur la demande et *supplication* de B. Ressoles, B. de Valiech, Aimeri, et B. Balaja, Jean Mourgués, H. de Florentin, P. de Labrousse, et B. Joulia, *syndics-procureurs et auteurs dudit château mandement et district*. Il paroît par un acte de l'an 1292, que nous avons entre nos mains, qu'avant cette époque les gens, *sergens, baillis et officiers* du comte, se permettoient de lever en son nom, à discrétion, des *quêtes, collectes et tailles* jusqu'à trois mille cinq cents sous de *Rodanoise monnaie*, tantôt plus, tantôt moins ; sans compter une infinité de journées de *corps, de bœufs, de bestiaux, jumens et sommiers*. Ils exigeoient aussi qu'on leur fournît, selon leur caprice, la quantité de porreaux, oignons, choux, pommes, poires, noix, figues et autres fruits, paille, foin, volaille, et toutes autres choses qu'il leur plaisoit de demander ; de quoi les susdits syndics exposent humblement au comte que ses *hommes sont moult grécés*.

Cette terre fut cédée par Jean V, comte d'Armagnac et de Rodez, à Pierre Prunhaut, seigneur de Moissy, conseiller au parlement de Paris, dont les successeurs la vendirent pour quinze mille livres, à Brenguier Vialar, de la Guiolle, d'où elle passa, au commencement de ce siècle, au comte de Montvallat, seigneur de la Guisardie et de Neuvéglise (2).

Louis XI encore dauphin, étant venu en Rouergue, pour faire la guerre au comte d'Armagnac, en 1443, commença par s'emparer avec mille lances, du château d'Entraigues ; de là il marcha vers Rodez, d'où il chassa le capitaine Salazar Espagnol, que d'Armagnac y avoit mis, pour garder cette ville et la province. Le comte d'Armagnac ayant été rétabli dans ses biens, en 1445, le roi se réserva le château d'Entraigues, comme une place importante.

La ville d'Entraigues, fut long-temps environnée de fossés et de fortes murailles : on n'y entroit que par des pont-levis. Le château surtout étoit d'un accès difficile.

---

(1) L'acte d'achat fut passé à Golinhac, par Fabri notaire du comte de Rodez, pour les châteaux de Rodelle, de Cervières, et d'Entraigues, en présence de Guillaume de Bonald, de Durand de Licapeira, de Hugues d'Albusquiés, etc.

(2) Notes, n. LXXI.

Un écrivain du pays (1), qui vivoit sous le règne de Charles IX, et de Henri III, raconte que de son temps, l'an 1587, un capitaine du roi de Navarre, nommé Gentil, qui, depuis long-temps, rouloit dans sa tête, quelque entreprise qui pût lui faire honneur auprès de ce prince, résolut d'assiéger avec sa troupe, la ville et château d'Entraigues. Le vicomte de Turenne acheva de déterminer Gentil à cette expédition, que l'historien Serres nous donne comme une entreprise difficile et importante, à cause de la position de cette ville, au pied de trois hautes montagnes, séparées entr'elles par deux rivières considérables; de manière, dit-il, qu'elle « ne se peut assiéger qu'avec trois armées, qui
» ne se peuvent secourir l'une l'autre : et tenant cette place,
» on peut non-seulement faire contribuer les trois provinces du
» Rouergue, de Quercy et d'Auvergne, mais aussi entreprendre
» sur leurs meilleures villes. »

Quoi qu'il en soit de cette difficulté de prendre Entraigues, qui ne nous paroit pas si grande; vû qu'on pouvoit la canonner facilement, des trois côteaux qui y aboutissent; il falloit bien cependant qu'on regardât cette place comme importante, puisque plusieurs capitaines songeoient en même temps à s'en rendre maîtres. Car, outre Gentil, les Clusel, gentilshommes du Bas-Rouergue avoient conçu le même dessein.

Mais ceux-ci ayant envoyé secrètement quelques soldats, pour reconnoître la place; Bournazel, gouverneur du Rouergue, en prit deux, qu'il fit pendre, après leur avoir arraché leur secret: ce qui déconcerta sans doute le projet des Clusel.

Gentil fut plus heureux: il profita, pour fondre sur Entraigues, du moment où les seigneurs de Bournazel et d'Estaing assiégeoient Broquiés, et Saint-Afrique, qui avoient embrassé le parti du roi de Navarre. Afin de mieux cacher son projet, il assembla, du côté de Chaudesaigues, les troupes qui lui étoient nécessaires pour cette expédition, environ cent capitaines, douze cents arquebusiers, et deux cents chevaux. S'étant déjà mis en marche, il rencontra par hasard, près de la Guiolle, le seigneur d'Entraigues, qu'il fit poursuivre par ses coureurs, mais ils ne purent le prendre. Le seigneur d'Entraigues qui étoit prévenu des projets qu'on formoit contre son château, depuis les révélations des deux soldats que les troupes de Bournazel avoit pris, crut que c'étoit l'armée de Clusel qui se disposoit à marcher sur Entraigues. Il courut promptement en donner avis à ses voisins, et préparer ce qu'il avoit de forces pour résister à l'attaque.

Il fit ses dispositions si secrètement, que lorsque Gentil se présenta devant Entraigues, « il n'ouït rumeur, ne bruit aucun
» dans la ville, ni ronde, ni sentinelle sur la muraille: ainsi
» croit-il qu'il emportera la ville par escalade, et le château par

(1) Serres, Inventaire de l'Hist. de France p. 768.

» petard, devant qu'ils ayent l'alarme. Mais comme il cuide des-
» cendre les échelles au fossé, une brusque salve d'arquebu-
» sades, une grêle de pierres, une huée de cris épouvantables,
» lui fit connoître qu'il n'a pas affaire à gens assoupis ni de vin,
» ni de sommeil » (1).

Un accueil si inattendu mit le désordre parmi les assaillans. Ils fuyoient tous, qui çà qui là, laissant à l'abandon leurs échelles, leurs petards et leurs machines. Gentil eut beaucoup de peine à les rallier. Il y parvint cependant; et il protesta aux assiégés qu'il entreroit dans leur ville, ou qu'il mourroit à leurs portes. Après avoir harangué ses soldats, il recommença l'attaque. Une partie étoient chargés de tirer sur ceux qui paroîtroient sur les murailles, sur les portes ou sur les courtines; les autres faisoient jouer les machines. Dans peu de temps, sept petards eurent abattu trois portes, une barrière, un pont-levis, une claie coulante et une barricade. Aussitôt les échos des vallons retentirent du bruit des tambours, des fanfares, des trompettes, des salves des arquebusiers, et des cris répétés de toute la troupe, « tellement qu'on eût jugé que le ciel et la terre se confondoient » ensemble. »

Les assiégés voyant qu'il ne leur étoit plus possible de défendre la ville, furent forcés de se retirer tous dans le château, avec leurs femmes et leurs enfans. Gentil se hâta de pratiquer deux mines, sous les deux principales tours, afin de les faire sauter; mais ce moyen ne lui ayant pas réussi, et ses munitions étant épuisées, il se vit sur le point de renoncer à son entreprise. Cependant avant de l'abandonner, il eut recours à la ruse, ne pouvant venir à bout de ses desseins par la force. Il fit remplir sept à huit barils de sable, au lieu de poudre dont il étoit entièrement dépourvu; et il fit sommer les assiégés de faire sortir leurs femmes et leurs enfans, s'ils veulent les sauver. Les assiégés demandèrent un sauf-conduit, pour quelques envoyés qu'ils firent sortir du château, afin de voir s'ils étoient si près de leur ruine qu'on vouloit le leur faire entendre. Ces émissaires ayant vu les mines creusées sous les tours, et les prétendus barils de poudre qu'on y avoit placés, se hâtèrent d'aller faire leur rapport à leurs compagnons, qui dupes de ce stratagème capitulèrent enfin, trois semaines après la prise de la ville. Ce qui, au rapport de notre auteur, déjà cité, « donna sujet au roi de Na-
» varre de dire que la prise d'Entraigues étoit le plus émerveil-
» lable dessein, qu'on eût exécuté depuis les guerres civiles. »

Telles sont les circonstances du mémorable siège de cette ville, dont l'histoire nous a été transmise par Jean Serres, fameux calviniste, né, dit-on, à Rodez, en 1548. Il fut ministre de sa religion à Nîmes, après avoir échappé au massacre de la

(1) *Ibid.*

saint Barthelemi. Le roi de Navarre, Henri IV, qui le protégeoit, l'employa en diverses affaires importantes. On raconte qu'il lui demanda un jour, si l'on pouvoit se sauver dans la religion catholique, et que Serres lui répondit qu'on le pouvoit. En effet cet écrivain travailla bientôt à concilier les deux communions, dans un grand *Traité des principes généraux de la religion chrétienne, reconnus de tout temps et en tous lieux, par tous les chrétiens*. Cet ouvrage plein d'aigreur, de partialité, de grossièreté, de réflexions triviales, de déclamations indécentes, comme tous ses écrits, lui attira le mépris des catholiques, et l'indignation des calvinistes. Plusieurs auteurs même, ont accusé ces derniers de lui avoir fait donner un breuvage empoisonné, dont on prétend qu'il mourut en 1598. Il emporta avec lui la réputation d'un plat écrivain, d'un emportement insupportable dans la société et dans ses ouvrages. Il eut la patience d'écrire, sur divers sujets, plus de vingt volumes; dont aucun n'a mérité de lui survivre. Son principal ouvrage est l'Inventaire de l'Histoire de France, qui fut retouché par des gens habiles, en 1660.

Déodat de Laparra avoit fondé à Entraigues, vers l'an 1380, un hôpital, qui ne subsiste plus, et un petit collège de quatre prêtres, sous le titre de chapelains de Laparra, auxquels il laissa une dotation, considérable alors, mais devenue fort modique dans la suite. C'est ce même Déodat de Laparra, qui avoit fondé aussi un hôpital à Rodez, dans la rue Balestrière (1).

Le comte d'Entraigues et son épouse fondèrent dans cette petite ville, une communauté de religieuses de sainte Ursule, dans le seizième siècle.

Les débordemens des deux rivières de Truère et du Lot, que la fonte des neiges fait quelquefois grossir prodigieusement, ont fait plus d'une fois trembler les habitans de la petite ville d'Entraigues. En 1781, par exemple, les eaux s'élevèrent de plusieurs pieds, au dessus du premier étage des maisons; c'est-à-dire, de plus de quatre toises, au dessus du niveau ordinaire des deux rivières. Les barques qui sont la plus grande ressource des habitans, dans ces inondations, se trouvèrent, cette année, bloquées dans les rues de la ville, parce que l'eau en avoit bouché les portes; ce qui augmenta beaucoup le danger et la désolation.

(1) Guillaume de Laparra père de Déodat, avoit montré un grand courage dans les guerres contre les Anglois. Le duc d'Anjou, frère du roi Charles V, lui donna, en récompense, la terre de Gradels en 1372. En 1595, Michel de Laparra de Salgues, de la même famille, fut nommé premier gentilhomme de Charles IX, *pour ses bons et notables services dans les guerres*. Un de ses descendans, Gui-Augustin de Laparra de Salgues, s'est élevé, par ses services, au grade de maréchal des camps et armées du roi.

VIII.

Mur-de-Barrez, la Guiolle, Lacalm.

A peu de distance d'Entraigues, on entre dans un canton du Rouergue, connu sous le nom de *Carladez*, séparé du reste de la province par la rivière de Truère. Ce pays, qui embrasse aussi un petit coin de l'Auvergne, est ainsi nommé du vieux château de Carlat, place très-forte autrefois, qui appartint long-temps aux comtes de Rodez. Ce château est, sans aucun doute un des plus anciens du pays. On lit dans les historiens du Languedoc, que Louis le débonnaire, allant en Aquitaine, en 839, dans le dessein de faire reconnoître pour roi, son fils Charles le Chauve, fut forcé de faire le siège du château de Carlat, occupé par les partisans du jeune Pepin, qui disputoit à Charles, le royaume d'Aquitaine. Ce château étoit environné de tous côtés, de rochers escarpés, et ne communiquoit avec la campagne, que par un sentier; ce qui le rendoit très-fort, et presque imprenable. Cependant l'empereur força les assiégés à se rendre à discrétion; mais content ensuite de leur soumission, il leur laissa la vie et les biens dont ils jouissoient auparavant.

C'est au château de Carlat, que la célèbre Marguerite de Valois, reine de France et de Navarre, femme de Henri IV, la plus belle et peut être la plus dissolue princesse de son temps, rédigea les intéressans mémoires de sa vie. Elle s'étoit retirée dans ce château, pour y vivre avec plus de liberté. On peut lire dans divers écrivains, les détails de la conduite licencieuse qu'elle y mena avec plusieurs favoris, et particulièrement avec le marquis de Canillac.

Les anciens vicomtes de Carlat étoient très-puissans, dans les dixième et onzième siècles. C'est à eux que nous devons la fondation de la petite ville de Montsalvi en 1075, comme nous l'avons vu. Ils avoient fondé aussi, vers le commencement du onzième siècle, un monastère de religieuses à Térondels, ainsi nommé, dit-on, de deux mots latins, *tres undulæ*, parce que ce lieu est arrosé de trois torrens, qui ont leur source dans les montagnes du Cantal. On voit aux archives de l'évêché de Rodez, que l'évêque Adhemar augmenta, dans le douzième siècle, la dotation de ce monastère, de concert avec Guillaume, archidiacre, et Guillaume, prévôt de l'église cathédrale. Sur la fin du quinzième siècle, le monastère de Térondels fut réuni à celui de Saint-Pierre de Blesle, diocèse de Saint Flour, fondé en 909, par Ermengarde, comtesse d'Auvergne.

La principale et presque la seule ville du Carladez, est le *Mur-de-Barrez*, vers les extrémités du Rouergue, au nord. Il est fait mention de la viguerie du *Barrez*, dont le chef lieu étoit *Brommat*, dans plusieurs actes du neuvième et dixième siècle ; mais il paroît que la ville du Mur-de-Barrez n'existoit pas à cette époque. Le vicomte Bernard, qui vivoit vers l'an 900, vendit à Rigaud ou Rigal, homme très riche, les églises de *Payrat, Raulhac, Bars, Bromme*, et plusieurs autres possessions dans la *viguerie de Brommat*. Le village (*villa*) de Marsillac près de Bromme, *dans la viguerie de Barrez* (*in vicariâ Barrensi*), fut vendu pour cent trente sous Raymondins, à l'abbé Odolric, vers l'an 1000. Malfrede fit donation du hameau du Mur (*mansi de muro, in vicariâ Brommatense*), la trentième année du règne de Lotaire, c'est-à-dire, l'an 983. Sous le règne de ce même Lotaire, une femme nommée *Ara*, donna au monastère de Conques l'église d'Albinhac, *dans la viguerie de Brommat*. Celle de Brommat, avec ses *dîmes*, ses *oblations*, ses *préférences*, le *fief sacerdotal*, la maison appelée *caminata*, etc., fut donnée par Aimoin et Pétronille, au même monastère, vers l'an 1060, en présence de Bernard *du Mur*. Tous ces actes, qu'on voit aux archives de Conques, donnent lieu de présumer que le Mur-de-Barrez n'existoit pas encore, ou que c'étoit un bien petit village.

L'église du Mur, qui n'étoit d'abord qu'une chapelle de la paroisse de Peyrat, fut réunie à la prévôté de Montsalvi, par le Pape Célestin III, en 1191. Peu de temps après, il y fut établi une cure régulière, sous la dépendance du prévôt de Montsalvi, et dans le quatorzième siècle, la princesse Bonne de Berri, comtesse de Rodez et de Carlat, y dota une consorce de prêtres, tous nés dans la paroisse. Cette consorce étoit composée de trente-six, sans compter plusieurs autres ecclésiastiques, qui n'étoient pas membres de cette communauté, quoique natifs aussi du Mur-de-Barrez. Le nombre des prêtres étoit alors beaucoup plus considérable en Rouergue, qu'il ne le fut depuis. On en a vus jusqu'à quarante, dans des paroisses qui en fournissoient à peine trois ou quatre, avant la révolution de 1789. Nous lisons dans les procès verbaux de visite, de François d'Estaing, évêque de Rodez, qu'à Saint-Antonin, il excommunia quarante-cinq prêtres, qui avoient été ordonnés, sans lettres dimissoires de leur évêque. On est d'autant plus surpris de ce nombre prodigieux d'ecclésiastiques, qu'ils avoient autrefois beaucoup moins de ressources pour subsister. La plupart n'avoient d'autre moyen qu'une petite portion des offrandes du peuple pour les *absoûtes*, les messes et les autres prières qu'on leur demandoit. Aussi un grand nombre vivoient-ils des arts mécaniques ; et certains même exerçoient publiquement, dans les villes, les professions les plus méprisées. Ceux des campagnes se livroient aux travaux champêtres ; et souvent les mêmes mains qui, le matin, avoient traité les choses saintes, sur les autels des chrétiens, étoient souillées, le soir, des immondices de la terre qu'elles venoient de cultiver. Je ne sai ce qu'on doit penser d'une anecdote qu'on raconte des prêtres de certaine communauté, qui se chargèrent, moyennant un modique salaire, de faucher les prés d'un grand domaine du pays. Qu'elle soit vraie ou fausse, elle est bien conforme aux mœurs de ce temps-là. C'est cet état d'indigence d'un grand nombre de ministres du culte catholique, qui fit fonder dans les familles, cette quantité prodigieuse de petits bénéfices, connus sous le nom de *chapelles*. C'est aussi sans doute dans la pauvreté des prêtres, qu'on doit chercher le principe de tant d'offrandes bizarres, que les peuples ont été, jusqu'à nos jours, dans l'usage d'apporter, dans diverses églises de la province. Les fidèles pleins de vénération pour les mœurs simples de ces pauvres ecclésiastiques, s'empressoient de les aider d'une partie des productions de leurs terres. Ils leur apportoient les prémices de leurs fruits, du pain, du blé, du vin, de l'huile, du millet, des légumes, des châtaignes, les petits même de divers animaux domestiques, qu'on déposoit dans l'église et quelquefois sur l'autel. Et les prêtres, de leur côté, alloient sur les tombeaux des familles, prier avec les fidèles, pour l'âme d'un père, d'un époux, d'une mère chérie. Ils n'étoient pas encore arrivés ces temps d'une impiété effrénée, que nous avons vue de nos jours, ôter à l'homme mourant, sa consolation dernière. Ses amis et ses proches pouvoient pleurer librement sur sa tombe. Les ministres de la religion recevoient ses derniers vœux, et ceux d'une famille éplorée, sans craindre d'être traînés sur les échafauds d'un infame supplice. La piété, sans redouter les outrages des impies, pouvoit se livrer à ces méditations sublimes, que réveille la catastrophe qui termine notre existence. Et il étoit permis à la société, de mêler dans les temples, les signes d'une vie nouvelle et les symboles de l'immortalité, aux monumens consacrés à la destruction.

La consórce établie au Mur-de-Barrez par Bonne de Berri, fut érigée en chapitre collégial, par le cardinal d'Armagnac, en 1546, en faveur des ecclésiastiques *nés et renés* au Mur-de-Barrez. Ce chapitre fut doté principalement par François et Guillaume de Barthelemi, natifs de cette ville, qui se réservèrent pour eux et leurs successeurs, la collation de la plupart des bénéfices de cette église (1).

En 1654, François d'Humières, seigneur de Loubejac, fonda aussi au Mur-de-Barrez, une communauté de religieuses de Sainte-Claire.

Le Mur-de-Barrez avoit autrefois un château assez fort, qui avoit été bâti dans le douzième siècle, c'est-à-dire sans doute, vers les premiers temps de cette petite ville, qui peut-être dut son origine à ce fort. Il fut démoli en 1620. Les religionnaires

(1) Notes, n. CXXVIII.

s'en étoient emparés, en 1599, et avoient ruiné une partie de l'église collégiale, qu'on croit avoir été bâtie par Bonne de Berri. Les Anglois s'étoient aussi rendus maîtres de ce château, en 1418. Et deux cents ans auparavant les hérétiques Albigeois s'y étoient si bien fortifiés, qu'on eut beaucoup de peine à les en chasser. Mais le vaillant Jean de Beaumont, baron de *Ténières*, les y assiégea en 1210, et les força d'abandonner ce fort, ainsi que celui de *la Guiolle*, autre petite ville, sur les montagnes de la Viadène, où ces hérétiques s'étoient aussi établis.

L'ancienne baronie de Ténières est située sur ces mêmes montagnes, entre la Guiolle et le Mur-de-Barrez. Le château, placé sur une hauteur, domine sur une grande partie de la province de Rouergue, dont cette baronnie fut une des terres les plus considérables. Trente seigneurs voisins lui devoient hommage. Elle a appartenu successivement à la maison de Latour-d'Auvergne, aux comtes d'Orlhac, aux vicomtes de Carlat, aux maisons d'Estaing, de Beaumont, du Roure, etc.

Les Albigeois chassés de la Guiolle et du Mur-de-Barrez, avoient résolu de se rendre maîtres de Rodez; mais Jean de Beaumont qui les poursuivoit toujours, leur livra bataille, près de cette dernière ville, et en fit un grand carnage, comme ils étoient sur le point de s'y introduire.

La généralité et ville de Rodez (1), autorisée par le comte et par l'évêque, voulant témoigner sa reconnoissance à son libérateur, s'obligea dès lors, envers lui et ses successeurs, à perpétuité, à lui payer annuellement six florins d'or; à lui députer, tous les ans, six citoyens qui diroient par trois fois, dans son château de Ténières : *Vice Tesnières qui nous a amparat, et défendut des Albigés et des Bulgarés* ; à faire sonner à la volée toutes les cloches de la ville, quand il voudroit y faire son entrée; à l'aller recevoir sous le dais, hors des portes de la Cité ; à faire crier par un héraut, sur la plus haute tour : *Honneur à Ténières qui nous a délivrés des Albigeois*.

Les habitans du Mur-de-Barrez et de la Guiolle voulurent imiter la générosité de ceux de Rodez, et ils s'obligèrent aussi envers le baron de Ténières, les premiers à lui apporter annuellement dans son château, six *moutons d'or* (2); et ceux de la Guiolle, à une taille perpétuelle de cinq sous, évaluée depuis à douze petits florins.

(1) Archiv. du château de Ténières.
(2) Espèce de monnoie qui avoit cours alors dans la province. Le mouton d'or valoit trente sous de ce temps-là. Le cours de cette monnoie dura long-temps en Rouergue; car plus de deux siècles après (en 1632), nous trouvons que la terre de Beaucaire fut vendue *huit cents moutons d'or*, par May de Lévis, chevalier, à Jean de Pechpeyrou, damoiseau. Lavaiss, Ess. généal.

Tous ces privilèges et plusieurs autres, en faveur du baron de Ténières, lui furent confirmés, par lettres patentes du roi Philippe Auguste, le 26 juin 1214 (1).

L'église paroissiale de la Guiolle occupe aujourd'hui la place du *fort* dont les Albigeois s'étoient emparés, et elle en porte encore le nom. Il y a peu d'années que de jeunes étudians du séminaire, creusant autour de cette église, y trouvèrent des pièces de monnoie de ce temps-là, et des armes couvertes de rouille. Ce fort, ainsi que celui de Lacalm, fut brûlé en 1353, par les Anglois qui, piqués de ce que les gens du pays les avoient souvent repoussés, et leur avoient résisté dans des retranchemens qu'ils se faisoient avec des bois de sapin, exercèrent contr'eux toute sorte de ravages.

François Cros, curé de la Guiolle, et Vaquier, prieur de la Terrisse, fondèrent, au commencement de ce siècle, le petit *séminaire* de la Guiolle, auquel l'évêque Charles de Grimaldi réunit les revenus du prieuré du lieu, en 1763.

Les quatre châtellenies du Rouergue, la Guiolle, Saint-Geniez, Laroque-Valsergues et Cassagnes-Begonhez, étoient quatre petits gouvernemens militaires que le roi confioit ordinairement à un même officier, et quelquefois à quatre gouverneurs différens, pour maintenir l'ordre dans la province. Chacune de ces quatre châtellenies avoit un fort dans lequel on entretenoit garnison, dans les temps de trouble. Celui de la Roque étoit le plus considérable, afin sans doute de tenir en respect les seigneurs de Sévérac, qui ne furent pas toujours soumis à l'autorité royale. Celui de Cassagnes-Begonhez fut brûlé en 1531, par les Huguenots. Il fut dressé procès verbal de cet incendie, le 7 décembre de la même année, devant Guillaume d'Alric, juge de Sauveterre. Cet acte porte que les Huguenots étant entrés par surprise dans la ville de Cassagnes, leur capitaine ordonna le pillage, et ensuite il y fit mettre le feu. Le château et presque toutes les maisons furent la proie des flammes.

Le bourg de *Lacalm*, que le baron de Ténières délivra aussi des incursions des Albigeois, est un des plus anciens du pays. Son nom qui est commun à plusieurs autres villages du Rouergue, dérive d'un vieux mot celtique, qui signifie *Haute-plaine*. Le mot françois *Calme*, dont on prétend que Lacalm tire sa dénomination, à cause, dit-on, de la douceur de ses habitans, et de leur amour pour le bon ordre, ne peut pas être la véritable étymologie du nom de ce bourg, puisqu'il étoit ainsi nommé, plusieurs siècles avant que la langue françoise fût en usage.

On prétend que le roi Pépin, par un diplôme, daté de Narbonne l'an 767, établit à Lacalm, un conseil municipal com-

---

(1) Ces divers actes sont aux archives de Ténières. Il en fut donné copie aux consuls de Rodez, en 1671, comme on le voit par la déclaration qu'en fit Parayre greffier, qui la reçut au nom des consuls.

posé d'un consul et de six conseillers, auxquels il donna la police civile et celle du fort, avec le droit de porter robes et chaperons, et de juger les différens qui pourroient s'élever entre les habitans et les étrangers, au sujet des marchés, et pactes de commerce qui auroient lieu dans les foires de cette petite ville.

Si cette concession est fondée, Lacalm peut se flatter d'avoir eu des consuls, plusieurs siècles avant aucune autre ville du pays. Une concession plus authentique est celle qui fut faite à ce bourg, en 1226, par le roi Louis VIII, qui allant de Toulouse, à Montpensier, confirma, en passant, aux habitans de Lacalm, tous leurs priviléges; et leur accorda, en récompense de leurs courses et expéditions militaires, les bois des Galats, Fonrougettes, Lieuternes, Lacazelle et autres terrains, ainsi que l'usage du bois de Guirande, pour la construction de leurs édifices.

Le fort de Lacalm, dont on voit encore des vestiges, et qui fut ruiné par les Anglois, dans le quatorzième siècle, occupoit le terrain sur lequel on a construit depuis, l'église, le clocher, quelques maisons, et la place de la Tour. Outre le fort, les comtes y avoient un château, au vieux foiral, appelé l'Allée.

IX.

Villecomtal, Marsillac, Valadi, Claircaux.

Les autres villes de l'ancien comté de Rodez sont, en se rapprochant du centre :

Villecomtal, ainsi nommée parce qu'elle fut fondée par les comtes de Rouergue, qui y avoient un château; ainsi cette petite ville est peu ancienne. Le château de Cervières, qu'on voit à peu de distance de là, l'est beaucoup plus, comme on peut s'en convaincre par divers actes des archives de Conques, du neuvième et du dixième siècle.

Marsillac. Les plus anciennes traces, que nous avons trouvées de cette petite ville, sont un acte, par lequel un riche et puissant seigneur du Rouergue, nommé *Bérenger, vicomte* (1), la donna à l'abbaye de Conques, peu de temps après l'an 1000, en présence de Bernard de *Albâ Rocâ* et de Pierre de *Tremouilles*. Mais par un autre acte de l'an 1209, on voit que *Uc (Hugues) de Panat* s'en rendit maître; et qu'il s'appropria les *dîmes*, les *quêtes*, les *oblations*, les *cierges*, les *droits d'albergue*, de *taille*, et autres revenus dépendans de l'église de Marsillac; ce qui lui attira une excommunication. Pour s'en faire absoudre, il fut

(1) C'est sans doute ce Bérenger, vicomte de Carlat, père de Richard, premi comte de Rodez, dont nous avons parlé.

condamné à donner un témoignage public de son repentir. C'est pourquoi il déclara en 1209 (1), qu'il se reconnoissoit pécheur, envers *monsignor san Salcador*, et *madona santa Fé*, patrons de l'église de Conques, et envers toutes les autres *Vertus* de ce monastère ; ainsi qu'à l'égard de *monsignor san Marzal*, en l'honneur de qui l'église de Marsillac étoit *sanctifiée* : qu'il confessoit les *grands torts* qu'il avoit eus, envers le *monstier* de Conques, en s'emparant d'un bien qui lui appartenoit, et en exigeant maints *services* et mainte *servitude*, du prieur et des *ténanciers* de l'église de Marsillac, ainsi que des hommes et femmes, tant jeunes que vieux, etc.

Marsillac est environné de vignobles très-fréquentés dans l'automne par les habitans de Rodez, dont plusieurs ont dans ce vallon, des maisons de campagne et des domaines de vigne fort agréables, dans lesquels ils vont jouir, pendant quelques semaines, des plaisirs de l'arrière-saison. Là règne entre tous les citoyens, la cordialité, l'union, l'égalité la plus parfaite. « Voulez-vous nous bien connoître, disoit un jour un Ruthénois à un étranger qu'il avoit en visite ; venez voir nos vendanges. A la ville vous nous voyez tristes, sérieux, préoccupés ; là au contraire nous sommes toujours gais, contens et sans souci. Nous nous donnons des fêtes continuelles, dans lesquelles tous les rangs sont confondus. Je vous y ferai remarquer le magistrat déposant sa gravité, à côté d'un simple citoyen : vous y verrez le noble renonçant à ses prétentions, l'homme d'église suspendant pour un temps la sévérité de sa morale, le riche oubliant les commodités de la ville, le pauvre même secouant le souvenir de sa misère. Mais de retour à la ville, vous nous verrez tous rentrer dans l'ordre accoutumé. Alors tel, qui deux mois auparavant, vivoit de pair à compagnon, avec l'homme en place, est forcé de reprendre auprès de lui, le ton du respect et de la déférence, si toutefois il trouve l'occasion de s'en rapprocher. Nous avons beau nous retrouver ensemble, nous y sommes comme des étrangers, les uns pour les autres, et comme gens de différentes nations. Quoique réunis, nous ne nous mêlons jamais ; jamais nous ne nous confondons. Dans nos cercles, nous sommes dans une subordination sotte et gênante pour tous. L'un attend pour parler qu'on lui parle ; l'autre interroge sans discrétion : tel qui a raison n'ose le dire : chacun ajuste ses discours et sa contenance avec toutes les précautions qu'on pourroit garder avec des inconnus, à deux mille lieues de sa patrie. Pour si peu que vous nous fréquentiez, il vous sera aisé de juger

---

(1) Cette déclaration fut faite en présence de G. de Canlaillac, de R. de la Glandière, d'Arnald de la Gleiola, d'Uc de Capdenac, de D. de Romagnac, de R. de Lavaur, de Jean Deltornel, de V. de Bones, de R. de Bazoui, de D. de Bonal, de G. de Flanhac, etc.

de la vérité du tableau que je vous fais de notre manière de vivre. »

Le 21 mai 1389, Jean, évêque *in partibus*, vicaire-général de Henri de Sévéri évêque de Rodez, fit la consécration de l'église de *Notre-Dame de Foncourieu* nouvellement construite aux portes de Marsillac, pour recevoir les offrandes des pèlerins, qui s'y rendoient en foule des environs.

Dans le siècle dernier, l'évêque de Rodez avoit établi à Marsillac, une société de Filles du travail, plus connues sous le nom de *Sœurs de l'Union*, pour l'éducation des jeunes filles. Les évêques reconnoissant l'utilité de ces sortes d'établissemens, soit pour l'instruction publique, soit pour le service des pauvres dans les hôpitaux, en firent de pareils, dans presque toutes les villes et gros bourgs de leur diocèse. Il y en eut bientôt après, à Rodez, à Conques, à Sainte-Geneviève, à Saint-Parthem, à Sévérac, etc. Cette société fut établie à Sévérac, en 1696. Les sieurs Delfau et Jacques Bose, son beau-père, cédèrent alors à la sœur Marguerite Costes et à ses compagnes, la maison que les filles du travail y ont habitée jusqu'ici.

Marsillac est la patrie de François Roaldés de la Roaldie, auteur de quelques ouvrages de jurisprudence et d'histoire, professeur de droit françois, à Valence, à Caors, et ensuite à Toulouse, où il mourut en 1589, âgé de soixante-dix ans. Il étoit aussi grand antiquaire, et bon critique, que profond jurisconsulte ; ce qui le mit en relation avec les cardinaux de Bourbon et Dossat, et avec les célèbres professeurs Cujas et Hotman, qui le consultèrent, et le prirent pour juge, dans certaines contestations de jurisprudence. Le docte Pithou lui dédia un ouvrage. Le roi de Navarre lui écrivit pour lui témoigner le désir qu'il avoit de le connoître autrement que de réputation. Ebrard de Saint-Sulpice, évêque de Caors, fait dans une de ses lettres le plus grand éloge de ce savant jurisconsulte.

Valadi est ainsi nommé de sa situation dans une vallée, le long de la petite rivière d'Adi, dont les eaux sont très-salubres pour les bains. C'est, dit-on, la patrie du Père Ferrier, confesseur de Louis XIV après le Père Annat. Amelot de la Houssaye rapporte un trait honorable à la mémoire de ce religieux. Un chanoine de Bourges lui écrivit un jour, pour lui conseiller d'engager le roi à ordonner, que les évêques qui seroient nommé à l'avenir par sa majesté, ne pussent recevoir la croix épiscopale, et l'anneau pastoral, que des mains du confesseur du roi, à qui ils seroient tenus de payer pour cela, une certaine somme proportionnée au revenu de l'évêché. Le Père Ferrier présenta cette lettre au ministre, en disant : Voilà un homme qui me propose de lever une seconde annate sur les évêchés ; je songeois à lui procurer quelque petite abbaye ; mais puisqu'il a perdu l'esprit, il n'aura rien (1).

(1) Encyclopédie, art. Rodez. C'est mal à propos que les auteurs de cet ouvrage disent que le Père Ferrier est né à Rodez ; on sait assez qu'il étoit de Valadi.

On voit à Valadi un château antique qui a donné le nom à une branche de la maison d'*Izarn*, dont les ancêtres furent longtemps vicomtes de Saint-Antonin.

Clairvaux ou *Claravals* avoit autrefois un monastère dont la fondation remontoit à la plus haute antiquité; mais il fut détruit par les Sarrasins dans le huitième siècle. Depuis longtemps on ne voyoit que quelques ruines de cet ancien monument de la piété des premiers chrétiens, lorsqu'un prince étranger, nommé Alboyn, fils d'Erolde, roi d'Angleterre, qui visitoit les lieux saints en pélerinage, ayant passé par le Rouergue, en 1060, résolut de le rétablir. L'acte de reconstruction, qu'on voit aux archives de Conques, rapporte en détail, toutes les circonstances de cette entreprise. Alboyn, y est-il dit, réfléchit quelque temps sur son projet, qui lui paroissoit difficile, mais enfin voyant un vallon très-agréable, couvert de vignobles et de prairies, arrosé de ruisseaux, et environné de montagnes de tout côté, ce qui lui fit donner le nom de *Clara vallis*, il communiqua son dessein aux *sénieurs de Panat*, savoir Dieudonné, Ictor, Hugues, Bérenger et autres, à Hugues et Rigald, *sénieurs du château de Cassagnes*, et aux autres habitans pauvres et riches, nobles et bourgeois, hommes et femmes, qui l'approuvèrent beaucoup, et qui s'écrièrent: *c'est une chose digne et juste: dignum et justum est*. Le prince Alboyn les voyant dans des dispositions si favorables à son dessein, se rendit à Rodez pour s'assurer du consentement de l'évêque, qui étoit alors Pierre de Narbonne, de celui du comte Robert, et des comtesses Berthe son épouse, et Ricarde sa mère, qui non seulement y consentirent tous; mais encore se transportèrent sur les lieux, pour donner plus de solennité, à cette pieuse entreprise. Les seigneurs et tous les habitans de Panat et de Cassagnes, s'empressèrent de contribuer à cette reconstruction. Les seigneurs cédèrent pour cela, les rentes qu'ils percevoient sur le lieu de Clairvaux, les dîmes de Panat, les droits de *sépulture*, de *viguerie*, et les *préférences*. Les militaires et les femmes de distinction (*milites, nobiles, fœminæ*) demandèrent à y être ensevelis, après leur mort. Les autres habitans s'engagèrent à donner la dixième partie du prix de leurs chevaux, de leurs mules et mulets, de leurs harnois, de leurs armes et de tous leurs bestiaux (1).

Alboyn, après avoir fait toutes ces dispositions pour son ouvrage, s'occupa des religieux qu'il se proposoit d'établir, dans ce nouveau monastère. S'étant ressouvenu qu'il avoit vu, dans le cours de ses pélerinages, un homme de mérite nommé Amblarde, abbé de Brantome en Périgord; il lui écrivit, pour l'inviter à envoyer des religieux de sa maison, pour peupler celle qu'il travailloit à reconstruire. Amblarde s'en chargea d'abord;

(1) Notes et monum. nomb. XXXI.

mais considérant ensuite la distance des lieux, il proposa, du consentement d'Alboyn, aux religieux de Conques, le nouveau monastère de Clairvaux; et il leur demanda en échange, leur église de Combariac, qui étoit plus à portée que Clairvaux, de son Abbaye de Brantome. L'abbé et les religieux de Conques n'ayant pas acquiescé à cette demande, Amblarde se détermina à leur céder le monastère de Clairvaux, pour le prix de quatre-vingts sous du Puy, et une très-bonne mule, à la charge par eux de payer annuellement un marc d'or à Saint-Pierre de Rome. Le marché conclu; car comme nous l'avons vu, c'étoit un trafic à la mode dans ce siècle, Amblarde fit emporter de Clairvaux, les reliques, les vases sacrés, les ornemens sacerdotaux, qu'il y avoit déjà pour le service divin, et il abandonna, en 1062, le monastère, aux religieux de Conques, qui le possédèrent jusqu'à ce qu'il fut donné en 1112, à l'abbaye de Saint-Victor de Marseille, par Richard, comte de Rodez.

Fin du second Tome.

TOME TROISIÈME.

MÉMOIRES

POUR SERVIR

A L'HISTOIRE DU ROUERGUE.

VILLES DE LA HAUTE-MARCHE DU ROUERGUE.

I. Millau.

La première ville de ce qu'on appeloit autrefois la Haute-Marche du Rouergue, est *Millau*, une des principales de la province, très-agréablement situé sur le Tarn, dans un vallon fertile couvert de vignes, d'amandiers, et d'autres arbres fruitiers de toute espèce. Millau est ainsi nommé, selon les uns, *à mille aquis*, à cause de plusieurs ruisseaux qui se jettent dans le Tarn, près de cette ville ; selon d'autres, *ab amigdalis*, à cause des amandiers dont elle est environnée ; et selon Loterius dans son itinéraire, *à mulionum vid*, parce qu'en effet c'est le passage ordinaire d'une infinité de mulets, qui portent du Languedoc en Rouergue, et du Rouergue en Languedoc, les diverses denrées et objets de commerce de ces deux provinces.

Mais l'étymologie la plus vraisemblable de la dénomination de Millau, est *Æmilianus*, nom d'un général romain, qui avoit combattu une armée de Ruthènes et d'Arvernes (1), plusieurs années avant que César vint dans les Gaules. Ce qui appuie cette conjecture, c'est que dans de t... anciens monumens, on donne à Millau le nom d'*Æmilianum*, ou *vigaria Æmilianensis*. Il y a lieu de présumer que c'est cet Emilien qui avoit soumis à la République romaine, les *Ruthènes provinciaux* dont parle César, et que c'est lui qui fonda Millau, et qui y fit construire un pont sur le Tarn, pour établir une communication essentielle, avec les *Ruthènes éleuthères*, qui n'étoient séparés des *provinciaux*, que par cette rivière.

Quoi qu'il en soit, Millau est une des plus anciennes villes de la contrée ; et s'il faut ajouter foi à une tradition du pays, qui confirme de plus en plus ce que nous venons de dire,

---

(1) *Cæs. lib. 1, de bello Gall.*

les Romains y avoient fait construire le pont, dont il subsiste encore plusieurs arches. Cette tradition populaire paroît aussi s'accorder avec ce que nous avons dit ailleurs des anciennes routes du Rouergue, et des communications de cette province avec le Languedoc. Il n'est pas cependant fait une mention précise de ce fait dans l'Histoire, et le plus ancien monument qui parle de Millau, est une charte de l'an 875, par laquelle Richard et Rotrude donnent au monastère de Vabres, toutes les possessions qu'ils ont dans la viguerie de Millau (*in vigariâ Æmilianense*), ainsi que trois églises et plusieurs domaines qu'ils possédoient dans le voisinage.

L'église de *Notre-Dame de l'Espinasse*, qui fut depuis un monastère de Bénédictins, fut donnée en 1070, à l'abbé de Saint-Victor de Marseille, par Bérenger, vicomte de Millau, à qui elle appartenoit par droit de succession, selon un usage fort commun dans ce temps-là (1). Alfonse, roi d'Aragon, comte de Millau, accorda plusieurs privilèges à ce monastère en 1183. Le pape Adrien l'érigea en paroisse, et ordonna qu'elle seroit desservie par quatre religieux, quatre *conduchers*, et un *capellan-mage* ou curé.

Millau a plusieurs maisons religieuses, qui se sont toutes ressenties jusqu'à la fin, des ravages des religionnaires, dans le seizième siècle. Les *jacobins* y furent établis en 1282, par Raimond de Calmont, évêque de Rodez; et selon d'autres en 1268, par le roi Louis IX : les *cordeliers* en 1300 : les *carmes* en 1360 : et les *capucins* en 1638. Les consuls de Millau accordèrent aux cordeliers et aux carmes, au commencement du quinzième siècle, la permission de tirer du ruisseau de Bezoubiez, une quantité d'eau de la grosseur d'un pouce pour leur usage. Les eaux de ce ruisseau, depuis sa source jusqu'au Tarn, avoient été données en 1199 par Alfonse, roi d'Aragon, aux religieux de Grammont, qui les cédèrent en 1289 aux consuls de Millau, avec faculté d'en disposer à perpétuité pour les fortifications de la ville et autres usages quelconques.

Avant les guerres de religion, il y avoit environ quarante religieux, dans chacun des couvens de Millau, et l'on y enseignoit publiquement la philosophie, la théologie et les belles lettres.

L'Arpajonie, communauté de filles, dans une situation très agréable, près de Millau, fut fondée en 1292 (2), par Gui d'Arpajon, pour dix religieuses, et une prieure perpétuelle, qui depuis eut le titre d'abbesse. L'évêque de Rodez fit la consécration de leur église en 1303, et donna en même temps le voile à huit religieuses. Cette maison fut ruinée en 1601, par

---

(1) Monum. n. XXXIII.
(2) Voy. notes, nomb. LXXXIII.

les protestans, qui en chassèrent les religieuses, et les forcèrent de se retirer au château de Salles-Curan. Elle fut rebâtie quelques années après, par Dorothée d'Arpajon, qu'on peut regarder comme la seconde fondatrice. On y avoit établi de nos jours, une belle pension pour les jeunes personnes du sexe.

Les religieuses de *Saint-Claire* furent fondées à Millau, par Henri, comte de Rodez, en 1311. Marie de Ternie, abbesse de Sainte-Claire de Montpellier vint peu de temps après, y donner le voile à Thibaude de Sainte-Maurice, et à Tiebode de Cantobre, qui en furent les deux premières religieuses. Le pape Jean XXII écrivit, la onzième année de son pontificat, à Pierre de Castelnau, évêque de Rodez, pour qu'il réunit à cette maison, le couvent des *frères du Sac* ou de la *pénitence*, établis dans la même ville (1).

Le 3 juin 1562, peu de temps après la naissance de l'hérésie de Calvin, presque tous les habitans de Millau se portèrent en foule à l'hôtel de ville, où ils entraînèrent Raimond de Bonald leur juge Bailli. Là, ils déclarèrent devant lui qu'ils renonçoient à la religion catholique, apostolique et romaine, pour embrasser celle de l'évangile. La délibération porte que dès-lors les moines *se démoinèrent* et les prêtres *se déprêtrèrent*.

Pendant plus d'un siècle, la ville fut dans une agitation continuelle, à cause de la diversité de croyance de ses habitans. Le 11 septembre 1685, ceux de la religion prétendue réformée, s'assemblèrent dans l'hôtel de ville, devant Honoré de Bonald, et ils déclarèrent devant lui qu'ils abjuroient l'hérésie de Calvin, qu'ils vouloient rentrer dans la religion catholique, et que pour preuve de la sincérité de leur déclaration, ils consentoient à la démolition de leur temple. Mais ce qui fait voir que leur abjuration n'étoit qu'une mesure de circonstance, c'est que la plupart persistèrent dans leurs systèmes religieux.

Aussi y a-t-il peu de villes en Rouergue, qui ayent eu plus à souffrir des troubles causés par les guerres de religion, dans les deux derniers siècles. Les protestans y firent les plus grands ravages, ils pillèrent la ville, en brûlèrent une partie, et ruinèrent les églises et les maisons religieuses. Les catholiques de leur côté n'épargnoient ni les personnes, ni les biens des religionnaires, quand l'occasion s'en présentoit. Et l'animosité, le fanatisme, la haine dont les deux partis étoient animés l'un contre l'autre, y causèrent les plus grands maux. On avoit oublié que la force des armes n'eut jamais d'empire sur l'opinion, et qu'il n'y a

(1) *Gallia christ.* Tom. 1.

que la douceur, premier caractère de la religion, qui puisse faire des prosélytes. George d'Armagnac travailla en vain à ramener tous les habitans aux mêmes opinions religieuses. Malgré ses soins, les deux partis prêchoient publiquement leurs dogmes, avec un zèle fanatique : et cette diversité de croyance s'y est toujours maintenue depuis. Nous éprouvons de nos jours combien il est malheureux que le même culte, ou une tolérance paisible, ne réunisse pas des citoyens unis souvent d'ailleurs par les liens sacrés de la nature, et plus souvent encore par mille vertus sociales, qui les forcent à s'estimer les uns les autres, malgré la différence de leurs opinions.

Millau fut la patrie de Bernard, cardinal, archevêque de Narbonne, dans le onzième siècle ; de Richard son frère, aussi cardinal, abbé de Saint-Victor ; d'Hélie de Montbrun, premier commandeur de Sainte-Eulalie ; de Mairosius, cardinal, évêque de Castres ; de Lauret, premier président du parlement de Toulouse ; de d'Olmières, président à mortier ; d'Etienne de Bonald, conseiller en la même cour, qui se distingua à Toulouse par son zèle et par son courage, dans la fameuse affaire du 17 mai 1562, qui donna occasion à l'établissement de la célèbre procession de ce jour.

Vicomtes de Millau.

Millau fut long-temps soumis à des seigneurs puissans, dont la famille étoit la même que celle des anciens vicomtes d'Albi. Dès l'an 935, il est fait mention dans le cartulaire de l'église de Vabres, d'un échange qui fut fait cette année, entre Bernard vicomte, et Frédelon, abbé de Vabres ; par lequel acte, entre autres conventions, l'église de Salmiech (*sancti Amantii de Salomedio*), auparavant dépendante de l'abbaye de Vabres, fut cédée à Bernard, d'où elle passa, peu d'années après, à l'abbaye de Saint-Victor de Marseille. Etienne, fils aîné de ce Bernard, le plus ancien vicomte de Millau que nous connoissions, fut comte de Gevaudan, et Richard son puiné, vicomte de Millau.

Richard II, fils de celui-ci, étoit vicomte de Millau en 999. Il devint aussi comte de Gevaudan, parce que Etienne son oncle mourut sans postérité. Vers l'an 1002, *regnante Roberto rege*, il donna au monastère de Conques, la moitié de l'église de Sévérac, et une autre voisine, dans la viguerie de Laissac, *illā med mediëtate ecclesiæ de Sereyrago, et..... de Padiciā..... in pago Rutenico in vicarià Laiciacense* (1).

(1) Cartulaire de l'Abbaye de Conques.

Ce Richard II mourut en 1051, après avoir laissé de sa femme Rixinde, plusieurs enfans, dont Bérenger l'aîné lui succéda.

Un acte de 1061 (1), nous donne une grande idée des richesses et de la puissance de cette maison. On y voit que Bernard, fils de Richard, vicomte de Millau, et de la comtesse Rixinde, lequel fut d'abord moine, ensuite abbé de Saint-Victor, depuis cardinal et archevêque de Narbonne, donna à l'abbaye de Saint-Victor quarante métairies *(manses)* qui lui étoient échues, par le partage qu'il avoit fait avec ses frères Bérenger, Hugues, Raimond et Richard. Il donna aussi à cette église, soixante autres domaines, qui devoient lui revenir, en cas que Hugues son frère mourut sans postérité. Tous ces biens étoient situés dans le Rouergue. L'acte est souscrit par les cinq frères, et leur mère Rixinde. Richard, à l'exemple de son frère Bernard, embrassa aussi l'état religieux à Saint-Victor; et il parvint dans la suite, comme son frère, aux plus éminentes dignités de l'Eglise.

Bérenger, vicomte de Millau et de Gevaudan, épousa vers l'an 1050, Adèle, héritière des vicomtés de Carlat et de Lodève, dont le fils Gilbert, vicomte de Millau, de Gevaudan, de Carlat et de Lodève, devint comte d'Arles et de Provence, par son mariage avec Gerberge, héritière de ce comté.

Douce, fille et héritière de Gilbert, épousa Raimond Bérenger, comte de Barcelonne et prince d'Aragon, dont le père fut tué d'un coup de flèche au siège de Nice. Raimond Bérenger donna aux Templiers en 1158, la petite ville de *Sainte-Eulalie*, sur le Larzac, qui a été jusqu'à nos jours une riche commanderie de Malte. Elie de Montbrun, maître-particulier de l'ordre des Templiers dans la province, fut le premier commandeur que Raimond Bérenger y nomma (2). Nous trouvons qu'en 1156, ce même Raimond Bérenger avoit exempté du péage et autres droits, dans la ville de Millau, sur le pont et ailleurs, les religieux de Sylvanez, par un acte passé en présence de Guillaume, *autrefois seigneur de Montpellier, et maintenant pauvre moine* (3).

Raimond Bérenger et Douce, étant morts sans postérité, la vicomté de Millau passa à Alfonse, roi d'Aragon, cousin-germain et le plus proche parent de Raimond Bérenger.

Le comte de Toulouse, à qui Douce avoit été promise en mariage, et qui avoit épousé ensuite la mère de cette jeune

---

(1) Monum. n. XXX.

(2) Voyez cet acte parmi les notes, nomb. LVI. Hélié de Montauban étoit de la famille de ce nom en Rouergue, d'où sont sortis Pierre de Montbrun, archevêque de Narbonne en 1272, Galtier de Montbrun, évêque de Carcassonne en 1279; et le fameux Dupuy-Montbrun, grand-maître et législateur de l'ordre de Malte.

(3) Monum. n. LV.

comtesse, contesta la vicomté de Millau à Alfonse. Ils furent même en guerre ensemble à ce sujet, pendant plusieurs années; mais ils firent la paix en 1176, et la vicomté de Millau resta à Alfonse.

Celui-ci céda en apanage la vicomté de Millau à Raimond Bérenger son frère, à qui, comme on le voit dans l'hôtel de ville de Millau, Roger vicomte de Carcassonne, fit hommage en 1179, des châteaux de *Brusque*, du *Pont* et de *Murasson* en Rouergue.

Raimond Bérenger ayant été tué en 1181, le jour de Pâques, auprès de Montpellier, avec Guy de Sévérac qui l'accompagnoit; le roi d'Aragon disposa de la vicomté de Millau, en faveur de Sanche son autre frère.

Ces dispositions rallumèrent la guerre entre le roi d'Aragon et le comte de Toulouse. Le roi d'Aragon se rendit au mois d'avril 1185, à *Najac* en Rouergue, où Richard, duc d'Aquitaine, ennemi comme lui du comte de Toulouse, lui avoit donné rendez-vous. Là, ils formèrent ensemble une nouvelle ligue contre leur ennemi commun.

Après divers traités entre le roi d'Aragon et le comte de Toulouse, par lesquels la vicomté de Millau passoit tantôt à l'un, tantôt à l'autre; Pierre, roi d'Aragon, l'engagea enfin d'une manière plus solennelle, en 1204, à Raimond VI, comte de Toulouse, pour la somme de cent cinquante mille sous melgoriens, évalués à trois mille marcs d'argent. Par là, comme on le voit dans l'acte de vente (1), le comte de Toulouse rentra en possession du *bourg* de Millau, des châteaux de Chirac, Lagreze, Monar, la Roque, Compeyre, Sévérac, Prévinquières, Laissac, Montserrat, Yors, Gaunac, Saint Grégoire, la Panouse, Maroueil, la Canourgue, le Monestier, Pradelle, Langogne, Saint-Afrique, avec toutes leurs appartenances et dépendances.

Pendant la guerre des Albigeois, un légat du pape, s'empara de la vicomté de Millau, et la rendit à Jacques, roi d'Aragon, sous prétexte que le comte de Toulouse n'avoit pas payé la somme portée par l'acte de 1204. De là les anciennes contestations renouvelées entre les deux familles. Le roi d'Aragon donna sa confiance aux habitants de Millau pour les terminer en 1223 (2), mais elles n'étoient pas encore terminées en 1236 (3).

---

(1) Cet acte se voit à l'hôtel de ville de Millau. Voy. le parmi les monuments, nomb. LXIII.

(2) Voy. lettre du roi d'Aragon à ce sujet, monum. nomb. LXX.

(3) Millau fut assiégé et pris par le roi d'Aragon en 1236 et il fut repris par le comte de Toulouse en 1237. Nous trouvons que celui-ci en faisoit le siège au mois de juin de cette année; car il y reçut l'hommage de Mafred de Castelnau; l'acte est daté du IV des calendes de juillet, *in castris antè Æmilianum*.

Enfin cette vicomté fut réunie à la couronne, par le traité de Louis IX, avec le roi d'Aragon, en 1258. Ce qui termina des débats dont la ville de Millau avoit souvent été la victime.

Les premiers vicomtes de Millau, à l'exemple des autres seigneurs puissants du pays, avoient accordé, en diverses occasions, des privilèges à leur ville. Ils l'avoient exemptée de *toute taille, tolte et subside;* prérogative qui leur fut souvent confirmée par les rois d'Aragon, par les comtes de Toulouse, et par plusieurs rois de France même (1), après que la vicomté eut été réunie à la couronne.

Millau a eu plusieurs tribunaux de justice, une viguerie, un présidial, une élection, un baillage. Mais certains de ces tribunaux n'y ont eu qu'une existence passagère, comme nous l'avons vu ailleurs. Le baillage, qui est celui qui s'y est le plus long-temps maintenu, puisqu'il a subsisté environ six cents ans, a été présidé long-temps par la famille de Bonald. Jean de Bonald, un des baillis, fut nommé, en 1537, gouverneur du comté de Rodez et quatre châtellenies du Rouergue, et en même temps maître des requêtes du roi et reine de Navarre. En cette qualité, il assembla à Rodez les états du Rouergue, en 1541, dans le couvent des Jacobins; et il y demanda un subside extraordinaire pour le mariage de la princesse de Navarre.

Dans le quatorzième siècle, il s'éleva certaines contestations entre divers seigneurs et communautés voisines de Millau, au sujet des limites de leur juridiction respective. Le roi se transporta lui-même à Millau, en 1339, pour les terminer. Il y fut passé une transaction avec le vicomte de Creyssels, le commandeur de Sainte-Eulalie, le prieur de Cassan, le seigneur de l'Hospitalet, et les consuls de Millau, par laquelle on fixa les limites des juridictions de ces divers lieux, et on établit différens droits de péage, sur toutes les marchandises et bestiaux qui passeroient sur le pont de Millau, et un droit de *coupe* ou *bassine* sur tous les grains qui se vendroient à la *Pierre-foiral* de cette ville.

Par un traité entre Louis IX, et Raimond, comte de Toulouse, en 1229 il fut accordé entre autres privilèges, à la ville de Millau, un *sceau rigoureux et attributif de juridiction*, qui donnoit droit aux habitans de contraindre par corps leurs débiteurs, au payement de leurs dettes, de les appeler et assigner de toute la France, devant leur juge-bailli, à qui la connoissance des affaires des consuls, manans et habitans de cette ville étoit attribuée, exclusivement à tous autres juges. Millau a joui jusqu'ici de ce privilège; mais diverses révolutions lui avoient fait perdre les

---

(1) Par Charles V, Charles VII, Louis XI, Henri II, Henri IV, Louis XIII, Louis XIV.

autres, depuis long-temps, comme à la plupart des villes du Rouergue (1).

Château de Creyssels.

A un port de canon de Millau, on voit l'ancien château de *Creyssels*, chef-lieu d'une des plus anciennes vicomtés du Rouergue. Il est parlé du château de Creyssels dès le huitième siècle, dans un acte par lequel un seigneur du Rouergue, nommé Leutade, donna à Madralde la roche *de Priscio*, sur le Tarn, *propè castrum Crescellence*, où ses ancêtres et lui avoient coutume de faire enfermer les malfaiteurs. On peut remarquer qu'il lui donne aussi *tous ses serfs et leurs enfans, qui lui appartenoient par droit de succession* (2); nouvelle preuve que plusieurs des anciens Ruthènes étoient soumis à la servitude.

Le château de Creyssels a soutenu plusieurs sièges, et particulièrement celui du duc de Rohan, en 1625. Nous voyons dans les archives de la Cité de Rodez, que les consuls de cette ville envoyèrent une certaine quantité de poudre, de balles et de cordes, avec une troupe de gens d'armes, pour la défense de cette place, dont le comte de Noailles soutint le siège avec intrépidité, contre le duc de Rohan. En 1559, les consuls de Rodez avoient aussi envoyé plusieurs pièces de mousqueterie, au capitaine Arnaud de Méjanès, qui défendoit cette place contre les religionnaires.

La vicomté de Creyssels fut réunie au comté de Rodez, par le mariage d'Isabeau de Roquefeuil, avec Hugues, comte de Rodez, en 1230.

La terre et château de Creyssels passa, en 1706, dans la famille de Gualy, par le mariage de Julie de Crozat de la Croix, dame de Creyssels, de Peyre et de Montagnac, avec Pierre Lévi de Gualy, chevalier, d'une maison très-ancienne en Rouergue.

Les rochers de Creyssels ont cela de remarquable, qu'ils ne sont la plupart, que des tas de feuilles et de branches de châtaigniers pétrifiées.

II.

Compeyre, Saint-Rome.

En remontant le Tarn, on trouve, à peu de distance au

---

(1) Archiv. de l'hôtel de ville de Millau, Archiv. du comté de Rodez. Hist. du Lang. Gall. christ. nova. tom. I, p. 195. Nous devons aussi des recherches sur Millau au jeune citoyen Gaujal, dont tout le monde connoît les qualités excellentes du cœur et de l'esprit.

(2) Monum. nomb. V.

dessus de Millau, la petite ville de *Compeyre*, sur le penchant d'une colline, dominée par une montagne en pain de sucre, sur laquelle étoit l'ancien fort d'*Avaruéjouls*, détruit depuis plusieurs siècles. Cet ancien fort, dont il reste à peine quelques ruines, est sans doute la cause pour laquelle on qualifie, dans quelques actes, la ville de Compeyre, d'une des quatre châtellenies de Rouergue.

Au fort d'Avaruéjouls fut substitué dans la suite celui de *Compeyre*, dans l'intérieur duquel on bâtit depuis l'église paroissiale, et environ deux cents maisons, réduites aujourd'hui à vingt-cinq, à cause des troubles des religionnaires, qui y firent de grands ravages. Sous les ordres du duc d'Arpajon, ils se rendirent maîtres de Compeyre, en 1567, et démantelèrent le fort dont nous parlons. Ils y furent introduits, dit-on, par un gentilhomme du pays, nommé Duclaux, qui les fit entrer par un aqueduc de sa maison.

On voit dans ce fort un puits qui passe pour le plus beau de la province. Il est taillé dans le roc, à dix-huit toises de profondeur. Les gens du pays croient qu'il fut creusé par les Anglois, lorsqu'ils étoient maîtres de Compeyre et du Rouergue, dans le quatorzième siècle.

A quelque distance de Compeyre, en remontant le Tarn, près de l'endroit où cette rivière reçoit celle de la Jonte, au-dessus du Rosier, on trouve une mine de charbon de terre, digne de remarque, en ce que les deux coteaux qui lui correspondent du côté de Peyreleau et de Mostuéjoul, ont une couche semblable de charbon, au même niveau. Ce phénomène est une nouvelle preuve de la vérité des conjectures de l'illustre Buffon, sur la formation du globe terrestre et des couches horizontales qui en composent la surface.

Si l'on considère l'égalité de la hauteur des couches sur les trois coteaux, et la symétrie avec laquelle elles se correspondent, quoique éloignées et séparées par de profondes vallées, on se convaincra facilement qu'elles ont été unies autrefois, et qu'il doit s'être écoulé bien des milliers d'années, depuis que les deux rivières ont commencé à creuser les les vallons qui les séparent aujourd'hui.

Il y avoit autrefois près de Compeyre, un monastère de de Bénédictins, sous le nom de *Notre-Dame-de-Lumenson*; mais il n'existe plus depuis plusieurs siècles. Dès 1313, le cloître de ces religieux étoit habité par le curé et les *pannetiers* qu'on leur avoit substitués. Ces bénéficiers établis depuis long-temps à Lumenson, furent transférés à Compeyre, par l'évêque de Rodez, en 1532.

Sur la fin du quatorzième siècle, les nobles de Compeyre, ainsi que ceux de Millau leurs voisins, s'illustrèrent par un acte de patriotisme bien rare, quoique bien digne d'être imité. Le 23 mars 1386, *les nobles de la ville et mandement de Compeyre*, soumirent de leur propre mouvement, toutes leurs terres, leurs rentes, leurs domaines, et généralement tous leurs biens fonds à la taille et à toutes les autres impositions royales, comme le reste des citoyens. Je suis fâché qu'on nous ait laissé ignorer les noms de ces nobles patriotes, qui ont transmis à leurs descendans un si beau titre de noblesse.

Un écrivain de nos jours (1) rapporte des nobles de ce même canton un autre trait non moins digne d'éloges. En 1336, plusieurs seigneurs assemblés à Millau, se cotisèrent pour faire une dot à *noble Lecezonne*, fille d'Hugues Mir, *damoiseau* du château de Creyssels, qu'ils marièrent avec le *damoiseau* Geraud d'Agambert. Les auteurs de cette action généreuse furent Dieudonné de Gozon, seigneur de Mélac, Raimond de Montolieu, Pons de Cantor, Bertrand de Montmejan et Ricard son père, Guillaume-Bernard de Montlaur, Pons de Luzençon, etc.

Saint-Rome-de-Tarn, autre petite ville a souffert aussi beaucoup, des troubles occasionnés par les guerres de religion, dans les deux derniers siècles. Les religionnaires y avoient bâti un temple qui n'existe plus, depuis quelque temps.

On voit aux archives de l'évêché de Rodez, que l'évêque Adhemar donna, en 1112, avec le consentement de son clergé *(clericorum suorum)* l'église de Saint-Rome et le château d'Auriac au monastère de Conques.

La justice de Saint-Rome appartenoit, avant le douzième siècle, aux seigneurs de Mostuéjoul; la ville l'acheta alors, au nom du roi, à l'exception d'un sixième dont jouissoient les seigneurs d'Auriac.

Le pont de Saint-Rome qu'on dit avoir été bâti par les Romains, est remarquable par son élévation et sa hardiesse.

Les revenus de l'hôpital ayant passé à celui de Saint-Afrique, Saint-Rome a été privé de cet établissement public. Les religieux Augustins se sont maintenus dans cette ville jusqu'à la révolution, malgré les troubles et les guerres civiles des derniers siècles. Les monumens publics font mention de plusieurs manufactures de draps qui y florissoient, du temps des Thubières, seigneurs du pays, et pour lesquelles on se servoit des eaux d'un ruisseau voisin, très-propres aux blanchissages.

Ce ruisseau, qui prend sa source à un quart d'heure au-dessus de Saint-Rome, et qui après avoir arrosé une petite

(1) Lavaissière. Projet de nobiliaire. p. 17.

plaine de prairies et beaucoup de jardins, va se jeter dans le Tarn, forme de très-belles pétrifications, par-tout où il passe. Ses cascades, une sur-tout, où les eaux se précipitent d'une très-grande élévation, excitent l'admiration des spectateurs. Ce ruisseau a formé, le long du Tarn, un rocher énorme, dans l'intérieur duquel on remarque des stalactites variées sous mille formes très agréables. On y trouve des vestibules, des arceaux, des chapelles, des dômes, des sallons tous remplis d'une infinité de figures, qu'il seroit difficile de peindre.

III.

Vabres.

Les autres villes de la Haute-Marche du Rouergue, sont dans la partie qu'on appelle depuis long-temps le *Vabrais*, ou le diocèse de *Vabres*, sur la rive gauche du Tarn. Vabres fut érigé en évêché par le pape Jean XXII, en 1317. L'église de Vabres étoit auparavant un monastère de Bénédictins, qui subsistoit depuis plusieurs siècles. Raimond, comte de Toulouse et de Rouergue, recueillit, en 861, certains moines errans avec Adalgasius leur abbé, que la peur des Normands avoit fait fuir de leur couvent de Palmat en Périgord. Cet abbé, pour prévenir le pillage des Normands et la dévastation de son monastère, résolut de se retirer dans un pays moins exposé aux courses de ces barbares. Le comte Raimond, qui connoissoit le mérite et les vertus d'Adalgasius, résolut de lui procurer un asile dans ses terres, et de fonder pour lui un nouveau monastère. Il convoqua, pour cela, une assemblée à Toulouse ; et après en avoir délibéré avec les principaux de sa cour et avec l'évêque de cette ville, en présence d'Adalgasius, il fut arrêté que ce monastère seroit fondé à Vabres, petit village de son domaine, sur la petite rivière de Dourdou en Rouergue. Aussitôt Adalgasius partit de Toulouse, pour aller se mettre en possession du lieu désigné pour son monastère, et il s'empressa d'y construire une église.

Un chapelain du comte de Toulouse, riche ecclésiastique du pays, fut le premier bienfaiteur de ce nouveau monastère. Il lui fit des dons considérables (1), y embrassa la vie monastique, et en fut abbé après Adalgasius. Outre ce disciple, Adalgasius y attira encore George, religieux de

(1) Voy. parmi les notes et monum. nomb. XI.

Conques, qui fut ensuite évêque de Lodève, où on l'honore encore comme un saint.

Raimond, qui avoit fort à cœur sa nouvelle fondation, partit pour la cour de France, et la fit confirmer par Charles le chauve, qui prit ce monastère sous sa protection et sauvegarde spéciale (1), et donna à Raimond, quatre-vingt marcs d'argent, pour contribuer à la dotation. Le comte, par une charte du 3 novembre 862 (2), lui donna, conjointement avec Bertheys son épouse, diverses terres qu'il avoit dans le Rouergue, avec des serfs pour les cultiver. Ce qui semble prouver, comme le pensent quelques écrivains (3), qu'il étoit originaire du pays, puisqu'il y possédoit tant de biens patrimoniaux. Par ce même acte, Raimond et Bertheys, mettent cette abbaye sous la protection de leurs fils *Bernard*, *Fulgault* et *Odon* qui y souscrivent avec *Hélizachar*, évêque de Rodez, *Bégon* vicomte, et plusieurs autres personnes de considération. Telle est l'origine de l'église de Vabres. C'est là que les historiens du Languedoc ont trouvé les premières traces et l'origine des comtes de Toulouse (4).

Ce monastère fut richement doté dans peu d'années, comme il paroît par plusieurs actes qu'on conserve encore dans cette église (5). Dans le onzième siècle, Deusdédit, abbé laïque de Vabres, donna son abbaye à l'abbé de Clugni, et ses successeurs, déclarant qu'il fait cette donation, *pour la rémission de ses péchés, et de ceux de ses parens, qui l'avoient achetée par des traités simoniaques*. Il est vraisemblable que cette donation n'eut pas son effet; car peu d'années après le monastère de Vabres fut soumis à l'abbaye de Saint-Victor de Marseille, et il y resta réuni, jusqu'à ce qu'il fut érigé en évêché, en 1317, par le pape Jean XXII, originaire de Caors, que la protection du roi de Naples, dont il avoit été précepteur, avoit élevé l'année précédente à la papauté.

Vabres ne fut pas la seule église de son pays, que ce pape érigea en évêché, il créa aussi les évêchés de Castres, de Montauban, de Lavaur, d'Alet, de Saint-Pons, de Tulle, de Condom, de Sarlat, de Luçon, de Maillezais depuis la Rochelle, et celui de Saint-Flour, dont le second évêque fut Raimond de Mostuéjoul, de l'ancienne famille de ce nom en Rouergue près de Millau, lequel fut transféré depuis à

---

(1) *Ibid.*
(2) *Ibid.*
(3) Hist. du Lang. liv. 10.
(4) Voy. Hist. de la fondation de l'abbaye de Vabres, écrite par Aigo, abbé de ce monastère, cinquante ans après la fondation. Catel, p. 69.
(5) Il y en a de 861, 862, 865, 870, 875, 880, 883.

Saint-Papoul, et créé cardinal en 1319. Dodon ou Dieudonné de Sévérac étoit en même-temps évêque de Castres.

Quoique l'abbaye de Vabres eut été érigée en évêché dès 1317; cependant les religieux de ce monastère ne furent sécularisés, qu'en 1561. On vit dans ce siècle, plusieurs églises cathédrales et abbatiales, jusques-là régulières, demander leur sécularisation, pour embrasser un état plus commode et moins dépendant. C'étoit le goût dominant du siècle. Ainsi les religieux, ou clercs réguliers des cathédrales de Toulouse, de Nîmes, de Montpellier, de Saint-Salvi d'Albi, de Montauban, de Figeac, de Conques, de Gaillac, de Vabres et plusieurs autres furent alors sécularisés. Tous ces changemens excitèrent de grands murmures et beaucoup de doléances sous le règne de François 1er; mais elles furent inutiles, parce que ce prince favorisoit les sécularisations. Ces réclamations furent cependant la cause que celle de Vabres n'eut son entier effet qu'en 1577. Le chapitre fut alors érigé, et composé d'un prévôt, d'un archidiacre, d'un chantre et de dix chanoines.

Evêques de Vabres.

I. Le pape Jean XXII nomma et sacra lui-même pour premier évêque de cette ville, *Pierre d'Oliargues*, auparavant abbé (1).

Jean XXII démembra dans le mois de décembre de la même année, cent trente paroisses du diocèse de Rodez, pour la formation de celui de Vabres.

Pierre d'Oliargues dota le chapitre cathédral, et lui donna des statuts en 1320 : il mourut en 1329.

II. *Raimond d'Oliargues*, prieur de Lavernhe, parent du précédent, fut élu évêque, en 1329, par le chapitre cathédral. Il approuva, en 1333, les règlements de Bérenger, abbé de Nant, qui avoit réduit à vingt, le nombre de ses religieux. En 1336, il prêta serment de fidélité à Fulcaud, archevêque de Bourges.

III. *Gui de Ventadour*, d'une ancienne famille de ce nom, en Limousin, occupa le siège de Vabres, depuis 1347, jusqu'en 1351.

IV. *Pierre d'Agrifeuille*, auparavant religieux et abbé, ensuite évêque de Clermont, fut transféré à Vabres, en 1352. Il étoit frère de Raimond, évêque de Rodez, et de Florence, abbesse de Nonenque dans son diocèse. On voit dans le testament de Raimond, évêque de Rodez, que Pierre son frère, fut aussi évêque d'Uzez et de Mende.

(1) Monum. n. XCI.

V. *Bertrand de Pébrac*, prieur de Ventadour et de Saint-Martin des champs à Paris, fut fait évêque de Vabres, en 1353. Il confirma, en 1355, la fondation d'une communauté de prêtres, dans l'église de Saint-Afrique.

VI. *Guillaume Bragose*, fils d'un villageois de Gevaudan, s'éleva par son mérite et par sa science, jusqu'aux premières dignités de l'église. Il fut d'abord professeur de droit canonique en l'université de Toulouse, vicaire général de l'archevêque Étienne, ensuite évêque de Vabres, et enfin cardinal, en 1361. Il mourut en 1367.

VII. *Étienne de Vassignac*. Il est fait mention de cet évêque dans divers monumens de l'église de Vabres, depuis l'an 1364, jusqu'en 1412. Il envoya un procureur fondé au concile de Pise, en 1409.

VIII. *Guillaume de Bastidos* ne se trouve mentionné dans aucun autre monument, que dans une charte de l'abbaye de Nonenque, du 3 octobre 1418. Il n'étoit plus évêque, en 1421. L'auteur du calendrier du Rouergue le fait mourir en 1426.

IX. *Jean de Pierre* étoit déjà évêque de Vabres, en 1421. L'an 1440, il fit ériger en chapitre collégial, la communauté de prêtres, que Bertrand de Pébrac avoit établie à Saint-Afrique. Il fut transféré ensuite à l'évêché de... (*Beritensis seu Veritensis*).

X. *Jean de Pierre* se démit de l'évêché de Vabres, en faveur de *Jean du Blanc*, son neveu, prévôt de Beaumont, qui fut installé solennellement, le 3 septembre 1453. Les consuls de Saint-Afrique, instruits de cette cérémonie, allèrent aussitôt lui porter plainte, de ce qu'il n'étoit pas venu, *selon la coutume de ses prédécesseurs*, se mettre en possession de son évêché, dans leur ville, comme la principale du diocèse. Bernard, *assis sur son siège épiscopal*, leur promit de le faire. Il vécut, jusqu'en 1485 ; mais il s'étoit démis de son évêché, avant l'an 1477.

XI. *Antonin-Pierre de Narbonne*, abbé de Fontfroide, fils de Jean de Narbonne, baron de Talayran, fut installé solennellement, le 23 avril 1477. Il mourut au château de Talayran, en 1509, dix ans après avoir fait démission de son évêché, en faveur de son frère.

XII. *Louis de Narbonne*, abbé de Fontfroide et de Grandselve, succéda à son frère, en 1499. Il fit bâtir le chœur de l'église cathédrale et le palais épiscopal. En 1502, Louis de Narbonne, de concert avec Etienne Ferrenh, grand prieur de Vabres, Jean de Montbrun, protonotaire du saint siège, Hugues, vicomte de Montclar, Mathurin de Combret, seigneur de Broquiès, Raimond-Pierre de Monthels, seigneur de la Monthelhère, termina un grand procès entre Jean et autre Jean de Gozon, seigneur de Mélac. Ce dernier réclamoit l'hérédité de Jean de Cozon, seigneur de Mélac et de Savie d'Estaing, son épouse, ayeul et ayeule du réclamant; et elle lui fut adjugée, moyennant trois mille florins qu'il s'obligea de payer à son oncle Jean, et les terres de Saint-Rome-de-Sernon, de Paulhac et autres qu'il lui délaissa en propre, avec la jouissance de celles de Saint-Victor et de Vors (1). Cet évêque mourut le 7 février 1519.

XIII. *Réginald de Martigny*, chanoine d'Elne, fils de Charles de Martigny, général des finances de France, fut nommé à l'évêché de Vabres, le 8 avril 1519. Il étoit frère de Charles de Martigny, évêque d'Elne et ensuite de Castres. Il assista, en 1528, à l'assemblée des notables convoquée à Paris, par François I. Il mourut à Montpellier en 1536.

XIV. *George d'Armagnac*, nommé administrateur de l'évêché de Vabres en 1536, se démit de cette administration en 1553, en faveur de Jacques de Corneillan son neveu.

XV. Ce fut par les soins de *Jacques de Corneillan*, que le chapitre de Vabres fut sécularisé en 1561. Il avoit été déjà appelé à l'évêché de Rodez, l'année précédente, par le cardinal d'Armagnac son oncle.

XVI. *François de la Valette*, I du nom, petit-neveu du célèbre Jean de la Valette, grand-maître de Malte, assista au concile de Trente, en 1563. Sous son épiscopat, l'église de Vabres fut entièrement ruinée et brûlée en 1568, par les religionnaires. Il mourut et fut enterré à Saint-Isère en 1585.

XVII. *Thomas Delauro*, chanoine-chantre de l'église de Rodez, sa patrie, succéda à François de la Valette. Il mourut en 1599.

XVIII. *François de la Valette II*, abbé de Moissac, petit-neveu de François de la Valette I du nom, fut nommé à l'évêché de Vabres, par Henri IV en 1600. Il assista aux états généraux de 1614 (2), et mourut au château de Cornusson en 1622, âgé de soixante ans.

XIX. *François de la Valette III*, neveu du précédent, et fils de Jean de la Valette, sénéchal et gouverneur de Toulouse, fut nommé en 1618, coadjuteur de son oncle, sous le titre d'évêque de Philadelphie. Il fut abbé de Moissac, comme lui, et ils obtinrent de concert, la sécularisation de cette abbaye, qui étoit encore régulière. Il mourut en 1644.

XX. *Isaac Habert*, natif de Paris, prédicateur du roi, abbé de Notre-Dame-des-Alleurds, fut nommé à l'évêché de Vabres, par Louis XIV en 1645. Il reste de lui quelques ouvrages en vers et

---

(1) Ess. généal. de Lavaissière.
(2) Notes, nomb. CXXXVI.

en prose peu connus (1). Il écrivit beaucoup sur la fin de ses jours, pour détruire un soupçon de jansénisme auquel il avoit donné lieu par l'approbation d'un livre du temps, intitulé *de la liberté de Dieu et de la créature*. Il mourut d'une attaque d'apoplexie en 1668, au Pont-de-Salars, près de Rodez d'où son corps fut porté dans son église cathédrale qu'il avoit fait rebâtir.

XXI. *Louis de Lavergne de Montenard de Tressan*, originaire du diocèse d'Agde, aumônier et maître de la chapelle du duc d'Orléans, abbé de Notre-Dame-des-Quarante, fut nommé en 1669, évêque de Vabres, d'où il fut transféré au Mans, en 1671.

XXII. *Louis de Baradat*, né en Champagne, succéda à Louis de Lavergne en 1673, et mourut le 17 mars 1710.

XXIII. *Alexandre le Filleul de la Chapelle*, né en Normandie, nommé évêque de Vabres en 1710, mourut doyen des évêques de France, en 1763, après cinquante-trois ans d'épiscopat.

XXIV. *Jean de la Croix de Castries* lui succéda en 1764. Il est mort à Paris, pendant la révolution.

IV.

Saint-Afrique.

Saint-Afrique est la principale ville du Vabrais. Elle est située sur la petite rivière de *Sorgue*, entre deux montagnes, dans un des plus agréables vallons du pays.

Suivant les auteurs de la *Gallia christiana* (2), cette ville doit son origine à saint Africain, évêque de Lyon, qui persécuté par les Ariens dans le sixième siècle, alla se réfugier sur les montagnes du Vabrais, où ses vertus et ses prédications firent, dit-on, embrasser la religion chrétienne à plusieurs infidèles. Après sa mort, son tombeau attira un grand concours de chrétiens, qui bâtirent peu à peu une ville, à laquelle ils donnèrent le nom de ce saint évêque.

La ville de Saint-Afrique fut une des premières qui abandonnèrent le parti anglois en 1369; et le duc d'Anjou accorda plusieurs privilèges aux habitans, en récompense de leur fidélité (3).

(1) On voit quelques hymnes de cet évêque dans le bréviaire de Paris, entr'autres le 11 août.
(2) Tom. 1, p. 1091.
(3) Au mois de décembre 1369, il commit Gui de Sévérac, chevalier Banneret, avec trois autres chevaliers, et seize écuyers de sa suite, à la garde de cette ville qui venoit de se soumettre. Archiv. du chât. de Sévérac.

Vers l'an 1440, le pape Eugène IV, créa à Saint Afrique un chapitre collégial composé d'un prévôt, d'un sacristain curé, de douze chanoines, et de quatre prébendiers.

Cette ville résista longtemps aux attaques réitérées des religionnaires dans le seizième siècle ; mais elle fut prise enfin par Lagarrigue un de leurs chefs, et elle devint bientôt une de leurs places les plus fortes dans la province. Lorsque le prince de Condé vint en Rouergue en 1628, pour leur faire la guerre ; les évêques de Vabres et de Rodez, le prieur de Beaumont, et le juge de Saint-Afrique, lui persuadèrent d'en faire le siège, avant toute autre entreprise. Cette ville avoit alors environ cinq cents maisons, dont les trois quarts étoient habitués par les religionnaires. Elle avoit été singulièrement fortifiée par Lavacaresso, qui en étoit gouverneur, et qui sur la nouvelle du dessein du prince de Condé, partagea les habitants en sept compagnies de cinquante hommes chacune, outre la garnison qui étoit de trois cents hommes. Le duc de Rohan, généralissime des religionnaires, qui n'étoit pas loin, ayant été instruit aussi du projet du prince de Condé, y envoya le baron d'Aubays, maréchal de camp, avec trois cornettes de cavalerie, une compagnie de mousquetaires, et huit cents hommes de pied. Cet officier, un des plus braves de l'armée du duc de Rohan, fit entrer le 21 de mai 1628, dans Saint-Afrique, deux cents cinquante hommes du régiment de Bimart, et deux cornettes de cavalerie, commandées, l'une par Saint Estève son frère, et l'autre par le baron d'Alais. Toutes ces troupes qui faisoient environ treize cents combattans, furent distribuées dans les divers quartiers de la ville ; sans compter les autres secours qu'elle reçut pendant le siège même, parce que la bizarrerie de son assiette empêcha le prince de Condé, de l'investir entièrement.

Le 26 mai, le duc d'Epernon joignit à Vabres le prince de Condé ; et le 29, ils se mirent en marche, avec leur armée, composée de six milles hommes de pied, et de huit cents chevaux. Le prince de Condé en eut bientôt emporté les dehors, et ayant fait continuer l'attaque, les jours suivants, il fit donner l'assaut le 5 de juin ; mais il fut repoussé par deux fois. Il en tenta un troisième, et il fut aussi obligé de l'abandonner, après un combat des plus rudes qui dura cinq heures. Les femmes et les filles de la ville contribuèrent à la défense de la brèche, et donnèrent des preuves d'un courage au-dessus de leur sexe. Il y en eut cinq de blessées en combattant. Le prince de Condé perdit dans cette action, quarante officiers, et trois cents soixante soldats, sans y comprendre trois cents blessés : au lieu que les assiégés n'eurent que 28 hommes tués, et soixante blessés. Cet échec força le prince de Condé, de décamper et de lever le siège (1).

(1) Vie du duc d'Epernon. Hist. du Lang. liv. 43.

V.

Roquefort.

A peu de distance de Saint-Afrique, on voit les caves de *Roquefort*, si connues par l'excellent fromage de ce nom, qu'on en tire tous les ans, de toutes les parties de la France et des états voisins. Ce fromage se fait d'abord dans les différens domaines des montagnes du Larzac, que l'on voit, la plus grande partie de l'année, couvertes de nombreux troupeaux de brebis : on le porte ensuite dans les caves de Roquefort, où il acquiert cette qualité particulière, qui le fait préférer à tous les fromages connus en Europe.

Tout semble contribuer à la perfection des fromages de Roquefort ; la légèreté, la douceur et la fertilité du sol des pâturages du Larzac, les herbes suaves, succulentes et odoriférantes dont elles sont parsemées, et par dessus tout, la situation unique des caves de Roquefort. Le village de Roquefort, d'après la description qu'en a donné l'académicien Marcorelle, renferme dans son enceinte, environ trente feux. Près du village et à son midi, est un vallon en cul-de-sac, entouré de toute part d'une masse de rocher fort dur, qui s'élève d'aplomb à la hauteur d'environ douze toises, et dont le sommet forme en quelques endroits la naissance d'une voûte, par une saillie de plus d'une toise. Le sol qui a deux cent quatre-vingt onze pieds de longueur sur dix pieds de largeur, est un roc raboteux, de même nature que celui des côtés, et monte insensiblement du nord au midi ; l'entrée du vallon est au nord, et si étroite, qu'elle peut être fermée par une porte.

Immédiatement au-delà du rocher qui termine le fond du vallon, s'élève à une plus grande hauteur, un second rocher d'une demi-lieue de circonférence. Le vallon, dans cette position, ne peut être éclairé du soleil que pendant quelques heures, dans la saison où cet astre est le plus élevé au-dessus de l'horison. Le lieu même de Roquefort ne jouit que très-peu de sa présence.

C'est au-dedans du rocher qui entoure le vallon que sont les caves dans lesquelles on prépare le fromage. Elles ont été formées ou du moins ébauchées par la nature : on les a agrandies, pour les rendre plus commodes. Parmi ces caves, qui sont au nombre de vingt-six, les unes sont entièrement creusées dans le rocher, et les autres n'y sont qu'en partie. Par la disposition du local, ces caves ont leur ouverture, les unes au levant, d'autres au couchant, et d'autres au nord. Elles sont toutes distribuées de la même manière, pour les étages et les tablettes qu'on y a pratiquées.

On voit en différens endroits du rocher ou les caves sont creusées, et sur-tout près du pavé, des fentes ou de petits trous irréguliers, d'où sort un vent froid, et assez fort pour éteindre une lumière qu'on approche de l'ouverture, mais qui perd sa force à trois pieds de sa sortie. C'est à la froideur de ce vent qu'on attribue celle qui règne dans les caves, et dans tout le vallon. Les gens du pays, trompés par leurs sensations, soutiennent que leurs caves sont chaudes en hiver et froides en été. Ils y placent les viandes et les aliments, afin de les conserver long-temps. Le vin, disent-ils, y devient aussi frais qu'à la g'ace (1).

A Roquefort on fait une très-grande différence des fromages d'une cave à une autre. S'il est vrai, comme on le présume à juste titre, que les meilleurs fromages sont ceux des caves les plus froides, les propriétaires de bien d'autres souterrains du Rouergue, aussi profonds et aussi froids, ne pourroient-ils pas en retirer les mêmes avantages. Le fond du Tindoul de la Vaissière, l'intérieur de la caverne de Bouche-Rolland, celui d'une grotte immense qu'on voit à Lacalm, où l'on sent, comme à Roquefort, le souffle des vents souterrains, ne produiroient-ils pas le même effet? C'est aux cultivateurs curieux d'en faire l'expérience.

La propriété de ces caves est connue depuis bien long-temps, comme on peut s'en convaincre par un acte des archives de Conques, par lequel *Frotard de Cornus* donnant à ce monastère ses alleus des *Enfruts*, de *las Menudas*, de *Malpoiol*, et de *Négra Boissièra*, déclare entre autres revenus, dépendans de ces terres, deux fromages qui doivent lui être payés annuellement par chacune des caves de Roquefort, *et donat unaquæque cabanna duos fromaticos*. Cette charte est du règne de Philippe, vers l'an 1070.

VI.

Camarez, Brusque.

Le *Pont de Camares*, petite ville, est connu par quelques manufactures; et principalement par ses eaux minérales, qui méritent d'être mises au rang des meilleures de la France.

Camarez, aussi bien que le château de *Brusque*, étoient autrefois des vigueries considérables en Rouergue. Il en est fait mention, dans plusieurs monumens des neuvième et dixième siècles. Bertheiz, comtesse de Rouergue donna, l'an 883, à l'abbaye de Vabres, plusieurs biens situés dans les vigueries de Camarez et de Brusque. Par un autre acte de l'an 912, on voit

(1) Dict. de l'abbé Rozier.

qu'Aton, vicomte d'Albi, donne à l'abbaye de Saint-Pons de Tomières, tout ce qu'il possède dans le territoire de Villeneuve, dans la paroisse de Saint-Maurice, dans la viguerie de Camarez et à Brusque. La ville et terre de Camarez, qui, comme on le voit dans d'autres monumens, étoit dabord un des domaines dont jouissoit Pons comte de Toulouse, au dixième siècle, passa ensuite, par échange, aux vicomtes d'Albi, et de ceux-ci, à la maison du Pont qui la posséda long-temps.

Le château de Brusque appartenoit dabord, comme Camarez aux vicomtes d'Albi ; car on trouve qu'il fut donné en dot à Guillemette, fille du vicomte Raimond-Bernard, qui épousa Pierre Aton, vicomte de Bruniquel, en 1069.

VII.

Nant.

Nant aux extrèmités de la province au sud-est, est une des plus anciennes villes du Rouergue, car c'est la seule avec *Segodunum* et *Condatomago* (Rodez et Cornus) qui soit marquée sur l'ancienne carte de la *Gallia bracata*. Nant avoit autrefois un monastère de fort ancienne création, puisqu'on croit qu'il avoit été fondé en 679. On lit en effet dans la vie de saint Amand, évêque d'Utrecht (1), écrite par un auteur contemporain, que ce saint homme alla trouver le roi Childeric, qui lui assigna un lieu appelé Nant, où il bâtit un monastère (2). Saint Amand éprouva dans cette fondation, les oppositions de Monmole, évêque du voisinage, les uns disent d'Uzez, les autres d'Arsat : on lit dans le texte *Ozindis* ; mais comme on ne connoît pas de siège épiscopal de ce nom, on croit qu'il faut lire *Uceticensis*, ou *Arisitensis*. Quoiqu'il en soit, cet auteur ne nous permet pas de douter que saint Amand ne soit le fondateur de l'ancien monastère de Nant (3).

En effet il paroît par la donation que firent à cette église Bernard et Udalgarde son épouse, en 878, qu'elle avoit existé auparavant, et que ce seigneur vouloit non la créer, mais la *rétablir* (4). Ce monastère étoit dans ce temps-là, un prieuré subordonné à l'abbaye de Vabres ; mais il fut érigé en abbaye par le pape Innocent II, en 1135 ; comme on le voit par sa bulle, qu'on conserve encore dans les archives de cet ancien monas-

(1) Ou de Maestricht. On lit dans l'auteur, *Trajectensis*.
(2) *Vir sanctus domini Amandus Hildericum adiit regem... deditque ei rex locum nuncupante Nanto, in quo cœpit ædificare cœnobium*.
(3) Hist. du Lang. Gall. christ. t. I.
(4) Voy. parmi les notes, le sommaire de cette donation, n. XIII.

tère supprimé depuis long-temps (1). Le chapitre qui lui avoit été substitué, fut aussi supprimé en 1777, par l'évêque de Vabres.

Outre ce monastère de Bénédictins, il y avoit à Nant, un couvent de religieuses de *Sainte-Claire*, qui fut détruit dans le siècle dernier, sous l'épiscopat de Louis de Baradat. Un citoyen nommé Magalas, y fonda en 1666, un collége de *Doctrinaires*, où l'on a enseigné jusqu'ici, la grammaire et les belles-lettres.

La ville de Nant est située dans un vallon agréable, arrosé par une des branches de l'abondante fontaine de *Durzou*, qui a sa source dans une belle horreur, près d'une montagne de rochers très-escarpés.

VIII.

Saint-Jean-du-Bruel, Cantobre, Roquefeuil.

Saint-Jean-du-Bruel, autre petite ville toujours sur le Larzac, est beaucoup moins ancienne que celle de Nant. Elle tire son nom du village du *Bruel*, qui n'en est pas éloigné.

A peu de distance de Nant, on voit sur une éminence, l'ancien château de *Cantobre*, patrie de Gilbert de Cantobre évêque de Rodez en 1338 : et un peu plus loin, l'ancienne baronnie de *Roquefeuil*, qui comprenoit plusieurs paroisses aux environs de Nant, et dont les seigneurs possédoient le fort château d'*Algues* près de Saint-Michel, qui domine sur toute la contrée. La baronnie de Roquefeuil a donné le nom à une famille très-connue autrefois, parmi les familles nobles et d'ancienne chevalerie. En 1032 Siguin de Roquefeuil donna à l'abbaye de Saint-Guilhem du désert, diocèse de Lodève, plusieurs terres qu'il possédoit, dans les comtés de Lodève et de Rouergue. On trouve encore une donation faite à cette même abbaye, par Raimond de Roquefeuil en 1080. Dans les cartulaires de Sylvanez et de Vabres, il est souvent fait mention de plusieurs seigneurs de cette famille qui ont contribué à la dotation de ces monastères, avec les anciens seigneurs de Solages, de Raimond, d'Izarn, de Roquecisière, de Murasson, de Boisseson, d'Olargues, etc.

Adélaïde, héritière de Roquefeuil, épousa vers le commencement du douzième siècle, un seigneur puissant du Languedoc, nommé Bertrand d'Anduze, à condition que leurs enfans porteroient à perpétuité le nom de Roquefeuil. La gloire des alliances si recherchées par les nobles de ce temps-là, fut très-brillante dans la maison de Roquefeuil. Raimond de Roquefeuil épousa en 1169, Guillelmette sœur de Marie, reine d'Aragon, fille de Guillaume seigneur de Montpellier, et de Mathilde de Bourgogne.

(1) *Gall. christ.* t. 1. p. 283.

Bertrand et Adélaïde ses père et mère, donnèrent vingt chevaliers de leurs terres, pour garants des pactes de ce mariage, outre seize seigneurs qu'ils cédèrent en ôtage pour sûreté de leurs promesses; et ils en reçurent neuf, du seigneur de Montpellier.

La reine d'Aragon sœur de la baronne de Roquefeuil, disposant de ses biens, en faveur du roi Jacques son fils, par son testament, les substitua à Raimond et Arnaud de Roquefeuil.

Isabeau, fille de ce Raimond de Roquefeuil, par son mariage avec le comte Hugues en 1230, avoit réuni au comté de Rodez, la baronnie de Roquefeuil. Mais cette union fut contestée dans la suite par les descendans d'un puîné de la maison de Roquefeuil, qui rentrèrent en possession d'une partie des biens de leur famille, en 1362.

Parmi plusieurs personnages de la maison de Roquefeuil, qui se firent un nom autrefois, on distingua *Arnaud* qui épousa en 1227, Béatrix fille de Constance reine de Navarre; *Raimond*, qui en 1287, épousa Vaurie d'Albret; *Guillaume* gouverneur de Montpellier, qui fut envoyé en 1258, en qualité d'ambassadeur, au roi de France, pour un traité de paix, entre Louis IX et le roi d'Aragon; et qui en 1262, fut envoyé avec la même qualité à la cour d'Espagne, par le roi d'Aragon, pour traiter du mariage de Jacques son fils, avec la fille du comte Amédée; *Arnaud* qui fit long-temps la guerre avec le roi de Majorque son cousin, lequel fut forcé de lui céder en 1318, par l'entremise du pape Clément VI, plusieurs terres et domaines considérables, en Languedoc et dans les Cevennes. Ce même Arnaud fut ambassadeur auprès du roi d'Aragon, de la part de Jean roi de France, pour traiter du mariage du duc d'Anjou son fils, avec l'infante d'Aragon.

IX.

Arpajon, petite ville sur les frontières des Cevennes, eut d'abord le titre de baronnie, ensuite de duché érigé en 1651, en faveur des seigneurs de ce nom, qui ont si long-temps joué un rôle important en Rouergue. Ils étoient connus dès le onzième et le douzième siècle, comme on le voit par plusieurs actes de ce temps-là (1).

Les barons d'Arpajon avoient séance aux états du Languedoc, et à ceux du Rouergue. Depuis même que Hugues d'Arpajon eut épousé l'héritière de Sévérac, au commencement du quinzième siècle, cette famille prétendoit avoir le premier rang, parmi les nobles des états du Rouergue, comme les anciens barons de Sévérac, auxquels elle succédoit. On voit plusieurs barons d'Ar-

(1) Voy. parmi les notes. nomb. LIV et CXII.

pajon députés aux états généraux par les nobles de la province (1) ; et plusieurs membres de cette famille occuper des places éminentes dans l'église et dans l'état. Hugues d'Arpajon étoit évêque de Marseille en 1312 ; Guillaume évêque de Caors en 1404 ; Goffridre-Bérenger, évêque de Périgueux, en 1444 ; Jean vicomte d'Arpajon, marquis de Sévérac, comte de Mirabeau, de Lautrec et d'Hauterive, baron de Caumont, étoit sénéchal de Rouergue en 1591. Ce Jean d'Arpajon étoit fils de Charles, et de Françoise de Montal, dame d'honneur de la reine. Son père avoit été nommé par Henri III, chevalier de l'ordre du saint esprit, nouvellement établi par ce prince ; mais Charles d'Arpajon, qui étoit calviniste, le refusa, pour ne pas être obligé de changer de religion.

Hugues d'Arpajon chevalier, vicomte de Lautrec, baron de Caumont-de-Planeage, et de Sévérac, depuis chambellan du roi Charles VII, étoit gouverneur du Languedoc, en 1420. Ce seigneur étoit en faveur singulière auprès de Charles VII : et il eut plusieurs fois occasion de recevoir ce prince dans son château de Caumont-de-Planeage (2).

Hugues d'Arpajon père de celui dont nous parlons, avoit épousé Hélène, vicomtesse de Lautrec-Toulouse. De là vient sans doute que les d'Arpajon écartelèrent depuis leurs armes, avec celles de Toulouse, comme on le voit par leurs sceaux apposés à divers actes (3). C'est peut-être aussi ce qui inspira à Louis duc d'Arpajon, en 1645, l'idée singulière de demander au roi le comté du Rouergue, comme ayant autrefois fait partie du domaine des comtes de Toulouse. Quelque ridicule que fût cette prétention, on voit par les archives de Rodez, que cette ville fut forcée de se donner beaucoup de mouvemens, pour la détruire.

C'est ce même Louis d'Arpajon qui sauva le Montferrat et le Piémont dans le dernier siècle, qui se trouva à la prise de trente-deux villes en Franche-Comté, et qui remit la Guienne en paix en 1642. Il rendit, peu de temps après, de si grands services à l'ordre de Malte, contre les Turcs, que le grand-maître Jean Paul de Lascaris lui accorda pour lui et ses successeurs, le privilège de porter ses armes sur celles de Malte ; et il consentit outre cela qu'un enfant de la famille d'Arpajon fût nommé à perpétuité, chevalier de Malte en naissant, par son père, et grand-croix à l'âge de seize ans. Louis d'Arpajon mourut à Sévérac en 1679.

(1) En 1317, 1484, 1614, etc. Bérenger d'Arpajon et Raimond de Roquefeuil n'ayant pas pu assister aux états généraux de Paris, en 1317, envoyèrent leur procuration. *Trés. des Chartes.*

(2) Notes, nomb. CXIV.

(3) Notes, nomb. CXII.

Le duc d'Arpajon, et la dame de Simiane son épouse, fondèrent en 1660, sur un monticule fort agréable près de Sévérac, une communauté de douze prêtres, pour le service de la chapelle de *Notre-Dame de Lorette*, qui attiroit un grand concours de chrétiens. Cette communauté avoit été réduite à six en 1779.

L'église de Notre-Dame de Ceignac dut aussi beaucoup de dons précieux aux d'Arpajon, dans le temps qu'ils faisoient leur séjour à Caumont. On y voyoit encore de nos jours, des lampes, des vases d'argent, et des ornements d'un grand prix, où étoient empreintes leurs armes. Les registres sont chargés des noms et de quelques faits de divers membres de cette famille, depuis 1316, jusqu'en 1660 (1).

X.

Beaumont, Saint-Sernin.

La petite ville de *Beaumont* étoit connue autrefois par son monastère de Bénédictins. Flodoard, dans ses chroniques, rapporte que le monastère de Beaumont fut fondé, ou du moins considérablement doté par Diaphronisse, épouse d'Aton, vicomte d'Albi, qui vivoit en 942; et dont les descendans firent aussi plusieurs dons à cette église, comme on le voit par les actes de ses archives. Cécile, veuve de Bernard Aton, vicomte d'Albi, confirma par une charte de 1157 « les donations » que leurs ancêtres, savoir, la vicomtesse Diaphronisse, Bernard son fils, vicomte d'Albi et de Nîmes, Gauciane sa femme, » et leurs fils Frotaire, évêque d'Albi, et Aton vicomte, avoient » faites à l'église de Beaumont en Rouergue (2). »

Ils y avoient établi une communauté de clercs, sous l'autorité d'un prévôt. Ces clercs demandèrent à embrasser l'état régulier, au pape Eugène III, par l'entremise de Pierre, évêque de Rodez, et du vicomte de Beziers. Le pape souscrivit à leur demande le 19 octobre 1146, et ordonna qu'ils embrasseroient l'institut des chanoines réguliers de saint Ruf. En conséquence Cécile, vicomtesse de Carcassonne et d'Albi, les vicomtes Roger, Raimond Trencavel et Bernard Aton ses fils, s'assemblèrent au mois d'août de l'an 1147, à Murasson en Rouergue, où ils confirmèrent les donations que leurs ancêtres avoient faites en faveur de ce monastère, et lui donnèrent en propriété diverses églises, tant dans le Rouergue que dans l'Albigeois, en présence de Rigaud évêque d'Albi, et de plusieurs seigneurs (3).

(1) Notes, n. LIV.
(2) Monum. nomb. LII.
(3) Archiv. de Beaumont. Hist. du Lang.

Ce chapitre étoit sécularisé depuis long-temps, lors de sa suppression. Il étoit composé d'un prévôt, de quatorze chanoines et de six prébendiers. L'église collégiale est remarquable par sa flèche, qui est très-hardie et très-déliée.

Saint-Sernin, autre petite ville avoit aussi une église collégiale composée d'un prévôt, d'un sacristain-curé et de quatorze chanoines. Cette petite ville soutint en 1587, un siège, contre le comte de Montgommeri, chef des religionnaires, qui ne put pas la prendre.

On voit près de ces deux dernières villes, les vieux châteaux de *Balaguier*, de *Montlaur* et de *Combret*, dont les seigneurs sont souvent mentionnés dans plusieurs monumens depuis le onzième siècle (1). Bernard de Combret étoit évêque d'Albi en 1254. On lit dans l'histoire du Languedoc, que cet évêque, eût avec l'abbé de Gaillac, une guerre, qui causa beaucoup de troubles, dans son diocèse, pendant plusieurs années. Ils se mirent tous les deux à la tête de leurs troupes ; et ces deux champions ecclésiastiques avoient, chacun dans leur armée, la principale noblesse du pays. L'évêque fut cité *au parlement de la Toussaints* 1259 ; mais inutilement. L'archevêque de Bourges, son métropolitain, ayant assemblé un concile, l'affaire fut terminée en 1264. L'origine de cette guerre venoit de ce que l'évêque ne vouloit pas reconnoître les officiers de justice établis par le roi, dans sa ville épiscopale.

Hugues de *Montlaur* fut nommé évêque de Riez, vers l'an 1160 ; et ensuite archevêque d'Aix, en 1167. Il eut pour successeur Bertrand de *Roquetaire*, qui étoit aussi originaire du Rouergue.

Jean de *Balaguier* étoit évêque de Caors en 1511, et François son frère étoit en même-temps évêque de Bazas.

Le Vabrais a produit un autre personnage que l'abbé de Vertot a immortalisé dans ses écrits. *Dieudonné de Gozon*, grand maître de Malte en 1346, exterminateur du monstre qui désoloit l'île de Rhodes, étoit né au château de Gozon, à peu de distance de la petite ville de Saint-Rome-de-Tarn. On voit encore près des ruines de ce château, le bois dans lequel cet illustre chevalier, exerçoit les dogues dont il devoit se servir, pour combattre le dragon de Rhodes ; et ce bois a porté depuis, le nom de *Dragonières de Gozon* ; ce qui confirme un fait qui paroît d'abord incroyable, quoique attesté par plusieurs historiens.

Bosio et l'abbé de Vertot nous font de ce monstre une pein-

---

(1) On voit dans la *Gall. christ.* t. I, p. 276, que l'an 1082, Bernard de Combret, avec Frotard et Bérail ses fils, donnèrent au monastère de Vabres, les églises de Saint-Sévéri et de Saint-Marcel.

ture effrayante. La masse énorme de son corps étoit soutenue sur quatre jambes, comme le crocodile. Son dos couvert d'écailles le rendoit impénétrable à la lance ; ses flancs étoient armés de deux ailes noires, qui accéléroient sa marche, et dont les battemens faisoient un bruit effroyable. Il infectoit l'air de son haleine : il jetoit du feu par les yeux ; et de sa gueule enflammée sortoient des sifflements horribles, qui faisoient trembler les plus intrépides : de sa tête pendoient deux longues oreilles ; et une queue immense faisoit sur son corps mille replis tortueux.

Plusieurs chevaliers de Rhodes avoient attaqué ce dragon, dans la caverne qui lui servoit de retraite, au pied du mont Saint Etienne, mais aucun n'en étoit revenu. Le grand-maître Élion de Villeneuve défendit sous les plus grandes peines, de s'exposer à la dent meurtrière d'un monstre qui dévoroit tout. Malgré cette défense, Dieudonné de Gozon conçut le projet de délivrer de ce fléau, l'île de Rhodes. Il s'étoit souvent avancé vers la caverne, pour avoir occasion de voir le monstre, et d'en observer la forme, la marche et la couleur. Dès qu'il l'eut bien examiné, il se retira dans son château de Gozon ; et ayant fait faire dans le bois des *Dragonières*, une figure parfaitement semblable au monstre, dans les flancs de laquelle il plaçoit, dit-on, une bougie allumée pour la rendre plus effroyable, il exerça de jeunes dogues à lui déchirer le ventre, tandis qu'il frapperoit lui même à coups de lance. Dès que ses chiens furent dressés, il repartit pour Rhodes, et suivi de deux domestiques instruits de son projet, il marcha droit à la caverne. Le monstre parut bientôt, et Gozon lui déchargea d'une main ferme, un grand coup de lance ; mais le fer repoussé par les écailles qui couvroient son corps sauta en éclats. Le coup ne fit qu'augmenter la fureur du dragon, et ses sifflements épouvantables effrayèrent si fort le cheval de Gozon, qui fut obligé de descendre et de combattre à pied.

Le monstre l'eut bientôt renversé d'un coup de queue ; et déjà il étoit dans un grand danger ; lorsque ses dogues qu'il avoit formés, fondent sur le dragon, le saisissent et lui déchirent le ventre : Gozon se relève, lui enfonce l'épée dans la gorge et l'achève.

Le chevalier Foxon raconte qu'on trouva dans la tête de ce dragon, une pierre de la grosseur d'une olive, d'un éclat très-brillant et de diverses couleurs : qu'elle avoit une vertu singulière contre toute sorte de venins : qu'elle avoit la propriété de faire bouillir les liqueurs dans lesquelles on la plongeoit. Elle fut conservée long-temps héréditairement dans la branche aînée de la maison de Gozon, sous le nom de *pierre du grand maître* ; mais le château de Gozon ayant été pris et saccagé, sous Henri III, pendant le temps des guerres de religion, cette pierre fut trouvée par un soldat, qui la mit entre les mains de Henri IV, alors roi de Navarre.

Le chevalier de Gozon, après son expédition, fut conduit en triomphe par le peuple et les chevaliers, au palais du grand-maître ; mais celui-ci, au lieu de le récompenser, assemble son conseil pour délibérer sur sa désobéissance : et il est arrêté qu'il en sera puni par la privation de l'habit de l'ordre. Cependant Gozon obtint bientôt sa grâce ; et après la mort d'Élion de Villeneuve, il fut nommé grand-maître de l'ordre, en 1346 (1). Il mourut en 1353, et eut pour successeur Pierre de Corneillan, dont la famille, qui a donné trois évêques à l'église de Rodez, est établie en Rouergue, depuis long-temps.

Si quelques auteurs ont cru que le célèbre chevalier de Gozon étoit de Provence, c'est sans doute parce qu'il étoit réellement de la langue de Provence, une des huit langues de Malte, dans laquelle étoit compris le diocèse de Vabres. D'autres ont cru qu'il étoit de Millau, soit parce qu'il n'en étoit pas éloigné ; soit parce que sans doute cette famille y avoit une habitation, comme semble le prouver la rue et la porte qu'on nomme encore des *Gozons*, dans cette ville.

Les descendans de la famille du chevalier de Gozon allèrent s'établir en Querci, où ils ont été connus jusqu'à nos jours, sous le titre de seigneurs d'Ays et de Saux. Un d'entr'eux, Jean de Gozon, fut en 1502, nommé grand-maître de la maison du roi de Hongrie et de Bohême.

En 1438, Jeanne de Gozon, en épousant Jean de Montcalm, seigneur de Saint Véran, apporta les terres de Gozon et de Mélac dans cette maison, qui en a joui jusqu'ici.

On raconte d'un enfant de cette famille, des prodiges surprenants, en genre de connoissances prématurées. *Jean-Louis-Elizabeth de Montcalm*, né en 1719, et mort à Paris en 1726, avoit appris dès le berceau, à connoître les lettres par le moyen du bureau typographique. A trois ans il lisoit parfaitement ; à quatre il parloit latin; à six il lisoit le grec et l'hébreu, et il possédoit les principes de l'arithmétique, de l'histoire, de la géographie, du blason, de la science des médailles. Dans quatre semaines il apprit à écrire correctement et avec facilité. Il avoit lu avant sept ans une foule de poëtes, d'orateurs, de grammairiens, de philosophes, d'épistolaires, d'historiens. Montpellier, Nîmes, Grenoble, Lyon, Paris, admirèrent la rapidité de ses progrès, et l'étendue de ses connoissances : mais il lui arriva, ce qui arrive ordinairement à ces génies précoces ; il ne vécut pas long-temps. Il mourut à l'âge de sept ans. Il étoit frère du *marquis de Montcalm-Saint-Véran*, lieutenant général et commandant en chef des armées françoises en Amérique, tué à Québec en 1759, après avoir remporté plusieurs victoires con-

---

(1) Prospectus de l'abbé Lavaissière, Hist. de Malte. Moréri. art. Gozon.

tre les ennemis. Outre ses exploits militaires, on rapporte de lui plusieurs traits qui caractérisent le patriote, l'homme vertueux, modeste, instruit et équitable (1).

VILLES DE LA BASSE-MARCHE.

I. *Villefranche.*

Villefranche, quoique moins ancienne que bien d'autres villes du Rouergue, est devenue une des plus considérables, et la plus peuplée, soit à cause de sa situation, soit par son commerce, soit parce que dès son berceau, elle devint le siège du principal tribunal de justice du pays. Lorsque le comté de Rodez eut été séparé de celui du Rouergue, les comtes de Rouergue établirent un sénéchal qui rendoit et qui faisoit rendre la justice en leur nom, dans leurs états, et quelque temps après, une sénéchaussée qu'ils fixèrent à Villefranche. Avant cet établissement, la justice étoit rendue en leur nom, par des officiers qu'on appeloit baillis, viguiers ou vicaires, et qui étoient distribués dans les principales villes et bourgs de la province.

Villefranche fut fondée en 1252 par Alfonse, frère du roi Louis IX, comte de Toulouse et de Rouergue. Ce fait est attesté par tous les auteurs qui ont écrit la vie de ce prince, et l'histoire de ce temps-là. Certains même font mention des lois et coutumes particulières qu'il donna aux habitans *de cette nouvelle ville qu'il venoit de faire bâtir* (2) ; ainsi que de quelques privilèges ou *franchises* qui lui firent donner le nom de Ville-*franche.*

L'époque de cette fondation est fixée encore par la plainte de *Gui, sire de Sécérat,* contre l'évêque Vivian, en 1261. Nous avons vu qu'entre autres griefs cotés contre ce prélat, ce seigneur lui reproche d'avoir excommunié *ceux qui construisent la nouvelle ville qui a nom Villefranche près Najac, ou qui vont y fixer leur demeure.*

On lit aussi dans un mémoire des acquisitions faites par Alfonse comte de Toulouse, daté de l'an 1271, que le terrain employé pour la construction de Villefranche, produisoit annuellement deux cent livres de Caors.

Malgré ces autorités, nous trouvons dans un manuscrit, intitulé *Annales* ou *Fastes consulaires,* de Villefranche, que long-temps avant Alfonse, le fameux Raimond de Saint-Gilles en avoit conçu le plan, et jeté même les premiers fondemens. Ce sei-

---
(1) Mercure de France, juillet 1761. Dict. historiq. art. *Montcalm et Candiac.*
(2) Hist. du Lang, t. 3.

gueur passant, dit-on, par le Rouergue, après la publication de la première croisade, au concile de Clermont, ayant trouvé que la rive de l'Aveiron, où étoit autrefois le Bourg de *la Peyrade*, étoit un emplacement propre, pour y construire une ville, sur les représentations de plusieurs gentilshommes du pays, les Gautier, les Morlhon, les Pollier, etc, il ordonna d'y travailler en 1099. Ce manuscrit rapporte encore que la famille de Pollier contribua sur-tout à la fondation de cette ville; qu'elle céda son château, avec une grosse et forte tour, qu'on appelle encore aujourd'hui *la tour de Pollier* (1).

Nous n'entreprendrons pas de concilier ces diverses autorités, sur l'époque de la fondation de Villefranche. Il est vraissemblable que Raimond de Saint-Gilles en jeta les premiers fondemens, et qu'Alfonse continua ou acheva l'entreprise. Quoi qu'il en soit, l'origine de cette ville ne remonte pas au-delà du commencement du douzième siècle.

Le pape Nicolas V, voyant que l'église de Villefranche formoit une communauté nombreuse de prêtres, qui se réunissoient journellement pour acquitter des fondations propres à leur culte, l'érigea en 1447, en *chapitre collégial*, composé d'un prévôt électif, d'un sacristain-curé, de douze chanoines, de six hebdomadiers et de six prébendiers. Le prévôt avoit une place dans le chœur de la cathédrale de Rodez; ce privilège lui avoit été accordé en compensation d'un droit *d'albergue*, que le chapitre de Rodez avoit sur celui de Villefranche.

Gauthier, baron de Savignac, établit les *cordeliers* à Villefranche en 1232, époque qui prouve que Villefranche existoit, avant le règne du comte Alfonse. Cette maison fut pillée et détruite en 1544, par les religionnaires, qui emprisonnèrent aussi les religieux; mais elle fut rebâtie en 1629.

Les *augustins* et les *chartreux* de Villefranche furent établis dans cette ville, vers la fin du quinzième siècle. Les chartreux furent fondés par un marchand nommé Valette, et son épouse. François de la Rovère évêque de Mende, dont on voit le tombeau au milieu de leur chœur, contribua beaucoup à leur dotation.

Le *séminaire* connu sous le nom de *Notre-Dame des Treize-Pierres*, étoit d'abord une petite chapelle de dévotion fort fréquentée. Le grand concours de chrétiens qui y venoient de tout côté, sur-tout après le *vœu du 16 août*, que Villefranche y fit lors de la peste dont nous allons parler, força l'évêque de Rodez à placer des prêtres dans cette église, pour en faire le service. Elle fut d'abord confiée aux *Bonalistes* en 1632, ensuite érigée en séminaire en 1648, et enfin cédée aux prêtres de la Mission en 1723.

(1) Nous apprenons que cette tour bâtie en 1091, fut démolie en 1768.

François de Corneillan, évêque de Rodez, établit les *capucins* à Villefranche, en 1608. Leur église fut consacrée en 1616, par Bernardin son neveu et son successeur.

Le collége fut fondé en 1622, et confié aux *Pères de la doctrine chrétienne*, qui y ont enseigné jusqu'ici la théologie, la philosophie, et les humanités.

Avant 1612, il n'y avoit à Villefranche aucune communauté religieuse de filles : les habitants y attirèrent cette année-là les *Ursulines*; et cet établissement fut confirmé par Louis XIII, en 1627.

Les religieuses de la *Visitation* y furent fondées et dotées par le sieur de Lauriere, en 1641. Leurs revenus n'étant pas suffisans pour leur donner à vivre, Charles de Grimaldi, évêque de Rodez, unit à leur maison, celle des Ursulines d'Aubin, en 1755.

Les religieuses de *Sainte-Claire* avoient été d'abord fondées en 1326, à Granairac dans la paroisse de Claunhac, par Eustache de Beaumarchais, sénéchal de Toulouse ; et le Pape Jean XXII en avoit fixé le nombre à douze. Mais elles furent transférées à Villefranche en 1676, par Gabriel de Voyer de Paulmy, évêque de Rodez, qui les plaça dans une situation très-agréable, à quelques pas de distance de la Ville. Elles étoient soumises à une abbesse ou prieure perpétuelle, à la nomination des seigneurs de Grimaldi-Monaco, en qualité de comtes de Carlat.

On voit sur un des murs de ce couvent, une inscription qui nous a conservé la mémoire d'un des plus cruels fléaux qui ayent affligé Villefranche, depuis sa fondation : c'est la peste de 1628. « Ici, lit-on sur une pierre du mur oriental de ce cou-
» vent, reposent les corps d'environ huit mille habitants de
» Villefranche, qui ont péri de la peste en 1628, depuis le com-
» mencement de mai, jusqu'à la fin de septembre. » *Hic ad octo millia civium Francopolitanorum corpora sepulta jacent, qui anno M. DC. XXVIII, ab initio maii, ad finem septembris, peste urbem depopulante, è vicis erepti sunt. Horum sepultura his muris circumdata est, anno M. DC. XXX, consulibus Petro Pomairol, regis consulare, ac ejusdem in provinciâ Rhuthenensi questore, Claudio des Bruyeres doctore medico, Dominico Alcouffe et Joanne Riviere procuratoribus.* Ou Villefranche étoit alors plus peuplée qu'aujourd'hui, ou cette terrible contagion dut la dépeupler presque en entier, en enlevant huit mille de ses habitants. Le célèbre magistrat Pomairol, dont il est parlé dans l'inscription, s'immortalisa par son courage et sa prudence pendant tout le temps de ce fléau destructeur. Il brava tous les dangers et se tint toujours ferme à son poste. Il montra sur-tout un grand zèle pour la conservation des propriétés des familles que l'épidémie avoit forcées de prendre la fuite, ou qui en avoient été la victime. Il poursuivit avec sévérité tous les malfaiteurs qui pro-

fitoient du désordre public, pour piller les maisons et les autres possessions des malades ou des morts. La communauté de Villefranche voulut laisser à la postérité un témoignage public de sa reconnoissance, et dans une assemblée générale de tous les habitants, elle exempta de toutes contributions, les possessions dont Pomairol jouissoit dans la commune, s'obligea de les payer pour lui, et ordonna que cette exemption s'étendroit à ses descendans, qui en effet en ont joui jusqu'ici, et que la délibération seroit gravée sur une plaque de bronze, qui fut enchassée dans un mur de l'hôtel de ville.

Sénéchaussée.

La *sénéchaussée* de Villefranche comprenoit dans son ressort, toute la province, avant l'établissement de celle de Rodez, qui en fut démembrée en 1621. Les *sénéchaux* étoient les chefs de l'administration de la justice, de la police et des troupes provinciales. Ils prétendoient avoir le privilège de convoquer les états, de publier le ban et l'arrière-ban, c'est-à-dire, d'assembler les vassaux, et les vassaux des vassaux des comtes de la province, et de marcher à leur tête quand les comtes n'y étoient pas en personne. Il ne paroît pas qu'il y ait eu de sénéchaux en Rouergue, avant le treizième siècle : mais c'est sans fondement qu'on regarde comme le premier, *Philippe de Landrecille*, qui fut nommé par le comte Alfonse en 1256. Nous voyons dans l'histoire des grands officiers de la maison des comtes de Toulouse, que *Bérenger Centulli* étoit sénéchal du Rouergue pour le comte Raymond, en 1226. On trouve aussi dans les archives de Saint-Antonin, qu'en 1219, le vicomte Bernard-Hugues céda au roi Louis VIII, tous ses droits sur cette ville, entre les mains *de Géraud de Malamort, sénéchal pour le roi à Saint-Antonin.* On lit encore dans l'histoire du Languedoc, qu'en 1251, Alfonse comte de Toulouse, et Jeanne son épouse, parcoururent tous leurs domaines dépendans des comtés de Toulouse et de Rouergue, et qu'Alfonse reçut à Millau, le 5 juillet, l'hommage de Guillaume de Barrière, en présence de l'évêque de Toulouse, et *de Jean d'Arcis son sénéchal en Rouergue.* Il n'est donc pas douteux que le Rouergue n'ait eu plusieurs sénéchaux avant Philippe de Landreville (1).

Sur la fin du règne des comtes de Toulouse, le Rouergue étoit divisé en sept *baillages*, soumis à un même sénéchal. De ce nombre étoient ceux de Rodez, Millau, Peyrusse,

---

(1) Voy. parmi les notes. nomb. LXXII.

Villeneuve, Najac, dont il est fait mention dans un mémoire de dépenses du comte de Toulouse, de l'an 1257, dans lequel on fait monter l'honoraire du sénéchal et des juges à sept cents quinze livres tournois. Les deux autres baillages ne sont pas nommés dans cet état. En 1271, ces divers tribunaux furent subordonnés à la sénéchaussée qui fut établie à Villefranche.

Hommes illustres nés à Villefranche.

Villefranche est la patrie de Claude Pollier, qui se signala en 1274, dans une bataille contre les Anglois, où il commandoit une compagnie de cavalerie, sous les ordres du comte de Toulouse. Ayant dégagé le prince Louis, fils aîné du roi Philippe le hardi, ce monarque, en reconnoissance de ce bienfait, institua en sa faveur l'ordre du Coq, et l'en fit premier chevalier (1). Il donna ce nom à cet ordre; parce que les armes de Pollier étoient un coq. Il y a encore dans la banlieue de Villefranche, un terroir appelé *Rive de Pollier*, à l'extrémité duquel étoit plantée une fort ancienne croix qu'on nommoit la *Croix de Pollier*. Sur cette croix qui étoit fort élevée, ainsi que sur un vieux tombeau de cette famille, on voyoit les armes de Pollier. On les gravoit aussi, dit-on, sur la médaille d'or qu'on donnoit pour prix tous les ans aux élèves du collège de Villefranche.

Cette ville, ou pour mieux dire, le terroir qu'elle occupe, a donné naissance aussi à Pons de Gauthier, en 1096, qualifié dans l'histoire des croisades, *de très-vaillant homme, et bon capitaine, seigneur de la forteresse de Domairan*. Il fut chargé de conduire dans la Palestine, un corps considérable de cavalerie et d'infanterie, qu'il amena, sans aucun échec, jusqu'à Constantinople.

Jean de Gauthier, évêque de Carcassonne en 1270, étoit aussi originaire de Villefranche. Cette famille a laissé son nom à une des rues de cette ville qu'on appelle encore la rue de la *Gautièrie*.

Un personnage beaucoup plus célèbre, natif aussi de Villefranche, c'est le fameux Maréchal de Belle-Ile. Cet homme distingué par son mérite, par son courage, par son génie et son activité dans toutes les fonctions auxquelles on l'employa, fut successivement gouverneur de plusieurs places importantes, enfermé à la Bastille, ensuite académicien, chevalier des ordres du roi, maréchal de France, ambassa-

---

(1) Morèri, art. *Coq*.

deur, premier ministre, prince du saint empire, duc, pair, grand d'Espagne, etc. Il mourut en 1761, avec la réputation d'un grand homme de guerre, d'un grand ministre, d'un littérateur, d'un savant, en un mot, d'un homme d'un mérite et d'un génie universels.

Si Villefranche a été le berceau de plusieurs personnages illustres, elle a aussi donné naissance dans le dernier siècle, à trois factieux, qui excitèrent une sédition dangereuse. Le roi ayant ordonné en 1643, la levée de quelques deniers, pour la subsistance de ses troupes, trois mutins, nommés Petit, chirurgien, la Paille, cabaretier, et la Fourque, sellier, se mirent à la tête d'un parti, pour s'opposer à cette imposition. Ils crurent que les armées du roi, étant occupées en divers endroits contre les Espagnols, ils pourroient résister impunément à l'autorité. Ils attirèrent dans leur parti, non-seulement un grand nombre des habitants de Villefranche ; mais encore beaucoup de paysans des environs. Tous ensemble prirent le nom de *Croquans*; et par leur nombre, ils donnèrent une prompte chasse, à tous les commis, chargés de la levée de cette contribution.

Le comte de Noailles, gouverneur de la province, ayant eu avis de la sédition, marcha contre les rebelles : il se rendit maître de Villefranche, et fit arrêter Petit et la Paille, qu'il livra entre les mains de l'intendant. Cet échec ne déconcerta pas les Croquans qui étoient répandus dans la province; ils fondirent sur Villefranche, au nombre de dix à douze mille hommes, et y assiégèrent le comte de Noailles. L'évêque de Saint-Flour, son frère, en ayant été averti, courut à son secours, avec cinq cents de ses amis, à cheval. En même temps le comte de Langeron, et le sieur de la Ferrière, intendant, s'étant joints à lui avec douze cents hommes, ils attaquèrent ensemble ces factieux. Le comte de Noailles se sentant secondé, fit une sortie à la tête des assiégés, et il défit les rebelles. Il les mit dans un si grand désordre, qu'il leur fut impossible de se rallier. Petit et la Paille, principaux auteurs de la révolte, expièrent leur crime par la roue : quelques-uns de leurs compagnons furent pendus, et les autres qu'on avoit pris, furent condamnés aux galères, au nombre de soixante-sept. Ces rigoureux exemples remirent la province dans l'obéissance, et les troubles furent appaisés (1).

---

(1) Le Tacite françois, par l'abbé de Ceriziers, aumônier du roi Louis XIV, p. 501.

II.

Saint-Antonin.

Saint-Antonin est une des villes les plus anciennes du Rouergue. Avant qu'une troupe de chrétiens y transportât la tête du martyr saint Antonin (1), cette ville étoit connue sous le nom de *Nobilis Vallis*, Nobleval (2).

Festus, seigneur puissant de Nobleval, fonda l'église, et lui donna, ainsi qu'à la ville, le nom de Saint-Antonin, dans les premiers siècles du christianisme en France.

Pepin, fils de Charles Martel, revenant d'Aquitaine, l'an 767, s'étant arrêté à Saint-Antonin, avec une cour nombreuse, pour rendre grâces à Dieu de la prospérité de ses armes, donna plusieurs biens à cette église, comme il paroît par une charte de ce prince, qu'on y conserve encore (3). Cet acte qu'il suffit de lire, pour se convaincre que l'église de Saint-Antonin existoit auparavant, porte divers dons que Pepin fit, de concert avec seize ducs ou comtes qui l'accompagnoient, dont trois prenoient le titre de comtes palatins, et avec quatorze évêques, qui contribuèrent tous à la dotation de ce monastère. Quoique plusieurs raisons fassent suspecter l'authenticité de cette charte, et que nous ayons tous lieu de croire que ce monument, très-ancien d'ailleurs, n'est cependant qu'une notice du voyage et des dons de Pepin; on ne peut pas douter pour cela de l'ancienneté de l'abbaye de Saint-Antonin; car il en est fait mention dans le statut d'Aix-la Chapelle en 817, concernant les monastères, ainsi que de celle de Moissac et plusieurs autres.

On voit d'ailleurs par d'autres chartes de cette église, qu'en 770, Charlemagne et Louis son fils confirmèrent les donations de Pepin, que Hermengarde, épouse de Charlemagne, y en fit de nouvelles, du consentement de l'empereur son mari.

Le chapitre fut d'abord composé d'un prévôt et de dix-huit chanoines séculiers ; mais le pape Urbain II en fit un chapitre régulier en 1090, et le réduisit à douze chanoines réguliers, auxquels il joignit douze prébendiers séculiers. Plusieurs papes avoient accordé des privilèges à cette église.

(1) Il fut martyrisé vers l'an 305.
(2) Le roi Louis IX parlant de Saint-Antonin dans une charte de 1226, dit encore *quæ est sita in valle nobili*.
(3) Voyez cet acte, nomb. IV.

On remarque entre autres celui d'Eugène IV, qui lui donna la dîme du safran en 1444. On voit en effet de nos jours quelques particuliers qui cultivent encore cette plante aux environs de Saint-Antonin ; mais le produit en est si casuel, que la culture en est bien discréditée. Elle exige des soins particuliers, et la terre qu'on lui destine doit être aussi meuble que la cendre.

Ce monastère fut ruiné en 1570, pendant les guerres de religion : l'église fût brûlée ; l'exercice de la religion catholique y fut proscrit ; et la ville devint une des fortes places des religionnaires.

L'hôpital de Saint-Antonin est des plus anciens de la province et peut-être de la France. On trouve dans ses archives des donations de l'an 800. Il fut doté principalement par le cardinal Tassere, prieur et prévôt de Saint-Antonin. Les religionnaires brûlèrent cet édifice en 1575.

Les carmes furent appelés par les consuls à St-Antonin, vers l'an 1300. Les cordeliers y furent établis par le roi Louis IX en 1227 ; et les capucins en 1622, par Louis XIII qui leur donna le temple des protestants qu'il venoit d'en chasser.

La communauté des religieuses de Coste-Jean, près de Saint-Antonin, fut fondée le 3 août 1292, par Elizabeth de Vatal, veuve de Bertrand de Beaufort, qui donna tous ses biens à l'abbaye de Leyme diocèse de Caors, à condition que l'abbesse de Leyme fonderoit une maison religieuse à St-Antonin. De-là vient que les religieuses de Coste-Jean, ont été toujours sous la juridiction des abbesses de cette abbaye ; et lorsqu'on les supprima, leur maison fut réunie à l'abbaye de Leyme.

Vicomtes de Saint-Antonin.

La ville de St-Antonin a été long-temps soumise à des seigneurs qui avoient le titre de vicomtes. Les vicomtes de St-Antonin étoient de puissans seigneurs en Rouergue, dès le neuvième siècle ; c'est-à-dire, peu de temps après que le titre de vicomte eut commencé à être connu dans nos provinces méridionales. Ils étoient hommagers des comtes de Toulouse, leurs parens.

On voit aux archives de cette ville, dans celles du comté de Rodez, et dans le trésor des chartes de Toulouse, une infinité d'actes, où il est fait mention des vicomtes de Saint-Antonin.

On y trouve qu'en 961, Raimond, comte de Toulouse et de Rouergue, donna par son testament, certaines terres à Izarn vicomte de Saint-Antonin, son cousin ;

Qu'en 1083, Izarn, vicomte de Saint-Antonin, et Frotard son frère sont présens à une transaction entre Izarn évêque de Toulouse, et les religieux de Saint-Sernin de la même ville :

Qu'en 1136, Izarn, Guillaume Jourdain, et Pierre, vicomtes de Saint-Antonin, donnèrent à leur ville certaines coutumes et privilèges, de l'avis d'Aymar évêque de Rodez, et de Raimond évêque de Toulouse :

Que ces trois frères jouirent de la vicomté de Saint-Antonin par indivis, jusqu'en 1155; qu'alors ils en firent le partage, sans qu'il paroisse qu'un quatrième frère nommé Sicard, y eut aucune part :

Que dans un accord de l'an 1180, passé près du château de Capdenac, entre le comte de Toulouse et l'abbé d'Aurillac, on fait intervenir Izarn vicomte de Saint-Antonin, ainsi que plusieurs autres seigneurs du Rouergue, comme Hugues évêque de Rodez, Hugues comte, Guiraud, abbé de Conques, Guillaume abbé de Nant, Imbert de Cadole, seigneur de Maleville, Bernard d'Arpajon, Gerbert du Bosc, Frotard de Belcastel, W. de Mirabel, Adhemar de Broussignac, Etienne de Bénaven, Richard frère du comte de Rodez, W. de Barriere, Adhemar de Capdenac, Bertrand de Balaguier, etc.

Que dans des lettres de sauvegarde données à Agen en 1186, par Richard fils du roi d'Angleterre, en faveur de l'abbaye de Candeil, il est fait mention de *Forto* vicomte de Saint-Antonin, de Philippe du Colombier, d'Étienne de Caumont, etc.

Qu'Izarn, vicomte de Saint-Antonin, et Frotard son frère vendirent en 1197, aux habitans de Saint-Antonin, le *pré de la ville*, pour mille sous de Caors : que Frotard vendit de son côté en 1198, à Ratier de Caussade, tout ce qu'il avoit à Caussade et, à Saint-Cyr (Saint-Céré).

Dans un manuscrit de la bibliothèque du roi, écrit en langage provençal, dans lequel on rapporte plusieurs particularités, concernant les anciens Troubadours ou poëtes Languedociens, on lit que Raimond-Jourdain, vicomte de Saint-Antonin, fut aussi habile *trobaire* que bon chevalier : qu'il eut de l'inclination pour la femme du seigneur de Penne en Albigeois, qui ne fut pas insensible à ses sentimens. S'étant trouvé à une bataille, et ayant passé pour mort, parce qu'il y avoit été blessé ; cette nouvelle causa tant de chagrin à la dame de Penne, qu'elle quitta le pays, et *se refugia chez les hérétiques*. Raimond-Jourdain apprenant le sort de cette dame, en fut accablé de douleur : il renonça à la poésie, ne parut plus en public et passa un an entier dans le deuil et dans la tristesse. Enfin Alix de Montfort, fille du vicomte de Turenne et femme de Guillaume de Gourdon, qui étoit jeune et belle, l'ayant pris pour son chevalier, elle l'engagea à reprendre sa gaieté naturelle, et il recommença à faire des chansons. On en trouve sept de sa façon dans les manuscrits de la bibliothèque du roi. Nostradamus (1) dit que ce vicomte se retira vers l'an 1206, à la cour de Raimond-Béranger, comte de Provence, fils d'Alfonse II, roi d'Aragon.

Le dernier vicomte de Saint-Antonin fut Bernard-Hugues, qui céda au roi en 1249, tous les droits qu'il avoit sur la ville de Saint-Antonin (2). Depuis cette époque, la vicomté de Saint-Antonin resta réunie à la couronne.

Non loin de Saint-Antonin, on voit sur un rocher au bord de l'Aveiron, les ruines du fort château de Valette, où sont nés plusieurs personnages célèbres. De ce nombre sont,

Fortuné de Valette, fils d'Archambeau vicomte de Saint-Antonin, et de Nicole de la Tour-d'Auvergne. C'est lui qui fit bâtir en 1180, le château dont nous parlons :

Jourdain de Valette, sénéchal de Périgord, et gouverneur du château de Maleville, en Rouergue. Ce seigneur ayant sauvé la vie à Roger, comte de Foix, à la bataille de Muret, en 1213, celui-ci, pour reconnoître ce service, lui donna en mariage, l'année suivante, sa fille Esther, qu'il avoit eue de Philippis d'Aragon :

Antoine de Valette-Morlhon, ainsi appelé, parce qu'un de ses ancêtres avoit épousé l'héritière et fille unique de Pierre de Morlhon, chevalier, seigneur de San-Vensa. Antoine de Valette fut ambassadeur de Louis XI en Pologne, son chambellan et chevalier de son ordre. C'est lui qui en 1489, fut la principale cause de la suppression de la sénéchaussée que Louis XI avoit établie à Rodez :

Jean de la Valette, grand-maître de Malte en 1565, frère de François, évêque de Vabres. Parmi les témoignages d'estime que ce grand maître reçut de plusieurs princes, à cause des services sans nombre qu'il rendit à l'ordre de Malte, soit avant, soit après son magistère, on doit distinguer celui de Philippe II roi d'Espagne qui lui envoya un poignard avec cette devise, *plusquam valor Valeta valet :*

François de la Valette, baron de Cornusson, gouverneur de Rouergue, sénéchal de Toulouse et d'Albigeois en 1576, chevalier des ordres du roi, commandant en chef des galères de Malte et ensuite des armées de France en Languedoc, mort à Toulouse en 1586 :

François son fils, évêque de Vabres en 1600 : et autre François, aussi évêque de Vabres en 1618, après la mort de son oncle.

(1) Nostrat Poëtes provençaux, p. 90
(2) Trésor des chartes languedoc. N. 14. Hist. du Lang. liv. 21.

Troubles religieux à Saint-Antonin.

La ville de Saint-Antonin a soutenu plusieurs sièges, dans les guerres qui ont affligé le Rouergue en diverses époques. Dans le temps de l'hérésie des Albigeois, en 1209, ces hérétiques, soutenus par le comte de Toulouse, s'emparèrent de Saint-Antonin. Le pape ayant ordonné une croisade pour les détruire ; aussitôt l'évêque du Puy se rendit avec une armée à Saint-Antonin, pour en faire le siège. Les habitants résistèrent quelque temps ; mais forcés enfin de se rendre, ils proposèrent pour se racheter du pillage, une rançon considérable qui fut acceptée.

Les Albigeois s'en emparèrent de nouveau, peu de temps après ; mais Simon de Montfort, que le roi avoit envoyé contre eux, les chassa en 1211, de Saint-Antonin et du château de la Guépie, dont ils s'étoient aussi rendus maîtres.

Peu de temps après, ces deux places se remirent sous la puissance du comte de Toulouse, fauteur des Albigeois. Montfort ayant appris cette nouvelle à Albi, indigné de ces fréquentes infidélités, s'avança vers ces deux forts avec son armée. A son approche le château de la Guépie fut abandonné par les habitants et par les troupes qui le défendoient, et Montfort le fit détruire et raser de fond en comble. Il marcha ensuite vers Saint-Antonin, résolu d'en faire le siège : l'évêque d'Albi qui conduisoit l'avant-garde de l'armée, se hâta d'arriver avant lui devant la place, pour exhorter les habitants à se soumettre. Mais Adhemar de Jourdain, chevalier, plein de courage, que le comte de Toulouse y avoit mis pour gouverneur, lui répondit fièrement : « que le comte de Montfort sache que jamais les » *Bourdoniers* ne viendront à bout de prendre mon château. » Il appeloit ainsi les croisés, parce qu'ils portoient des bourdons pour marque de leur pélerinage. Simon, informé de cette réponse, promit d'en faire repentir le gouverneur. Il arrive à Saint-Antonin, et ayant placé son camp dans la plaine au pied du château, il est assailli le soir même par les habitants, qui font une sortie. Les sergens de son armée les repoussent avec vigueur jusques dans la place, et ils en font en même-temps l'attaque, sans la participation de leurs généraux : après un combat d'une heure, ils se rendent maître de trois *barbacanes* ou petites tours extérieures : la nuit qui survint les ayant empêchés de pousser plus loin leur entreprise. Les assiégés effrayés d'une action si vigoureuse, commencent à perdre courage, et plusieurs tâchent de se sauver par une porte opposée au camp. Les Croisés qui s'en aperçoivent, les poursuivent et font main basse sur tout ce qu'ils rencontrent. A minuit, Pons, vicomte de Saint-Antonin, jugeant que la ville seroit prise in-

failliblement le lendemain, envoye offrir à Montfort de la lui remettre, à condition qu'il auroit la liberté de se retirer où il voudroit. Ce général lui refuse sa demande, et le vicomte se rend enfin à discrétion. Les croisés entrent dans la place de grand matin (1) ; et « en intrant dedins, an tuats et meurtrits
» ben trente hommes des plus apparents de la dita villa et tras-
» tota la villa an pillada et raubada, lo Mostier, capelas et
» clercs, tout ho an pillat et raubat, sans y laissar rès que sia,
» et lo capitani deldit Sanct-Antoni, appellat Azemar Jorda, n'an
» menat prisonnier, amay lo viscomté Pons, et belcop d'autres
» an els, et adone à Laissat lo comte de Montfort, dins ledit
» Sanct-Antoni, lo comte de Baudoi (frère du comte de Tou-
» louse) an un tast de gens que ly an baylada, per la gardar
» et défendre » (2). Le vicomte Pons, le gouverneur et plusieurs autres chevaliers furent conduis à Carcassonne, et enfermés dans une étroite prison.

Le roi Louis VIII résolut de marcher en personne, contre les Albigeois en 1226 ; et Gui de Montfort lui céda alors tous ses droits sur la ville de Saint-Antonin. Le roi envoya aussitôt *frère Hébrard*, chevalier du Temple, pour prendre possession en son nom, de cette ville et recevoir le serment de fidélité des habitans. On voit encore l'acte de ce serment dans les archives de Saint-Antonin, tel qu'il fut prêté *par les douze consuls, le prieur et tous les habitans au-dessus de quinze ans*. Après l'avoir prêté, ils prièrent le chevalier Hébrard de ne pas l'ébruiter, de peur que le comte de Toulouse, s'il en étoit instruit avant l'arrivée du roi ne vint ravager leurs terres. Ils lui demandèrent en même-temps d'intercéder pour eux, auprès du cardinal légat, qui accompagnoit le roi ; afin qu'il levât l'interdit qui étoit sur leur ville. Le roi, l'année suivante 1227, au mois de janvier leur envoya de Paris des lettres de sauvegarde avec la confirmation de leurs coutumes et de leurs privilèges (3).

Les vicomtes de Saint-Antonin dont nous avons parlé, avoient donné ces coutumes particulières à leur ville, en 1136 : ils avoient fixé le nombre des consuls à douze : ils avoient aboli les quêtes qui étoient en usage auparavant et toutes les impositions qui ne seroient pas volontairement consenties. Ils avoient donné aussi en même temps une

---

(1) Ces détails sont tirés de l'Histoire du Languedoc, dont nous avons employé même les expressions.

(2) Ce passage est d'un auteur cité dans l'Histoire du Lang., qui a écrit en langue du pays, l'Histoire des Albigeois.

(3) Archiv. de Saint-Antonin.

entière *franchise*, à tous les étrangers qui viendroient à la fête de Saint-Antonin du mois de novembre, huit jours avant et autant après cette fête. Ils avoient permis aux accusés de se justifier par le duel, ou par l'épreuve du fer chaud. C'étoit alors un usage répandu dans presque toute la France, que lorsqu'un accusé ne pouvoit pas se justifier par témoins, on lui permettoit de se battre contre son accusateur. S'il remportoit la victoire, il étoit absous de l'accusation, par sentence du juge ; et l'accusateur au contraire subissoit la peine que méritoit le crime de l'accusé.

L'épreuve du fer consistoit à toucher un fer qu'on faisoit plus ou moins rougir au feu, selon l'énormité du crime. C'étoit la preuve des nobles, des prêtres, et autres gens libres, que l'on dispensoit du combat. Après beaucoup de cérémonies qu'on observoit dans cette épreuve, comme dans les autres, l'accusé soulevoit le fer rouge dans l'église, en présence du clergé et des juges. On lui enveloppait ensuite la main dans un sac que l'on fermoit exactement, et sur lequel le juge et la partie apposoient leurs sceaux. Trois jours après, on levoit l'enveloppe, et s'il ne paroissoit aucune marque de brûlure sur la main de l'accusé, on le renvoyait absous : si la plaie n'étoit pas guérie, il étoit déclaré coupable. On voit assez que ces différentes manières de se justifier, supposoient toujours que Dieu feroit un miracle, plutôt que de laisser succomber l'innocence.

Telles sont ces épreuves judiciaires que les vicomtes de Saint-Antonin autorisèrent pendant longtemps dans leur ville, et dont l'usage fut confirmé par le roi, en 1227.

Lorsque Louis IX eut fait la paix avec le comte de Toulouse, il écrivit en 1229 (1), à divers seigneurs du Rouergue, qui avoient fait hommage et serment de fidélité au feu roi son père, qu'il les dispensoit de ces obligations, et leur ordonnoit de faire hommage et de prêter serment de fidélité, à son très-cher cousin et vassal Raymond, comte de Toulouse, à qui il venoit de rendre les vicomtés de Millau et de Saint-Antonin. Ainsi finirent dans cette ville, les troubles causés par le fanatisme.

Dans le temps des guerres de la France avec l'Angleterre, dans le quatorzième siècle, les Anglois s'étoient emparés de Saint-Antonin, vers l'an 1345 ; mais le comte d'Armagnac les en avoit chassés ; lorsqu'en 1352, ils reprirent de nouveau cette ville, et pénétrèrent de là dans le Toulousain qu'ils ravagèrent. Le comte d'Armagnac entreprit de

(1) La lettre est aux archives de Saint-Antonin.

les chasser de nouveau de Saint-Antonin, et il forma le siège de cette ville sur la fin de la même année ; mais le comte de Foix, son ennemi particulier, ayant fait des courses sur ses terres d'Armagnac, il fut obligé de renoncer pour quelque temps à son entreprise. Il reprit ce siège au mois de février suivant, et comme il traînoit en longueur, il le confia à Arnaud de Pressac, *maréchal de son Host*, pour aller lui-même à Najac, où il avoit convoqué les communes de la province de Languedoc, dont il étoit gouverneur. La sénéchaussée de Carcassonne accorda au comte d'Armagnac, dix sous par feu, pour le siège de Saint-Antonin ; ce qui produisit soixante-douze mille livres. Celle de Beaucaire lui fournit aussi un don gratuit de vingt-quatre mille *deniers d'or à l'écu* (1). La Ville de Nîmes accorda quatre cents écus d'or pour la même expédition, à condition que le nombre de ses consuls seroit augmenté jusqu'à six.

Ces secours joints à ceux des sénéchaussées du Rouergue et du Querci, qui y contribuèrent comme les autres, formèrent une somme bien plus grande qu'il ne falloit pour cette entreprise. Le comte d'Armagnac envoya aussitôt Raimond de Laudun dans la sénéchaussée de Beaucaire, avec commission de lui envoyer deux cents arbalétriers, et se rendit devant Saint-Antonin, résolu de mettre tout en usage pour en chasser les Anglois. Il n'eût même aucun égard pour une trève de six mois, convenue entre la France et l'Angleterre, à compter du 1 mars 1353. Car on voit diverses lettres de lui, datées du 4, du 6, et du 14 de juillet de la même année, *dans ses tentes devant Saint-Antonin*. Mais tout son zèle, les préparatifs qu'il avoit faits, et les dépenses qu'il avoit occasionnées à toutes les provinces de son gouvernement, devinrent inutiles, à cause des projets de paix, qui se négocièrent bientôt entre les deux cours, ce qui le força de lever le siège ; et les Anglois restèrent maîtres de Saint-Antonin (2).

Il paroit par un acte de l'année suivante, que le comte d'Armagnac n'avoit pas toujours eu l'avantage, dans les actions qu'il eut avec les Anglois, pendant ce siège ; car le 12 juillet 1354, il compta une certaine somme à « Raimond » de Prouhines, chevalier, en récompense des frais qu'il » avoit faits dans une bataille contre les ennemis du roi, » qui lors étoient à Saint-Antonin, et pour les grandes per-

---

(1) *XXIV millia denariorum auri à l'escut hodiè cursum habentium.* Déliber. de la sénéch. de Beaucaire. Hist. du Lang.

(2) Histoire du Lang. liv. 31.

» tes et dommaiges qui y soutint tant du corps que de
» ses biens. » (1)

Il n'est point de ville en Rouergue, qui ait été aussi souvent exposée aux malheurs de la guerre, que celle de Saint-Antonin.

Les habitans de Toulouse et de plusieurs autres villes s'étant révoltés en 1382, contre le duc de Berri, lieutenant général pour le roi en Languedoc; la ville de Saint-Antonin prit parti dans cette révolte. Aussitôt les capitouls de Toulouse y envoyèrent une garnison de gens d'armes, sous prétexte de les défendre contre les Anglois qui occupoient diverses places au voisinage, entre autres celles de Caussade, Broze, la Guépie, Pui-Rodil, etc. Cette désobéissance des habitans de Saint-Antonin, leur attira la guerre, et les troupes du roi vinrent assiéger leur ville; mais en 1388, Garin, seigneur d'Apchier, sénéchal de Rouergue traita avec eux au nom du roi ; et moyennant deux cents quarante francs d'or, qu'ils lui payèrent, il leur remit la peine qu'il avoient encourue, pour s'être unis avec les capitouls de Toulouse, et les autres communautés rebelles (2).

Lorsque le fanatisme, qui a si souvent causé les malheurs de la France, eut rallumé ses torches en Rouergue, dans le seizième siècle, à l'occasion des nouveaux dogmes de Luther et de Calvin, la ville de Saint-Antonin fut une des premières qui se déclara pour les religionnaires, et dans peu elle devint un de leurs principaux boulevards dans le pays. C'étoit là le centre de leurs complots secrets, le point de réunion, le lieu de leurs assemblées, de leurs députations à la cour, de la nomination de leurs chefs. S'il y avoit quelque expédition à faire contre les catholiques dans le voisinage; c'étoit les religionnaires de St-Antonin, qui dirigeoient et qui exécutoient l'entreprise. Les religionnaires de Gaillac en Albigeois, s'étant assemblés en 1561, au nombre de soixante ou quatre-vingts pour faire la cène, les habitants du faubourg de *l'Olm*, ou de l'Orme, qui sont tous artisans ou vignerons, prirent les armes, soutenus par une compagnie de troupes réglées, et ayant environné la maison où les religionnaires étoient réunis, ils les firent tous prisonniers. Ils les conduisirent ensuite dans une galerie de l'abbaye de Saint-Michel, située sur un roc escarpé le long du Tarn: et là, un laboureur nommé Cabrol, revêtu de la robe et du bonnet du juge du pays qu'il avoit tué de sa main, et assisté d'un avocat nommé Pousson, jugea les prisonniers, et les condamna tous à être précipités de la galerie dans la rivière. Son jugement fut exécuté sur le champ. On lançoit sans pitié ces malheureux du haut du roc en bas, en leur disant d'aller manger du poisson, puisqu'ils

―――――――
(1) Acte cité dans l'Histoire du Languedoc.
(2) Archiv. de Saint-Antonin, Hist. du Lang.

n'avoient pas voulu faire maigre pendant le carême. En même temps la rivière étoit couverte de bateliers, qui assommoient à coups de rames, ceux qui tâchoient de se sauver à la nage. Pendant une si horrible exécution, on massacroit dans la ville, tous les sectaires qui ne s'étoient pas trouvés à l'assemblée, pour faire la cène avec les autres. Un marchand, nommé Vialar, fut enlevé de sa maison par un voiturier qui l'étendit sur un banc de pierre et l'égorgea comme un mouton.

Les religionnaires eurent leur tour quelques années après. En 1568, ceux de Saint-Antonin résolurent de signaler leur zèle, en tirant vengeance d'un si horrible massacre. Ils rassemblèrent leurs confrères de Millau et de Montauban, et ils allèrent assiéger Gaillac. S'en étant bientôt rendus maîtres, en escaladant les murs, ils firent main basse sans miséricorde, sur les habitans. Ils brulèrent le faubourg du château de *l'Olm*, où les catholiques s'étoient réfugiés. Le vigneron Cabrol fut conduit au roc de l'abbaye, et précipité dans la rivière avec plusieurs autres citoyens. On pendit Pousson son assesseur, et toute la ville fut pillée. Ces traits ne sont qu'une esquisse des excès qui se commettoient dans ces temps de trouble et de fanatisme, et dont les habitants de Saint-Antonin se ressentirent plus d'une fois. A peine croiroit-on l'homme capable d'une cruauté si atroce ; mais il suffit d'ouvrir les annales de tous les peuples et de toutes les religions, pour voir jusqu'où sa fureur peut se porter, lorsque la superstition, le fanatisme, et la passion absurde de dominer sur l'opinion des autres, s'empare de lui.

Saint-Antonin fut encore assiégé en 1621, par le roi Louis XIII en personne. Ce prince étant campé devant Montauban, dont il faisoit le siège contre les protestans qui s'en étoient rendus maîtres, apprit que la ville de Saint-Antonin, où les religionnaires avoient un temple près de l'église principale, avoient envoyé sous la conduite de Beaufort, qui en étoit gouverneur pour les protestans, douze cents hommes, pour secourir Montauban, et y rapporter un ravitaillement considérable. Il ordonna aussitôt au duc de Vendôme, et au maréchal de Thémines, d'aller l'assiéger. Peu de jours après, il les suivit lui-même, et y étant arrivé le 13 de juin, il força la place après deux assauts meurtriers, à se rendre à discrétion. Le 22, douze habitans furent punis de mort ; toutes les fortifications et les murailles furent rasées ; et la ville pour se racheter du pillage, fut condamnée à payer une somme de cinquante mille écus.

Telles sont les principales révolutions qu'a éprouvées en divers temps, la ville de Saint-Antonin.

On trouve à Saint Antonin les fondemens d'un ancien fort dans une situation unique ; peu de personnes en ont connoissance, quoiqu'il en soit parlé dans de vieux monumens. Il y a aussi, près de cette ville, des fontaines minérales, et une grotte qui attire les curieux, tant par sa grande capacité en hauteur et en profondeur, que par les stalactites très-blanches qui en ornent la voûte, et par de belles stalagmites pyramidales, qui s'élèvent du sol. On entend dans un endroit, en prêtant l'oreille, le murmure d'un ruisseau qu'on ne voit point.

Mais un phénomène bien plus digne d'exciter la curiosité des physiciens, c'est la source intercalaire qu'on voit au pied d'un coteau, près du village de Bourrel, à cent toises de la grande route de Septfons à Caylus.

Cette fontaine sort d'un rocher, et coule par un petit canal dont on ne voit qu'une toise de longueur; il se perd ensuite dans le coteau.

Elle donne environ six pouces cubes d'eau très-bonne à boire : elle ne diffère pas des autres fontaines par la température; mais ce qui mérite de fixer les regards du naturaliste, c'est son accroissement et sa diminution régulière et périodique. Elle diminue pendant la nuit, de la moitié de son volume : au jour elle commence d'augmenter, et continue jusqu'à midi : elle se soutient dans toute sa force jusqu'à la nuit, et recommence alors à décroître. Cet ordre est invariable, toute l'année. Les pluies, ni la sécheresse ne lui font éprouver aucune augmentation ni diminution sensible : elle reste toujours la même (1).

Cette source n'est pas la seule du Rouergue qui soit sujette à des variations périodiques : on en voit une pareille, dans une grotte considérable qu'on appelle la Beaume d'Alucch, entre Saint-Amans-de-Rouffiac et la Roque, au dessus de Millau.

III.

Najac, Varens.

A peu de distance de Saint-Antonin, on voit l'ancien château de *Najac*, autrefois une des places les plus fortes du Rouergue, tant à cause de sa situation naturelle, que de ses fortifications.

Najac étoit anciennement un des sept bailliages de la province, et l'on voit dans un acte de l'an 1283, qu'il comprenoit alors dans son ressort, quatre-vingts paroisses. La salle des audiences de ce tribunal étoit dans l'enceinte du château, et on l'appelloit *la Sénéchaussée*. On voit même dans plusieurs actes que le

(1) Renseignements donnés par le citoyen Pomiès, ex-législateur de Saint-Antonin.

baillage de Najac étoit réellement connu sous le titre de sénéchaussée, avant la fondation de Villefranche.

Najac fut cédé au roi par Raimond VII comte de Toulouse, en 1243, par le traité de Lorris ; mais il lui fut rendu en 1247. Et en 1249, les *consuls et prud'hommes* du lieu, savoir, Hugues Parator, Donatus de Najac, et Pierre d'Azemar prêtèrent serment de fidélité à Alfonse, comte de Toulouse.

Dans un mémoire, aux archives du comté de Rodez, des acquisitions faites par Alfonse, l'an 1271, il est dit qu'il fit reconstruire le château de Najac, *Quod constitit XVI. M. libras Turonenses et amplius*. Le pont de la Frégère sur l'Aveiron, fut bâti en 1288. Divers monumens qu'on voit encore aux archives de Najac, attestent que l'ancien château avoit été bâti par les comtes de Rouergue vers l'an 1100 ; et que cette place étoit dans ce temps-là regardée comme la clef le la Basse-Marche du Rouergue.

Lorsque Najac fut soustrait à la domination des Anglois, comme les autres villes du Rouergue, en 1369, le duc d'Anjou y établit pour capitaine, Arnaud Bérail, seigneur de Cessac, avec vingt-neuf écuyers, et une nombreuse garnison, ce qui prouve l'importance de cette place dans ce temps-là. Malgré cette forte garde, les Anglois y rentrèrent cette même année ; mais ils en furent chassés de nouveau, le 2 mai 1270, par les habitans, qui tuèrent Jeannequin leur chef, et s'emparèrent de leurs armes et des provisions qu'ils y avoient enfermées pour soutenir un siège. Ce butin fut distribué aux habitants par ordre du roi Charles, ainsi qu'on le voit dans des lettres patentes de 1371. Le duc d'Anjou donna, cette même année par des lettres patentes datées d'Albi, certains privilèges aux habitans de Najac, pour s'être soumis *des premiers de la Guienne*, à l'obéissance du roi.

Les mines de cuivre qu'on a exploitées en divers temps, aux environs de Najac, ont fait creuser des souterrains, dont les gens du pays attribuent quelques-uns aux Anglois, comme en bien d'autres endroits du Rouergue. Ils croient, par exemple, qu'une ouverture qu'on voit sur la montagne appelée le Puech des Cars, passe sous l'Aveiron, et va communiquer avec l'intérieur du château de Najac, où l'on sait d'ailleurs que les Anglois avaient pratiqué diverses issues secrètes. Mais la plupart de ces sortes de souterrains, n'ont été creusés que pour l'exploitation des mines. D'autres sont des grottes naturelles : telle est celle qu'on voit près du Grès, d'où un seigneur voisin fit arracher, il n'y a pas long-temps une très belle colonne en pétrification, qu'il fit placer dans la cour de son château (1).

---

(1) Mémoires communiqués par le citoyen Lémosy de Najac.

Entre Saint-Antonin et Najac, toujours sur l'Aveiron, on trouve la petite ville de *Varens*, connue par ses vins, comme Najac l'est par ses jambons, et Saint-Antonin par ses prunes. L'église de Varens étoit autrefois un monastère de Bénédictins, qui fut fondé dans le neuvième siècle, sous la dépendance de celui d'Aurillac Il fut sécularisé en 1561, par le pape Pie V, et érigé en chapitre collégial, composé d'un doyen, de huit chanoines, et de deux prébendiers.

En 1582, les religionnaires se rendirent maîtres de Varens, et y commirent toutes sortes d'excès. Le sénéchal de Rouergue, Bournazel, assisté du marquis de Canillac et du comte de Rastignac, alla les y assiéger, et ayant repris la ville, à coups de canon, il en fit pendre, tuer ou noyer cent trente-sept Peu de temps après il leur enleva aussi le château et ville de Najac, dont les habitans se soumirent volontairement, et contribuèrent avec lui à donner la chasse à leurs nouveaux hôtes, qu'ils n'aimoient pas.

Mais ces sectaires n'étoient pas plutôt chassés d'un bourg, qu'ils s'emparoient d'un autre. En 1588, ils s'établirent à Maleville, sous les ordres du capitaine Murat-de-Capdenac. Les habitans de Villefranche résolurent aussitôt de les en expulser; ils y firent transporter leurs canons et d'autres pièces d'artillerie; mais ne se voyant pas secondés par ceux de Rodez et des autres villes, qu'ils avoient invités à concourir à cette expédition, ils crurent qu'il étoit plus prudent d'employer des voies de négociation; ils comptèrent au capitaine Murat, quatre mille écus, et il leur abandonna la place. Dès qu'ils en eurent repris possession, ils allèrent mettre le siège devant le château de San-Vensa, qu'ils emportèrent de force. La même année, ils enlevèrent aussi aux religionnaires, le château de la Ramière, où ils massacrèrent tous ceux qui s'y trouvèrent, au nombre de quatre-vingts.

Ces atroces représailles ne déconcertoient pas les religionnaires : ils cherchoient toujours à s'introduire dans les différentes villes et bourgs du voisinage. Le sénéchal Bournazel les poursuivoit par-tout: en 1590, il les assiégea dans Rieupeyrous, d'où, après plusieurs vives canonnades, il fut forcé de lever le siège ; ce qui les encouragea beaucoup. Leurs espérances redoublèrent sur-tout, lorsqu'ils apprirent la mort de ce puissant et redoutable ennemi, au mois de septembre de cette année. Dès-lors ils entreprirent de se rendre maîtres de Rinhac, sous les ordres du Seigneur de San-Vensa ; mais ils furent repoussés par le capitaine Durieu.

C'étoit tous les jours des massacres, des trahisons et des horreurs pareilles: peu de temps auparavant, les sieurs de Toulonjac et Durand Pomairol, conseillers au sénéchal de Villefranche, avoient été massacrés dans le château de Castan, par

Trélans, capitaine des ligueurs. Leurs corps avoient été portés près de Rodez, au-dessus du château de Bourran, et attachés à un arbre avec un licou de cheval.

IV.

Villeneuve.

A une lieue de distance de Villefranche au nord, on trouve *Villeneuve*, petite ville beaucoup plus ancienne que la première, quoique son nom semble annoncer le contraire. Avant l'érection de la sénéchaussée de Villefranche, et long-temps même avant la fondation de cette ville, celle de Villeneuve étoit le siège d'un des sept baillages du Rouergue, elle est surnommée *la Crémade*, parce qu'elle fut brûlée et entièrement dévastée, pendant les guerres de religion du seizième siècle.

Vers l'an 1080, Pierre Béranger de Narbonne, évêque de Rodez, fonda à Villeneuve, le monastère du Saint-Sépulcre qui n'existe plus depuis long-temps. Ce monastère étoit sous la dépendance de celui de Moissac. Lorsqu'il l'eut fondé, est-il dit dans une charte de l'abbaye de Moissac, il établit une foire ou marché dans cette ville, afin qu'elle se peuplât peu à peu ; et il se réserva la moitié des droits qu'on percevoit sur les marchandises. Mais Déodat, prieur de ce nouveau monastère ayant assemblé ses amis, et leur ayant exposé qu'il étoit dangereux que ce droit ne passât aux successeurs de l'évêque Béranger, ils le prièrent de vouloir bien y renoncer en faveur de l'église de Villeneuve ; ce qu'il fit ; et outre cela il accorda au prieur Déodat et à ses successeurs, que toutes les fois que l'évêque de Rodez assembleroit les communes (1), selon la coutume du pays, alors le prieur pourroit obliger les habitans, et les cultivateurs des environs, à venir lui aider, à la construction de l'église et des autres édifices, pendant tout le temps que dureroit ladite assemblée des communes. Ce privilège fut confirmé ensuite, par Pons d'Etienne, par Raimond, et par Adhemar, successivement évêques de Rodez, en présence de Rigal de Morlhon, de N. de Pradinas, de Bernard, archidiacre, de Frotard de Belcastel, de Bégon de Faramons, etc.

(1) Les auteurs de la *Gall. Christ.*, qui rapportent cet acte, ont interprété *com munias facere*, par faire des corvées ; mais le sens que nous donnons à ces mots nous a paru plus naturel et plus conforme à l'usage de ce temps-là.

V.

Peyrusse.

Peyrusse, petite ville au nord de Villeneuve est regardée généralement comme une des plus anciennes du Rouergue. Nous ne trouvons pas cependant que César en fasse mention dans ses commentaires, comme je l'ai souvent entendu assurer. On n'est pas sans doute plus fondé à dire que cette ville étoit florissante du temps des anciens Gaulois; et qu'après la destruction de Jérusalem, les Juifs dispersés dans tout le monde, demandèrent un asile à Peyrusse, et la permission d'y bâtir un temple. Les ruines d'une synagogue qu'on y voit encore dans l'intérieur d'un énorme rocher, ne sont pas des preuves suffisantes pour lui donner cette ancienneté; sur-tout si l'on fait réflexion que les Juifs ont eu divers établissemens en Rouergue, dans le douzième et treizième siècle (1). Des faits plus certains, parce qu'on en trouve la preuve dans les archives du comté, et des églises anciennes du Rouergue, c'est qu'avant la fondation de Villefranche, et long-temps encore après, Peyrusse étoit le siège d'un baillage royal auquel ressortissoient un grand nombre de paroisses, et qui s'étendoit jusqu'aux portes de Rodez (2). On lit même dans les annales d'Eginard, que Pepin, roi d'Aquitaine, faisant la guerre à Waïfre son compétiteur, l'an 767, assiégea et prit Peyrusse, un des forts ou châteaux qui tenoient encore pour le parti de Waïfre.

Cette ville qui n'occupe aujourd'hui que ce qu'on appeloit autrefois le château, avoit une belle église, décorée de douze chapelles latérales dont on voit encore les ruines. Les clefs des voûtes et les pilastres qui subsistent encore en partie, étoient chargés d'écussons, de bas reliefs, et d'ornemens gothiques. Dans le cimetière on voyoit, il y a peu d'années, quantité de tombeaux et de mausolées en maçonnerie, ornés de sculptures et d'armoiries. Un entre autres, qui portoit les armes de Médicis, avec une crosse et une mitre, a fait dire à quelques écrivains du Querci, mais sans aucun fondement, que les grands ducs de Toscane étoient originaire de Peyrusse. Cette ville a été habitée en différens temps par plusieurs familles nobles; et elle avoit autrefois cinq consuls gentilshommes qui étoient juges civils et criminels de la ville et de sa banlieue (3). Divers privi-

(1) Notes, n. LXXXIV.
(2) Notes et monum. nomb. CXXV.
(3) Notes, nomb. XCVIII.

lèges accordoient aux bourgeois le droit de port d'armes et de franc-fief.

Il n'y a point de villes en Rouergue qui conserve tant de restes d'anciennes fortifications que Peyrusse. On y voyoit, il n'y a pas long temps, et même de nos jours, des fossés, des pont-levis, des remparts, un fort château, deux tours d'une élévation prodigieuse, bâties sur le sommet de ce grand rocher dont nous venons de parler, dans l'intérieur duquel les payens, dit-on, avoient bâti autrefois à leurs dieux, un temple qui servit depuis de *synagogue* au Juifs; et c'est ainsi qu'on l'appelle encore. Ces restes de fortifications nous confirment ce que nous voyons dans d'autres monumens du Rouergue, que Peyrusse a été long-temps une des plus fortes places de la province.

Nous ignorons quelle pouvoit être l'origine des droits de l'abbé de Figeac, sur le château de Peyrusse; mais nous trouvons (1), que Guillaume, abbé de Figeac, le donna en 1214, à Simon de Montfort, sous la redevance annuelle de dix marcs d'argent.

Par un traité de 1229, entre le roi et le comte de Toulouse, il fut convenu que les fossés de Peyrusse seroient comblés, et ses fortifications rasées. Elles le furent en effet; et le comte de Toulouse remit cette place pour dix ans, entre les mains du roi, pour sûreté de ses promesses.

Les religionnaires commandés par le duc de Rohan, firent de vains efforts pour s'emparer de Peyrusse, dans le seizième siècle (2).

VI.

Rinhac.

Rinhac est une petite ville assez ancienne, sur la route de Rodez à Villefranche. Vers l'an 1040, un seigneur nommé *Alcherius de Mellaned*, avoit donné à l'abbaye de Conques, l'église de Rinhac; mais le seigneur de Belcastel, ayant protesté contre cette donation, à cause des droits qu'il prétendoit aussi sur l'église de Rinhac, Alchérius la retracta, et vendit ses droits sur cette église à Pierre de Narbonne, évêque de Rodez, homme bien capable de les faire valoir, tant à cause de son ambition, qu'à cause de la puissance et du crédit dont jouissoit alors

(1) *Petr. Valesius.* Ch. 79.
(2) Dict. de la Martinière art. *Peyrusse*. Hist. du Lang. Archiv. du comté de Rodez. Archiv. de Sauveterre. Renseignemens donnés par le citoyen Molinier maire de Peyrusse.

sa famille. Mais les moines de Conques firent de si vives réclamations contre cette vente d'un bien qui leur avoit été donné, que l'évêque de Rodez fut forcé de le leur rendre. Peu de temps après les seigneurs de Belcastel, *Geraud et Umbert* avec leurs fils et petit fils, confirmèrent cette donation à Odolric, abbé de Conques, sous le règne de Philippe I. Outre l'église ils lui cédèrent le *fief presbitéral les oblations qui venoient à l'autel*, les *trentenaires*, les *pénitences*, les *quêtes*, le *baptistaire*, *toute la ville*, et même la *viguerie*, sous la réserve seulement de la troisième partie de la justice (1). Ce sont là les plus anciens monumens qui fassent mention de Rinhac. Nous n'en rapportons la teneur que pour montrer jusqu'où s'étendoient dans ce temps-là, les droits des seigneurs.

Les états du Rouergue ont été convoqués plusieurs fois à Rinhac. Arnaud de Landorre, sénéchal de Rouergue, les y assembla le 30 octobre 1382, pour délibérer sur le moyen de chasser les Anglois de la province. Comme le sénéchal de Rouergue ne pouvoit exercer aucune de ses fonctions dans le territoire du comté de Rodez ; il ne pouvait jamais convoquer les états dans cette ville, sans le consentement du comte. C'est pour cela sans doute que nous trouvons plusieurs assemblées de nos anciens états convoquées, à Sauveterre, à Rinhac, et dans d'autres lieux moins considérables, qu'on choisissoit préférablement aux villes de Millau et de Villefranche, parce qu'ils étoient plus près du centre de la province.

VII.

Bournazel.

Près de Rinhac, on voit la petite ville de *Bournazel*, avec un château des plus agréables de la province, tant par sa situation, qu'à cause de ses beaux étangs et d'une canardière qui, avant les ravages qu'on y a commis, excitoit l'admiration des curieux.

Ce château qui appartenoit d'abord à la famille de Bournazel, passa dans le quatorzième siècle à celle de Massip ou Mancip, qui occupoit un rang depuis long-temps (2), parmi les nobles de la province. Pierre de Massip, sire de Bournazel, chevalier, fut envoyé par Charles V, en qualité d'ambassadeur, auprès de Robert, roi d'Ecosse, en 1379.

(1) Archiv. de Conques. On verra parmi les monum., n. XXVIII, une donation qui n'eut pas lieu.

(2) En 1050, Amélius de Mancip, de concert avec Durand de Raimond, donna l'église de Monteils, au monastère de Conques.

On lit encore dans quelques auteurs (1), la harangue que fit au pape Pie II, Hugues de Massip-Bournazel, sénéchal de Toulouse, dans son ambassade en 1462.

Dans le quinzième siècle, Charlotte, héritière de la maison de Massip, épousa Jean de Buisson, seigneur de Mirabel, dont la famille a possédé jusqu'ici le château et terre de Bournazel, et a produit plusieurs militaires distingués, des gouverneurs et sénéchaux des provinces de Rouergue, de Querci, des Cevennes, etc. La terre de Bournazel avoit été érigée en marquisat, le premier d'août 1621, en faveur de François de Buisson, gouverneur et sénéchal de Rouergue.

La petite ville de Bournazel existoit déjà sous le règne de Louis le Débonnaire. Nous voyons dans une charte de ce prince, qu'il la donna en 819, au monastère de Conques, avec les églises de *Roussennac*, de *Port-d'Agrès*, de *Campuac*, de *Montignac*, de *Grandtabres* et plusieurs autres.

VIII.

Sauveterre.

Dans le temps de ces troubles qui, comme nous l'avons dit ailleurs, agitoient le Rouergue sur la fin du douzième siècle et pendant le treizième, Guillaume de Macon, sénéchal de la province, résolut de construire ce qu'on appeloit alors une *bastide*, c'est-à-dire, un bourg ou ville entourée de murailles, qui pût servir d'asile à ceux des habitans des campagnes qui voudroient s'y établir, pour unir leurs forces, contre les brigands qui désoloient le pays. Dès que la nouvelle de ce projet du sénéchal se fut répandue, les nobles et les principaux propriétaires du canton, du nombre desquels étoient Pierre et Geraud d'Adhemar, seigneurs de Malamort, s'assemblèrent à Joëls, le mardi après la fête de la Pentecôte de l'an 1281; et ils arrêtèrent entre eux qu'il seroit fait de très-pressantes sollicitations au sénéchal, pour qu'il construisît au plutôt cette *bastide*, promettant d'y aller dans l'année, au nombre de plus de soixante familles, y fixer leur demeure et s'y mettre sous la protection et sauvegarde du roi, sous peine d'une forte amende, à laquelle ils se soumirent de leur propre mouvement s'ils manquoient à leur promesse. Le sénéchal voyant un tel empressement, fit travailler aussitôt à une enceinte quarrée, à laquelle on donna le nom de *Sauveterre*, pour marquer que ceux qui l'habiteroient, seroient à l'abri des persécutions continuelles des brigands qui dévastoient

---

(1) Voy. l'Histoire de Louis XI par Duclos, et la chronique de Froissard, liv. II.

les campagnes, et qu'ils jouiroient en même temps de certains privilèges qu'il leur fit accorder, et dont jouissoient alors la plupart des villes du pays. Le sénéchal, pour y attirer un plus grand nombre d'habitans, y fixa un des bailliages du Rouergue, auquel il fit ressortir un arrondissement considérable. L'évêque de Rodez y établit de son côté, en 1330, une église paroissiale, ou plutôt il réunit sous le même curé, les deux églises de Joëls et de Sauveterre.

Telle est l'origine de cette petite ville, ainsi qu'on peut le voir dans divers monumens de ses archives.

Suivant quelques écrivains (1), Jean Claude, fameux ministre protestant du dernier siècle, étoit né à *la Saucelat* en Rouergue, près de Sauveterre. Ce théologien célèbre fut regardé avec raison comme l'oracle de son parti, et comme l'homme le plus capable par son éloquence et par son érudition, de lutter avec Arnaud et Bossuet. Outre ses talens, il se rendit recommandable par ses mœurs et sa conduite. Il étoit né en 1619, et il mourut en 1687, en Hollande, où il avoit été forcé de se réfugier.

L'industrie des habitants de la petite ville de Sauveterre, et leur zèle pour l'agriculture, est digne de servir de modèle aux autres bourgs du département de l'Aveiron.

Le territoire de cette commune ne contient qu'environ six cents arpens, et il fait vivre plus de mille personnes. Les possessions y sont divisées, comme les carreaux d'un vaste jardin : tout y est cultivé à bras, sans aucune exception ; et il n'y a pas, dans toute la commune, une seule bête de labour. Hommes, femmes, enfans, tous manient chaque jour, la bêche nourricière ; et la variété de la culture présente à l'œil du voyageur étonné, le spectacle le plus agréable. Qu'un habitant de Sauveterre acquière dans le voisinage un petit coin de terre inculte ; six ou sept ans lui suffiront pour en faire une excellente chènevière.

Le plateau de Sauveterre, qui présente l'aspect d'un grand jardin distribué en divers compartimens irréguliers, produit avec un égal succès, du seigle, de l'orge, du chanvre, des légumes de toute espèce, des fruits, de la *ratelle* et surtout des pommes de terre.

Le seigle et l'orge ne sont pas plutôt coupés, qu'on y sème sur le chaume, des haricots rouges, sans autre préparation qu'un sillon léger qu'on trace avec la bêche. Après la récolte des haricots qui se fait à la fin de septembre, le champ demeure couvert d'excellentes raves qu'on y avoit semées en sarclant les haricots. On regarde cette commune comme

(1) Les auteurs du nouveau Dict. Hist., art. *Claude*.

le berceau des pommes de terre en Rouergue ; car on les y cultive depuis plus de quarante ans. On y en recueille une quantité si abondante, qu'on pourroit en exporter trente mille quintaux, au-delà de la consommation des habitans.

C'est une jouissance délicieuse pour l'observateur, que de voir tous les jours, deux cents trente familles répandues hors de l'enceinte de cette petite ville, se livrant avec une activité admirable, aux travaux de l'agriculture, sur la petite plaine qui l'entoure.

Tous les bons citoyens doivent un hommage aux vertus agricoles des habitans de Sauveterre. Elles sont la source de toutes les autres : le vice pénètre rarement chez celui qui cultive avec cette assiduité, le champ qui nourrit sa famille. Le pain du cultivateur est arrosé de sueur ; mais le pain de la sueur est le plus savoureux.

IX.

Rieupeyrous.

Rieupeyrous, sur la grande route de Villefranche à Millau, avoit anciennement un monastère dépendant de Saint-Martial-de-Limoges. Vers le commencement du onzième siècle, un seigneur du pays, nommé Iscanfrède, avoit disposé d'une terre appelée *Modulance*, en faveur de l'abbé de Saint-Martial, pour y fonder un monastère. Les parens d'Iscanfrède s'opposoient après sa mort à cette fondation, et réclamoient les biens donnés. Les parties se rendirent chez le comte de Rouergue, dans son château de Montolieu près de Rodez (1). Le comte, après avoir entendu leurs raisons, se transporta sur les lieux avec l'évêque de Rodez, et l'abbé de Saint-Martial, pour y planter la croix dans l'endroit déjà choisi, selon l'usage pratiqué dans ce temps-là, lorsqu'on vouloit bâtir une église (2). L'abbé et les religieux de Saint-Martial éprouvèrent beaucoup de contestations, avant d'être possesseurs tranquilles des biens qu'Iscanfrède leur avoit donnés. Arnaud, évêque de Rodez, avoit beau lancer des anathèmes, contre les parens du fondateur : ils se contentoient de quitter son diocèse, pour se mettre à l'abri de ses foudres. Mais enfin le temps termina tous ces débats : et les religieux de Saint-Martial ont joui jusqu'à nos jours, des dons du fondateur du monastère de Rieupeyrous.

(1) En latin *castrum de Monte Olivo*. On voit encore les ruines de ce château sur une petite montagne, dans la paroisse de Saint-Mayme.

(2) Voy. parmi les notes, nomb. XXII. l'origine de cet usage, et l'acte de fondation du monastère de Rieupeyrous.

X.

Aubin.

Aubin ou *Albin*, petite ville fut fondée, dit-on, par un Romain nommé *Albinus* qui y bâtit un fort sur un rocher, dans le temps que les troupes de César faisoient le siège d'*Uxellodunum*, à peu de distance d'Aubin. Si la tradition qui donne pour fondateur à Albin, un Romain de ce nom, est fondée ; je serois plus porté à croire que c'est Albinus, fameux compétiteur de l'empereur Septime Sévère, en 196. On sait que cet Albin avait mis dans son parti, presque toutes les Gaules, à l'exception de la Narbonnoise, et comme le lieu d'Aubin étoit, à peu de chose près, sur les frontières de cette ancienne province romaine, il n'est pas hors de vraisemblance que le rebelle Albinus ne s'y fût fortifié, pour s'assurer des peuples de la Narbonnoise, comme il étoit sûr de leurs voisins. Quoi qu'il en soit, cette petite ville est fort ancienne.

Le château dont on y voit encore les ruines, sur un coteau très-escarpé, avoit appartenu long-temps aux comtes de Rouergue. Le comte Raimond, par son testament en 961, le donna avec ceux de Cransac, de Compolibat et de Brandonet, à deux enfans naturels qu'il avoit eus de la fille d'un seigneur nommé Odonin. Ce château passa ensuite à la maison d'Estaing. Dans un hommage rendu au comte de Rouergue, par Déodat d'Estaing, le 26 juin 1232, ce seigneur promet au comte de lui céder la moitié du produit des mines d'argent qu'il découvrira dans le territoire du château d'Albin (1).

Avant le douzième siècle, Aubin étoit divisé en deux paroisses, celle de Notre-Dame et celle de la Cône, dont l'église étoit située dans le château. Ces deux paroisses furent réunies le 19 décembre 1102, par concordat passé entre *nobles et religieux hommes* Alric Delbose, prévôt de Montsalvi et Adrien de Caumont, prieur du monistère d'Aubin, d'une part, et les *nobles personnes*, consuls et communauté d'Aubin, d'autre part, en présence de Jean Pétuit, de noble Amalauzi, de Jean Dublanc, d'Antoine de Vignier et de Martin Augier. Une clause de cet acte prouve que le pays étoit alors couvert de bois et d'un accès difficile ; car le prieur s'engage à faire sonner, chaque jour, les cloches, pendant deux heures consécutives, pour rappeler les passans au chemin.

---

(1) Manusc. de Colbert, n° 1267.

Pareil usage a été pratiqué jusqu'à nos jours, sur les montagnes du Rouergue, par les religieux de la maison d'Aubrac.

Ce concordat porte encore que les nobles de l'un et de l'autre sexe seront exempts de toute dîme, autre que celle du blé et du vin : « que les gentils hommes et gentials femnas no pagaran de
» deime sinon de blad et de vi ;   s quand los gentils hommes
» morran, devran bailar aldich prior, la meillora rauba, cam-
» pageo et gippa.... calsas, savatas, cabuals, crospinas, ca-
» brieiras et cambalias que auran, per la fauta del deime ».

Il est fait mention dans divers monumens, de Jean de Comminges, cardinal, évêque de Toulouse, prieur d'Aubin en 1334, du cardinal d'Aigrefeuille, en 1390, d'Adhemar de Buisson, qui fit reconstruire l'église et le monastère d'Aubin, en 1485, de François de Mialet qui, en 1640, céda l'église de la Prodhomie avec quelques autres édifices et possessions, au père Mauduit carme, pour y construire un couvent de son ordre.

En 1275, les nobles du territoire d'Aubin, ayant contesté au comte de Rodez, le droit de faire rendre la justice en son nom, la contestation fut terminée par une transaction entre *illustre seigneur Henri, par la grâce de Dieu, comte de Rodez* d'une part, et *nobles seigneurs* Guillaume de Combret, Guillaume de Roquefort, de Peyrusse, Raimond d'Arnal pour lui et pour Pierre de Latour, chevalier, Bertrand de Pierre pour lui et pour la dame de Lauzignac son épouse, Geraud d'Amblard, Aimeric de Latour, Geraud de Morlhon, Bertrand d'Aldoin, chevaliers, *religieux homme* Etienne de Vielmur, prieur d'Aubin, Guibert de Montmurat, Odouin d'Albin, Bertrand de Trémouilles, Geraud de Canac, Bernard Hugonis, Gaillard, Arnaud et Pons d'Albin et leurs frères, Bégon de Brossinhac, Pierre de Vasillac, Pierre de Ségui, Arnaud de Melet pour lui et pour la dame de Panat son épouse, Escafre, Geraud de Vezian, *Donzeaur*, Bernard Hugonis, Gaillard d'Albin, Guillaume du Soulié et Dieudonné de l'Eglise, syndics-procureurs et agens de la communauté et habitans du château d'Albin, d'autre part.

Il fut convenu de gré à gré que dans les *Des* ou circuit d'Aubin, la justice seroit rendue, pour le civil, au nom de ces divers *parcelliers*, dont le comte faisoit partie, et pour le criminel, au nom du comte seul : que chacun percevroit les émolumens proportionnés à sa cote de juridiction, dont la fixation est énoncée dans ladite transaction.

Le comte s'y réserve une albergue ou taille annuelle de vingt livres, qu'on seroit tenu de payer double, dans chacun des quatre cas suivans : 1° si le comte prenoit parti dans les croisades ; 2° s'il étoit fait prisonnier ; 3° s'il mariait quelqu'un de ses fils, filles, frères ou sœurs ; 4° lorsque quelqu'un de ses enfans lui succèderoit au comté.

L'accord fut passé solennellement en présence de Guillaume

de Rodez, d'Excolt de Caplenac, de Bernard Granier, de Brenguier d'Espeyrac, de Guillaume de Sauahac, et de plusieurs autres seigneurs.

En 1399, le comte de Rodez confirma en faveur des habitans d'Aubin, l'établissement de six foires et de trois marchés, par semaine, avec certains privilèges qui leur avoient été accordés par les comtes Bernard et Jean d'Armagnac ses ancêtres.

Aubin ne fut pas à l'abri des troubles religieux du seizième et du dix-septième siècle. Le fort fut pris par *les ennemis de l'Etat*, vers l'an 1599 ; mais ils en furent chassés par Richard, seigneur de Poux, et commandant du château (1). Les religionnaires s'étoient aussi emparés d'Asprières, au voisinage d'Aubin, en 1571 (2).

Raimond de Soulié fonda à Aubin, en 1318, un hospice de charité pour les pauvres du pays, auquel il légua certaines rentes et fonds pour l'entretien. L'évêque Charles de Grimaldi réunit cet hospice avec tous ses revenus, à celui de Villefranche, mais en 1779, le roi, à la sollicitation du procureur fondé de la communauté d'Aubin, la rétablit dans ses droits sur cet établissement d'une utilité essentielle pour le canton.

Les religieuses Augustines qui avoient été établies à Aubin, vers l'an 1640, furent transférées à Villefranche, en 1755, et on appela à leur place les sœurs de Nevers pour le service des pauvres.

Nous avons déjà parlé des mines abondantes du territoire d'Aubin : on y trouve du marbre, des pyrites, du soufre, de l'alun, du fer, et l'on en retire sur-tout une grande quantité de charbon. La pierre qu'on y appelle marbre, est d'un genre singulier ; elle est schisteuse, pyriteuse, micacée, et elle n'a de calcaire que la marbrure qui est blanche, lorsque le marbre est noir. On la trouve au pied d'une montagne volcanisée, où l'on remarque encore le cratère d'un volcan, vers la partie septentrionale. Il ne croît point d'arbres sur ce coteau ; il n'est couvert que d'un mauvais gazon qui fait pisser le sang aux bestiaux qui le broutent.

Divers actes constatent que plusieurs mines d'alun y étoient exploitées avec succès, dès le quinzième siècle (3). D'autres beaucoup plus anciens parlent du feu de soufre (foc sulfrenc) qui consume depuis long-temps plusieurs coteaux voisins (lo puech qué ard) du latin *podium quod ardet*.

---

(1) Hommage rendu au roi, en 1608, par Richard de Poux.
(2) Autre acte aux archiv. d'Aubin.
(3) Voy. un traité du 10 novembre 1494, entre les nobles co-seigneurs, et quatre marchands de Villefranche. *Arch. d'Aubin.*

Les mines de charbon d'Aubin ont été en diverses époques, l'objet de la cupidité de quelques entrepreneurs étrangers, qui quelquefois ont réussi à obtenir du gouvernement, un privilège exclusif pour les exploiter ; mais ces concessions ont toujours excité l'indignation publique, et souvent des voies de fait, des révoltes et des attroupements qu'on a eu de la peine à dissiper.

En 1632, Louis XIV concéda les mines d'Aubin à la duchesse d'Uzez, qui envoya aussitôt des directeurs et des commis, pour les faire exploiter. Un d'entr'eux, nommé Courtiaade, ayant arrêté un particulier qui voituroit du charbon, celui-ci lui exposa que de tout temps ses ancêtres et lui avoient extrait et exporté librement et sans trouble le produit d'une mine qu'ils avoient dans leur fonds, qu'il le supplioit de lui laisser continuer paisiblement son petit commerce, la seule ressource qui lui restoit pour vivre dans ses vieux ans, ayant sacrifié sa jeunesse au service du roi. Ses représentations ne purent pas fléchir l'impitoyable commis. Ce vieux militaire, pour se mettre en garde contre quelques brigands qui arrêtoient les voyageurs, avoit toujours la précaution de porter caché dans le bât d'un de ses mulets, un vieux sabre qui lui étoit resté pour toute récompense de ses services. Il réitéra ses instances au commis et voyant que toutes ses supplications étoient inutiles, il l'abattit à ses pieds, d'un coup lancé d'un tour de bras vigoureux, et lui coupa la tête, qu'il suspendit à un arbre, pour servir d'épouvantail à ses pareils. Ce ne fut pas le seul mauvais traitement qu'éprouvèrent les envoyés de la duchesse d'Uzez, qui voyant que ses entreprises révoltoient de plus en plus les charbonniers et les propriétaires, renonça enfin à son privilège, sans qu'il fut donné aucune suite à cette affaire, malgré l'autorité absolue et impérieuse de Louis XIV.

Une autre société concessionnaire avoit envoyé en 1769, les directeurs Tubœuf et Fleury, pour présider à l'exploitation des mines, et personne dans le pays ne pouvoit y travailler, sans y être autorisé par les directeurs. Quelques pauvres propriétaires bravoient le danger et faisoient extraire furtivement, dans leurs fonds, quelques charges de charbon, pour faire subsister leur famille. Il arriva que la direction fit saisir un jour à quelques paysans, le charbon et les mulets qui le voituroient. Cette violence fut le signal d'une révolte générale. Ceux dont on avoit saisi le charbon, commencèrent par se porter sur un château fort, que les entrepreneurs avoient fait bâtir le long du Lot, et que les gens du pays regardoient depuis long-temps, comme un repaire de brigands. Ils firent entendre qu'il arrivoit *Mille hommes* avec eux, parce qu'un d'entre eux portoit ce nom-là, ils enfoncèrent les portes, chassèrent quelques invalides chargés de la garde, qui ne firent aucune résistance, et mirent le feu à cette habitation nouvellement construite. L'édifice, les meubles, les provisions, tout fut la proie des flammes. La maréchaussée appelée au secours des directeurs, ayant voulu entreprendre d'arrêter les prévenus de l'incendie; fut repoussée et maltraitée. Sur le procès-verbal de rebellion qui fut remis au prévôt, celui-ci rassembla et mit en marche toutes les brigades soumises à ses ordres. Les gens du pays, prévenus de leur approche, se mirent en état de défense. Ils se réunirent au nombre d'environ cinq mille hommes, armés de fusils, de sabres, de pistolets, de faux, de broches et de coignées : et soumis aux ordres de quelques militaires qui les firent ranger en bataille sur la plaine de Lugan, ils se disposèrent à bien recevoir l'ennemi. La maréchaussée s'étoit arrêtée à demi lieue de là; mais hors de la vue des attroupés. Les deux armées avoient entr'elles le château de la Garinie dont le propriétaire sentant les suites funestes que cette affaire pouvoit avoir, employa sa médiation, et fit tous ses efforts pour concilier les deux partis. Il obtint à force d'instance des attroupés, ces intrépides défenseurs de leurs foyers, qu'ils y rentreroient sans se porter à des excès, avec assurance que justice leur seroit rendue, et qu'on ne porteroit aucune atteinte à leurs propriétés, ni à leur liberté. Le prévôt de la maréchaussée, de son côté, instruit de l'esprit qui animoit l'attroupement, se détermina prudemment à capituler. Les gendarmes se rendirent à Aubin, et les attroupés se retirèrent par pelotons ; mais de crainte de quelque surprise, ils établirent des espions, quelques sentinelles et des postes avancés pour donner le signal en cas de nouvelle attaque. Cette affaire se termina ainsi, sans effusion de sang.

Mais sur le compte qui en fut rendu au gouvernement, le ministre résolut d'abord d'envoyer une armée, pour réduire les rebelles, et il avoit été arrêté, dit-on, dans son conseil, que les habitans seroient décimés; mais le gouverneur des invalides ayant été informé plus exactement de l'état des choses, par un officier des dragons qu'on avoit placés à Aubin, en parla au roi, et lui présenta l'affaire sous un point de vue moins défavorable. Le ministre au contraire, faisoit tous ses efforts pour aigrir ce prince et l'indisposer contre les rebelles.

D'abord pour obtenir plus facilement le privilège sollicité par la société concessionnaire, il lui avoit exposé qu'Aubin et ses environs, étoit un pays désert et inculte ; et ensuite passant à l'autre extrême, pour attirer sa sévérité sur les révoltés, il représenta que l'attroupement étoit composé de dix mille hommes armés. « Un pays qui met dix mille » hommes sous les armes, n'est pas si désert, répondit le » roi, qu'on ne me parle plus de cette affaire ». C'est ainsi que la vérité perce quelquefois auprès des rois, à travers les contradictions de ceux qui les approchent (1).

(1) Mémoires et monumens communiqués par le citoyen Bruel, fils, d'Aubin.

Les traits que nous venons de rapporter, et plusieurs autres que nous passons sous silence, prouvent combien les habitans du territoire d'Aubin sont ombrageux contre tout projet d'entreprise sur leurs mines. Cependant ils conviennent qu'une commission qui se chargeroit de l'exploitation générale seroit peut-être utile, si l'on savoit la concilier avec les intérêts des propriétaires ; et sur-tout si l'on mettoit enfin à exécution, comme on l'a si souvent entrepris, le projet d'ouvrir ce canton, par de grandes routes et par un pont sur le Lot. C'est le seul moyen d'encourager l'industrie des habitans, de faciliter la fréquentation de leurs eaux minérales, et de répandre dans les pays voisins, les riches produits de leurs fonds.

XI.

Conques.

Parmi les anciens monastères du Rouergue, on doit distinguer celui de Conques, une des plus anciennes, et peut être la plus ancienne église du département.

On lit dans l'histoire ecclésiastique de Fleury, et dans la chronique de ce monastère, que les nouveaux chrétiens du Rouergue, persécutés par les idolâtres soit Romains soit Ruthènes, se retirèrent en grand nombre dans des précipices qu'on appeloit alors *Vallis lapidosa*, la vallée des pierres (1), aujourd'hui Conques ; qu'ils y bâtirent un oratoire sous le nom de Saint Sauveur, où ils vivoient comme des moines. Mais toute inaccessible que paroissoit la demeure qu'ils avoient choisie, ils ne furent pas à l'abri des poursuites des ennemis de la nouvelle religion, qui les ayant surpris un jour de dimanche de grand matin, en firent mourir environ mille, l'an 371. On montre encore auprès de Conques, le long de la petite rivière de Dourdou, le lieu de ce massacre.

Clovis, dans son expédition en Aquitaine, contre Alaric, roi des Visigots, voulant donner des preuves de son zèle pour la religion qu'il venoit d'embrasser, répara les ravages que les Ruthènes idolâtres avoient faits à ce monastère, lui donna de grands biens, et le mit sous sa sauvegarde (2).

La réputation de ce monastère y attiroit de tout côté, un con-

---

(1) Conques est désigné ainsi dans plusieurs monumens. On l'appelle aussi *Teulumen* ou la Teulière dans une charte de l'an 888, qu'on voit au cartul. de cette abb.

(2) Chronique du monast. de Conques, Fleuri. *Ibid.*

cours prodigieux de chrétiens, à cause du nombre considérable de corps saints qu'il possédoit, et de la vie simple et modeste des religieux qui s'y étoient rassemblés de toutes les parties des Gaules. Mais en 578, Théodebert, fils de la reine Brunehaut, vint les en chasser, et piller leurs biens et leurs églises.

Quelques personnages portés pour la vie solitaire, le rétablirent de nouveau, et la discipline monastique y avoit repris sa première régularité, lorsqu'il fut ruiné encore l'an 730, par les Sarrazins, qui brûlèrent tous les titres des privilèges et des concessions qu'il tenoit de ses fondateurs ou de ceux qui l'avoient restauré. On voit encore les ruines du vieux château de Roque-Prive, que ces brigands avoient bâti sur un rocher très escarpé, où l'on ne pouvoit aborder que par un pont levis, qu'on appuyoit sur la dent d'un roc voisin. On raconte qu'ils avoient enlevé une fille de Conques, qui fut forcée de les servir quelque temps dans ce château ; que cette fille ayant pratiqué des intelligences secrètes, avec les habitans de Conques, ses concitoyens, elle les avertit qu'ils pourroient facilement se rendre maîtres du château, à une certaine heure où ses maîtres avoient coutume de s'endormir. Elle convint avec eux de leur donner le signal par un linge blanc qu'elle placeroit à une fenêtre. Les habitans de Conques profitèrent de cet avis, approchèrent du château, dès qu'ils aperçurent le signal, surprirent les Sarrazins, mirent le feu à leur habitation et les brûlèrent tous, sans qu'il en échappât un seul. Les bergers en gardant leurs bestiaux sur ces rochers, arrachent souvent encore des pièces de fer, des pierres qui forment les ruines de ce vieux fort.

Pepin, père de Charlemagne, touché des maux que les Sarrazins avoient faits aux religieux de Conques, leur assigna une nouvelle dotation, et y rassembla un grand nombre de moines.

Louis le Débonnaire, qui alla plusieurs fois à Conques en pèlerinage, et particulièrement après la prise du château de Carlat, comme nous l'avons dit, augmenta beaucoup la dotation de ce monastère, et soumit les religieux à la règle de saint Benoît. De vingt-cinq abbayes qu'il fonda ou qu'il restaura, et à chacune desquelles il donna une lettre de l'alphabet, Conques fut la première. Ce prince lui donna la lettre A en or, enrichie de pierreries, qu'elle a conservée jusqu'ici avec plusieurs riches reliquaires qu'elle tenoit des libéralités de cet empereur, de Charlemagne son père et des rois leurs successeurs [1].

Mabillon rapporte [2] que le roi Robert qui étoit allé en 1029, visiter Saint Saturnin de Toulouse, passa à son retour par le

---

[1] Notes et monum., nomb. VIII.
[2] Mabillon ann. 1031, n° 25.

Rouergue, et s'arrêta à Saint Antonin, à Sainte-Foi de Conques, à Saint-Géraud d'Aurillac, où il fit de grandes offrandes.

Parmi plusieurs autres bienfaiteurs de ce monastère, on remarque Dadile, seigneur très-riche, qui faisoit son séjour dans le diocèse de Nîmes, et qui possédoit plusieurs terres dans le Rouergue, le Gévaudan, le Velai et le Languedoc. Il étoit en grande faveur auprès de Charlemagne, car dans son testament daté de la dernière année du règne de ce prince, il fait mention de plusieurs vases d'or et d'argent qu'il en avoit reçus en présent (1).

L'an 887, les églises de Livinhac, de Flaunhe et leurs dépendances furent données au monastère de Conques, par Sénégonde, dame riche et puissante, mère de Frédelon, qui en étoit abbé.

Sous le règne de Charles le chauve, on apporta d'Agen à Conques, le corps de la vierge Foi, que les habitans de l'Agenois prétendent leur avoir été enlevé furtivement par les moines de Conques. Ces sortes de vols étoient fort de mode dans ce siècle; et sous prétexte de recouvrer des reliques que les Sarrasins avoient enlevées, les religieux en emportoient qui ne leur avoient jamais appartenu.

Bernard, écolatre d'Angers, qui écrivoit l'an 1020, rapporte (2) qu'Arsinde, femme de Guillaume, comte de Toulouse, n'ayant point d'enfans, résolut d'en aller demander à Dieu par l'intercession de sainte Foi. Elle partit en pèlerinage pour Conques, et offrit à cette sainte des brasselets d'or artistement travaillés et enrichis de pierreries, dont elle avoit coutume de se parer. Peu de temps après son vœu, elle devint mère de deux fils successivement, Raimond et Henri. De là, l'origine des vœux sans nombre que font à Sainte-Foi de Conques, les femmes qui n'ont point d'enfans.

C'étoit le siècle des vœux, et des offrandes les plus bizarres dans les monastères. Vers ce même temps, en 1032, Raimond, comte de Toulouse et de Rouergue, donna à celui de Conques, l'alleu de Palais en Languedoc; et peu de temps après, les salines voisines de cette terre, qui s'étendoit le long des côtes de la mer. Il accompagna ce don de vingt-un vases de vermeil, très-bien travaillés, et d'une selle magnifique du prix de cent livres d'or, dont le travail, est-il dit dans l'acte de donation, surpassoit de beaucoup la matière, et dont il avoit coutume de se servir aux jours de cérémonie. C'étoit une dépouille des Sarrazins qu'il avoit battus en 985 (3). Des matériaux de cette selle, ou du prix qu'on en retira, Jean, abbé de ce monastère, fit faire

---

(1) Hist. du Lang. ann. 813. Monumens, nomb. VII.
(2) Lib. I, cap. 12.
(3) Voy. cet acte parmi les notes et monum., n. XXI.

cette belle croix (1), qu'on a vue jusqu'ici dans l'église de Conques, et qu'on portoit aux processions les jours de solennité.

Nous ne nous amuserons pas à rapporter une infinité d'autres donations faites par des rois d'Espagne, de Navarre, d'Aragon, d'Angleterre, par des princes souverains de Suède, d'Allemagne, d'Italie (2), et par des seigneurs et des particuliers d'un rang moins distingué. On trouve dans les chartes de cet ancien monastère, un nombre prodigieux d'églises, de terres, de domaines acquis par les abbés et les religieux, principalement depuis le neuvième, jusqu'au treizième siècle. Certaines de ces églises étoient achetées à prix d'argent, comme celle de Araro-Jato (3), pour laquelle l'abbé Odolric donna cent cinquante sous, et *un très bon mulet*; celle de *Haute-Serre* qui coûta cent soixante sous; celle de *Garzangues*, au prix de douze *denariades* de cire; celle de *Prix*, pour quatre cents sous melgoriens; celle de *Gacilans* dans la ville de Saint Paul-Trois-Châteaux, pour une rente annuelle de vingt-quatre pains, de deux porcs du prix de quatre sous, d'une charge d'âne de vin, et d'un *quartal* de miel; celle d'Orlhaguet, pour cent sous du Puy (4); celles de Campuac et de Sénergues, pour la rente annuelle d'une livre d'encens à la Cathédrale de Rodez, etc.

D'autres étoient acquises sous certaines charges que les religieux s'imposoient: ainsi celle de Maleville leur fut cédée, à condition qu'ils chanteroient six mille messes (5); celle de *Vinalrols*, sur la Dordogne, à condition qu'elle seroit reconstruite où elle étoit auparavant, et où s'étoient établis depuis, des brigands et des bêtes féroces; celle de *Barbastrum* en Catalogne, leur fut donnée par Pierre, roi d'Aragon, à condition qu'ils y bâtiroient un monastère. Plusieurs autres furent cédées aux moines, à la charge par eux de défricher un bois, une montagne, une terre inculte; et toutes à condition qu'ils prieroient pour le vendeur ou le donateur, et pour tous ses parens.

D'après le cartulaire de cette église, il paroît que le premier abbé connu, est Dadon qui fut enterré l'an 735, à Grandvabres, lieu fort ancien, au voisinage de Conques. Pendant longtemps les deux abbayes de Figeac et de Conques furent soumises à un même abbé: mais ces deux monastères ayant eu souvent ensem-

---

(1) *Gall. christ.* t. I, p. 239.
(2) On en trouve d'Alfonse, roi de Castille en 1208, de Charles, roi de Navarre, en 1325, de Pierre, roi d'Aragon, en 1109, de Henri, roi d'Angleterre, en 1130, de Frédéric, duc de Suède, d'Amélie, duc de Savoie, etc.
(3) Il y a tout lieu de croire que c'est l'église d'Avaruéjouls, où l'on bâtit depuis un fort, près de Compeyre.
(4) Gerbert et Rigaud d'Amels, avec Geraud et Pons la vendirent.
(5) *Monum. Nomb.* VI.

ble des contestations, il fut décidé dans un concile de Nîmes, en 1096, que chacun auroit le sien dorénavant. Les abbés de Conques jouissoient de tous les honneurs de la prélature; ils officioient avec la crosse, la mitre, la croix pectorale, la robe violette, la dalmatique, les gants, et tous les autres ornemens épiscopaux. Urbain II, dans une bulle d'exemption en faveur de ce monastère, en 1099, emploie des expressions souvent usitées dans ces siècles fameux par les prétentions des papes, mais qui surprendroient bien aujourd'hui dans la bouche du pontife romain. Il fait inhibition à tous archevêques, évêques, empereurs, rois, princes, ducs ou comtes, d'attenter aux privilèges qu'il accorde au monastère de Conques, sous peine d'être excommuniés et privés de leurs dignités.

Guillaume, évêque de Rodez, ayant voulu appeler au concile de Bâle, contre les prérogatives et exemptions accordées à l'église de Conques, le concile lui imposa silence, et le condamna à une amende de trois cents florins d'or, envers les religieux.

L'abbé nommoit toujours des religieux de ce monastère, aux bénéfices sans nombre qui dépendoient de son abbaye, et il conservoit sur eux toute sa juridiction. Il jouissoit du droit d'annate et de celui de dépouille sur tous ces bénéficiers. Lorsqu'il assistoit aux anciens états du Rouergue, où il avoit la troisième place, il se faisoit escorter par une garde de cent et quelquefois de quatre ou cinq cents hommes de ses terres.

L'abbaye et le monastère de Conques, furent sécularisés en 1537. Il y fut érigé alors un chapitre collégial, composé d'un abbé et de vingt chanoines dont deux dignitaires et six personnats.

Diverses révolutions avoient fait perdre à cette église longtemps avant sa suppression, une grande partie des biens et des privilèges dont elle jouissoit autrefois. On voit par divers monumens de ses archives, que l'abbé et le chapitre nommoient auparavant à un très grand nombre de bénéfices, dans les diocèses de Rodez, d'Albi, du Puy, de Saint-Flour, d'Agen, de Comminges, de Bordeaux, de Toulouse, de Lombez, de Montauban, de Lyon, de Meaux, de Langres, de Viviers, de Carcassonne, de Fréjus, de Verceil même en Italie, de Strasbourg, de Norwich en Angleterre, de Vich en Catalogne, de Pampelune dans la Navarre, etc. Mais ils n'exerçoient sur la fin, leur droit de nomination, que sur un petit nombre de ces bénéfices.

La petite ville de Conques est située sur le penchant d'une montagne escarpée, au bas de laquelle coule d'un côté un petit torrent, de l'autre, la petite rivière de Dourdou qui se jette, à une lieu de là, dans celle du Lot. Conques est la patrie du célèbre Chirac, d'abord abbé ensuite professeur de médecine à Montpellier, et enfin premier médecin du roi Louis XV. Chirac se fit connoître principalement par les grands services qu'il rendit à l'armée de Roussillon attaquée de la dyssenterie, en 1692, à la ville de Marseille pendant la peste de 1720, et à celle de Rochefort, lorsqu'un vaisseau des Indes y apporta la cruelle maladie, connue sous le nom de peste de Siam. Louis XV, plein d'estime pour les talens de Chirac, lui donna des lettres de noblesse en 1728. Cet habile homme mourut en 1732, à l'âge de quatre-vingt-deux ans. Il eut pour successeur dans la place de premier médecin du roi, François Chicoineau, son ancien élève, qui depuis avoit épousé sa fille, et qui se fit connoître par un ouvrage, où il soutient que la peste n'est pas contagieuse. On croit que Chicoineau n'embrassa cette opinion que pour plaire à Chirac, son beau-père, qui étoit partisan du même système. Chirac étoit naturellement taciturne, sec, et sans agrément dans son parler. On rapporte qu'il étoit peu complaisant pour les malades ; ce qui faisoit dire de lui qu'il ne savoit pas plaire, mais qu'il savoit guérir.

On voit par les anciennes chartes et beaux à fief de l'église de Conques que cette ville étoit autrefois d'une beaucoup plus grande étendue qu'aujourd'hui. On trouve d'ailleurs les traces des anciens édifices, dans les jardins, les vignes et les autres possessions qui l'entourent. Sans doute que le nombre prodigieux de moines, que le monastère nourrissoit, attiroit un plus grand nombre d'habitans. Plusieurs monumens prouvent qu'il y avoit deux cents, trois cents et quelquefois jusqu'à neuf cents moines, dont certains étoient prêtres, mais la plupart laïques. De ce nombre étoient plusieurs enfans, à qui les parens faisoient embrasser l'état monastique, dès l'âge le plus tendre. Les grands seigneurs même étoient dans cet usage, comme nous l'avons vu dans l'histoire des comtes de Rodez. Didon d'Andoque, seigneur puissant du Rouergue, donna, l'an 1110, à Sainte Foi de Conques, son fils unique Pierre, depuis évêque de Pampelune, prélat recommandable par ses vertus, qui fut tué dans une mêlée en 1147, pour avoir voulu séparer les armées de divers seigneurs, qui, comme nous l'avons vu, se disputoient alors le comté de Rouergue. Parmi ces moines on voyoit de temps en temps quelque seigneur riche et puissant, qui soit pour parvenir à l'épiscopat, soit pour des motifs plus chrétiens, donnoit tous ses biens au monastère, et entroit lui-même en religion, avec plusieurs de ses domestiques (1).

De tous ces religieux, quelques-uns étoient choisis pour remplir les dignités et les offices du couvent, comme l'abbé, le custode, le cellerier, le réfectorier, le portier des pauvres, le portier du couvent, le sacristain, le trésorier, le primicier ou

(1) Voyez-en plusieurs exemples parmi les monumens, nomb. XXXVI.

recevoir des offrandes, l'hospitalier, le vestiaire, etc. Certains étoient chargés des fonctions du ministère dans les églises voisines, les autres, et c'étoit le plus grand nombre, se divisoient par bandes, pour aller défricher les terres qu'on leur donnoit incultes, ou cultiver celles qui étoient défrichées.

Le monastère qui renfermoit tous ces religieux, avoit une étendue très-considérable, et occupoit une grande partie de l'espace que la ville occupe aujourd'hui ; mais il n'en reste plus que l'église, l'abbaye, quelques maisons, et une sorte de galerie quarrée en ruine qu'on appelle encore le Cloître. Tout le reste a été vendu ou inféodé à divers particuliers, qui, par les édifices qu'ils y ont bâtis, ont détruit la forme et tous les vestiges de l'ancien monastère. L'église, le monastère, le cloître, l'abbaye et toutes les dépendances de cette vaste maison, avoient été bâties par Odolric, le plus célèbre des abbés de Conques, par les biens et revenus immenses qu'il acquit à ce monastère dans le onzième siècle.

L'église ayant été ruinée par les religionnaires vers l'an 1560, le roi Charles IX permit au chapitre de la rebâtir en 1571. La structure en est très-régulière, mais gothique, parce qu'on voulut suivre pour modèle, celle de la cathédrale de Rodez. Le dessus de la grande porte que le peuple regarde comme une merveille, parce qu'il représente les divers états de la vie de l'éternité, est d'une sculpture fort antique ; et les caractères gothiques qu'on y voit gravés, donnent lieu de présumer, que lorsque l'église fut reconstruite en 1571 ; on replaça sur la porte, cette grosse pierre qui en fait toute la merveille, et qui sans doute faisoit auparavant partie de l'ancienne église.

Les archives de l'église de Conques sont un des dépôts qui nous ont le plus fourni de matériaux pour cet ouvrage. L'impression en étoit presque finie, lorsqu'il nous en a été indiqué d'autres, bien intéressans. Nous aurons peut-être occasion d'en donner connoissance à nos concitoyens, si nous pouvons leur offrir un jour, l'histoire de la révolution dans le département de l'Aveiron, pour laquelle nous travaillons à recueillir des mémoires.

Fin des Mémoires sur l'histoire du Rouergue.

NOTES ET MONUMENS

RELATIFS

A L'HISTOIRE DU ROUERGUE

AVERTISSEMENT PRÉLIMINAIRE.

Cet ouvrage seroit infiniment chargé, si nous voulions rapporter tous les actes, que nous avons eu occasion de citer. Malgré le désir que nous aurions de mettre sous les yeux de nos lecteurs, toutes les preuves des faits dont nous avons parlé, nous sommes forcés de nous contenter d'en indiquer une grande partie.

I. De l'étymologie de *Segodunum*.

Le Père Beau, auteur d'une vie de François d'Estaing, évêque de Rodez, prétend que *Sego* signifie poules d'eau, *Dunum*, montagne, ainsi selon lui, *Segodunum* veut dire Montagne aux poules d'eau. Une pareille étymologie paroit peu fondée, puisqu'on voit très-rarement des poules d'eau auprès de Rodez, et qu'il n'y a jamais eu de marécages assez remarquables, pour que cette ville en ait tiré son nom. Ceux qui auroient quelque connoissance de la langue celtique, trouveroient sans doute facilement, aux anciens noms des villes et des contrées, une origine plus vraisemblable.

II. Lettre de Sydonius-Apollinaris a Elapie prêtre de Rodez, vers l'an 450.

Epulum multiplex et capacissima lectisternia para : plurimis viis, pluribus turbis ad te venitur. Ita bonorum contubernio cœlit ; quippè postquam omnibus tempus futuræ dedicationis inclaruit. Nam baptisterium quod olim fabricabamini, scribitis jam posse consecrari. Ad quæ festa vos voti, nos ministerii, officii multos, fidei totos causa sollicitat. Siquidem res est grandis exempli, eo tempore à vobis nova ecclesiarum culmina strui, quo vix alius auferet vetusta sarcire....... De cetero, quanquam et extremus autumnus jam diem breviat, et viarum sollicitas aures foliis toto nemore labentibus, crepulo fragore, circumstrepit, inque castellum ad quod invitas, utpote alpinis rupibus cinctum, sub vicinitate brumali, difficilius ascenditur : nos tamen, deo prævio, per tuorum montium latera confragosa venientes, nec subjectas cautes, nec superjectas nives expavescimus, quamvis jugorum profunda declivitas, aggere cochleatim fracto, sæpè, redeunda sit; quia etsi nulla solemnitas, tu satis dignus es, ut est Tullionum illud, propter quem Thespiæ visantur valles.....

III. Rustique, Archidiacre de Rodez.

Rustique ayant été assassiné dans une sédition excitée par une troupe de scélérats, en 629, Didier son frère fut élu évêque de Caors à sa place; et Dagobert, successeur de Clotaire, approuva beaucoup ce choix, par une lettre circulaire, adressée aux évêques, aux ducs et à tous les peuples des frontières des Gaules, dans laquelle il donne à Didier, le titre *d'illustre*; ce qui prouve le cas que la famille régnante faisoit de la maison Rustique. *Labbe, Bibliothèque, p. 699.*

IV. Charte de Pepin, roi d'Aquitaine, en faveur du monastère de Saint-Antonin, de l'an 767.

Notitia traditoria atque forbanditoria, peracta à domino Pipino, rege serenissimo Francorum et Aquitanorum, in præsentiâ atque manu Fedancii abbatis ecclesiæ sancti Antonini martyris quæ est sita in valle quæ dicitur nobilis, ubi terminus esse dinoscitur in pago Rutinico. Ad hanc traditionem affuere viri religiosi testes..... abbatis Fedancii, scilicet Ildebaldus archiepiscopus sedis Remensis, nec non Aimarus Bituricensis sedis archiepiscopus, una cum catervâ episcoporum cæterorum numero XII. Inter quos adfuit Justinus episcopus morbo regio percussus, qui prostratus coram altare, ubi caput sancti Antonini custodiebatur gloriosissimi martyris. subitò divinâ protectione munitus, et ejus interventu liberatus est. Hâc catervâ residente, simul aderat turba militum et comitum, inter quos erat Bertalargus comes, Vulfcandus, Botelinus, palatini comites, et alii numero XVI. Qui omnes unâ voce censuere, nec non acclamavere cum maximâ turbâ populorum qui ibi aderant. dignum esse augmentari casam Dei, ob amorem et reverentiam beati Antonini martyris, qui defensor et protector semper extitit regi, et omni exercitui suo Ad quorum acclamationem Pipinus rex serenissimus adquievit augmentari casam dei regalibus donationibus. Itaque cum suis consultis magnatibus, monasterium sancti Petri Apostoli, quod dicitur Mormacus quod est situm in pago Caturcino, super fluvio Avarionis, in proprium tradidit beati Antonini martyris capiti et altari, in quo dei honore et benedictione quiescit, et abbati Fedarcio venerabili viro, et monachis et clericis, inibi degentibus, præsentibus et futuris hoc monasterium totum prædictum et abintegrum, cum suis adjacentiis. scilicet cum aliis duabus ecclesiis quarum una Mornagillus et alia capella sancti martyris Felicis. nec non et cum monachis et mancipiis, et omnibus possessionibus quæ ad illud pertinebant. et in futuro domino annuente, largienda erunt, cum vineis, ortis. terris cultis et incultis, aquis aquarumve decursibus, paxeriis, molendinis, quod omne ultra fluvium VIIII cubitis. dedit à termino montis Cossonis. usque ad mediam vaurem. et usque ad os antiqui vasis. Quantùm infra illos fines concluditur totum et abintegrum, dedit in proprium alodem. supradictæ casæ dei. De repetitione verò, si quis imperator vel rex aut dux, comes vel vice comes, aut abbas, vel persona quælibet magna vel parva à casâ dei abstrahere hæc supradicta voluerit, omnium supradictorum episcoporum, gladio anathematis feriatur, et cum Dathan et Abiron in inferno sepeliatur. Data II kal. april. anno XVI regni Pipini serenissimi imperatoris. Sigiltredus scripsit. Signum Pipini regis. *Trésor. des chartes de Toulouse.*

V. Donation de Paix, près Creyssels.

Lentadus donat..... rocam de Priscio et pisciculas et sordingas in valle Tarnis, propè castrum Crescellense, et rivum de Merdolone, ubi ipse et parentes ejus gentes nefandas incastellare consueverunt, cum terris, vineis, pascuis, pratis, sylvis, locis et villis, cum mancipiis et filiis eorum..... quæ ad ipsum pertinebant jure hæreditario. Data charta regnante Blodohic (Ludovico) rege Aquitanorum. *Archiv. de Conques.*

VI. Dons au monastère de Conques. Maleville, serfs.

Ego Hugo della Roca, dono sancto Salvatori et sanctæ Fidi de Conchis et monachis, lo mas del Castan, el desmé de Mauron, el desmé de ecclesià de Malavilla, ella capella similiter, pro sepulturâ meâ et redemptione animæ meæ, et ut cantentur VI mille missæ, in monasterio sanctæ Fidis de Conchis, ubi tumulatus quiesco. *Archives de Conques.*

In dei nomine ego Radulphus Plaissars, cum filiis meis Lauderio Smidone, Bermundo Cotaveira dono deo et sanctæ Fidi de Conchis, in Castro de Ventairo, unum nostrum hominem Umbertum nomine, cum omni pertinentiâ suâ, pro redemptione animæ meæ et parentum meorum. Quod si quis de potestate nostrâ hoc donum infregerit, vel deminuerit, disperdat illum Deus de terrâ viventium, et sit cum Dathan et Abiron in infernum. Amen... S. Lauderii S. Smidonis. S. Bermun-Cotavaira. S. Umberti cum filio suo Geraldo... est autem locus iste in episcopatu Capecensi in romano itinere. S. Petri Geraldi. S. Umberti filii ejus. *Archives de Conques.*

VII. Testament de Dadile, riche seigneur du neuvième siècle.

In Christi nomine incipit testamentum Dadilæ et divisionale bonorum. ....
Itque prædictus Dadila omnes omninò mancipiola mea utriusque sexùs, excepto quod ad nepotem meam nomine Agierlinam donando concessi, id est Martine et Veræ, et ad uxorem meam nomine Ermengandis, ancillam nomine Primam et Flodoberto, Tendericode, Genituréa, Regundis Ingalfredo donando concessi : alios verò ingenuos et absolutos esse volo, ut tanquam de ingenuis parentibus nati vel procreati fuissent, ita si in splendore ingenuitatis manere congaudeant, concessum illis sit. Omne pecus et peculiarem illorum mobilem, vel immobilem, qui ipsi tempore meo conquisierint, aut in anteà, Deo propitio, acquirere potuerint, faciendi exinde quod voluerint, in dei nomine habeant potestatem ; patrocinium verò meum vel defensionem, ut, dum vivo, mihi deserviant, post verò meum discessum ubi vel ambulare voluerint, liberam in Dei nomine habeant potestatem....................
Ici sont un grand nombre de donations de domaines, églises et autres

possessions dans les diocèses d'Uzez, de Rodez, de Nimes, en faveur de dicers monastères, etc.....................
ad monasterium vero quod dicitur Conchis, quod est in honore sancti Salvatoris dedicatum, quod ponitur in territorio Rotenico, dono atque concedo locum Gressa, sub omni integritate cum omni sua præstatione... Bancos vero meos aureos, quos à domino ac piissimo domino Karolo imperatore accepi, vel ipse mihi donare jussit, ipse cui ego eleemosynam meam injunxero, pro remedio animæ meæ in sacerdotibus ac pauperibus erogare faciat. Vasa argentea, vel æramenta, auro et argento, vel ferramenta, vel quidquid ullius metalli esse videntur, vel alia ornamenta et vestimenta, vel supellectile domus meæ, Ermengaudis sub omni integritate, unâ cum arma mea quæ ad opus meum habeo ; id est in spatis, lanceis, brugnis, et in scutis vel alia mobilia, vel quadripedem meum, ipse prædictus cui eleemosynam meam injunxero, in sacerdotibus et pauperibus orfanis et viduis in eleemosynam pro remedio animæ meæ erogare faciat... freta pagina testamenti mei... anno XLVI regnante domino nostro Karolo imperatore, etc. etc. *Archives de l'abbaye de Psalmodi.*

VIII. Charte de Louis le Débonnaire en faveur du monastère de Conques, en 820.

Ludovicus, divinâ ordinante providentiâ, imperator augustus multis fidelium nostrorum, et præcipuè his qui in occiduas partes sunt constituti nosse credimus, qualiter vir religiosus Dado quondam nomine, qui nostris temporibus, religione et sanctitate, divinâ sibi adminiculante gratiâ emicuit, dum quietem adpeteret, et vacando videre vellet quàm suavis est dominus, quoddam locellum, in pago Ruthenico super rivulum Dordonum, cui vocabulum est Conchas inveniens huic negotio aptum ; quo in loco nonnulli christiani, propter metum Sarracenorum qui illam terram penè totam devastâcant, et in heremum redigerunt, dudum confugientes, permodicum construxerunt oratorium ; ipse adsumpto labore propriis manibus eumdem locum juxtà vires suas lare atque stirpare curavit, et ut aptius ejus quieti foret, operam dedit. Sed non post multos dies, vir religiosus Medraldus nomine, eumdem locum simul cum memorato Dadone, ad habitandum elegit. Et quam famam bonæ opinionis vera religio illorum apud convicinos sparserat nonnulli proponentes secundum quietam nihilominus quam ipsi degebant appetere vitam conati sunt. Et eorum religiosis exemplis imitatores fieri cupientes, eorum se magisterio subdidere. At dum paulatim ipsa congregatio cresceret, ecclesiam ibidem, in honore domini et salvatoris nostri Jesu Christi, construxerunt. Et ut Dado, juxta divinitùs sibi collatum desiderium, remotiorem adhuc locum qui dicitur Grandevabrum sicut et fecit peteret, et ut Medraldus abba fieret et ut ipsa congregatio regularis, juxta quod eis facultas et intellectus à domino tribuebatur, existeret, communi voluntate actum est. His verò ita patratis contigit eamdem congregationem in nostrâ propriè speciali defensione atque tuitione devenire. Nam nos, ut plenius sub regulâ sancti Benedicti domino militarent, et per bonorum monachorum consultum, et per nostram creberrimè admonitionem, seu etiam eumdem locum sedulè frequentando efficere, Deo opitulante, studuimus. Et ad proprias eorum necessitates fulciendas, de rebus nostris quiddam ibidem delegavimus; ecclesiam videlicet de Cerniaogis et ecclesiam quæ nominatur Campus Iliacus, et ecclesiam Sancti Christophori in Montiniaco constructam, cum omni integritate earum, simul et ecclesiam de Gareangas, cum curte de Gamaleria, iterùm aliam ecclesiam ad Portum Aeri sub honore sancti Saturnini constructam, cum omnibus appendiciis earum. Nec non similiter contulimus ibidem ecclesiam sancti Salvatoris in Cicerniaco, et alias duas ecclesias, unam in Buenacello, et alteram in Ruffenniaco, cum omnibus adjacentiis earum; aliam quoque ecclesiam in Ruhilid, cum omni integritate suâ; æquo quidem tenore et Salvaniacum et omnia quæ ibidem delegata sunt, per nostram autoritatem sub immunitatis tuitione plenitùs consistere fecimus, ut videlicet omni tempore memoratum monasterium cum eâdem congregatione et cum prædicto loco qui vocatur Grandevabrum, in quo memoratus Dado exoptatam sibi quietem tenuit et vivendi lineam fecit, cum omnibus rebus sibi justè pertinentibus, sive quæ in præsenti tempore possidet, sive quæ in anteà dominus ibidem augeri voluerit. Cum his omnibus prædictus locus qui dicitur Conchas, sub speciali nostrâ vi licet et filiorum vel successorum deo annuente, temperatura inviolabiliter consistet, ut, eadem congregatio quieté semper imperiali et regali defensione tuta, absque cujuslibet impedimento, propositum suum, deo opem ferente, indefessè valeat observare et pro nobis vel pro communi imperii nostri stabilitate dominum exorare. Hæc verò autoritas, ut ab omnibus nostra esse credatur, manûs nostræ signaculis subter eam roborare et de annulo nostro sigillare fecimus. Signum... Ludovici serenissimi imperatoris. Durandus ad vicem Helizachari recognovit. Data VI idus aprilis anno VI... imperii domini Ludovici excellentissimi Augusti, indictione XII. Actum Aquis Grani palatio regio in dei nomine feliciter.

IX. Charte de Pepin, roi d'Aquitaine, en faveur du monastère de Conques.

Pipinus, gratiâ præordinante divinæ majestatis, Aquitanorum rex. Igitur si erga loca divino cultui mancipata regali more beneficia largimur opportuna, id nobis procul dubio ad animæ nostræ salutem et regni nostri stabilitatem proficere minimè dubitamus. Idcircò notum sit omnibus sanctæ dei ecclesiæ et nostris præsentibus scilicet et futuris qualiter olim vir venerabilis Dado quemdam locum qui dicitur Concas desertum atque à Saracenis depopulatum in pago Ruthenico, per licenciam Giberti quondam comitis, de ratione fisci regis accepit, et monasterium vel cætera ædificia à fundamentis construxit, atque monachorum turmam sub cultu religionis ibidem congregavit; et divinâ miserante clementiâ per nonnullas nobiles personas ipse locus rebus et mancipiis est ditatus, ubi nunc vir venerabilis Helias auctor et abba præesse videtur. Nos verò prædictum monasterium, cum omnibus rebus et mancipiis ad se justè et legaliter attinentibus, per nostram auctoritatem sub nostra defensione constituimus et retinemus. Sed ne in futuro aliquod scandalum inter auctores præfati monasterii et comites illius provinciæ, et quod priùs per licentiam ipsius comitis idem monasterium fundatum est, possit oriri, placuit nobis omnem dominationem et potestatem comitis à prædicto auferre monasterio, et sub nostrâ successorumque nostrorum, regum videlicet Aquitanorum, plenissimâ tuitione atque defensione constituere, et omnes res quæ ibidem, temporibus antecessorum nostrorum vel nostro, traditæ et condonatæ fuerunt, per hanc nostræ auctoritatis præceptionem, perpetualiter ad possidendum confirmare ; et ideò hos nostros regales apices circa ipsum monasterium ejusque congregationem fieri jussimus, ut nullus comes aut quilibet ex ministris ejus, nec alia quælibet extranea persona, in prædicto monasterio aut rebus et mancipiis ad se legaliter pertinentibus, aliquam dominationem aut potestatem exercere præsumat, nec ullam injustam calumniam aut infestationem ac contrarietatem facere, nec paralas vel paraveredos vel etiam freda aut rotaticum aut teloneum aut alias redibitiones ingerere audeat. Sed liceat memorato Helias abbati suisque successoribus ejusdem prædicti monasterii, cum omnibus sibi subjectis, et rebus vel hominibus ad se legaliter aspicientibus vel pertinentibus, sub nostrâ tuitione atque defensione, remotâ totius judiciariæ potestatis inquietudine, quieto ordine possidere, et nostro successorumque nostrorum fideliter parere imperio. Confirmamus etiam eidem monasterio per hanc nostram auctoritatem res quas quidam homo Lautarius nomine, et uxor sua Petronilla in domni et genitoris nostri et nostrâ suâque eleemosinâ eidem contulerunt monasterio, de quibus, sicut idem abba asserit, per pravorum hominum fraudes strumenta chartarum abstracta sunt ; vel abhinc in futurum sic ipsæ res à rectoribus ipsius monasterii teneantur et defendantur, sicuti per eadem strumenta, si perdita non fuissent, legibus defendi posset in jure. Similiter etiam confirmamus ibidem monasterium quod dicitur Jonante, quod nuperrimè ad idem monasterium cum omnibus rebus et mancipiis ad se pertinentibus vel aspicientibus, solemni donatione contulimus: nec non similiter conferimus villam nostram quæ dicitur Fiscellam, et mansum in villâ Cumbaracâ, seu ecclesiam quæ dicitur Sancta Columba, unà cum foresto nostra quæ nominatur Pauleremia ; pari modo alia villa quæ vocatur Galliacus, cum mancipiis et omnibus appendiciis suis. Concedimus verò similiter alias villas nostras Cornago et Cunnago nec non et Bulago, cum omnibus appendiciis eorum. Similiter et locus qui nominatur Columbangas, cum quibusdam duabus ecclesiis quæ dicuntur Sanctus Stephanus et Sanctus Lupus, unà cum mansello qui dicitur Mons Strenus, cum omni territorio. Æquo quidem tenore et eodem in pago villam Flaginiacum cum tribus quondam ecclesiis quarum una sub honore sancti Joannis, altera sub honore sancti Martini constat ; vel etiam mansum qui dicitur Alonzinas, cum omni scilicet integritate ; quas quidem ecclesias vel mansum cum Guirbaldo comite nostrâ auctoritate commutaverunt; et mansum vel vinea quod Farald episcopus condonavit, cum omnibus adjacentiis eorum. Et in ditione præfati monasterii Concas ejusque rectorum, absque alicujus contrarietate aut infestatione perpetim permaneant ; et nullam deinceps calumniam aut aliquod impedimentum à quoquam de præfato monasterio Jonante, neque de rebus à Lautario et uxore suâ Petronillâ ibidem collatis, neque de reliquis possessionibus suis quas moderno tempore justè et legaliter in quibuslibet paginis et territoriis quieto ordine prædictum tenet et possidet monasterium, sive quod in anteà, divinâ largiente gratiâ, ibidem collatum fuerit se habiturum penitùs pertimescat. Sed per hanc nostræ auctoritatis, confirmationem perpetuò, firmiter et quietè rectores et ministri suprà nominati monasterii teneant atque possideant; et quidquid ob utilitatem et necessitatem ejusdem monasterii et congregationis ibidem deo famulantis disponere et ordinare voluerint, liberè in omnibus perfruantur arbitrio faciendi : et quidquid de rebus et mancipiis præfati monasterii jus fisci exigere poterat totum nos in eleemosinâ nostrâ eidem concessimus monasterio, ut perpetuis temporibus in alimonia pauperum et stipendia monachorum ibidem deo famulantium proficiat in augmentis. Volumus quidem ut quia ipsum monasterium in nostro proprio constat constructum et nostrâ auctoritate est factum, à nullo quolibet, præsente vel futuris temporibus, to eis advocatis ejusdem monasterii ullo modo regatur. Intereà nostræ serenitati placuit ut quia idem monasterium in arduis atque asperrimis nec non angustissimis locis est constitutum, ita ut pro suâ angustiâ plurimorum obsit habitationi, et pro asperitate victualia prohibet illuc deferri, ut in loco cujus vocabulum est Figiacus, quem tamen abhinc Novas Conchas nobis vocari placuit, monasterium construatur, quatenùs ab angustiâ et penuriâ postulandorum alimentorum idem locus sublevatus, liberiùs atque delectabiliùs ibidem habitantes deo servire possint, et pro nostri stabilitate regni perpetim divinam misericordiam deprecari : ita tamen ut priori monasterio Conchas dignitas prioratûs, atque antiquitatis reverentia reservetur : et abbatis providentia sit et tot fratres ibidem maneant quod isdem locus absque ullâ difficultate sustinere valeat. Decernimus etiam ut fratres ex monasterio Jonante quod nuper Conchas monasterio, per nostræ præceptionis auctoritatem, contulimus, illuc, id est, ad Novas Conchas conveniant, quatenùs ibidem cum fratribus reliquis de Conchas deo famulentur, et quandoquidem divinâ vocatione supradictus abba vel successor ejus ab hâc luce migraverint, quandiù ipsi monachi inter se tales invenire poterint, quietos secundùm regulas sancti Benedicti regere valeant, per hanc nostram auctoritatem et consensum, licentiam habeant eligendi abbatem qualiter meliùs delectet eis, pro nobis et conjuge proleque nostrâ atque stabilitate totius imperii, domini misericordiam exorare. Et ut hæc auctoritas nostris futurisque temporibus, domino protegente, valeat, inconvulsa manere, et à fidelibus sanctæ dei ecclesiæ et nostris veriùs, certiùs credatur et diligentiùs conservetur, manu propriâ subter firmavimus, et annuli nostri impressione sigillari jussimus. S. Pipini præcellentissimi regis. Data X. kal. septembr. indictione I, anno XXV imperii Ludovici Cæsaris Augusti, et regni nostri XXII.

X. Fondation du monastère de Vabres, en 862.

Priscarum legum et imperatorum et consulum decrevit auctoritas ut qualiscumque persona ex nobili ortus genere res suas in alieno jure transferre voluerit, tam in ecclesiis quam et in aliis hominibus per chartas, codicillos et legitimas traditiones licentiam habeat faciendi. Quamobrem ego in dei nomine Raimundus divinâ annuente gratiâ comes et marchio, et uxor mea Bertheys pertractavimus casum humanæ fragilitatis nostræ metuentes diem extremum, ne subitò improvisa mors adveniat, et suæ mortis laqueo tradat, et ut nobis dominus veniam donare dignetur, cedimus cessumque in perpetuum esse volumus res proprietatis nostræ; propter remedium animæ nostræ, et genitoris nostri Fulgualdi, et pro genitrice meâ Senegundi et pro germano meo Fredelone quondam, ut quorum fuit communis amor, sit et eleemosina communis, quæ sunt sita in pago Ruthenico, in vicariâ quæ dicitur Curiense, villam cujus vocabulum est Vaber, cum omni integritate ; et Velotio similiter, Biarcio similiter, Nogareda similiter; et in Tarnescâ in villâ quæ dicitur Beatianus, vineas nostras, quas Leotgarius ibi construxit. Hæc enim quæ supra dicta

sunt cum duābus capellis et mansis quatuor ibidem pertinentibus. Adalgiso abbati suisque monachis tradimus, cessumque in perpetuum esse volumus ad monasterium construendum in honorem sancti Salvatoris et sanctæ Mariæ dei genitricis, sive sancti Dionisii dei omnipotentis præcellentissimi nostri martyris, ut unam dicto loco catervam congregent monachorum; qui secundum regulam sancti Benedicti ibi deserviant, hospites recipiant, pauperes recreent, et pro nobis fideliter orent. Et de mancipiis ad ipsum sanctum locum cedimus his nominibus : Trudinare et uxore suā cum infantibus eorum; excepto Franconi; Ariberto et uxore suā cum infantibus eorum ; Elizabeth cum infantibus suis, excepto Eliano; Harfredo cum infantibus, excepto Raganfredo ; Ostrend et uxore suā cum infantibus eorum; Eldrado cum uxore et infantibus eorum; Eliano cum infantibus suis ; Lamberto et uxore suā cum infantibus eorum, etc., etc. Hæc enim omnia superiùs nominata cum casis, capellis, curtiferis, vineis, pratis, silvis, molendinis et a jacentiis, loca rustica et suburbana, quæsitum et quod adinquirendum est tradimus domino omnipotenti et omnibus sanctis sive Adalgiso vel suis monachis, sive omnibus qui post eos ibi futuri sunt... et quandiù ego vixero, de ipso sancto loco tutor et defensor siam. Post meum quoque discessum Bernardum filium nostrum constituimus non dominatorem, non hæredem, sed defensorem ut meā vice ipsum sacrum locum defendat et monachos nutriat, familiam defendat. Post hujus quoque decessum, si Fulgualdus filius noster superstes fuerit simili modo ipsum locum ei commendamus, quod si dominus permiserit ut Odo filius noster supersit, in ipsā tuitione et defensione eum relinquimus, et ipsi monachi in suo jure suāque dominatione consistent. Abbatem quem ipsi secundum regulam sancti Benedicti elegerint cùm prior defecerit habeant. De repetitione dicimus, si nos ipsi immutatā voluntate nostrā, aut ullus de hæredibus nostris, aut aliquis homo iniquā voluntate testamentum anterius vel posterius quasi à me factum Protulerit, quod nec feci, nec decrevi, nullum habeat effectum, et prolator falsitatis reus teneatur obnoxius : ut ille qui eleemosynam voluerit extinguere, in primis iram dei omnipotentis incurrat, et cum Datan et Abiron damnationem perpetuam acquirat et in ultimā resurrectione cum electis portionem non habeat et cum Judā qui sacrum corpus domini vendidit in perpetuum damnetur, et insuper quod conatur agere non vindicet..............
Facta cessione ista tertio nonas novembris, anno XXIII regnante Carolo rege. Signum Raymundi comitis et marchionis. Signum Bertheys uxoris ejus qui cessionem istam fieri et adfirmari rogaverunt. Signum Bernardi comitis filii eorum. S. Fulgualdi filii eorum. S. Odonis. Elisachar ruthenensis episcopus subscripsi. S. Bergantz. S. Begonis, vice comitis. S. Geraldi. S. Rastagno. S. Gissamar. S. Jorius Buca, item Geraldo. S. Tiodrico. S. Amardo. S. Brumali. S. Roberti. S. Hisloni. S. Garaldi. S. Rudgerio. Emenricus levita scripsit. *Archives de Vabres.*

XI. Dotation du Monastère de Vabres.

Sacrosanctæ Basilicæ sancti principis Petri, et sancti Dionisii, sive sancti Vincentii martyris cæterorumque sanctorum, quorum hic reliquiæ continentur..... seu viris religiosis qui in hoc loco consistere videntur. Ego Rotlandus videns hunc locum aptum, et à viris religiosis venerandum, cogitans intra me volui ipsum locum construere sanctum, pro remedium animæ Raymundi seniori meo, qui me in sacro fonte sibi in filium spiritualem conjunxit, et pro remedium animæ meæ vel parent' in meorum, seu etiam pro remedium animæ avunculi mei Rodlandi. u pius dominus, et mihi et illi mercedem reddere dignetur. Propterea ad ipsum locum cujus vocabulum est Waber, et ad ipsos monachos qui ibidem degere videntur, res meas cedo, cessasque in perpetuum esse volo: hoc est curte mea cum appendiciis suis his nominibus : Rigilio, Alteapias, Turondelios, vel ad ipsos Manselles; similiter et in alio loco curte mea Armario, cum capella quæ est in honore sancti Arolii, vel cum ipsa villa, quantum ibi aspicit vel aspicere videtur, totum et abintegrum ibi cedo.... Facta cessione ista in mense novembrio anno vigesimo secundo, regnante Karolo rege. Ego Rodlandus levita cessione à me facta subscripsi S. Alboin, S. Heldramno, S. Laudrico, S. Lugibaldo, S. Rolgario, S. Sylviano, S. Roliano. Tresuinus rogatus scripsit. *Arche. de Vabres.*

Charte de Charles le Chauve, en faveur du même monastère.

In nomine sanctæ ac individuæ trinitatis. Carolus gratiâ dei rex Francorum ac Longobardorum ac patritius Romanorum, maximum regni nostri in hoc augere credimus munimentum, si beneficia opportuna loca ecclesiarum, benevolâ devotione concedimus, hæc domino protegente stabiliter perdurare conscribimus. Igitur notum sit omnibus episcopis, abbatibus, comitibus, vicecomitibus, vicariis, centenariis, judicibus, seu omnibus fidelibus præsentibus scilicet et futuris, qualiter vir venerabilis comes Raymundus ex monasterio quod ipse novo opere jure proprietario, à fundamento in honorem domini dei...... ædificavit in loco nuncupante Vabro, in pago curiense, citra lympham Dordonis, ad nostram accessit clementiam.... et ipsum sanctum locum sub nostrâ defensione... visus est tradidisse. Idcirco ad ejus petitionem, tale pro æternâ retributione beneficium ad ipsum sanctum locum visi fuimus indulsisse, ut in ecclesiis, vel locis, vel agris seu aliis possessionibus ipsius monasterii, quas moderno tempore, per nostram donationem ac confirmationem, seu cæterorum fidelium justo possidere videtur, in quibuslibet locis, quidquid ibidem propter divinum amorem collatum fuit, quæque etiam deinceps, in jure ipsius sancti loci aut per nos aut per alios voluerit divina pietas augeri, præcipientes jubemus atque anathematisamus ut nullus comes, nec episcopus, nec abba, aut ullus judiciariâ potestate præditus ad causas audiendas, vel freda exigenda, aut mansiones vel paratas faciendas, aut fidejussores tollendos, nec homines istius monasterii tam ingenuos quam servos qui super terram memorati monasterii residere videntur, distringendos, nec ullas redibitiones aut illicitas occasiones perquirendas, aut ullum omninò censum inquirendum, ullo unquam tempore ingredi audeat, vel exactare præsumat. Sed hoc ipse abbas vel successores sui aut monachi memorati loci præsentes scilicet et futuri propter nomen domini, sub integræ immunitatis nomine, absque cujuslibet inquietate aut contrarietate valeant dominare, et nulli unquam homini pro qualicumque re, nullum omninò censum audeant impendere sed ipsum sanctum locum sub nostrâ defensione atque dominatione volumus constare. Statuentes ergò atque jubentes, ut neque vos, neque juniores seu successores vestri, vel quilibet ex judiciariâ potestate in ecclesiis, locis vel agris, seu reliquis possessionibus suprascripti monasterii, vel de omnibus quæ suprà scripta sunt nunquam ullo tempore præsumatis. Sed quod propter nomen domini, æternâ remuneratione ad jam fatum monasterium indulsimus, perpetuis temporibus proficiat in augmentum. Et quandòquidem divinâ vocatione suprascriptus venerabilis Adalgisus abbas, vel successores ejus de hâc luce ad dominum migraverint, qualem meliorem et nobis per omnia fidelem, ipsa sancta congregatio de suprascripto monasterio aut qualicumque loco voluerint eligere abbatem qui ipsam sanctam congregationem, secundùm regulam sancti Benedicti regere valeat, per hanc nostram auctoritatem et præmissam indulgentiam habeant; et ubicumque voluerint ordinari, aut ipsi aut monachi ipsorum, vel à quolibet pontifice ex præcepto et consensu nostro potestatem habeant quatenus ipsis servis dei qui ibidem deo famulari videntur, pro nobis ac conjuge proleque nostrâ et stabilitate totius regni à deo nobis commissi, hactenùs domini misericordiam exorare delectet. Signum Caroli regis. Data XIIII kal. augusti, indictione X, anno XXIII regnante Carolo rege gloriosissimo. Actum Parisiis civitate in dei nomine feliciter. Amen. *Archiv. de Vabres.*

Dans une autre charte de la même église, on voit que l'an 875, Richard et Rotrude donnent à ce monastère tout ce qui leur appartient dans la viguerie de Millau, in vigariâ Emilianense, loco nuncupante Noviliaco, cum ipsas ecclesias quæ sunt fundatas, prima in honore sancti Petri, secunda sanctæ Mariæ, tertia sancti Brictii; ecclesias et villas ibidem pertinentes his nominibus, Cumborlo, Baldara, Monteplano, manso uno qui dicitur ad Lisa, et alios duos mansos qui dicitur ad Bosco, et in alio mansos duos qui dicitur Frominio, item alio Bosco manso uno, ad Arcovolto mansos duos, etc. Archiv. de Vabres.

La comtesse Bertheys fit encore une donation très-considérable au même monastère, en 883, en présence de Bernon, évêque de Toulouse, de Fulguard, de Benoit, de Rostaing, de Jaintard, d'Odon, de Winaramne, de Bernard, d'Airibert, de Milon, d'Emmon, de Fludrige, d'Ermengaud, de Bertramne, d'Aton, de Sigocin, de Sendrale, etc. Gall. Christ. nova t. I. Instrum. p. 57.

XII. FONDATION DE L'ÉGLISE DE CONNAC, EN 864.

In nomine etc.... anno ab incarnatione dominicâ octingentesimo sexagesimo quarto, regni quoque gloriosissimi atque invictissimi regis Caroli XXIV, indictione XV, n sede sancti Petri sedente dignissimo pontifice maximo Nicolao I, quoadunatio propter barbaros sive paganos facta fuit, et Aquitaniæ provinciæ conventus ad pugnam apud Planomonte quem posteà appellaverunt Connaco, in pago Ruthenico super flumen Tarnis, Carolo rege præsente, et ecclesiam ibi construente et de ejus consecratione tractante, simul cum Haemaro Ruthenensi episcopo, et Rodulpho archiepiscopo Bituricensi, unà cum sanctissimis episcopis ejusdem provinciæ, qui ibi adfuerunt; eo tempore in augusto mense, quandò revertebatur rex ab citeriore Hispaniâ, et pervenit ad pugnam ad Planomonte, id est ad Connacum et in aliis locis contra paganos; in hoc loco fuit magna mortalitas de principibus et de episcopis suis, inter quos interfectus fuit Marcellinus vir sanctissimus et à deo concessus Aurelianensis episcopus qui in hoc loco fuit tumulatus, et multa corpora sactorum honorificè ibi sepulta sunt; et interim rex magnus cepit consilium cum majoribus qui ibi aderant, et cum illis qui in exercitu permanebant: consilio accepto dedit in sponsalitium terras quæ erant in circuitu ecclesiæ, inter quas undecim sunt mansi, unus vocatur Barricia qui est contra ortum solis, et alter Uloca ad occidentem, et alii duo caput mansi unus ad dextram et alius ad sinistram qui vocatur Podio, vel ad Buxorem qui est justa Planomonte, cum omnibus ascietatibus quæ eis pertinent, cum terris cultis et incultis, cum sylvis, garrigiis et aquarum decursibus, et ista terra sint fines fossatum quod dicitur Orticam, et ex alterâ parte fossatum quod vocant Coffinhals, propter paganos qui in coffurnium habuerunt mortem, et de super tertâ parte, strata publica, à superiore latere usque ad incisa Planomonte ad Buxinum dolentem; et in eos fines et confrontationes fecit terminos firmare, et ipse dominus rex firmavit per coronam suam et ii qui aderant manibus suis in manu suâ firmaverunt; et posteà eos qui unquam fregerint, ab omnibus episcopis, archiepiscopis, abbatibus fecit excommunicare, anathematizare vel à Luminibus S. ecclesiæ segregare, et ad vicarios vel ad principes suos capitalem sententiam eis dare, aut de regione suâ exire, et honoribus privare, et insuper posuit coronam suam super altare, et redemit eam deditque regium donum, pro animâ defunctorum offerens ornamenta sua et capellam suam, et reliquias suas, quas secum habebat, et, insuper donavit rex ad altare quod ibi reliquit consecratum in honorem B. Mariæ et omnium apostolorum et martyrum, ea quæ ad vicariam regiam pertinebant ex parte rivuli qui vocatur Alrancia usque in ripam Tarnis in loco qui dicitur Vallanis, et ex alio latere ad rivum qui videtur cerni usque in finem Albiensis pagi, et istam ecclesiam et honorem quæ supra nominata est et alias septem ecclesias quæ sunt in circuitu dedit Carolus domino deo et casæ dei B. Mariæ et Hacmaro episcopo et canonicis B. Mariæ, ut ordinarent eam et custodirent, et posuit chartulam super altare et manu suâ firmavit eam. Facta charta ista festivitate B. Mariæ in februario. Signum Carolo rege. Signum Ermengardo comite. Signum Hacmaro episcopo Rutheneusi. Signum Rodulpho archiepiscopo Bituricensi. *Arch. de la cathédrale de Rodez.*

XIII. Donation de l'Église de Nant au Monastère de Vabres, en 878.

Si rerum nostrarum donaria locis sanctis conferimus, dubium non est æternæ nos vitæ præmium adepturos. Idcirco in Christi nomine ego Bernardus et uxor mea Udalgarda..... locum cui vocabulum est Waber qui est situs in pago Ruthenico in ministerio Curiense..... elegimus prout voluimus humiliter ex rebus honorare quæ nobis ab origine parentum seu ex composito advenerunt, seu ex rebus paternis..... eas nempe res quæ sitæ sunt in pago Ruthenico in ministerio Nantense, hoc est ecclesiam quæ est fundata in honore sancti Petri in villâ Triancianico quæ vocant Nante ubi aspiciunt villæ quarum vocabula sunt Molinis, Ambolo, Carisico, Maliaco, Cancenello, Abrigas, Macello, Spinacioso..... ad monasterium construendum in honore sancti Petri urbis Romæ, etc..... Facta cessione ista III idus februar. anno XXXVIII regnante Carolo rege. *Archiv. de Vabres.*

XIV. Plaid en faveur de Carissime Abbesse du Monastère Saint-Sernin, en 878.

Notitia..... qualiter venerunt aliqui homines his nominibus Segarius et Aldulfus, nec non et Hictarius seu et Ingilbaldus videlicet ex aliâ parte

Karissima abbatissa ex regulâ S. Saturnini monasterii Ruthenensis..... et Fulcrada deo devota ; et ab utràque parte venerunt die Jovis foras Albiâ civitate, in ecclesiâ S. Africani in mallo publico, in præsentiâ Raymundo comite, et civiles judices qui ibidem aderant..... ab utràque parte inter se contentiones habebant pro Rotunda Vabro, mansis, terris, vineis cum ecclesiis quæ ibidem sunt fundatæ, quidquid ad ipsam curtem aspicere dinoscitur, de quantumcumque Vudaldo et uxore sua Ingerbelgane, qui quondam fuerunt, debita fuit possessio. Dicebat Segarius et Iliclarius et Ingilbaldus quod scriptos colligatos super Fulcradam deo devotâ et super Karissima abbatissâ, scriptos judicios, noticias et jectivas perennis temporibus confirmatas haberent, pro quas volebant ipsos alodes, mansos, terras, vel vineas legibus adquirere. Dum eos intendentes et inter se altercantes guirpivit suprà nominata abbatissâ, suamque quam dicebat monacham Fulcradam nomine, et cartulam quam pro ipsam curtem manu tenebat Fulcradane manibus reddidit, et per omnia dixit quod ipsas res nolebat tenere, neque contentionem pro hoc ipsud habere Fulcrada ; namque suam cartam videntibus cunctis recipiens, cum suis contracausariis in rationem intravit ; et inter se contendentes consenserunt ipsi judices, unà per voluntatem ipsius comitis, et arbitrium judicum, ut inter se pactum fecissent quod et ita fecerunt : ita ut obtineat Fulerada de Rotunda Vaber priorem illam hæreditatem in capite, quam Gilbulgis cum Vudaldo jugale suo adquisierat, etc., etc..... actum fuit Albiæ civitate, mallo publico, in præsentiâ Raymundo comite, anno primo regnante Ludovico rege post obitum Karoli imperatoris. S. Segarius. S. Alitulfus. S. Vudaldo. S. Hiclario. S. Engilbaldo. S. Teuberto. S. Garrigus. S. Radulfo. S. Rodaldo. S. Ginlabert auditor. S. Didimo. S. Tendono. S. Adalbert). S. Garifredus. S. Bernardo. S. Boamen. S. Albranno. S. Ebroinus rogatus scripsit dictante Teulio cancellario. *Cartulaire de l'église de Vabres.*

XV. Lettre du pape a Aymar, évêque de Rodez, en 879.

Aymaro et Videni reverendissimis episcopis. Hortantes sanctitatis vestræ fraternitatem sacer totalemque zelum vestri vigoris auctoritate apostolicâ incitamus. Berthildi, Rostagni illustris viri conjugi, quæ spreto dei timore ac lege thori, fugabunda per vestras parochias incedens, multoties ab episcopis ac synodo vocata, surda aure, venire distulit, omnem necessitatem veniendi coram vestrâ præsentiâ imponite ; ut ejus causa legaliter fidem accipiat ; illiusque in tam perverso opere adjutoribus aditum atque communionem totius sanctæ ecclesiæ intercludite ; donec ab omni se sequestrent prædictæ Berthildis consortio : inter quos Achelinum mœchum curâ spirituali private, vestroque zelo perurite. Quæso, moneo, hortor, fratres charissimi, citissimè amplectendam exhibete præsentiam ; iterùm iterùmque jubemus, omni postpositâ occasione ad nos festinanter venite, quatenùs Christo dominante, in hoc et aliis negotiis communi consilio terminum salubriter imponere valeamus. Data anno DCCCLXXIX. indictione X. *Archiv. de l'évêché de Rodez.*

XVI. Donation d'un fief dans la viguerie de Sévérac, en 883.

Sacrosanctæ ecclesiæ sancti Salvatoris Conchas monasterii, ubi Bego abba præesse videtur..... ego Bernardus, gratiâ dei comes, et uxor mea

Hermengardis.... Cedimus cessumque in perpetuum esse volumus... res nostras proprias qui ex alode parentorum meorum justissimè mihi obvenerunt, qui sunt sitas in pago Ruthenico, in vicariâ Severiacense, hoc est in villâ nostrâ qui nominatur Bautone cum mansis, pratis, pascuis, sylvis, exhiis et regressis, cultum et incultum, aquis aquarumve decursibus.... Facta in mense julio, XII cal. augusti, anno septimo regnante Karolo rege Francorum et Longobardorum. *Cartulaire de Conques.*

XVII. Donation de la terre et église de Connac a la cathédrale de Rodez, en 935.

In conscribendis donationibus, hic ordo servandus est ut priùs ponatur nomen donatoris, deinde cui donatur, posteà res quæ donatur. Nos igitur in dei nomine Elias et mater mea Senegundis donamus vel cedimus ad casam dei sanctæ Mariæ Ruthenensis matris ecclesiæ, ubi Hacmarus episcopus præesse videtur aliquid de honore nostrâ, scilicet valsalla tota, usque in finem Tarni ad alode et à feu, et planos campos, Caraiso similiter, et ecclesiæ quod vocatur sancti Martini medietatem, aliam medietatem relinquo Raynoni, avunculo meo vicecomitem, et ecclesiam quam pater meus conquistavit à Deide episcopo quam nominam Petit, cujus vocabulum est Colnago, cum mansos ecclesiasticos, et vineam dominicalem quæ est subtùs ecclesiam, et caput manso in Vabrem et absietates, et sunt vineas et boscos quos Astrebaldus tenuit, usque in rivum Cofinals, et quod ecclesiasticum totum et abintegrum relinquo deo et beatæ Mariæ Ruthenis. Has quoque ecclesias, vel mansos, vel vineas et terras cultas et incultas et silvis et garricis et aquarum decursibus assuperiùs nominatas cum omni integritate ad prædictam casam dei beatæ Mariæ concessas atque datas esse volumus. Ita ut ab hîc die in anteà episcopus et canonici teneant et possideant. Si quis de hæredibus nostris hanc donationem usurpare voluerit, anathema sit. Ista carta firma et stabilis permaneat. Facta donatio ista pridiè idus augusti, anno XII. regnante Radulfo rege. Signum Eliæ, signum Rainoni vicecomitis, signum Rostagno, Will. ballus. Signum Fredoloni abbati scripsit. *Archiv. de la cathédrale de Rodez.*

XVIII. Origine de Richard, premier comte de Rodez.

Richard, premier comte de Rodez, descendoit de ce Bernard vicomte en Rouergue, l'an 935, dont nous avons parlé.

Ce Bernard avoit eu pour fils. 1° Bérenger; 2° Bernard, vicomte de Gevaudan, père de Rigaud qui vivoit en 1011 et 1029, et d'Etienne, aussi vicomte de Gevaudan mort sans postérité.

Bérenger eut pour fils Richard I qui épousa Sénégonde, fille de Guillaume vicomte de Béziers.

De ce mariage, naquit Richard II qui se maria avec Rixinde, fille de Bérenger, vicomte de Narbonne, et qui succéda à Etienne, son oncle, vicomte de Gevaudan. Richard II mourut en 1051.

Il laissa de son mariage. 1° Bérenger marié avec Adile, fille de Gilbert de Carlat et de Nobilie de Lodève; 2° Bernard, abbé de Saint-Victor, cardinal mort en 1077; 3° Richard, abbé de Saint-Victor, cardinal, archevêque de Narbonne, mort en 1112 ; 4° Raimond et Hugues, morts sans postérité.

Bérenger eut de son mariage avec Adèle, 1° Gilbert qui eut en partage les vicomtés de Carlat, du Gevaudan, de Millau et autres biens du Rouergue, et qui épousa Gerberge, comtesse d'Arles et de Provence, d'où naquirent Doxe et Etienette mariées, l'une avec Raimond-Bérenger, comte de Barcelonne, et l'autre avec Raimond-de-Baux. Gilbert vivoit en 1103, et étoit mort en 1112. 2° Richard III, le même que RICHARD, premier comte de Rodez. *Hist. du Lang.*

XIX. Testament du comte Raimond I. vers l'an 961.

In nomine domini. Breve-codicillo quod fecit Raymundus comes pro remedium animæ suæ, et pro genitore suo et pro genitrice suâ, et pro omnibus fidelibus suis. In primis dono ad illo cœnobio de Conquas illa medietate de illo alode de Auriniaco, et de illas ecclesias, et de omnibus villaris quæ ibi aspiciunt, et alia medietate ad illo cœnobio de Figiaco Illa ecclesia de Accinnaco teneat Raynaldus dummodò vivit. post illorum discessum sanctis Salvatoris de Figiaco remaneat. et donet Stephanus et Raynaldus ad ipsos monachos per singulos annos, mediante quadragesimâ, unam refectionem. Ilo alode de Limaniaco quod Grimaldus habet à feo, et Frodinus habet à feo de Raymundo, et illa ecclesia de Blanado. Ugoni filio Geraldi remaneat, dummodò vivit. post suum discessum sancti Petri Bellilocensis remaneat et donet ad ipsos monachos per singulos annos unam refectionem medio quadragesimæ. Illo alode de Pomeriol, et illo alode de Tornago, et illo alode de Malavalle, quod de illos monachos de Aureliaco et de ipso abbate acquisivi, sancti Petri et sancti Geraldi ad ipso cœnobio remaneat. Illo alode de Vidaliaco, quantùm ibi aspicit, cum ipsâ ecclesiâ sancti Petri Marciliaco remaneat. Illo alode de Alizo et de Valanclone sancti Petri Bellilocensis remaneat et illa medietate teneat Aimericus dummodò vivit, et donet ad ipsos monachos, singulos annos unam refectionem, medio quadragesimæ. Illos alodes quos acquisivi de Guilelmo comite consanguineo meo, illa tertia pars remaneat Sanctæ Mariæ Ruthenensis, alia tertia pars sancti Amantii, alia tertia pars sancti Saturnini. Illa ecclesia sancti Africani et illo alode de Pedrelago quod de Ranulfo acquisivi, sancti Privati Mimatensis remaneat. Illo allode de illa Rocheta, quod de Poncione acquisivi, sancti Salvatoris Vabrensis remaneat ; et alio alode quod de Poncione acquisivi, quod Bernardus de Nante habet à feo, sancti Salvatoris ad ipso cœnobio remaneat. Illo alode de Canavolas, et illo alode de Crucio, et illo alode de Pociolos, et illo allodio de Garriguas, et illo alode de Vidnago, et illo alode de Longalassa, et illos mansos de Bonaldo et de Serinco. Poncioni abbati remaneat, post suo quoque discessu sancti Amantii Ruthenensis remaneat. Illo allode de Sulciaco cum ipsâ ecclesiâ, teneat Deusdedit episcopus, dummodò vivit ; post discessum, sanctæ Mariæ Ruthenensis remaneat : et ipsi mansi de Vabro, Grimaldo remaneant. post suum discessum sanctæ Mariæ Rutenensis........ *Ici sont une infinité de dispositions étrangères au Rouergue...* Illo castello de Albinio, et illo alode de Sinilio, cum ipsâ ecclesiâ, et illo alode de Brandonedo, cum ipsas ecclesias, et illo alode de Perizedo, cum ipsâ ecclesiâ, remaneat ad filios meos quos ego Raymundus habeo de filiâ Odoino : et illo alode de Campolivado, cum ipsâ ecclesiâ, et illo manso de Caransiaco, remaneat a filia mea quam habeo ab ipsâ filiâ Odoini ; et si illa infantem masculum non habet legitimum, remaneat ad germanos suos ; et post illorum discessum, remaneat sancta Maria Rutenis ; et si filium habet de jugale ad ipsam remaneat ; post discessum de ipso filio sancta Maria Rutenensis remaneat, et si ipsi filii mei de filiâ Odoini mortui fuerint sine filiis, remaneat iste alodus de Brandonedo, cum ipsâ ecclesiâ sanctâ Maria, sancta Fide ad Compras remaneat, et alio Brandonedo sancti Saturnini remaneat ; et illo alode de Perizedo, et alio alode de Sinilio, et illo alode de Albaredo sancti Amantii remaneat ; et donet ille abbas de sancti Amantii in escambio sancti Salvatoris Vabrensis, volente illo, alode de Sinilio, ut plus propè potuerit de Vabro ; et si filium habeat de muliere, ad illum remaneat, et post discessum de ipso filio, ad ipsos sanctos remaneat... *Autres dispositions étrangères*........ Post discessum Bernardi, remaneat illa alodes de Gignako sancti Amantii Rutenis ; illo castello de.... illo castello de Cerveria, illo castello de sancto Laurentio, illo castello novo de Petrifense, illo castello de Granolheto, illo castello de Malamorte ripa Agotis, illo castello de Dargon, illo castello de Ventagione, illo castello de Monastero remaneat Raymundo filio meo, et si Raymundus intestatus mortuus est, ad propinquos nostros remaneant. Illo alode de Lupiano, Deusdedit episcopo remaneat, post suum discessum sancta Maria Rutenis remaneat.... Ista elcemosina suprascripta fiat domino deo, et ad istos sanctos superscriptos pro remedium animæ meæ et pro omnibus peccatis meis, et pro genitore meo et genitrice meâ, et pro fratres meos, et pro omnibus consanguineis meis, et pro omnibus fidelibus meis in eâ ratione quod nullus clericus, nec nullus laicus, nec nulla fæmina non tollat, nec vendat, nec abstrahat ad ipsos sanctos suprascriptos, nec ista convenientia per quod unus de istos sanctos suum drictum perdat, omni tempore firma et stabilis permaneat. Amen. Omnes res meas mobiles donent eleemosinarii mei domino deo, et ad sanctos, et ad præsbyteros, et ad pauperes pro animâ meâ. Signum Raymundo qui breve isto scribere vel firmare rogavit. Signum Jalberto. Signum Genesio. Signum Bernardo. Signum Willelmo. Signum Aymerico. Signum Giraldo *Hist. du Lang. t. 2.*

XX. TESTAMENT DE LA COMTESSE GARSINDE, EN 974.

In nomine domini nostri Jesu Christi. Placuit mihi Garsin   comitissæ facere codicillum breve.... imprimis dono deo et sanctæ de   siæ, insequenter ad amicos meos, vel ad homines qui in meo servi   esudaverunt. Dono igitur Ugoni comiti nepoti meo ecclesiam quam vocant Sancti Symphoriani, cum alode quem vocant Cabannes, excepto d'Auker : in tali verò ratione ; dum vivit teneat : post discessum verò ejus, remaneat deo et ad sanctam Mariam Ruthenis..... et dividant ipsam alodem inter sanctam Mariam, et sanctum Amantium et sanctum Saturninum Ruthenis... Villam meam quam vocant Beatia, remaneat Amelio nepoti meo.... Ecclesiam meam de Bar quam vocant S. Mariam, et illum fevum quem tenet Izarnus vicecomes teneat ipse Izarnus dum vivit, excepto mansum de Agrifolia. Ipsum verò mansum de Agrifolia, dono domino deo et sancti Salvatoris, et sanctæ Mariæ Vabrensis. Illos verò mansos quos adquisivi Deusde episcopo, qui sunt siti in valle, dono unum sanctæ Mariæ in capellâ Albiæ, et alium.... sancto Petro de Albiâ.... Illas meas ecclesias sancti Fructuosi et sancti Pardulfi dono Deusde episcopo, dum vivit, cum ipso alode : post mortem ejus remaneat S. Marcianæ in communia. Illum alodem meam Bazingis quem adquisivi de Ademaro, cum caput-manso, et vineas et verdearios, et terras et omnia quæ ibi habeo, et omnia quæ adquisivi de Richario, totum dono ad Sanctam Sigolenam..... Alodem quem adquisivi de Regimundo comite, nomine Aurelionaco, medietatem laxo sancti Salvatoris Figiaco, et aliam medietatem sancti Stephani Cadurcis..... Duas bordarias quas adquisivi de episcopo Deusde.... dono sancto Africano... Omnes servi mei et ancillæ meæ sint liberi propter animam viri mei, et propter animam meam omniumque fidelium christianorum tam vivorum quam et defunctorum..... Si quis verò malevolus tollere præsumpserit vel monachis vel clericis, hoc quod ego laxo domino deo et sanctis ejus, tollat ei deus omne bonum, et det ei omne malum, et habeat partem cum Dathan et Abiron in infernum, in præsenti sæculo et futuro. Fiat. fiat; Amen. *Archiv. d'Albi.*

XXI. DONS AU MONASTÈRE DE CONQUES SOUS LE RÈGNE DE ROBERT.

Locum sacrum sanctæ dei ecclesiæ quæ est consecratus in honore domini nostri Jesu Christi, et sancti Salvatoris Conchas monasterii, ubi sancta Fides tumulata consistit. Quamobrem ego in dei nomine Raimundus comes filius Berteldis credo vel dono sancti Salvatoris et sanctæ Fide illo alode meo de Palaïs post mortem meam totum et abintegrum, cum campos, cum vineas, cum boscos, cum piscatoria, cum salinas, cum terras cultas et incultas : et habet ipse alodus in se fines de primo latus, terra Guarnerii de Lopianis, de alio latere terra Malfredo episcopo, de tertio latus terra Bernardo filio Almarado; quantum infra istas fines aspicit vel aspicere videtur, totum et abintegrum dono sancti Salvatoris et sanctæ Fide post mortem meam. Et relinquo semper sancti Salvatoris et sanctæ Fide in ipso Palaïso. Alio manso vendidi vobis ubi Bonefacius visus fuit manere, et accepi ego Raimundus de vos pretium; hoc sunt sol. C. pro isto manso. Isto alode suprascripto dono sancti Salvatoris et sanctæ Fide totum et abintegrum pro animâ meâ post mortem meam in communia, et istos duos mansos suprascriptos ubi Bernardus et Bonefacius visi fuerunt manere, relinquo semper in communia sancti Salvatoris et sanctæ Fide. Si quis ergo immutatâ voluntate meâ, etc. Facta certa donatione et venditione ista in mense februarii feria III regnante Roberto rege. Sig. † Raimundo comite qui carta donatione ista scribere vel adfirmare rogavit. Sig. † Petro. Sig. † Stephano. Sig. Geraldo. Sig. Bernardo. Odo monachus scripsit. *Cartul. de l'abbaye de Conques.*

Urbis Ruthenicæ comes Ragemundus; filius illius Ragemundi qui in via Sancti Jacobi trucidatus est, antequam Hierosolimitanum iter aggrederetur, in quo obiit, dederat sanctæ Fidi vasa argentea benè cœlata signisque aspera, atque ut ratio artificii exposcit per loca plurima deaurata, numero vigenti et unum. Sellam quoque cui equitans insidere solebat, quam quidem victor in prælio à Sarracenis tulerat, non minori pretio quam centum librarum auri æstimatam, cujus membra per discretas partes resoluta, crucem argenteam conficiebant grandem, Sarracenicæ cœlaturæ salvâ integritate, quæ adeò subtilis artificiosaque est, ut in nostratibus artificibus non modò nullum inveniat imitatorem, sed nec in cognoscendo discretorem. *Extrait de Bernard, écolâtre d'Angers. archiv. de Conques.*

XXII. FONDATION DU MONASTÈRE DE RIEUPETROUS.

C'étoit un usage autrefois de planter la croix dans l'endroit où l'on vou-

loit bâtir une église. Cette cérémonie avoit été prescrite par un canon du concile d'Orléans, qu'on trouve rapporté dans les œuvres d'Yves de Chartres : Nemo ecclesiam ædificet, antequam civitatis episcopus veniat et ibi crucem figat publicè et ibi atrium designet. Charlemagne recommande aussi cette pratique dans ses capitulaires, et Justinien dans ses constitutions, où on lit : In omni terrâ si quis ædificare voluerit... monasterium... priùs episcopus... locum consecret, deo figens in eo salutis nostræ signum. C'est ainsi qu'on le pratiqua pour la fondation du monastère de Rieupeyrous que nous allons rapporter.

Qualiter beatus Martialis acquisivit illam terram quæ appellatur Modulantia in comitatu Ruthenico, patescit. Erat quidam vir eo tempore nobilis genere, nomine Iscanfredus timens deum. Hic venit Lemovicas, orationis causâ, et ibi per unam quadragesimam commoratus est cum uxore suâ Rixendi et cum aliis satellitibus suis, vel aliis quam plurimis... Cùm autem appropinquaret tempus revertendi ad propria, cogitans de misericordiâ dei... et videns tantam sanctitatem loci et monachos timentes deum ibi habitantes... petivit ab abbate Gaufrido... sive cunctâ congregatione ut se participem facerent beneficiorum suorum : cui abbas rectè obediens dedit ei societatem in præsentiâ fratrum. Ipse autem Iscanfredus dedit convenientiam talem deo et sancto Martiali, ut si filius ejus Deusdedit sine infante legitimo moriretur, terra sua quam habebat in allode infra duos fluvios Viauro et Avarione ad locum sancti Salvatoris et S. Martialis Lemovicas.... remaneret. Postquam igitur reversus est Iscanfredus ad propria, venerunt duo viri ex parte Ruthenicâ... Lemovicas... in diebus domini Adalrici abbatis, quorum unus laicus Raynaldus Bellus Homo vocabatur, alter verò sacerdos qui Simplicius appellabatur. Cùm verò se cognovit Iscanfredus propinquare ad mortem, cœpitque ægrotare, fecit scribere dictam convenientiam, quam ipse et uxor ejus et filius ejus manibus propriis firmaverunt : teste Roberto præsbytero, et Deusdedit.... in quorum providentiam reliquit suam eleemosynam; ipse verò migravit è sæculo.... et sepelierunt eum in ecclesiâ de Mutore quæ erat in ipsius alode; posteâ verò uxor ejus et filius venerunt Lemovicas feceruntque ipsam donationem, confirmaverunt cartam, et narraverunt omnia sicut suprà dictum est, et reversi sunt ad propria. Tunc misit dominus abbas Adalricus Simplicium unum è duobus de quibus suprà dictum est in Ruthenico signum crucis levare, in die verò sextâ feriâ levaverunt crucem Simplicius videlicet monachus et Deusdedit et Rixendis, et octavâ die Deusdedit ille filius Iscanfredi interfectus est et sepelierunt eum in ipsâ ecclesiâ de Mutore. Tunc illa convenientia quam fecerat Iscanfredus deo et S. Martiali de supradictâ terrâ consecuta est, eò quòd filius Iscanfredi sine filiis obiit. Cùm autem audissent nepotes Iscanfredi quod mortuus esset filius ejus contrapellaverunt honorem illum dicentes, avunculus erat, post mortem uxoris ejus hæreditas nostra erit; non enim quicquam potuit aut alienare quia avus noster talem constitutionem fecit, ut si unus de filiis suis sine infante moreretur, non posset hæreditatem suam alienare ab germanis fratribus. Et hæc sunt nomina eorum qui contrapellabant terram.... Bernardus scilicet filius Hugonis de Peyrolla, Aymo filius Veneri, et fratres sui, Stephanus et Deusdedit de Cassaneâ Begonensi, posteâ Guido de Castelmarino petivit sibi dari Aspasiam filiam Iscanfredi, et dedit dona pro eo Bernardo et promisit ut de terrâ Iscanfredi amplius non requireret, nisi quantum Iscanfredus filiæ suæ dimiserat; et posteâ fallens contrapellavit mediam

Modulantism, eò quod fuisset Ruedis jus sponsalitium. Remisit autem dominus abbas Adalricus Simplicium monachum requirere hanc caussam, qui perrexit et invenit chartas quas Aymo abbas eorum fieri jusserat de terrâ illâ et conduxit placitum Simplicius in castrum qui dicitur Malamorte et fecit legere eas audientibus parentibus et nepotibus et aliis multis. Ibi cognoverunt quia Bernardus filius Hugonis nullam querelam rectam haberet in hâc terrâ; ideirco eum posteà non requisivit; sed filii Vereri repetiverant sicut et prius et Guido similiter. Alio die venerunt filii Vereri et Simplicius in Castro de Monte Olivo, in præsentiâ Hugonis comitis et Araaldi episcopi et abbatis S. Amantii et aliorum multorum nobilium, convenerunt aliud placitum in quo fuit Adalricus abbas et venit in terram quæ dicitur Molulantia cum comite Hugone et Arnaldo episcopo et aliis multis et levaverunt crucem in loco ubi ecclesiam volebat Adalricus abbas ædificare : sed hoc posteà contradixit Hugo. Tunc Araaldus excommunicavit eum et castella ubi remanebat, et ille exiens de Ruthenico habitavit in Albiensi in castro Montayraco, in quo accensus ignis domos plurimas suscepit. Multi enim dixerunt propter peccata Guidonis hoc evenisse. Dedit abbas Adalricus sexaginta solidos Bernardo supradicto ut non fieret ei contrarius et ut firmaret chartam qui fecit et fratres suos firmare convenit et firmaverunt; filii Vereri venerunt Lemovicas et reliquerant omnia quæ repetiebant et firmaverunt chartam et dederunt de illorum terrâ deo et S. Martiali; Aymo quidem unam vineam et alia prata ; Stephanus illam mansum de Polomirato. Bersdedit unum de super Cassanes et acceperunt propter hoc trecentos solidos de abbate et congregatione S. Martialis et petierunt à domino abbate et monachis absolutionem si de hoc peccatum haberent, et ut daret aliquid in signum victoriæ ex parte dei et S. Martialis quia contigerat eis hoc tempore prælium cum inimicis et cum fuerant multi à paucis fuerant superati : quo audito abbas et congregatio fecerunt eis absolutionem ante altare S. Martialis, et dedit abbas Aymoni unum phalenum pulcrum ut esset ei in signum victoriæ... si ille filem quam promittebat teneret : et fecerunt convenientiam, si infantes non haberent ut amplius de eo dimitterent S. Martiali, Aymo illum mansum de Ponillo quem Beraldus tenet.... Bersdedit mansum de Murato... Guido cum suâ uxore mansum quæ dicitur Combocanto.... de supradictis gterpitionibus sciatis certissimè quod nec guardum nec commendam retinuerunt, at totum et integrum sicut Isenfredus retinuerat reliquerunt..... Intereà hâc eâdem hæreditate bonæ memoriæ præfati Isenfredi omni ex parte dominio S. Martialis jure perpetuo redactâ, placuit venerabili patri abbati Odalrico cunctæque ejus congregationi, unâ cum consilio gloriosi præsulis Ruthenensis civitatis Arnaldi, et comitis Hugonis, Æmilii Albiensis episcopi, Ademari atque Berengarii, Odilonis, Bernardi et aliorum construere ecclesiam in ipsâ jam dictâ possessione, in loco qui dicitur Rivo Petroso, vulgò Rieupeyrous, sive Tresvias, propter ibidem trium viarum conjunctionem, in nomine individuæ trinitatis et memoriam S. Apostoli Martialis. *Cartulaire de Rieupeyrous.*

XXIII. SOLAGES ou SOLATGES.

Cette maison avoit depuis long-temps un rang distingué parmi les nobles du Rouergue. Dès l'an 1028, il est fait mention dans les archives du comté de Rodez, de Raimond ou Rigaud de Solages, le même qui quitta sa femme et ses enfans, pour aller prendre l'habit de religieux, dans le monastère de Saint-Guilhem-du-Désert, diocèse de Lodève, auquel il donna en même-temps son château de Saint-Martin de Maurice en Rouergue. La branche des barons de Tholet est éteinte depuis la mort de François de Solages, sénéchal et gouverneur du comté de Rodez, dont la cadette, Jeanne, épousa vers 1520, le seigneur du Truidou, marquis de Castelnau. Mais une autre branche subsiste en Albigeois, et y a long-temps possédé le château et marquisat de Carmaux. De cette branche est sorti le chevalier de Solages qui fut tiré des prisons de la Bastille, lorsqu'elle fut prise par les Parisiens, en 1789.

XXIV. Projet de fondation d'un monastère dans la paroisse de Maurinc en Rouergue, l'an 1053.

Anno ab incarnatione domini MLIII, et indictione V. Ego Olias filius Radulfi, de comitatu Rodenense perexi Iherosolimam, causa orationis, etc. Et posuit deus in animo meo, ut de meis hereditatibus facerem monasterium, ad honorem domini nostri Jesu Christi qui positus est in sancto sepulchro, id est in illà parochià de Maurinc. Volo illum ædificare, taliterque disponere etc... et pono ut pro animâ meâ et conjugis Cæciliæ, et patri meo Radulfi, et avi mei Odilii, et Elizabeth et Jonnæ, et Ugoni comitis, et Ricardæ matris suæ et omnium parentum meorum fiat hoc, etc... Ego Sophronius patriarcha Jerosolimitanus oro atque benedico omnes qui in hoc monasterio supra listo servient, etc. *Cartulaire de l'abbaye de Moissac.*

Un autre seigneur du Rouergue nommé Rigaud de Solages qui se dit vassal du comte Hugues et du vicomte Richard de Millau, sub potestate Hugonis comitis, et Richardi vice-comitis, donna à Saint-Guilhem-du-Désert, un alleu qu'il avoit dans la même paroisse de Saint-Martin de Maurone, et abandonna lui-même, sa femme, ses enfans, sa patrie, ses héritages, et les seigneurs de la terre ses confrères, pour aller se faire religieux dans cette abbaye. Uxorem meam et liberos descens, patriam et hereditatem derelinquens, seniores terrenos atque sodales meos contemnens.... Gellonense monasterium vado etc. *Cart. de l'abb. de Saint-Guill. Hist. du Lang.*

XXV. Moret.

La famille de Moret, une des plus anciennes du Rouergue est la même que celle des comtes de Peyre en Gevaudan. Avant la révolution, elle se flattoit de remonter à une très-haute antiquité. Il en est fait mention dès l'an 962 et 990, dans diverses chartes de l'abbaye de Conques, près de laquelle est situé le château de Moret d'où elle tire son nom. Outre l'ancienneté dont elle se glorifioit, cette famille étoit connue par ses services et emplois militaires, par ses vastes possessions et par ses alliances distinguées qui lui donnoient des parentés avec les premières maisons de France. On a entendu parler, de nos jours, de Jean-Henri de Moret, comte de Peyre, seigneur de plusieurs terres considérables en Rouergue, en Gevaudan, en Dauphiné, en Vivarais, grand-bailli de Gevaudan, gouverneur et grand-sénéchal de Bourbonnois, colonel du régiment de Piémont, brigadier des armées du roi, baron des états du Languedoc, qui fut présenté au roi en 1773. Dans les anciens monumens de l'église de Conques, il est souvent fait mention des Moret, ainsi que de plusieurs individus des familles de Montarnal, de Panat, de Cassagnes, de Calmont, d'Estaing, de Belcastel, de Mancip, de Cervières, etc.

XXVI. Castelpers.

Anne de Castelpers, fille unique et héritière de David de Castelpers et d'Anne de Corneillan, épousa en 1631, Louis de Brunet de Castelpers, et lui apporta en dot, les vicomtés de Panat et de Cadars, avec plusieurs autres terres considérables. Ce Louis de Brunet étoit fils de Marguerite Catherine du Faur, fille de Louis du Faur chancelier de France. Un de ses descendans épousa, en 1750, Françoise-Marie de la Rochefoucault-Langheac, sœur du cardinal de la Rochefoucault alors archevêque d'Albi, et depuis archevêque de Rouen.

XXVII. Eglise de Trébosc.

Ego Hugo Ruthenensium comes, et mater mea Ricardis comitissa, donamus nos ad locum sacrum qui est situs in pago Ruthenico... cui vocabulum est Conchas, ubi nunc venerabilis vir Odolricus abba præesse videtur.. et pro animabus nostris, et pro animâ Raymundi comitis... donamus ecclesiam nostram quæ Tribosnum dicitur... et est sita in pago Ruthenico, super fluvium Avarionis, cum novem mansis et octo appendaziis in ipso alode, et cum boscis et aquis, piscatoriis, etc... Facta... anno MLI incarnationis domini... S. Ricardis comitissæ... S Rodberti comitis, signum Fidei comitissæ, signum Berthæ comitissæ, S. Berengarii vicecomitis, S. Bernardi archidiaconi et fratrum ejus. *Archives de Conques.*

XXVIII. Eglise de Rinhac.

Incipit series olographi quod fecit Alcherius vir nobilitate præcipuus... Ego Alcherius quamvis peccator et indignus... ob peccatorum meorum remissionem, et genitoris mei Comarchi, pariterque genitricis Trutgardis... dono ad altare sanctæ dei genitricis Mariæ Ruthenensis sedis... quandam ecclesiam sancti Petri in comitatu Ruthenensi quæ vocatur Ragnacus, quam jure hæreditatis hactenùs possideo... tali modo talique tenore ut nullus episcopus, nec ulla potestas... donare alicui possit aliquid de hoc prædicto alodio... quod si fecerint veniant filii Ricardi vicecomitis, et filii Abbonis nepotis mei, et ponant super altare B. Mariæ præfatæ sedis XX solidos Ruthenensis monetæ, et habeant ipsam ecclesiam. Facta carta... anno MLI, regnante Aianrico rege... *Archives de l'Eglise de Rodez.*

XXIX. Affranchissement de serfs, vers 1060.

In nomine dei patris omnipotentis, ejusque filii unigeniti, qui ad hoc incarnari voluit, ut eos qui sub peccati jugo detinebantur, in libertatem filiorum adoptaret. Quatenus et ipse nobis nostra peccata relaxare dignetur, sub nostræ jugo servitutis homines depressos relaxare decernimus. Ipse etenim dixit : *Dimittite, et dimittetur vobis* et apostolis : *omnes enim fratres estis.* Ergò si fratres sumus, nullum ex fratribus, quasi ex debito, ad servitium cogere debemus, et iterùm ipsa veritas testatur : *ne vocemini magistri.* Igitur si arguit humanæ prælationis arrogantiam multò magis dominationis violentiam. Unde et nos, ego Petrus, et Gerbertus tam competentibus testimoniis correcti, hos servos et ancillas, videlicet et Geraldum nomine, cum uxore et filiis et filiabus, et cum sorores ipsius Geraldi, Ildegardâ et Ingalbergâ, cum filiis et filiabus earum, ab omni jugo servitutis, cum omnibus rebus suis, et cum liberis suis, si qui ab eis vel ab eas sint procreandi, absolvimus. Ita ut in quascumque mundi partes voluerint, liberaliter pergant ; nec unquam alicui ex nostro genere vel familiâ, pro servili conditione respondeant. Facta charta ista... regnante Francorum rege Philippo... S. Petri et Gerberti fratrum... S. Deusdet de Panado, Deusdet Hectoris... Pontius monachus et levita scripsit. *Archives de Conques.*

XXX. Opulence des vicomtes de Millau, en 1061.

Ego Bernardus, filius Ricardi de Amillau quondam vice-comitis, et uxoris ejus Rixendis, tactus divino spiritu, malui militare deo quam sæculo, et vovens me monachum fieri Massiliensis cœnobii... donans aliquid meæ hæreditatis, quod mihi obvenit à progenitoribus supradictis, LX scilicet mansos quos divisi cum fratribus meis, ipsis volentibus... quò hoc libentius vellent et assentirent ut darem supradicto Massiliensi cœnobio... dedi eis vic. Leet Berengario, et Hugoni, et Raymundo et Ricardo, omnem meam hæreditatem quæ ad me pertinebat in vicis et castellis et villis ; tali tenore ut si frater meus Hugo sine legali hærede mortuus fuerit, LX mansi cum meliori censu revertantur ad supradictam meam donationem... est autem hoc donum vel hæreditas in comitatu Ruthenico, in certis locis videlicet in Solmegesio decem mansi, quorum hæc sunt nomina etc. Facta donatio hæc anno incarn. dom. M.LXI. Sign. Bernardi. S. fratrum ejus Berengarii, et Ugonis, et Raymundi, et Ricardi. S. Dagberti magistri mei... S. Berengarii de Camboulas. S. Nichilferas. S. Bernardi de Favart. S. matris meæ Rixendis. *Archives de Saint-Victor de Marseille.*

XXXI. Monastère de Clairvaux rétabli en 1062.

A Primævâ catholicæ fidei religione ecclesiæ christi atque monasteria à reverendissimis viris construuntur ac de suis prædiis et honoribus ditantur ; tandem verò propagante iniquitate et refrigescente charitate neglectui sunt, et quod pejus et formidabilius dictu, destruuntur ; sed operæ pretium est ut boni bona amplificent, digni digna exaltent, religiosi religiosa excolant et ornent... Antiquis diebus fuit fundatum quoddam monasterium in honore S. Petri apostoli, inter castra Panatensium et Cassanensium, sed superexcrescente zizania confractum atque destructum, diebus multis in magnâ egestate permansit; dum sedet in tristitiâ.... accidit ut transmearet in has partes causâ peregrinationis quidam nobilis homo qui dicitur Albainus satus præpâ regnâ, veniens à finibus terræ Anglorum, peragrans et circumiens sancta loca pro remedio animæ suæ; dum autem est susceptus in hospitio, in supradicto Panatensi castro devenit ad supra jam dictum monasterium quod olim... fuerat dissipatum; prostravit se in oratione... Dum verò surrexit ab oratione sublevans oculos vidit locum idoneum, de montibus circumquaque septum, et vineis uberrimum, et pratis atque insignem, olivæ consitum; dum vidit et perspexit, talia revolvit in animo, quo pacto, quo ingenio, quâ ratione, quo modo reædificaretur. Ascendit in suum hospitium meditans die ac nocte quo initio inciperet. Dum in dubio est anima ejus, et dum impellitur huc atque illuc, cum omni humilitate alloquitur seniores, ut... monasterium istud reædificarent. Ut autem audierunt.... consentiunt etiam ac factum præcipui amborum castrorum, sive submilitones, pauperes, divites, nobiles, ignobiles, sed et mulieres, et ad plenum laudaverunt... Tunc prædictus vir Albainus dominum Amblardum Brantini monasterii indicans abbatem, idoneum esse ad tale onus suscipiendum, ipsum enim solum in hâc regione noverat, quia cum eo aliquantisper hospitandi gratiâ commoratus fuerat; cui seniores assenserunt... Perpendens itaque jam dictus abbas Amblardus viarum difficultatem et spatia itineris perplexa... decrevit excambiare hunc locum cum Oldorico Conquensis monasterii abbate, quod ita fecit et litteris firmavit. Igitur communi decreto et consilio, petitionibus eorum consensit Odolricus abbas et monachi Conquenses, et... constituerunt eis multum vicesitudini, villam suam quam in pago Brolmensi possident quæ vocatur, Cambariacus; abbas verò Amblardus revolvens in animo quod sibi melius esset, elegit magis cambitionem quam... accepit à monachis Conquensibus... et unum optimam, acceperuntque suas reliquias quas attulerant et palla et sacerdotalia vestimenta ac libros ac cum omnibus his abscesserunt, relinquentes ibi abbati Odolrico chirographum absolutionis. Tunc supradicti seniores, et Robertus comes et uxor sua Bertha ac Petrus episcopus concordante populi favore donaverunt et cum stipulatione subnixâ firmaverunt supradictam ecclesiam S. Petri quæ est inter castra Panatensium et Cassanensium ad laudem S. Salvatoris de Conquas et S. Petri de Româ, in tali ratione ut omni tempore abbas de Conquas et monachi... in memoriâ censûs per singulos annos S. Petro Romæ, unum marchionem auri persolvant. Placuit hæc ratio Hugoni Cassanensi et fratri ejus Rigaldo, et dederunt illic similiter omnia quæ possidebant cum sænoribus et vicariam, nihil in suo jure retinentes... Seniores verò Panatensium dederunt decimam de ipso manso, et sepulturam et præferentias et totum usum quem ibi habebant. Milites etiam ipsorum castrorum dederunt, et statuerunt corpora sua ad sepeliendum, et nobiles fæminæ similiter dederunt sponte decimas de pretio equorum, mulorum mularumque, cassiumque atque loricarum, et omnes juraverunt, etc. Actum est hoc anno ab incarnatione 1062, à passione 1029, residente in cathedrâ papâ Romano Alexandro; regnante Philippo rege Francorum. Signum Petri episcopi S. Roberti comitis. S. Berthæ comitissæ. S. Deusde Panati. S. Hugonis Cassaniensis et fratris ejus Rigaldi. S. Rodoardi. S. Garnerii. S. Pontii. S. Osdit. S. Hugonis monachi. Osdit monachus scripsit. *Archiv. de l'évêché, extrait tiré du cartulaire de Conques.*

Suivant un autre monument rapporté dans la Gallia Christiana et tiré aussi du cartul. de Conques, Alboin était fils d'Erolle, roi d'Angleterre et de la reine Alcire.

XXXII. Asiles établis par les Seigneurs, dans le onzième siècle.

Ego Willelmus et fratres m…... donamus sancto Salvatori de Conchis… ecclesiam quæ vocatur Ascagnia sive Vauro… in pago Tolosano… cum consilio Willelmi comitis, et Durauti episcopi Tolosensis, et nostrorum militum… et facimus conventionem abbati Odolrico de Conchis, ut in alodio de castello de Vauro, alicui sancto non donamus licentiam faciendi salvetatem, nisi præstito abbati Odolrico et monachis de Conchis. Laudamus et confirmamus donationem quam faciunt milites nostri de corporibus suis, et de uxoribus suis et filiis suis, et de omni progenie sua, ut in alio loco non sepeliantur, nisi in præfata salvetate, propter amorem sanctæ Fidis. Facta carta… regnante Philippo Francorum rege. *Archives de Conques.*

XXXIII. Donation de l'église de Lespinasse de Millau a l'abbaye de Saint-Victor, en 1070.

Ego Berengarius, Ricardi quondam vicecomitis filius… ecclesiam juris mei quæ mihi à parentibus obvenit, quæ est sita in pago Ruthenico, in vico Amiliadeo… sub spe monasterii construendi, libenter atque devoto offero… S. Victori et abbati Bernardo… in monasterio Massiliensi… Si quid autem in reditibus ejusdem ecclesiæ, sive in decimis laici habent, id quandiù ipsi tenuerint mihi reservo, et servitium ipsorum ad usus meos retineo… In vico autem ipso vel burgo, in circuitu ipsius ecclesiæ, quantumcumque ad officinas monasterii debet largè et spatiose sufficere, similiter… dono. De cæteris verò quæ in ipso burgo habeo, nihil volo ut acceptent sine meo consilio. Hæc omnia in manu abbatis Bernardi germani utique fratris mei, et Ricardi ejusdem monasterii qui similiter mihi etiam frater est, quorum consilio et dilectione maximè ductus id ago, dono ego Berengarius. Facta carta… anno ab incarn. dom. MLXX. *Archives de Millau.*

XXXIV. Donation des églises de Salars et d'Arques au monastère de Conques, en 1079.

Ego Hugo vicecomes dono… s. Fidi de Conchis et abbati Stephano… ecclesiam meam de Salars quæ est consecrata in honore s. Martini… et do similiter ecclesiam s. M. de Archas… Dono similiter in villà Amilianensi Durandum Petitum et domos ipsius et servitium et omnia quæ de me tenet, et in ipso Amiliano partem quam habeo in Iedda. Facta carta ista die dominica in mense januario, regnante Philippo rege. Sig. Hugonis vicecomitis… Sig. Rixendis matris suæ. Sig. Pontii Ruthenensium episcopi, etc. *Cartulaire de Conques.*

XXXV. Levezou, Vezins.

Toutes ces familles jouissoient d'un rang distingué en Rouergue, dans le temps de l'ancienne chevalerie. Raymond de Levezou *chevalier* dont il est parlé dans une charte de 1081, étoit frère d'Arnaud de Levezou, évêque de Béziers en 1096, gouverneur de Toulouse en 1120, archevêque de Narbonne en 1121, légat du siège de Rome en 1131. Bermond de Levezou son neveu lui succéda à l'évêché de Béziers en 1128. La terre, le nom et les armes de Levezou, se confondirent avec celles de Vezins vers l'an 1420, par le mariage de Brenguier, chevalier, baron de Levezou, avec Félice de Vezins, fille et héritière de Vezian de Vezins, et de Cebalie de Mostuéjouls. Jean de Levezou de Vezins, chevalier de l'ordre du roi, gentilhomme de sa chambre, sénéchal et gouverneur de Querci, fut tué au siège de Caors en 1580.

XXXVI. Usage des Seigneurs d'embrasser la vie monachale, et de faire des dons aux monastères.

In nomine domini. Ego Rodbertus de Castallo dono et cedo et in perpetuum derelinquo vicariam et malos usus et consuetudines et cætera omnia quæ justè vel injustè habeo... in villâ Tanavelle, sancto Salvatori, et sanctæ Fidei et abbati Odolrico, et Adhemaro, priori, et monachis præsentibus et futuris monasterii Conchacensis. Dono etiam similiter in Laignado.... de XX mansis et de IV appendariis, de unaquâque mansione, unum denarium et sepulturam, et oblationem, et baptisterium et justitiam presbyteri, et cœtera quæ ad ecclesiam de Avalojulo pertinent... et per hoc donum, à suprascriptis monachis accipio CL solidos et mulum optimum, etc. etc... Promitto in manibus jam dicti abbatis et monachorum, ejus me monachum, et Willelmum filium meum fore et manumitto filiis meis, si voluntas fuerit eis habitum monachi accipere, ut in supradicto cœnobio accipiant, cum quibus eis placuerit dare... Scripta kal. julii, feriâ VII, regnante Philippo rege. *Archiv. de Conques.*

In nomine domini. Notum sit tam præsentibus quam futuris, quod Bonifacio abbati Conchensi venit ad donum. A. de Brezons, cùm esset positus in ægritudine, dedit ei filium suum nomine Etiam, in monachum, et.... qui nasciturus est de uxore suâ, si masculus fuerit, vel unum de aliis, si in voluntate ei evenit. Propter hoc etiam ego A. dono sancto Salvatori et sanctæ Fidi de Conchis, in villâ de Treles, CC. solidos melgorienses, quos habebam in pignora... et insuper CCXXX solidos Podienses, sicut habebam in pignora Petro de Raymundo et filiis suis.... Et cum capella ibi initiata fuerit, uxor mea et filii mei dent ibi quotannis XXX solidos Podienses, donec sit consummata ipsa capella... et cum infans intraverit monasterium, habeat totum fournimentum suum, et unam bonam mulam cum alio bono caunismento suo quod facere voluerit. S. Austorgii, et uxoris et filiorum ejus. S. Amblardi, S. B. Jorquet. S. Begonis qui hanc chartam scripsit. *Ibid.*

Ego Rodbertus filius Rodberti de Castallo, dono sancto Salvatori, sanctæque Fidei, et abbati Odolrico et monachis tam præsentibus quam futuris monasterii Conchacensis, partem ecclesiæ de Avalojulo quæ me contingit... Dono etiam medietatem decimi et præferentii et sepulturæ de Nova Villa.... Promitto me et reddo monachum futurum fore cum omni parte hæreditatis meæ. Facta sunt hæc vel confirmata, tempore Philippi regis Francorum. S. Roberti filii Roberti... S. Geraldi. S. Oditonis. S. Bertrandi, S. Hectoris monachi... S. Willelmi monachi *ibid.*

A Primævo nempe exordio orthodoxæ christi ecclesiæ, ab ejus catholicis primis fidelibus, nutu dei ipsâ crescente, primitùs templa divino cultui mancipata ad honorem summi regis Jesu Christi constituta sunt. Post hæc vero à sanctorum patrum studiis, et quibusque probabilibus et primoribus viris, mos inolevit ut per orbem terrarum multiplices fundarentur basilicæ, quas præcipuis rebus ditarent, in quibus saluti animarum consulerent et dignas laudes creatori deo referrent. Hoc ergo pulcrum et salutare exemplum totius christianitatis filii sibi ad consuetudinem assumentes et usque in hodiernum diem hanc observantes, dietim templa deo ædificare non cessant : dietim ea multiplicibus honoribus, id est, prædiis, palliis, gemmis pretiosis, et omni pulchritudine auri atque argenti decorare et sublimare non desistunt ; adeò ut ecclesiasticus ordo clericorum vel monachorum, ibidem omnipotenti patri famulantium, sibi in omnibus sufficiat, et cæteris honorabilibus sive christi pauperibus succurrere valeat. Proptereà notum sit omnibus in Christo tam futurorum quam præsentium fidelium personis qualiter ego Rotbertus Rotenensis urbis comes, cum dilectâ matre nomine Philippiâ, quamdam ecclesiam quatuor mansorum fundo prædítam, quæ sita est in comitatu Arvernico, in villâ quæ nuncupatur Tanavella, cum omnibus, appendiciis, utilitatibus suis, ad monasterium quod dicitur Conchuense, ubi maxima virgo et martyr Fides, ab Agenno urbe illuc translata, cum beato martyre Vincentio quiescunt, et ubi Odolricus abba præesse videtur, dedimus et concedimus, tali videlicet ratione ut quamdiù in hâc carne manentes, oratio pro nostrâ salute ibi agatur; et post obitum nostrum, memoria animarum nostrarum perpetualiter à congregatione præfati monasterii habeatur. Ad illam autem donationem confirmandam, conscribi fecimus hanc testificationis cartulam, ut nulla posteritas generationis nostræ aliquam donationem vel hæreditatem ulteriùs in supradictâ ecclesiâ possideat. Ut autem hæc donationis cartula fixa et stabilis perpetuò permaneat, sub testibus veridicis consignare eam jussimus, quorum nomina cum signis subscripta adesse cernuntur. Si quis verò adversùs hunc librum testimonii, absit quod venerit, aut eum infringere vel inquietare tentaverit, aut ullo malo perficere valeat, omnis catholicus fidelis interdicat, et tale nefas fieri pro salute animæ suæ prohibeat, ne illa membrum diaboli hoc nefande telus perpetrare præsumat. Texta est ergo hæc donationis karta anno dominicæ incarnationis MLVIII, regnante Ehenrico rege... *Ibid.*

XXXVII. Vie licencieuse des religieux de Saint-Amans. Décret de Pons d'Etienne évêque de Rodez, en 1082.

In nomine domini nostri J. C. ego Pontius sanctæ Ruthenensis ecclesiæ præsul immeritus, cernens monasterium S. Amantii sine religione et dei servitio, longo jam ex tempore, tum præpotentiâ, et ut ita dicam, insaniâ et superbiâ sæcularium abbatum qui potiùs apostatæ quam abbates, et milites magis quam clerici ibi extiterunt, et prædia prædicti monasterii sæcularibus usibus, suisque parentibus tradiderunt, tum pro negligentiâ clericorum qui suo ordine despecto animarum suarum periculum sibique commissarum interitum huc usque contempserunt, trado, cedo, dono et confirmo, cum consensu et voluntate canonicorum meorum, videlicet et ecclesiæ filiorum Bernardi Izarni archidiaconi, et Adalrici archipresbyteri, et D odsti sacristæ, Ingulberti et nepotis ejus Bernardi, et Deodati diaconi, et Raymundi Petri, prædictum monasterium sanctorum Petri et Pauli sanctique Amantii, domino deo et s. Mariæ sanctoque Victori martyri et abbati Massiliensi Ricardo et cuncto gregi Massiliensi sibi subdito suisque successoribus, cum omnibus quæ prædicto monasterio s. Amantii adjacent.... legitimè et fideliter dono et offero... Facta est hæc carta anno ab incarnato dei verbo millesimo octagesimo secundo. *Archiv. de l'évêché de Rodez*.

Cette même donation fut confirmée en 1089, par un autre décret de Pons d'Etienne.

XXXVIII. EGLISES UNIES AU MONASTÈRE DE MONTSALVI, EN 1057.

In nomine s. et individuæ trinitatis patris et filii et spiritûs sancti. Salutiferam ex apostolicâ traditione præceptum universalis pia mater ecclesia per orbem denuntiat fideliter prædicandum, quatenùs charitas, quæ foras mittit timorem pro affectu, integra inter fratres illibataque possit custodiri, ut dum tempus instat quo operari licet operemur quod bonum est ad omnes, maximè autem ad domesticos fidei : proinde ego Pontius Ruthenensis ecclesiæ præsul, tum pro peccatorum meorum indulgentiâ apud cœlestem regem, tum pro statu s. matris ecclesiæ erigendo,.... ecclesiæ s. Michaelis de Alausiaco ubi corpore requiescit vir vitæ venerabilis Gausbertus cujus nos pio amore ad hoc plurimùm incitati, et ecclesiæ s. Mariæ de Montsalvio fratribusque ibi domino servientibus, quandiù in præfatis ecclesiis canonicè et regulariter juxta instituta B. Augustini vixerint, trado et concedo donoque regendas ecclesias, salvâ dignitate et potestate episcopali, ecclesiam videlicet de Albinio parochiam cum capellâ et ecclesiâ de Vialarels et ecclesiâ de Vivies, et Ecclesiâ Sancti Michaelis cum capellâ de Manso Dei, et medietatem ecclesiæ Sancti Remigii, et ecclesiam Sancti Juliani quæ est prope Capdenacum et ecclesiam de Combreto parochiam et capellam, et ecclesiam S. Saturnini de Maymac, cum capellâ de castello Ruthenulæ, ecclesiamque de Tridurio cum capellâ et ecclesiâ Stanni castri, ecclesiam Pontis prope Montem Salvii, ecclesiam de Vineis cum capellâ de Seveyrac, ecclesiam S. Parthemii, cum capellâ castri Vinzelæ, ecclesiam S. Petri in castro S. Santini, ecclesiam S. Amantii de Ginolhac, ecclesiam S. Mariæ de Tesq, ecclesiam de Castro de Mouret, et ecclesiam de Valalhas prope Mouret, ecclesiam s. Mariæ de Bez, ecclesiam de Colombiez, capellam de... cum capellâ de Roussi, has prænominatas ecclesias à laicis in manu nostrâ dimissas, et eas quas ante meam benedictionem et electionem, idem præfatus vir Gausbertus acquisiverat... damus præposito Bernardo et fratribus ejus, de consilio canonicorum meorum Bernardi. Raymundi Izarni, Odolrici, Bonafoci, Deodati, Bernardi, Hugonis Stephani,... etc. Facta est hæc carta anno ab incarnato dei filio 1057, mense septembri, indictione X, feriâ secundâ, regnante Philippo. *Archiv. de l'évêché de Rodez*.

Cet acte prouve qu'il y avoit des religieux à Laussac comme à Montsalvi.

XXXIX. Dons du comte Bertrand a son épouse Électe de Bourgogne, en 1095.

In nomine domini nostri J. C. Hic est titulus dotis et donationis quod donat vir nobilissimus nomine Bertrandus dilecte sponsæ vel uxori suæ, nomine Elictæ. Cum omnipotens deus in principio cuncta similia creavit, noluit ut hominem solum maneret; sed dedit illi adjutorium pareм tùm sociam, benedixitque illi et ait : crescite et multiplicamini et replete terram et subjicite eam et dominamini piscibus maris et volatilibus cœli et universis quorum progenies obtinet monarchia orbis, quorum exemplo ego informatus nempe Bertrandus, et apostolicis monitis fultus, volo nubere, filios procreare, pater familias esse, teque dilectam meam in matrimonio copulare; et ob amorem tui atque decorem filiorumque à nobis procreandorum, dono tibi in tuo sponsalitio et dotatione civitatem Ruthenis cum comitatu et episcopio, sicut lex mea romana est. Insuper dono tibi in dotalitio Vivarium civitatem, cum comitatu et episcopio, et civitatem Avinionensem cum comitatu et episcopio, et civitatem Digaam etc.... Facta carta ista in mense junii anno dominicæ incarnationis MXCV, indictione IV, regnante Philippo Francorum rege..... Signum Bertrandus.... signum Raymundus Tolosanis comes, dux Narbonæ et marchio Provinciæ pater suus... Joannes Raymundi scripsit. *Manuscrits de Colbert n° 1057*.

XL. Actes qui fixent l'époque du commencement du comté de Rodez.

Ego Richardus *vicecomes* et uxor mea Adelaïs donamus S. Salvatori et S. Fidi de Conchis... medietatem ecclesiæ nostræ de Goliuhaco, sicut meliùs donavit archidiaconus de Interaquis aliam medietatem, et sicut meliùs habuit Hector de Mirabello de patre meo Berengario..... anno ab incarnatione 1060. *Archiv. de Conques.*

Ad pietatis celebrandum cultum, etc. Ideò ego Richardus Ruthenensium *comes*, cognoscens quam fideliter et devotè pater meus Berengarius, et fratres ejus Bernardus, scilicet Massiliensium venerabilis abbas, et Ugo et Raimundus vicecomites, ardentissimi et karissimi, in amore et fide sanctæ Mariæ monasterii Massiliensis, et sancti Victori martyris, dederunt et tradiderunt solemniter eidem jam dicto monasterio in Ruthenico pago, monasterium sancti Petri et sancti Leoncii jure perpetuo possidendum ad impetrandam salutem animarum suarum, laudo et dono, usus consilio principum meorum, donum præscripti monasterii sancti Petri et sancti Leoncii, sine omni malo in genio, eo tenore ut perpetuo jure possideat, teneat et regat monasterium sancti Victoris, cœnobium sancti Petri et sancti Leontii, etc. Ego prædictus Richardus Ruthenensium *comes*, pro redemptione peccatorum meorum, hanc cartam sicut scriptum est, Ottoni abbati et fratribus sub eo degentibus Massiliensibus præsentibus et futuris, abbatibus et monachis, præsente Rodulpho priore sancti Leoncii, laudo, dono et confirmo, cum filio meo Ugone, et militibus meis præcipio, id est Raymundo de Levezone, Jordani de Creixel, et filio ejus Gaufredo, Deusde de Vidin et filio ejus Virgilio, et Willelmo Nicezio, et Aimerico de la Bruidiura. Factum est hoc denum, anno ab incarnatione d i verbo M. C. XII, regnante Ludovico Francorum rege. *Cartul. de Saint-Victor de Marseille.*

In Dei omnipotentis nomine. Ego Richardus *comes* Ruthenensis, et Ugo filius meus, comes et abbas, donamus domino deo et sanctæ Mariæ et sancto victorii martyri Massiliensis monasterii et de Rodulpho abbati, omnibusque ejus successoribus et monachis præsentibus et futuris, ecclesiam sancti Amantii Ruthenensis cum omnibus ecclesiis ad prædictam ecclesiam pertinentibus, quam ex concessione patris mei Berengarii per XXX et eò ampliùs annos possederant et tenuerant. Si quis autem homo vel femina cujuslibet potestatis vel ordinis hanc cartam donationis vel auctoritatis nostræ irrumpere voluerit, nulla tenùs hoc valeat, sed sit à consortio dei extraneus, et insuper componat in vinculo C. Libras auri. Facta carta donationis, anno ab incarnatione domini M. C. XIX, regnante Ludovico rege Francorum, lunâ XIV die VI cal. julii. S. Richardi *comitis* qui hanc donationis suæ cartam firmavit... S. Ugonis filii ejus, qui hanc cartam suæ donationis firmavit. S. Nicetii de Baxoguel. S. Deusde de Vilisinio. S. Odalrici d'Estria. S. Bernardi de Reberae, etc. Bernardus scripsit. *Ibid.*

XLI. Le Chapitre de Rodez embrasse la vie régulière, en 1098.

Urbanus episcopus servus servorum dei, Petro præposito et ejus fratribus in ecclesiâ Ruthenensi canonicam vitam professis, eorumque successoribus in eâdem religione permansuris in Christum. Pia postulatio voluntatis affectu debet prosequente compleri, quatenus devotionis sinceritas laudabiliter enitescat, et utilitas postulata vires indubitanter assumat. Quia igitur vos, o filii charissimi, per divinam gratiam aspirati, mores vestros sub regulari disciplinâ vitâ corrigere, et communiter secundùm primorum patrum institutionem, omnipotenti deo, deservire proposuistis; nos votis vestris paterno congratulamur affectu, unde etiam petitioni vestræ benignitate debitâ impertimur assensum; vitæ namque canonicæ ordinem quam professi estis, præsentis privilegii auctoritate firmamus, et ne cui post professionem exhibitam proprium quid habere, neve sine præpositi vel congregationis licentiâ de claustro discedere liceat interdicimus; quod si discesserit et communitas cedere contempserit, tibi tuisque successoribus facultas sit... cum à suis officiis interdicere, interdictumque nullus episcoporum vel abbatum suscipiat quandiù scilicet illic canonici ordinis tenor domino præstante viguerit. Ut autem omnipotenti deo quietiùs deservire, et canonici ordinis disciplinam districtius observare possitis... coemeterium vobis apud matricem ecclesiam ubi communiter vivitis, juxta præfati fratris nostri Adhemari petitionem, habere concedimus, in quo fratrum vestrorum sive parochianorum quibus viventibus divina ministeria ministratis defunctorum corpora tumulentur... Datum Romæ, 2 idus maii, indictione VII, incarnationis domini anno 1099. *Archiv. de l'Evêché de Rodez.*

XLII. Adhemar.

Lambert d'Adhemar ou Azemar, frère d'Adhemar de Monteil comte d'Orange et vicomte de Marseille, s'établit en Albigeois, où saint Louis lui donna au commencement du treizième siècle, la baronnie de Lombers. Ses descendans se divisèrent en plusieurs branches, Adhemar de la Garinie, Adhemar de Montfalcon, Adhemar de Panat, qui ont donné de nos jours des ambassadeurs près de plusieurs princes d'Europe, des officiers généraux à l'armée, et plusieurs autres dignitaires distingués par leurs services. De ce nombre sont Jean-Balthazar d'Adhemar de Montfalcon, ambassadeur en Angleterre, et François-Louis vicomte de Panat, maréchal des camps et armées du roi, grand-croix de l'ordre de saint Louis.

XLIII. Donation de Bains au monastère de Conques, par Pons vicomte de Polignac, en 1105.

Ego Pontius vicecomes et uxor mea Elizabeth, et Armannus meus filius, cum consilio et autoritate domni Pontii episcopi… dono ecclesiam meam de Bains cum sepulturâ et decimâ et offerenda sancto Salvatori et sanctæ Fidi, et domno abbati Begoni… in monsterio Conchas… Facta carta ista anno MCV ab incarn. dom. *Cartulaire de Conques.*

S'il s'agit ici de Pons évêque, il avoit fait sa démission de l'évêché de Rodez long-temps avant sa mort.

XLIV. Nombre des archidiacres au commencement du douzième siècle.

En 1122, il se tint une assemblée au Caylar, de l'avis d'Udalric de Vezins et de Guillaume de Mont-alvi, archidiacres de Rodez. Dans la confirmation que l'évêque Adhemar fit en 1120, de la réunion de l'église de Saint-Amans à l'abbaye de Saint-Victor, on voit le seing d'Udalric, de Guillaume, de Hugues, d'Etienne, archidiacres de Rodez, et de Béranger, prévôt. D'autres actes que nous avons mentionnés, prouvent aussi que l'église de Rodez avoit plus d'un archidiacre en 1120.

XLV. Décret d'Adhemar évêque, relatif au cimetière des chanoines.

In nomine domini omnipotentis, amen. Ego Adhemarus Ruthenensis episcopus, non solùm ea quæ à prædecessoribus sunt concessa, sed etiam…. dono et confirmo ecclesiam Sancti Amantii… B. Victori martyri Massiliensis monasterii et domino Rodulpho abbati… Hoc autem retineo ut canonicis sit licitum habere proprium cœmeterium in eâdem Ruthenensi civitate, in quo sepeliantur illi qui cum sanitate susceperint habitum, aut per annum permanserint canonici; aliis verò qui subitâ cogente infirmitate efficiuntur canonici, nullo modo sit ista licentia, sed portentur ad generale cœmeterium totius villæ… Facta carta anno ab incarnatione domini 1120, regnante Ludovico… Signum Adhemari Ruthenensis episcopi, Oldarici archidiaconi, Guillelmi archid., Ugonis archid., Stephani archid., Berengarii præpositi, Hugonis prioris canonici, Guillelmi Rigaldi can., Bruni can., Petri Belloroti can., Stephani grammatici can., Jordani militis de Brexello, Bernardi de Ruthenis militis, Aymerici fratris ejus, Raymundi de Ruthenis, etc. *Cartul. de Saint-Victor.*

XLVI. Cimetière de la paroisse de Notre-Dame, de Rodez.

Certains disent que le cimetière des chanoines étoit vers la partie occidentale de leur cloître, où l'on voit aujourd'hui celui qui sert à la paroisse de Notre-Dame ; mais il paroît par un acte de l'hôtel de ville de la Cité, que le cimetière de Notre-Dame n'existe que depuis l'an 1552.

XLVII. Eglise de Bozoul.

Notum fieri volo omnibus tam præsentibus quam futuris, quamobrem ego Ugo comes Ruthenensis, dono et concedo ecclesiam castelli quod dicitur Boaïonum cum omnibus ad eam pertinentibus, domino deo et beatæ Mariæ ecclesiæ sedis Ruthenensis, omnibusque habitatoribus ibidem deo servientibus. Hanc autem donationem facio pro redemptione peccatorum meorum, in manu Azemari Ruthenensis episcopi, sub præsentiâ clericorum Ruthenensium, Guillelmi præpositi, Guillelmi archid., Hugonis archidiaconi, Azemari archidiaconi, Hugonis Raymundi, Geraldi Capellata. Præterea nos P. abbas Massiliensis donamus prædictam ecclesiam Boaïonensem beatæ Mariæ Ruthenensi, et domno episcopo A. clericisque in Ruthenensi sede commorantibus. Hæc autem donatio confirmata fuit communi consilio Massiliensium monachorum, videlicet prioris Ameliavensis, prioris Sancti Leontii, prioris de Canonicâ, nec non etiam prioris Sancti Amantii, atque Geraldi eleemosinarii. Facta donatione, anno ab incarnatione domini M. CXL. regnante Ludovico rege. Facta carta ista in mense junio feriâ II, lunâ VI. *Archiv. de la Cathédrale de Rodez.*

XLVIII. Testament de Raimond-Bérenger, comte de Barcelonne, en 1130.

Ce testament est rapporté par Francesco Diégo dans son livre *De los antiguos condés de Barcelona.* Raimond Bérenger comte de Barcelonne, laisse par ce testament à Raimond Bérenger son fils aîné le comté de Barcelonne, et outre cela los contados de Viquo, Bezalu, Maureza, Girona, Cerdana, Carcassona, y Rodez con sos obispados, et à Bérenger-Raimond son fils puiné, il donne le comté de Provence, y todos los honores, qué en aquella terra posseya, y en Gavaldan, y en Karladés.

XLIX. Vidimus du testament de Pons abbé de Saint-Amans de Rodez, en 1132.

Il est fait mention de l'achat du comté de Rodez, dans un petit verbal de vidimus du testament de Pons abbé de Saint-Amans en 1132. Facta fuit translatione ista, sicut superiùs inscriptum est, in mense octobri, sub die calendis quintâ, lunâ septimâ. Auctor ipso Hugone comite qui hunc brevem jussit fieri. Guillelmus scripsit in illo anno in quo Ricardus et Hugo ejus filius acquisiverunt Ruthenensem comitatum d'Amphons comite Tolosano. *On voit qu'il n'est pas fait mention de l'année dans cet acte. Cependant il paroit qu'on pourroit en déduire que Richard n'avoit pas acheté le comté de Rodez, avant l'an 1132.*

L. Hommage d'Ayssènes, en 1135, et autre bref où l'on trouve les premières traces du patois Rouergas.

In nomine domini. Breve que fecit facere Ugo comes, de plaig que fez ab Frotard de Brochier. Lo vescomte Frotard li recognog lo castel d'Eysena qu'el tenia de lui, ab mai sens qu'en deu aver; et eu coms li do lo castel d'Eisena à *?u*, els altres sens qu'el vescoms d'Eysena deu aver del comte de Rodez oncadement. Et si Frotard lo vescoms jurel lo castel ad Ugo per aquest mots d'aisi audirets : *Ego* Frotards den aquesta ora adenand à *tibi* Ugo lo filz d'Adalaiz et ad Ermengards *uxor tua,* et à Raymond *tuo filio,* lo castel d'Eysena, las forsas que i son, etc. Aquesta carta fuit es vita *in die ferit VII, luna IV, in mense novembris. Lotorico rege Francorum regnante, Ademar episcopus Ruthenensis. S. Frotard d'Auriac. S. Eijor de Cambolas. S. Bernard Aimo. S. Brenguier Aimo. Durantus archipresbiter scripsit ista carta.* Archiv. du comté de Rodez.

Breve della honor de l'abbalia *quem fecit scribere Bonefacius abbas et Hugo de Combret* lo monge, del plait *quem fecit cum vicariis,* per autorici et per laudament del abbad Bego, et de Bernard vigier, et de Guirmon lo monge, de duas maisos que son las Iglesias, ells cort, el prat domergal, al l'abbad en domini. Els veguers, devon aver *tolem ceasum in unoquoque manso* d'aquesta honor. Els mas Vestis, lo ters de la vestizo, el ters d las justicias, et l'alberga à *quatuor homes* manjar et dsnar à *colendis,* ò *quatuor denarios;* et à moissos à duos homes, fogatsa et vin, et oca, et fromatge, ò *duos denarios* per menester, et manjar et disnar *ad unum hominem....* Et dels mas Erins, *debent habere monachi* las parts en domini, ò *quatuor denarios* per correich, et un moto; et ezo deu esser en causit del morgue. Et *unusquisque* mas debet III *solidos* de vestizo, et III sesters de civada, et de ezo es lo ters als veguers. Dell'appendaria.... de Guiral Aldeguer, et de *alios* que son en esta honor, *debeat habere monachi* lo quart el cens ella vestizo. Els veguers devon aver los ortals,... et devon far laborar. Lo mas della Casa... à fen dell'abbad, e devon esser soi home... De tota esta honor. *debet esse garde abbas et monachi;* et si *aliquid perdent* per lor mala garda, *debeat emendare... Islam cartam confirmaverunt abbas Bonefacius et Bego, et Hugo de Combret, Bernardus vicarius, Guirmundus monachus.* Archiv. de Conques.

LI. Ligue entre Hugues comte de Rodez et Roger vicomte de Carcassonne, en 1142.

In nomine domini. hæc est carta de sacramentis et de placitis, inter Ugonem comitem Ructenensium filium Adalaicæ, et Rogerium vicecomitem filium Cæciliæ, ita dicens. Ego Ugo comes bonâ fide et bono animo juro tibi Rogerii vicecomiti, quòd ego non auferam tibi vitam, neque membra tua, neque honorem tuum, nec capiam te, nec homo, nec fœmina per meum consilium, vel per meum ingenium et insuper ero tibi fidelis auxiliator contra comitem Ildefonsum, nunc et in perpetuum sine dolo, et quòd habeam nunquam cum eo treugam neque finem, sine tuo consilio. Et similiter juro tibi quod ego sim fidelis auxiliator tibi, de omnibus hominibus, sine inganno, præter de Sicardo de Lautrec, et de meis hominibus; tali modo de meis hominibus, quòd si tu Rogerius vicecomes aliquam querelam feceris ab eis, quòd ego Ugo comes habeam istos meos homines ad faciendum tibi jus per meam curiam ; quod si facere noluerint, ero tibi ab eis fidelis adjutor... *Et ego Rogerius vicecomes... juro tibi Ugoni comiti Rutenensium etc... Répétition du même serment ; il promet de l'aider envers et contre tous,* præter de Raymundo Berengarii comite Barckinonensium... Acta sunt anno dom. incarn. M.C.XLII. *Archiv. du château de Foix.*

LII. Fondation du chapitre de Beaumont, dans le Vabrais, en 1146 et 1147.

Eugenius episcopus servus servorum dei dilectis filiis W. præposito, et cæteris clericis ecclesiæ B. M. de Bellomonte salutem.... Rationabilem postulationem vestram quam ex litteris venerabilis fratris nostri P. Rutinensis episcopi, et nobilis viri T. Biterrensium vicecomitis... cognovimus, debitâ benignitate attendentes, religiosis desideriis vestris clementer annuimus, et institutionem canonici ordinis quam in vestrâ ecclesiâ inducere et observare cupitis... firmamus etc. *Archiv. de Beaumont.*

In nomine D. N. J. C. anno incarn. ejusd. M. C.XLVII... ego domina Cecilia vicecomitissa, quæ fui uxor domini Bernardi-Atonis vicecomitis Bitterris, et nos filii eorum... damus.... ac confirmamus et cum hac præsenti cartâ in perpetuum tradimus donum et elemo ipam quod fecerunt majores nostri generis; videlicet Diafronica vicecomitissa, et Bernardus vicecomes filius ejus, et Gaucia ejus conjux; et filii eorumdem Froterius Albiensis episcopus, et Ato vicecomes... ecclesiæ de Bellomont.... videlicet totum allodium et totum potestativum de villâ et de omni parochia sanctæ Mariæ de Bellomonte Ruthenensis diocesis. Damus similiter des et ecclesiæ supradictæ in ipso episcopatu Ruthenensi, allodium et totum potestativum de omni parochiâ sancti Symphoriani de Mercato, et... sancti Stephani de Calrats, et sancti Amantii de Cazertz; et... sancti Petri de Bellinaco; et... s. Privati; et... B. Mariæ de Conis; et... sanctæ Mariæ de Verceiis ; et... s. Vincentii de Lacalm ; et.... sancti Martini de Torripi; et... sancti Petri de Monez; et in parochiâ sanctæ Mariæ de Murassone totum allodium et totum potestativum de omni territorio de Confolens, et de Campis, et de Riols : omnis honor prædictus in episcopatu Ruthenensi. Damus similiter in episcopatu Albiensi etc.... Hæc omnia nos damus... ecclesiæ de Belmont in perpetuum cum sevalibus et retrosevalibus cum vicariis... et decimariis et Sirventagiis, cum hominibus et fœminabus exinde naturalibus, cum bonis cultis et incultis, et nemora, campestria, montes et valles, aquarum cursus et recursus, et omnes usaticos et tallias et toltas, et questas et albergas, et firmantias et sanguinias, et justitias et omnes actiones... Caritativè tamen ego recepi Rogerius prænominatus à te Guillelmo præposito DCC solid. Melgor. et X Martellos cum suis dretalibus, et VII maximos ballones (*aliàs* baccones). Factum ante ecclesiam de valle de Murassone. *ibid.*

LIII. Pierre moine de Conques, évêque de Pampelune en 1117.

Il étoit fils de Didon d'Andoque, qui suivant l'usage du temps, l'avoit dévoué encore enfant, au monastère de Conques. Il y prit en effet l'habit religieux, et il donna des preuves de son attachement pour cette abbaye ; car dès qu'il fut élu évêque de Pampelune, il donna aux religieux de Conques quatre églises de son diocèse. *Archives de Conques.*

LIV. Église de Ceignac.

On y remarque entr'autres le nom de la princesse Anne de Bourbon, baronne d'Arpajon en 1517. Un prince de Hongrie, en 1159, le cardinal de Pelagrua, en 1295, Jean d'Amboise, évêque de Maillezais en 1472 et plusieurs autres évêques et seigneurs avoient fait des dons à cette église. Voyez Hist. de Ceignac par Mazeau et par Cavaignac qui en font remonter la fondation à saint Martial ; mais il faut les en croire sur leur parole ; car ils ne donnent aucune preuve de leurs assertions.

LV. Exemption de péage, en faveur de Sylvanez, en 1153.

Anno d. i. M.CLVI, sit notum et..... Ego Raymundus comes Barcinonensis, princeps Aragonensis, Provinciæ Macchio, unà cum nepote meo R. Berengarii comiti..... Amiliavensi, donamus... monasterio Silvanensi et tibi Guiraldo abbati..... ut deinceps nullam leddam, nullum usaticum, nullam consuetudinem de vestris propriis causis vestræ domûs, nec à vobis ab aliquo exigatur, tam in villâ Amiliavi, quàm in ipso ponte vel in aliis locis. Apud Montem Posedanum id ita est actum... Isti sunt testes... Raymundus comes, Raymundus Berengarii comes Melgoriensis, Amiliavi et prò Provinciæ, Petrus de Roveira magister militiæ Templi, Guillelmus Montis Posedani quondam dominus, nunc pauper monachus, etc. *Cartulaire de Sylvanez.*

LVI. Donation de la commanderie de Sainte-Eulalie du Larzac aux chevaliers du Temple, en 1158.

On trouve parmi les actes de l'Hôtel de ville de Millau, la donation de Sainte-Eulalie du Larzac aux Templiers, par le même Raimond-Bérenger, en ces termes : ... Ego Raymundus-Berengarii comes Barcinonensis et dei gratiâ regni Aragonum princeps, pro remissione peccatorum nostrorum et salute animæ patris nostri qui fuit miles ac frater s. militiæ templi Salomonis, dono et concedo deo et fratribus dictæ militiæ et tibi fratri Heliæ de Montebruno, in partibus Ruthenensibus magistro, villam Sanctæ Eulaliæ et terram quæ dicitur Larzac quæ sita est in comitatu Amilianensi... Liceat vobis prædictam terram habere perpetuum in alodium, et acquirere ibi per emptionem, vel donationem, vel alium modum, et possitis ibi facere villam,...et nulla persona militaris vel alias alia præsumant... molestare dictos fratres, aut eorum pecora, seu violare domos eorum. Si quis autem contravenire præsumpserit, iram omnipotentis dei et meam intret. Actum apud Gerundam anno dominicæ incarnationis, M. C. LVIII et 8 mensis decembris.

LVII. Donation a l'abbaye de Bonnecombe par le duc d'Uzès.

en 1168.

Anno ab incarnatione M. C. LXVIII... Ego Præmundus D. Ucetiæ et Poscheriarum... dono et in perpetuum concedo deo et beatæ Mariæ et tibi Mathfredo abbati de Bonacumba... XX castallos olei singulis annis, in meos olivarios quos habeo in pertinemento Poscheriarum, etc. *Archic. de Bonnecombe.*

LVIII. Commun de paix établi en 1170.

Alexander servus servorum dei, venerabili fratri Hugoni Ruthenensium episcopo salutem. Quoties ea quæ ad pacem pertinent postulantur à sede apostolica confirmari, tantò super his diligiorem assensum nos convenit adhibere quanto ex bono pacis plura commoda et gratiora singulis conveniant incrementa. Ex quodam siquidem rescripto a tua nobis fraternitate transmisso, ad audientiam nostram pervenit, quod in habito concilio abbatum, præpositorum et archidiaconorum tuorum, et baronum terræ, cum nobili viro comite Ruthenæ Hugone fratre tuo hujusmodi pacem et concordiam statuisti, quòd omnes res mobiles videlicet et immobiles, et omnes homines tam clerici quàm laici in omni tempore sint sub eâ pace securi; nec ulli liceat præter armatos milites et clientes qualibet arma ferre, nec milites nisi enses solummodo, et clientes singulos baculos ferant, qui pari sicut cœteri debent securitate gaudere.... Ad ejusmodi verò pacem statutum est ut abbates, archidiaconi, archipresbiteri, monachi, canonici, priores et omnes clerici qui ecclesias proprias regunt, milites quoque et mercatores atque burgenses qui facultatibus abundaverint, et omnes etiam homines tam clerici quam laici, qui habuerint par boum seu aliorum animalium cum quibus arare possint, sive amplius habuerint summarium equum, scilicet vel equam, mulum vel mulam, quæ ad portanda onera locent, duodecim denarios Ruthenenses, sive alios tantumdem valentes donent; cùm verò habuerint ovile ovium, dent pro eo sex denarios ejusdem monetæ....; totidem dabunt qui habent unum bovem tantùm vel aliud animal cum quo valeant arare, vel asinum quem possint locare; clientes verò et artifices, scilicet fabri, sartores, pellipaii et omnes operarii, aut sex, vel octo, vel duodecim denarios, secundùm suorum capellanorum arbitrium dabunt; cœteri verò homines qui ligonibus terram fodiunt, et de labore suo vivunt, tres denarios dabunt. Verùm si pater cum filiis seu fratres sive consanguinei fuerint qui nondum sint ab invicem separati, nec sint res eorum divisæ, unus pro omnibus debet, alioquin solvat unusquisque pro se. Commune autem istud per singulas parochias debet reddi, cum scripto unius parochianorum quem capitulum cum consilio sui archipresbiteri, et voluntate suorum parochianorum elegerit, et in die statuto ab ipso parochiano et capellano, cum eorum scripto ad ecclesiam Ruthenensem deferatur. Quisquis verò res suas amiserit, postquàm commune sicut dictum est solverit, in integrum restituatur; si tamen certam personam quæ res sibi ablatas habet, vel locum ubi sunt, poterunt demonstrare, sin autem minimè; si verò inimicos villas vel oppida prædari vel diruere fortè contigerit; res quidem mobiles emendabuntur de communi, sed damna rerum immobilium non restituentur, nisi quantùm à malefactoribus potuerit recuperari. Clerici verò qui proprias ecclesias, nisi tantùm par boum habuerint, non cogentur dare si nolunt, sed non dato communi, si forte res suas perdiderint, eis nequaquàm emendabuntur... Datum Verulis 2 idas maii, pontificatûs nostri anno XI. *Ar.... ir. de l'évêché.*

Cet impôt décima plus en vieux dans la suite; et cependant les sommes n'en furent plus employées à leur destination. Aujourd'hui chaque homme ayant atteint l'âge de 14 ans, paye 6 deniers, chaque homme marié, *12 deniers; chaque bête ferrée, 2 sous, chaque bête non ferrée 12 deniers; chaque paire de bœufs labourans, 2 sous; chaque vache ou bœuf non labourans, 12 deniers; chaque bête de somme, 12 deniers; chaque brebis, mouton, chèvre, pourceau, etc., 1 denier.*

LIX. Sous Melgoriens.

Les sous Melgoriens étoient ainsi appelés des comtes de Melguel ou de Mauguio qui les faisoient battre dans un château de ce nom, près de Lodève. Cette monnoie avoit cours dans la plus grande partie des provinces méridionales du royaume, depuis le commencement du dixième siècle. D'après des actes de 1167, 1174, 1191, cinquante sous Melgoriens valoient un marc d'argent. *Hist. du Lang.*

LX. Monastère de Coubisou.

Notum sit omnibus præsentibus et futuris, quòd ego Hugo comes Ruthenæ filius Ermengardis, et ego Hugo filius ejus et Agactis comitissæ, nos ambo pariter donamus et concedimus monasterio Conquensi, sanctæ Fidi et tibi Sicardo abbati ejusdem monasterii et successoribus tuis præsentibus et futuris in perpetuum quidquid juris habebamus in monasterio de Coubisou, vel in hominibus, vel in rebus ad ipsum monasterium pertinentibus, et quidquid justè vel injustè exigebamus vel exigere poteramus... Actum est hoc solemniter anno 1195. *Cartul. de Conques.*

LXI. Témoins au serment de l'évêque et du comte de Rodez, en 1195.

Ce serment, qu'on voit aux archives du comté, fut fait en présence de l'abbé de Conques, de Bernard de Lacoste archidiacre, de Hugues de la Barrière, de Déodat viguier du comte de Toulouse, de Bernard d'Arpajon, de Hugues prévôt de Montsalvi, d'Alazard, de Jourdain de Bromme, de Guillaume Gauzerand, de Bertrand de Podière, de Guillaume Roux, d'Aimeric de Brommat, de P. Leclerc, d'Antoine de Capdenac, d'Imbert de Cabrières, de Pons de Camboulas, de G. de Salles, de Guillaume vicomte de Muret, de Guillaume de Rodelle, de Nizier de Bruéjouis, de M. de Saunhac, de G. de Saint-Amans, de Hugues et R. de Saint-Félix, de B. de Canac, de Hugues de Montal, de Hugues de Turenne, de Galvan de Conques, de Cayrol, de Bonnet, secrétaire.

LXII. Bénaven.

Hugues III fut regardé de tout temps, comme la souche de la maison de Bénaven-Rodez qui a subsisté, dit-on, jusqu'ici. Il y avoit du moins, peu de temps avant la révolution actuelle, des militaires qui portoient encore ce nom, entr'autres le major du régiment royal, infanterie.

LXIII. Actes concernant la vicomté de Millau et plusieurs chateaux du Laissaguez.

In n. D. N. J. C. anno ejusd. incarn. M. CCIV. Nos dei gratiâ Petrus rex Aragonensis comes Barcinonensis, confite..nur... nos mutuò accepisse à vobis R. dei gratiâ duce Narbonensi, comite Tolosæ, Marchione Provinciæ CLM solid. Melgor... Pro prædictâ verò quantitate, per nos et successores nostros, et jure pignoris, bonâ fide, sine dolo tradimus cum hâc cartâ vobis prædicto R. comiti et successoribus vestris, scilicet burgum quod vulgò vocatur Amilianum, et castrum de Chirac, et castrum de Grese, et castrum de Moiar, la Roca, Compeire et Rossio, Severac, Provencherias, Layssac, Monferrat, D'gons, Gannah, San-Gregori, la Panosa, Morou il, la Canourga, Monaster, Monrolat, Monjoseu, Pradellas, Langona, Sant-African, castellum Borane, cum omnibus pertinentiis eorum et cum omni jurisdictione in militibus, et aliis hominibus et fœminis; item quidquid habemus in feudis, vel feudalibus, vel retrofeudalibus, alodiis, dominicaturis, prædiis, vineis, eremis, et condirectis, aquis, aquarum decursibus, venationibus, piscationibus, pascuis, molendinis, usaticis, pedaticis, leudis, furnis, sesteralagis, sirmantiis, justitiis et reditibus notariorum, et instrumentorum, et generaliter quidquid habemus,... in toto comitatu de Amiliano et de Gavaldano........ Ego itaque Ildefonsus dei gratiâ comes, marchio Provinciæ, mandato Petri regis Aragonum fratris mei, pro prædictis omnibus servandis, vobis jam dicto R. comiti Tolosæ et vestris successoribus me fidejussorem obligo, sub hypothecâ omnium rerum mearum, etc. Ad hoc nos Raymundus dei gratiâ dux Narbonæ.... promittimus.... vobis Petro regi Aragonum, et vobis Ildefonso comiti Provinciæ et vestris, quod burgum de Amiliano, et castra comitatûs et totam terram prædicti pignoris.... sicut terram propriam tractabimus et conservabimus etc..., *Archiv. de l'hôtel de ville de Millau.*

Coneguda causa sia à tots, etc. que e l'an de la incarnatio del senhor-Jehsu Christi M.CCVII. el més de mars, VI dies al intrad, eu Guillelms coms de Rodez, per bo cor, et per bona voluntad, meti en penhora à vos mosenhor R. per la gracia de deu, duc de Narbona, comte de Tolosa, marquis de Proensa, fil de regina Constensa, ò als vostres, ò à tot vostré volontari, lo castel de Montrosier ab totas sas pertenensas, è tot quant eu ei, ni om per mi à Laissagués; so es à saber Bazents, è Galhac, è Pervenquieras, è Severac la glissa, è Ligons, et Gatnac, è Laissac, è Monferrer ab tots los pertenents d'aquestis castels, et d'aquestas vilas, et d'aquets loos sobredits, è pus so pas avia en tot Laissagués cominial, ab vos sener comte de Tolosa, per XX milia sol de Melgor etc. Et eu Ydoina filia que fu de Beatrig de Canilac, moler del comte de Rodez, meti principalement, à vos sener R. comte, la penhora sobredicta de Laissagués, ab tots sos pertenients etc. Ans renunzi ecientelimen *legi juliæ de fundo dotali*. De questa causa sobredicta, es ters de Lauzamen de Yedoina, moler del comte de Rodez. So testimons Ug evesque de Rodez, et Bernad d'Arpajo, W. Bernad de Najag, P. de Tribas archidiacne de Rodez, W. de Verlac archidiaque de Rodez, Rai. W. de Pena, Peire Cazols, Bernad Jaufre, Guiraud de S. Roma etc. et Peire Arnaud notari del comte de Tolosa etc. *Trés. des chartes de Toulouse.*

LXIV. Richarde Comtesse.

On pourroit fixer, à peu près, l'époque du mariage de Raimond III avec Richarde, et celle de la naissance de Hugues leur fils. Il est certain en effet que Richarde vivoit encore en 1052, puisqu'elle consentit cette année, au rétablissement du monastère de Conques. En supposant donc qu'elle avoit alors quatre-vingts dix ans, qui est l'âge le plus avancé qu'on puisse lui donner raisonnablement, elle sera née vers l'an 972. Or comme suivant l'auteur que nous avons cité, elle étoit extrêmement jeune *(adolescentula)*, lorsqu'elle se maria, elle aura épousé Raimond vers l'an 987, et par conséquent Hugues leur fils sera né vers l'an 990. *Hist. du Lang.* t. 2.

LXV. Sentence de l'évêque Hugues, au sujet des différens entre les consuls et les chanoines de Rodez, en 1203.

Notum sit omnibus quod anno gratiæ 1213, 11 cal. decembris controversia versabatur inter canonicos Ruthenensis solis ex unâ parte, et cives civitatis ex alterâ, coram domino Ruthenensi episcopo, residente sibi archidiacono. Intendebant namque cives et eorum consules à canonicis ut darent eis commune seu tallium, ad complendas communes necessitates dictæ urbis, adjicientes et fortiter alligantes quòd tenebantur dare pro domibus quas infra muros civitatis acquisivrant, ad refectionem murorum et vallorum, ad ædificationem murorum, si opus haberent et facere vigilias et excubias pro his que ibi viderentur habere et possidere. E contra canonici respondebant quòd non tenentur dare communae, vel tallia a. nec aliquid, ad reficiendos muros vel valla, vel ad ædificationem murorum vel vallorum, nec facere vigilias vel excubias civitati, eò quòd ecclesia et omnes res eam pertinentes, ab omni exactione debet esse libera et immunis. Unde ego Hugo Ruthenensis episcopus auditis his allegationibus et rationibus, et aliis pluribus hinc inde diligenter inspectis, consilio dicti archidiaconi, vos canonicos à civium petitionibus absolvo ;... statuens quòd in aliquo civibus non tenemini, nec cives vobis, nisi in his que ad jus parochie pertinent... Aymericon præpositus, Adhemarus de Broussinhac, Hugo Baldoin, G. Trezdus, D. de Pomeriis, D. Jordani, Rulfus, P. Clerici, Hugo Guilelmi, Aldebertus nepos episcopi, Aldebertus capellanus, Pontii Bonafos, P. Boeri qui hanc cartam scripsit. *Arch. de l'Evêché.*

LXVI. Hommage du comte Henri a Simon de Monfort, en 1211.

In n. D. N. J. C. Anno ejusdem i. M.CCXIV, VII idus novembris. Notum sit... quòd ego Henricus comes Ruthenensis comitatum Ruthenensem, Rodellam, vicecomitatum de Cambolatio, Abbatiam cum pertinentiis suis et totam etiam terram quam habeo citra Oltum, salvo tamen jure D. papæ super Monteroserio, et ecclesiæ Aniciensis super castro de Scauro, et salvo etiam jure quod habet Ruthenensis episcopus in monetâ et castris Copiaci et Combreti, recipio in feudum à vobis domino meo S. dei gratiâ comite Leycestriensi, domino Montisfortis, dei providentiâ, Bitterensi et Carcassensi vicecomite, et propter idem feudum confiteor me hommagium fecisse ac præstitisse, tactis ss. evangeliis sacramentum fidelitatis vobis et domino meo Amalrico primogenito filio vestro..... Confiteor etiam..... quòd vobis et hæredibus vestris iratus et pacatus in lite et in quiete teneor reddere feudum prædictam, quandocumque fuero requisitus, et vos et hæredes vestri mihi et hæredibus meis, sine damno meo et meorum, restituere, sicut bonus dominus debetis. Præterea de præfatâ terrâ teneor guerram facere pro vobis,.... contra quamlibet hominem. Et si fortè de gratiâ vestrâ guerram non facerem, teneor vobis ad faciendam guerram reddere terram ipsam.... Et nos S. comes Leycestriensis et etiam vobis Henrice comes Ruthenensis et hæredibus vestris totam prædictam terram in feudum concedimus, salvo servitio quod pro eâ facere nobis.... debetis; et convenimus quòd si terram suprædictam... nobis... reddideritis, ipsam vobis et hæredibus vestris reddere cum integritate teneatur; et promittimus vobis... quòd feudum quod à vobis tenetur, vobis inconsultis, à feudatariis vestris nullatenùs acquiremus : imo si vobis necesse fuerit ad manutenendum et defendendum præfatum feudum et alia jura vestra..... vos juvabimus bonâ fide : insuper si fortè aliquam injuriam vel offensam nobis vel nostris fecistis, illam vobis plenè remittimus et alias querimonias, si quas fortè usque ad hanc diem adversùs vos habebamus. Servitium autem quod pro dicto feudo nobis facere tenemini, est illud quod tenebamini facere comiti Tolosano. Hanc autem concordiam et convenientiam fecimus ad consilium et arbitrium venerabilium patrum Mimatensis, Caturcensis, Ruthenensis, Carcassonensis, Albiensis episcoporum... Actum apud Ruthenam in cameraâ episcopi, præsentibus D. R. Uticensi episcopo, P. Garcino archidiacono B. M. de Montepessulano, Guillhelmo archipresbytero de Conchis, Petro de Pradis, magist. W. canonicis Ruthen., W. Farcat, V. de Braxerio, Petro Arnal i, Raymundo decano Sancti Amantii,... W. de Vota, W. de Cracovila, Bernardo de Calomonte, Bernardo de Cardalliaco, Philippo de Goloinh, Guillelmo de Begon de Calmont, G. de Mirabello, B. de Paris, B. de Provinas, V. de Saviniaco, Begone de Cambolacio. *Archiv. du domaine de Rodez, n° 327.*

LXVII. Epitaphe de l'évêque Hugues.

Hac jacet in tumbâ veneratur quem Bonacumba,
Hugo Ruthenæ præsul, patruus comitensis :
Corpus sub petrâ, sed spiritus est super astra.

LXVIII. Sauvegarde pour Henri, en 1217.

Robertus... præsbiter cardinalis apostolicæ sedis legatus, universis... salus. Noverit universitas vestra quòd charissimum in Christo filium nobilem Henricum comitem Ruthenæ, qui... devotissimus sanctæ Romanæ ecclesiæ..... in succursum terræ sanctæ se Christi vexillo munivit, sub protectione, custodiâ et defensione nostrâ recipimus, sub pœnâ excommunicationis ex parte domini papæ, sub cujus protectione omnes cruce signati subsistunt, auctoritate legationis quâ fungimur et totius concilii apud Claromontem celebrati, firmiter inhibentes ne aliqua ecclesiastica sæcularisve persona ipsum in personâ, castris, villis, burgis, locis, terris, possessionibus, honoribus, sociis, militibus, adjutoribus et hominibus suis contra justitiam molestare præsumat. Si quis vero contra paginam nostræ inhibitionis, etc.... Datum apud Claromontem, quinto calendas augusti. *Archives du comté de Rodez.*

Honorius servus servorum dei dilecto filio nobili viro Henrico comiti Ruthenæ cruce signato salutem et apostolicam benedictionem. Sacrosancta Romana ecclesia devotos et humiles filios, et assuetæ pietatis officio propensius diligere consuevit, et ne pravorum hominum molestiis agitentur, eos tanquam pia mater suæ protectionis munimine confovere. Cùm igitur signo vivificæ crucis assumpto proposueris ad terræ sanctæ subsidium proficisci, nos tuis precibus inclinati, personam, familiam, terram et omnia bona tua sub beati Petri et nostrâ protectione suscipimus.... statuentes ut ea omnia sub apostolicæ sedis et nostrâ defensione consistant, donec de reditu tuo vel obitu certissimè cognoscatur. Nulli ergò hominum liceat hanc paginam etc.... Datum Laterani IV calendas maii, pontificatûs nostri anno primo. *Archives du comté de Rodez à Montauban.*

LXIX. LE COMTE HENRI LAISSE SES TERRES EN GARDE A L'ÉVÊQUE DE RODEZ, EN 1219.

In nomine domini. Anno incarnationis ejusdem 1219, quarto idus julii. Noverint universi præsentes pariter et futuri, quod nos Henricus comes Ruthenensis dimittimus et relinquimus totam terram nostram et castra nostra sub custodiâ et defensione venerabilis patris domini Petri episcopi Ruthenensis, concedentes et mandantes eidem episcopo ut quandocumque dominus noster Amalricus, dei providentiâ dux Narbonensis, comes Tolosanus et Montisfortis castrum vel castra quæ tenemus ab ipso, jure dominii petierit, dictus dominus episcopus absque contradictione qualibet ei reddat, et dictus dominus noster Amalricus ita faciat de castro seu de castris ut bonus dominus facere debet...

Et nos Amalricus dei providentiâ dux Narbonensis, comes Tolosæ et dominus Montisfortis concedentes prædicta omnia approbamus, promittens ut bonus dominus in omnibus nos habere. Ut autem omnia prædicta roboris obtineant firmitatem, præsens instrumentum per alphabetum divisum et confectum est, quod nos tres prædicti sigillorum nostrorum munimine fecimus communiri. Actum in obsidione Tolosæ anno et die quibus supra. *Archiv. de l'évêché de Rodez.*

LXX. LETTRE DU ROI D'ARAGON AUX HABITANS DE MILLAU, EN 1223.

Jacobus dei gratiâ rex Aragonum, comes Barcinonensis et dominus Montispessulani, dilectis et fidelibus suis consulibus et probis hominibus Amiliavi salutem et gratiæ largitatem. Si statum præsentem et præteritum comitatûs Amiliavi et terræ circumjacentis attendat aliquis diligenter, inveniet manifestò quòd recta fuerint vestra consilia quæ nobis per vestras litteras expressi-tis, et nostra mandata secundùm vestra consilia processerunt, et per utrumque nedùm comitatum Amiliavi, sed alias terras circumjacente ad nos spectantes credimus retinere. Verùm quia de novo nobis super præmissis dedistis per litteras et per dilectum fratrem nostrum J Latocum præsentium consilium salutare, videlicet ut aliquem virum discretum instructum in facto et in jure mitteremus ad curiam Clarimontis qui comitatum Amiliavi repetat à domino cardinali, et se opponat comiti Tolosano; sollicitudinem et fidelitatem vestram quam geritis in præmissis plurimùm commendantes, vobis taliter respondemus quòd vos habemus pro viris sapientibus et discretis, et in jure et in facto instructis, et habetis copiam sapientum; et hoc negotium vestræ fidei committimus procurandum, cum consilio venerabilis patris et consanguinei nostri Guillelmi episcopi Mimatensis cui super eodem scribimus, etiam fidelibus specialiter et dilectis nostris B. Geraldy, et Stephano Duranti, ac R. Bastile viris utique in utroque jure peritis, eosdem plurimùm deprecantes, quatenùs illi curæ intersint vobiscum, et hoc negotium proponant in præsentiâ domini cardinalis et comitis Tolosani, sicut Raymundus comes pater ipsius totum comitatum Amiliavi ut jus pignoris remisit liberaliter patri nostro... Ideòque devotionis et fidelitatis vestræ constantiam... deprecamur dantes vobis firmiter in mandatis ut præmissa omnia fideliter procuretis ad honorem et utilitatem nostram et ad ea promovenda totis viribus detis operam efficacem, non parcendo expensis necessariis et honestis, quia de ejusdem redditibus, et in eorum defectu de nostris propriis omnes curabimus emendare et insuper reddetis vos dignos præmio et honore ad quæ nos novimus obligatos, etc. Datum Oscæ 7 calendas maii, anno 1223. *Hôtel de ville de Millau.*

LXXI. MONTVALLAT.

Les Seigneurs de cette famille qui tire son nom du château de Montvallat près Chaudesaigues, prenoient anciennement le titre de *Princes des hautes montagnes d'Auvergne*. Plusieurs se sont distingués par leurs services dans le treizième siècle; en 1233, 1283, 1291. Nicolas-Hyacinthe de Montvallat, maréchal des camps et armées du roi, étant mort sans postérité en 1771, la terre et comté d'Entraigues fut léguée à Jean-Joseph-Casimir comte de Montvallat, baron d'Ussel, avec substitution en faveur de ses enfans; et au défaut de postérité, en faveur de Véronique de Montvallat, dame de Remiremont, comtesse du Saint-empire, qui depuis a épousé le marquis d'Epinai-Saint-Luc, en Normandie.

LXXII. SÉNÉCHAUX DU ROUERGUE.

Les sénéchaux étoient comme des viceois dans les provinces dont ils avoient le gouvernement. La justice, la police, la force armée, les finances, tout étoit soumis à leur autorité. Ceux du Rouergue dont il est fait mention dans les différens monumens que nous avons parcourus, sont, sans parler de ceux du comté de Rodez.

I. Bérenger Centulli établi par Raimond comte de Rouergue, en 1226.
II. Géraud de Malamort, sénéchal pour le roi à Saint-Antonin en 1226.

III. Jean d'Arcis, sénéchal pour Alfonse comte de Rouergue, en 1251.
IV. Pierre de Landreville établi par Alfonse comte de Rouergue, en 1256. Il étoit encore en exercice en 1263.
V. Philippe de Boissi créé par le même Alfonse en 1263, et confirmé ensuite par le roi, dans cette charge qu'il exerça jusqu'en 1280.
VI. Guillaume de Vienne et de Macon, créé par Philippe le Hardi en 1280. Il fut présent, cette année, à une cession que le vicomte de Lautrec fit à son frère, en présence de Bernard de Combret, évêque d'Albi. Il fit bâtir Sauveterre en 1281.
VII. Guillaume de Compros ou Conros, en 1282.
VIII. Pierre Bochetti ou Bouche, en 1284. Il transigea, l'année suivante, avec Bernard de Latour, abbé de Vabres, au sujet de la juridiction de cette ville.
IX. Aubert de Nangerville, chevalier, en 1290, mort en 1313.
X. Guibert de Peyrefort, en 1392.
XI. Pierre de Ferrières, chevalier, créé par Philippe le Bel, en 1323.
XII. Dalmas de Marsac ou de Marziac, chevalier, en 1323.
XIII. Regnaud de Jarniole, chevalier, créé par Philippe de Valois, en 1331.
XIV. Pierre de Ferrières, en 1334.
XV. Guillaume Rolland, seigneur de Vallon et de Villecomtal, en 1339.
XVI. Foulques de Moras, en 1347. Il servit cette année en Gascogne en cette qualité, à la tête des troupes du Rouergue.
XVII. Bertrand de Terride, seigneur de Penneville, en 1360. Il fut employé en cette qualité contre les Anglois, par le comte de Poitiers.
XVIII. Amanieu de Foix, nommé par Edouard prince de Galles, en 1364.
XIX. Thomas de Wateval ou de Witevalle, anglois, chevalier, nommé par le même Edouard en 1366.
XX. Arnaud de Landorre, chevalier, baron de Landorre, vicomte de Cadars et seigneur de Salmiech, nommé par Charles V, en 1370, destitué la même année.
XXI. Jean de Sery, en 1370, tué à Montpellier en 1375.
XXII. Arnaud de Landorre rétabli en 1375.
XXIII. Gui de Lestaire ou de Lestayrie, en 1378. Il fut chargé en cette qualité, de la levée d'un subside extraordinaire contre les Routiers.
XXIV. Garin, seigneur d'Apchier, en 1388. Gaillard de Buzens étoit en même-temps sénéchal du comte de Rodez.
XXV. Raymond de la Roque, établi par Charles VI.
XXVI. Jean de Bonnebaud ou de Bonnevent et de Condamine, chambellan du roi, en 1399.
XXVII. Raulet de l'Arche, seigneur de Biussac, chambellan du roi en 1411. Il poursuivit ceux qui avoient pillé cette année, le monastère de Loedieu.
XXVIII. Amaury de Sévérac, maréchal de France, en 1415.
XXIX. Poncet de Lantar, créé par Charles VI.
XXX. Guillot d'Estaing, en 1437. Il marcha cette année, à la tête des troupes du Rouergue, en Albigeois, par ordre du roi, pour se saisir de Bertrand de Casilhac et de Robert Dauphin qui prétendoient tous les deux à l'évêché d'Albi, et que le roi l'avoit chargé de lui amener, pour en faire justice.
XXXI. Aimeric de Castelpers, chevalier vicomte d'Auvialet, en 1459.
XXXII. Guillot d'Estaing, sieur de Lagarde et d'Auval; chevalier

chambellan du roi Charles VII, en 1451. Cette année commença à Villefranche une contagion qui dura cinq ans. Elle fut si violente que la ville fut presqu'entièrement abandonnée. La cour du sénéchal fut alors transférée à Sauveterre, et les portes de Villefranche furent gardées par des capitaines à gages. Guillot d'Estaing étoit en même-temps capitaine de Najac, viguier et bailli de Nimes. Il fut envoyé ambassadeur en Castille, en 1453. Il mourut en 1471.

XXXIII. Gaspard d'Estaing fut reçu capitaine de Najac, et sénéchal et gouverneur de Rouergue, en survivance de son père, le 26 décembre 1451. Il épousa Jeanne de Murol fille de Jean sieur de Murol et de Gabrielle de Lastic. Il exerça sa charge jusqu'en 1477, et mourut en 1479. C'est le père de François d'Estaing évêque de Rodez.

XXXIV. Ardit ou Lardit de Bar, seigneur de Roumegous et de Cadoules, chevalier, chambellan et conseiller du roi Louis XI, fut nommé en 1477.

XXXV. Gautier des Cars dit de Peyrusse, sieur de la Vauguyon, en 1480.

XXXVI. Geoffroi de Chabannes, chevalier, sieur de la Palisse, de Charlus, de Montagut, etc., fils de Jacques de Chabannes, sénéchal de Toulouse et grand-maître de France, fut créé sénéchal et gouverneur de Rouergue par Charles VIII, en 1486. Il mourut en 1495. C'est le père de Jacques de Chabannes maréchal de France.

XXXVII. Jean de Neuville, chambellan du roi, baron de Neuville, de Magnac, sieur de Luc et de Baigades, en 1495.

XXXVIII. Joachim Brachet, seigneur de Montagut, le Blanc, Salvinhac, Fonbascau, Gerpanville et Saint-Amans, fut reçu sénéchal et gouverneur de Rouergue, en 1500.

XXXIX. François de Théligny, chevalier, seigneur de Tierville, conseiller et chambellan du roi, succéda à Joachim Brachet en 1513.

XL. François le Venasseur, chevalier, seigneur d'Esquile, de Bueil et de Saint-Maurice, nommé par François I, en 1527.

XLI. François de Voisins, chevalier, baron d'Ambres, en 1533.

XLII. Paul de la Barthe, baron de Termes, chevalier, gouverneur de Savillan, colonel général de la cavalerie de France, fut créé sénéchal et gouverneur de Rouergue, en 1549. Il fut ambassadeur à Rome en 1550, et maréchal de France en 1556.

XLIII. Gabriel de Minut, chevalier, baron de Castera, conseiller et chambellan du roi, en 1552.

XLIV. Antoine d'Albin, sieur de Valsergues, en 1560. Il épousa Françoise de Massip, fille de Gaspard, sieur de Bournazel.

XLV. Antoine de Lévis, comte de Caylus, baron de la Pene et de Villeneuve, sieur de Privezac, gentilhomme de la chambre, chevalier du saint Esprit, mort en 1586.

XLVI. Jacques de Lévis, comte de Caylus, fils du précédent, fut reçu sénéchal et gouverneur de Rouergue, en survivance de son père, mais il mourut la même année que lui, à l'âge de treize ans.

XLVII. Bertrand Hébrard de Saint-Sulpice, baron de Saint-Sulpice, la Bastide, Fortunières, Cognac, Gourdon, Cajars et Montsalez, succéda à Jacques de Lévis, en 1586.

XLVIII. Antoine de Buisson, baron de Bournazel, chevalier de l'ordre de saint Michel, capitaine de cinquante hommes d'armes, fut nommé en 1588, et mourut en 1590. Il étoit fils de Jean de Buisson, sieur de Mirabel et de Charlotte de Massip, dame de Bournazel.

XLIX. N... de la Devèze, en 1590. Il fut tué en 1591.

L. Jean d'Arpajon, marquis de Sévérac, comte de Mirabeau, vicomte d'Arpajon, de Lautrec et d'Hauterive, baron de Caumont, capitaine de cinquante hommes d'armes, en 1591.

LI. Jean de Morlhon, baron de San-Veusa, de Belcastel et de Castelmari, fut créé sénéchal de Rouergue, par la ligue, en même temps que Jean d'Arpajon l'étoit pour le roi. Après la ligue, il fut maintenu par le roi en 1596. Il fut tué à Villefranche en 1599.

LII. Antoine de Roquelaure, baron de Lavardens et de Biran, sieur de Roquelaure, de Gaudoux, de Sainte-Chrestie, de Mirepoix, de Montvert, etc. grand-maître de la garde-robe du roi, chevalier du saint Esprit, lieutenant général de la Haute-Auvergne et du gouvernement de Guienne, gouverneur du comté de Foix, maire perpétuel de Bordeaux, maréchal de France, fut nommé sénéchal et gouverneur de Rouergue par Henri IV. Il se démit de cette charge en faveur de son gendre.

LIII. François de Noailles, comte d'Ayen, baron de Chambres, de Monclar, de Mouchi, de Malemort, etc., maréchal des camps et armées du roi, et lieutenant général en Auvergne, fut nommé sur la démission d'Antoine de Roquelaure son beau-père, en 1613. Il fut depuis ambassadeur à Rome, chevalier de l'ordre du saint Esprit, et gouverneur de Perpignan. Il mourut à Paris en 1645.

LIV. Anne de Noailles, pair de France, comte d'Ayen etc., succéda à son père en 1611. Il fut depuis premier capitaine des gardes du roi, gouverneur de Roussillon, etc. Il se démit en 1657 et mourut en 1678.

LV. François de Buisson, chevalier, marquis de Bournazel et de Belcastel, petit-fils du sénéchal Antoine de Buisson, fut nommé en 1657.

LVI. N... de Buisson, chevalier, marquis de Bournazel, de Mirabel et de Belcastel, succéda à son père, en la charge de sénéchal et gouverneur de Rouergue.

Depuis l'établissement des intendans, les sénéchaux se sont trouvés rarement dans le cas d'exercer les fonctions de leur charge. De là vient qu'on connoît à peine le nom de quelques-uns de ceux dont nous venons de parler, et de leurs successeurs.

LXXIII. Cordeliers établis à Rodez.

Notum sit omnibus quòd anno domini 1232, Deodatus Germani pro salute animæ suæ dedit fratribus Minoribus Ruthenæ locum ubi morantur, videlicet locum ubi est cœmeterium, ecclesia, claustrum, capitulum, dormitorium et pars refectorii, coquinæ et infirmariæ loci antiqui. Item eodem anno Hugo comes Ruthenensis dedit fratribus hortum qui est ad meridianam partem conventûs, infirmariæ et refectoriæ. Dedit item duos solidos censuales pro duobus hortis qui sunt sub infirmariâ, et sub aliquâ parte dormitorii ad occidentalem partem, quorum hortorum primum, illum scilicet qui est sub infirmariâ fecerunt emi fratres à Deodato del Causse; pretium dedit Deodatus Maurelli videlicet 40 solidos : secundum emit prædictus comes à Deodato Cayroli, sutore, 50 solidos Ruthenenses : tertium hortum qui est similiter sub dormitorio fecerunt emi ...es à Geraldo de Saint-Peyré : quartum et quintum hortos ad opus fra... ...it Guillelmus Marnacii, 130 solidos Ruthenenses. Isti duo ultimi h... ... juncti sunt cœmeterio et viæ peregrinorum. Isti quinque horti hodie ...t ad unum redacti, et extenduntur à stratâ peregrinorum sub cœmeterio, porticu ecclesiæ, dormitorio et infirmitorio, usque ad hortum Joannis Falconerii. Cœmeterium autem ex omni parte circumdat ecclesiam. Claustrum tamen non est sacratum. Hæc scripta fuere 7 idus julii 1246 per fratrem Vitalem de Nayraco guardianum conventûs. *Chroniq. des Cordel.*

En 1189, le comte de Rodez donna aux Cordeliers la faculté de faire venir dans leur enclos, une source qu'il y avoit entre le couvent et les murs de la ville. On voit dans une vieille chronique de ces religieux, que peu d'années après, ils firent faire des conduits et canaux souterrains, pour s'approprier ladite source. Une pareille concession étoit d'autant plus déplacée, que la ville de Rodez n'a dans son enceinte, aucune fontaine. Il seroit sans doute bien avantageux pour elle de rétablir celle-là dans sa première situation.

LXXIV. Mandement de l'évêque de Rodez au sujet de la peste, en 1248.

Considerantes attentiùs... tribulationes, flagella et gravem plagam pestilentialem mortalitatis hominum per quam innumerabilis populus est peremptus, et, proh dolor! mori non cessat; adeò quòd civitates, castra, villæ et alia loca quasi totaliter depopulati existunt, et quòd non est in eis seu in ipsorum terris, qui serat, metat aut colligat, in aliquibus quoque perempta sit tota una domus seu progenies, prout quòd de eâ non reperiatur proximus qui succedat in bonis; ecclesiæ quoque et monasteria sint ministris et servitoribus quasi penitùs destituta; sanique etiam propinqui abhorrent visitare infirmos, et curam habere de ipsis et eos sepelire post mortem, et in plurimis locis cœmeteria non sufficiunt ad sepeliendum defunctos. Hujusmodi autem pestis et plaga, multorum peccatis exigentibus, de regione in regionem et de personâ in personam extenditur paulatim etc. *Archives de l'Evêché de Rodez.*

LXXV. Ignorance des seigneurs, au treizième siècle.

En 1250, Alzias de Sévérac ayant envoyé défier par un héraut, Guiot de Landorre, celui-ci ne sut pas lire le cartel de défi. Il se rendit cependant au lieu indiqué par le héraut, près de Montrosier, où il rencontra par hasard un gentilhomme qu'il n'aimoit pas; il crut que c'étoit son adversaire, l'attaqua, le tua et s'en retourna dans son château. *Archives de Sévérac.*

LXXVI. Gages des juges du Rouergue, en 1258.

Balliviæ Ruthenensis, D. Petro de Landrevillâ existente senescallo.

Ballivia de Amiliano XVIICL. lib. Tur.
Ballivia Ruthen. XICL. l. Tur.
Ballivia de Petruciâ IXCLX. l. Tur.
Ballivia de Villanovâ VIIC. l. Tur.
Ballivia de Najaco VIICLXXV. lib. Tur.
Summa V.M.C.LXV. l.

Crescit VII.C.VII. l. Tur.
Feoda et eleemosinæ per annum M.CC.LVIII.
Summa II.C.IIIIXX. lib. Tur.
Liberationes salaria judicum, gagia sen. Summa VII.C.XV. l.
Extrait des comptes de la maison d'Alfonse, comte de Rouergue.

LXXVII. Inscription sur un mur de la Cathédrale de Rodez.

Anno domini M.CCLXXV. XIII cal. mart. corruit caput hujus ecclesiæ. Eodem actem anno 9 jan. fuerat remotum altare B. Virginis.... fuerant autem anni septingenti et amplius ex quo prædictum altare constructum fuerat per bonæ memoriæ episcopum cui nomen erat Deusdedit, sicut ex gestis et scriptis antiquis in sacrario repertis constat evidenter. In circuitu etiam mensæ ejusdem altaris scriptæ sunt tales litteræ : Deusdedit episcopus indignus fecit fieri hanc aram.

LXXVIII. Longueur de certains actes.

La longueur de ces diverses sentences et de plusieurs autres actes est la principale cause qui nous a empêché de les insérer ici. On les voit en latin dans les archives du comté, dans celles de l'évêché et dans plusieurs manuscrits.

LXXIX. Porte des Cordeliers.

Les changemens qui sont survenus à cette porte de la ville, rendent cet article de la sentence difficile à entendre. On voyoit, il n'y a pas long-temps dans ce quartier, plusieurs tours très-fortes et trois ou quatre portes au midi ou au couchant. On voit encore un des arceaux saillir du mur extérieur de l'église des Cordeliers.

LXXX. Commencement de l'année.

Le commencement de l'année n'étoit pas fixé encore au premier de janvier. Les uns la commençoient à Pâques, les autres au premier de mars, très-peu à la Noël ou à la Circoncision ; et il n'y avoit aucun usage bien stable. Dans le quatorzième siècle on la commença plus constamment le samedi saint, après la bénédiction du cierge pascal. Il paroît même que les prières et cérémonies de l'église Romaine ce jour-là, ont quelque rapport avec le renouvellement de l'année : ce qui prouve que cet usage étoit ancien. Le commencement de l'année ne fut fixé irrévocablement au premier janvier, qu'en 1564, par une ordonnance donnée au château de Roussillon sur le Rhône, par le roi Charles IX.

LXXXI. Inscription sur la cloche Caumont.

Calmontia vocor. Raymundi Calmontis enim hujus ecclesiæ episcopi partim dono confecta sum anno 1283; et cum campanili combusta duplicato metallo secundò restituta sum anno 1510. Sed denuò dirupta tertiò refecta fui anno 1564. Et iterùm quartò, præsule Jacobo de Corneliano anno 1576. Scissa, quintò eliquata sum, episcopo Francisco, Jacobi nepote anno 1583. Ac denuò attrita, sextò restituta fui, Bernardino episcopo, Francisci nepote, anno 1619. Infra annum fracta, septimò confecta fui, eodem præsule, anno 1623, in honorem Jesu et Mariæ.

LXXXII. La Barrière.

Les La Barrière occupaient dans le treizième siècle un rang très-distingué en Rouergue. Pierre de La Barrière, cardinal, évêque d'Autun, donna en 1283, la terre de Firmi, à Guillaume de La Barrière, son frère, seigneur de Castelnau Peyralez, d'où elle passa à la maison d'Adhémar, par le mariage de Célébie, petite nièce du cardinal, qui épousa en 1411, Rigal d'Azemar ou d'Adhémar, seigneur de Malemort en Rouergue, aujourd'hui Villelongue.

LXXXIII. Couvent de l'Arpajonie.

La plupart des monuments relatifs à ces mémoires, ayant été cachés dans des souterrains, pendant la révolution, il y en a péri plusieurs. De ce nombre est la fondation de l'Arpajonie, que nous n'avons pas pu remplacer.

LXXXIV. Juifs établis en Rouergue, en 1290.

En 1290, le sénéchal de Rouergue ayant sommé Henri comte de Rodez, de livrer deux Juifs et une Juive qui demeuroient au château de Muret, et qui après avoir été baptisés, étoient rentrés dans le judaïsme, le comte appela au roi de cette sommation. Le roi donna ordre à ses sénéchaux, en 1292, d'empêcher que les Juifs ne fussent inquiétés en leur personne ni en leur commerce, notamment par l'exaction de divers droits auxquels certains seigneurs les assujettissoient. *Actes aux archives du comté à Montauban.*

LXXXV. Lettre du roi au sénéchal de Rouergue au sujet des démêlés entre le comte et l'évêque de Rodez en 1293.

Philippus dei gratiâ Francorum rex senescallo Ruthenensi salutem. Conquestus est nobis dilectus et fidelis noster comes Ruthenæ, quòd cùm hactenùs ab antiquo, etiam à tempore cujus non extat memoria, fuerit usitatum et concessum quòd pro utilitate villæ Ruthenæ, forum seu mercatum teneatur communiter in burgo Ruthenæ et in plateâ dicti burgi communi, quod burgum dictus comes immediatè tenet à nobis, episcopus Ruthenæ et ejus gentes dicentes cœmeterium esse in loco prædicto, prohibent ne forum ibidem teneatur, et impedium de novo per forum ecclesiæ, dictum comitem super hoc, et illos qui veniunt ad dic... forum, et qui emunt vel vendunt vel contrahunt in foro prædicto ; ex.. ontingeret si illud toleraretur, dictam villam et fundum nostrum c .. norari. Unde mandamus etc. *Il interdit en conséquence la connoissance de cette affaire* à l'official comme personne suspecte, et ordonne au sénéchal de faire lever les inhibitions et interdits déjà lancés. Archives du comté de Rodez.

LXXXVI. Protestation du comte au sénéchal de Rouergue, en 1295.

Requisivit dictus procurator locum tenentem dicti domini senescalli, quod non compellat subditos, feudatarios et omnes qui consueverunt sequi vexillum domini comitis, ut accedat ad exercitum domini regis in Gasconiam ; ex eo quia cùm dictus dominus comes, commeato accepto à praesidentibus exercitui supradicto, redierit de eodem cum suis militibus, feudatariis et famulis suis ; et ipse sit paratus cum eisdem ad exercitum dicti domini regis rursùs accedere, quod facere non posset si sui subditi accederent sine eo. etc. *Archives du comté de Rodez.*

LXXXVII. Etats du Rouergue, assemblés hors de la province.

Ils furent convoqués à Montpellier en 1303, par ordre de Philippe le Bel, au sujet de la menace qui lui avoit été faite par Boniface VIII, de mettre en interdit tout le royaume. La noblesse y fut représentée par Gui de Sévérac et Déodat de Caylus, chevaliers, par Guillaume Jourdain, seigneur de Montlaur, par Bérenger d'Arpajon et par Vezian de Cardaillac. En 1412, ils s'assemblèrent à Montauban avec ceux du Languedoc. Entr'autres députés il y eut Guillaume de Latour évêque de Rodez, pour le clergé; Michel de Sévérac, Hector de Montlaur, Emeric de Castelpers, pour la noblesse. *Histoire du Languedoc.*

LXXXVIII. Première formation du parlement de Toulouse.

Le parlement de Toulouse étoit déja établi depuis 1303. Entr'autres magistrats que Philippe le Bel avoit choisis pour former cette cour, on remarque Déodat d'Estaing premier conseiller, Bégon de Castelnau, Othon de Pardaillan, Raimond de Caumont procureur général, etc.

LXXXIX. Règlement pour les Boucheries, en 1310.

.....Item coume se dice que mazeliers el mazel vendian carns mal sufficiens et mal bonas fo adordonat que d'aici avan negun mazelier ni altre, qual que sia, no venda aytals carns el Mazel deldich Borg ni en sos appartenensas, sé no en certan luoc ad aiço deputador, o dins lors mayous. so es à saver carns de cabres o de bocs, o de trueitas non sanadas, de porcs malaveiros, o de bestias que am lors pes no poguesson venir al mazel ; se no que fosson de cassa ou carns saladas bonas et netas, et non carns ufladas en buffan ; car d'aici so issits molts mals et moltas infermetats ; mas aytals carns mal netas sian vendudas en altres loçs, certifican los compradors quals so aquelas carns. Et que adaiço sian presentats des prohommes à mons le comte ou à son juge, ou al baile deldich Borg. devan lesquals jure coume desoubres, et am lor cossel lo baile aprohe ou reprohe lasditas carns, coume desobres es adordonat à far per lo juge dels draps ; et que lo mazelier puesco gadanhar un denier per sol et non plus, se no tant solamen los budels, lo cor, lo fetge et las leus; et qui fara lo contrari, perdra las dichas carns;... et aquels done als questours dels paures, etc. etc. *Hôtel de ville du Bourg de Rodez.*

XC. Revenu du comté de Rodez, au commencement du quatorzième siècle.

Dans sa demande, Izabeau fait monter les revenus à cent cinquante mille livres pour neuf ans; laquelle somme équivaudroit aujourd'hui à plus de deux millions; car la valeur de l'argent est au moins quinze fois moindre de nos jours. D'après ce calcul, le comté de Rodez rapportoit annuellement, environ deux cent cinquante mille livres.

XCI. Vabres érigé en évêché, en 1317.

Joannes episcopus servus servorum dei, ad perpetuam rei memoriam..... Considerantes attentiùs.... Quòd in tantâ multitudine populi, quantâ fœcundavit altissimus civitatem et diœcesim Ruthenensem, singulorum vultum nequibat, ut condecet, unicus pastor inspicere, aut alias partes boni pastoris implere. Nos cultum augere divinum... salubriter intendentes.... præhabito super hoc diligenti tractatu, ex certâ scientiâ, de fratrum nostrorum concordi consilio et apostolicæ plenitudine potestatis, ad laudem dei..... episcopatum Ruthenensem suamque diœcesim autoritate apostolicâ dividimus, in duas diœceses.... volentes quòd præter civitatem Ruthenensem quæ suam propriam et distractam habebit diœcesim..... villam de Vabro dictæ quondam diœcesis.... ad hoc convenientem et accommodam... in civitatem erigimus, civitatisque titulo insignimus, separatam diœcesim certis limitibus à diœcesi remansurâ civitate Ruthenensi distinguendam; quòdque ecclesia monasterii sancti Salvatoris civitatis ejusdem, ordinis sancti Benedicti, sit de cœtero.... ecclesia cathedralis; ipsâ et civitate prædictâ cum suis capitulo, clero ac populo et diœcesi ab omni jurisdictione et potestate et superioritate Ruthenensis episcopi et capituli ejusdem Ruthenensis ecclesiæ, nec non abbatis et conventûs monasterii Massiliensis à quo hujusmodi monasterium sancti Salvatoris Vabrensis dependebat, remanentibus omninò liberis et exemptis ..... Datum Avenione, idibus augusti, pontificatûs nostri anno primo. *Arch. de l'éc. de Rodez.*

XCII. Vignes autour de Rodez.

On voit aux archives de l'hôtel de ville du Bourg, que pour la dotation de la léproserie de Combecrose, on acheta, en 1325, une vigne à Banocres, et une autre à Combenière, le long de l'Aveiron, pour une autre léproserie. On trouve dans les archives de l'évêché, plusieurs reconnoissances de fiefs en vignes, depuis la Guioule jusqu'à Cardaillac.

XCIII. Mariage de Béatrix de Clermont avec le comte d'Armagnac, en 1327.

Charles, par la grâce de Dieu roi de France.... Savoir faisons à touts présents et à venir, qu'au traité de mariage de notre amé et féal Jean comte d'Armagnac et de Rodez, et de nostre cousine damoiselle Béatrix de Clermont, a esté ordonné et accordé par lesdits comte et damoiselle, en la présence de nous et de nostre conseil, en la manière que s'ensuit : premièrement que ledit comte d'Armagnac et de Rodez aura ladite damoiselle Béatrix de Clermont à femme, si la sainte église s'y accorde, et tiendra durant le mariage toutes les terres et héritages et autres biens que ladite damoiselle a à présent et aura à l'advenir ; ni elle ne pourra ordonner pendant le mariage, par contract entre vifs ou entre morts, que lesdits héritages ou terres viennent ou soient transportées audit comte d'Armagnac, ni par moyen ni sans moyen, ni directement ni par oblique, ni en aucun du lignage, si n'étoit en enfans dudit mariage ; et ladite damoiselle sera douée dudit comte de cinq mille livres de rente.... Donné en nostre maison de Montil-les-Pont-Saint-Mexance, l'an de grâce 1327 ; présent pour le comte l'évêque de Lavaur son oncle, et messire Arnaud de Landorre, chevalier. *Archives du comté de Rodez.*

XCIV. Lettres de noblesse et de grâce données par le comte de Rodez.

Outre le droit de ban et arrière-ban que Jean I prétendoit lui appartenir, on trouve qu'en 1329, il accorda des lettres de noblesse à Pierre Dumas d'Albin ; et qu'en 1323, Guillaume de Combret ayant été accusé de divers crimes, le comte lui accorda des lettres de grâce, et se contenta de confisquer une partie de ses biens. *Archives du comté de Rodez.*

XCV. Comète de 1329.

Anno domini 1329, apparuit in nocte sabbati sancti, horridus et ignitus cometa, aliquandò rubeus partim et partim plumbeus, qui undequaque scintillabat et vibrabat quasi flammeas sagittas. Ex tribus partibus terræ flabant venti insolito more furentes. Terra concussa tremuit, et quatuordecim hospitia hiatu terræ absumpta sunt et absorpta, inter quæ corruit medietas domûs à parte carreriæ Petri de Carnevillà domicelli et consulis Tolosæ hujus anni. Inde morbidus tremor invasit omnem carnem, et contremuerunt magis fœminæ et homines urbis Tolosæ, cùm legerunt aut legere audierunt hæc verba majusculis litteris scripta : ULULATE ET PŒNITESTIAM AGITE ; APPROPINQUAT ENIM DIES MAGNA ET HORRENDA. Duravit hic cometa per triginta et octo noctes ; et incipiebat lucere ab horâ decimâ noctis, usque ad auroram. Per id tempus omnis populus conveniebat manè et vespere ad ecclesias, pœnitentiam agebat et jejunebat in pane et aquâ. diebus Mercurii et Veneris. Plùs valet timor pœnarum quàm amor benefactorum. Tempore autumnali subsecutus est morbus epidemicus, ex quo multa millia hominum Tolosæ perierunt, et hujusmodi morbus cursum habuit per totam provinciam. Parvâ et exiguâ febre laborabant qui infirmabantur : vomebant sanguinem per tres dies continuos et die quartâ expirabant. Ars medicorum nemini profuit, et qui hoc morbo afflicti fuerunt, nullo salvo, perierunt. Deus omnipotens similia flagella à civitate nostrâ avertat. *Chronique de Burdin, conseiller au parlement de Toulouse.*

XCVI. Arrêt concernant la cour du paréage de Rodez, en 1337.

La cour du paréage ne fut pas autorisée par le roi, parce qu'elle avoit été créée sans son aveu; c'est pourquoi le procureur général du roi au parlement de Paris, demanda qu'elle fût interdite et mise sous la main de sa majesté; sur quoi il se forma un procès audit parlement, entre le procureur général et les parties qui avoient fait établir cette cour. Le parlement prononça l'arrêt suivant, le 21 juin 1337.

Philippus dei gratiâ Francorum rex, senescallo Ruthenensi, aut ejus locum tenenti salutem. Cùm pendente causâ in curiâ nostrâ inter procuratorem nostrum ex parte unâ et episcopum Ruthenensem ac comitem Armeniacensem et Ruthenensem ex alterâ, super eo quod dictus noster procurator dicebat quòd pariatgium factum dudum inter ipsos episcopum et comitem qui tunc erant civitatis et burgi Ruthenæ, nobis extiterat, forefactum, seu ceciderat in commissum quòd sine permissu nostro erat factum ; procuratore dictorum episcopi et comitis dicente quòd manus nostra in dicto pariatgio esset apposita sine causæ cognitione, et ita ante omnia debebat amoveri, cum protestatione de procedendo ulteriùs in causâ ut esset rationis plures rationes allegando ; nostro procuratore in contrarium proponente, curia nostra auditis dictis partibus manum nostram amoverit. Mandamus vobis quatenùs dictam manum nostram de dicto pariatgio, et omne impedimentum eidem appositum ex dictâ causâ removeatis seu removere faciatis ; et quidquid in contrarium factum fuerit, ad statum pristinum et debitum reducatis aut faciatis reduci. Datum Parisiis in parlamento nostro, die 21 juini 1337. *Archiv. de l'éc. de Rodez.*

XCVII. Joutes des nobles.

Dans le temps que les combats appelés joutes étoient en vigueur, plusieurs nobles du Rouergue se distinguèrent dans ces sortes de jeux. En 1341, le roi de Majorque ayant fait proclamer des joutes à Montpellier, Guillaume d'Arlenc, chevalier de la suite du seigneur de Sévérac jouta avec ce prince pendant long-temps. Le comte d'Armagnac, les seigneurs de Bertholène et de Meyrueys joutèrent aussi avec lui, en présence de plusieurs milliers de spectateurs.

XCVIII. Truie pendue a Flanhac en 1356.

Un acte qu'on voit aux archives de Conques, prouve que les juges de Peyrusse prétendoient étendre leur juridiction bien au delà du territoire de leur ville. En 1356, un enfant ayant été mordu et tué dans son berceau par une truie, au lieu de Flanhac, les juges-consuls de Peyrusse firent enlever la truie; mais les officiers de l'abbé de Conques, dont dépendoit la justice de Flanhac, firent requérir ladite truie, *et la condamnèrent à être pendue par les pieds aux fourches patibulaires.* Outre les prétentions des juges de Peyrusse, ce fait montre bien jusqu'à quel ridicule excès, les anciens seigneurs étoient jaloux de leurs droits.

XCIX. Role d'imposition en 1359.

Le château d'Ayssène et la Besse............ florins	100	La ville de Marsillac........	650
Le château de Ségur........	400	Le lieu de Cassagnes........	90
Le château de Cabrespines...	280	Le lieu de Sebazac..........	60
La ville d'Entraigues........	300	La ville de Bozoul..........	600
Le château de Montrosier....	300	Le lieu de Montezic........	90
Le château de Camboulas et le Vibal...................	500	Le lieu du Minier..........	90
		Le lieu du Vialar..........	60
La ville de Montjaux........	280	Le lieu d'Alpuech.........	30
Le château de Rodelle.......	280	Le lieu du Monastère.......	90
La ville d'Albin............	80	La ville ou Bourg de Rodez...	2000

Arch. de l'hôtel de ville du Bourg.

C. Appel du comte au roi contre le duc de Guienne, en 1355.

Le comte d'Armagnac avant d'appeler au roi de France, fit d'abord faire une protestation à Witecalle sénéchal du prince de Galles et ensuite au prince de Galles lui-même, contre toute nouvelle imposition sur ses sujets du Rouergue. On voit encore dans les archives du comté de Rodez cet acte de protestation, dont nous citerons ici les principaux articles.

Cùm appellationis remedium dicatur à sanctis patribus introductum ad relevanda gravamina oppressorum.... ea propter ego Rigaldus de Viridario procurator magnifici et potentis viri domini comitis Armeniaci et Ruthenæ in suo comitatu Ruthenensi sciens me et dictum dominum meum et ejus subditos dicti comitatûs et ejus ressorti fore læsum et læsos, oppressum et oppressos per vos nobilem et potentem virum dominum senescallum Ruthenæ pro domino principe Aquitaniæ.... in et pro eo inter cætera de præsenti, quia licet idem dominus comes sit et fuerit in possessione à tantis temporibus citrà, quòd ejus principii memoria non existat, solus et in solidum levandi percipiendi et exigendi fogagium et alterius generis subsidia in dicto comitatu et ejus ressorto... et licet etiam habitatores dicti comitatûs et ejus ressorti sint et semper hactenùs per dicta tempora fuerint in possessione, franchesiâ et libertate non præstandi et non solvendi aliud fogagium nec alterius generis subsidia domino regi Franciæ, d'um dicta patria ejus erat sublita ditioni, nec cuiquam alteri domino superiori, præter quam dicto domino comiti, nihilominùs vos domine senescalle et vos domine thesaurarie, conamini levare et exigere fogagium et alia subsidia à gentibus nostri dicti comitatûs et ressorti ejusdem... et insuper plura gravamina multiplicando, conati estis et conamini inquirere et habere numerum focorum et nomina gentium subditorum dicti comitis excedentium quatuordecim annos; et insuper in certis locis dicti ressorti, videlicet de Bcaquerio, de Ricostari d'Ayssenà et aliis terris domini de Panato, certas indictiones fecistis certarum talliarum, pro certis causis quæ me latent, indebitè et sine causâ, salvis vestris honore et reverentiâ, præmissa facitis et fecistis in gravamen et læsionem dicti domini comitis et subditorum suorum ; et licet requisiti fueritis quod dicta gravamina revocaretis, tamen revocare et in suspenso ponere noluistis...... Quia 1° in dicto fogagio imponendo, dictus dominus comes nec aliquis vice ejus consensit........ 2° quia dictus comes...... solus.... est in possessione levandi et exigendi.... subsidia... 3° quia subditi dicti comitatûs.... sunt in possessione non solvendi fogagium nec aliud subsidium prætenquam dicto domino comiti... et cum contigit tempore quo præsens patria erat subdita domino regi Franciæ indici subsidium super subditos seneschalliæ Ruthenæ, per gentes dicti regis nunquam fuit exactum à subditis dicti comitatûs; imò dicti subditi semper ab iis fuerunt immunes : 4° quia nullus potest nec consuevit indicere tallias subditis dicti comitatûs, præter quam dictus dominus comes aut ejus officiarii.... ea propter à dictis gravaminibus ego dictus procurator provoco et appello etc. *Archives du comté.*

CI. Les quatre châtellenies du Rouergue données au comte,

en 1374

Charles, par la grâce de Dieu roi de France, à tous ceux qui ces présentes verront, salut. Par ces présentes et pour certaines causes et considérations qui à ce nous meuvent et ont mu ; et aussi pour l'évident profit et utilité de notre royaume, nous avons faict certain traicté et accord, avec nostre cousin Jean comte d'Armagnac, que à présent est, par lequel et en récompensation de la comté de Bigorre et appartenances, et du droit et action que nostre dit cousin avoit et pouvoit avoir et réclamer en ladite comté de Bigorre, et appartenir à nostredit cousin, avons baillé et délivré baillons et délivrons, et en lui transportons, de notre certaine science et puissance royaux, par ces présentes, pour lui et ses héritiers et successeurs héréditablement et perpétuellement, les villes, châteaux, châtellenies et baillies de la Roque-Valsergue, de Saint-Geniez, de la Guiole et de Cassagnes-Begonhès, assises en la sénéchaussée de Rouergue, avec les premières appellations et ressorts d'icelles, et avec tous les droits, hommages et vasselages, commun de paix, juridictions, bois, prés, eaux, forêts, moulins, censives, laudimes, rentes, revenus, profits, émoluments, appartenances et dépendances quelconques desdites villes, châteaux et châtellenies et baillies, et à chacune d'icelles. Réservé à nous, nos hoirs et successeurs rois de France, l'hommage et souveraineté, etc.

CII. Etats rassemblés a Rignac, en 1382.

L'ordre du clergé y fut représenté par cinq députés seulement, savoir : un vicaire général et un procureur fondé de l'évêque de Rodez, un procureur fondé de l'abbé de Conques, un autre de l'abbé de Nant, et le doyen de Rieupeyroux. La noblesse fut représentée par Jean de Carlat, sénéchal du comté de Rodez, envoyé par le comte, Raimond de Cardaillac, seigneur de Prévinquières, pour lui et pour le vicomte de Murat, Bernard Rosier, envoyé par le vicomte de Creyssels, Dieudonné Durieu, pour le seigneur d'Arpajon, Jean Prunet pour le seigneur de Sévérac, Bernard d'Etienne pour les seigneurs de Caylus et de Montlaur, Gui de Panat, Gui de Mostuéjoul, Bernard de Varés, Brenguier Mancip seigneur de Bournazel, Pierre Leu seigneur de Gramont, Alric de Méjanés juge-mage du sénéchal, Bernard Raffin seigneur de la Raffinie, Pierre de Prévinquières pour lui et pour les nobles de Compeyre. Le tiers état étoit composé des consuls des principales villes et bourgs : ils ne sont pas nommés dans la liste. *Archives du comté de Rodez.*

CIII. Mort tragique du jeune comte de Foix, en 1382.

Son père avoit épousé Agnès, sœur de Charles roi de Navarre. Cette princesse piquée de l'infidélité de son mari qui entretenoit une maîtresse, se retira à la cour de Navarre. Le prince de Foix son fils, voyant avec peine cette séparation, faisoit tous ses efforts pour la faire cesser. Le roi de Navarre cherchoit de son côté, à se venger de l'injure faite à sa sœur par le comte de Foix. Un jour que le jeune Gaston étoit chez lui auprès de sa mère, il lui donna une poudre pour mettre sur les viandes qu'on servoit à son père, en lui faisant croire que c'étoit un philtre qui le guériroit de son fol amour. C'étoit un poison : le comte de Foix en fut instruit, et voyant que son fils étoit d'intelligence avec le roi de Navarre pour l'empoisonner il fit enfermer ce jeune prince dans une prison où il mourut d'ennui, en 1382. *Hist. du Lang.*

CIV. Etats assemblés à Rodez, en 1383.

Les députés de la noblesse furent Jean Blanc pour le seigneur de Castelnau, Brenguier de Castelpers, Hugues de Cabanes pour le seigneur de Roquefeuil, Jean de Gozon seigneur de Melac, Sicard Raffin chevalier, Forton de Valette pour les seigneurs nobles de la Basse-Marche, Gui de Mostuéjoul pour lui et pour le seigneur de Séverac, Rigaud de Vezins chevalier, Galtier d'Azemar sieur de Villelongue. On ne parle pas des députés des autres ordres. *Archives du comté de Rodez.*

CV. Répartition de 250,000 francs.

Cette répartition fut faite de la manière suivante :

Pour l'état de l'église desd. pays.......... 2500 francs.
Pour les nobles.................... 16666 et 2 tiers de franc.
Pour le pays d'Auvergne............... 50000
Pour le pays de Rouergue............... 5083 et 1 tiers.
Pour le pays de Velay................. 16666 et 2 tiers.
Pour le pays de Gevaudan............... 16666 et 2 tiers.
Pour le pays de Querci................ 16666 et 2 tiers.
Manuscrit de Bonal.

CVI. Mariages des filles et de la veuve du comte Jean III.

Jeanne l'aînée épousa Guillaume d'Albret seigneur de Lesparre et de Royan, et Marguerite épousa Guillaume vicomte de Narbonne, chacune avec 20,000 livres, dot qui ne paroît pas répondre au rang et à l'opulence de leur famille. Elles s'en contentèrent cependant, et moyennant cette somme elles renoncèrent à tous les droits qu'elles pouvoient prétendre sur l'hérédité de leur père. La comtesse Marguerite de Comminges, veuve de Jean III, se remaria avec Jean d'Armagnac comte de Pardiac et de Fezenzaguet ; et en troisièmes nôces avec Mathieu de Foix qui la maltraita et la détint long-temps en prison pour lui faire faire donation de son comté de Comminges ; mais elle obtint sa liberté, par ordre du roi Charles VII, à qui elle donna tous ses biens en reconnoissance de ce bienfait. *Archives de ce comté.*

CVII. Lettre du roi au comte pour lui demander le chef des Routiers.

Très-cher et féal cousin, pour ce que n'aguères nous fut rapporté que Jean Tornemire, chevalier avoit pris Mérigot-Marchés, écrivîmes hâtivement à icelui chevalier que ledit Mérigot il nous envoyât ; sur quoi il nous a récrit que ledit Mérigot il a pris par votre commandement, et paravant la réception de nos lettres, l'avoit baillé à un chevalier qui de par vous et en votre nom l'étoit venu quérir de vers lui ; si comme plus à plein est contenu ès lettres dud. chevalier, lesquelles vous envoyons cy incloses, en vous priant et requérant sur tout le plaisir que vous voudriez faire, et néanmoins mandons bien à certes que ledit Mérigot vous nous envoyez incontinent ces lettres vues, en bonne et sûre compagnie et garde, sçachant que nous en ferons à vous et ailleurs telle récompensation qu'il devra suffire. Si gardez en toutes manières qu'en ce n'y ait aucun défaut ou délai. *Archiv. du comté.*

CVIII. Mariage du comte de Rodez, avec la princesse Bonne de Berri

La chronique des Cordeliers fait mention de ce mariage de Bonne de Berri avec le comte en ces termes : Anno 1395, 19 die octobris, in crastinum sancti Lucæ, illustrissimus Joannes comes Pictaviæ et dux Biturriæ et Arverniæ duxit ad istum conventum, cum maximâ nobilium multitudine in utroque sexu, videlicet primogenitam suam dominam Bonam de Biturrio, quam dederat in uxorem illustrissimo domino Bernardo comiti Armeniaci et Ruthenæ, anno immediatè præcedenti, die 26 januarii, in castro suo Mehuni in Biturriâ, habitâ priùs dispensatione à domino nostro papâ Benedicto XIII, super gradibus consanguinitatis et affinitatis quibus dicti conjuges se invicem attingebant ; etc.

CIX. Scoraille.

Les Seigneurs de Scoraille habitèrent long-temps Rodez. Cette famille acquit beaucoup de crédit par la célèbre Marguerite de Scoraille duchesse de Fontange, maîtresse de Louis XIV, qui quoique morte à l'âge de vingt ans, des suites d'une couche, avoit assez vécu pour s'être rendue la dispensatrice de toutes les grâces et le modèle de toutes les modes, non seulement de la cour de ce prince, mais encore d'une grande partie de l'Europe.

CX. Traduction de la lettre au sujet des chanoines.

Sachez, mon très-cher et redoutable seigneur, que c'est une chose impossible que ladite église soit dûment réformée dans le spirituel, ni bien ordonnée dans le temporel, par pape ni cardinal, ni archevêque ni évêque, si cela ne se fait moyennant votre crédit et bonne ordonnance ; car nous gens d'église, nous faisons plus de compte du profit temporel que de la grâce de Dieu et du salut de l'âme.

CXI. Traité d'alliance entre le comte d'Armagnac et le duc d'Orléans, en 1403.

Nous Louis fils du roi de France, duc d'Orléans, comte de Valois, de Blois et de Beaumont, seigneur de Coucy ; savoir faisons à tous présens et à venir que notre cher et ami cousin messire Bernard comte d'Armagnac de sa propre et libérale volonté et pour l'amour qu'il a à monseigneur le roi et à nous, tant à cause de lignage que autrement, est aujourd'hui devenu notre homme et allié, et nous a fait foi et hommage en et par la manière que s'ensuit ; c'est à savoir qu'il nous a promis faire loyauté et service envers tous ceux qui peuvent vivre et mourir hormis et exemptés aucuns déclarés et nommés ès lettres de notre cousin, lesquelles nous avons devers nous, et pour ce nous lui avons promis et promettons faire payer la somme de six mille francs de pension chacun an, en trois termes, sa vie durant seulement, des deniers de nos finances et pour et afin qu'icelui notre cousin aye plus grand désir de nous servir, comme dit est ; nous lui avons promis et promettons par la foi et serment de notre corps, en parole de fils de roi, l'aider et servir et défendre de notre pouvoir envers et contre tous ses ennemis et malveillans qui peuvent vivre et mourir tant ses voisins que autres excepté ceux qui s'ensuivent ; c'est à savoir monseigneur le roi, madame la reine, monsieur le Dauphin et tous les enfans de mondit seigneur, beaux-oncles de Berri et de Bourbon et tous les enfans mâles nés ou à naître, très-haut et très-puissant prince notre très-cher et amé cousin le roi de Sicile et le prince de Tarente son fils, très-haut et très-puissant prince le roi des Romains et de Bohême et ses oncles Jossé et Procope marquis de Moravie, notre très-cher frère le duc de Milan et ses frères, nos très-chers cousins le comte d'Alençon et le comte de Perche son fils, le duc de Lorraine, le comte de Cleves et le marquis de Bade, notre-très-cher neveu le duc de Bretagne, notre cousin le seigneur de Clisson, et nos très-chers cousins les comtes d'Harcourt et le sire d'Albret. Et c'est notre intention que les gens que nous envoyons devers notred. cousin pour le servir, ayent et recouvrent de lui ou de ses gens, les gages accoutumés en France ; et les choses dessus dites avons à notredit cousin d'Armagnac promises et promettons de notre certaine science et volonté, et en parole de fils de roi pour la teneur de ces présentes, lesquelles pour plus grande fermeté nous avons fait sceller de notre scel secret, en absence de notre grand scel. Donné à Lyon sur le Rhône, le 17 nov. l'an de grâce 1403. *Arch. du comté.*

CXII. Armorial d'Arpajon.

Il y a des actes de 1108, 1126, 1135, 1155. Trés. des chartes. Les armes qu'on y voit, sont au 1 et 4, d'Arpajon, qui portoit de gueules à la harpe d'or, et au 2 et 3, de Toulouse. Un sceau de Jean baron d'Arpajon en 1514, porte au 1, de Toulouse, au 2 et 3, de Sévérac, et au 4, d'Arpajon. C'est ainsi qu'un armorial souvent usurpé, a plus d'une fois formé un titre de descendance chez les nobles. *Voy. sur Arpajon, arch. du chât. de Sévérac, dict. de Moreri, hist. du Lang. arch. de l'év. et du comté de Rodez*, etc.

CXIII. Règlemens pour le Chapitre Cathédral de Rodez, en 1469.

Sur las causas que monsenhor d'Armagnac a escritas à monsur de Rodez et als senhors del capitoul, son ordonnats los remedis que s'ensegon.

1° Quant al divinal offici, per que sia fach en major diligenza que davant, losdits senhors an facha la taula de la poncharia, et y ordonnats de ponchaires, losquals an jurat et promes de far l'office justamen, sans deferi à d'home, si no so que sara fasedou de rasou segon drech en bona consciensa. Item que los hebdomadies non teuran dors en avan degun autre offici que les presco retrahir ni disturbar à far lo divin offici. Item que los vicaris desdits senhors non issiran del chor per accompagnar losdits senhors, tant souven quand soulian; mais que losdits senhors se combinaran entre lor, quand lor sara visit de issir expedien....

2° Quant à l'incontinenza d'alcuns, los autres senhors los an souven repres en lors capitouls; et quant al presen non savon entr'els home que tenho res d'inhoneste en son hostal, et d'aissi en avan si atrouvavo que alcuns retournesson à far deshonestetat, losdits senhors an ordonnat et promes que lo faran decretar jouxta la rigour de lor statut; et per evita touto occasio de suspicio, els y perviseran de tala forma que dieu et monsenhor d'Armagnac et monsenhor de Rodez et tous autres en devran estre contents.

3° Quant à la crossa venduda et quant à la croux et calicis engageats, an deliberat; grand temps a, losdits senhors de la recouvrer d'aissi à toussants, jassia que per justa causa la crossa fos venduda et las autres causas engageadas.

4° Quant à las pecunias prestadas, losdits senhors an deliberat de jamai non prestar un denier à home del moude, ni jamai non prendre profiech de so qu'es prestat. Item qu'els o auran recovrat d'aquels que o tenon en prest, dedins lo terme de quatre meses propdenaven venen. Etc. etc. *Archiv. de l'évêché de Rodez.*

CXIV. Règlemens pour le Rang des Corps et Communautés de Rodez.

Vers ce même temps, et toujours sous l'épiscopat de Guillaume d'Oliargues, il fut fait un règlement sur divers points, et particulièrement sur le rang que les différens corps de la ville et les citoyens qualifiés devoient occuper dans les cérémonies publiques. Ce règlement fut fait dans une assemblée générale convoquée dans une salle de l'évêché par les officiers de l'évêque de concert avec ceux du comte et les consuls. Il est aussi en langue vulgaire : en voici quelques articles.

Premieyramen volen et ordonan que en toutas processions et en toutas batesailhas, en toutas matrimonis, en toutas funerarias et messas, en sermons ou autres officis, et en tout autre loc, en que aya assemblada de gens pauca ou granda, los officiers delsdits senhors (l'évêque et le comte) et losdits cossons et los autres clers et personas de ladita vila, de qual estat que sian, quand seran presents, sian honorats comme s'enseg. Per lo premier gra auaran moussu lo sénéchal del contat, moussu lo vicari et official de monsenhor de Rhodez ; se no que y aya autres senhors ou officiers de major estamen, losquals els deguesson preferir.....

Item per lo second gra, devas la part drecha, anaran moussu lo bailiou et senhors jutges delsdits senhors, et los autres clers que seran licentiats, de gra en gra, segon lor ordre. Et devas la part esquerra, anaran los senhors cossouls de ladita vila, un de Bourg et un autre de Cieutat, et un de Cieutat, et l'autre de Bourg, à lor voluntat, de gra en gra seguen lor ordre.

Item al tiers gra anaran los autres officiers et clercs de mendre gra, et las autres personas notables de ladita vila. Etc. *Archiv. de l'évêché de Rodez*.

CXV. Lettres de connétable en faveur du comte de Rodez, en 1415.

Charles roi de France, etc. à tous nos sénéchaux, baillis, prévôts, capitaines, maires, échevins, capitouls, consuls, bourgeois, manants et habitans, capitaines, gardes des bonnes villes, cités, châteaux, forteresses, ponts, passages, juridictions et districts de notre royaume ; et à tous nos autres officiers justiciers et sujets, ou à leurs lieutenans, salut. Comme après qu'il a plu à dieu faire son commandement de feu notre tres-cher cousin Charles seigneur d'Albret, en son vivant connétable de France ; nous avons par élection duement et justement faite, pourvu audit office de connétable de la personne de notre très-cher et amé cousin le comte d'Armagnac, et pour ce que à cause dudit office de connétable appartient à présent le conduit et gouvernement de toute notre guerre où que soit ; par quoi lui est besoin avoir ouvertement entrée ou issue de toutes les villes, cités, châteaux, forteresses, ponts, ports et passages de notre royaume, toutes fois et si souvent que bon lui semblera ; laquelle chose on lui pourroit ou voudroit refuser, ou à ses commis, ou autres qu'il y envoyeroit de par lui soubs ombre et par vertu d'autres défenses n'aguères par nous faites de non laisser entrer ni passer par lesdites villes, cités, châteaux et forteresses, ceux de notre sang ni lignage, quels qu'ils soient, ni aucunes gens d'armes et de trait, sans avoir sur ce nos lettres patentes passées en notre grand conseil, scellées de notre grand scel et date subséquente à icelles nos défenses, dont plusieurs inconvéniens pourroient advenir, au grand dommage de nous et de toute la chose publique de notre royaume, si par nous n'y étoit sur ce pourvu à ce que lesdits inconvéniens et dommages n'adviennent, par avis et délibération de plusieurs de notre sang et lignage et de notre grand conseil, vous mandons etc. Donné à Paris le 18 novembre 1415 et de notre règne le 36. *Archiv. du comté*.

CXVI. Epitaphe du connétable d'Armagnac.

Anno ab incarnatione dom. M.CCCC.XVIII die XIV septembris, in hoc tumulo conditum est corpus illustrissimi et potentissimi principis BERNARDI comitis Armeniaci, Ruthenæ et stabuli Franciæ. Exequiis interfuerunt DCCCC presbyteri et fuit ecclesia hujus monasterii Bonævallis CXL pannis cincta aureis vel sericis, et XXIIM ardentibus facibus illustrata.

CXVII. Voyages du roi Charles VII en Rouergue.

Charles VII vint en Rouergue, d'abord en 1419, lorsqu'il n'étoit encore que dauphin, et ensuite en 1437. Les registres de l'église de Ceignac font mention du premier de ces voyages. On y lit que le 22 février 1419, monseigneur le Dauphin, fils de monseigneur le roi entra à Rodez avec fort grande suite, que le 24, jour de dimanche, il alla coucher à Sauveterre et de là à Albi. On lit dans des manuscrits que ce prince étant allé à Millau en 1437, et delà à Ayssène, il s'arrêta à Caumont, chez le baron d'Arpajon, d'où il alla coucher à Palmas, et le lendemain à Espalion. Alain Chartier parle de ce voyage.

CXVIII. Sépulture de Bonne de Berri.

Elle fut ensevelie avec tout l'appareil usité dans les funérailles des princes, son oraison funèbre fut prononcée solennellement par le père Pouget, cordelier, professeur de théologie, et lecteur de la bible dans l'église de Saint-Amans. Ces religieux lui devoient ces sentiments de reconnaissance, pour grand nombre de bienfaits qu'ils en avoient reçus. Entr'autres preuves, on en trouve une dans l'extrait suivant de leur chronique.

Cùm autem hic locus *(le couvent des Cordeliers)* Ruthenæ mœnibus omninò conterminus civitatem redderet imbecilliorem, atque inter proceres de ejus ad terram direptione ageretur, illustrissima atque simul pientissima beatrix à Claromonte, Armeniaci Ruthenæque comitissa atque sancti Ludovici regis Francorum neptis, ne tantum incommodum Fratres subire cogerentur, conventûs muros turribus atque firmissimo aggere firmari jussit, ità ut nullâ ex parte ipsa civitas sit munitior.

Les lettres suivantes prouvent que le peuple eut une grande vénération pour cette princesse, après sa mort.

Charles roi de France... au sénéchal de Rouergue ou à son lieutenant, salut. Reçues avons les supplications de nos bien amés orateurs les frères Mineurs soubs l'observance régulière du couvent de Rodez, contenant que feue dame Bonne de Berri notre grande ayeule, par son testament et ordonnance de dernière volonté, élut audit couvent sa sépulture, pour la singulière affection qu'elle y avoit, et après son trépas, elle fut ensépulturée au milieu de la nef de l'église d'icelui ; où depuis notre seigneur à la prière d'icelle, a fait et fait de présent plusieurs grands et évidents miracles ; et à cette cause dès long-temps y a été fait dessus et à l'entour du tombeau, une clôture de treillis de fer en manière de chapelle, en laquelle y a un autel, où on avoit accoutumé de chanter communément, avant que le couvent fut réformé ; et parce que depuis ladite réformation, a été faite une clôture et fermure par le travers de ladite église, hors et près le chœur d'icelle... A cette cause, les suppliants ont avisé qu'ils feroit expédient et chose bien convenable de démolir ladite chapelle, et icelle transporter... Par quoi nous, ces choses considérées, ordonnons que etc. Donné à Amboise le 22 du mois de juin, l'an de grâce 1489 et de notre règne le sixième. *Archives des Cordeliers.*

CXIX. Changemens entrepris par l'évêque la Tour.

Plusieurs actes et mémoires des archives de l'évêché prouvent que Guillaume de la Tour avoit projeté beaucoup d'innovations dans son diocèse. Il transféra à Villefranche le tribunal de l'officialité, la chambre diocésaine et les assemblées synodales. Le chapitre cathédral appela de cette innovation au concile de Bâle, où l'affaire fut long-temps discutée. Des arbitres choisis en 1438, prononcèrent que l'évêque ne pouvoit faire ces changemens sans l'avis et le conseil du chapitre.

CXX. Faux commis à Rome pour favoriser le mariage du comte avec sa sœur.

Le référendaire qui expédia de faux rescrits pour autoriser ce mariage incestueux, se nommoit George de Cambrai. Il s'étoit réfugié à Rome, à cause d'un meurtre pour lequel il étoit poursuivi. Il fut enfermé dans le monastère d'Olivet : mais ayant échappé de sa prison, il retourna en France où il fut accueilli par Louis XI qui le fit maître des requêtes, chancelier de l'université et évêque d'Alet. On voit son tombeau en Sorbonne.

CXXI. Epitaphe des évêques Chalençon et Polignac.

Ces deux évêques furent ensevelis à l'entrée du chœur, l'un à côté de l'autre ; et l'on grava ces vers sur leur tombeau.

Pro R. in chro P. B.
De Chalenconio qui obiit 24 oct. 1501.

Hæc structura tegit Bertrandum ; condidit illam.
Istius ecclesiæ tenuit moderamina præsul
Is castella, domos, vigil et solers reparavit.
Heu ! postquam pietatis opus prudenter amavit
Et coluit multis annis, (testantur egeni),
Parca nocens rapuit ; flevit virtutis amator,
Gressus siste tuos, ores, penses quoque tecum.
Est calcanda semel magnis, parvis via lethi.

Pro Rdo in chro Patre.
D. Bert. de Polignaco episcopo Ruthenensi qui viam carnis ingressus est anno 1501 die 2 novembris, cujus aia requiescat in pace.

Cùm traheret Lachesis vitæ prædulcia fila,
Præsulis atque caput redimiret insula clarum
Ecclesiæ Ruthenæ, mortis Bertrandus amaris
Perfoditur telis, patrui quoque tegitur antro.
Corde suo volvant ignobiles et generosi :
Parcere Parca nequit, rogat ores inclyta virtus.

CXXII. Jaufroi, Patris.

Hélion de Jaufroi étoit aussi prévôt de Saint-Salvi d'Albi; mais il habitoit Rodez, où il avoit bâti une maison, qui attiroit, dit-on, les curieux et les étrangers par ses singularités, et qui passa après lui aux abbés de Patris, titulaires de plusieurs riches abbayes, qui furent, pendant plusieurs années, chargés du gouvernement du diocèse en qualité de vicaires généraux.

CXXIII. Conduite des chanoines sous François d'Estaing.

Plusieurs mémoires qu'on voit aux archives de l'Evêché attestent que les chanoines alloient à l'église en habit bourgeois; qu'ils ne prenoient l'habit long que dans le chœur ou dans la sacristie; qu'il n'y avoit pas d'heure réglée pour les offices; qu'on s'en absentoit impunément; que souvent on disoit de suite, toutes les heures canoniales, sans sortir du chœur; ou que s'il y avoit une interruption, on l'employoit à faire la conversation dans la nef ou dans les chapelles. François d'Estaing corrigea ces abus scandaleux.

CXXIV. Epitaphe de François d'Estaing.

Cette épitaphe étoit gravée sur la plaque de bronze que nous avons vue sur son tombeau dans le sanctuaire de l'église cathédrale.

D.   O.   M.
Obiit R. in Christo Pater,
D. D. Franciscus de Stanno episc. Ruthen.

Omnium consensu ob suas ingentes virtutes electus olim à magno consilio regis senator. Et decretorum doctor Papiensis eximius. Vicelegatus in Franciâ et Avenione anno salutiferæ incarnationis MDXXIX K. novembris, quâ die est celebre festum omnium sanctorum, qui ex nobilissimâ familiâ de Stanno etiam Ruthenensi, pro meritis inenarrabilibus insignitâ et dotatâ stemmatibus et signis regiis, ortus. Vixit annos sexaginta novem, in episcopatu octo et viginti. In Christi pauperes liberalissimus. In religione dei et cultu die ac nocte pientissimus. In instaurandis et noviter construendis sacris et deo dicatis templis et aliis suæ ecclesiæ ædibus magnificentissimus. In asservandis ecclesiæ juribus omnium diligentissimus. Et qui neminem verbo aut opere unquam læsit, aut tristem à se discedere permisit. Stylum et leges fori sive curiæ suæ in melius reformavit. Præclaras in suâ ecclesiâ tum pro se tum pro defunctis parentibus domesticis et amicis ordinationes summâ suâ impensâ fieri curavit. Suam diocesim et plebem sibi commissam nunquam deserens, summo omnium desiderio, cœlum, quantum piè credimus, petiit, suam plebem et suos ferventius et propius domino Jesu, suæ pientissimæ matri, sanctis omnibus commendaturus. Faciat dominus Jesus ut vota nostra in summam ejus gloriam, suæ immensæ majestati et ineffabili pietati accepta grataque sint.

CXXV. Rôle des baillages de la Basse-Marche.

Baillage de Najac.

Saint-Antonin.	Morlhon	Le fort de San-Vensa
Verfeil	Pech-Rodil	Villevaire
Najac	San-Vensa	Arnac

Mazairoles	Arcanhac	Le Mas de l'Abbadia
Alzone	La Fouillade	Le.. as
Ginals	Minier	Varens
Belpuch	Le Cuzoul	Elves
Puechminho	Causs...	Le Bois de Cadole
La Salvetat des Cars	La Capelle	Orlhonac
San-Salvadou	Saint-André	Sozal
Marmon	Béville	La Guepie
Fenayrols	Castanet	Vabre
Selgues	La Bastide-Nantelm	La Roquette
Saint-Igne	Bleissol	Tisac
Corbières	Vailhourlhes	Lunas
Carrandier	Flauzins	Montels
Paulhac.	Calcomier	Savinhac
Les Mazières	Lescure	Castelmorou
Bars-de-Bor	Le Mas de l'Olm	

Baillage de Villefranche.

Villefranche et Veuzac Marmiaisses, la Matinia. etc.	La Bastide-l'Evêque Ca-banes	La Salvetat-Peyralez Teulières
	La Bastide-Capdenac	Roffiac
Veuzac fors les hommes de Villefranche	Cadour et le Caylar Blauzac	Rieupeyrous.

Baillage de Villeneuve.

Villeneuve, Murols et la Gardette,	Fontainous. Balaguier	Cambonlan Ginolhac Saint-Grat
Uls	Foissac.	Senac
Saint-Clair	Montsalez	Marzials
La Capelle-Balaguier	Ambayrac	Toulonjac
Salvanhac et Cajarc	Saint-Izest	Saint-George
Stremols	Saint-Remi	La Plana
Sainte-Giriola	Marin	

Baillage de Peyrusse.

Peyrusse	Claunhac	Almon
Bez	Le Poujet	Puech d'Augnac
Lanuejoul	Vernhet le Sotira.	Cransac
Lalo	Le Mas del Causse	La Vinzele
Cassanus	Le Mas de Trépalop, etc.	Agres
Drulhe	Livinhac	St-Julien de Piganiol
Naussac	Cussac	Saint-Parthem
Pachins	Bouillac	Saint-Michel
Galgan et Valzergues	Les Arbres	Montbazens
Saint-Loup	La Roque-Bouillac.	Lugans
Salvanhac	Flanhac	Bournazel
Prix	Pagals	Le Mas de las Fabries

— 452 —

Roussennac	Claravals	Nauviale
Spelhac	Balsac	Les hommes de Grand-
Mirabel	Valadi	vabre de la terre des
La Pradelle etc.	Les hommes de Serres etc	Cars
Le Moulin de las Vaissas	Les hommes de Cas-	Les hommes de Grand
Anglars etc.	sanhettes	Vabre de la terre de
Le Mas de las Mansias	Conques	la Vinzele
Saint-Felix etc.	Asprières	Le Mas de Malaviala
Previnquieres	Auzits	La Capelle del Vernh
Compolibat	Noalhac	Roussi et Ginolhac
Privezac	Drulhe	Les hommes de Vennes
Lieucamp	La Besse-Noets	Belcastel et Talespues
Vaureilles	Montarnal	Salles Courbatiers
Tournhac	Saint-Suplice etc.	Combret
Le Mas d'Ayssials de la	Saint-Cebrier	Espayrac
Garrigue	Montignac	Glassac
Panat	Testet	Senergues
Saint-Christophe etc.	Coutrens	Arjac
Moret-la-Capelle	Firmi et lo terso de Fir-	Scandolieres
Mosset-la-Capelle	mi.	Senepjac
Les Preslas de Moris	Firmi et lo terso del	Saint-Antin
Abbas	Claux.	Boisse
Ruffepeyre	Firmi et lo terso Sobira.	Saint-Marcel
Bruéjols	Pruines	S. Félix de Lunel

Baillage de Sauveterre.

Sauveterre	Saint-Just	Grammont
Villelongue	S. Martial de Contenson	Combrouse
Cabanes	Lavergne, Tayrac, Cas-	Limayrac
Naucelle	telmari et la Plancade	Moyrazez
Jalenques	Frons	Labastide paréage de
Espinassoles	Carcenac	Bonnecombe
Crespin	Pradines	Aigues-vives
Tauriac	Les hommes de Volpi-Colombiez	
Cabrespines	lhac	

Cet Extrait est tiré des archives de Sauveterre. Il n'est inséré ici que pour montrer quel étoit l'arrondissement des anciens baillages du Rouergue.

CXXVI. Ouvrages de Philandre chanoine de Rodez.

Les principaux sont 1° un commentaire sur Vitruve, fort estimé de son temps, mais déchu aujourd'hui, à cause du progrès des connoissances sur l'architecture : 2° un commentaire sur Quintilien. Il avoit annoncé outre cela beaucoup d'autres ouvrages ; mais naturellement paresseux il ne tint pas ses promesses. Dans ses loisirs, il s'amusoit à faire des emblèmes tirés de l'écriture sainte. Il en fit un sur un cordon de saint François, dont François d'Estaing avoit entouré son armorial. La gerbe de froment qui formoit l'écusson de George d'Armagnac, lui fit naître l'idée d'un autre aussi peu piquant que le premier. Celui-ci faisoit allusion à la patience de George d'Armagnac à supporter les injures et les calomnies des Calvinistes : *in flagella paratus pro domino*.

CXXVII. Volonzac.

Le vrai nom d'Antoine et d'Etienne successivement abbés de Locdieu, étoit Volonzac-Malespina. La famille de Malespina possédoit, dès le neuvième siècle, le marquisat souverain de ce nom en Toscane. Elle s'allia dans la suite, comme on peut le voir dans plusieurs écrivains (*Le Laboureur, Zazzera, Moreri etc.*) avec les princes de Salerne, les comtes de Champagne et du Mans, les marquis de Mantoue et de Ferrare, et avec d'autres maisons encore plus illustres ; car Iseard de Malespina qui vivoit en 1108 épousa Sichelganta, qu'on croit fille d'un roi de Sardaigne. Cette maison déchut un peu de sa splendeur dans le quatorzième siècle, à cause des défaites fréquentes qu'elle essuya dans certaines guerres qu'elle eut à soutenir, contre des seigneurs voisins. Spinetta de Malespina fut chassé de ses états, par Castruccio duc de Luques en 1330. Stève de Malespina, chevalier fils de Spinetta, s'étant réfugié en France, fut nommé gouverneur de Cassagnes-Begonhez, l'une des quatre châtellenies du Rouergue ; et il épousa, en 1386, Anglésie de Naudan dame de Volonzac, *Anglesiam de Noro-Dampno de Volonzaco;* à condition que leurs enfans porteroient le nom et les armes de leur mère. *Actes du château de Volonzac*.

CXXVIII. Chapitre de Mur-de-Barrez.

Le chapitre du Mur-de-Barrez étoit composé d'un doyen, d'un sacristain-curé, de dix chanoines, de deux hebdomadiers, de dix prébendiers et de quatre choriers. Le droit de collation de ces bénéfices passa, des Barthelemi à la comtesse de Roquelaure baronne de Lanta, comme héritière des fondateurs. La maison de Barthelemi a produit plusieurs magistrats célèbres, qui ont occupé les premières places dans les parlemens, et les autres principales cours de la France. François de Barthelemi mourut évêque de Saint-Papoul, en 1616.

CXXIX. Bonal.

Hugues Bonal étoit juge des montagnes et quatre châtellenies. Son petit-fils, Jean Bonal, fut emmené en Gascogne, par le comte d'Armagnac qui le protégeoit. Il fut d'abord chanoine et vicaire général de Bordeaux, et ensuite évêque de Bazas en 1486. Antoine Bonal de la même famille nous a laissé un manuscrit sur les comtes et les évêques de Rodez. Il vivoit sous l'épiscopat de George d'Armagnac, vers l'an 1550.

CXXX. Bernard de la Roche-Flavin.

A peu de distance du Monastère-Saint-Sernin, on voit la patrie de Bernard de la Roche-Flavin, né à Flavin en 1552, qui fut successivement conseiller des parlemens de Toulouse, de Paris, et du conseil d'état, magistrat connu par plusieurs ouvrages de jurisprudence et d'histoire.

CXXXI. Corneillan.

C'est sans fondement que les auteurs de la *Gallia Christiana nova* font mourir Bernardin en 1635, et qu'ils lui donnent pour successeur un quatrième évêque de la famille de Corneillan, qui vécut jusqu'en 1645. Il est constant d'après plusieurs monumens des archives de l'Evêché, que Bernardin vivoit encore en 1615, et qu'il n'y a jamais eu d'autre évêque de ce nom, que Jacques et François ses prédécesseurs. La maison de Corneillan avoit depuis longtemps un rang distingué dans le comté d'Armagnac lorsqu'elle vint s'établir en Rouergue. Dès l'an 1012, Guillaume vicomte de Corneillan, donna à l'abbaye de Saint-Mont voisine du château de Corneillan, certains domaines et bois de sa vicomté. Plusieurs autres églises de l'Armagnac furent dotées par les seigneurs de Corneillan, dans les onzième, douzième et treizième siècles. Cette famille a produit plusieurs militaires et prélats distingués : de ce nombre sont Guillaume évêque d'Aire en 1316, Pierre grand-maître de Rhodes en 1353, Roger évêque de Lombez en 1351, Bernard et ensuite Jean évêques de Lescar en 1385 et en 1402, Alain gouverneur de Lectoure en 1440, Geraud gouverneur d'Armagnac en 1415. Hector-François et Antoine-Renaud successivement colonels du régiment de Corneillan, et gentilshommes de la chambre du roi.

CXXXII. États du Rouergue assemblés a Rodez en 1615, et a Villefranche en 1651.

Un rôle des états du Rouergue assemblés à Rodez en 1615, ne renferme que quinze députés du clergé, vingt-six de la noblesse, et les consuls des communautés, dont on ne dit pas le nombre. *Archives du château de Sécérac.* Celui de 1651 qu'on va voir ici, renferme vingt-cinq députés du clergé, soixante-quatre de la noblesse et les consuls des Marches, formant le tiers-état. Les députés de Rodez, Lavernhe et Joueri, protestèrent de ce que cette assemblée ne se tenoit pas, selon la coutume, en la ville capitale du Rouergue.

Rôle de MM. des trois états du païs de Rouergue assemblés le 27 août 1651 a Villefranche, dans le réfectoire des Pères Cordeliers.

Clergé.

L'Evêque de Rodez
L'évêque de Vabres
L'abbé de Conques
Les députés du chapitre
Le dom d'Aubrac
L'abbé de Bonnecombe
L'abbé de Bonneval

L'abbé de Locdieu
L'abbé de Nant
L'abbé de Beaulieu
L'abbé de Sylvanès
L'abbesse du Monastère S. Sernin
L'abbesse de Nonenque

Le prévôt de Beaumont
Le commandeur de S. Gilles
Le commandeur de la Selve
Le commandeur d'Espalion
Le commandeur des Cannabières
Le doyen de Rieupeyrous

Le doyen de Varen
Le prieur de Saint-Léons
Le prieur de Clairvaux
Le prieur de Coubisou
Les députés du chapitre de Vabres
Le prieur de Ste Geneviève

Noblesse.

La comtesse de Rouergue
Le comte de Rodez
Le vicomte de Creyssels
M. d'Arpajon
M. de Landorre
M. de Sévérac
M. d'Estaing
M. de Caylus
M. de Calmont d'Olt
M. de Castelmari
M. de Panat
M. de Roquefeuil
M. de Castelpers
M. de Ténières
M. de Brusque
M. de S. Laurent rive d'Olt
M. de Valadi
M. de Montlaur
M. de Broquiés
M. de Castelnau de Levezou
M. de Vezins
M. de Tholet
M. de Castelnau Peyralez
M. de Monpeau et Jalenques
M. de Foissac
M. de Loupiac
M. de la Garrigue
M. de Pomayrols
M. de Valzergues
M. de Sévérac-Bedene
M. de la Roque-Bouillac
M. de Montpeyrous
M. de Roussi
M. de Mirabel

M. de Belcastel
M. de Montsalés
M. de Cocural
M. de Volonzac
M. d'Esparou
M. du Cros
M. de Parisot
M. de Cornusson
M. de Canet
M. de Pruines
M. de Gabriac
M. du Bosc
Les co-seigneurs d'Agen
M. de Concourés
M. de Mels
M. de Vallon
Les nobles de la Vinzele.
M. de Montferrier
Les nobles de la châtellenie de Peyrusse
Les nobles de la châtellenie de Villeneuve
Les nobles de la châtellenie de Najac
M. de la Gardelle
M. de Villelongue
M. de Monmouton
M. de la Bastide-Teulat
M. de Montarnal
M. de Melac
M. d'Arvieu
M. de Mostuéjoul
M. d'Elves.

Consuls des Marches.

Les Consuls de la Cité de Rodez
Les Consuls du Bourg de Rodez
Les Consuls de Villefranche
Les Consuls de Millau

Les Consuls de S. Antonin
Les C. du Mur-de-Barrez
Les Cons. de Saint-Afrique
Les C. de Najac

Les C. de Marcillac
Les C. de Compeyre
Les C. de Villeneuve
Les C. de la Guiolle
Les C. de Vabres
Les C. de Peyrusse
Les C. de Sainte-Geneviève
Les C. de S. Rome du Tarn
Les C. de Sauveterre
Les C. d'Albin
Les C. de Roquecisiere
Les C. de Conques
Les C. de Rinhac
Les C. de Plaisance
Les C. de la Roque-Valsergues
Les C. de Saint-Sernin
Les C. de Rieupeyrous
Les C. d'Espalion
Les C. d'Entraigues
Les C. de Cassagnes-Begonhez
Les C. de Ledergues
Les C. de Murasson
Les C. de Varen
Les C. de Salles-Comtaux
Les C. de Brusque.
Les C. de Clairvaux
Les C. de Naucele
Les C. de la Salvetat
Les C. de Bozoul
Les C. de Beaumont

Les C. d'Asprieres
Les C. d'Auzits.
Les C. de Montrozier
Les C. de Verfeil
Les C. d'Alpuech
Les C. de la Calm
Les C. de Segur
Les C. de Villecomtal
Les C. de Nant
Les C. de Camboulas
Les C. de Creyssels
Les C. de Saint-Léons.
Les C. d'Ayssene
Les C. du Minier
Les C. d'Arnac
Les C. de Montezic
Les C. de Cabrespines
Les C. de Benaven
Les C. de Montjaux
Les C. de Cassagnes-Comtaux
Les C. de Rodelle
Les C. de Requista
Les jurats de Sebazac
Les C. de Moyrazez
Les C. d'Estaing
Les C. de Saint-Izere
Les C. de Bournac
Les syndics d'Orthaguet
Les Consuls de Salles-Curan
Les C. du pont de Camarez.

Signé Vaissier, greffier desd. États.

Archives de l'évêché de Rodez.

CXXXIII. Descente au Tindoul.

Cet observateur étoit l'infortuné Carous professeur de philosophie au collège de Rodez, qui fut une des malheureuses victimes immolées à Paris le 2 septembre 1792. Il fut précipité d'une fenêtre du grand escalier du couvent des Carmes, sur les piques des assassins qui étoient entrés en foule dans la cour, pour cette horrible expédition. Ses connoissances en physique, ses talens, la simplicité et la régularité de ses mœurs, lui ont mérité les regrets de ses collègues, de ses élèves, et en général de tous ses concitoyens.

Lors de sa descente au Tindoul, ayant voulu pénétrer dans une grotte latérale qu'il apperçut, lorsqu'il fut parvenu au fonds, il lui arriva un accident qui allarma beaucoup les curieux qui l'avoient accompagné. Ayant vu sur sa tête un énorme rocher qui menaçoit ruine, il essaya de l'ébranler avec sa main. Aussitôt le rocher et un millier de quintaux de pierres qu'il soutenoit, s'écroula devant lui, avec un fracas qui nous fit croire, à nous qu'il avoit été écrasé, et à lui qu'il s'étoit ouvert un second Tindoul à côté de l'autre. Il fut fort étonné de ne pas voir la lumière au haut du vide immense que cet éboulement avoit formé. Nous eumes la satisfaction de le voir bientôt reparoître et demander à remonter. Il se rattacha à la corde que nous fîmes couler en l'appuyant sur le tronc recourbé d'un chêne, et il fut quitte de tous les dangers de son voyage, pour quelques légères meurtrissures et certains accrocs à ses habits, qui furent bientôt réparés par des spectatrices officieuses. Ces divers accidens avoient été causés par les froissemens qu'il avoit éprouvés en montant ou en descendant contre les aspérités du roc, ou les racines de quelques arbres qui avancent sur les parois de cet abyme. Ayant mesuré l'ouverture du Tindoul, il se trouva qu'elle étoit de cent huit pieds dans sa plus grande largeur. La profondeur est de cent trente, et l'on voit qu'elle a été considérablement diminuée par la grande quantité de pierres que les curieux se sont amusés à y jeter.

Les habitans de Rodez se rappellent avec plaisir le voyage aérien qui fut entrepris par le citoyen Carnus sur un superbe ballon aérostatique qui réussit au-dessus de ce qu'on peut espérer de ces machines, lorsqu'on emploie le feu au lieu du gas, pour les gonfler. Cette montgolfière qui partit de la cour du collège le 6 août 1784 avoit cinquante-trois pieds et demi de diamètre et huit mille neuf cents quatre-vingts pieds quarrés de surface. Elle pesoit au moment du départ treize cents livres, poids de marc. On observa par le moyen de plusieurs graphomètres qu'elle s'étoit élevée à dix-sept cents toises au dessus du niveau de Rodez, et par conséquent à plus de deux mille au-dessus de celui de l'Océan. Le voyage dura trente-cinq minutes, par un temps très-calme, et la machine avec les aéronautes alla descendre près du domaine de Calmels, à sept mille toises de distance de Rodez : ceux qui voudroient connoître la description détaillée de cette machine, la manipulation qu'on employa, et les observations du voyageur, peuvent voir l'intéressante lettre que l'aéronaute Carnus publia à cette époque.

CXXXIV. Rivières du Rouergue.

Le Tarn sépare presque par-tout le diocèse de Rodez de celui de Vabres. Il passe à Compeyre, à Millau, à Saint-Rome, et entre dans l'Albigeois, au dessous de Lincou.

Le Lot entre dans le Rouergue auprès de Saint-Laurent, coule au pied des montagnes d'Aubrac et de la Viadène, baigne dans son cours les murs des petites villes de Saint-Geniez, de Saint-Côme, d'Espalion, d'Estaing et d'Entraigues, où il reçoit la rivière de Truère, qui a sa source vers les confins du Gevaudan et de l'Auvergne.

L'Aveiron reçoit à la Guépie, la rivière de Viaur remarquable par les grosses truites de vingt à trente livres qu'on y prend dans la belle saison.

Le Rouergue a plusieurs autres rivières moins considérables, telles sont celles de Dourbie, de Cernon, de Dourdou, de la Sorgue, du Rance qui coulent dans le Vabrais et se jettent ensuite dans le Tarn; celle de Selves qui prend sa source dans des prairies près de la Guiolle et se jette dans Truère au-dessus d'Entraigues; une seconde du nom de Dourdou, qui naît près de Bozouls, passe à Villecomtal, reçoit Crenaux sous Marsillac, et va se joindre au Lot près de Grandvabre; la Diège qui baigne les murs de Peyrusse et se jette dans le Lot au-dessus de Capdenac; l'Alzou qui prend sa source aux étangs de Bournazel et se jette dans l'Aveiron près de Villefranche.

CXXXV. Nouvelle division du Rouergue.

En 1790, le Rouergue prit le nom de département de l'Aveiron, et fut divisé en neuf districts, chaque district en neuf cantons, et chaque canton en plusieurs communes ou municipalités.

District de Rodez.

Nota. Le premier chiffre après le nom des cantons indique le nombre des communes, le second celui des habitans.

Canton	Communes	Habitants
Rodez	31	8173
Marsillac	12	5232
Moyrazez	9	2838
Gages	7	2602
Flavin	13	4212
Cassagnes	16	4507
Le Pont de Salars	18	2969
Clairvaux	6	2529
Concourez	9	5533

District de Villefranche.

Canton	Communes	Habitants
Villefranche	17	14275
Villeneuve	14	8145
Privezac	6	4189
Rieupeyrous	12	6187
Najac	14	7508
Saint-Antonnin	7	7395
Varens	10	3107
Mont-alez	13	4770
Parisot	10	4268

District de Millau.

Canton	Communes	Habitants
Millau	6	8052
Salles-Curan	6	3869
Compeyre	4	2920
Le Viala du Tarn	12	2612
Nant	4	3965
Sauclières	3	1408
La Cavalerie	3	1339
Saint-Bauzély	3	1710
Peyreleau	8	2912

District du Mur-de-Barrez.

Canton	Communes	Habitants
Mur-de-Barrez	12	7665
Entraigues	8	6000
Cantoin	8	1932
Sainte-Geneviève	9	3084
Saint-Symphorien	7	1800
Thérondels	4	1400
Saint-Amans des Cots	11	2838
La Calm	4	2391
Saint-Hippolyte	5	3767

District de Saint-Geniez.

Canton	Communes	Habitants
Saint-Geniez	9	8837
Espalion	5	4107
Le Neyrac	5	2144
Estaing	13	4689
Saint-Côme	3	3812
La Guiolle	15	5340
Gabriac	6	2179
Saint-Chély-d'Aubrac	8	2535
Villecomtal	6	2200

District de Saint-Affrique.

Saint-Affrique..........14....6955	Saint-Rome-du-Tarn....9....4676
Le Pont de Camarez....5....5533	Cornus.................8....4773
Belmont................9....4881	Broquiés...............7....4770
Saint-Sernin...........9....5556	Coupiac...............12....5349
Saint-Félix de Sorgues..9....3925	

District de Sauveterre.

Sauveterre.............7....4613	La Selve..............12....2810
Camboulazet..........13....2357	Colombiez.............8....2616
La Salvetat............4....4836	Ledergues.............8....2567
Naucelle...............5....3228	Saint-Just............9....3172
Requista..............6....3572	

District de Sévérac.

Sévérac...............9....4135	Laissac...............7....3110
Coussergues...........4....2618	Segur.................3....1261
Saint-Laurent-d'Olt....4....2026	Saint-Léons...........2....2067
Gailhac...............6....2579	Vezins................5....1731
Saint-Saturnin........4....3188	

District d'Aubin.

Aubin................10...6098	Asprières.............8...4656
Flanhac..............10...5376	Auzits................7...2853
Peyrusse..............5...3665	Rinhac...............11...5085
Conques...............8...3811	Montbazens............6...2690
Saint-Ciprien.........7...5008	

Nombre total des communes du département, 681.

Nombre total des habitans................................ 343290

CXXXVI. Doléances présentées aux états généraux de 1614 par l'évêque de Vabres.

L'évêque François de Corneillau étoit chargé de ce cahier de doléances ; mais étant mort à Espalion, en allant aux états généraux, elles furent présentées par l'évêque de Vabres. Il y fut porté plainte de sa part d'un grand désordre qui avoit eu lieu à Millau, la veille et le jour de noël précédens (1613). Le peuple dont la plus grande partie étoit de la religion prétendue réformée, s'étant soulevé, avoit pris les armes, avoit forcé les ecclésiastiques à sortir de la ville, étoit entré dans l'église, avoit rompu les crucifix, et les croix, déchiré les ornements, brisé les autels et les reliquaires, arraché le ciboire du tabernacle, foulé aux pieds les hosties qu'il renfermoit, et commis plusieurs autres excès de ce genre.

Un des agents généraux ayant lu à la chambre du clergé assemblé pour les états, le procès-verbal des informations qui avoient été faites à la suite de cette émeute et de ces profanations, toute l'assemblée en fut navrée de douleur et d'indignation. Il fut arrêté d'en rendre compte au roi et à la reine, et de communiquer l'affaire aux chambres de la noblesse et du tiers-état. On n'eut pas plutôt fait le rapport de la procédure aux députés de ces deux ordres, assemblés chacun dans leur chambre, qu'il s'éleva un cri général d'indignation; et il fut dans le moment même résolu par acclamation, que les trois ordres se réuniroient pour en demander au roi réparation et justice exemplaire.

L'archevêque de Lyon fut prié par l'assemblée d'en faire le rapport au roi et à la reine mère; ce qu'il fit au Louvre, assisté de trois députés de chaque gouvernement. La reine fut vivement touchée de son rapport, et lui promit d'en rendre compte au roi qui étoit absent. L'affaire ne fut cependant terminée qu'après les poursuites de l'assemblée du clergé, qui se tint à la suite des états généraux. On usa, dit-on, d'une grande modération dans les peines qu'on décerna contre les coupables. *Procès-verbaux du clergé de France, Etats de Paris en 1614.*

CXXXVII. ACTES TROUVÉS AU CHATEAU D'ESTAING, EN 1750.

Premier parchemin du coffre. Mariage de Raimond, père de Déodat d'Estaing avec Sibille fille du roi de Jérusalem et de Cypre.

Pacta mutua ante deum et honoris causâ, conventa inter nos Vittum de Luzignen, dei gratiâ regem Hierosolimæ, principem Cipri et Thiri, et inter nos Raymundum dei gratiâ ducem repræsentativum ducatûs Narbonensis, comitem sancti Egidii, filium reginæ Constantiæ, sub respectu matrimonii faciendi inter Sibillam domini regis Vitti filiam et dominæ reginæ Hierosolimæ... et inter dominum Raymundum qui eam sibi conjugem petit. Ego rex Vittus concedo et assentior istud fieri matrimonium... Dono et solvo dicto domino Raymundo pro dote suæ conjugis filiæ meæ summan trecentorum millium nummorum Bisantiorum conditionibus sequentibus... illi daturum (Raymundum) et præstiturum provinciam Ruthenensem et Albigensem ad se pertinentem, ut eâ fruatur... Exigo dominum Raymundum filio dare primogenito ex suo actuali matrimonio titulum et dignitatem ducis repræsentativi ducatûs Narbonensis... illi pariter dare in solido principatum Ruthenensem...

Quas conditiones et pacta ego Raymundus accipio... Assigno sicut petitum est, dictæ dominæ Sibillæ provincias Ruthenarum et Albigiæ, et primo filio nostro ut in solido possideat sicut et ego principatum Ruthenensem dono..... nihilominùs attendendo quòd in principatu concesso, urbs nec comitatus Segoduni comprehendantur; sed tantùm quod vulgò dicitur alta et intima Marchia... non ampliùs possidens comitatum Segoduni, venundatum à venerabili avo,.. Ricardo domino de Carlat qui eo legitimè fruitur.....

De rebus supradictis testes sunt Amauri de Lusignen..... Petrus Raymundus de Tolosâ.... Heraclius patriarcha Hierosolimæ, etc. Factum in novâ urbe de Limisso, regnante rege Vitto... anno millesimo centesimo nonagesimo secundo.

Second parchemin. Acte de naissance de Deodat-Raimond d'Estaing.

Ex quarto libello baptismali ecclesiæ sancti Stephani Tolosæ... Hoc scriptum est ut omnibus sit notum à nobis Fulcrando... Tolosæ episcopo regeneratum esse in sacris aquis... cujus gaudium in cœlo et in terrâ futurum est, inprimisque in cordibus incolarum hujus urbis Tolosæ, filium legitimum nudiùs tertiùs natum ex domino Raymundo duce repræsentativo ducatûs Narbonensis... qui filius procreatus est ex conjugio legitimo domini Raymundi cum dominâ Sibillâ Cipri principe, et nobis in sacris fontibus præsentatus est à domino Guillelmo Franciæ, dicto Cortiniaco.... et à dominâ ducissâ Matildâ, uxore domini Guillelmi Montispessuli, qui patrinus et matrina... infanti nomen Deodati-Raymundi imposuerunt... Datum tertiâ dominicâ mensis octobris, anno 1193, regnantibus Philippo, Francorum rege et Raymundo comite Tolosæ et Fulcrando episcopo.

Ego Martinus Saventius, ecclesiæ sancti Stephani Tolosæ archidiaconus, hoc apographum dedi... domino Deodato dicto Tristan, duci repræsentativo ducatûs Narbonensis, principi Rutheni, baroni de Stanno et Montignaco, ut illi prosit ad matrimonium quod vult contrahere..... Martinus Saventius... Datum 1 maii, anno 1219, etc.

Troisième parchemin. Concession des armes de France à Tristan d'Estaing.

Philippus dei gratiâ Francorum rex, Deodato dicto Tristan, duci repræsentativo ducatûs Narbonensis, principi Ruthenensi, baroni de Stagno et Montiniaco. Quemadmodùm consanguinitas gratusque animus sunt arctissima vincula quæ inter homines intercedunt, nemo tibi potest arctissimus esse ac conjunctissimus : mihi es cognatus idemque sanguis in nostris fluit venis, propter reginam Constantiam materteram meam et tuam aviam ; et vitam tibi debeo quam mihi servasti in pugnâ illustri hanc præcedente, tam strenuè me in equum reponendo, me defendendo, meque tam fortiter tuo corpore tegendo, cujus cogitatio numquam in mente meâ oblivione delebitur. Si tanta virtutis prodigia fecisti sub obscuro simplicis equitis nomine Tristan, ac... meruisti tam citò esse caput meorum armatorum, quid tibi non faciam, cui tantùm debeo ; nunc cùm te noverim et tam præclaram mihi probaveris originem et qui sanguinitate mihi tam propinquus es t...... Ut igitur tibi probem... te à me in posterum aspectum iri, non tantùm ut meum cognatum et meum liberatorem, sed ut meum filium ;... his præsentibus dono tibi et remitto scutum meum gentilitium, ut illud geras sicut ego ipse gero, tuumque operiat, mea pariter vexilla et insignia... Manu meâ has cartas subscripsi, meumque jussi sigillum apponi nunc tuum... Datum in victricibus castris pugnæ Bovinensis, die 28 mensis julii, anno 1215.

Quatrième parchemin. Défi de Déodat d'Estaing à Raimond son frère comte de Toulouse.

Ego Deodatus, dei gratiâ dux Narbonensis, comes Tolosæ, marchio Proventiæ, Rutheni princeps et Nicosiæ, baro de Stagno et Montiniaco, natus ex Sibillâ Cipri, Raymundo, nato Joannæ Angliæ, fratri meo natu minori. Ut vi et violentiâ à me extraxisti, quo tempore detinuisti in vinculis per fas et nefas, et ut malignum decet, et traditorem usurpatorem sicut te, violentam renunciationem regionibus, terris et summis potestatibus mihi soli debitis... ut probem illam esse nullam, quod reprobo, tum quoque propter omnia tua malefacta et perfidias in me dominum tuum et fratrem, te his præsentibus destitutum declaro omni titulo, æquitate expoliatum omni bono et fructibus ; veto omni baroni, armifero, et mearum urbium incolis, summisque potestatibus, tibi obedire, auxiliari... Tibi diem dico et provoco ut collato pede finiamus controversiam armis æquis in loco publico... Deodatus. Datum in castello de Stagno, die 30 decembris, anno 1223, regnantibus rege Ludovico, meque ipso Deodato comite.

Ego Norbertus Franciæ feriàlis, meo indutus sagoʻet ornamentis, conveni mandato expresso domini mei Deodati, ducis Narbonis, comitis Tolosæ, marchionis Proventiæ, dominum Raymundum Tolosæ, filium Joannæ reginæ, eoque invento in urbe Sancti Flori fano, die 3 anni 1224, hanc illi reddidi schedam provocatoriam et mandatum.... Scriptum in urbe de Stagno,... regnantibus rege Ludovico et Deodato comite. Norbertus.

Fin des Notes et Monumens.

TABLE ALPHABÉTIQUE
DES MATIÈRES.

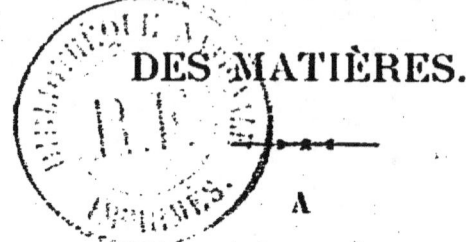

A

Abbas, château, 196; église, 178.
Abbelly (Louis) évêque, 287.
Actes publics (forme des), 73 et suiv.
Ademar ou Adhemar I, évêque, 247.
Ademar II, évêq., 249.
Ademar III, évêque, 93, 94, 168, 253, 313.
Ademar, troubadour, 77.
Adhemar (de), 79, 375, 418, 436.
Adi, rivière, 320.
Ad silanum, 19, 51.
Agen, château, 108, 202, 214.
Agriculture, 38 et suiv., 48, 49, 376.
Agrifeuille (Raimond d') évêq., 98, 260.
Agrifeuille (Faydit d'), 102, 262.
Agrifeuille (Pierre d') év. de Vabres, 337, 379.
Aiguebelle, fontaine, 28.
Albaret (d'), 219.
Albergue (droit d'), 214.
Albespeyres (faubourg d'), 53, 209.
Albi (construction du pont d'), 251.
Albi (Bernard d'), évêq. 259, 260.
Albigeois, hérétiques, 147, 150, 196 et suiv., 291, 316.
Albignac, église, 314.
Albin (d'), 379, 432.
Alboi (d'), 203.
Albusquiés (d'), 309.
Aldeguier (d'), 148.
Aldouin (d'), 379.
Alfonse I, comte, 144, 145.
Alfonse II, comte, 30, 81, 149, 150, 151.
Algues, château, 315.
Alpuech, château, 116, 180; église, 253.
Alric (d') juge, 317.
Alsarbres, église, 253.
Altun, château, 308, voy. Saint-Joueri.

— 464 —

Aluech, fontaine, 368.
Alzone, monastère, 90.
Amans premier évêq. de Rodez, 241, 242.
Amels (d'), 79.
Ampiac (d'), 269.
Anderitum, 19.
Anduze (d'), 95.
Anglars, château, 108.
Anglois, maîtres du Rouergue, 97 et suiv.
Annat, confesseur de Louis XIV, 302.
Annate (droit d'), 125.
Annonciades, couvent, 175.
Antiquités, 51 et suiv.
Aragon, soldat, 276.
Archidiacres, 167 et suiv. 419.
Ardoises (carrières d'), 40.
Arédius, évêque, 64, 246.
Arjac (d'), 219.
Arisdensis (vicaria), 66.
Armagnac, origine de cette famille, 97; son armorial, 298; Bernard I, comte, 107, 212 et suiv.; Jean I, 107, 99, 100, 216; Jean II, 107, 226, 227; Jean III, 107, 108, 227, 228; Bernard II, connétable, 128, 229 et suiv., 300, 447; Jean IV, 233 et suiv.; Jean V, 115 et suiv.; 236 et suiv.; Charles, 118, 239; Bonne, duchesse d'Orléans, 129, 231; Isabeau, sœur et femme du comte, 115, 236, 328; Jean, cardinal évêque de Rodez, 179, 227, 264; Jacques, décapité à Paris, 117.
Armagnac, baron de Caussade, 271.
Armagnac (George d') cardinal, évêq. de Rodez, 123 et suiv., 271 et suiv. 315, 328, 339.
Arnal (d') ou d'Arnaud, 79, 379.
Arnaud, évêque, 135, 250, 377, 408.
Arpajon, ville, 346, 347.
Arpajon (d'), 80, 95, 101, 113, 118, 122, 175, 194, 219, 232, 256, 267, 298, 299, 326, 327, 425, 433, 446.
Arpajonie, couvent, 326.
Arpentail (d'), monastère, 89.
Arques, église, 71, 413.
Arsac, château, 180, 205.
Arsal, évêché, 61 et suiv.
Asiles publics, 84, 413.
Asprières, 380.
Avaruéjouls, château, 333, 386.
Auberoques (d'), 79, 318.
Aubignac (d'), 80. Voy. Albignac.
Aubin, viguerie, 16, 66; château, 116, 136, 180, 404; mines, 31, 32, 33; ville, 378 et suiv.; église, 416.

Aubrac, montagnes, 16, 18, 19, 42, 52, 88, 89, 111; monastère, 86, 118, 148, 178, 200, 254, 257, 379.
Aveiron, rivière, 17; vignobles, 37.
Aurelle (d'), 79.
Aurenque, hermitage, 96.
Auvergne (rois d'), 15, 55, et suiv.; agriculture, 41.
Auzits, 69.
Aymar (d'), 208.
Ayssènes, viguerie, 16, 66; château, 76, 101, 116, 197, 256, 278, 421; vicomté, 78.
Azemar (d'), 79, 93, 202, 309, 369, 413.

B

Baillages du Rouergue, 150, 151, 150.
Balaguier, château, 63, 105, 349.
Balaguier (de), 80, 113, 205, 349, 360.
Balsac, église, 65; de Balsac, 165, 275.
Baradat, évêque de Vabres, 340.
Barrière, voy. la Barrière.
Bars église, 311.
Barthelemi (de), 315, 453.
Basaltes, 18.
Bastidos, évêq. de Vabres, 238.
Béatrix de Clermont, comtesse, 129, 220, 439.
Beaulieu, monastère, 93, 136, 404.
Beaumont, 37, 252, 258, 348, 422.
Beaumont (de), 316.
Bégon, évêque, 250; de Bégon, 67.
Belcastel, château, 105, 191, 201, 269.
Belcastel (de), 70, 79, 80, 93, 95, 360, 371, 374, 410.
Belcayre ou Beaucaire, 236, 298, 360.
Belle-île (le maréchal de), 356.
Bénaven, château, 105, 116, 147, 180, 222, 227, 306.
Bénaven (de), 80, 203, 205, 208, 209, 360, 425.
Bérenger, vicomte, 79, 92, 188, 348, 403.
Bérenger, comte de Millau, 80, 403, 404.
Bérenger, évêque, 120, 252, 320, 371.
Bérenger (de), 95, 208; mort tragique d'Aimeric à Toulouse, 223 et suiv.
Bernard, seigneur du IX sièc., 132, 314, 403.
Bernard, comte, 133, 398.
Bernard de Millau cardinal, 328, 329, 404.
Bertolène (de), 118.
Bertrand comte, 143, 144.
Bertrandi, 126, 269.
Bestiaux, commerce, 36; pâturages, 42 et suiv.; passage, 209.

Bez, église, 91 ; 174, 416.
Bezones, antiquités, 53 ; fontaine, 22.
Bézoubiez, ruisseau, 326.
Blanc (Jean du) évêq. de Vabres, 338, 378.
Blanquefort, château, 201.
Blé sarrazin, agriculture, 40.
Boissière (de), 101, 281.
Bonald ou Bonal (de), 80, 119, 122, 123, 281, 284, 309, 319, 327, 328, 331, 453.
Bonne de Berri, comtesse, 173, 229, 266, 314, 315, 448.
Bonnecombe, 69, 94, 200, 302, 424.
Bonnefous, 69, 93, 227, 417.
Bonneval, 69, 94, 128, 194, 200, 232, 255, 302.
Bosc (Bérenger du), 80 ; Jacques, 320 ; Gerbert, 360.
Bouche-Rolland, grotte, 22 et suiv.
Bouillac (S. Martin de) église, 266.
Bourg, partie de Rodez, 183 ; marchés, 209 ; privilèges, 193, 195, 234.
Bournazel, église, 65, 395 ; ville, 373.
Bournazel (de), 211, 278, 310, 370.
Bourran (seigneurs de), 165, 266.
Boussac, château, 108.
Bozoul, Vaux, 26, 27 ; mines, 31 ; église, 68, 70, 189, 253, 420 ; commanderie, 87 ; château, 116, 117, 125, 180, 204.
Bozoul (de), 319.
Bragoze évêq. de Vabres, 338.
Brandonnet château, 136, 403.
Brieu, église, 92.
Brommat, viguerie, 16, 66, 314 ; église, 314.
Bromme, église, 314 ; de Bromme, 279, 425.
Broquiés, château, 101, 310.
Broquiés (de), 74, 76, 188, 232.
Brossignac (de), 69, 191, 360, 379.
Brousse, château, 138, 231, 405.
Brunet, troubadour, 76, 200.
Brusque, château, 330, 313, 344.
Brusque (de), 80, 275.
Buisson (de), 375, 379, 432, 433.
Buzens, antiquités, 53, 73 ; château, 405, 426.

C

Cabanes (de), 443.
Cabrespines, château, 116, 180, 213, 308.
Cabrol, fanatique, 366.
Cadamarans, hermitage, 96.

Cadolle (de), 118, 360.
Cadour, 88.
Cahuzac (de), 256.
Caïstort, château, 201.
Caldegouse, château, 124. 256.
Calmont ou Caumont (de), 78, 95, 301, 302, 360, 378, 410.
Calmont (Guillaume de), évèq. de Caors, 95.
Calmont (Raymont de), évèq. de Rodez, 160, 173, 201, 205, 257, 435.
Calmont ou Caumont de Plancage, château, 101, 122, 347.
Calvinisme en Rouergue, 273 et suiv.
Camarez, viguerie, 16, 66 ; fontaine minérale, 33 ; commerce, 37, 343.
Cambon (du), 220.
Camboulas, château, 116, 125, 180, 196 ; église, 160, 253.
Camboulas (de), 79, 113, 126, 194, 202, 411, 421, 425.
Campagnac, église, 299.
Campuac, église, 375, 386, 394.
Canac (de), 191, 425.
Canet, château, 202 ; église, 200.
Canillac (de), 68, 69, 79, 87, 107, 116, 189, 201, 229, 297, 299, 313, 370.
Caninius-Rubicus, lieutenant de César, 57, 58.
Cantobre, château, 345.
Cantobre (Gilbert de) év., 165, 222, 259, 260, 261.
Cantobre (de), 78.
Cantoin, 147.
Cantoinet, église, 92.
Capdenac, château, 118, 180, 210 ; église, 245 ; religionnaires, 273 ; viguerie, 16, 66 ; origine de sa dénomination, 57.
Capdenac (de), 80, 164, 191, 319, 360, 370, 380, 425.
Capucins, couvent, 53, 174.
Carantomago, 51.
Carcenac (de), 281.
Cardaillac, mines, 33 ; 262.
Cardaillac (Bertrand de), év., 101, 262.
Cardaillac (Jean de) évèq., 263, 264.
Cardaillac (de), 90, 95, 103, 104, 197, 233, 262, 263, 319.
Carissime, abbesse de S. Sernin, 111, 401.
Carladez, 48, 187, 199, 313.
Carlat, château, 92, 105, 106, 107, 108, 117, 180, 211, 313 et suiv., 316.
Cassagnes-Begonhez, 41, 116, 180, 226, 317.
Cassagnes-Comtaux, 116, 411.
Cassagnes (de), 79, 95, 262, 269, 321, 407, 410.
Cassuéjouls, 42, 105.
Castelmari (de), 93, 95, 115, 407.

Castelnau, château, 108.
Castelnau (Pierre de) évêq., 259.
Castelnau (de), 78, 87, 110, 214, 233, 301, 227, 302, 303, 330.
Castelnau (S. Michel de) église, 253.
Castelpers (de) 80, 103, 113, 126, 284, 410, 431, 443.
Castries (la croix de) évêq. de Vabres, 340.
Caumont, voy. Calmont.
Causse, partie du Rouergue, 18, 21 ; mœurs, 49 ; prairies artificielles, 41, 42.
Causse noir, montagne, 29 ; caves, 44.
Cayssac, église, 200.
Cécile, comtesse, 6, 97, 184, 212, 437.
Ceignac, église, 348, 423.
Ceor, rivière, 41.
Céras, carrières de marbre, 32.
Cervières, château, 180, 318, 405.
Cervières (de), 79, 93, 199, 237, 410.
César s'empare de Rodez, 57 et suiv., 299.
Chalençon, évêq., 160, 185, 267, 268, 449.
Charbon (mines de), 32, 33 et suiv., 45.
Chartreux, couvent, 175.
Châtaigneraies, 45, 46, 48.
Château-Gaillard, 226.
Châteaux des comtes, 178 ; des seigneurs, 84.
Châtellenies du Rouergue, 317, 442.
Chaudesaigues (sources thermales de), 35.
Chirac, monastère et ville ; son origine, 69.
Chirac, médecin, 387, 388.
Cicé (Jérome-Marie Champion de), 290.
Cimetières de Rodez, 168 et suiv. 419.
Clairvaux, 69, 70, 80, 86, 321, 322, 411.
Claude (Jean), 376.
Claunhac église, 354.
Clusel (de), 310, 311.
Coeural (de), 119, 202, 269.
Coesques, château, 108.
Cognères monastère, 89.
Colbert (Seignelai) de Castle-Hill, évêq., 291.
Colnoz (S. Pierre de) église, 253.
Colomb, 100, 116.
Colombier (du), 360.
Colombiez, église, 416.
Combanière, hermitage, 96.
Combes (Notre Dame de) monastère, 90.
Combret, château, 197, 205, 284, 349.
Combret, église, 416.
Combret (de), 79, 93, 113, 281, 338, 349, 379.

Comète de 1329, 223, 439.
Commerce, 36, 214, 215.
Commun de paix, 81 et suiv., 112, 124.
Compagnies Angloises, 105 et suiv., 180.
Compeyre, 104, 277, 332 et suiv.
Compolibat, monastère et chât., 90, 136, 404.
Comté de Rouergue ; son origine, 64 et suiv.; sa fin, 115 et suiv.
Comtes, 130 et suiv.; leurs fonctions, 66 ; leurs usurpations, 66 ; leurs privilèges, 119, 237, 439 ; leur magnificence, 128 ; ils deviennent comtes de Toulouse, 131 ; leurs châteaux, 178 et suiv.
Connac, église, 162, 163, 400, 403.
Conques, vignobles, 47 ; Sarrazins, 63 ; Archives, 64, 389 ; Monastère, 65, 112, 126, 130, 136, 137, 140, 249, 270, 319, 322, 393, 394, 395, 404 ; filles du travail, 320 ; ville, 383 et suiv.
Conques (de), 79, 425.
Consuls des villes, 183, 318.
Corbières, fort de Rodez, 124, 160, 267.
Corbières, château, 31 ; de Corbières, 95.
Cordeliers, couv., 114, 173, 179, 433, 448.
Corneillan (Jacques de) évêq. 275, 339.
Corneillan (François de) évêq., 113, 277.
Corneillan (Bernardin de) év., 174, 186, 285.
Corneillan (de), 275, 279, 283, 288, 351, 454.
Cornus, agriculture, 44.
Cornus (de), 80, 112, 190, 195, 313.
Costejean, monastère, 339.
Coubisou, monastère, 90, 425.
Coupiac, château, 197, 201 ; (de), 269.
Cransac, 32, 33, 136, 404.
Creyssels, château, 108, 180, 192, 202, 212, 233, 274, 332 ; église, 190.
Creyssels (de), 79, 303, 417.
Cromières, église, 254.
Croquans, 357.
Crosillac, village, 200.
Cruéjouls (de), 269.
Cures, leur établissement, 267.

D

Dadile, riche seigneur, 385, 393.
Dadon, abbé, 65, 386, 394, 395.
Dalmas, évêq. 61, 159, 162, 244.
Dardene (de), 274.
Delauro, évêq. de Vabres, 281, 284, 339.

Déotaire, évêq. d'Arsat, 61.
Dépouille (droit de), 69, 265.
Déusdedit I, évêq. 159, 246, 435.
Déusdedit II, évêq. 248, 403, 404, 405.
Déusdedit III, évêq. 83, 136, 138.
Domeries, 97.
Doulon, château, 201.
Dourdou, rivière, 22, 27, voy. rivières.
Duels judiciaires, 120, 181 et suiv.
Dunensis (*vicaria*), 66.

E

Elbes (d'), 260.
Elaphe, prêtre de Rodez, 170, 242, 391.
Elections, tribunaux, 16, 186, 286.
Elizachar, évêq. 247, 398.
Elver monastère, 90.
Emon, évêque d'Arsat, 61.
Enjalbert (d'), 95.
Entraigues, ville, 17, 18, 308 et suiv.; vignobles, 47; château, 180, 236.
Entraigues (d'), 201, 229, 294, 418.
Epreuves judiciaires, 83, 364.
Ermengaud, comte, 66, 134, 401.
Escafre (d'), 379.
Espalion, ville, 301, 302; commerce, 37; temple, 95, 257, 258.
Esparrou (d'), 270.
Espeyrac, château, 298.
Espeyrac (d'), 380.
Estaing, ville, 302 et suiv.; château, 180, 302; église, 253, 416; mines, 31, 32; vignobles, 47; nature du sol, 18; seigneurs, 5, 78, 80, 87, 95, 118, 140, 192, 195, 203, 205, 232, 266, 269, 271, 281, 282, 302, 310, 316, 339, 378, 410, 431, 432, 460.
Estaing (François d'), év., 161, 170, 172, 268 et suiv., 314, 450.
Estang (grotte de l'), 20.
Etats du Rouergue, 109, et suiv., 120, 270, 286, 437, 454, et suiv.; à Rodez, 99, 104, 106, 107, 108, 222, 331, 443; à Sauveterre, 105; à Millau, 106; à Rinhac, 106, 374, 442; à Auch, 229.
Etats du Languedoc à Najac, 99; à Rodez, 99, 108.
Etienne, évêq., 249.
Etienne, comte de Gevaudan, 135, 403.
Etienne, comte d'Auvergne, 132.
Etienne (d'), 79, 253, 416, 443.
Etienne (Pons d'), évêq., 142, 171, 252, 419.
Evêques de Rodez, 241 et suiv.
Eustache, évêq. 59, 170, 242.

F

Faraldus, évêq., 64, 65, 130, 247, 396.
Faramons (de), 371.
Favars (de), 237.
Fayet, commerce, 37.
Feneyrols (de), 184.
Ferret, monastère, 90, 253.
Ferriacensis (vicaria), 66.
Ferrier, confesseur de Louis XIV, 320.
Figeaguet, église, 253.
Filles du travail, 176, 255, 320.
Firmi, église, 69 ; mines, 32.
Flanhac, viguerie, 46, 66, 111 ; église, 65, 385, 396 ; de Flanhac, 319.
Florentin (de), 309.
Foncourieu, église, 320.
Fondamente, fontaine, 28.
Fons, fontaine, 28.
Fontaines minérales, 18, 33 et suiv. intercalaires, 368 et suiv.
Forêts du Rouergue, 27, 44, 48.
Fossiles, 28, 29.
Foulquier (de), 202, 204.
Fraissinet, château, 108, 284.
François I, son entrée à Rodez, 272, 273.
Fredelon, comte, 131.
Frères des écoles, 176.
Fromages d'Aubrac et de la Viadène, 43 ; du Larzac et de Roquefort 44.
Frotard, évêq., 248, 253.
Fulgaud, comte, 66, 131.
Fusée (la sainte), 239.

G

Gabriac, fontaine minérale, 33.
Gabriac (de), 281, 283.
Gages, château, 108, 116, 128, 129, 179, 214, 274, 279, 283.
Gaillac, église, 292 ; château, 73, 126.
Gamarus (de), 269.
Gannac, château, 73.
Gaston de Corn, évêque, 258.
Gausbert, évêq., 248.
Gautier (de), 274, 353, 356.

— 472 —

Genouillac (Jacques de) grand-maître de l'artillerie, 210.
Gentil, capitaine, 310, 311.
George, évêq., 335.
Géraud, évêq., 251.
Gerle, château, 108.
Germain (de), 170.
Gibert, comte, 65, 66, 130, 395.
Ginestet (de), 281.
Ginolhac, église, 127, 416.
Girma, 164.
Glandières (de), 269, 319.
Gleizeneuve, église, 253.
Goîtres, 47.
Golinhac, viguerie, 127, 172 ; église, 417.
Gothie, marquisat, 131.
Goths, maîtres du Rouergue, 59 et suiv.; leurs ravages, 60 ; leur défaite, 60 ; ils pillent Rodez, 63; états, 110.
Gozon (de), 221, 275, 334, 338, 339, 349, 350, 413.
Granairac, couvent, 354.
Grandfuel (S. Sauveur de) église, 253.
Grandmas, église, 416.
Grandvabre, église, 375, 386, 394.
Granier (de), 380.
Graves, château, 274.
Gréalou (de), 227.
Grezes, château, 51 ; de Grezes, 80.
Grimaldi (Charles de), évêq., 290, 317.
Grottes, 20 et suiv., 333, 368.
Gualy (de), 113, 332.
Guil (du), 284.
Guillaumard voy. Saint-Xist.
Guillaume, comte, 147, 192, 195.
Guillaume, évêq., 387.
Guiraud, abbé de Sylvanez, 94.
Guirbalde, comte, 65, 66, 130, 396.
Guirbaldi, 269.
Guiscard, abbé de Bonnecombe, 96.
Guitard (de), 80.
Gypses, pierres de plâtre, 29, 32.

H

Habert, évêq. de Vabres, 339.
Hacmar, évêque, 163, 400, 401, 402.
Hautefage (Ste-Marie de), église, 253.
Hautesserre, église, 386.

Hector (d'), 72, 249, 411.
Henri I, comte, 195 et suiv.
Henri II, comte, 97, 179, 204, 309, 379, 427.
Henri, roi de Navarre ; son entrée à Rodez, 122 et suiv.
Henri (Pierre d'Henri), évêq., 167, 169, 170, 196, 200, 201, 255.
Hermitages, 96, 203.
Hôpitaux, 176, 177, 270.
Hugues, comte de Rouergue, 140.
Hugues I, comte de Rodez, 188 et suiv.
Huges II, 76, 121, 190 et suiv.
Hugues III, 90, 94, 194.
Hugues IV, 30, 151, 179, 200 et suiv.
Hugues, évêq., 81, 82, 90, 95, 193, 254, 428.
Humières (d'), 315.

I

Innocent, évêq., 65, 245 et suiv.
Inquisition, tribunal, 113, 197.
Izarn, vicomte de Saint-Antonin 136, 405.
Izarn (d'), 89, 200, 208, 321, 345, 416, 417.

J

Jacobins, couvent, 114, 173, 174, 257.
Jaufroi (Hélion de), 175, 269, 454.
Jean d'Armagnac, voy. Armagnac.
Jean, roi, vient en Rouergue, 221 ; il écrit aux habitans de Rodez, 100.
Jeux floraux (acad. des), 175.
Joels, église, 380.
Jouante, monastère, 65, 396.
Jordan (de) ou Jordani, 104, 361, 363.
Jorius, évêq., 248.
Joutes des nobles, 440.
Juifs en Rouergue, 372, 436.

L

La Barrière (de), 89, 180, 113, 148, 151, 179, 193, 355, 360, 425, 436.
La Besse, château, 116, 180.
La Boissonnade (de), 281.
Labro, chanoine, 276.
La Brousse (de), 309.

— 471 —

Lacalm, château, 116, 180; agriculture, 42, 343 ; bourg, 317, 318.
La Canourgue, monastère, 68, 69, 187.
La Capelle, château, 293.
La Chapelle (Filleul de) évêque de Vabres, 340.
La Conque (de), 281.
Lacs, 18.
La Fage, monastère, 90.
La Frégère (le pont de), 369.
La Garde (de), 208.
La Garinie, château, 108.
La Garrigue, chef des Religionnaires, 341.
La Guépie, château, 31, 103, 362 ; (de), 80.
La Guiolle, 18, 32, 44, 116, 180, 196, 226, 316.
La Guisardie (de), 309.
Laines, commerce, 37.
Laissac, 16, 73, 328, 426.
Lala (de), 281.
Lalande (de) 284.
La Mouline, 181, 183; pont, 222, 260.
Landorre (de), 106, 113, 167, 171, 205, 216, 219, 227, 232, 270, 308, 431.
Langage, 48, 73, 75, 421.
Lanhac, 28 ; de Lanhac, 238.
La Panouse, église collégiale, 268.
La Panouse (de), 80, 269.
Laparra (de), 177, 226, 233, 269, 312.
La Peyrinie, mines, 32.
La Ramière, château, 370.
La Ravière (de), 281.
La Roche Flavin, 453.
La Romiguière (de), 30.
La Roque Cassan (de), 195.
La Roque-Valsergues, château, 103, 116, 128, 180, 226, 299, 302, 317.
Laroque (de), 68, 80, 126, 233, 393.
La Roquette (de), 281.
Larzac, montagnes, 16 ; laines, 37 ; pâturages, 42, 131, 342 ; antiquités, 51 ; caves, 44.
La Sale (de), 104, 126, 129.
La Selve, commerce, 36.
Lassipière (de), 281.
Lasvals, église, 178.
Latour (Guillaume de), evêq., 173, 266, 449.
Latour (de), 79, 379.
La Vacaresse, gouverneur de S. Afrique, 341.
La Valette, voy. Valette.
Lavaur (de), 201, 319.

Lavergne (Louis de), évêq. de Vabres, 310.
La Vernhe, monastère, 90, 253.
La Verniole, château, 278.
Lauret. 1er président du parl. de Toulouse, 328.
Laurière (de), 354.
Laussac, monastère, 92, 416.
Lédenac (de), 284.
Le Ram, château, 116, 180.
Le Rous, troubadour, 77.
Lescure (de), 281, 284.
Leude, impôt, 120, 125, 201, 207.
Levezou (de), 78, 80, 191, 193, 201, 202, 303, 411, 417.
Levis (de), 269, 316.
Liaucous, château, 73.
Ligueurs en Rouergue, 276.
Lioujas, 92, 193.
Livinhac, agriculture, 38 ; église, 385.
Loedieu, monastère, 69, 93.
Lorette, église, 318.
Lossedat, vignobles, 37.
Lot, rivière, 17, 312 ; vign. 37 ; prairies, 41.
Loubejac (de), 312.
Louis XI à Rodez, 234, 309 ; à Sévérac, 292 ; à Entraigue, 309.
Loupiac, château, 405 ; de Loupiac, 269.
Lozère, montagne, 17.
Lucador (de), 269.
Luganhac, forteresse, 221 ; église, 254.
Lumenson, église, 253, 333.
Lunel, château, 308.
Lunet. commerce, 37.
Luzençon (de), 194, 334.
Luzignen (Lézé de) évêq., 287.

M

Malaval (de), 95.
Maleville, château, 180, 196, 201 ; église, 70, 370, 386 ; (de), 80, 262, 360, 393.
Mallian (de), 80.
Malvin de Pestillac, 148.
Mancip (de), 80, 374, 410, 413.
Mangafredus, évêq., 249.
Marbres (carrières de), 32.
Marches du Rouergue, 16, 104.
Marnhac, église, 253, 254.
Marsillac, château, 180, 201, 214, 308 ; vignobles, 37 ; église 79, 136, 265, 404 ; fortifications, 98, 99 ; ville, 318.

Marsillac, près Bromme, 314.
Martigny (Reginald de), év. de Vabres, 339.
Maruéjoul, 31 128, ; son origine, 69, 277.
Masnau (de), 281
Mauléon (Vital de), évêq., 230, 266, 267.
Mauriac, église, 79, 112, 140, 253, 409.
Maurillac, château, 196.
Mauron, église, 393.
Maymac, église, 416.
Mayran (de), 95
Méjanès (de), 274, 332, 443.
Melgoriens (sous), 425.
Mellet ou Mialet (de), 284, 379.
Mérigot, chef des Routiers, 108, 444.
Meyrueys, château, 180, 202, 233.
Millau, viguerie, 16, 66, 400 ; baillage, 150; mines, 31 ; commerce, 37 ; agriculture, 47; pont, 51; vicomté, 78, 411, 426, 429 ; fortifications, 98 ; Anglois, 103, 104 ; états, 106; leude, 126; consuls, 184 ; présidial, 185 ; monastère, 253; Religionnaires, 273, 277, 459 ; ville, 325.
Mines, 17, 20, 29 et suiv. 120, 333, 380, 381.
Minier (le), 30, 31, 32, 116, 128.
Mirabel (de), 80, 95, 191, 195, 197, 360, 375, 417, 428.
Miramont, chât. 105 ; (de), 95.
Mœurs, 48 et suiv., 54, 70, 293 et suiv. 314, 315, 319.
Monez, église, 422.
Monastères, 69, 85, 89, 203, 204.
Monestier (Bernard de) év. 258.
Monnoies, 31, 120, 126 et suiv.
Montagnes, 16, 19, 20, 34 ; mœurs, 48, 49.
Montal (de), 140, 303, 347, 425.
Montarnal, chât. 126 ; (de), 80, 410.
Monthazens, château, 408.
Montbrun, chât. de Lodève, 188, 192.
Montbrun (de), 95, 117, 328, 329, 338, 423.
Montcalm (de), 60, 61.
Montclar (de), 338.
Montels, église, 374.
Montezic, château, 116, 180.
Montferrier, château, 73.
Montfort (de), 196.
Monthels (de), 338.
Montignac, église, 249, 250, 375, 395.
Montjaux, château, 116, 199.
Montjosieu (Louis de), 300.
Montlaur, chât. 349 ; (de), 94, 267, 334, 349.
Montmaton (de), 95.

Montméja (de), 99, 334.
Montmurat (de), 379.
Montolieu, chât. 180, 334, 377, 408.
Montolieu (de), 95.
Montpeyrous, château, 105, 180, (de), 80.
Montrosier, chât. 73, 116, 117, 125, 147, 148, 151, 179, 194, 196, 204, 426.
Montsalvi, 91 et suiv. 253, 416.
Montvallat (de), 309, 430.
Moret (de), 78, 79, 80, 284, 409.
Morlhon, château, 283.
Morlhon (de), 184, 219, 353, 361, 374, 379, 433.
Mostuéjoul, église, 253.
Mostuéjoul (de), 69, 79, 80, 202, 216, 334, 336, 443.
Mouret, château, 308 ; église, 416.
Mousserons, 45.
Moyrazez, château, 194.
Munderie, évêq. d'Arsat, 61.
Murasson, château, 278, 330. ; église, 422.
Murasson (de), 79, 345.
Mur-de-Barrez, 31, 32, 42, 151, 196, 313 et suiv. 453.
Muret, château, 108, 194, 269, 275, 379, 283 ; de Muret, 69, 425.
Murols (Jean de), cardinal, 269, 308.

N

Naamas, diacre de saint-Amans, 242.
Najac, 16, 31, 36, 87, 98, 99, 103, 151, 368 et suiv.
Najac (de), 148, 195, 330, 369, 427.
Nant, 16, 132, 136, 253, 337, 314, 401.
Nant (de), 401.
Narbonne, voy. Bérenger, évêq.
Narbonne (Antonin de), évêq. de Vabres, 338.
Nattes (de), 102, 281.
Neuvéglise (de), 174, 309.
Noailles (Charles de), évêq., 286.
Noblesse, son commencement, 77, 78 ; ses privilèges, 80, 334 ; ses usages, 213.
Nogaret (de), 69, 80, 208.
Noms de famille héréditaires, 73, 77.
Nonenquo, monastère, 94, 193, 200.
Notaires, 73, 120.
Notre-Dame (religieuses de), 174.

O

Odon ou Eudes, comte, 133.
Olargues (d') évêq., 166, 169, 170, 265.
Olargues ou Oliargues (d') 79, 94, 315.
Olmières (d'), présid. du Parl. de Toulouse, 328.
Omeillac (d'), 218.
Omet (place de l'), 158, 168.
Oms (place des), 206, 209, 218.
Ondes (les) château, 270.
Onet, château, 164.
Oraison-Dieu, monastère, 93.
Orgueil, château, 108.
Orlhac (d'), 270, 316.
Orlhaguet, église, 79, 386.
Orzals, mines, 30, 128.

P

Palmas, château, 147.
Panat (de), 72, 79, 80, 93, 140, 192, 193, 195, 201, 205, 208, 262, 269, 276, 303, 318, 321, 410, 411, 412, 413.
Paréage, tribunal, 184, 217, 440.
Parisot, château, 221, 233 ; (de) 93.
Pas (hôpital du), 114, 117, 221, 228, 256.
Patris (de), 273, 275, 286, 450.
Pâturages, 42 et suiv., 48.
Paulhac, église, 90 ; château, 339.
Paulmy (Voyer de) évêq., 170, 178, 287, 354.
Pebrac (de) évêq., 338.
Pechpeyrou (de), 316.
Pellegri (de), 126.
Pepin, maître du Rouergue, 64, 65.
Péréfixe (Hardouin de) évêq., 286.
Perse, église, 301.
Peste en Rouergue, 85, 354, 434.
Pétrifications, 20, 23, 24, 25, 26.
Peyralès (de), 126.
Peyrat, église, 314.
Peyre, chât., 277 ; (de) 68, 69, 94.
Peyrebrune, château, 60, 269.
Peyrusse, baillage, 16, 150 ; mines, 31, 32 ; Anglois, 103, 104 ; ville, 372 et suiv.
Philandre, écrivain, 273, 452.
Pierre, évêque, 68, 87, 190, 217, 254.

— 479 —

Pierre, évêque de Pampelune, 145.
Pierre (de), 379 ; Jean év. de Vabres, 338.
Plâtre, voy. gypses.
Pleine-Chassaigne, évêq. 167, 172, 215, 216, 219, 258.
Polignac (Bertrand de) évêq., 268, 449.
Pollier, 100, 101, 353, 356.
Pomairol, église, 78.
Pomairols (de), 90, 283, 354, 370.
Pommes de terre (culture des), 39, 40.
Pons, église, 416.
Pont, château, 330 ; du Pont, 94, 343.
Port-d'Agres, église, 375, 395.
Poustomis, château, 278.
Poux (de), 380.
Pouzols, château, 105 ; (de) 236.
Prades, chât., 116, 125, 180, 202, 204.
Prades (Dieudonné de) troubadour, 76, 77.
Pradinas (de), 371.
Pradinas (de), 99.
Prés, agriculture, 40, 48.
Pressac (de), 365.
Prévinquières, château, 73, 426.
Prévinquières (de), 80, 143, 262, 443.
Prix, château, 393.
Productions du Rouergue, 18, 38, 49.
Pruines, chât., 308 ; (de) 197, 219, 365, 428.
Puimainade, 95.
Pui-Rodil, château, 366.

Q

Quinsac, château, 105, 108.
Quintien, évêq., 60, 171, 243.

R

Raffin (Bertrand de) évêq., 166, 264.
Raffin (de), 227, 264, 443.
Raimond I, comte de Rouergue, 33, 66, 132, 397, 402, 404.
Raimond II, 135, 405.
Raimond III, 137 et suiv.
Raimond IV, 142.
Raimond V, 95, 146.
Raimond VI, 74, 146, 304 et suiv., 306.
Raimond VII, 148 et suiv. 256.
Raimond (de) 79, 111, 345, 374.

Ramos (de) 211.
Raulhac, église, 314.
Raynal (Guillaume Thomas) 300.
Rayniés (de), 281.
Réquista, 101.
Résignations, 268.
Resseguier (de), 226, 269.
Richard, comte, 80, 187, 403, 417.
Richard de Millau, cardinal, 328 et suiv., 401.
Rieupeyrous, monastère, 69, 86 ; ville, 370, 377, 406, 407.
Rinhac, château, 146, 180 ; église, 70, 410 ; états, 106 ; ville, 370, 373.
Rivière, église, 253.
Rivières du Rouergue, 17, 457.
Roaldès, professeur, 320.
Robert, comte, 140, 141, 144, 320.
Rodelle, viguerie, 16, 66, 180 ; histoire naturelle, 20, 28, 29 ; grotte de Tarcitic, 64 ; château, 116, 118, 125, 180 ; 196, 203 ; église, 416.
Rodelle (de), 425.
Rodez, ses mœurs, 49, 50 ; ses anciens noms, 51, 55, 158, 391 ; antiquités, 53 ; soumis aux Romains, 57 ; aux Goths, 60 ; à Théodebert, 61 ; aux Sarrazins, 63. à Eudes duc d'Aquitaine, 63 ; évêché suffragant de Narbonne 60 ; de Bourges, 60 ; d'Albi 287 ; fortifications, 98, 260, 271, 427 ; Anglois, 102, 104 ; privilèges, 102, 264 ; comté, 145, 147, 148, 417, 419, 438 ; règlemens pour ses habitans, 214 et suiv. 446 ; vœu, 287 ; château des comtes, 178 ; comtes, 187 et suiv.; cathédrale, 159, 160, 161, 162, 171, 214, 246, 267, 271. Saint-Amans, église, 159, 170 et suiv. voy. St-Amans ; clocher, 159, 161 et suiv.; communautés, 183 ; palais épiscopal, 160, 284 ; évêché, 162 et suiv. séminaire, 178, 287 ; grosse cloche, 160 ; hôpitaux, 177 et suiv., 270, 287 ; sénéchaussée 181 ; municipalité, tribunaux, 183 ; présidial, 185 et suiv.; maisons de religion et d'éducation, 172 et suiv. 176 ; collège, 174 ; chapitre, 167 et suiv. 261, 418, 446 ; évêques, 164, 214 et suiv.; religionnaires, 273.
Romains, maîtres du Rouergue, 57 et suiv. 110.
Roquecisière, chât. 103, 278 ; (de) 80, 345.
Roquefeuil, chât. 212, 345 ; (de) 79, 94, 103, 113, 118, 202, 203.
Roquefort, caves, 17, 20 ; fromages, 44, 312.
Roquefort (de), 148, 379.
Roquelaure (de), 87, 284.
Roque Prive, château des Sarrasins, 384.
Roquevaire (de), 349.
Rossennac, viguerie, 66 ; église, 375, 395.
Rostaing (de), 95, 177, 248.
Rouergue, ses limites, 15 ; sa division, 15, 16, 458 ; gouverne-

ment, 55 ; rois d'Auvergne, 55 et suiv. ; Romains, 57 et suiv. ; Goths, 59 ; Francs, 60 ; Sarrasins, 63 ; ducs d'Aquitaine, 64 ; Pepin, 64 ; Anglois, 97 ; comté, 64.
Roussi, église, 416.
Routes anciennes, 51, 52.
Routiers, voy. compagnies Angloises.
Rulhe, église, 395.
Rustique, archidiacre, 167, 392.
Ruth, idole, 158, 159.
Ruthènes, 15, 58, 325 ; mœurs, 16 ; arts, 30, 36 ; tombeaux, 53 ; leur union avec les Arvernes, 55 ; ils combattent les Romains, 57, 58, 59 ; leur renommée au cinquième siècle, 62 ; ont-ils peuplé la Russie ? 56.

S

Sabadel, château, 108.
Saint-Afrique, mines, 31 ; commerce, 37 ; agriculture, 41 ; Anglois, 103, 104 ; église, 138, 338 ; religionnaires, 310 ; ville, 338 ; 340.
Saint-Amans, abbaye, 68, 136, 138, 140, 159, 170 et suiv. 253, 290, 404 ; vie licencieuse des religieux, 91, 142, 415.
Saint-Amans des Cots, 91.
Saint-Amans (de), 80, 425.
Saint-Andéol, lac, 19, 52.
Saint-Antonin, fontaine minérale, 33 ; vins, 37 ; agriculture, 38 ; Sarrazins, 63 ; Pepin, 64 ; vicomté, 78 ; Anglois, 98, 99, 104 ; Albigeois, 196 ; vicomtes, 136, 359 ; église, 136, 138, 314, 392 ; consuls, 184 ; religionnaires, 273 ; ville, 358 et suiv.
Saint-Bauzeli (de), 202.
Sainte-Catherine, couvent, 175.
Saint-Cheli, ville, 277.
Saint-Chistophe, chapitre, 298.
Saint-Ciprien, église, 70.
Saint-Cirice, faubourg de Rodez, 166, 209 ; léproserie, 177, 178, 255.
Saint-Clément, monastère, 90.
Saint-Côme, 37, 301.
Saint-Dalmazi, église, 292.
Saint-Eloi, eglise, 253.
Saint-Etienne, église, 121 ; place, 208.
Sainte-Eulalie d'Olt, 37.
Sainte-Eulalie du Larzac, 329, 423.
Saint-Félix de Lunel, église, 79.
St-Félix de Sorgues ; mines, 31 ; commerce, 37.
Saint-Félix les Rodez, 136, 174, 251.
Saint Félix (de), 94, 425.

Sainte-Geneviève, 320.
Saint-Geniez, mines, 31 ; commerce, 37 ; chât. 116, 180, 226, 317 ; ville, 300 ; église, 253.
Saint-George, église, 309 ; (de) 262.
Saint-Hippolyte, église, 90, 253.
Saint-Jean-du-Bruel, agriculture, 41 ; ville, 315.
Saint-Jouéri, église, 253 ; (de) 257.
Saint-Julien près Capdenac, église, 416.
Saint-Laurent, ville, 299 ; de S. Laurent, 194.
Saint-Laurent, grottes, 20.
Saint-Léons, monastère, 80, 86, 253, 417.
Saint-Maimo, église, 178, 256 ; léproserie, *ibid.*
Saint-Marcel, église, 349.
Sainte-Marie, église, 253 ; eaux minér., 33.
Sainte-Marthe, hôpital, 178 ; faubourg, 217.
Saint-Martin de Brousse, église, 403.
Saint-Martin de Faux, église, 174.
Saint-Martin de Lenne, église, 251.
Saint-Michel église, 416.
Saint-Parthem, 320, 416.
Saint-Pierre-le-Doré, église, 169.
Saint-Privat, église, 90.
Saint Projet, monastère, 91, 193.
Sainte-Radegonde, antiquités, 54 ; église, 174.
Saint-Remi, église, 416.
Saint-Rome-du-Tarn, ville, 235, 334 ; (de) 30, 74, 427.
Saint-Rome-de-Sernon, 339.
Saint-Santin, église, 416.
Saint-Saturnin, église, 302.
Saint-Sernin (le monastère), 111, 136, 138, 144, 172, 258, 260, 275, 401, 404.
Saint-Sernin, ville, 31, 319.
Saint Sévéri, église, 253, 319.
Saint-Sulpice, église, 91.
Saint-Symphorien-Bedène, église, 90.
S. Symphorien-Basse-Marche, église, 138, 405.
Saint-Victor, château, 339.
Saint-Xist, forêt, 27.
Saissac ou Cessac (de), 209, 369.
Salars, château, 116, 125, 202 ; église, 71, 178, 413.
Saléon (Jean d'Izo de) évêq. 176, 290.
Salles-Comtaux, 20, 22, 26, 114, 116, 180, 192, 199, 201, 214, 216, 308.
Salles Curan, 184, 218, 267, 279, 283, 289.
Salles (de), 80, 191, 303, 425.
Salmiech, église, 328 ; (de) 95.
San-Vensa, château, 370 ; (de) 361, 370.

Sarrasins, 63, 91, 247, 299, 381, 416.
Saunhac (de), 80, 95, 179, 197, 227, 380, 425.
Sauvage, monastère, 178.
Sauveterre, baillage, 16; anglois, 101; états, 105, 113; ville, 375 et suiv.
Scoraille (de), 76, 164, 166, 167, 184, 200, 205, 220, 444.
Sebazac, château, 116, 180.
Sebrazac, château, 308.
Segonzac, église, 131.
Ségur, chât., 117, 180, 270; agric. 40.
Segui (de), 379.
Seigneurs, leurs usurpations, 67, 69, 70, 80, 81, 125, 247, 309, 318, 373; leurs châteaux, 82; leurs guerres, 81, 82, 83, 293; leurs usages, 414, 431.
Selves, rivière 91.
Séminaire de Rodez, 178; de la Guiolle, 317.
Sénéchaux du Rouergue, 355, 430 et suiv.
Senergues, église, 386, 394.
Sermur sur Viaur, église, 79.
Serniaciensis (vicaria), 66.
Séronat, préfet du prétoire, 30, 242.
Serres, écrivain, 310, 312.
Servitude, 71, 132, 212, 332, 393, 397, 398, 405, 411, 423.
Sévérac-le-Château, viguerie, 16, 66, 102; château, 104, 118, 180, 196, 197, 238, 278; ville, 291, et suiv.; collège, 298; monastère, 292.
Sévérac (Amaury de) maréchal de France, 228, 296 et suiv. 431.
Sévérac (de) 79, 80, 93, 101, 103, 113, 192, 221, 232, 257, 267, 283, 295, 303, 330, 337.
Sévérac-l'Eglise, chât. 73; église, 254, 328.
Sévéri (Henri de), év. 229, 265.
Séveyrac-Bedène, église, 416.
Sicard, 123, 202.
Sieujac (de), 281, 282, 283.
Sigals (de), 30.
Sobriquets (usage des), 226.
Sol (variétés du), 17, 18, 31, 38, 42, 48.
Solages (de), 78, 79, 118, 140, 184, 229, 233, 298, 303, 315, 409.
Sorciers condamnés à mort, 198.
Sorgue, rivière, 28.
Souiry, château, 125.
Soulié (du), 379, 380.
Soulsac, église, 404; voy. Bouche-Rolland.
Sylvanès, mines, 31; fontaine minérale, 33; monastère, 69, 93, 329, 423.

T

Tanus, château, 278.
Tarcitio, 61.
Tarn, rivière, 17, 40 ; vignobles, 37.
Ténières, château, 316, 317.
Ténières (de), 80, 196, 296, 316.
Therondels, monastère, 313.
Terres labourées (culture des), 38, 48, 49.
Testament (droit de), 69, 125, 265.
Tesq, église, 416.
Théodose, évêq., 167, 244.
Thoels, château, 201.
Tholet (de), 185, 186, 282, 283.
Tindoul de la Vaissière, 21 et suiv., 456.
Toiles, commerce, 36.
Tombeaux antiques, 53.
Tonantius-Ferréolus, préf. du prét., 61, 62.
Torenne (de), 165.
Toulonjac (de), 370.
Tournemire (de), 104, 109, 181.
Tourouvre (la Vove de), cv., 92, 288, et suiv.
Trébosc, église, 140, 410.
Trédou, église, 416.
Trélans, chât., 51 ; église, 275.
Trémouilles (de), 79, 126, 205, 209, 318, 379.
Trépadou, château, 30.
Trêve de dieu, 83.
Trévezels, rivière, 62.
Trévidon, château, 62.
Tribunaux, 183, 434.
Troubadours, 76, 146, 360.
Truère, rivière, 45, 92, 312.
Truffes, 45.
Tuillier (de) 175, 186, 281.

U

Unald (d'), 208, 209.
Uxellodunum, voy. Capdenac.

V

Vabrais, 18, 20, 31, 32, 44.

Vabres, 15, 16 ; monastère, 131, 132, 133, 134, 136, 138, 139, 217, 253, 335, 397 ; évêché, 259, 337, 438 ; ville 335.
Vacheries, 42 et suiv.
Vaissettes, château, 180.
Valadi, ville, 320 ; (de) 200, 262.
Valcaylés, château, 108.
Valeilles, église, 416 ; de Valeilles, 291.
Valette, château, 361.
Valette (de ou de la), 5, 78, 233, 339, 361, 443.
Vallon, château, 105 ; de Vallon, 92.
Valsergues (de), 275.
Varens, 37, 370.
Varès (de), 443.
Vassignac, évêque de Vabres, 338.
Ventadour (Guy de) évêq. 337.
Verdun (de) 269.
Verfeil, 101.
Vérières, église, 422 ; de Verrières, 202.
Vérus, évêq. 246.
Vezian (de) 379.
Vezins (de) 80, 112, 113, 227, 281, 303, 414, 418, 443.
Viadène, partie du Rouergue, 16, 20 ; mines, 32 ; commerce, 36 ; agriculture, 38, 41 ; bois, 45 ; mœurs, 48.
Vialar (de), 309.
Vialarels, église, 416.
Viaur, rivière, 45.
Vignes (culture des), 46, 47, 48 ; autour de Rodez, 438.
Vignolles (de) 116.
Vigourous (de) 166, 173, 175, 177, 228, 263, 269.
Vigueries, 16, 66, 326.
Viguier (de), 209, 378.
Viguiers des comtes, 66.
Villecomtal, château, 214 ; ville, 318.
Villefranche d'Aveiron, sénéchaussée, 16 ; mines, 31, 32 ; hôtel de monnoies, 31, 128 ; mœurs, 49 ; fortifications, 98 ; Anglois, 100, 102, 104 ; clocher, 127 ; église, 262 ; religionnaires, 273, 281 ; sa fondation, 295, 352 et suiv.
Villefranche de Panat, 278.
Villemur (de) 103.
Villeneuve, bailliage, 16, 150 ; bois, 44 ; Anglois, 104 ; ville, 374.
Villes du Rouergue, 157 et suiv.
Villiés, hermitage, 96.
Vines, église, 416.
Vinnac (de) 238.
Vins du Rouergue, 37, 47.
Vinzèle (la) église, 416.
Vivian, év. 85, 93, 169, 201, 256, 293.

Viviers (S. Etienne de) église, 253, 416.
Volcans, 18, 19, 33, 42.
Volonzac (de), 93, 453.
Vors, château, 339.

Y

Yerle, baronnie, voy. Arsat.
Yrdoine de Canillac, comtesse, 74.

Fin de la table alphabétique.

TABLE ANALYTIQUE

DES MATIÈRES.

	Pages.
Avis de l'éditeur.	v
Extrait de la séance du Conseil général de l'Aveyron du 21 août 1875.	vij
Liste des membres du Conseil général, en 1875.	vij

Avis de l'imprimeur.	1
L'Administration centrale du département de l'Aveyron, à ses concitoyens.	1
Introduction.	3
Sommaire des Mémoires de l'histoire du Rouergue.	8

PREMIÈRE PARTIE

DESCRIPTION TOPOGRAPHIQUE DU ROUERGUE.

I.	— Situation, division du Rouergue.	15
II.	— Montagnes, rivières, traces de volcans.	16
III.	— Grottes naturelles, fossiles.	20
IV.	— Mines, fontaines minérales.	29
V.	— Commerce.	36
VI.	— Agriculture.	38
VII.	— Mœurs.	48
VIII.	— Anciens chemins, autres antiquités.	51

SECONDE PARTIE

RÉVOLUTION DANS LE GOUVERNEMENT ET DANS LES USAGES.

I.	— Rois d'Auvergne, Romains.	55
II.	— Goths, Francs.	59
III.	— Evêché d'Arsat.	61
IV.	— Sarrasins.	63
V.	— Comté de Rouergue.	64
VI.	— Usurpation des Seigneurs.	67
VII.	— Servitude.	71
VIII.	— Actes publics, Langage, Poëtes.	73
IX.	— Commencement de la noblesse, droit des nobles, guerre entre eux, châteaux, asiles.	77
X.	— Monastères, Aubrac.	85
XI.	— Traces d'anciens monastères.	89
XII.	— Montsalvi.	91

XIII. —	Loedieu, Sylvanez, Nonenque............................	93
XIV. —	Bonneval, Bonnecombe...................................	94
XV. —	Anglois, maîtres du Rouergue...........................	97
XVI. —	Compagnies angloises...................................	105
XVII. —	Etats du Rouergue......................................	109
XVIII.—	Fin du comté de Rodez..................................	115
XIX. —	Privilèges des Comtes..................................	119
XX. —	Monnoie Rodanoise......................................	126
XXI. —	Magnificence des Comtes dans les cérémonies publiques..	128
XXII. —	Comtes de Rouergue : Gibert, Guirbalde.................	130
	Fulguald ou Fulcoad, Fredelon...........................	131
	Raimond I...	132
	Bernard ; Odon ou Eudes.................................	133
	Ermengaud...	134
	Raimond II..	135
	Raimond III...	137
	Hugues..	140
	Berthe et Robert son mari...............................	141
	Raimond IV..	142
	Bertrand..	143
	Alfonse I...	144
	Raimond V, Raimond VI...................................	146
	Raimond VII...	148
	Jeanne et Alfonse II....................................	150

Envoi du premier volume à l'Administration centrale, par L. C. P. Bosc. 155
Réponse des Administrateurs.. 155

TROISIÈME PARTIE

VILLES DU ROUERGUE.

Villes du Comté de Rodez.

I. —	Rodez...	157
	Evêché..	162
	Chapitre cathédral......................................	167
	Eglise de St-Amans......................................	170
	Maisons de Religion et d'éducation......................	172
	Hopitaux..	177
	Châteaux des comtes.....................................	178
	Duels judiciaires.......................................	181
	Municipalités, tribunaux................................	183
Comtes de Rodez. — Première famille. — Richard.................		187
	Hugues I..	188
	Hugues II...	190
	Hugues III..	194
	Guillaume — Henri I.....................................	195

	Hugues IV...	200
	Henri II..	201
	....Seconde famille. — Bernard d'Armagnac...............	212
	Jean d'Armagnac I......................................	216
	Jean II...	226
	Jean III..	227
	Bernard II..	229
	Jean IV...	233
	Jean V..	236
Evêques	de Rodez. — St-Amans.................................	241
	St-Eustache...	242
	St-Quentien...	243
	St-Dalmas. — Théodore.................................	244
	Innocent..	245
	Déusdedit I — Vérus — Arédius....................	246
	Faraldus — Elizachar — Adhémar I.................	247
	Frotard — Gausbert — Déusdedit II................	248
	..Jo's ou Georgius....................................	248
	Adhémar ou Aimar II — Mangafrédus — Etienne......	249
	Déusdedit III — Bégon — Arnaud...................	250
	Géraud..	251
	Pierre Bérenger de Narbonne — Pons d'Etienne.......	252
	Raimond de Frotard....................................	253
	..Adhémar III, et son successeur N....................	253
	Pierre — Hugues de Rodez.............................	254
	Pierre d'Henri de la Treille et ses successeurs B. A....	255
	Vivian de Boyer.......................................	256
	Raimond de Calmont....................................	257
	Bernard de Monestier — Gaston de Corn..............	258
	..Pierre de Pleine-Chassaigne.........................	258
	Pierre de Castelnau — Bernard d'Albi................	259
	Gilbert de Cantobre — Raimond d'Agrifeuille..........	260
	Faydit d'Agrifeuille — Bertrand de Cardaillac........	262
	Jean de Cardaillac.....................................	263
	Jean d'Armagnac — Bertrand de Raffin...............	264
	Henri de Sévéri — Guillaume d'Oliargues............	265
	Vital de Mauléon — Guillaume de Latour.............	266
	Bertrand de Chalençon.................................	267
	Bertrand de Polignac — François d'Estaing...........	268
	George d'Armagnac.....................................	271
	Jacques de Corneillan.................................	275
	François de Corneillan................................	277
	Bernardin de Corneillan...............................	285
	Charles de Noailles — Hardouin de Péréfixe..........	286
	Louis Abelly — Gabriel de Voyer de Paulmy...........	287
	Paul-Philippe de Lézé de Lusignen.....................	287
	Jean Armand de la Voye de Tourouvre...................	289
	Jean d'Ize de Saléon — Charles de Grimaldi..........	290
	Jérome-Marie Champion de Cicé.........................	290
	Seignelai Colbert de Castle-Hill......................	291
II.	— Sévérac-le-Château..................................	291
III.	— Château de La Roque, Saint-Laurent.................	299
IV.	— Saint-Geniez, Saint-Côme...........................	300
V.	— Espalion...	301
VI.	— Estaing..	302
VII.	— Entraigues...	308

VIII.	— Mur-de-Barrez, la Guiolle, Lacalm.........................	313
IX.	— Villecomtal, Marsillac, Valadi, Clairvaux...................	318

Villes de la Haute-Marche du Rouergue.

I.	— Millau...	325
	Vicomtes de Millau................................	328
	Château de Creissels...............................	332
II.	— Compeyre, Saint-Rome...............................	332
III.	— Vabres...	335
	Evêques de Vabres................................	337
IV.	— Saint-Afrique.......................................	340
V.	— Roquefort..	342
VI.	— Camarez, Brusque...................................	343
VII.	— Nant...	344
VIII.	— Saint-Jean-du-Bruel, Cantobre, Roquefeuil.............	345
IX.	— Arpajon..	346
X.	— Beaumont, Saint-Sernin..............................	348

Villes de la Basse-Marche.

I.	— Villefranche..	352
	Sénéchaussée.....................................	355
	Hommes illustres nés à Villefranche.................	356
II.	— Saint-Antonin......................................	358
	Vicomtes de Saint-Antonin........................	359
	Troubles religieux à Saint-Antonin.................	362
III.	— Najac, Varens......................................	368
IV.	— Villeneuve...	371
V.	— Peyrusse..	372
VI.	— Rinhac..	373
VII.	— Bournazel...	374
VIII.	— Sauveterre...	375
IX.	— Rieupeyrous.......................................	377
X.	— Aubin...	378
XI.	— Conques...	383

NOTES ET MONUMENS

I. De l'étymologie de *Segodunum*..................................	391
II. Lettre de Sydonius-Apollinaris à Elaphe prêtre de Rodez, vers l'an 450...	391
III. Rustique, archidiacre de Rodez.................................	392
IV. Charte de Pépin, roi d'Aquitaine, en faveur du monastère de Saint-Antonin, de l'an 767..	392
V. Donation de Prix, près Creissels.................................	393
VI. Dons au monastère de Conques, Maleville serfs..................	393
VII. Testament de Dadile, riche seigneur du neuvième siècle..........	393
VIII. Charte de Louis le Débonnaire en faveur du monastère de Conques, en 820..	394

IX. Charte de Pepin, roi d'Aquitaine, en faveur du monastère de Conques. 395
X. Fondation du monastère de Vabres, en 862...................... 397
XI. Dotation du monastère de Vabres................................ 398
   Charte de Charles le Chauve, en faveur du même monastère........ 399
XII. Fondation de l'église de Connac, en 861....................... 400
XIII. Donation de l'église de Nant au monastère de Vabres, en 878... 401
XIV. Plaid en faveur de Carissime abbesse du monastère Saint-Sernin, en 878.. 401
XV. Lettre du pape à Aymar, évêque de Rodez, en 879............... 402
XVI. Donation d'un fief dans la viguerie de Sévérac, en 883....... 402
XVII. Donation de la terre et église de Connac à la cathédrale de Rodez, en 935... 403
XVIII. Origine de Richard, premier comte de Rodez.................. 403
XIX. Testament du comte Raimon I, vers l'an 961................... 404
XX. Testament de la comtesse Garsinde, en 971..................... 405
XXI. Dons au monastère de Conques sous le règne de Robert......... 406
XXII. Fondation du monastère de Rieupeyrous....................... 406
XXIII. Solages ou Solatges... 408
XXIV. Projet de fondation d'un monastère dans la paroisse de Mauriac en Rouergue, l'an 1053... 409
XXV. Moret.. 409
XXVI. Castelpers.. 410
XXVII. Eglise de Trébosc.. 410
XXVIII. Eglise de Rinhac.. 410
XXIX. Affranchissement de serfs, vers 1060........................ 411
XXX. Opulence des vicomtes de Millau, en 1061..................... 411
XXXI. Monastère de Clairvaux rétabli en 1062...................... 411
XXXII. Asiles établis par les Seigneurs, dans le onzième siècle... 413
XXXIII. Donation de l'église de Lespinasse de Millau à l'abbaye de Saint-Victor, en 1070.. 413
XXXIV. Donation des églises de Salars et d'Arques au monastère de Conques, en 1079... 413
XXXV. Levezou, Vezins... 414
XXXVI. Usage des Seigneurs d'embrasser la vie monachale, et de faire des dons aux monastères.. 414
XXXVII. Vie licencieuse des religieux de Saint-Amans. Décret de Pons d'Etienne évêque de Rodez, en 1082............................... 415
XXXVIII. Eglises unies au monastère de Montsalvy, en 1087......... 416
XXXIX. Dons du comte Bertrand à son épouse Electe de Bourgogne en 1095.. 417
XL. Actes qui fixent l'époque du commencement du comté de Rodez... 417
XLI. Le Chapitre de Rodez embrasse la vie régulière, en 1098...... 418
XLII. Adhemar... 418
XLIII. Donation de bains au monastère de Conques par Pons vicomte de Polignac, en 1105... 419
XLIV. Nombre des archidiacres au commencement du douzième siècle. 419
XLV. Décret d'Adhemar évêque, relatif au cimetière des chanoines.. 419
XLVI. Cimetière de la paroisse de Notre-Dame, de Rodez............ 420
XLVII. Eglise de Bozoul... 420
XLVIII. Testament de Raimond-Bérenger, comte de Barcelonne, en 1130. 420
XLIX. Vidimus du testament de Pons abbé de Saint-Amans de Rodez, en 1132... 420
L. Hommage d'Ayssènes, en 1135, et autre bref où l'on trouve les premières traces du patois Rouergas................................ 421
LI. Ligue entre Hugues comte de Rodez et Roger vicomte de Carcassonne, en 1142... 42

LII. Fondation du chapitre de Beaumont, dans le Vabrais, en 1146 et 1147.. 422
LIII. Pierre moine de Conques, évêque de Pampelune en 1147....... 422
LIV. Eglise de Ceignac.. 423
LV. Exemption de péage, en faveur de Sylvanez, en 1156........... 423
LVI. Donation de la commanderie de Sainte-Eulalie du Larzac aux chevaliers du Temple, en 1158..................................... 423
LVII. Donation à l'abbaye de Bonnecombe par le duc d'Uzès, en 1168. 424
LVIII. Commun de paix établi en 1170............................... 424
LIX. Sous Melgoriens... 425
LX. Monastère de Coubisou... 425
LXI. Témoins au serment de l'évêque et du comte de Rodez, en 1195.. 425
LXII. Bénaven... 426
LXIII. Actes concernant la vicomté de Millau et plusieurs châteaux du Laissaguez.. 426
LXIV. Richardette comtesse... 427
LXV. Sentence de l'évêque Hugues, au sujet des différens entre les consuls et les chanoines de Rodez, en 1208..................... 427
LXVI. Hommage du comte Henri à Simon de Montfort, en 1211...... 427
LXVII. Epitaphe de l'évêque Hugues................................. 428
LXVIII. Sauvegarde pour Henri, en 1217............................. 428
LXIX. Le comte Henri laisse ses terres en garde à l'évêque de Rodez, en 1219... 429
LXX. Lettre du roi d'Aragon aux habitans de Millau, en 1223....... 429
LXXI. Montvallat... 430
LXXII. Sénéchaux du Rouergue....................................... 430
LXXIII. Cordeliers établis à Rodez................................. 433
LXXIV. Mandement de l'évêque de Rodez au sujet de la peste, en 1248. 434
LXXV. Ignorance des seigneurs au treizième siècle.................. 434
LXXVI. Gages des juges du Rouergue, en 1258........................ 434
LXXVII. Inscription sur un mur de la Cathédrale de Rodez........... 435
LXXVIII. Longueur de certains actes................................. 435
LXXIX. Porte des Cordeliers... 435
LXXX. Commencement de l'année....................................... 435
LXXXI. Inscription sur la cloche Caumont........................... 435
LXXXII. La Barrière.. 436
LXXXIII. Couvent de l'Arpajonie..................................... 436
LXXXIV. Juifs établis en Rouergue, en 1290......................... 436
LXXXV. Lettre du roi au sénéchal du Rouergue au sujet des démêlés entre le comte et l'évêque de Rodez en 1293..................... 436
LXXXVI. Protestation du comte au sénéchal du Rouergue, en 1293.... 437
LXXXVII. Etats du Rouergue, assemblés hors de la province.......... 437
LXXXVIII. Première formation du parlement de Toulouse............. 437
LXXXIX. Règlement pour les Boucheries, en 1310..................... 437
XC. Revenu du comté de Rodez, au commencement du quatorzième siècle. 438
XCI. Vabres érigé en évêché, en 1317............................... 438
XCII. Vignes autour de Rodez.. 438
XCIII. Mariage de Béatrix de Clermont avec le comte d'Armagnac en 1327. 439
XCIV. Lettres de noblesse et de grâce données par le comte de Rodez.. 439
XCV. Comète de 1329.. 439
XCVI. Arrêt concernant la cour du paréage de Rodez, en 1337........ 440
XCVII. Joutes des nobles... 440
XCVIII. Truie pendue à Planhac en 1356.............................. 440
XCIX. Role d'imposition 1360.. 441
C. Appel du comte au roi contre le duc de Guienne, en 1365........ 441
CI. Les quatre chatellenies du Rouergue données au comte, en 1371... 442

CII. Etats rassemblés à Rinhac, en 1382. 412
CIII. Mort tragique du jeune comte de Foix, en 1382. 413
CIV. Etats assemblés à Rodez, en 1383. 413
CV. Répartition de 250.000 francs... 413
CVI. Mariages des filles et de la veuve du comte Jean III. 413
CVII. Lettre du roi au comte pour lui demander le chef des Routiers.. 414
CVIII. Mariage du comte de Rodez, avec la princesse Bonne de Berri.. 414
CIX. Scoraille. 414
CX. Traduction de la lettre au sujet des chanoines. 415
CXI. Traité d'alliance entre le comte d'Armagnac et le duc d'Orléans en 1403. 415
CXII. Armorial d'Arpajon. 416
CXIII. Règlemens pour le chapitre cathédral de Rodez, en 1409. 416
CXIV. Règlemens pour le rang des corps et communautés de Rodez.... 416
CXV. Lettres de connétable en faveur du comte de Rodez, en 1415.... 417
CXVI. Epitaphe du connétable d'Armagnac. 418
CXVII. Voyages du roi Charles VII en Rouergue. 418
CXVIII. Sépulture de Bonne de Berri. 418
CXIX. Changemens entrepris par l'évêque la Tour. 419
CXX. Faux commis à Rome pour favoriser le mariage du comte avec sa sœur. 419
CXXI. Epitaphe des évêques Chalençon et Polignac. 449
CXXII. Jaufroi, Patris. 450
CXXIII. Conduite des chanoines sous François d'Estaing. 450
CXXIV. Epitaphe de François d'Estaing. 450
CXXV. Rôle des baillages de la Basse-Marche. 450
CXXVI. Ouvrages de Philandre chanoine de Rodez 452
CXXVII. Volonzac. 453
CXXVIII. Chapitre du Mur-de-Barrez. 453
CXXIX. Bonal. 453
CXXX. Bernard de la Roche-Flavin. 453
CXXXI. Corneillan. 454
CXXXII. Etats du Rouergue assemblés à Rodez en 1615, et à Villefranche en 1651. 454
CXXXIII. Descente au Tindoul. 456
CXXXIV. Rivières du Rouergue. 457
CXXXV. Nouvelle division du Rouergue. 458
CXXXVI. Doléances présentées aux états généraux de 1611 par l'évêque de Vabres. 459
CXXXVII. Actes trouvés au château d'Estaing, en 1750. 460

Table alphabétique. 463
Table analytique. 487

ERRATA.

Page 109, lisez au titre *Etats du Rouergue* au lieu de *Etats*.
Page 220, 3e ligne, lisez *1224* au lieu de *1324*.
Page 316, lisez en titre sous le chiffre IX *Arpajon*.

Contraste insuffisant

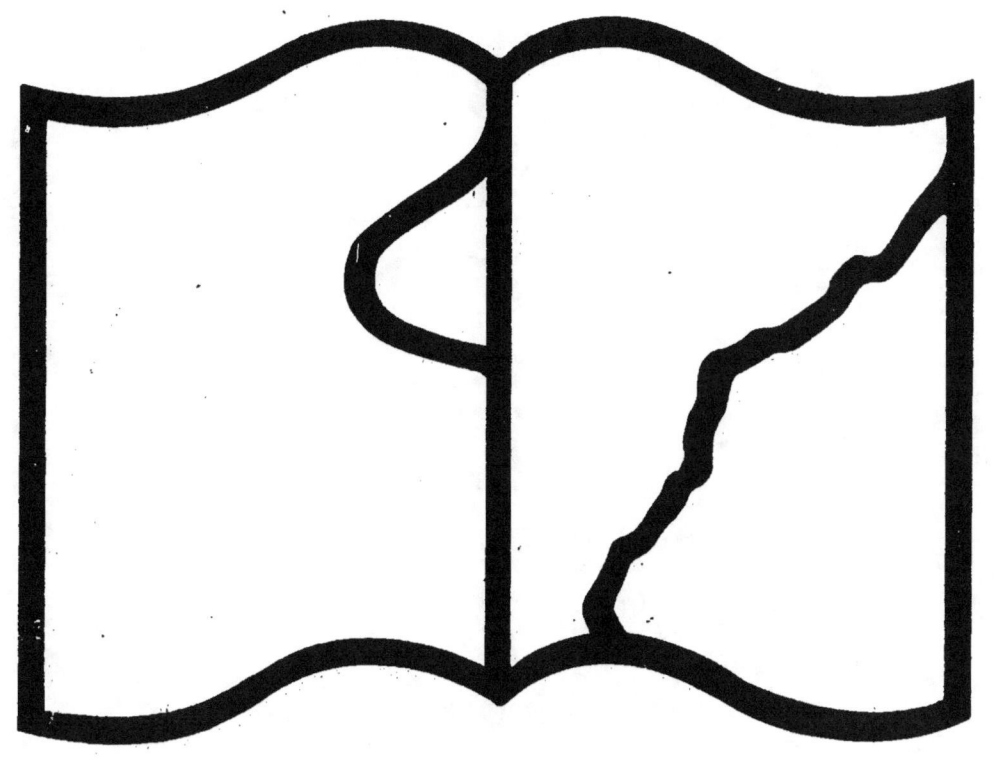

Texte détérioré — reliure défectueuse

NF Z 43-120-11

www.ingramcontent.com/pod-product-compliance
Lightning Source LLC
Chambersburg PA
CBHW050602230426
43670CB00009B/1223